Katja Doubek

Das intime Lexikon

Katja Doubek

Das intime Lexikon

Sex und Liebe berühmter Männer und Frauen
von Abélard bis Zola
von Woody Allen bis Mae West

Eichborn.

© Eichborn GmbH & Co. Verlag KG, Frankfurt am Main, Mai 1999
Umschlaggestaltung: Christina Hucke
Lektorat: Matthias Bischoff
Gesamtherstellung: Fuldaer Verlagsanstalt GmbH, Fulda
ISBN 3-8218-1592-2

Verlagsverzeichnis schickt gern:
Eichborn Verlag, Kaiserstraße 66, D-60329 Frankfurt am Main
http://www.eichborn.de

Vorwort

Kaum eine königliche Hochzeitsnacht fand in den vergangenen Jahrhunderten statt, ohne daß neugierige Höflinge und Diener zu erspähen versucht hätten, was sich im Schlafgemach zwischen den fürstlichen Laken abspielte – und oft genug war das zum Entsetzen aller herzlich wenig. Was immer das höfische Personal gehört und gesehen zu haben glaubte, es war am nächsten Tag Gesprächsthema Nummer eins.

Das klassische Beilager gibt es schon lange nicht mehr, doch will das öffentliche Interesse am intimsten Treiben der Prominenz nicht nachlassen. Zeitschriften steigern die Auflagen, und Paparazzi vergolden sich Nasen und Kameras mit mehr oder weniger indiskreten Bildern von Berühmtheiten, Stars und solchen, die es sein wollen. Seit Adam und Eva scheint es ein Urbedürfnis des Menschen zu sein, Neugierde zu befriedigen, des Nächsten Tun und Lassen zu beobachten; und wo sich unser Nächster durch Leibwächter, hohe Mauern und Stacheldraht vor ungebetenen Blicken zu schützen versucht, dringen Teleobjektiv und Mikrophon durch die Büsche und liefern uns die begehrten Bilder und Statements so gut wie frei Haus.

Die Schlüssellöcher der heutigen Zeit sind Kamera, Zeitschrift – und Buch!

In mühsamer Kleinarbeit entwirren Biographen immer wieder Tagebücher und Briefwechsel von Künstlern, Wirtschaftsbossen und Aristokraten, um unter anderem herauszubekommen: wer hat denn nun mit wem …? Oft fördern sie Spannendes zu Tage, doch stellt sich diese Aufgabe nicht selten als außerordentlich schwierig heraus, denn die Betreffenden scheuten häufig keine Mühe, genau diesen Teil ihres Lebens zu verschlüsseln und Beweise verschwinden zu lassen.

Bei allem Respekt vor Intimsphäre und Privatheit sei jedoch gesagt, daß auch der größte Feldherr oder Dichter ebenso wie die mächtigste Königin oder begabteste Schauspielerin nicht unterhalb der Gürtellinie aufhören. Ob der Herr brav die Treue hält oder jede Gelegenheit zum Seitensprung nutzt, ob sich die Dame gerne umwerben läßt oder lieber selbst erobert, gehört ebenso zum Persönlichkeitsbild wie die Gabe zu bildhauern oder politisches Geschick.

Werden und Wirken berühmter Persönlichkeiten wird in ihren Biographien meist adäquat gewürdigt, nicht aber ihre Partner, Liebschaften, Verhältnisse und Beziehungen, die fast immer einen wesentlichen Anteil an dem haben, was der Nachwelt dann stolz als wichtige Hinterlassenschaft präsentiert wird.

Unter den Hunderten von zeitgenössischen und verstorbenen Prominenten eine Auswahl zu treffen, war nicht einfach; Vielfalt vor Vollständigkeit lautete letztendlich die Prämisse, unter der ich mich für eine Mischung aus Kunst, Wissenschaft, Forschung, Politik und Abenteuer entschieden habe.

Katja Doubek, Wiesbaden, Januar 1999

Danksagung

Ein solches Buch kann nicht ohne die Hilfe anderer entstehen, und so ist es mir ein großes Anliegen, meinem Mann Josef zu danken, der monatelang gleichermaßen engagiert und geduldig alle fremdsprachigen Quellen für mich übersetzt und ausgewertet hat. Meine Freundin Christine Westermann hat sich mehr als verdient gemacht um die Beschaffung zahlreicher biographischer Materialien, zu denen ich ohne ihre Unterstützung kaum Zugang gehabt hätte. Weiterhin möchte ich mich bei meiner Agentin Karin Graf für ihr motivierendes Vertrauen und bei meinem Lektor Matthias Bischoff für die angenehme Zusammenarbeit bedanken. Dank auch Justus von Dohnányi, Anna Doubek und Simone Stevens, die mir ihre privaten Biographien zur Verfügung gestellt und mich mit Rat und Tat unterstützt haben.

Last but not least ein ganz besonders herzliches Dankeschön an die Damen und Herren der Wiesbadener Landesbibliothek, die mir durch unkonventionelle und ungewöhnliche Hilfsbereitschaft die Arbeit wesentlich erleichtert haben.

Pierre Abélard
* 1079, † 1142

Abélard ist einer der führenden Denker des Mittelalters. Der französische Philosoph und Theologe gehört zu den ersten, dessen Argumentationen auf den Schriften von Aristoteles und nicht auf Platos Gedankengut basieren. Sein großer Beitrag zu den ethischen Diskussionen der Zeit ist die These, daß Handlungen nach den Intentionen der Täter beurteilt werden müssen.

Abélard und Héloise, eines der berühmtesten Paare des Mittelalters, beenden ihre ungewöhnliche Liebesgeschichte, trotz Heirat und gemeinsamem Kind, nicht in familiärer Idylle, sondern als Abt und Äbtissin zweier Klöster.

»Ich hatte einen derartigen Ruf, ich war mit solcher Jugend und Schönheit begnadet, daß ich keine Zurückweisung fürchten zu müssen glaubte, wenn ich eine Frau meiner Liebe würdigte, mochte sie sein, wer sie wollte. Den schmutzigen Verkehr mit Buhlerinnen verabscheute ich, und die Vorbereitung meiner Lesungen ließen nicht viel Zeit, mit edlen Frauen umzugehen – aber jetzt wurde ich vom Fieber der Wollust verzehrt!«

Pierre Abélard

Mit seinen fünfunddreißig Jahren ist der eitle Pierre Abélard eloquent und klug, dazu sieht er sehr gut aus und hat eine blitzgeschwinde Auffassungsgabe. Mit dem Ruhm kommt der Reichtum, und der selbstbewußte Pierre schert sich nicht um seine zahlreichen Neider. Was ihn beschäftigt, ist vielmehr, wie er an die bildschöne, gebildete Héloise herankommen könnte. Gesehen hat er die kleine Traumfrau bereits und sich – wie alle anderen auch – auf der Straße in Paris nach ihr umgedreht. Aber das brave (vermutlich verwaiste) Kind wohnt bei ihrem Onkel Fulbert, dem Kanoniker von Notre-Dame, hat nichts als Bücher im Kopf und würdigt ihre Verehrer keines Blickes. Ein Geistesblitz erleuchtet den lüsternen Herrn Abélard: Er fragt den Onkel, ob er ihn nicht als Pensionsgast aufnehmen möchte. Kanoniker Fulbert liebt das Geld, und die Idee, den berühmten Lehrer am Mittagstisch sitzen zu haben, findet er großartig. Zufrieden registriert Pierre Abélard: »Er überließ mir Héloise ganz und gar zur Erziehung und bat mich obendrein dringend, ich möchte doch ja alle freie Zeit, sei's bei Tage oder bei Nacht, auf ihren Unterricht verwenden, ja wenn sie sich träge und unaufmerksam zeige, solle ich mich nicht scheuen, sie zu züchtigen.« Der wohlmeinende Onkel hat keine Ahnung, was er da Vorschub leistet. Zu schön, um wahr zu sein, kommt Pierre die ganze Sache vor: Héloise, die er sich zu nehmen gedenkt »wie ein hungriger Wolf ein zartes Schaf«, wird ihm quasi auf den Schoß gesetzt. Schließlich zieht er mit Sack und Pack bei Onkel Fulbert ein.

Die siebzehnjährige Héloise verliebt sich sofort in ihren charmanten Lehrer. Der fackelt nicht lange, und statt in klugen Büchern Seiten umzublättern, »verirrt die Hand sich zu ihrem Busen«. Beide sind jungfräulich, und Abélard stellt fest: »Der Reiz der Neuheit, den diese Freuden für uns hatten, erhöhte nur die Ausdauer, unsere Glut und Unersättlichkeit.« Natürlich gibt es Gerüchte, und natürlich kommt auch Onkel Fulbert zu Ohren, daß da nicht nur gelernt wird, aber er vertraut seiner Nichte und vor allem dem berühmten Lehrer so rückhaltlos, daß er den bösen Zungen keinen Glauben schenkt – bis er die beiden eines Tages in flagranti erwischt. »Ach, wie zerriß diese Entdeckung dem Oheim das Herz!« seufzt der berechnende Übeltäter Abélard und fliegt in hohem Bogen aus Fulberts Wohnung. Heimlich trifft er sich weiter mit seiner schönen Geliebten und zeugt zu allem Überfluß ein Kind. Héloise gelingt die Flucht, und bei Pierres Schwester kommt sie mit einem gesunden Jungen, Peter Astrolabius, nieder. Währenddessen tobt und wütet Fulbert in Paris derartig, daß Abélard um sein Leben fürchtet und sich ein halbes Jahr nicht zu ihm traut. Schließlich faßt er sich ein Herz und bietet dem erbosten Onkel an, Héloise zu heiraten, unter der Bedingung, daß es geheim bleibt. So kann er weiter seinen Ruf als »erster Philosoph« pflegen, und der Kanoniker hat Genugtuung. Der stimmt dem Plan zu, doch kaum ist die Trauung in aller Stille vollzogen, posaunt er es gegen die Vereinbarung überall hinaus. Um Schaden von seinem Ruf abzuwenden, überredet Abélard seine Frau, in ein Kloster zu gehen. Von Zeit zu Zeit kommt ihr egoistischer Gatte sie besuchen: »… kam ich zu heimlichem Besuche zu Euch und Ihr wißt wohl noch, wie weit ich mich in meiner unbändigen Leidenschaft mit Euch vergaß, und zwar in einem Winkel des Refektoriums selber, da wir sonst keinen Ort hatten, wohin wir uns hätten zurückziehen können«. Dieses und ähnliches kann der unbeherrschte Pierre nicht mehr oft tun, denn Onkel Fulbert ist über die Entwicklung so erbost und zornig, daß er sich ein paar Freunde schnappt und Abélard eines Nachts im Bett mit einem gewetzten Messer überfällt. »Sie schnitten mir die Teile ab, mit denen ich begangen hatte, worüber sie sich beklagten, dann ergriffen sie die Flucht.« Abélards schwerer Verlust ist bald bekannter, als ihm lieb ist, und wie seine Frau verbringt er die letzten Jahre seines Lebens im Kloster.

Regine Pernoud: Héloise und Abélard, Kösel Verlag, München 1991

Konrad Adenauer
* 1876, † 1967

Die leitenden Prinzipien seiner Politik in der neuen Demokratie gewinnt der katholische Rheinländer aus Erfahrungen, die noch in die Folgezeit des Bismarckschen Kulturkampfes zurückreichen. In seiner langen Amtszeit (1949–63) als erster Bundeskanzler und zeitweise Außenminister der Bundesrepublik Deutschland, gestaltet und prägt Adenauer die Innen- und Außenpolitik des Landes.

Konrad Adenauer

Um die Jahrhundertwende ist Tennis der Lieblingssport des gehobenen Bürgertums. Und Konrad Adenauer, der diesem zwar nicht entstammt, aber zu gern angehören würde, wird Mitglied im Tennisclub »Pudelnaß«. Dort lernt der frischgebackene Gerichtsassessor die hübsche, stets gutgelaunte Emma Weyer kennen. Adenauer ist achtundzwanzig und erobert mit dem Herzen seiner fröhlichen Tennispartnerin auch den angestrebten Zugang zur kultivierten Welt der »Oberen Fünfhundert« von Köln. 1904 heiraten die beiden, und Emmas Bruder erinnert sich: »Sogar wenn er mit Emma sprach, behielt er den leicht ironischen Ton bei, den er, wie ich später beobachtete, Frauen gegenüber häufig anzuschlagen pflegte.« Das tut Emmas Liebe keinen Abbruch, viel schlimmer findet die inzwischen dreifache Mutter, daß Konrad in der Familie herrscht wie ein biblischer Patriarch – ein knickriger obendrein. Adenauer, der sich bis zu seinem siebzehnten Lebensjahr das Bett mit seinen beiden älteren Brüdern teilen mußte und nur mit einem Stipendium im Ausland studieren und Examen machen konnte, ist, um es vorsichtig zu formulieren, äußerst sparsam: Alle vierzehn Tage erscheint ein städtischer Angestellter im Haus und schert den beiden Söhnen und Vater Konrad den Kopf ratzekahl. »Das ist hygienisch und billig«, lautet die keinen Widerspruch duldende Begründung. Auch Emma kann ihn nicht davon abhalten, seine Schuhe zu tragen, bis sich die Spitzen aus Altersschwäche nach oben biegen. Nur für eines hat er Geld, seine Erfindungen: Für die kommerziell meist völlig wertlosen Ideen zahlt er Rechnung um Rechnung beim Patentamt.

Emma beginnt zu kränkeln, und obwohl ihr Mann sie aufopfernd pflegt, stirbt sie 1916 im Alter von erst sechsunddreißig Jahren. Adenauer ist einundvierzig und seit über einem Jahr Witwer mit drei Kindern. Politik ist ein zeitaufwendiges Geschäft, und viel freie Zeit hat er nicht, aber eine Frau, mit der er über Rosen reden und der er seine Kinder anvertrauen kann, fehlt Konrad schon.

Die spärliche Freizeit verbringt er gerne in Gesellschaft seines Nachbarn, eines bekannten Dermatologen, und dessen erwachsenen Töchtern. Die eine, Auguste Zinsser, genannt Gussi, teilt Konrads Liebe zu Pflanzen, und immer öfter plaudern die beiden am Gartenzaun über Gemüsebau und Blumenzucht. Am 25. September 1919 darf sie auf seine Seite des Zauns und wird Frau Oberbürgermeister. Die beiden führen eine besonders harmonische Ehe; Adenauers Kinder Konrad, Max und Ria bekommen zwei Halbgeschwister, Paul und Lotte.

Gustav von Uexküll: Konrad Adenauer, rororo Bildmonographie, Rowohlt Verlag, Reinbek 1976

Alexander der Große
* 356 v. Chr., † 323 v. Chr.

Der Sohn des makedonischen Königs Philipp II. wird von keinem Geringeren als dem griechischen Philosophen Aristoteles erzogen. Sein weiser Lehrer bildet Alexander in Rhetorik, Literatur, Naturwissenschaften, Medizin und Philosophie aus und legt damit den pädagogischen Grundstein für dessen Karriere als einer der größten Feldherren und Eroberer der Geschichte.

Als Alexander achtzehn Jahre alt ist und noch immer mit keiner Frau geschlafen hat, machen sich Papa Philipp und Mama Olympias solche Sorgen, daß sie eine berühmte Hetäre an den Hof zitieren, die den Filius auf den Geschmack bringen soll. Vergeblich! Die schöne Kampasme räkelt sich lasziv in des zukünftigen Herrschers Bett, doch Alexander bleibt bei seiner eindeutigen Vorliebe für ältere, männliche Gespielen. Das elterliche Königspaar zürnt und zetert, Alexander zeigt sich völlig unbeeindruckt und holt sich einen Herrn nach dem anderen in die Gemächer. Der erste große Feldzug steht an. Besorgt um die Erbfolge sprechen die Berater ein Machtwort: Für den Fall, daß er nicht wiederkehrt, soll Alexander gefälligst endlich heiraten und flugs einen Sohn zeugen. Die Antwort des bockigen Heerführers läßt an Deutlichkeit nichts zu wünschen übrig: »Ich habe keine Zeit, Hochzeitsfeste zu feiern und auf die Geburt von Kindern zu warten!« Statt neben die allseits geforderte Gemahlin legt sich der Feldherr in die Arme des persischen Knaben Bayoas, der bis zum Lebensende sein Gefährte bleibt. Die rassestolzen Makedonier stören sich weniger daran, daß ihr Fürst homosexuell ist, sondern empfinden vielmehr die persische Herkunft seines Begleiters als degoutant. Alexander eilt von Sieg zu Sieg und begegnet auf der Felsenburg Sogdiam Roxane, der Tochter des soeben geschlagenen Kommandanten Oxyartes. Es geschieht, was niemand mehr zu hoffen gewagt hat: Alexander verliebt sich auf Anhieb in Roxane. Es ist das erste Mal, daß er Interesse für eine Frau zeigt, und die Gelegenheit gilt es beim

Alexander der Große

Schopf zu packen. Alexander bittet Oxyartes höflich um die Hand seiner Tochter. Sie wird ihm gewährt und eine prunkvolle Hochzeit gefeiert, aber wenige Wochen später schläft Roxane wieder allein und der frischgebackene Ehemann mit dem Pagen Hermolaos. Der erweist sich als wenig dankbar für die königliche Zuneigung, plant ein Attentat auf seinen Gönner, wird erwischt und zum Tode verurteilt. Kurzfristig hat der Herrscher seine ehelichen Pflichten offenbar erfüllt, denn Roxane ist schwanger, sie verliert das Kind jedoch, und Alexander bricht auf zu neuen Feldzügen. In Suza sind die beiden Königstöchter im heiratsfähigen Alter, der makedonische Eroberer vermählt sich aus politischen Gründen mit Stateira, der Älteren; ein Akt, der seiner ersten Frau Roxane hochgradig mißfällt. Wenig später macht die Staatsräson eine dritte Hochzeit erforderlich. Königstochter Parysatis wird 324 v. Chr. Alexanders dritte Gemahlin. Seinen sexuellen Vorlieben zum Trotz bemüht sich der König immer wieder, sein Reich mit einem Erben zu versehen. Roxane, die unbedingt Königinmutter werden und dann auch bleiben möchte, wird erneut schwanger, gebiert kurz nach Alexanders Tod einen Sohn und läßt von Eifersucht getrieben ihre Konkurrentin Stateira ermorden. Die böse Tat trägt böse Früchte, Roxane, ihr Sohn und Alexanders Mutter werden auf Geheiß des Erzfeindes Kassandros ermordet, das führungslose Reich zerfällt.

Mary Renault: Alexander, F. A. Brockhaus, Wiesbaden 1978
Gerhard Wirth: Alexander der Große, rororo Bildmonographie, Rowohlt Verlag, Reinbek 1973
La Repubblica, 26.8.1998

Alexander VI.
*um 1431, † 1503

Rodrigo de Borgia studiert in Bologna Jura und dient im Anschluß als Kardinal, Bischof und später als fähiger päpstlicher Verwalter. Das 1492 auf den Tod von Innozenz VIII. folgende Konklave erhebt Rodrigo zum Papst. Als Alexander VI. erwirbt er große Reichtümer und bemüht sich, die christliche Welt gegen die Osmanen zusammenzuschließen.

Rodrigo trägt bereits die Kardinalsrobe, als Pius II. ihn in päpstlicher Mission nach Siena beordert. Den Ausflug nutzt der Gesandte zu höchst unheiligen und sehr privaten Zwecken, was ihm eine Rüge seines Vorgesetzten einträgt: »… daß eine Festlichkeit stattfand und eine große Anzahl als leichtfertig verschrieer Frauen Sienas dort zusammenkam, um sich in Anwesenheit Eurer Eminenz Lustbarkeiten hinzugeben, die mit näherem Namen aufzuführen mir meine Scham verbietet. (…) Eure Eminenz sind noch sehr jung, aber nicht mehr so jung, um den ganzen Tag nichts als Wollust zu suchen. Wir ermahnen Euch streng, aber väterlich.« Der freundliche Versuch, dem lüsternen Kardinal ein wenig Beherrschung aufzuerlegen, entlockt dem nur ein schallendes Gelächter. Rodrigo schätzt nämlich nichts so sehr wie Orgien und tut wahrhaft Bestes, um mit dem Bullen auf dem Wappen der Borgia-Familie zu konkurrieren. Getarnt als Festessen, veranstaltet Rodrigo lustvolle Gelage, die der Bischof von Ostia so beschreibt: »… fünfzig angesehene Huren – nicht gewöhnliche, sondern jene, die man Kurtisanen nennt – waren beim Abendessen im Vatikan anwesend (…) und nach dem Abendessen tanzten sie dort mit den Dienern, zuerst in ihren Kleidern und dann nackt. (…) Kandelaber mit brennenden Kerzen wurden auf den Boden gestellt, und Haselnüsse wurden ausgestreut, und die nackten Kurtisanen krochen auf dem Boden umher und sammelten sie auf, wobei sie sich zwischen den Kandelabern hindurchwanden. (…) Und dann gaben sich alle, die in der Halle waren, ihren fleischlichen Begierden hin.« Rodrigo vorneweg, versteht sich, entledigt sich als einer der ersten seiner hinderlichen Kardinalsrobe und erkältet sich an dem Abend dermaßen, daß er am nächsten Tag die Messe nicht halten kann.

Der dunkelhaarige, gutaussehende, intelligente und meistens gutgelaunte Kirchenfürst hält sich zu seinem Vergnügen gleich mehrere Mätressen, deren eine, Vanozza Catanei, nicht weniger als fünf Kinder von ihm bekommt. 1474 bezieht sie ein Haus in der Nähe des Kardinalspalastes und wird verheiratet – insgesamt nicht weniger als drei Mal. Ihre wohlhabenden, aber schon etwas älteren Männer siechen schnell dahin. Die scheinbare Ehrbarkeit erleichtert die Treffen mit Rodrigo, der immer brav seine Kinder anerkennt und sie gut versorgt. Als Papst bereits in Amt und Würden, nimmt Alexander den Zölibat natürlich nicht ernst und zeugt angeblich mit seiner leiblichen Tochter den eigenen Enkel.

Ivan Cloulas: Die Borgias, Wilhelm Heyne Verlag, München 1988
Ursula Tramisso: Kinder der Liebe, Verlag Kremayr und Scheriau, Wien 1994

Woody Allen
* 1935

Fünfzehnjährig verdient der amerikanische Filmregisseur, Schauspieler und Schriftsteller bereits sein Geld, indem er witzige Glossen für verschiedene Zeitungen schreibt. Er absolviert die Hochschule und arbeitet als Komiker in einem Nachtclub, bevor er mit seinen sehr persönlichen und häufig autobiographischen Filmen weltweit reüssiert.

»Ich möchte Ihnen eine tolle Geschichte über orale Verhütung erzählen. Ich habe dieses Mädchen gefragt, ob sie mit mir schlafen will, und sie sagte: Nein!«
Woody Allen

»Alle Frauen haben vier Vaginalkammern – Deine zukünftige auch!« Allen Stewart Konigsberg ist neunzehn, ziemlich unerfahren und steht kurz vor seiner ersten Hochzeit, als Freunde dem kaum Aufgeklärten diese spektakuläre Eröffnung machen. Seine Parole lautet: Nur keine Blöße geben! Und so verläßt Woody mit einem weltmännisch souveränen »ich weiß Bescheid« den Raum und macht sich zum Gespött seiner Kumpels.

Harlene Rosen, das sechzehnjährige Fräulein Braut, ist zumindest optisch die Frau seiner Träume: Lange schwarze Haare, keinerlei Make-up und große silberne Ohrringe ziehen ihn magisch an, so daß er das Mädchen gegen den Willen beider Elternpaare in Hollywood heiratet. Die Frühehe ist nicht von Bestand, und Woody beendet sie angeblich, indem er sagt: »Quasimodo, ich möchte die Scheidung.«

Nachdem er die Sache mit den Vaginalkammern bei einer Reihe von Damen ausgiebig überprüft hat und somit vermutlich etwas besser »Bescheid weiß«, heiratet er die angehende Sängerin Louise Lasser. Doch nach vier Jahren Ehe trennen sich die beiden einvernehmlich. Den anstehenden Umzug in eine neue Wohnung absolviert Diane Keaton mit Woody. Zu seinem großen Bedauern erliegt sie eines Tages – wie viele andere vor und nach ihr – dem Charme des Herzensbrechers Warren Beatty. Der kolportierte Versuch des schmächtigen Regisseurs, den durchtrainierten Rivalen mit einem tätlichen Angriff aus dem Feld zu schlagen, scheitert. Diane ist verloren, zumindest für Tisch und Bett, befreundet bleibt das Ex-Paar jedoch weiterhin.

Woody Allen

Allen, auf der Suche nach Balsam für die wunde Seele, findet Trost bei Mia Farrow. Die Schauspielerin ist glücklich von Frank Sinatra geschieden, hat mit dem Komponisten André Previn drei Kinder und nach dem elternlosen Koreanermädchen Soon Yi weitere drei Kinder adoptiert. Mias Anhang schreckt den einsamen Allen keineswegs, und weil er nicht gerne telefoniert, nimmt er durch Dritte Kontakt zu ihr auf und läßt sie von Freunden zum Rendezvous bitten. Mrs. Farrow fackelt nicht lange, und bald darauf findet sich Woody Allen als siebenfacher Stiefvater wieder. Leicht überfordert, besteht er darauf, in getrennten Wohnungen zu leben, und schwärmt aus kindersicherer Entfernung in den höchsten Tönen von seiner Mia: »Sie ist eine außergewöhnliche Schauspielerin (…) und sie ist wirklich lieb. Sie kommt ins Studio, stickt ruhig vor sich hin, setzt dann ihre Perücke und die dunkle Brille oder sonst was auf, kreischt ihren Text und stößt dir ein Messer in die Nase – und geht dann zurück, um weiterzusticken, umringt von ihren kleinen Waisenkindern.« Mr. Allen und Mrs. Farrow vergrößern die Familie um ein leibliches und ein weiteres adoptiertes Kind. 1981 ist von Hochzeit die Rede. Der pressescheue Künstler will alles ganz geheim halten und gerät so außer sich, als die

Journaille dennoch Wind von den Vorbereitungen bekommt, daß er die Trauung kurzfristig abbläst.

Das berühmte Paar lebt weiterhin in getrennten Apartments. Mia mit inzwischen neun Kindern im einen, Woody, seine Stadtneurosen pflegend, im anderen: »Sie ißt gerne zu Hause und zwar früh – ich esse gerne spät im Restaurant. Sie kann nicht schlafen, wenn die Klimaanlage an ist – ich kann nur schlafen, wenn sie an ist. Sie liebt Tiere aller Art – ich hasse Tiere aller Art. Sie hat mittlerweile neun Kinder aufgezogen und nie ein Thermometer besessen – ich selbst messe meine Temperatur im Laufe des Tages alle zwei Stunden.«

Wohl nach dem Motto »Gegensätze ziehen sich an« funktioniert die Beziehung Allen/Farrow eine ganze Weile, bis es zu einem abrupten, von der Presse bis ins letzte Detail genüßlich ausgeschlachteten Ende kommt. Mia findet in Woodys Wohnung eindeutig zweideutige Fotos ihrer Adoptivtochter Soon Yi … mit langen schwarzen Haaren und gänzlich ohne Make-up; der alternde Meister findet zurück zum Geschmack seiner Jugend. Zur Rede gestellt, leugnet Allen nicht, das junge Mädchen zu lieben. Es folgt eine beispiellose öffentliche Schlammschlacht mit beidseitiger Preisgabe intimster Details. Gnadenlos verfolgt die Presse die Protagonisten. Kaum ist etwas Gras über die schmutzige Trennung von Mia Farrow gewachsen, da heiratet der zweiundsechzigjährige Woody Allen am 23. Dezember 1997 seine »Stieftochter«, die fünfunddreißig Jahre jüngere Soon Yi.

Eric Lax: Woody Allen, Kiepenheuer & Witsch, Köln 1991
Carole McKenzie: All about Sex, Europaverlag, München/Wien 1992
Reinhold Rauh: Woody Allen – seine Filme – sein Leben, Wilhelm Heyne Verlag, München 1991
Bunte, 8.1.1998

Hans Christian Andersen
* 1805, † 1875

Vor der Armut seiner Kindheit flieht Andersen vierzehnjährig nach Kopenhagen und arbeitet dort eine Zeitlang für Jonas Collins, den Leiter des Königlichen Theaters. Ruhm erlangt der dänische Schriftsteller erst viel später durch seine über hundertfünfzig Märchen, die in achtzig Sprachen übersetzt werden und als Theater-, Ballett- und Filmvorlagen dienen.

»Ich beeilte mich fortzukommen, sobald ich konnte, und zitterte am ganzen Leib. Eine fettleibige Madam mit vielen falschen Locken, liederlich und ungepflegt, schamlos und dem Trunk ergeben.« So schildert der Siebzehnjährige seine erste Beinahe-Erfahrung mit der Gattin seines Schuldirektors, nachdem sie mit Hilfe von einigen Gläsern Punsch versucht hatte, den Jungen zu verführen. Fluchtartig verläßt Hans Christian den Ort des Geschehens; vermutlich erinnert ihn die lüsterne Dame zu sehr an Mutter und Tante, die eine ständig betrunken, die andere eine Bordellwirtin.

Sechs Jahre später kreuzt Henriette Hank seinen Weg. Andersen verliebt sich heftig, doch die Schöne schenkt ihr Herz einem anderen, den sie bald darauf zum Schmerz des angehenden Dichters auch heiratet. Bekümmert führt er Tagebuch und einen werbenden Briefwechsel mit Riborg Voigt – sinnlos, wie sich herausstellt, denn Riborg ist bereits verlobt und erteilt ihm erst eine mündliche, und als das nicht reicht, auch noch eine schriftliche Absage. Pathetisch stopft Andersen den Wisch in einen Lederbeutel, trägt denselben bis zu seinem Tode um den Hals und verfügt, das schicksalhafte Stück Papier möge danach verbrannt werden.

Louise Collin zeichnet sich eher durch innere als durch äußere Schönheit aus. Mit Charme und Feinfühligkeit macht sie wett, was die Natur ihr vorenthalten hat. Den fehlenden Rest an Attraktivität erhält sie durch das pralle Bankkonto ihres Vaters. Hans Christian schreibt Briefe, daß die Feder glüht, aber der mächtige Herr Papa denkt gar nicht daran, seine jüngste Tochter mit einem mittellosen Poeten zu vermählen. Mutter Collin beginnt die stürmischen Liebesbriefe zu zensieren und bewirkt damit eine deutliche Abkühlung auf seiten ihrer Tochter; und weil der eigensinnige Andersen immer noch nur schreibt und kein Wort mit seiner Angebeteten spricht, verlobt die sich 1833 zur Freude ihrer Eltern mit einem standesgemäßen Konkurrenten.

Eine Reise nach Frankreich bringt abstoßende Erkenntnisse über die Stadt der Liebe: »Paris ist die liederlichste Stadt unter der Sonne, ich glaube, daß es hier auch nicht ein unschuldiges Geschöpf gibt (…) öffentlich hat man mir in den anständigsten Straßen ›ein hübsches Mädchen von sechzehn Jahren angeboten‹, eine junge Dame mit dem unschuldigsten Gesicht, dem artigsten Benehmen hielt mich an und forderte mich mit so anmutigem Gehaben auf, sie zu besuchen, sie sei ganz gesund usw.«, schreibt der prüde Andersen angewidert nach Hause. Das Grauen von Paris ist überstanden, eine weitere erfolglose Brautschau verwunden, da scheint das Blatt sich endlich zu wenden: Mathilde Barck, eine junge Comtesse, schätzt die Gefühle des Dichters nicht nur, nein, sie erwidert sie sogar. Der schreibt, schwärmt, schwebt im siebten Himmel und stürzt in um so tieferes Unglück, als Mathilde unvermittelt stirbt, bevor man sich näherkommen konnte. Noch immer auf der Suche nach märchenhaftem Glück, schreibt Andersen der berühmten schwedischen Sängerin Jenny Lind feurige Briefe und macht ihr ernsthafte Avancen, die sie allerdings zu seinem Leidwesen 1843 ebenso ernsthaft zurückweist. Resigniert verbringt er daraufhin den Rest seines Lebens unbeweibt.

Erling Nielsen: Hans Christian Andersen, Rowohlt Verlag, Hamburg 1958

Lou Andreas-Salomé
* 1861, † 1937

Die Tochter eines russischen Generals wird von ihrem Vater intellektuell schon früh gleichermaßen gefördert und gefordert. Was das Mädchen zu lernen wünscht, wird ermöglicht. 1911 tritt Lou Andreas-Salomé in Beziehungen zum Wiener Kreis der Psychoanalytiker und widmet sich unter anderem der Lehre Sigmund Freuds.

Lou Andreas-Salomé

»Lou Andreas ist unter den heutigen Dichterinnen die geistigste, die psychologisch tiefste – das unterschreibe ich mit Buchstaben so hoch wie der Uspenski-Dom. Respekt vor Ihnen, begnadete Frau, und vor Ihrer Kunst und vor Ihrer Weisheit.«
Marie von Ebner-Eschenbach

Als des Fräulein Louise von Salomés erste Bücher erscheinen, hat sie bereits den Heiratsantrag Friedrich Nietzsches abgelehnt. Lou muß sich gefallen lassen, in aller Öffentlichkeit als Femme fatale, als »Frau, die Männer wie Trophäen sammelt«, bezeichnet zu werden. Der Reigen beginnt mit Hendrik Gillot, dem Pastor der Niederländischen Gesandtschaft und Erzieher der Kinder des Zaren. Gillot ist zweiundvierzig, Louise gerade achtzehn Jahre alt, er ist ihr Privatlehrer – so privat, daß die zu Hysterie neigende Lou auf seinem Schoß in Ohnmacht fällt, der Familienvater sich unsterblich in das junge Mädchen verliebt und ihr einen Antrag macht. Lou verläßt ihn und das Zarenreich, um in Zürich zu studieren, muß aber wegen ihres Bluthustens weiter nach Italien und lernt dort 1882 den Philosophen Paul Rée kennen. Rée geht es nicht besser als dem Pastor, auch er erliegt dem ungewöhnlichen Charme der freiheitsliebenden Lou, auch sein Antrag wird abgelehnt. Dennoch trifft man sich von Zeit zu Zeit, und Rée macht Lou mit seinem Kollegen Nietzsche bekannt. »Von welchen Sternen sind wir uns hier einander zugefallen?« fragt der sie fasziniert, als sie sich im Petersdom zu Rom das erste Mal begegnen. Die Folge ist ein weiterer Heiratsantrag und eine weitere Absage. Lou schätzt Nietzsche als Lehrer und Philosophen über die Maßen, aber als Ehemann will sie ihn nicht. Fest überzeugt, daß sie nur unter der Voraussetzung sexueller Enthaltsamkeit schreiben kann, lehnt sie jedwede Körperlichkeit ab.

Das ändert sich auch nicht mit dem Orientalisten Dr. Friedrich Karl Andreas; er darf sie zwar 1887 heiraten, schlafen darf er jedoch nicht mit ihr. Das Vater-Tochter-Verhältnis garantiert ihr die ersehnte intellektuelle Beweglichkeit, er ist ihr »Alterchen«, sie sein »Töchting«. Töchting ist ein wenig unstet und verknallt sich ein paar Jahre später in den sozialistischen Politiker Georg Ledebour. Ehemann Andreas weigert sich, der gewünschten Scheidung zuzustimmen; Lou fügt sich seiner Sturheit, schreibt ein Buch über Nietzsche, läßt sich von Wedekind in Paris und Richard Beer-Hofmann in Wien den Hof machen – und erhört sie beide nicht.

Was hat er, was die anderen nicht haben? Der Arzt Dr. Friedrich Pineles, sieben Jahre jünger als Lou, ist es, der schließlich ihrer selbstauferlegten Askese ein Ende macht. Für eine Weile ist er ihr Reisebegleiter und Liebhaber, hofft vergeblich darauf, sie heiraten zu können. Lous emotionale Bindung an Alterchen ist stärker, Pineles hat keine Chance.

1897 reist sie nach München und erhält anonyme Verehrerbriefe von einem einundzwanzigjährigen Vielschreiber. Der hat einen Aufsatz von ihr gelesen und bewundert sie zutiefst. Es ist der schreibbesessene Rainer Maria Rilke, mit dem sie kurz nach der ersten Begegnung ein Verhältnis beginnt. Rilke drängt sich mit Verve in ihr Leben; zeitweise lebt sie mit ihm und ihrem Mann eine Menage à trois, doch der labile Dichter ist ihr auf die Dauer zu anstrengend. Mit seinen Hysterien und Ängsten drängt er Lou immer mehr in die Rolle der Psychologin, und das gefällt ihr nicht. Sie trennt sich von ihm und nimmt ihre erotische Beziehung zu Pineles wieder auf. Als sie beim Apfelpflücken von einer Leiter stürzt, verliert sie das gemeinsame Kind. Diesmal ist es Pineles, der enttäuscht die Verbindung abbricht. Lou zieht mit ihrem Mann nach Göttingen und stellt eine Haushälterin ein. Diese nimmt ihre Aufgabe sehr ernst und bekommt ein Jahr später eine Tochter vom Hausherren. Und während zu Hause Windeln gewechselt werden, wandelt Lou auf neuen Pfaden. Bei Sigmund Freud lernt sie das Handwerk der Psychoanalyse. Mit Poul Bjerre und dem jungen Doktor der Juristerei und Medizin, Victor Tausk, hat sie leidenschaftliche Affären, kann letzteren jedoch nicht davon abhalten, sich das Leben zu nehmen. Stolz trägt sie den goldenen Ring, den Freud ihr geschenkt hat, und beginnt selbst zu analysieren. Als ihr Mann 1930 stirbt, lebt Lou bis an ihre Lebensende mit seiner unehelichen Tochter zusammen.

Carole McKenzie: All about Sex, Europaverlag, München/Wien 1992
Linde Salber: Lou Andreas-Salomé, rororo Bildmonographie, Rowohlt Verlag, Reinbek 1990

Fred Astaire
* 1899, † 1987

Geboren als Fred Austerlitz tritt er bereits als siebenjähriger Junge mit seiner Schwester Adele in Vaudevilleshows auf. Als Adele sich nach großen Erfolgen am Broadway von der Bühne zurückzieht, beginnt Fred seine Karriere beim Film. Er avanciert zum wahrscheinlich berühmtesten Tänzer seiner Zeit und erhält 1949 einen besonderen Academy Award für sein filmisches Schaffen.

Fred Astaire

Leslie Caron, Joan Crawford, Ava Gardner, Judy Garland, Rita Hayworth, Audrey Hepburn und Ginger Rogers: Die schönsten und begehrtesten Diven Hollywoods fliegen in seine Arme und verharren dort schmachtenden Blickes, bis Musik die Körper zu rhythmischen Bewegungen im Gleichklang zwingt. Doch der vielfach beneidete tanzende Glückspilz Fred Astaire flieht vor soviel geballter Weiblichkeit nach Drehschluß immer brav nach Hause, zu Phyllis, seiner Angetrauten. Als er sie kennenlernt, hat die hübsche, lebenslustige, außerordentlich vergnügungsorientierte Miss Potter keine Ahnung von der Bühne. Andere Vorzüge müssen überwiegen, denn 1933 heiraten sie und Fred Astaire. Die Journalisten sind verdrossen, das Paar führt ein völlig unspektakuläres Privatleben; erstens scheint bei den Astaires nie etwas zu passieren, und zweitens, wenn dann schon mal etwas passiert, erfährt es niemand. Der Tänzer haßt die Presse und versucht, seine Frau und Sohn Fred Junior von allem Star-Rummel fernzuhalten. Die schreibende Zunft rächt sich, indem sie ihm Affären andichtet und Dramen zwischen Dauertanzpartnerin Ginger und Gattin

Phyllis konstruiert. Das ficht den treuen Fred nicht an, das Ehepaar Astaire lebt harmonisch und monogam wie wenige im Metier.

Stephan Harvey: Fred Astaire, Wilhelm Heyne Verlag, München 1991

Johann Sebastian Bach
* 1685, † 1750

Bach, im thüringischen Eisenach geboren, erhält den ersten Musikunterricht von seinem Vater. 1707 wird er Organist in Mühlhausen, ein Jahr später Hoforganist der Herzöge Wilhelm Ernst und Ernst August von Sachsen-Weimar. Zeit seines Lebens schätzen ihn Zeitgenossen weniger als Komponist denn als Orgelspieler von besonderer Begabung.

1705 ist in Lübeck die Stelle des Organisten vakant. Bach, dem der Stimmbruch eine Sängerkarriere ruiniert hat, bewirbt sich, muß aber feststellen, daß die Sache einen Haken hat: Die Lübecker Gesetze verlangen, daß der neue Organist die Tochter des alten heiraten und den zurückgetretenen Schwiegervater auf Lebzeiten versorgen muß. Johann Sebastian guckt sich die Jungfer an und erkennt sofort: Das späte Mädchen ist zehn Jahre älter als er selbst. Das scheint dem Musikus ein zu hoher Preis für eine Festanstellung, und er orientiert sich anderweitig. In Eisenach steht auch eine Orgel, und Bach bedient sich ihrer. Als eine »fremde Jungfer« in der Kirche singt, während er übt, gibt es solchen Ärger, daß Bach, der es haßt, wenn man sich in seine Privatangelegenheiten einmischt, zornig die

Johann Sebastian Bach

Finger von den Tasten nimmt, sein Bündel schnürt und die Reise nach Mühlhausen antritt. An seiner Seite die Jungfer, die ihm keineswegs »fremd«, sondern seine Base Maria Barbara ist. 1707 heiraten die beiden, und die musikbegabte Maria führt umsichtig und liebevoll in äußerst beengten Verhältnissen den mit Schülern, Lehrlingen und Kindern ständig überlasteten Haushalt. Wacker gebiert sie zwischendurch fünf Kinder, von denen sie eines früh zu Grabe tragen muß. Im Mai 1720 reist Bach für zwei Monate nach Karlsbad und erfährt bei der Rückkehr zu seinem Entsetzen, daß Maria unterdessen gestorben ist. Der Witwer trauert aufrichtig mit seinen verbliebenen vier Kindern, zu deren Versorgung er dringend eine Gattin braucht.

Seine älteste Tochter ist dreizehn, als er am 3. Dezember 1721 die zwanzigjährige Anna Magdalena Wilcken heiratet. Das eheliche Leben bekommt Johann Sebastian über die Maßen: Immer noch erweist er sich als ausgesprochen zeugungslustig und die zweite Frau als noch fruchtbarer als Gemahlin Nummer eins. Nicht weniger als acht Kinder schenkt sie ihrem musizierenden Mann und arbeitet dennoch immer weiter als Sängerin am Hof von Anhalt-Zerbst. Das verdiente Zubrot wird bei so viel zu stopfenden Mäulern dringend benötigt. Als Johann Sebastian Bach am 28. Juli 1750 stirbt, steht Anna Magdalena ohne einen Pfennig Geld da. Die Stadt zahlt ihr das noch ausstehende Honorar des Organisten sowie an die zwanzig Taler, damit sie die »Dienstwohnung« räumt. Ihre Kinder sind fast alle noch minderjährig, die Stiefsöhne, die sie aufgezogen hat, fühlen sich ihr nicht verpflichtet. Zehn Jahre später stirbt die Witwe des bedeutendsten Komponisten seiner Zeit als »Almosenfrau«, nachdem sie aus Geldnot einen Großteil seiner hinterlassenen Partituren für lächerliche Beträge hatte verkaufen müssen.

Charles Stanford Terry: Johann Sebastian Bach, Insel Verlag, Frankfurt am Main 1985

Josephine Baker
* 1906, † 1975

Die in den USA geborene Tänzerin und Sängerin läßt sich 1925 in Paris nieder und erhält die französische Staatsbürgerschaft. Berühmt für ihren extravaganten Tanzstil wird ›La Baker‹ gefeierter Star vieler Revuen. Während des Zweiten Weltkrieges ist sie im Widerstand aktiv. 1956 zieht sie sich von Film und Bühne zurück und unterstützt ein von ihr gegründetes Waisenhaus.

»Das sensationellste Weib, das Menschenaugen je gesehen haben oder je sehen werden.«
Ernest Hemingway

Die unehelich geborene Josephine Freda hat schon als junges Mädchen nur ein Ziel: Raus aus dem Armenviertel, East St. Louis!

Heirat und/oder Mutterschaft scheint ihr der sicherste Weg, und so ehelicht die Dreizehnjährige einen Jungen namens Willie Wells. Der Bund fürs Leben hält nur ein paar Monate. Josephine verläßt den Knaben und tingelt tanzend mit verschiedenen Bands durch Amerika. Unterwegs lernt sie Will Baker kennen. Wegen ihres Alters bekommen die beiden in Philadelphia keine Heiratserlaubnis, schaffen aber Abhilfe, indem sie nach New Jersey fahren, und mit fünfzehn Jahren ist Josephine zum zweiten Mal verheiratet und frischgebackene Mrs. Baker. Diesmal hält sie es fast ein Jahr an der Seite ihres Angetrauten aus. Mit Talent, Ehrgeiz und Fleiß schafft sie es 1924 an die Spitze, wird zum bestbezahlten Revuegirl der Welt und wagt als eine der ersten farbigen Amerikanerinnen den Sprung nach Europa. In Paris lernt sie auf einem Fest Ernest Hemingway kennen und erobert ihn im Sturm. Die beiden tanzen die ganze Nacht, und der Dichter nimmt es als Extravaganz, daß seine Partnerin sich trotz des schweißtreibenden Gehopses hartnäckig weigert, den Pelzmantel abzulegen. Am Ende des Abends löst Josephine das Rätsel, sie öffnet den Mantel und – hat nichts darunter!

Der Gigolo, Frauenheld und selbsternannte Graf Pepito Abatino überzeugt sich mit gebotener Gründlichkeit von allen Talenten der Tänzerin und sorgt dafür, daß sie ihr erstes eigenes Cabaret, das »Chez Josephine« eröffnen kann. Im Juni 1927 wird der Star einundzwanzig Jahre alt, und in der Mittsommernacht geben Pepito und Josephine ihre geplante Hochzeit bekannt. Da die Braut jedoch noch verheiratet ist und der vermeintlich gräfliche Bräutigam zu diesem Zweck Papiere vorlegen müßte, die ihn unweigerlich als Schwindler und Hochstapler entlarven würden, dementieren sie vier Tage später. Die Aktion erweist sich als äußerst werbewirksam und stört Georges Simenon, Josephines derzeitigen Liebhaber, ebensowenig wie ihr kurzes Techtelmechtel mit dem Komponisten Jacques Pills, der nach dem Krieg Édith Piaf heiraten wird. Mehr verärgert über das erotische Durcheinander ist Pepito Abatino, der seine Beziehung zu Josephine beendet. Die sieht ein, daß ein wenig Ordnung ihrem Privatleben nicht schaden kann und fährt nach Amerika, um Mr. Baker ausfindig zu machen und sich von ihm scheiden zu lassen. Als sie nach vollbrachter Tat zurückkommt, ist Abatino einem Krebsleiden erlegen und hat der ehemaligen Geliebten sein nicht unerhebliches Vermögen hinterlassen.

Viel Zeit zur Trauer hat ›La Baker‹ nicht, es gilt allabendlich die Stammgäste im »Chez Josephine« zu unterhalten. Einer von ihnen ist Jean Lion, Sohn eines reichen jüdischen Industriellen und hochgradig verknallt in die geschmeidige Tänzerin. Am 3. Juni 1937, ihrem einunddreißigsten Geburtstag, macht er der Angebeteten einen Heiratsantrag, den sie begeistert annimmt. Endlich kann sie die französische Staatsangehörigkeit beantragen. Das junge Glück ist von Anfang an getrübt, denn während Josephine immer erst in den frühen Morgenstunden aus ihrem Cabaret kommt, muß Jean wenig später bereits im Büro sitzen. Seinen Wunsch, häuslicher zu werden und weniger Zeit auf der Bühne zu verbringen, kann und will die Vollblutkünstlerin nicht erfüllen – zum Heimchen am Herd taugt sie nicht! Es kommt zu heftigen Auseinandersetzungen, und als Josephine 1938 das gemeinsame Kind verliert, ist das der Anfang vom Ende. Die Scheidung wird kurz nach Kriegsbeginn ausgesprochen. Wenig später sorgt Josephine unter Einsatz ihrer Popularität für ein Südamerikavisum und verhilft ihrem Ex-Mann zur Flucht vor den Nazis. Sie selbst tritt während des Krieges häufig vor Soldaten auf, begleitet von Jo Bouillon und seinem Orchester.

Als die dunkle Zeit endlich vorbei ist, taucht Jean Lion wieder auf und macht seiner Ex-Gattin einen zweiten Heiratsantrag, den die aber zugunsten von Jo Bouillon ablehnt. Die Tänzerin und der Musiker feiern 1947 Hochzeit. Das Paar ist sich nicht nur künstlerisch einig, sondern hat auch privat einen dominierenden gemeinsamen Wunsch: Kinder. Alle diesbezüglichen Versuche scheitern traurig, denn Josephine wird zwar ohne Probleme schwanger, erleidet aber immer wieder Fehlgeburten. Endlich beschließen die beiden, der traurigen Quälerei ein Ende zu machen und Kinder zu adoptieren. Die Zahl der ursprünglich geplanten vier Sprößlinge wächst im Laufe der Jahre auf sage und schreibe zwölf Kinder der unterschiedlichsten Nationalitäten. Bei aller gemeinsamen Liebe zur »Regenbogenfamilie« bleibt jedoch die Liebe zwischen Jo und Josephine auf der Strecke. Sie trennen sich, arbeiten allerdings weiter zusammen. Ein 1959 versuchter privater Neuanfang scheitert, und Josephine Baker kümmert sich in den verbleibenden Jahren ihres Lebens vorrangig um die Kinder.

Bryan Hammond Patrick O'Connor: Josephine Baker, Wilhelm Heyne Verlag, München 1992

Honoré de Balzac
* 1799, † 1850

Als Honoré Balssa in ärmlichen Verhältnissen geboren, studiert er auf Drängen des Vaters Jura, entscheidet sich jedoch nach der Zulassung als Anwalt für die literarische Laufbahn. Erste Versuche finden keine Beachtung, und Unternehmungen als Verleger enden mit einem lebenslang belastenden Schuldenberg. Vielleicht wurde er gerade deshalb zum erstaunlichsten Vielschreiber der französischen Literatur.

In einer Pariser Dachkammer sitzt mittellos und schüchtern »ein junger sehr häßlicher Mann mit dickem speckigem Fett auf seiner Mähne, schlechten Zähnen, die bei hastigem Sprechen speicheln, ständig unrasiert und mit offenen Schuhbändern«. So beschreiben ihn Freunde, und so versucht Honoré de Balzac erstens ein erfolgreicher Schriftsteller zu werden und zweitens auf Biegen und Brechen eine Frau – und zwar eine möglichst reiche – zu finden. Vermutlich gibt es in der Dachkammer keinen Spiegel, denn Balzac selbst sieht sich ganz anders und schreibt seiner Schwester allen Ernstes: »Sieh dich für mich um nach irgendeiner reichen Witwe mit Vermögen (…) und preise mich an. Zweiundzwanzig Jahre, ein guter Junge, gutaussehend, mit lebendigem Auge voll Feuer; und die beste Pastete von einem Ehegatten, die der Himmel je gebacken hat.«

Die Schwester tut ihr Bestes, ist aber nicht erfolgreich, und so bleiben die lüsternen Träume Balzacs unerfüllt, bis er sich in eine Freundin seiner Mutter verliebt. Madame Laure de Berny ist zu diesem Zeitpunkt fünfundvierzig Jahre alt, rundlich und neunfache Mutter. Eine Weile hält sie Honorés stürmischem Begehren stand, bis sie sich schließlich in einer schwülen Augustnacht dem hartnäckigen Verehrer mit den ungewaschenen Haaren hingibt. In einer Kleinstadt bleibt nichts lange verborgen, Laures Kinder sind mindestens genauso entsetzt wie Honorés Mutter, können jedoch nicht verhindern, daß die Beziehung fast zehn Jahre dauert. Als Balzac sich langsam von ihr löst, reagiert die Berny mit heftiger Eifersucht und Unverständnis, denn seine neue Flamme ist auch schon im Herbst ihrer Jahre. Es ist der Adelstitel der Herzogin von Abrantes, der den Dichter fast so anzieht wie Geld (als er erfolgreich ist, schwindelt er sich selbst ein Adelsprädikat an). Die Leidenschaft zur Herzogin glüht zwar nur kurz, aber Honoré ge-

Honoré de Balzac

nießt die Zeit, in der er Nachfolger des Fürsten Metternich in ihrem Bett ist.

Marie und Louise tauchen ohne Familiennamen in seinem Leben auf, erstere verläßt das Liebeslager schwanger. Das Kind kriegt sie allein, denn Balzac hat für dergleichen weder Zeit noch Interesse. Er schreibt wie ein Besessener, doch trotz einigen Erfolges ist er ständig hochverschuldet und bittet seine Schwester immer wieder, ihm endlich Rettung in Form einer vermögenden Gattin zu besorgen. Das will zwar nicht so recht klappen, aber dafür schreiben ihm Verehrerinnen seiner Kunst Brief um Brief, mit mancher trifft er sich. Einer Marquise, der späteren Herzogin von Castries, macht er vergeblich ein halbes Jahr lang den Hof, bis er zu dem zornigen Schluß kommt: »Ich kann mein Leben doch nicht an einen Weiberrock hängen!«

Datiert vom 28. Februar 1832, liegt seit einer Weile ein Brief auf seinem Schreibtisch. Balzac kann ihn nicht beantworten, denn er ist anonym. Es folgen weitere, und erst im November schlägt die Verfasserin vor, der Dichter möge ebenfalls anonym mittels Zeitungsannoncen antworten. Das ist zu dieser Zeit ganz und gar unüblich, aber sehr nach Honorés Geschmack. Die Dame ist verheiratet und will auf keinen Fall, daß ihr Mann von ihrem »künstlerischen« Engagement erfährt. Sie gibt sich als Evelina von Hanska zu erkennen, arrangiert eine Reise und teilt Balzac mit, wie und wo man sich erstmals treffen kann. Der Dichter wird dem Gatten – welch Zufall – vorgestellt, und Herr von Hanski, nichts Böses ahnend, ist entzückt, einen Künstler von Rang und Namen kennenzulernen. Weniger entzückt ist Balzac, der verdrossen an seine Schwester schreibt: »Ein gottverfluchter Ehemann hat uns in fünf ganzen Tagen nicht eine Sekunde allein gelassen. Er pendelt nur zwischen dem Rock seiner Frau und meiner Weste hin und her.« Trotzdem gelingt es Honoré, Evelina einen Kuß zu rauben – direkt danach schwört er ewige Liebe, und die Sache ist für ihn klar: Kommt Zeit, kommen von Hanskis Millionen! Die Reise der von Hanskis neigt sich dem Ende zu, und die verräterische Gattin schenkt Balzac zum Abschied einen Ring mit einer ihrer Locken, den er bis an sein Lebensende als Talisman trägt. Beim nächsten Treffen kommt der Dichter seinem Ziel ein wesentliches Stück näher, Frau von Hanska erhört sein Flehen, und dem gehörnten Ehemann kann der zu Recht gehegte Verdacht ausgeredet werden. Zurück in Paris schreibt Balzac Evelina Brief um Brief, leistet feurige Eide und beginnt ein Verhältnis mit einer angeblichen Comtessa Guidoleoni-Visconte, die sich wenig später als eine ganz bürgerliche Sarah Lowell aus London entpuppt. Als Evelina im fernen Rußland davon erfährt, ist sie über die Maßen erbost, fordert zornig Treue und: »keine ernsthaften Geschichten, nur irgendwelche kleinen Mädchen« erlaubt sie in Paris.

Eine zukünftige Millionenwitwe gibt man so schnell nicht auf. Balzac besänftigt Frau von Hanska schriftlich und zeugt derweil ein Kind mit der falschen Comtessa, das die wiederum unverfroren ihrem Gatten unterjubelt. Der Dichter denkt gar nicht daran, sein Verhältnis mit der großzügigen, warmherzigen Comtessa zu beenden, statt dessen läßt er sich von ihr, die gerade seinen Sohn entbunden hat, eine Reise nach Italien finanzieren.

Alleine fahren ist langweilig, da fügt es sich doch günstig, daß Fräulein Karoline Marbouty ihm unlängst einen Brief geschrieben und gleich ihren ersten Besuch auf drei Nächte in seinem Boudoir ausgedehnt hat. So erprobt, steckt er Karoline in Männerkleider und nimmt sie nach Italien mit.

Balzac ist siebenunddreißig und beschließt, »endlich zu leben«. Im kommenden Jahr »rafft er mehr Frauen zusammen« als in der ganzen Zeit davor. Von der Baronin bis zur Luxuskokotte räkeln sie sich zwischen seinen Laken, was ihn nicht hindert – den Blick starr auf die Millionen gerichtet –, Evelina weiterhin regelmäßig zu schreiben. Und dann ist es endlich soweit: Herr von Hanski stirbt.

Balzac hat Evelina sieben Jahre nicht gesehen und versucht im Hinblick auf das Erbe, die Beziehung neu zu beleben. Doch das erweist sich als nicht so einfach; zwar hat er ihr immer geschrieben, er lebe keusch wie ein Mönch, doch muß er jetzt feststellen, Frau von Hanska weiß von seinen Eskapaden. Darauf angesprochen, mault der Dichter: »Ein Mann ist schließlich keine Frau, kann man von ihm erwarten, daß er von 1834 bis 1843 völlig keusch lebt? Du weißt genug von diesen Dingen, um zu verstehen, daß das rein medizinisch gesehen zu Impotenz und Verblödung führen würde.« Der Rest des Briefes ist eine einzige schwärmerische Werbung um Evelinas Hand, doch die heißersehnte Antwort aus Rußland ist ein vernichtendes »Nein! Sie sind frei!«

Ein Donnerschlag für Balzac, der sich seinem Lebensziel, eine reiche Witwe zu heiraten, gerade noch so nah wie nie zuvor glaubte. Stur schreibt er weiter, und nach anderthalb Jahren erhält er endlich die Erlaubnis, Evelina besuchen zu dürfen. Sicherheitshalber packt er gleich die für eine Hochzeit notwendigen Papiere ein, muß aber erkennen, daß die Dame seines Herzens diesbezüglich keinerlei Interesse zeigt. Selbst als sie, inzwischen immerhin fünfundvierzigjährig, ein Kind von Honoré erwartet, ändert sich ihre Einstellung nicht. Das Baby, ein Mädchen, wird entweder tot geboren oder stirbt gleich nach der Geburt. Balzac steckt seine Heiratsunterlagen wieder ein und wird krank. So krank, daß die Ärzte sagen, er habe nicht mehr lange zu leben. Unter dieser Prämisse läßt sich Evelina endlich das Jawort abringen – eines berühmten Dichters Witwe zu sein, versorgt mit dem Geld des ersten verstorbenen Gatten, scheint ihr eine annehmbare Perspektive. Sie heiraten im März. Balzac, der inständig hofft, mit den Millionen seiner Frau noch mindestens fünfundzwanzig Jahre an ihrer Seite leben zu können, stirbt ein knappes halbes Jahr später, ziemlich unbeachtet von Evelina in der Nacht vom 18. auf den 19. August 1850. Seine lustige Witwe überlebt ihn um über dreißig Jahre.

Gaetan Picon: Balzac, Rowohlt Verlag, Hamburg 1959
Stefan Zweig: Honoré de Balzac, S. Fischer Verlag, Frankfurt am Main 1979

Charles Baudelaire
* 1821, † 1867

Der französische Dichter und Kunstkritiker gilt als bedeutender Wegbereiter des Symbolismus. Durch eine Erbschaft finanziell unabhängig, führt Baudelaire das Leben eines Dandys und gefällt sich darin, die Bourgeoisie mit grüngefärbten Haaren zu schockieren. 1857 erscheint sein epochales Hauptwerk »Les fleurs du mal«, das ihm eine Anklage wegen Erregung öffentlichen Ärgernisses einbringt.

»Der Mann, der mit Frauen am besten zurechtkommt, ist der, der weiß, wie er ohne sie zurechtkommt.«

Charles Baudelaire

Charles Baudelaire

Weil sich der junge Herr Baudelaire statt mit einem seriösen Beruf ständig mit unseriösen Frauen beschäftigt, beschließt der Familienrat, ihn eine Weile aus Paris zu entfernen. Man schickt den Hallodri zu einer befreundeten Familie nach Mauritius. Insel und Gastgeber langweilen den Großstadtmenschen schier zu Tode, schon will er mit dem Schicksal hadern, da trifft er auf ein großes, farbiges Mädchen, mit dem er sich aus dem Staub macht. Irgendwo in den Bergen genießt er ihre scharf gepfefferten Ragouts und was sie sonst noch zu bieten hat.

Zurück in Paris ist Baudelaire keineswegs geläutert, sondern verfällt einem zwielichtigen Geschöpf namens Jeanne Duval. Die heißt in Wirklichkeit Jeanne Lemer, nennt sich bisweilen jedoch auch Mademoiselle Prosper, denn die Zahl der Gläubiger, vor denen sie ständig auf der Flucht ist, verlangt von Zeit zu Zeit kleine Identitätskorrekturen. Wenn auch Herkunft und Existenz der »Dame« etwas zweifelhaft sind, so steht doch ihr Äußeres ziemlich eindeutig fest: Sie hat einen triumphierenden Gang, tiefschwarz glänzendes, gekräuseltes Haar, sehr große, braune Augen, sinnliche Lippen und – so Baudelaire – »eine spitze Brust«. Ihr Charakter hingegen wird weniger schmeichelhaft beschrieben: »tückisch, verlogen, ausschweifend, verschwenderisch, trunksüchtig und zu allem Überfluß auch noch unwissend und dumm«. Dem Dichter gefällt die Mulattin trotzdem, die beiden führen eine immer wieder beendete und immer wieder aufgenommene Beziehung. Baudelaire, der durchaus auch rechts und links vom Wege schaut, ist fasziniert von Jeannes erotischem Talent und kann im wahrsten Sinne des Wortes nicht die Finger von ihr lassen. Nebenbei verliebt er sich in die Komödiantin Marie Daubrun, erobert und verläßt sie wieder, umschwärmt Apollonie Sabatier, die er mit Versen überschüttet. Als ihn die Sabatier endlich erhört, ist dem Glück nur kurze Dauer beschieden: Auf dem Papier liebt es sich leichter als in Wirklichkeit.

1850 heißt die unerfreuliche Realität Syphilis und Jeanne Duval. Sie betrügt ihn, hintergeht ihn, erbettelt Geld, das er selbst nicht hat, und als er endlich den Absprung in eine eigene Wohnung zu schaffen hofft, ist die Duval halb gelähmt und fleht ihn an, sie mitzunehmen. Baudelaire hat ein gutes Herz und quartiert das Luder bei sich ein. Sie dankt es ihm, indem sie ihren Bruder in der Wohnung aufnimmt. Nach einer Weile muß der entsetzte Dichter feststellen, daß es sich bei diesem Bruder um einen Kerl handelt, mit dem die unverfrorene Jeanne unter seinen Augen in seinem Domizil ein Verhältnis hat.

Syphilis und Lebenswandel fordern ihren Tribut. Mit sechsundvierzig sieht Baudelaire aus wie ein Greis. Seine rechte Seite ist gelähmt, er kann nur noch ein Wort sagen, als er in Obhut seiner Mutter für das letzte Lebensjahr in ein Krankenhaus gebracht wird.

Carole McKenzie: All about Sex, Europaverlag, München/Wien 1992
Pascal Pia: Charles Baudelaire, rororo Bildmonographie, Rowohlt Verlag, Reinbek 1958

August Bebel
* 1840, † 1913

Der deutsche Sozialist wird 1867 Vorsitzender des Verbandes Deutscher Arbeitervereine, gründet zusammen mit Wilhelm Liebknecht die Sächsische Volkspartei und wird als deren Vertreter in den Reichstag des Norddeutschen Bundes gewählt. Innerhalb der SPD vertritt Bebel später die marxistische Mittellinie für einen Ausgleich zwischen marxistischer Theorie und politischer Praxis.

Der hochbegabte, lernbegierige Schüler kann aus Geldmangel nicht studieren und sucht als gelernter

August Bebel

Drechsler Arbeit. Auf seiner Wanderschaft lernt er Johanna Henriette Julie Otto, die Tochter eines Streckenarbeiters, kennen und verlobt sich im Herbst 1864 mit ihr. Um das Mädchen heiraten und einen Hausstand gründen zu können, muß Bebel sich selbständig machen. Er läßt sich als Drechslermeister nieder und hat bereits zwei Jahre später eine derart gesicherte Existenz, daß er seine Julie ehelichen kann. Die junge Frau erweist sich als das Glück seines Lebens. Trotz seiner ständigen Verhaftungen wegen seiner politischen Gesinnung hält sie treu zu ihm. »In der Liebeswahl war die Frau, auch hierbei dem Mann gleich, frei und ungehindert. Sie freit oder läßt sich freien, einer Ehe braucht außer der Neigung keine Rücksicht zugrunde liegen«, lautete Bebels Credo. Als seine Frau 1910 an den Folgen einer Brustkrebsoperation stirbt, trauert Witwer August Bebel tief und aufrichtig: »Die Sonne in unserem kleinen Familienkreis erlischt für immer.«

Helmut Hirsch: August Bebel, rororo Bildmonographie, Rowohlt Verlag, Reinbek 1988

Max Beckmann
* 1884, † 1950

Der deutsche Maler und Graphiker schafft nach traumatisierenden Erfahrungen als Sanitäter im Ersten Weltkrieg hochdramatische Gemälde, die durch grellfarbige Flächen und Szenen des Schmerzes gekennzeichnet sind. Immer mit einem Skizzenblock unterwegs, eignet er sich die Welt zeichnend an und wechselt, wo er mit Öl nicht weiterkommt, zu Tusche oder Pastell.

»Beckmann ist ein nicht sehr sympathischer Mensch.
Beckmann besitzt das Pech, von der Natur nicht mit einem Bank-,
sondern mit einem Maltalent ausgestattet zu sein.
Beckmann ist Berliner und lebt in Frankfurt.
Beckmann ist in Graz verheiratet.«

So der Maler 1924 über sich selbst. Ein Jahr später gibt es Neues zu berichten: »Beckmann verläßt Frau und Kind.« Das Ehepaar Beckmann läßt sich in großem Einvernehmen scheiden, Sohn Peter bleibt bei der Mutter.

Im Februar 1902 lernt der junge Max Beckmann auf einem Faschingsfest der Kunstschule die talentierte Minna Tube kennen. Minna ist etwas ganz Besonderes, das hat sich bereits herumgesprochen: Das Fräulein Tube ist eines der ersten auf der Kunstschule zugelassenen Mädchen. Max gefällt sie auch sonst so gut, daß er sie überredet, ihm nach Paris zu folgen, um dort gemeinsam weiterzustudieren. Seine Mutter ist schnell einverstanden mit dem Plan. Anders Mutter Tube, die ihrer begabten Tochter den Wechsel schlichtweg verbietet. Beckmann ist sauer, und nach ein paar Briefen beendet er die Beziehung. Nach einem Besuch bei Minna überlegt sich der impulsive Künstler die Sache doch noch, und am 25. September 1906 heiraten die beiden. Der autoritäre Beckmann will keine Konkurrenz im eigenen Haus: Minna hört trotz ihrer Begabung folgsam auf zu malen, nimmt Gesangunterricht und wird Opernsängerin. Doch die Interessen und Lebensläufe sind zu unterschiedlich, und bald ist das Paar mehr befreundet als verheiratet. Max Beckmann nimmt sich eine Geliebte. Die Scheidung wird ausgesprochen, und der Maler ehelicht wenig später die zwanzigjährige und damit halb so alte Mathilde von Kaulbach. Befreit von den Ehefesseln, kehrt Minna zurück zu ihrer eigentlichen Profession und fängt wieder an zu malen.

Zweitgattin Mathilde ist Beckmann trotz des großen Altersunterschiedes eine verständnisvolle Gefährtin, die Deutschland 1937 mit ihm verläßt, als ihr Mann unmittelbar von einem Malverbot bedroht ist.

Peter Beckmann: Max Beckmann, Belser Verlag, Stuttgart/Zürich 1982
Brigitte, 4.2.1998

Ludwig van Beethoven
* 1770, † 1827

Seine überragende musikalische Begabung zeigt sich früh, und Beethoven wird Schüler von Joseph Haydn, nachdem ein Unterricht bei Wolfgang Amadeus Mozart nicht zustande gekommen war. Zuwendungen durch adlige Förderer und die Veröffentlichung seiner Kompositionen ermöglichen ihm ein Leben als freischaffender Künstler.

»Stellen sie sich das Unsauberste und Unordentlichste vor. Wasserlachen bedecken den Boden; ein ziemlich alter Flügel, auf dem der Staub mit Blättern voll geschriebener oder gedruckter Noten um den Platz stritt. Darunter – ich übertreibe nichts – ein noch nicht geleertes diskretes Gefäß. Die Stühle hatten alle Strohgeflechte und waren mit Kleidungsstücken und Tellern voller Reste vom Abendessen des vorhergehenden Tages bedeckt.« So wird das Zimmer des ewigen Junggesellen Ludwig van Beethoven 1809 beschrieben. Der prüde Komponist ist zwar einige Male in seinem Leben verliebt, doch keiner seiner Heiratsanträge wird erhört. Er ist klein, hat einen großen Kopf, das Kinn eines Nußknackers und auffallend unreine Haut. Die Sängerin Magdalene Willmann weigert sich 1795, seine Frau zu werden, weil er »so häßlich und halb verrückt ist«. Beethoven liebt es, hübschen Mädchen nachzuschauen, und ist ein Meister im verstohlenen Umher-

Ludwig van Beethoven

schielen. Wenn ihn eine Schöne dabei erwischt, zieht er Grimassen und lacht sich kaputt. Oft sind es gutaussehende und vor allem intelligente Frauen, für die er sich interessiert, nicht selten seine Schülerinnen. Aber keine tut sich ein näheres Verhältnis zu dem schlampigen Musiker an. Nur seine Haushälterin erträgt geduldig, wenn er ihr wieder mal ein Ei, das er für nicht ganz frisch hält, hinterher wirft, oder mehr heulend als singend Unmengen Wasser verplempert bei dem Versuch, sich zu waschen. Das tut er häufig und mit Leidenschaft, wechselt allerdings die Garderobe so selten, daß sich seine Freunde nachts heimlich in sein Zimmer schleichen und getragene Kleidungsstücke gegen neue austauschen. Die zieht Ludwig dann am nächsten Morgen an, ohne den Wechsel zu bemerken. Vermutlich trägt auch seine Angewohnheit, in Pantoffeln und Schlafrock über die Straße zum Unterricht zu gehen, und die Tatsache, daß er im Sommer in Unterhosen durch die Wälder wandert, nicht zu seiner Anziehung auf das weibliche Geschlecht bei.

Die Biographen sind sich uneinig, ob der große Musiker gänzlich unberührt verstarb oder ihn eine seiner vielen Angebeteten erhörte. Nach seinem Tod wird ein Brief an die »Unsterbliche Geliebte« gefunden. Doch mit ihr, so viel steht fest, ist nichts gelaufen, denn er beklagt die Tatsache, daß sie nicht vollständig vereint gewesen seien. Die ungarische Gräfin Anna Maria Erdődy, deren dunkle Vergangenheit Anlaß zu übelsten Gerüchten gibt, läßt Beethoven eine ganze Weile bei sich wohnen. Immer wieder findet man ihn in ihrer Nähe, aber ob sie seine Geliebte ist, läßt sich nicht mit Bestimmtheit sagen. Fanny Giannatasio del Rio ist heftig verliebt in den Meister, doch dem ist sie nicht schön genug. Gräfin Giulietta Guicciardi würde er gern mehr als das Klavierspiel beibringen, aber ihr Vater verweigert seine Zustimmung vehement. Und so kümmert sich Beethoven statt um eine Frau und eigene Kinder in den letzten Lebensjahren um seinen Neffen

Karl und bemüht sich, dem leider nur durchschnittlich begabten Sohn seines verstorbenen Bruders eine gute Ausbildung zuteil werden zu lassen.

Barry Cooper: Das Beethovencompendium, Droemer Knaur, München 1992
Wallace, Irving u.a.: Rowohlts indiskrete Liste, Rowohlt Verlag, Reinbek 1981

Gottfried Benn
* 1886, † 1956

Der deutsche Schriftsteller wird als Sohn eines Pfarrers geboren und studiert zunächst evangelische Theologie und Philosophie; später sattelt er zur medizinischen Fakultät um. Während des Ersten Weltkrieges arbeitet Benn als Militärarzt und läßt sich nach Ende des Krieges zum Facharzt für Haut- und Geschlechtskrankheiten ausbilden.

»Man konnte weder damals noch später mit ihr über die Straße gehen, ohne daß alle Welt still stand und ihr nachsah. Extravagante weite Röcke oder Hosen, unmögliche Obergewänder, Hals und Arme behängt mit auffallendem, billigen Schmuck, Ketten, Ohrringe, Talmiringe an den Fingern. Sie schlief oft auf Bänken, und sie war immer arm, in allen Lebenslagen und zu allen Zeiten.« Die so beschriebene Dichterin Else Lasker-Schüler beeindruckt Benn mit ihrem extravaganten Auftreten dermaßen, daß er 1912 gar nicht anders kann, als sich in sie zu verlieben. Trotz aller Bewunderung, die Beziehung zu Else ist strapaziös, und drei Jahre später begehrt der Dichter das totale Gegenteil.

Die Witwe Edith Osterloh ist mit ihren fünfunddreißig Jahren eine schlanke, brünette und sehr gepflegte Erscheinung. Benn lernt sie und ihren kleinen Sohn auf einer Ostseeinsel kennen. »Kinder stören, Kinder kosten Geld, und Kinder bringen Unruhe in den privaten Alltag«, dekretiert Benn, aber weil er Edith mag, muß er deren Alexander nolens volens in Kauf nehmen. Eine Weile trifft sich das Paar regelmäßig in Berlin (dort lebt er) und in München (da wohnt Edith). Hier werden die beiden am 1. August 1914, dem ersten Mobilmachungstag, im Rahmen einer Kriegstrauung verheiratet. Benn wird nach Belgien beordert und tut dort seinen Dienst, als er 1915 die Nachricht erhält, daß er Vater geworden ist. Doch ändert die Geburt von Tochter Nele nichts an Gottfrieds Lebenswandel.

»Treue ist ein so ungeheurer innerlicher Prozeß, daß man ihn überhaupt nicht lehren oder verkünden kann«, rechtfertigt er die ständigen Besuche einer geheimnisvollen Yvette und vieler anderer Damen. Der Krieg ist Gott sei Dank vorbei, Benn sieht in Dresden seine kultivierte, musisch begabte und gesellschaftlich hochangesehene Frau wieder. Die Kluft zwischen ihr und dem puritanischen Pastorensohn könnte größer nicht sein, doch die beiden versuchen ein gemeinsames Leben. Benn eröffnet in Berlin eine Praxis für Haut- und Geschlechtskrankheiten, die viel mehr Arbeit mit sich bringt, als erwartet. Edith zieht mit den beiden Kindern zu ihm und richtet die Wohnung so elegant ein, daß Benn sich regelrecht unwohl darin fühlt. »Papa war nicht oft zu Hause«, erinnerte sich Nele später.

»Gute Regie ist besser als Treue. Den Partner schonen, nichts merken lassen«, ist Benns Maxime. Doch Edith merkt trotzdem und leidet. Der Dichter-Arzt läßt sich hier und da mit Verehrerinnen seiner Dichtkunst ein, verabscheut Kletten und sorgt nach vollbrachter Tat meist schnell dafür, daß er seine Freiheit wieder gewinnt. Edith wird krank und stirbt 1922 an den Folgen einer Gallenoperation in den Armen ihres Mannes. Der vierundvierzigjährige Witwer schreibt, praktiziert, versorgt die Kinder und findet dennoch ausreichend Zeit für die Damenbekanntschaften. Hier unterscheidet er »Schnuckchen«, das heißt flüchtige Beziehungen zu Schauspielerinnen, Sängerinnen und Tänzerinnen, und »Frauen«, bei deren einer oder anderer er sogar manchmal an Heirat denkt – den Gedanken dann aber doch wieder verwirft. Eine von ihnen nimmt sich deshalb das Leben.

Siebzehn Jahre führt Benn diese Existenz, da lernt er Herta von Wedemeyer kennen. Herta kommt aus einer alten Offiziersfamilie, ist groß, schlank und sehr scheu und zurückhaltend. Die Verbindung hat nichts mit Leidenschaft zu tun, aber Herta kreiert nach der Hochzeit 1938 eine behagliche, völlig abgeschirmte harmonische Atmosphäre, in der es sich gut arbeiten läßt. Der Krieg trennt das Paar, und als die schwer arthritiskranke Herta auch nach Kriegsende nichts von ihrem Gottfried hört, hält sie ihn für tot und nimmt sich Mitte 1945 mit einer Überdosis Morphium das Leben. Benn ist verzweifelt und erstickt seine Trauer in Arbeit. Eines Tages kommt die Zahnärztin Dr. Ilse Kaul in seine Praxis, um sich gegen Typhus impfen zu lassen. Im Dezember 1946 zieht sie als die dritte Frau Benns dort ein. Ilse ist halb so alt wie ihr Mann, doch es wird seine längste und glücklichste Ehe. Mit ihr schreibt er sein »Alterswerk«, und beide praktizieren sie in seiner Vierzimmerwohnung: jeder ein Sprechzimmer, ein gemeinsames Wartezimmer und ein Zimmer zum Hof, in dem sie leben.

Walter Lemming: Gottfried Benn, rororo Bildmonographie, Rowohlt Verlag, Reinbek 1974

Alban Berg
* 1885, † 1935

Der österreichische Komponist studiert nach anfänglichen autodidaktischen Versuchen bei Arnold Schönberg, dem Schöpfer der Zwölftonmusik. Der führt ihn
einerseits in das traditionell kompositorische Denken ein, erschließt seinem
Schüler jedoch auch die Bereiche der atonalen Musik. Nebenbei verfaßt der literarisch interessierte Berg auch zahlreiche journalistische Arbeiten.

»Ich wunder' mich, daß ich nicht umg'fall'n bin,
als ich dich zum erstenmal g'seh'n hab'«, wienert
der schlaksige Albano Maria Johannes Berg, als er
seiner schon lange angeschwärmten Helene Na-
howska endlich vorgestellt wird. (Angeblich ist sie
die Tochter von Kaiser Franz Joseph und einer fast
fünfzig Jahre jüngeren, schönen Korbflechterin.)
Helene gefällt der Humor des 1,87 m großen
Leichtgewichts Alban Berg. Sie, die selber aussieht
»wie eine riesige, hohe, schlanke, aschblonde russische Studentin«, fühlt sich in der Gegenwart des
jungen Komponisten ausgesprochen wohl und gut
unterhalten. Es dauert nicht lange, und die beiden
sind sich einig: Sie werden ihr Leben gemeinsam
verbringen. Bedauerlicherweise sieht der Herr Papa
das ganz anders. Einen langen, sorgfältig formu-

Alban Berg

lierten Brief, in dem Berg die beruhigende finanzi-
elle Lage seiner Mutter und die absolute Ehrenhaftigkeit des Musikerberufs aus-
führlichst darlegt, wirft Herr Nahowski mit den Worten »Ich reg' mich doch nicht
auf!« zu Boden.

Alban ist eisern, brav absolviert er sein Studium und löchert den alten Nahowski so lange, bis der endlich entnervt der Heirat zustimmt. Eine Bedingung stellt
der Brautvater allerdings: Berg muß protestantisch werden. Der pragmatische
Herr Nahowski hält nämlich von des dünnen Alban asthmatischer Gesundheit
ebensowenig wie von der Laufbahn eines Komponisten – und eine Scheidung im
Falle einer römisch-katholischen Trauung ist ungleich viel komplizierter. Der besorgte Vater macht sich alle diese Gedanken völlig umsonst. In der von Helenes
Mutter eingerichteten Wohnung führen die jungen Bergs eine höchst vergnügte
und harmonische Ehe. Alban besteht auf seinen Ritualen – Frühstück ans Bett,

dann eine Morgenzigarette und für den Rest des Tages zwecks Komponierens und Unterrichtens ab ans Klavier. Am Abend geht das Ehepaar gerne gemeinsam aus oder – Helene ist eine ausgezeichnete Gastgeberin – lädt Freunde ein. Berg ist ein geselliger Mann, der es ganz besonders liebt, auf Fußballspiele zu gehen; da schämt sich seine Frau dann manchmal ein bißchen, wenn ihr Gatte durch seine begeisterten Reaktionen sowohl die Spieler auf dem Rasen als auch das Publikum ablenkt. Lange ist sie ihrem Alban allerdings nie böse, denn der hat soviel Blödsinn im Kopf, daß er sie immer wieder zum Lachen bringt. Als sie sich eines Tages beschwert, daß sein immenser Haarölverbrauch ihr zu viel Kopfkissenwäsche verursacht, findet sie ihren erwartungsvoll grinsenden Mann des Abends mit dem geölten Kopf auf dem Fußabstreifer aus Kokosfaser vor der Eingangstüre liegend.

Erich Alban Berg (Hrsg.): Alban Berg. Leben und Werk in Daten und Bildern, Insel Verlag, Frankfurt am Main 1985

Ingmar Bergman
* 1918

In Upsala geboren, studiert der schwedische Regisseur und Drehbuchautor zunächst Literaturwissenschaften und Kunstgeschichte, bevor er als Regieassistent an die Stockholmer Königliche Oper geht. Für seine Filme wird er zweimal mit dem Oscar für den besten fremdsprachigen Film und einmal mit dem Goldenen Bären der Berliner Filmfestspiele ausgezeichnet.

Tante Alla Petréus ist zwar keine schöne Frau, aber dem kleinen Ernst Lynnar Bergman fällt auf, daß die Bekannte seiner Eltern außerordentlich gut riecht. Eines Tages nimmt der Junge ein heißes Bad. Behaglich döst er in dem warmen Wasser vor sich hin, da klopft die Tante an die Tür. Als Ernst Lynnar alias Ingmar nicht antwortet, tritt sie ein, läßt den Bademantel fallen und steigt wortlos zu ihm in die Wanne. »Dann nahm sie meine Hand, zog sie an sich und führte sie zwischen ihre Schenkel. Mein Herz pochte bis zum Hals. Sie spreizte meine Finger und drückte sie tiefer gegen ihren Schoß. Mit der anderen Hand umschloß sie mein Geschlecht, das verblüfft und hellwach reagierte.« Zu diesem Zeitpunkt hat Ingmar bereits eine heftige Liebe zur Zirkusfrau Esmeralda, eine Verlobung mit Gladys, einer Klassenkameradin aus der Grundschule und tiefe Zuneigung zu seinem Kindermädchen hinter sich. So unerfüllt wie diese Romanzen bleibt auch seine Schwärmerei für die gleichaltrige Märta. Beschämt muß er sich von der Dorfjugend nachrufen lassen: »Die Qualle durch das Weltmeer segelt, es quietscht, wenn man im Wasser vögelt!« Mit Macht überwältigen ihn die widerstreitenden Gefühle der Pubertät: »Ich war pickelig, falsch angezogen, stotterte, lachte laut und unmotiviert, war in allen Sportarten ein hoffnungsloser Fall und unterhielt mich gern über Nietzsche; das war ein gesellschaftliches Talent, das auf den Badefelsen kaum anwendbar war. Die Mädchen hatten Hüften, Brüste, Popos und lachten munter und höhnisch. In meiner kleinen Kammer schlief ich in meiner Phantasie mit allen. Aber wie zum Teufel stellte ich an, an eine Frau heranzukommen, an welche auch immer. – Alle vögelten, nur ich nicht.« Nach langem theoretischen Nachdenken gelingt der Coup. Die frühreife Mitschülerin Anna Lindberg hat große Brüste, mächtige Hüften und ein üppiges Hinterteil. Statt Hausaufgaben werden heftige Übungen auf dem mächtig ächzenden Bett gemacht, und auf dem Fußboden, gleich neben dem Kachelofen, geht es zur Sache. Beide sind voll Blut, der Lindbergsche Teppich auch, da steht unerwartet und einer Rachegöttin gleich Annas Mutter in der Tür. Der vierzehnjährige Übeltäter kriegt zwanzig Ohrfeigen und den Rat, Anna nur ja nicht zu schwängern, und mit einem Türenknall verläßt

Ingmar Bergmann

Frau Lindberg wieder den Raum. Die Jugendliebe hält, bis Anna nach dem Abitur nach Frankreich geht und Bergman sich Cecilia von Gotthard zuwendet. Es ist und bleibt ihm ein Rätsel, warum das begehrte Mädchen aus der Reihe ihrer Verehrer ausgerechnet ihn erhört. Ingmar hält sich für einen miserablen Liebhaber, noch schlechteren Tänzer und langweiligen Gesprächspartner, der immer nur von sich redet. Irgendwann merkt das auch Cecilia, und mit der Begründung, aus ihm werde nie etwas, endet sie die Beziehung. Wie gut, daß es Maria gibt, denn das junge Mädchen nimmt sich vorübergehend Ingmars unstillbaren sexuellen Hungers an: »Sie öffnete einen Käfig und ließ einen Irren frei.«

1943 heiratet Bergman Else Fischer, und wenig später wird Tochter Lena geboren. Mutter und Kind haben Tuberkulose, und die Behandlungskosten verschlingen das ganze Geld. Während seine Familie in teuren Privatkrankenhäusern genesen soll, fängt der Strohwitwer ein Verhältnis mit der Tänzerin Ellen Lundström an, das sofort zu einer Schwangerschaft führt. Ellen wird seine zweite Frau, mit ihr, den vier gemeinsamen Kindern und der Schwiegermutter lebt der sensible

Künstler in einem Riesenhaushalt und sieht nur eine Möglichkeit: Fremdgehen. »Ich war von einer Sexualität besessen, die mich zu ständiger Treulosigkeit und Zwangshandlungen trieb.« Er, der dauernd Seitensprünge pflegt, reagiert mit massiver Eifersucht, als er erfährt, daß Gattin Ellen intensiven Umgang mit einer lesbischen Künstlerin pflegt. Die Ehe ist zerrüttet und wird geschieden. Gun Grut, eine Journalistin, soll den Star zu seinem Privatleben befragen, landet in dessen Bett und wird Ehefrau Nummer drei. Auch sie kann ihn nicht hindern, ständig fremdzugehen, und wenige Jahre und einige Verhältnisse später lebt er mit Harriet Anderson zusammen. Gun, die er um eine Ehepause bittet, tobt und setzt den Treulosen vor die Tür. Der vierten Gattin, Käbi Laretei geht es nicht besser als ihren Vorgängerinnen: Die Pianistin wird schwanger, betrogen und irgendwann verlassen. Ingrid von Rosen ist amtierende Frau Bergman, als Ingmar Liv Ullmann begegnet, die in ihrer Biographie von furchtbaren Wutanfällen und maßloser Eifersucht ihres Lebensgefährten berichtet. Aber zunächst sind die beiden ein Paar: »In einer grandiosen Fehlentscheidung baute ich das Haus mit dem Gedanken an ein gemeinsames Dasein auf der Insel. Ich vergaß, Liv zu fragen, was sie davon hält.« Die bleibt nur ein paar Jahre, und als die Beziehung zu Ende geht, ist Bergman Vater von acht leiblichen Kindern und vier Stiefkindern von Ingrid von Rosen.

Ingmar Bergman: Mein Leben, Hoffmann und Campe, Hamburg 1987
Eckhard Weise: Ingmar Bergman, rororo Bildmonographie, Rowohlt Verlag, Reinbek 1987

Elisabeth Bergner
* 1897, † 1986

Die österreichische Schauspielerin feiert nach Engagements in Innsbruck, Zürich und Wien in den zwanziger Jahren große Theatererfolge. Ab 1924 übernimmt Elisabeth Bergner auch Filmrollen, zuerst in Stumm-, später in Tonfilmen. 1932 emigriert sie nach London und besucht Deutschland nach dem Zweiten Weltkrieg nur noch auf Gastspielreisen.

»Für viele muß es ein Malheur gewesen sein, wie ich war. Ich glaube, ich hatte großes Talent für Freundschaften und gar kein Talent für Liebschaften.« Dafür, daß sich die Schauspielerin diese vermeintliche Minderbegabung selbst attestiert, pflegt sie ihre Liebschaften jedoch mit Akribie. Fest davon überzeugt, daß eine junge Künstlerin in ihrem Beruf nur Erfolg hat, wenn sie allen und nicht einem gehört, hängt die Bergner ihre Beziehungen allerdings nie an die große Glocke. Ein weiterer Grund für die gepflegte Diskretion ist sicherlich die Tatsache, daß die schöne Frau sich nicht so recht zwischen Männlein und Weiblein zu entscheiden weiß.

Sie ist noch sehr jung, da hat sie bereits drei bedeutende Künstler abgewiesen: Wilhelm Lehmbruck, Alexander Moissi und Albert Ehrenstein. Letzterer bedichtet sie, wird ihr Mentor, hilft maßgeblich bei der Karriere und kriegt doch nur ein »Nein« für seine unmißverständlichen Aufforderungen. Kollege Moissi verspricht Ella/Elisabeth den Himmel auf Erden, den sie aus seiner Hand nicht will, und dem Bildhauer Lehmbruck sitzt sie so grazil Modell, daß er Hammer und Meißel niedersinken läßt und sie anfleht, ihn zu erhören. Statt seine Wünsche zu erfüllen, geht die Bergner zu seiner Frau und berichtet vom Treiben des Gatten. Frau Lehmbruck hat keinerlei Sinn für dergleichen Gespräche von Frau zu Frau und nennt die aufrichtige Bergner ein »talentiertes, raffiniertes Judenmädel«. Und während die reiche Amerikanerin Muriel McClormick ihr feurige Liebesbriefe schreibt, ein indischer Fürst sie dringend zwecks Heirat in sein Heimatland führen möchte und der seriöse Freiherr Wilhelm von Falkenhausen-Trutzkirchen um ihre Liebe buhlt, teilt sich die Bergner mit der Dichterin Claire Studer eine Wohnung und guckt sich den bunten Reigen ihrer Verehrer und Verehrerinnen von dort aus an. Lehmbruck verfolgt sie, reist ihr überallhin nach und nimmt sich 1919 das Leben. Im Alter bekennt Elisabeth: »Ich muß schrecklich gewesen sein, ich bitte um Vergebung.« Für den Bildhauer kommt die Erkenntnis zu spät. Hin- und hergerissen zwischen Xaverl und Thomas, bezaubert von der energischen Viola, gerät Elisabeth Bergner in einen solchen Gefühlsstrudel, daß sie die Hilfe des Psychiaters Alfred Adler in Anspruch nehmen muß. Der sorgt dafür, daß sie ihr Privatleben etwas besser sortiert bekommt, und nach einigen heftigen Krächen mit Xaverl gewinnt schließlich Viola Bosshardt und wird 1922 die Lebensgefährtin der Schauspielerin. Vier Jahre später kaufen und beziehen die beiden Frauen eine luxuriöse Villa in Berlin-Dahlem.

Die dunkle Zeit bricht über Deutschland herein; Elisabeth und Viola leben gefährlich. Es gilt, die Existenz zu verbürgerlichen. Elisabeth heiratet den Regisseur Paul Czinner, der sie bis zu seinem Tod 1972 vergöttert. Viola wird (bereits einmal geschieden) die Gattin des Zürcher Anwalts Dr. Otto Irminger, das Paar Bergner/Czinner feiert anläßlich des Hochzeitsfestes kräftig mit.

Klaus Völker: Elisabeth Bergner. Das Leben einer Schauspielerin, Edition Hentrich, Berlin 1990

Sarah Bernhardt
* 1844, † 1923

Nach ihrem Debüt an der Comédie Française erhält Sarah Bernhardt zunächst
nur unbedeutende Rollen und kann sich erst nach sieben Jahren mit einem
großen Erfolg profilieren. Während des Ersten Weltkrieges spielt sie für die französischen Fronttruppen und findet neben ihrer Tätigkeit als Schauspielerin genü-
gend Zeit, um als Malerin und Bildhauerin zu arbeiten.

Mehr als tausend Affären soll die »göttliche Sarah« im Laufe ihres Lebens gehabt
haben. Ein bemerkenswerter Sinneswandel muß da stattgefunden haben, denn
fünfzehnjährig erklärt sie ihrer Mutter, Nonne werden zu wollen. »Das Haus meiner Mutter war immer voll von Männern, und je öfter ich sie sah, desto weniger
mochte ich sie.« Mama ist Edelkurtisane und kriegt einen Lachkrampf, denn für sie
ist klar, die kleine Sarah soll auch ins Gewerbe. Einem der mütterlichen Liebhaber
verdankt sie die Ausbildung als Schauspielerin, die sie siebzehnjährig, unterstützt
von Alexandre Dumas, dem Älteren, als Zweitbeste der Klasse absolviert. Die folgenden vier Jahre nutzt das magere Mädchen mit der »Energie für zehn«, um sich
beruflich und privat zu etablieren. Trotz einer nicht unerheblichen Zahl von Liebhabern, schafft sie es, die Zeit emotional unverletzt zu überstehen, bis sie sich in
Prince Henri de Ligne verliebt. Sarah sieht Mutterfreuden entgegen, verschweigt
jedoch dem geliebten Fürsten ihren Zustand, damit er sich zu nichts verpflichtet
fühlt. Ihre Sorge erweist sich als völlig unberechtigt, denn als Henri von der Geburt
seines Sohnes Maurice erfährt, zieht er sofort zu Sarah. Überglücklich will er die
Zwanzigjährige heiraten. Die fürstliche Familie tobt; ein distinguierter Onkel ringt
Sarah unter deutlichen Hinweisen auf nicht überbrückbare Standesklüften das
Versprechen ab, Ligne freizugeben. Sarah gehorcht, behält Maurice als Pfand ihrer
großen Liebe und läßt einen trauernden, zornigen, enttäuschten Prinzen zurück.
   Mit den Erfolgen auf der Bühne mehren sich die Liebhaber. Meist sind es ihre
Partner, doch manchmal greift die Bernhardt auch auf Maler, Schriftsteller, Adlige zurück. Butler Émile, der ihr vierzig Jahre treu und ergeben dient, führt, beeindruckt von Rang und Namen, minutiös Tagebuch über die illustren Besucher seiner Arbeitgeberin. Liebevoll kümmert sich die Schauspielerin um ihren Sohn und
scheut sich nicht, ihn öffentlich und für die Zeitgenossen schockierend vergnügt
als »petit accident d'amour« zu bezeichnen.
   »Le couple« nennt man sie und ihren Kollegen Jean Mounet-Sully. Wenn die
beiden auf der Bühne stehen, ist das Theater ausverkauft und der Saal bebt ebenso
wie die verliebte Sarah. Neben Männern und Maurice liebt die Bernhardt Tiere

über alles. Ali-Gaga, ein kleiner Alligator, darf zum Entsetzen des amtierenden Liebhabers Angelo sogar in ihrem Bett schlafen. Als Ali-Gaga eines Tages tot ist, teilt der Arzt der betrübten Besitzerin mit, das Tier habe den vielen Champagner nicht vertragen …

Ausgerechnet der eitle, arrogante Superplayboy Jacques Damala ist es, der sie das Fürchten lehrt. Von Intellektuellen und Adligen begehrt und bewundert, setzt sie sich in den Kopf, den nichtsnutzigen, elf Jahre jüngeren Diplomatensohn zu erobern. Jacques, der Frauen für gewöhnlich mit Herablassung behandelt und prahlt, keine seiner Eroberungen habe ihm je etwas bedeutet, kann auf eine lange Liste von gebrochenen Herzen, verursachten Scheidungen und einen Suizid seinetwegen zurückblicken. Sarah verfällt ihm mit Haut und Haar, und als der Frauenheld sie zu betrügen beginnt, macht sie ihm unvorsichtigerweise einen Heiratsantrag. Das Angebot ist schon aus Gründen der finanziellen Versorgung so verlockend, daß Damala es nicht ausschlägt. Was seine Frau nicht weiß: Der Mann hat einen immensen Geldbedarf. Seine schwere Morphiumsucht, gepaart mit übermäßigem Alkoholkonsum, verschlingt Unsummen ihrer Gagen. Doch nicht nur die Süchte machen dem jungen Ehemann Probleme, viel schlimmer ist für ihn die Tatsache, fortan als »Monsieur Bernhardt« existieren zu müssen. Mit Wonne und Phantasie demütigt er seine berühmte Frau am liebsten in der Öffentlichkeit, zeigt sich indiskret mit seinen zahlreichen Geliebten und spritzt sich das Morphium bei Gesellschaften ungeniert durchs Hosenbein. Sarah leidet eine ganze Weile, dann reißt ihr der Faden. Sie wirft den kranken Damala mitsamt seinem Rauschgiftvorrat aus dem Haus und tröstet sich mit dem hübschen, nicht besonders talentierten Kollegen Lou Tellegen. Der holländische Herkules ist ihr treu ergeben – und fünfunddreißig Jahre jünger als die Mittsechzigerin. Getreu ihrem Motto »quand même« – trotzdem – spielt die große Darstellerin noch weiter Theater und geht sogar ein letztes Mal auf Tournee nach Amerika, als man ihr ein Bein amputiert hat.

Cornelia Otis Skinner: Madame Sarah, G. B. Fischer Verlag, Frankfurt am Main 1968

Leonard Bernstein
* 1918, † 1990

Der amerikanische Dirigent, Komponist und Pianist verdankt 1943 sein spektakuläres Debüt am Pult einer kurzfristigen Erkrankung des Dirigenten Bruno Walter. Die meisten seiner Aufnahmen macht er mit »seinem« Orchester, den New Yorker Philharmonikern, die ihn 1969 zum Ehrendirigenten auf Lebzeiten ernennen. Bernstein gilt als einer der bedeutendsten Musikpädagogen Amerikas.

»Er ist nett, aber oh, was für ein Egoist! Wenn er nicht im Mittelpunkt steht, sitzt er mit geschlossenen Augen im Stuhl und tut so, als schliefe er.«

Tennessee Williams

Leonard Bernstein, dem sein eigentlicher Name Louis so wenig gefällt, daß er als Sechzehnjähriger eine Änderung erwirkt, ist ein in vielerlei Hinsicht hochbegabter, eitler, bildhübscher Bengel mit einer früh erwachenden Vorliebe für seinesgleichen. »Im obersten Stock des Hauses an der Fiftysecond Street wurde sexuell reichlich herumexperimentiert. (...) Es kam zwar vor, daß er sich auch für eine Frau interessierte, aber er hatte keinen rechten Erfolg bei ihnen. Einmal versuchte er es auch mit mir, aber das ging schief«, erzählt Edys Merrill, mit der sich Bernstein ein Apartment im Rockefellerhaus teilt. Tatsächlich durchaus an beiden Geschlechtern interessiert, sind die Vorlieben des Musikers jedoch eindeutig schlanke, gutaussehende, hochgewachsene, dunkelhaarige Männer. Ohne große Hemmungen macht er ihnen (auch während der Zeit seiner Ehe) Avancen, verschwindet mit ihnen auf Partys für ein oder zwei Stunden im Schlafzimmer der Gastgeber und schleppt sie in die Hinterräume irgendwelcher Kneipen. Doch hält ihn das nicht von kurzen Affären mit Frauen ab, bei denen er viel Wert auf Stil und Eleganz legt.

Bernstein will die ganz große Karriere und weiß, daß seine homoerotischen Neigungen ihm da sehr hinderlich sein können. Aus diesem Grund sagt er, habe er in seinem Leben mindestens ein Dutzend Psychiater gehabt. Da mit zunehmendem Erfolg auch immer mehr Frauen ihr Interesse an dem vitalen, enthusiastischen Ausnahmemusiker bekunden, beschließt er eines Tages zu heiraten. In einer seiner »heterosexuellen Phasen« hingerissen von der Schauspielerin Felicia Montealegre, verlobt er sich im Januar 1947 mit der jungen Frau, die sich auf den ersten Blick in ihn verliebt hat. Als sie das erste Mal in sein Apartment kommt, trifft sie auf eine ganze Parade superhübscher junger Männer, die dem Maestro ergebene Sekretärin und den wichtigsten Menschen in Bernsteins Leben: seine Schwester Shirley.

Die Verlobung ist gerade ein halbes Jahr alt, da lebt der Bräutigam bereits wieder das Leben eines Homosexuellen. »Wie bei Lenny üblich, waren es alles Eintagsfliegen. In sexueller Beziehung gab es bei ihm keine langen Affären«, sagt ein Freund. Bernstein löst sein Eheversprechen, Felicia geht nach Hollywood und wird 1949 als beste Schauspielerin des Jahres ausgezeichnet. Zwei Jahre später trifft sich das entlobte Paar wieder, und Leonard, der in dieser Zeit ausschließlich homosexuelle Beziehungen hat, erneuert das Verhältnis. Am 9. September 1951 heiraten die beiden. Felicia bekommt drei Kinder und brilliert an der Seite ihres Mannes, indem sie all seiner Affären und Liebschaften zum Trotz stets Haltung bewahrt und es schafft, ihre eigenen Verletzungen so zu beherrschen, daß die Tochter sich erinnert: »Meine Eltern stritten sich nie, sie waren immer zu Späßen aufgelegt. In unserem Haus wurde viel gelacht und herumgealbert.« Was die Kinder offenbar wirklich nicht mitbekommen, sind die massiven Kräche ihrer Eltern, die lautstark hinter der verschlossenen Tür des väterlichen Arbeitszimmers ausgetragen werden. Bernstein hält den ehelichen Druck nicht aus, seine sexuellen Obsessionen werden immer stärker, die Honorare seiner Analytiker verschlingen Unsummen, seiner Karriere kann jetzt nichts mehr schaden – die Gayliberation-Bewegung ist auf dem Höhepunkt. »Im Leben eines Mannes kommt irgendwann die Zeit, in der er leben muß, wie er wirklich ist«, entscheidet Bernstein, zieht mit einem seiner Liebhaber nach Kalifornien und genießt die Dienste der ihn ständig umgebenden hübschen Knaben. Felicia leidet. »Mögest du immer weiterleben! Allein!« verflucht sie ihren Mann und erkrankt ein Jahr später an Lungenkrebs. Der Dirigent zieht sofort zurück zu seiner Frau und kümmert sich um sie, bis sie 1978 ihrem Leiden erliegt.

Joan Peyser: Leonard Bernstein, Hoffmann und Campe, Hamburg 1988

Georges Bizet
* 1838, † 1875

Der französische Komponist studiert am Pariser Konservatorium und erhält den begehrten und bedeutenden Rompreis. Die Oper »Carmen« ist bis in die Gegenwart sein erfolgreichstes Werk, fällt jedoch 1875 bei der Uraufführung in Paris durch. Noch im selben Jahr feiert »Carmen« in Wien einen großen Triumph und entwickelt sich zu einem der populärsten Werke der Operngeschichte.

Alexandre César Léopold Bizet hat vor allem eines: eine überaus starke Bindung an seine Mutter. Als er neunzehnjährig nach Rom geht, schreibt er ihr fast täglich Briefe, in denen er sorgfältig vermeidet, seine häufigen Techtelmechtel mit jungen römischen Damen auch nur anklingen zu lassen. Der vergnügliche Aufenthalt muß vorzeitig abgebrochen werden, denn die Frau Mama liegt schwer krank darnieder. Eifrig unterstützt Georges seinen Vater und das Dienstmädchen Marie Reiter bei der Pflege der Todgeweihten. Am 8. September 1861 schließt sie die Augen und hinterläßt einen untröstlichen Sohn. Soviel Trauer kann die liebenswürdige Marie Reiter gar nicht mit ansehen, und eh er sich's versieht, ist Georges fast auf den Tag genau neun Monate später Vater eines gesunden Jungen. Jean Reiter heißt der Kleine und wird von seinem Großvater aufgezogen. Angeblich erfährt er erst sechzigjährig auf dem Sterbebett, daß er der leibliche Sohn und nicht der Halbbruder des weltberühmten Komponisten ist.

Georges Bizet

Der ist zunächst einmal froh, daß er sein Studium unbelastet fortsetzen kann, und lernt im Hause seines Lehrers Jacques Halévy dessen Tochter Geneviève kennen. »Ich habe ein wunderbares Mädchen kennengelernt. In zwei Jahren wird sie meine Frau sein«, teilt er seine präzisen Pläne 1867 einem Freund mit. Und tatsächlich, genauso lange dauert es, bis Geneviève Madame Bizet werden kann, denn ihre Familie sträubt sich mit Händen und Füßen gegen die Verbindung mit dem mittellosen Komponisten. Erst als ihr Vater tot und die Mutter in einer Nervenheilanstalt untergebracht ist, ist der Weg zum Altar frei. Am 3. Juni 1869 wird das Paar getraut. Die junge Ehefrau ist mütterlicherseits erblich belastet und äußerst labil. Das Zusammenleben mit ihr fällt dem Komponisten viel schwerer als gedacht. Doch beißt er sich wacker durch die anfänglichen Schwierigkeiten und stellt mit Genugtuung fest, daß die Schwangerschaft drei Jahre nach der Hochzeit den Zustand seiner Frau maßgeblich stabilisiert. Am 10. Juli 1872 wird Bizet zum zweiten Mal Vater eines Sohnes. Doch das Familienglück findet ein jähes Ende, als Bizet an seinem sechsten Hochzeitstag, gerade achtunddreißigjährig, stirbt. Die vermutete Ursache für den plötzlichen Tod ist ein Herzanfall.

Christoph Schwandt: Georges Bizet, rororo Bildmonographie, Rowohlt Verlag, Reinbek 1991

Humphrey Bogart
* 1899, † 1957

Der amerikanische Filmschauspieler Humphrey de Forest Bogart beginnt seine Karriere an New Yorker Bühnen und hat 1936 seinen ersten großen Erfolg auf der Leinwand. Mit seinem markanten Gesicht, Hut, Trenchcoat und Zigarette wird er zum Publikumsliebling einer ganzen Generation. Bogart erhält 1951 einen Oscar für die Hauptrolle in »The African Queen«.

»So einen wie ihn gibt's nie wieder.«

John Huston

Nie wieder in seinem Leben wird Humphrey Bogart derartige Kräche durchstehen wie mit seiner dritten Ehefrau, der Schauspielerin Mayo Methot, die er fünf Tage nach seiner zweiten Scheidung heiratet. Mayo kann fauchen wie eine Raubkatze und schreckt auch vor massiven Handgreiflichkeiten durchaus nicht zurück. Gemeinsam erwirbt sich das Ehepaar in Windeseile den Spitznamen »die biestigen Bogarts«, und gemeinsam setzen sie alles daran, ihrem Ruf wie Donnerhall gerecht zu werden. Eines Abends, die Bogarts haben im Eifer des Gefechts bereits eine Weile mit leeren Whiskyflaschen aufeinander eingedroschen, stürmt Bogart – um Schlimmeres zu verhüten – aus dem Haus und steuert die nächstbeste Kneipe an. Zu Hause gibt's nur Prügel, in der Kneipe hoffentlich noch etwas zu trinken; doch kaum hat er den Raum betreten, da macht ihn ein wohlmeinender Gast darauf aufmerksam, daß er am Rücken blutet. Ungläubig läßt Bogart die Angelegenheit begutachten und muß zu seinem Erstaunen hören, daß seine liebende Gattin Mayo ihm in ihrer Wut ein Messer in den Rücken gerammt hat. Nach zwei friedlichen Scheidungen von den Schauspielerinnen Helen Mencken und Mary Phillips, letztere äußert sich auch im nachhinein nur lobend über den Ex-Gatten – »Ich kann nur Gutes über ihn sagen« –, lehrt Mayo den Star mit dem Knittergesicht das Fürchten. Ein Grund für ihre völlig unberechenbaren Ausraster ist ihre maßlose Eifersucht, die sich gegen alles und jede richtet, die es wagt, mit *ihrem* Humphrey auch nur zu sprechen. So geschieht es in einem Restaurant, Mayo hat gerade den Tisch verlassen, daß zwei junge Mädchen Bogart erkennen und ihn schüchtern um ein Autogramm bitten. Eben zückt der Filmstar einen Stift, da kehrt seine Gattin frischgepuderten Angesichts von der Toilette zurück: Mädchen! An seinem Tisch! Mayo fragt und fackelt nicht lange, sondern drischt so auf ihren Mann ein, daß die beiden Fans vollkommen entsetzt davonlaufen. Ein anderes Mal wagt der geplagte Humphrey auf einem Fest, einige Sätze mit einem weiblichen Gast zu wechseln. Kaum sieht Mayo, was da vor sich geht, brennt bei ihr wie üblich die Ehesicherung durch, und sie rast wie von einer Tarantel gestochen aus dem Zimmer. Bogart, der sie von der Harmlosigkeit des Gespräches überzeugen will, folgt ihr und bekommt die schwere Holztür so vor der Nase zugeschlagen, daß er die Party wenig später mit zwei blauen, völlig geschwollenen Augen verlassen muß. Freunde schließen mit großem Vergnügen immer wieder Wetten in Höhe von hundert Dollar und mehr darauf ab, daß es gelingt, das temperamentvolle Paar mit »nur einem einzigen Wort« in weniger als drei Minuten in wilde Furien zu verwandeln. Ist dieses »eine einzige Wort« ein politischer Begriff, fliegen die Gläser im Hause Bogart allerdings noch schneller, denn in diesem Bereich sind die Gatten ganz und gar unterschiedlicher Meinung. Der Alkohol fordert seinen Tribut, und aus dem kecken Broadway-Mädchen wird eine verquollene, aggressive Frau. Als der Spuk mit Mayo ein Ende hat, zeigt sich Bogart als vollendeter Gentleman und sagt: »Ich schäme mich meiner Ehen nicht. Ich würde alle meine Ex-Frauen in meinem nächsten Leben gerne wiedersehen, sie waren sehr gut zu mir.«

Ganz sicher trifft das für seine vierte Frau zu, die er 1944 bei Dreharbeiten kennenlernt. Zum ersten Mal bricht der sture Bogart mit seinen Prinzipien und beginnt ein Verhältnis am Arbeitsplatz mit der jungen Kollegin. Betty Joan Perske alias Lauren Bacall ist zweiundzwanzig und damit ein viertel Jahrhundert jünger als der Mann, den sie ein Jahr später heiratet. Außer einem kleinen Flirt an der New Yorker Schauspielschule mit Mitschüler Kirk Douglas hat sie noch keine erotischen Erfahrungen. Ihr legendärer Blick nach rechts oben trifft Humphrey Bogart, der sie dank ihres Witzes und ihrer sanften Stärke äußerst begehrenswert findet. Humphrey liebt und achtet Betty sehr: »Im Grunde fühle ich mich mit Frauen nicht wohl. Offensichtlich mag ich allerdings bestimmte Frauen. Ich war ja oft genug verheiratet. (…) Ich halte es da mit James Thurber, der über Frauen sagt: Wir haben den Krieg verloren. Sie haben uns besiegt. Wir hätten ihnen nie die Freiheit geben dürfen. Sie sollten immer in Ketten ans Haus gefesselt sein, wo sie hingehören. (…) Betty ist anders. Sie hat einen wunderbaren Sinn für Humor, ist völlig selbstlos, freut sich, wenn es anderen Leuten gutgeht, kann hart arbeiten, ist eine fabelhafte Mutter, Ehefrau und Hausfrau, arbeitet diszipliniert an ihrer Karriere, hat fünfzehn verschiedene Interessengebiete, ist in jedem beschlagen, besitzt die Konstitution eines Pferdes – und ist wunderbar im Bett!«

Betty vergöttert ihren Mann, akzeptiert sein Rauchen und Trinken ebenso wie die Tatsache, daß er öffentliche Zuneigungsbeweise nicht leiden kann. Sie nimmt zur Kenntnis, daß er es haßt, Frauen wie Porzellanpuppen zu behandeln – und dazu gehört aus seiner Sicht auch, ihnen Feuer zu geben. Sie sind noch nicht lange verheiratet, da schenkt Bogart seiner jungen Frau ein Zigarettenetui mit passendem Feuerzeug und den Worten: »Zünd sie dir ab jetzt selber an.«

Lauren Bacall zieht die gemeinsamen Kinder auf und pflegt ihren Mann hingebungs- und liebevoll bis zu seinem Tod, als er an Krebs erkrankt. Auf der Flucht vor Bogarts übermächtigem Andenken schlittert sie in eine Ehe mit dem Schauspieler Jason Robards, die jedoch nicht lange hält. Die dreifache Großmutter muß erkennen, daß es einen Ersatz für Bogart nicht gibt: »Hören Sie auf, von Bogart zu sprechen! Ich habe mein Leben damit verbracht, mich von ihm zu befreien. Es war eine große Liebesgeschichte, mein Mann kam vor allem.«

Steven Bogart: Bogart – In Search of my Father, Dutton, New York 1995
Ezra Goodman: Humphrey Bogart, Wilhelm Heyne Verlag, München 1993
Gala, 8.1.1998
La Repubblica delle Donne, August 1998

Lucrezia Borgia
* 1480, † 1519

Die Tochter des Kardinals Rodrigo de Borgia, des späteren Papstes Alexander VI., und seiner Lieblingsmätresse Vanozza Catanei genießt auf Betreiben ihres Vaters eine ausgezeichnete Erziehung und versammelt als kultivierte, gebildete Frau an ihrem Hof von Ferrara die berühmtesten Künstler, Gelehrten, Schriftsteller und Künstler ihrer Zeit um sich.

Noch vor ihrem zwölften Geburtstag hat Rodrigo Borgia seine hübsche Tochter zweimal verlobt und die Verlobungen beide widerrufen. Einer der beiden Kandidaten ist so wütend, daß er eine Entschädigung von dreitausend Golddukaten verlangt, die ihm auch gewährt wird. Papa Papst will keinen Ärger, sondern sein schönes Kind mit dem eitlen und eigennützigen Witwer Giovanni Sforza vermählen, und am 12. Juni 1493 geschieht der väterliche Wille. Vier Jahre später hat die gehorsame Lucrezia die Nase voll. Sie greift zu einer List und steckt Giovanni, sie habe gehört, daß sein Leben in Gefahr sei. Zu diesen Zeiten und bei der Verwandtschaft durchaus möglich, sattelt der furchtsame Giovanni flink ein Pferd und sucht das Weite. Die verlassene Gattin beugt sich dem Brauch und zieht sich vom gesellschaftlichen Leben in ein Kloster zurück. Dort wird die Siebzehnjährige von einem Boten ihres Vaters mit den neuesten Nachrichten versorgt. Pedro Caldès und seine Berichte sind die einzige Abwechslung im tristen Leben des jungen Mädchens; man kommt sich näher – zu nah! Denn Lucrezia wird schwanger. Das gefährdet ihre Pläne aufs höchste: Gerade soll die Ehe mit Giovanni wegen dessen Impotenz aufgelöst werden. In wallende Gewänder gehüllt bestätigt Lucrezia am 22. Dezember 1497, im sechsten Monat schwanger, stolz lächelnd, daß sie Jungfrau ist. (Der Kindsvater ist laut Chronist bereits »gegen seinen Willen in den Tiber gestürzt«.)

Kaum ist die Ehe annulliert, melden sich jede Menge Anwärter, die die schöne Papsttochter heiraten wollen. Die bekommt in aller Stille einen Sohn, den sie als ihren Bruder bei sich behält, und schert sich nicht darum, daß Zeitgenossen sowohl Vater Alexander als auch Bruder Cesare für den Erzeuger halten. Cesare ist es, der ihren nächsten Mann auswählt: Alfons von Aragón. Ihm bleibt leider wenig Zeit, die Liebe seiner jungen Frau, die reichliche Mitgift und den gemeinsamen Sohn zu genießen, denn bald darauf ist er Cesares politischen Ambitionen im Weg und wird auf dessen Veranlassung umgebracht. Lucrezia ist untröstlich, beugt sich aber dem Willen der Familie und heiratet – wenigstens der Vorname erinnert an den ermordeten Aragón – Alfonso d'Este. Der ist glücklich von seiner lesbischen Gattin geschieden und tut, was der Papst von ihm verlangt. Zeitzeugen zufolge zeigt er sich in der Hochzeitsnacht als galanter, leidenschaftlicher Liebhaber, wenn auch seine Manneskraft – dreimal bewiesen – nur im Rahmen des Durchschnitts bleibt! Darüber tröstet sich die junge Ehefrau von Zeit zu Zeit mit dem Neuplatoniker Bembo hinweg. Doch bedarf sie seiner nicht oft, denn Alfonso sorgt dafür, daß sie andauernd in anderen Umständen ist. Seine geschwächte Frau erleidet mehrere Fehl- und Totgeburten. Kurz vor ihrem vierzigsten Geburtstag ist sie zum elften Mal schwanger. Es kommt zu Komplikationen, die Ärzte leiten die Geburt ein, an deren Folgen Lucrezia stirbt. Alfonso wacht an ihrem Sterbebett, zeigt sich als trauernder Ehemann und findet – kaum ist das Grab geschlossen – Trost bei seiner schönen Mätresse Laura Dianti, der Tochter eines Wollhändlers aus Ferrara.

Ivan Cloulas: Die Borgias, Wilhelm Heyne Verlag, München 1988

Johannes Brahms
* 1833, † 1897

Den ersten Violin- und Cellounterricht erhält Brahms von seinem Vater, der Kontrabassist am Hamburger Theater ist. Früh manifestiert sich die pianistische Begabung des Jungen, der bald darauf zu komponieren beginnt. Über seine Arbeitsweise ist wenig bekannt, da Johannes Brahms, getrieben von schonungsloser Selbstkritik, alles vor 1852 Geschriebene verbrennt.

»Für die Ehe hege ich die gleichen Gefühle wie für die Oper: Hätte ich eine Oper komponiert und sie wäre meinethalben durchgefallen, ich hätte bestimmt eine zweite geschrieben. Aber ich kann mich weder zu einer ersten Oper noch zu einer ersten Ehe durchringen.« Obwohl der große Komponist sich mehrfach in seinem Leben leidenschaftlich verliebt, bleibt er allein und schläft – vielleicht mit Ausnahme der angebeteten Clara Schumann – nur mit Prostituierten. Selbst im Bordellviertel Hamburgs aufgewachsen, ist er den »leichten Mädchen« immer ein überaus höflicher, bemühter, wenn auch ein wenig unbeholfener Liebhaber. Seine sprichwörtliche Bissigkeit bekommen eher die Damen der gehobenen Gesellschaft zu spüren. Brahms, der entsetzt ist, wenn Frauen kokett die Initiative ergreifen, scheut in diesen Fällen auch

Johannes Brahms

nicht vor Grobheiten zurück. Als ihn eine Dame eines Tages fragt, ob sie nicht einer berühmten Schönheit ähnlich sehe, knurrt er: »Ich kann Sie beide einfach nicht auseinanderhalten. Sitze ich neben einer von ihnen, wünsche ich jedesmal, es wäre die andere!«

Über Jahre gehört seine tiefe Zuneigung Clara, der Frau seines Freundes Robert Schumann. Als Brahms das Ehepaar kennenlernt, verliebt er sich sehr bald in die sechs-, später achtfache Mutter. Vorsichtig hegen die beiden ihre romantische Beziehung, und Brahms schreibt Clara: »Ich liebe Dich mehr als mich oder irgendwen oder was auf der Welt.« 1858 lernt er Agathe Siebold, die Tochter eines hochangesehenen Göttinger Arztes und Professors, kennen. Das Mädchen ist sofort für ihn entflammt, und die reife Clara sieht, daß auch Johannes sich verliebt. Alle erwarten von ihm, daß er sich erklärt, doch er will nicht. »Das Bekenntnis ist einfach: Ich brauche absolute Einsamkeit, nicht nur sowohl, um das nur mögliche zu leisten, sondern um nur überhaupt an meine Sache zu denken. Das liegt in meinem Naturell«, versucht er, seine Heiratsunlust zu entschuldigen. »Ich liebe Dich! Ich muß Dich wiedersehen, aber Fesseln tragen kann ich nicht!« muß Agathe lesen und schreibt weinend den Scheidebrief. Brahms komponiert ein Sextett, in dem er ihren Namen mit dem Lauf A-G-A-D-H-E im ersten Satz verewigt. Der Wiener Chorsängerin Bertha Porubszky, die ihn kurzfristig interessiert, schenkt er zur Geburt des zweiten Kindes das Wiegenlied »Guten Abend, gut' Nacht, mit Rosen bedacht«. Sein Herz behält er für sich, das kann auch seine schöne, begabte Schülerin Elisabeth Stockhausen nicht erringen. Verwirrt von ihrem Charme, beendet Brahms den Unterricht mit einem Vorwand. Er ist fünfzig, als die halb so alte Sängerin Hermine Spies seinen Weg kreuzt. Sie hat eine Stimme, die Steine und beinahe auch Johannes Brahms erweichen kann. Doch obwohl er sich heftig in sie verliebt, rät er ihr, sich einen jungen Burschen statt seiner zu suchen. »Vorne wie ein Löwe, hinten wie ein verbummelter Literat«, ist der einzelgängerische Musiker ein letztes Mal bezaubert von Alice Barbi, einer dunkelhaarigen Südländerin mit samtener Altstimme. »Ich wußte gar nicht, wie schön meine Lieder sind«, sagt Brahms verzückt, als die Barbi sie vorträgt. Ihr Abschiedskonzert gibt sie in Wien – es ist das letzte vor ihrer bevorstehenden Hochzeit –, und der große Johannes Brahms erweist ihr gerührt die außergewöhnliche Ehre, sie zu begleiten. Fortan beschränkt sich sein Umgang mit Frauen darauf, sich gelockerten Tones, Neckereien bevorzugend, nach erfolgreichen Konzerten von hübschen Künstlerinnen und Verehrerinnen ein wenig umschwärmen zu lassen.

Als Clara Schumann stirbt, sagt Brahms traurig: »Ach was, es ist doch alles eitel in dieser Welt; der einzige Mensch, den ich wirklich geliebt habe, den habe ich heute begraben.« Wahrscheinlich hat ihn diese Liebe um sein Lebensglück gebracht.

Karla Höcker: Johannes Brahms, Erika Klopp Verlag, Berlin 1983
Wallace, Irving u.a.: Rowohlts indiskrete Liste, Rowohlt Verlag, Reinbek 1981

Marlon Brando
* 1924

Nach einem Lehrgang im berühmten Actors Studio in New York debütiert Brando 1944 am Broadway. Der Durchbruch als Theaterschauspieler und sein Start in eine internationale Filmkarriere gelingen mit »Endstation Sehnsucht«. Einen Oscar für die Rolle des Paten, Don Corleone, lehnt er 1972 mit der Begründung, die Indianer würden von der Filmindustrie ausgebeutet, ab.

»Ich hatte zu viele Affären, als daß ich noch von mir behaupten könnte, ein normaler, vernünftig denkender Mensch zu sein.«

Marlon Brando

Nacht für Nacht drückt Marlon seinen Körper an den der achtzehnjährigen Ernie. Ihre Haare sind seidig, ihr Atem riecht süßlich nach zerquetschten, vergorenen Früchten, wie bei Mama und Papa (die beide Alkoholiker sind), und zu Marlons übergroßer Wonne schläft Ernie nackt und ist durch nichts zu wecken. So merkt sein Kindermädchen nie, daß der Schützling ihre Brüste streichelt und sie mit der Neugierde und Gewissenhaftigkeit eines Dreijährigen von allen Seiten begutachtet. Was er sieht, gefällt dem Knirps so ausgezeichnet, daß er in der Schule mehr darüber erfahren möchte. Um schnell zum Ziel zu gelangen, fällt er allerdings weniger durch Lerneifer als primär durch schlechtes Benehmen auf, das alsbald die gewünschte Strafe nach sich zieht: Die Lehrerin zwingt ihn, sich unter ihr Pult zu kauern und den Rest der Stunde dort zu verbringen. Marlon nutzt die Gelegenheit und erforscht die Unterwäsche der Gestrengen, der er aus

Marlon Brando

dieser Perspektive mit der ansonsten fehlenden Aufmerksamkeit hervorragend unter den Rock gucken kann. Untenrum kennt er sich aus, jetzt gilt es weiterzuforschen, da trifft es sich gut, daß eine seiner Mitschülerinnen unter Narkolepsie leidet. Da nie klar ist, wann sie einen Anfall erleiden und in einen Spontanschlaf fallen wird, ist es ausgerechnet Marlon Brandos Aufgabe, täglich dafür zu sorgen, daß sie wohlbehalten nach Hause kommt. Artig geleitet er die junge Dame regelmäßig zu ihren Eltern. Als sie jedoch eines Tages wirklich das Bewußtsein verliert, setzt er sie vorsichtig hin und übt an der Ohnmächtigen seine ersten Küsse. Luke, die Nachbarin seiner Schwester, erfreut Marlon nicht nur mit ihrer ausgezeichneten Küche, sondern noch viel mehr mit der Eröffnung, daß sie das Tragen von Slips gänzlich überflüssig findet. So animiert, läßt sich der angehende Schauspieler gern von der Strohwitwe verführen und entjungfern. Solange der betrogene Gatte bei den Marines seine Pflicht für Frau und Vaterland tut, bleibt dem Pärchen viel Zeit, sich allüberall nach Herzenslust auszutoben. Keine Stellung ist zu akrobatisch, keine New Yorker Seitenstraße zu belebt, und auch das kunstbeflissene Publikum einer Ballettaufführung kann die beiden an nichts hindern – das schafft erst der gehörnte Ehemann, der während eines Landurlaubes vom bunten Treiben seiner Frau erfährt, sich zunächst ereifert und dann scheiden läßt. Brando räumt das Bett, und was Luke dem Neunzehnjährigen nicht beibringen konnte, vervollkommnet wenig später eine zehn Jahre ältere Dame, die dem Jungstar den letzten erotischen Schliff verpaßt.

Die neuerworbenen Kenntnisse müssen geübt und angewandt werden – leider mißachtet Marlon bei seinen diesbezüglichen Einsätzen, daß Damenbesuche auf der Tournee verboten sind, und so muß er sich gefallen lassen, daß er 1944 in hohem Bogen rausfliegt, als man ihn in flagranti erwischt. Wenn schon keine Arbeit, dann wenigstens jede Nacht ein anderes Mädchen, denkt sich der inzwischen Zweiundzwanzigjährige und setzt damit klare Prioritäten. Dennoch versucht er tagsüber, seine Karriere anzuschieben. Die weltberühmte Schauspielerin Tallulah Bankhead erweist sich in diesem Punkt zunächst als äußerst hilfreich, dann jedoch als nicht ganz uneigennützig. Dringend besteht sie darauf, mit ihm zu arbeiten – allerdings auch hinter den Kulissen. Ständig fordert sie, der junge Kollege möge in ihr Hotel kommen, um den Text gemeinsam durchzugehen: »Mir graute immer davor, aber sie war der Star der Aufführung und ich brauchte das Geld.« Gnadenlos nutzt die zwanzig Jahre ältere Frau ihre Position aus und küßt Brando auch auf der Bühne intensivst, sobald das Stück es hergibt. Er ekelt sich entsetzlich und versucht, sich die unerwünschten Zudringlichkeiten vom Leib zu halten, indem er Knoblauch in wahrhaft rohen und rauhen Mengen zu sich nimmt. Tallulah ist jedoch durch nichts zu bremsen. »Die guten Mädchen sind es, die Tagebuch schreiben; die schlechten haben keine Zeit dazu«, und Tallulah gehört eindeutig zu den schlechten! Egal, was Marlon tut, immer wieder steckt sie ihre Zunge »wie einen glitschigen Aal, der sich rückwärts in ein Loch schiebt« in seinen Mund. Als die Tour endlich vorbei ist, schreibt der angewiderte Brando erleichtert nach Hause: »Gott schütze die Eidechsen und vernichte Tallulah.«

Der Angerufene hält die Hand nicht nur über die Eidechsen, sondern auch über Marlon, mit »Endstation Sehnsucht« wird er über Nacht zum Star und für die Damenwelt zum Objekt der Begierde. Nach jeder Vorstellung warten fast zehn Mädchen in seiner Garderobe. »Für einen Vierundzwanzigjährigen, der seinem Penis überall bereitwillig folgte, war das das Paradies auf Erden.« Die Evas in diesem Paradies sind blond, schwarz, rot, brünett und vielseitig begabt. Manche teilt er sich mit seinem Busenfreund, Carlo Fiore, andere behält er für sich und genießt es, des Morgens in der Früh um vier zur wohlverdienten Stärkung »auf irischem Leinen und englischem Silber französischen Toast« serviert zu bekommen.

Obwohl es im Hollywood der sechziger Jahre völlig normal und üblich ist, daß jede mit jedem und auch gerne mit der Freundin des Freundes über die Kissen hüpft, ist Marlon Brando doch erstaunt, als er erfährt, daß die bildschönen Brasilianerinnen aus der Oberschicht, die am Set so leicht zu haben sind, nach vollbrachter Tat ihr Jungfernhäutchen von geschickten Ärzten wieder zusammenflicken lassen, um für ihresgleichen heiratsfähig zu bleiben.

Vivien Leigh gefällt ihm zwar ausnehmend gut, aber ihr Angetrauter Laurence Olivier ist Brando zu sympathisch, als daß er seinem Trieb hier nachgeben würde. Anders verhält es sich mit Marilyn Monroe, die er nach dem Krieg kennengelernt und gleich wieder aus den Augen verloren hatte. Als er die dralle Blonde auf einer Party wiedertrifft, ist er entschlossen und ruft sie eines Nachts spontan an: »Ich will dich auf der Stelle sehen, wenn dir irgendein Grund einfallen sollte, warum ich nicht vorbeikommen sollte, dann sag ihn mir jetzt.« Die Monroe ist völlig verschlafen, es fällt ihr kein Grund ein – und wenige Stunden später werden die beiden für eine Weile ein Paar.

Andere Mütter haben auch hübsche Töchter, eine ist Designerin in New York, heißt Lisa und erliegt Marlons Charme während einer Drehpause. Was Brando erlebt, ist der aufregendste Orgasmus seines Lebens – es ist, als bebte die Erde, und der überwältigte Liebhaber beschließt, die Dame nie wieder ziehen zu lassen. Er ändert seine Meinung, als er erfährt, daß es weder ihre Kunstfertigkeit noch sein Höhepunkt, sondern schlicht ein wenn auch kleines, so doch auf der Richterskala meßbares Erdbeben gewesen ist, was ihn so erschüttert hat.

Weniger erfreulich ist Maria, eine Wahnsinnige, die ihn für Jesus hält und darauf besteht, ihm die Füße zu waschen und anschließend mit ihren Haaren zu trocknen. Kaum hat er sich ihrer entledigen können, steht schon die nächste im Zimmer. Bei dieser strapaziösen Frequenz ist nicht zu vermeiden, was trotz sorgfältiger Verhütungsmaßnahmen immer wieder geschieht, daß sich zwei Damen bei ihm treffen, die sich aus Brandos Sicht besser nicht begegnen sollten. Doch obwohl er sich auf diese Weise manchen Wutausbruch und sogar die eine oder andere blutige Nase einfängt, kann er das Doppel-, Drei- und Vierfachspiel nicht lassen. Bereits in reiferem Alter muß er eines Tages das Haus fluchtartig verlassen, als er feststellt, daß er mal wieder die Verabredung mit der einen vergessen hat, während sich die andere noch unter seinen Laken räkelt. Selbstkritisch reflektiert er darüber: »Marlon, du bist jetzt fünfundsechzig Jahre alt und hockst hier im

Bambus, ist das nicht ein bißchen lächerlich?« Dennoch bleibt es dabei, am liebsten hat er mehrere Verhältnisse gleichzeitig, so daß »ich immer vier oder fünf Frauen hatte, falls mich eine verließ« – und das ist häufiger der Fall, denn viele seiner Auserwählten sind verheiratet, und der Weltstar muß gastliche Häuser und warme Betten immer wieder spärlichst bekleidet über Feuerleitern und Hintertreppen verlassen, um nicht in die Läufe geladener Pistolen erboster Ehemänner gucken zu müssen.

Die sechzehn Jahre ältere Anna Magnani hat zwar keinen erbosten Ehemann, dafür aber eine mindestens ebenso störende Macke: Beim Küssen beißt sie ihn so fest in die Lippe, daß Brando sich gezwungen sieht, ihr die Nase zuzuhalten und blitzartig das Weite zu suchen, als die Kollegin endlich die Zähne auseinanderklappt, um nach Luft zu schnappen.

Bei so vielen Liebschaften bleibt die eine oder andere Hochzeit nicht aus. Brando, der sich heute weigert, über seine Ehen zu sprechen, heiratet am 11. Oktober 1957 die bildschöne Schauspielerin Anna Kashfi. Pech für sie, daß sie den Herrn Gemahl ein wenig angeschwindelt hat: Als Marlon herausfindet, daß sie eigentlich Joanne O'Callaghan heißt, waschechte Waliserin und keineswegs wie behauptet indischer Abstammung und aus Kalkutta ist, hilft ihr auch nicht mehr, daß sie braun, zart und sehr orientalisch aussieht. Wäre sie nicht schwanger, Anna alias Joanne könnte gleich die Koffer packen. Doch dazu kommt es erst, als die eifersüchtige Dame es wagt, ihrem Machogatten nach jedem seiner Seitensprünge auch noch die Hölle heiß zu machen. Während des Scheidungsprozesses kracht sich das Paar nach Leibeskräften um das Sorgerecht für Sohn Christian. Die Darstellerin des Tahitimädchens Tarita (in der Bounty-Verfilmung mit Clark Gable und Charles Laughton) ist Brandos Frau, doch der nutzt seine Rolle des Fletcher Christian so intensiv zum Studium der einheimischen Schönheiten, daß er sich lieber an eine echte Tarita bindet.

Natürlich gibt es immer wieder auch Ausnahmefrauen, mit denen Brando mehr als nur ein oder zwei Nächte verbringt. Eine von ihnen ist Weonna. Brando ist Anfang vierzig, als er die attraktive Frau in Rom kennenlernt, und gleich der erste Dialog verläuft prägend für die folgende Beziehung: »Warum gehen wir nicht nach oben und vögeln ein bißchen?« »Ja, warum nicht? Gehen wir!« Mit ihr streitet er sich zwar, daß die Fetzen und manche Teller und Gläser fliegen, aber nach einer großartigen Versöhnung, bei der er ihr verzeiht, daß sie – um ihn zu ärgern – mit seinem Sohn geschlafen hat, beschließen die beiden, eine feste Bindung zu wagen. Es kommt nicht mehr dazu, denn Weonna stirbt wenig später an den Folgen eines Reitunfalls.

Menschenscheu und schwergewichtig verbringt Marlon Brando heute die meiste Zeit auf Tahiti, und es geht das Gerücht, daß er Filmrollen nur noch annimmt, wenn es sein Kontostand erfordert.

Marlon Brando: Mein Leben, C. Bertelsmann Verlag, München 1994
Jörg Fauser: Marlon Brando, rororo Bildmonographie, Rowohlt Verlag, Reinbek 1981
Carole McKenzie: All about Sex, Europaverlag, München/Wien 1992

Bertolt Brecht
* 1898, † 1956

Der Sohn eines Augsburger Fabrikdirektors wird nach seinem Literatur-, Medizin- und Philosophiestudium zu einem der einflußreichsten Dramatiker des 20. Jahrhunderts. Sein experimentelles Theater prägt die Entwicklung des modernen Dramas. Brecht selbst versteht sich als Theaterpraktiker und befreit sich von expressionistischen Trends, um mit neuen Formen zu experimentieren.

»Ich kann nicht heiraten. Ich muß Ellbogen frei haben, spucken können, wie mir's beliebt, allein schlafen, skrupellos sein.« Und das ist er, der auf den Namen Eugen Berthold Friedrich Brecht getaufte Schriftsteller. Skrupellos verlangt er bedingungslose Treue und Ergebenheit von seinen Frauen und nimmt sich selbst das Recht, ein Leben lang immer mehrere Beziehungen gleichzeitig, wenn schon nicht zu pflegen, so doch zu unterhalten. Noch während er seiner Jugendliebe, der dunkeläugigen Frisörtochter Marie Rose Aman Liebesbriefe schreibt, verfolgt der Student Brecht Paula Banholzer, wagt aber lange nicht, sie anzusprechen. Als er sich schließlich traut, geht er erst mit ihr spazieren, dann eislaufen, dann ins Theater und schließlich in seine Mansarde. Das führt nicht zur Erfüllung seiner Sehnsüchte, sondern vielmehr zu

Bertolt Brecht

einem ordentlichen Donnerwetter seitens der Hauswirtin, die Brecht in der Folge derart bearbeitet, daß sie ihm bald die Mädels freiwillig auf sein Zimmer führt. »Er konnte die Vögel von den Bäumen charmieren«, sagt seine Tochter später über ihn. Aus der Bekanntschaft mit Paula wird eine feste Beziehung, und Brecht – Opfer seiner quälenden Eifersucht – läßt das Mädchen ständig von Freunden überwachen, als er sie wegen seines Studiums nur noch an den Wochenenden sehen kann. Zärtlich nennt er sie Bi und mietet eines Tages ein Hotelzimmer, um endlich mit ihr zu schlafen. Die unaufgeklärte Bi wehrt sich mit Händen und Füßen, und der zwanzigjährige Autor sieht sich gezwungen, die halbe Nacht mit theoretischen Vorträgen zu verbringen, bevor er seine Worte mit einem stümperhaften Überfall praktisch untermauert. Bi läßt ihn gewähren: »… bis zu diesem Tage war er noch mit keiner Frau zusammen gewesen, wie er mir versicherte. – Ich bin sicher, daß er nicht log, sonst hätte er sich nicht so angestellt.« Die beiden üben fleißig, und Bi wird schwanger. Das paßt zwar gar nicht ins Konzept, aber Bertolt nimmt die Verantwortung auf sich, geht tapfer zu Paulas Vater und spricht von Hochzeit. Der hat den provozierend schlechtgekleideten Freund seiner Tochter noch nie leiden können und jagt ihn zum Teufel. Paula wird aufs Land geschickt, wo sie am 30. Juli 1919 einen Sohn bekommt. Aus Verehrung für Wedekind nennt Brecht ihn Frank. Paulas Eltern erzwingen, daß der Junge zu Pflegeeltern kommt, eine Entscheidung, die der Vater zu seinem Bedauern nicht verhindern kann. Er zahlt zwar artig Unterhalt, kann den Kleinen aber nicht zu sich nehmen. Die Beziehung zu Paula ist belastet, sie kümmert sich so gut wie gar nicht um das Kind, geht statt dessen ausgerechnet als Erzieherin nach Nürnberg. Brecht orientiert sich auswärts; unverfroren bestürmt er die schöne Opernsängerin Marianne Zoff in ihrer Garderobe. »Du spinnst wohl, schoß es mir durch den Kopf, als ich mich dabei ertappte, diesen schwäbelnden Eindringling sympathisch zu finden. Er redete und redete …« Und redet so lange, bis die seit vier Jahren mit einem anderen verlobte Marianne ihm erliegt. Wie vor ihr Paula läßt er sie observieren, denn seine Zeit ist knapp. Just muß er flink nach Nürnberg reisen: Bi hat sich verliebt und will heiraten, das kann und will er nicht zulassen. Binnen der nächsten fünf Tage gelingt es ihm, sie wieder für sich zu gewinnen. Jetzt aber nichts wie zurück zu Marianne, die es ihrem Verlobten dauerhaft abspenstig zu machen gilt. Der zögert nicht lange und weiht Bi ein, als er erfährt, daß Marianne ein Kind von Bertolt erwartet. Es kommt zu einer Aussprache zu dritt, während der beide Frauen Brecht den Laufpaß geben. Der ist so leicht nicht kleinzukriegen, verspricht Paula die Ehe – und heiratet am 3. November 1922 Marianne. Kollege Lion Feuchtwanger bezeugt den Bund. Bi heiratet einen anderen – und nur der kleine Frank wird weiterhin herumgeschubst, denn beide Rabeneltern wollen ihn nicht haben.

Brecht betrügt Marianne nach allen Regeln der Kunst und zeigt sich auch nach der Geburt von Töchterchen Hanne gänzlich unempfänglich für das Bedürfnis seiner Frau nach ein bißchen Ruhe. Ständig lädt er Dutzende von Freunden in die kleine Wohnung. »Die Herren qualmten, daß die Nachbarn an einen Zimmerbrand dachten, diskutierten lautstark und blieben nach ein paar Flaschen Wein meistens über Nacht«, erinnert sich Marianne ungern. Brechts Rücksichtslosigkeit führt zu Auseinandersetzungen und ab 1924 zu mehr und mehr getrennten Wegen. Marianne wendet sich dem Schauspieler Theo Lingen und Brecht »Mutter Courage«, Helene Weigel, zu. Frei nach seinem Motto »Laßt sie wachsen, die kleinen Brechts«, hat er mit ihr Sohn Stefan und Tochter Barbara und heiratet sie im April 1929. Eine Entscheidung, die bei seiner Mitarbeiterin und Geliebten Elisabeth Hauptmann zum versuchten Suizid, bei der Schriftstellerin Marieluise Fleißer zu Depressionen und Trennung und bei der Schauspielerin Carola Neher zu einem vor die Füße geknallten Blumenstrauß führt. Helene Weigel besticht den Schriftsteller durch ihre enorme Großzügigkeit. Auch sie leidet unter seinen ständigen Affären, droht mit Trennung, lenkt wieder ein und schafft es auf diese Weise, die Hauptfrau im dichterischen Harem zu bleiben. 1932 gerät die Ehe allerdings in eine tiefe Krise. Der Grund heißt Margarete Steffin. Brechts Zuneigung zu seiner Grete manifestiert sich in derart schlechtem Benehmen Helene gegenüber, daß die ihn dieses Mal wirklich zu verlassen droht. Die Reaktion ihres Mannes läßt sie kurzfristig an seinem Verstand zweifeln – er möchte, daß sie organisiert, daß Grete mit ihnen beiden im Haus, also in seiner unmittelbaren Umgebung, wohnen kann. Helene zeigt ihm einen Vogel, arrangiert sich aber irgendwie mit der Nebenbuhlerin und ist fast solidarisch mit ihr, als Brecht eine neue Bedrohung ins Haus schleppt. Die temperamentvolle Schauspielerin Ruth Berlau läßt sich so leicht nicht einschüchtern. Vehement und lautstark fordert sie ihren Anteil an Brechts Zeit und Gunst, und als ihr der einmal vorenthalten wird, schlägt sie ein Zelt im Garten auf. Für Margarete Steffin ist das alles zuviel, sie wird krank und erliegt 1941 ihrem Leiden. Brecht trauert kurz und führt sein Leben mit der Familie und Frau Berlau weiter.

John Fuegi: Brecht und Co., Europäische Verlagsanstalt, Hamburg 1997
Werner Mittenzwei: Das Leben des Bertolt Brecht, Suhrkamp Verlag, Frankfurt am Main 1987
Focus, 2.2.1998
Der Spiegel, 29.12.1997
Stern, 16.10.1997 u. 30.10.1997

Gaius Iulius Caesar

* 100 v. Chr., † 44 v. Chr.

Politisch geschickt und als Feldherr außergewöhnlich erfolgreich, wird Gaius Iulius Caesar ein Jahr vor seinem Tod zum Diktator auf Lebenszeit ernannt. Der Versuch seiner Anhänger, ihn zum König zu krönen, scheitert jedoch; der mächtige Mann stirbt, gemeuchelt von seinen Feinden.

Zu Lebzeiten erscheint Caesar unweigerlich bei fast jeder prominenten Scheidung als mehr oder weniger beteiligter Dritter; und wer sich die Liste der Damen ansieht, die mit seinem Namen in Verbindung gebracht werden, kann sich nur wundern, daß der römische Schwerenöter seine mittleren Jahre überhaupt überlebt und nicht in einer dunklen Seitengasse mit dem Dolch eines eifersüchtigen Ehemannes zwischen den Rippen endet.

Schon mit sechzehn gilt er mit seinem kräftigen Körperbau, dem breiten Gesicht und den ausdrucksvollen braunen Augen als gutaussehend und ist nicht ohne Wirkung auf das weibliche Geschlecht. Seine erste Braut sucht ihm der gestrenge Vater aus, Cossutia, reich, aber nur aus einer Ritterfamilie. Die Hochzeit wird bereits 85 v. Chr. vereinbart, und wäre sein Vater älter geworden, es hätte für den jungen Caesar keinen Weg aus dieser Verbindung gegeben. Mutter Aurelia jedoch, soeben verwitwet, streng, wertorientiert, konservativ und ihrem Liebling zärtlichst zugetan, stellt sich Caesar nicht in den Weg, als der nicht auf den Wunsch des verstorbenen Herrn Papa, sondern auf die Stimme seines unbändigen Ehrgeizes hört und das Verlöbnis mit Cossutia löst. Was soll ihm aller Wohlstand, wenn ihre niedrige Herkunft politisches Fortkommen verhindert! Besonders aus dieser Perspektive scheint ein eheliches Bündnis mit Cornelia, der Tochter des mächtigen Cinna, weitaus ratsamer, und Caesar geht es, mit seinen gerade siebzehn Jahren auch für damalige Verhältnisse sehr jung, glücklich ein. Er liebt Cornelia auch – aber nicht nur – wegen ihres einflußreichen Vaters, und kaum ein Jahr nach der Hochzeit wird dem jungen Paar Töchterchen Julia geboren. Das Schicksal meint es nicht gut mit den beiden: Schwiegervater Cinna wird ermordet, und Sulla, der die Macht verfassungswidrig an sich gerissen hat, verlangt vom aufstrebenden Caesar, sich scheiden zu lassen und eine andere zu heiraten. Karriere hin, Aufstieg her, Caesar bleibt bei Cornelia, versteckt sich mit ihr, muß ohnmächtig mit ansehen, wie beider Vermögen beschlagnahmt wird, und bis zu ihrem Tode, 69 v. Chr., bleiben die beiden ein Paar. Weder Loyalität noch seine Gefühle für die Gattin hindern Gaius Iulius allerdings daran, sie nach Leibes- und Lendenkräften zu betrügen; ob die Ehe unglücklich ist, oder was wahrscheinlicher scheint, eine Frau damals keine Treue von ihrem Angetrauten erwartet, läßt sich nicht mehr feststellen. Fest steht hingegen, daß Cornelia im Alter von etwa zwanzig Jahren stirbt und Caesar somit völlig freie Bahn hat. Die Tatsache, daß er wahrlich kein Kostverächter ist, führt zu Gerüchten: Zeitgenossen dichten ihm eine Affäre mit dem homosexuellen Nikomedes IV. von Bithynien an. Die meisten seiner Freunde sind nicht wirklich gut auf ihn zu sprechen, haben sie doch zu beklagen, daß Caesar sich ebenso rücksichtslos wie erfolgreich ständig an ihre Frauen heranmacht. Eine hat es ihm besonders angetan, er läßt sich nicht lumpen und schenkt ihr eine Perle im immensen Wert von sechzigtausend Goldstücken: Servilia, die Mutter von Brutus, einem seiner späteren Mörder, von dem viele sagen, er sei Caesars leiblicher Sohn.

Gaius Iulius Caesar

Cornelia erhält ein außergewöhnlich prachtvolles Begräbnis, das dem Witwer als Beweis seiner aufrichtigen Trauer und Zuneigung hoch angerechnet wird. Um den guten Eindruck nicht zu ruinieren, läßt Caesar anstandshalber ein Jahr verstreichen, bevor er Pompeia heiratet. Diesmal spielen persönliche Gefühle keine Rolle. Pompeia entstammt einer sehr wohlhabenden und einflußreichen Familie, sie ist die Enkelin des Sulla, und mit ihr heiratet Caesar opportunistisch direkt in die Optimaten-Partei herein. Die beiden stehen sich in puncto Untreue in nichts nach, mit dem Unterschied, daß Caesar 62 v. Chr. die Scheidung einreicht. Seine absurde Begründung lautet: Jedes Mitglied seines Hauses müsse über jeden Verdacht – und damit auch den der Untreue – erhaben sein. Die Scheidung wird ausgesprochen, und Caesar führt Gattin Nummer drei heim. Nachdem Tochter Julia nebst Enkel im Kindbett gestorben ist, will Gaius Iulius unbedingt Nachkommen. Zu ihrem Pech kann ihm Calpurnia die ersehnten Erben nicht gebären, und flugs bietet Caesar Pompeius an, sich von der Unfruchtbaren zu trennen und dessen Tochter zu heiraten. Pompeius hört jedoch die Nachtigall trapsen und lehnt den Antrag ab. Vermutlich erspart er damit seiner Tochter großes Leid, denn wenig später lernt Caesar die Liebe seines Lebens kennen.

Die einundzwanzigjährige Kleopatra ist klug, gebildet, eine amüsante Partnerin, spricht mehrere Sprachen und hat den unschätzbaren Vorteil, auch noch reich zu sein. Caesar verliebt sich mit seinen zweiundfünfzig Jahren wie ein Teenager – und rechnet sich ganz nebenbei aus, daß die Angebetete ihn mit ihrem Geld unterstützen wird, wenn er ihr zur Alleinherrschaft ohne ihren Bruder verhilft. Im Frühjahr 47 v. Chr. brechen die beiden zu ihrer berühmten Nilfahrt auf. Die schwangere Kleopatra genießt das Leben auf dem Schiff und gebiert den gemeinsamen Sohn Caesarion, als Caesar gerade Ägypten verlassen hat. Endlich ein männlicher Erbe! Daß der Vater noch mit Calpurnia verheiratet ist, stört außer der Gattin selbst niemand. Kleopatra hält in ihrer prachtvollen Villa jenseits des Tibers angemessen Hof und bietet den erstaunten Römern das Bild einer Frau, die in den Augen ihrer Untertanen nicht nur Königin, sondern auch Göttin ist. Der eifrige Liebhaber dieser Königin und Göttin versucht eilig, ein Gesetz zu etablieren, das ihm das Recht auf beliebig viele Frauen und Kinder gibt; natürlich nur zu dem Zweck, den außerehelich geborenen Caesarion zu legitimieren. Doch dazu kommt es nicht mehr, Caesar stirbt als Opfer einer Verschwörung.

Ernle Bradford: Julius Caesar, Ullstein Verlag, Frankfurt am Main/Berlin 1987

Maria Callas
* 1923, † 1977

Maria Anna Sofia Cecilia Kalojeropoulos, in New York geboren, absolviert nur zwei Jahre des Athener Konservatoriums, bevor sie fünfzehnjährig erfolgreich als Sängerin debütiert. Verehrt wegen ihrer kraftvollen Stimme und außergewöhnlicher Bühnenpräsenz, wird die romantische, tragische, veristische Heroine zur unbestrittenen Primadonna ihrer Zeit.

Von der Tapete bis zum Söckchen, alles hat Mrs. Kalojeropoulos in hellblau angeschafft! Ihre Enttäuschung kennt keine Grenzen, als statt des heißersehnten Sohnes ein Monsterbaby-Mädchen von neun Pfund das Licht der Welt erblickt. »Bringen Sie sie raus!« ist alles, was ihr zur Tochter einfällt, und erst vier Tage später ist sie in der Lage, das Kind anzuschauen – lieben kann sie es nicht. Maria kompensiert die fehlende mütterliche Zuneigung mit Ehrgeiz, Fleiß und Bergen von Essen. Sie wird zu einer schwer übergewichtigen, unansehnlichen jungen Frau mit »der schönsten Stimme der Welt«.

Mit vierundzwanzig, von Männern bisher völlig unbeachtet, lernt der singende Brummer während eines Gastspiels in Verona den Fabrikanten Giovanni Battista Meneghini kennen. »Battista ist unser hiesiger Romeo«, so wird er ihr vorgestellt und beeilt sich, seinem Ruf gerecht zu werden. Zum offiziellen Begleiter der Gastprimadonna abkommandiert, kümmert sich der kleine drahtige Schürzenjäger eifrig um den Star. Maria, die noch nie männliche Aufmerksamkeit genossen hat, schmilzt binnen kurzem dahin. »Fünf Minuten, nachdem ich ihn gesehen hatte, wußte ich: der war's.« Battista tut weit mehr als seine Pflicht und macht der Sängerin einen Heiratsantrag; eine Nachricht, die deren Mutter ganz und gar nicht in den Kram paßt. Der Mann ist dreißig Jahre älter als ihr talentiertes Kind, das zwar immer noch nur ein Mädchen, aber dennoch eine Goldgrube ist, und aus Amerika schreibt sie der Tochter: »Vergiß nicht, Maria, zuallererst gehörst Du Deinem Publikum und dann erst Deinem Mann.« Maria hat keine Lust mehr auf die mütterlichen Anweisungen und wird Frau Meneghini.

Während die Diva sich gertenschlank hungert und wie eine Besessene arbeitet, wird aus dem Gatten immer mehr der Manager, und als sie sich 1954 heftigst in Visconti verliebt, läßt er sie gewähren. Im Sommer 1957 beginnt sich der Reeder Aristoteles Onassis für den Opernstar zu interessieren. Er lädt sie und ihren Mann auf seine Jacht ein und beginnt für alle Anwesenden deutlich spürbar, mit Maria zu flirten, um sie zu werben. Battista muß sogar die Hühneraugen zudrücken, um nichts zu merken – und das tut er. Dutzende von Rosenbuketts mit griechischer Karte werden der Sängerin weltweit überall zugestellt. Wenn sie von Gastspiel zu Gastspiel fliegt, läßt der neureiche Schiffseigner den Platz neben ihr von einem Bakkara-Gesteck blockieren. Seine Aktionen verfehlen die Wirkung nicht: Battista überkommen üble Ahnungen, und Maria erliegt Geld und Charme des Griechen. Kurz entschlossen beendet sie während eines zweiten Aufenthaltes an Bord der Jacht ihre Ehe mit dem Satz »Ich liebe Ari«. Meneghini fällt dazu nicht viel ein, und als Onassis ein paar Tage später unter dem Fenster steht und ein Ständchen schmettert, kapituliert der Ehemann und nimmt zur Kenntnis, was der Reeder ihm sagt: »Ich will Ihre Frau heiraten!« Daß er sich dafür erst mal von seiner eigenen trennen muß, ist zunächst Nebensache.

Nach Meneghinis Pfennigfuchserei ist Maria vollkommen hingerissen von Onassis' sprichwörtlicher Großzügigkeit und genießt das luxuriöse Leben an seiner Seite in vollen Zügen. Mit sechsunddreißig Jahren erlebt sie zum ersten Mal das euphorisierende Gefühl, begehrt und befriedigt zu sein. Onassis ist der Mann ihrer Träume, die Liebe ihres Lebens. Die Callas wird geschieden, und kaum zwei

Wochen später reicht Aris Frau ebenfalls die Scheidung ein. Als ihr Geliebter endlich frei ist, möchte Maria nichts mehr als seine Frau werden – aber des Traumprinzen heiße Leidenschaft ist leider merklich abgekühlt. Immer öfter flirtet er außer Hauses und streitet daheim mit Maria. Den Auseinandersetzungen folgen Versöhnungen, und mit dreiundvierzig wird Maria schwanger. Sie wünscht sich das Kind sehnlichst, aber Aristoteles zwingt sie mit der Drohung, sie zu verlassen, zur Abtreibung. Die Folge ist eine schwere Depression. Der Reeder hat weder Zeit noch Lust, die Tränen der Unglücklichen zu trocknen. Er ist derzeit zu sehr mit Jacqueline Kennedy beschäftigt. Maria Callas erträgt die Demütigungen des geliebten Despoten noch eine Weile, bevor sie ihn verläßt. Voller Schuldgefühle und nur kurzfristig tröstet sie sich mit dem verheirateten Tenor Di Stefano, um dann die unglückliche Position einzunehmen, die sie bis zum Tode des Griechen innehaben wird: Sie wartet sehnsüchtig auf die sporadischen Besuche, die er ihr immer wieder abstattet.

Arianna Stassinopoulos: Die Callas, Hoffmann und Campe, Hamburg 1981

Lewis Carroll
* 1832, † 1898

Der englische Schriftsteller, Mathematiker und Logiker erlangt mit der als Kinderbuch konzipierten Geschichte von »Alice im Wunderland« Weltruhm. Von 1855 bis 1881 lehrt Carroll Mathematik in Oxford und verfaßt mehrere mathematische Abhandlungen. Neben seiner schriftstellerischen und wissenschaftlichen Arbeit betätigt er sich erfolgreich als Amateurfotograf.

»Ich mag Kinder sehr gern (Knaben ausgenommen)«, gesteht Charles Lutwidge Dodgson seine Leidenschaft für junge Mädchen, die ihm nach heutigen Gesetzen sicher noch mehr Ärger eingebracht hätte, als das zu seinen Lebzeiten der Fall war. Sein ganzes Leben lang leidet der erfolgreiche Lehrer und Autor unter seiner erotischen Vorliebe beinahe ebenso wie unter einem massiven Tick: Der schüchterne Mann stottert in Gegenwart von Erwachsenen so entsetzlich, daß ein normales Gespräch mit ihm fast nicht möglich ist. Nur mit Kindern kann er reden, und nur mit kleinen Mädchen will er sprechen. Fünf- bis höchstens fünfzehnjährig interessieren sie ihn, denn »die Pubertät ruiniert alles«, und so verschwinden sie meistens aus seinem Leben, wenn sie erwachsen zu werden drohen.

Nachdem er seinen Bekannten- und Freundeskreis nach attraktiven Nymphchen mit gertenschlanken Körpern durchforstet hat, weitet Carroll das Feld aus. In Seebädern, so wird ihm klar, läßt sich der gewünschte Kontakt besonders leicht herstellen, und er beginnt regelrecht, Mädchen zu sammeln. Sein Tagebuch weist lange Listen von weiblichen Namen auf, findet sich dazwischen doch einmal ausnahmsweise ein Junge, so kann man sicher davon ausgehen, daß der eine niedliche Schwester hat. Vermutlich fügt er den Kindern kein Leid zu, doch sind die Biographen nicht ganz einig, ob er seine Leidenschaft wirklich auf den Voyeurismus beschränkt hat. Zunächst lädt er die jungen Damen – natürlich immer mit Erlaubnis ihrer Eltern – zu langen Spaziergängen und Gesprächen ein, doch bereitet es ihm bald große Freude, seine kleinen Freundinnen auch zu fotografieren. Mit seinen Bildern, auf denen er die Kinder anfangs gerne in Kostümen oder mit Tüchern verhüllt ablichtet, trifft er den Zeitgeschmack und ist bald so populär, daß er es wagen kann, um Aktaufnahmen zu bitten. Die achtjährige Alice Liddell wird sein Lieblingsobjekt; geschmeichelt erlaubt die Mutter, daß das Kind den Meister am 29. Juni 1863 in die Dunkelkammer begleitet. Was immer an diesem Tag geschieht, es bringt Mrs. Liddell so auf, daß Carroll Alice nicht mehr sehen darf. Wie manch andere Seite fehlen auch die Aufzeichnungen von diesem Tag in seinem Tagebuch. Nach dem Tod des Schriftstellers vernichtet die Familie Eintragungen und Briefe, die den längst entstandenen Gerüchten um seine Vorliebe Vorschub leisten könnten.

Alice Liddell ist es auch, die ihn zu »Alice im Wunderland« inspiriert, doch als er seiner Muse das Buch schenkt, ist deren Mutter noch immer so zornig auf ihn, daß sie all seine Briefe an ihre Tochter verbrennt. Ein einziges erwachsenes Verhältnis wird ihm nachgesagt. Er ist vierundzwanzig, die kleine Ellen Terry acht Jahre, als er die Schauspielerin bereits auf der Bühne bewundert. Sie ist eine der wenigen, mit denen Lewis ein Leben lang befreundet bleibt, aber in ihrer Autobiographie tut sie das Gerede über eine Liebschaft mit Carroll lapidar ab: »Er mochte mich so, wie er jemanden, der älter als zehn war, mögen konnte.«

Dieter Stündel: Charles Ludwidge Dodgson alias Lewis Carroll, Machwerk Verlag, Siegen 1982
Wallace, Irving u.a.: Rowohlts indiskrete Liste, Rowohlt Verlag, Reinbek 1981

Enrico Caruso

* 1873, † 1921

Nach siebzehn Totgeburten bringt Signora Caruso endlich ein lebendes Kind zur Welt. Früh zeigt Enrico seine außergewöhnliche Begabung und entwickelt sich zu einer der faszinierendsten Sängerpersönlichkeiten aller Zeiten. Die National Academy of Recording Arts and Sciences verleiht Caruso 1987 posthum einen Grammy für sein Lebenswerk.

Begeisterte weibliche Fans klettern auf die Bühne, knien tränenüberströmt vor dem Starsänger und versuchen, Knöpfe von seinen Kostümjacken als Souvenirs zu ergattern. Enrico Carusos lyrischer Tenor kann Steine erweichen und erst recht die Herzen der Damen. Seine erste Verlobung mit Giuseppina Grassi, der Tochter eines einflußreichen Zeitungsherausgebers, erscheint ihm binnen kürzester Zeit bei näherem Betrachten der sonstigen Angebote etwas übereilt. Flink holt er das gegebene Versprechen zurück und stürzt sich in eine kurze, aber heftige Liebschaft mit einer kleinen Ballerina.

»Wer hat sie gesandt? Gott?« fragt Komponist Giacomo Puccini, als er Caruso das erste Mal singen hört, doch den hat nicht der Allmächtige geschickt, sondern seine Beraterin, Managerin und Geliebte Ada Giachetti. Die anmutige Ada ist ein Jahrzehnt älter als der Tenor und verheiratet. Die ungewöhnliche Frau sieht keinen Grund, an diesem Status etwas zu ändern, ist elf Jahre Carusos Gefährtin und bringt zwei gemeinsame Söhne zur Welt. Das Paar ist durch die beruflich bedingten Trennungen und gegenseitige Eifersucht häufig zerstritten, trennt sich endgültig aber erst, als Ada mit Enricos Chauffeur druchbrennt. Caruso ist einem Nervenzusammenbruch nahe, sucht Ada überall, findet sie jedoch nicht. Verzweifelt fragt er sogar ihren Mann, wohin sie verschwunden sein könnte, und sieht sie erst wieder, als sie eines Tages völlig unvermittelt vor seiner Tür steht und Geld will. Der empörte Sänger flucht, zahlt und tröstet sich mit kleinen Affären, bis er 1910 in Mailand ein junges Mädchen kennenlernt. Elisa Ganelli ist neunzehn, Verkäuferin in einem Handschuhgeschäft und von außergewöhnlicher Schönheit. Der feurige Caruso ist auf der Stelle unsterblich verliebt und redet nach zehn gemeinsamen sittsam verbrachten Tagen von Hochzeit. »Wir werden bald für immer vereint sein«, versichert er seiner hübschen Verlobten. Statt dessen schickt er ihr wenige Tage später ein Telegramm: »Ich reise in tiefem Schmerz ab. Neue und schwierige Umstände (…) zwingen mich, unsere noch nicht offiziell bekanntgegebene Verlobung aufzulösen. Bitte um absolutes Stillschweigen.« Elisa fühlt sich mit Recht auf den Arm genommen und denkt gar nicht daran, still zu schweigen.

Nachdem Caruso ohnehin einen Ruf wie Donnerhall als Schürzenjäger hat, entscheidet sie sich, ihn zu verklagen. Sechzigtausend Dollar verlangt Fräulein Ganelli für das gebrochene Eheversprechen, und als der Richter ihre Klage zurückweist, veröffentlicht sie (gegen Geld versteht sich) Enricos Liebesbriefe in der Zeitung.

Offenbar hört Ada von der Sache und läßt sich inspirieren. Unter absurden Vorwänden klagt sie gegen den Vater ihrer Kinder; doch auch diesmal ist der Richter auf Carusos Seite. Für Ada wird die Angelegenheit so peinlich, daß sie Italien für immer verläßt. Etwas besser kommt Mildred Meffert davon. Stattliche hunderttausend Dollar will sie für ein paar Episteln, in denen der weltberühmte Tenor ihr seine Liebe schwört. Dreitausend muß er berappen, dann sind die Briefe wieder in seinem Besitz und Mildred gibt Ruhe. Zwischendurch wird er von intriganten antiitalienischen Amerikanern sexueller Übergriffe auf unschuldige Damen bezichtigt, kann sich aber rechtfertigen und kommt ungeschoren davon. Anläßlich einer Taufe, bei der Caruso Pate steht, trifft ihn Amors Pfeil derart intensiv, daß das Leben des Sängers sich von Stund an ändert.

Dorothy Parker Benjamin ist zwanzig Jahre jünger als er und ebenfalls Gast bei dem Familienfest. Sie erzählt, wie»Caruso aufschaute und mich sah und die Treppe zu mir heraufkam, ohne mich aus den Augen zu lassen. Von diesem Moment wußten wir beide, daß unsere Leben vereint sein würden. (…) So seltsam das auch klingen mag, aber danach haben wir bis zu unserer Verlobung nur selten miteinander gesprochen und waren nie allein.« Reichlich unromantisch macht Enrico seiner Dorothy den Heiratsantrag vor der Haustür im Auto und ist erleichtert, als sie ihn schnell annimmt, bevor sie aussteigt. Drinnen im Haus sitzt ihr Vater und kriegt ob der Nachricht einen Tobsuchtsanfall. Wütend über die geplante Hochzeit ändert er sein Testament, adoptiert die Haushälterin und setzt sie an Stelle seiner Tochter als Alleinerbin ein. Als Mrs. Caruso hat Dorothy ohnehin keine Geldsorgen, sie dreht dem eifersüchtigen Mr. Benjamin eine lange Nase und heiratet Enrico. Am 18. Dezember 1919 kommt Tochter Gloria auf die Welt und macht die überaus glückliche Kleinfamilie komplett.

Michael Scott: Caruso, Wilhelm Heyne Verlag, München 1993

Giacomo Girolamo Casanova
* 1725, † 1798

Der selbsternannte Chevalier de Seingalt wird als Sohn eines Schauspielerehepaares geboren. Die Eltern wünschen eine Karriere als Priester, doch Giacomo fliegt wegen ungebührlichen Betragens sechzehnjährig nach Empfang der niederen Weihen aus dem Seminar. Er betätigt sich als Sekretär, Soldat, Prediger, Alchimist, Spieler und Spion und immer wieder und vor allem als Liebhaber.

»Ich konnte nie verstehen, wie ein Vater seine bezaubernde Tochter zärtlich lieben kann, ohne wenigstens einmal mit ihr geschlafen zu haben«, schreibt Casanova, nachdem er die Freuden des Inzests mit seiner leiblichen Tochter Leonilda genossen hat. Leonilda wird schwanger und Casanova damit Vater seines eigenen Enkels. Bei der Vielzahl seiner ihm häufig auch unbekannten unehelichen Kinder spielt dieses eine sicher keine große Rolle für ihn. »Ich lachte innerlich darüber, daß ich überall in Europa Söhnen von mir begegnete.« In jungen Jahren überprüft er gewissenhaft seine Affinität zu anderen Männern, kommt aber zu dem Schluß, daß ihm Frauen doch eher liegen. »Süß fand ich stets den Geruch der Frauen, die ich geliebt habe, und je stärker eine roch, um so süßer schien sie mir.« Der Mann, dem keine sexuelle Praktik fremd ist, der über seine beachtlichen Leistungen auf diesem Gebiet minutiös Buch führt, liebt »die Frauen bis zur Verrücktheit, doch stets liebte ich meine Freiheit noch mehr, und wann immer ich in Gefahr war, meine Freiheit zu verlieren, hat mich ein glücklicher Zufall davor bewahrt«. Mit einem Satz: Spätere Heirat ausgeschlossen.

Mit großem Vergnügen defloriert er jedoch unberührte Mädchen, deren jüngste gerade mal elf Jahre alt ist. In der festen Überzeugung, daß er mit seiner »Pistole«, wie er seinen allzeit einsatzbereiten Penis gerne nennt, nur Gutes tut, behauptet er völlig frei von jedem Schuldgefühl auch in minderjährigen Fällen: »Meine Laster haben niemandem außer mir selbst geschadet, die Fälle ausgenommen, in denen ich verführt habe; aber es war nicht charakteristisch für mich zu verführen, denn ich habe nie verführt, ohne nicht unbewußt selbst verführt zu werden.«

Unter den Damen, denen sich dieser Wohltäter der Weiblichkeit widmet, sind Dienstmädchen, wohlhabende Damen und Frauen, Adlige, Prostituierte, Schauspielerinnen, Tänzerinnen, Bäuerinnen, Kurtisanen, Sängerinnen, Nonnen, Geistliche, Sklavinnen. Der kürzeste Geschlechtsverkehr, so läßt der Meister seines Fachs uns wissen, dauerte fünfzehn Minuten, der längste stolze sieben Stunden; die höchste Zahl seiner Orgasmen mit ein und derselben Frau innerhalb von vierundzwanzig Stunden betrug zwölf, die meisterlebten Höhepunkte einer Frau während einer Erektion nicht weniger als vierzehn.

»Enthaltsamkeit macht krank«, nach diesem Motto infiziert sich der Marathonbeischläfer Casanova häufig mit Geschlechtskrankheiten und kennt sich im Gebrauch von »schützenden Hüllen, traurigen Futteralen« (in seinem Fall aus Tierdarm, zwanzig Zentimeter lang und »am anderen Ende wie eine Geldbörse mit einem schmalen rosafarbenen Band versehen«) und Scheidenpessaren aus einer halben Zitrone bestens aus. Sich deren Anwendung zu merken, fällt ihm offensichtlich leichter, als das Gesicht oder den Namen all seiner Bettgefährtinnen zu erinnern. Die Sitten mancher Damen sind locker, und während einer Kutschfahrt hebt eine ihm bis dahin Unbekannte willfährig ihre Röcke. Als er sie wenige Tage später auf einer Gesellschaft trifft, gibt Casanova kein Zeichen des Wiedererkennens. Die Reisebegleiterin beschwert sich empört über sein rüdes Verhalten und bekommt zu hören:»Natürlich erinnere ich mich an Sie, aber eine Torheit bringt noch nicht das Recht auf eine Bekanntschaft mit sich!«

Die emotional intensivste Affäre hat der »beste aller Liebhaber« mit Henriette, einem vornehmen, gebildeten Mädchen, das er in Soldatenkleidung steckt und einem Ungarn ausspannt. Sie ist ihm an Abenteuerlust und Sinnenfreude ebenbürtig, und das Paar verbringt herrliche drei Monate miteinander. So lange braucht die kluge Henriette, um Casanovas finanzielle Unsicherheiten, seinen mangelnden gesellschaftlichen Hintergrund und seine Flatterhaftigkeit zu durchschauen; sie beschließt, ihr Leben nicht länger mit dem seinen zu verknüpfen und verläßt ihn. Zuvor ritzt sie mit einem Diamanten in die Fensterscheibe des Hotelzimmers:»Tu oublieras aussi Henriette« (Du wirst auch Henriette vergessen). Jahre später logiert Giacomo zufällig im selben Zimmer und findet die Gravur wieder.

Erschöpft von seinen bemerkenswerten Leistungen, läßt des emsigen Chevaliers Manneskraft noch vor seinem vierzigsten Geburtstag deutlich nach. Nachdem er die Damen nicht mehr in der gewohnten Form beglücken kann, bleibt ihm auf dem Weg zur völligen Impotenz nur noch die Freude des Essens. »Da er nicht mehr länger Gott der Gärten sein konnte«, beschreibt ein Zeitgenosse den Wandel, »wurde er zum Wolf bei Tisch.« Wenn er nicht gerade mit Messer und Gabel hantiert, greift Casanova zur Feder und schwelgt in köstlichen Erinnerungen. »Nur weil ich täglich zehn bis zwölf Stunden mit Schreiben verbringe, bin ich noch nicht vor Gram gestorben.« Die so entstandene Beschreibung seiner amourösen Abenteuer bis zum neunundvierzigsten Lebensjahr umfaßt nicht weniger als viertausendfünfhundertundfünfundvierzig Seiten.

J. Rives Childs: Casanova, Blanvalet Verlag, München 1997
Ernesto Grassi (Hrsg.): Giacomo Casanova, Memoiren, Rowohlt Verlag, Reinbek 1960
Ursula Voß (Hrsg.): Kindheiten, Deutscher Taschenbuch Verlag, München 1979
Wallace, Irving u.a.: Rowohlts indiskrete Liste, Rowohlt Verlag, Reinbek 1981
Focus, 25.5.1998
Frankfurter Allgemeine Zeitung, Magazin, 29.5.1998
Stern, 10.6.1998

Miguel de Cervantes Saavedra
* 1547, † 1616

Der Sohn eines mittellosen Chirurgen hat ein bewegtes Leben, bevor er seinen Welterfolg »Don Quijote« verfaßt. In der Seeschlacht von Lepanto verstümmeln Türken seine linke Hand, und auf der Rückreise nach Spanien wird er von Piraten gefangengenommen und als Sklave verschleppt. Erst 1580 gelingt es Familie und Freunden, ihn in Algerien aufzuspüren und freizukaufen.

»Es liegt in der Natur der Frauen, nicht zu lieben, wenn wir sie lieben, und zu lieben, wenn wir es nicht tun.«

Miguel de Cervantes

Miguel de Cerrantes Saavedra

Cervantes ist bereits ein erfolgreicher Theaterautor, als er 1582 oder 1583 die zwanzigjährige Ana de Villafranca kennenlernt. Das Mädchen ist äußerst reizvoll, aber verheiratet mit einem kleinen Händler namens Alfonso Rodríguez. Dennoch ist der fesche Dichter nicht in der Lage, sich zusammenzureißen, und Ana wird schwanger. Am 19. November 1584 wird Isabel geboren und dem ahnungslosen Rodríguez als eheliches Kind untergejubelt. Die Geburt verursacht einiges Kopfzerbrechen, denn Miguel ist just im Begriff zu heiraten. Catalina de Salazar y Palacios ist das, was man unter einer guten Partie versteht, sie kann (im Gegensatz zur Kindsmutter Ana) lesen und schreiben und bringt eine stattliche Mitgift in das Leben des Schreiberlings. Am 12. Dezember, also keine vier Wochen nach Geburt seiner Tochter, heiratet Cervantes das wohlhabende Fräulein. Die kinderlose Ehe dauert kaum ein Jahr, denn weder Geld noch Bil-

dung seiner Gattin können den Besen von einer Schwiegermutter aufwiegen, die
Cervantes von Stund an das Leben zur Hölle macht. Kleinlich besorgt um ihre
Weinfelder, mißtraut sie der Versorgungsleistung ihres »komödiantischen«
Schwiegersohnes und verleidet ihm das Zusammensein mit Catalina so sehr, daß
der Achtunddreißigjährige sein Bündel schnürt und sie verläßt. Hinter dem
Rücken der Alten hält das Paar jedoch Kontakt.

Als Ana 1598 stirbt, legitimiert Cervantes seine Tochter und nimmt sie zu sich.
Catalina geht 1609 in den heiligen Orden des Franz von Assisi. Vier Jahre später
folgt ihr Cervantes in den Laienorden der Franziskaner. Das Paar bezieht gemeinsam mit einem Dienstmädchen eine ordenseigene Wohnung, und Cervantes legt
wenige Wochen vor seinem Tod, am 2. April 1616, das Gelübde ab.

Anton Dieterich: Cervantes, rororo Bildmonographie, Rowohlt Verlag, Reinbek 1984
Carole McKenzie: All about Sex, Europaverlag, München/Wien 1992

Charlie Chaplin
* 1889, † 1977

Sir Charles Spencer Chaplin tritt bereits als Kind in Varietés auf. In über siebzig
Filmen, für die er oft die Musik komponiert, spielt er den liebenswert skurrilen
Vagabunden mit Melone und Bambusstöckchen so erfolgreich, daß er sich 1918
ein eigenes Studio in Hollywood leisten kann. 1972 erhält er den Oscar für sein
Lebenswerk und drei Jahre später den Adelstitel »Sir«.

Seine sexuelle Leistungsfähigkeit beeindruckt Chaplin selbst so sehr, daß er sich
diesbezüglich in aller Unbescheidenheit als das »achte Weltwunder« bezeichnet.
Auch während der Arbeit nimmt er sich immer die Zeit für ein Schäferstündchen
und verfügt bald über eine endlos lange Liste von oft sehr jungen Geliebten.
Schon früh wird diese nicht eben gesetzeskonforme Leidenschaft für Teenager
von der fünfzehnjährigen Hatty Kelly geprägt, die ihn allerdings ebenso wie ihre
Nachfolgerin Mabel Normand lediglich an, aber nicht »unter die Wäsche« läßt.
Charlie versucht sein Glück bei Peggy Pierce – und ist erfolgreich, für seinen Geschmack ein bißchen zu sehr. Als Peggy ihm deutlich zu verstehen gibt, daß sie
ihre Freizügigkeit mit Heirat belohnt wissen möchte, gibt er ihr ebenso deutlich so
verstehen, daß er sie nicht mehr sehen will.

Sensibler Mund und eine üppige Figur, die Sekretärin Edna Purivana hat alles, was Charlies Herz begehrt. 1915 verliebt er sich, macht sie zur Schauspielerin und ist zwei Jahre lang glücklich mit seiner Flamme, bis die sich in einen anderen verguckt. Sie darf dennoch weiter mit ihm arbeiten, Tisch und Bett teilt er allerdings bald darauf mit Kollegin Pola Negri. Die ringt dem Heiratsmuffel immerhin eine öffentliche Verlobung ab – aber für eine Hochzeit reicht sein Engagement dann doch nicht. Zu diesem gefürchteten Schritt zwingt ihn erst Mildred Harris. Chaplin findet zwar, daß sie »den Kopf voll von rosa-schleifiger Dummheit« hat, erliegt 1917 ihrer erotischen Ausstrahlung aber so vollkommen, daß er alle Register zieht und bereits nach dem ersten gemeinsamen Abendessen ans Ziel seiner Wünsche gelangt. Leider ist die neunzehnjährige Mildred nicht nur dämlich, sondern auch gänzlich unerfahren und nach dem Tête-à-tête felsenfest davon überzeugt, daß sie ein Kind erwartet. Da hilft nur eines: Heiraten! Erst nach der Trauung finden die beiden heraus, daß es sich um blinden Alarm handelt. Wenn schon, denn schon, denkt sich der frischgebackene Ehemann und zeugt das Kind halt etwas später; es wird geboren, stirbt aber kurz nach der Geburt. Nicht zuletzt deswegen entwickelt sich das Paar auseinander und wird zwei Jahre nach der Hochzeit einvernehmlich geschieden.

Chaplin, im wahrsten Sinne des Wortes entfesselt, läßt die Magie seines achten Weltwunders ungebremst walten und verzaubert damit die sechzehnjährige Lillita McMurray alias Lita Grey so intensiv, daß das Mädchen schwanger wird. Diesmal ist es keine Fehlmeldung, und Mutter McMurray zögert nicht eine Minute, den Übeltäter zu zwingen, ihre minderjährige Tochter zu heiraten. Chaplin windet sich wie ein Wurm an der Angel und versucht mit allen Mitteln, den Gang zum Altar zu vermeiden. Als erstes will er Lita zu einer Abtreibung überreden, und als das nicht hilft, bietet er ihr ganz gentlemanunlike zwanzigtausend Dollar an, wenn sie einen anderen heiratet. Alles vergebens, Lita wird wenig später die zweite Mrs. Chaplin. In den nächsten zwei Jahren geht es drunter und drüber: Charlie rächt sich mit nicht weniger als fünf Geliebten, zeugt nebenbei zwei eheliche Söhne, und dann eskaliert ein Scheidungsdrama, wie es der staunenden Öffentlichkeit nicht oft geboten wird. Lillita geniert sich weder, lautstark zu zetern, weil Chaplin sie angeblich zwingt, Fellatio zu praktizieren, ihn der Tyrannei zu bezichtigen und seine außerehelichen Aktivitäten minutiös aufzulisten, noch findet sie etwas dabei, all das – und damit ihre Scheidungsklage – vervielfachen und an jeder Straßenecke für fünfundzwanzig Cent verkaufen zu lassen.

Endlich von Tisch und Bett getrennt, atmet Charlie tief durch und läßt sechs Jahre verstreichen, bevor er sich 1933 auf seine nächste Ehe einläßt. Mit Paulette Goddard ist das Leben gottlob ein wenig ruhiger, wenn man von seiner turbulenten Affäre mit Joan Berry absieht. Die Zweiundzwanzigjährige stellt sich zunächst wegen Probeaufnahmen vor, beginnt dann den Regisseur regelrecht zu verfolgen, zerschmettert seine Fensterscheiben, droht mit Selbstmord und hängt ihm schließlich eine Vaterschaftsklage an. Der genervte Künstler, inzwischen leise von Paulette geschieden, verliert 1943 zunächst den Prozeß und muß zahlen. Gutachten bestätigen dann doch noch, daß die kleine Carol Ann nicht sein Kind ist, und die wilde Mutter Joan wird zehn Jahre später in einer Nervenheilanstalt untergebracht.

Chaplin, inzwischen vierundfünfzig, sehnt sich nach etwas Ruhe und findet sie bei Oona O'Neill. Die achtzehnjährige Tochter des Nobelpreisträgers Eugene O'-Neill entsetzt ihren Vater mit dem Ansinnen, Charlie zu heiraten. Aber auch wenn der intellektuelle Herr Papa sich nicht damit abfinden mag, das junge Mädchen ist Chaplins Große Liebe: »Wenn ich Oona oder ein Mädchen wie sie früher gekannt hätte, hätte ich nie irgendwelche Probleme mit Frauen gehabt. Mein ganzes Leben habe ich auf sie gewartet, ohne es überhaupt zu wissen.« Am dreiundsiebzigsten Geburtstag ihres Mannes schenkt ihm die fruchtbare Gattin das achte gemeinsame Kind und bleibt Chaplin eine fürsorgliche, liebevolle Ehefrau, bis er am Morgen des ersten Weihnachtsfeiertages 1977 in seinem Bett friedlich für immer einschläft.

Bernhard Solet: Charlie Chaplin, Dressler Verlag, Hamburg 1982
Wolfram Tichy: Charlie Chaplin, Rowohlt Verlag, Reinbek 1974
Wallace, Irving u.a.: Rowohlts indiskrete Liste, Rowohlt Verlag, Reinbek 1981

Charles, Prince of Wales
* 1948

Charles Philip Arthur George, Prince of Wales und Thronfolger des Vereinigten Königreiches Großbritannien und Nordirland, Sohn von Königin Elisabeth II. und Philip Mountbatten, Herzog von Edinburgh, beendet im Juni 1970 sein Studium in Cambridge mit Auszeichnung und ist der erste britische Thronfolger mit einem akademischen Abschluß.

»Ich bin stolz darauf, von gestern zu sein!« Der reichste Teenager der Welt kultiviert seine altmodische Gesinnung und hat mit achtzehn Jahren noch kein Rendezvous gehabt. Drei Jahre später verführt ihn im letzten Studienjahr eine rassige Südamerikanerin, die Forschungsassistentin des Collegeleiters, und bringt Charles auf den Geschmack. Angetan von seinem Debüt, hat er danach gleich mehrere Geliebte, von denen er allerdings verlangt, daß sie ihn auch im Bett respektvoll mit »Sir« anreden. Camilla Shand, wie Charles ein Spätentwickler, aber mit etwas mehr Ahnung als er, nimmt für sich in Anspruch, den Zwanzigjährigen auf einem

Fest entjungfert zu haben. Angeblich weist sie den Laien in die Geheimnisse der Sexualität ein, indem sie sehr pragmatisch erklärt: »Stell dir einfach vor, ich wäre ein Schaukelpferd.« Charles reiht Freundin an Freundin, bevorzugt den blonden, langbeinigen Typ und fürchtet sich vor allzu festen Bindungen. Am liebsten ist er mit verheirateten Frauen unterwegs, weil die diskret sind und nicht soviel Aufmerksamkeit fordern wie die ledigen. Als seine Auserwählte die Schauspielerin Zoe Sallis ist – einst war sie die Geliebte von John Huston und hat auch einen Sohn aus dieser Beziehung –, wird es den königlichen Beratern angst und bange. Die zehn Jahre ältere Dame macht regen Gebrauch von ihrem großen Einfluß auf den Thronfolger. Vorübergehend wird er ihr zuliebe Vegetarier und entdeckt die Vorzüge des Buddhismus. Trotz aller wohlmeinender Ratschläge will er nicht von Zoe lassen, bis man ihm ein Gespräch mit der Königin androht. Zu diesem Zeitpunkt ist Charles einunddreißig Jahre alt und hat solche Angst vor seiner Mutter, daß er sich sofort von Mrs. Sallis trennt.

Königshäuser brauchen Erben, und des zukünftigen Königs Pflicht ist es, eine gebärfähige Jungfrau aus gutem Hause zu finden. Dauerfreundin Camilla kommt nicht in Frage, und die Damen Davina Sheffield und Anna Wallace lehnen die Heiratsanträge des verschrobenen Prinzen ab. 1980 trifft er Diana Frances Spencer wieder, die er als Sechzehnjährige bereits drei Jahre zuvor kennengelernt hat. »Der Kinderspeck ist weg«, bemerkt der charmante Charles, und die kokette Kindergärtnerin Diana antwortet: »Ich bin bloß größer geworden, habe den Kinderspeck gestreckt.« Mit diesem äußerst intellektuellen Wortwechsel beginnt eine Beziehung, die 1981 mit einer bombastischen Hochzeit legalisiert und für beide Partner zum Desaster wird. Auch verheiratet ist der Prinz von Wales außerstande, sich von seiner Geliebten Camilla Parker Bowles zu trennen. Diana bekommt pflichtschuldig zwei Söhne und steht dem außerehelichen Treiben ihres Mannes machtlos gegenüber. Wütend registriert sie, daß in seinen Hemden stets und immer Manschettenknöpfe funkeln, die mit einem verschlungenen C&C verziert sind – ein Geschenk seiner Geliebten. »An Camilla«, so ein Freund der Familie, »gefällt Charles so gut, daß sie genauso geizig ist wie er. Die beiden können sich stundenlang darüber aufregen, was die chemische Reinigung heutzutage verlangt.« Doch scheint das nicht die wesentlichste Gemeinsamkeit des langjährigen Paares zu sein. Wenn Charles und Camilla in den Büschen verschwinden, finden die Diener, die hinterher die Kleidung waschen müssen, nicht mehr, daß es eine Ehre ist, dem königlichen Haushalt anzugehören.

Nach der Trennung des Thronfolgers von seiner Frau Diana wird 1993 ein denkwürdiges Telefongespräch mitgeschnitten und veröffentlicht. »Ich würde am liebsten in deinem Höschen wohnen«, bekennt Charles und schlägt wahlweise vor, er könne auch als »Tampon in dir leben«. Das, so findet Camilla, sei eine wahrhaft entzückende Idee, und sie versucht die diesbezüglichen Sorgen ihres Geliebten zu zerstreuen: »Wenn ich Pech hätte, würde ich in eine Toilette fallen, ständig an der Wasseroberfläche umherwirbeln und niemals untergehen!« Fürwahr, welch einzigartiges Schicksal! Aber die britische Öffentlichkeit reagiert ziemlich schockiert auf die Visionen der beiden, zumal es der zukünftige König und das Oberhaupt der englischen Kirche ist, der die bizarren Wünsche äußert. Der Prinz schämt sich in Grund und Boden, anders Camilla, die rät, die Nerven zu bewahren und Gras über die Sache wachsen zu lassen. Geschieden von der inzwischen verstorbenen Diana, erlaubt sich Charles, der König im Wartestand, heute, seine Beziehung zu seiner Dauergefährtin zunehmend freier und offener zu leben. Kommt Zeit, kommt Camilla?

Kitty Kelley: Die Royals, Marion von Schröder Verlag, Düsseldorf/München 1997

Frédéric François Chopin
* 1810, † 1849

Chopin, als Sohn einer Polin und eines Franzosen in der Nähe von Warschau geboren, beginnt das Klavierstudium bereits mit vier Jahren und gibt achtjährig sein erstes öffentliches Konzert. Er entwickelt sich zu einem der wichtigsten Komponisten für Klaviermusik und hat großen Einfluß auf Kollegen wie Franz Liszt, Sergej Rachmaninow, Aleksandr Skrjabin und Claude Debussy.

»Ich sehne mich nach Deinem Mund«, schreibt der spätere Frauenliebling Chopin seinem Freund Titus Wojciechowski, den er mit schwärmerischen Liebesbriefen bestürmt. Titus sträubt sich hartnäckig, und Chopin stellt seine schriftlichen Ergüsse schließlich ein. In Gegenwart von Mädchen zeigt sich Frédéric eher scheu. Ernsthaft verliebt in seine

Frédéric François Chopin

Mitschülerin Konstanze Gladowska, ist er nicht in der Lage, ihr seine Gefühle zu offenbaren. Konstanze heiratet einen anderen und ist Jahre später höchst erstaunt, als sie erfährt, welche Bedeutung sie für Chopin hatte. Wer Klavier spielt, hat Glück bei den Frauen; trotz oder vielleicht gerade wegen seiner Schüchternheit übt Chopin eine große Anziehungskraft auf die Damenwelt aus. Ein Freund schreibt 1834: »… er verdreht allen Französinnen den Kopf und erregt die Eifersucht der Männer.« Unbegründet allerdings, denn Chopin würde zwar gerne eine eigene Familie gründen, doch das Schicksal hat offenbar anderes mit ihm vor. Im August 1836 glaubt sich der Komponist am Ziel seiner Wünsche. Die sechzehnjährige Maria Wodzinska verlobt sich mit ihm. Leider macht das Paar die Rechnung ohne den Wirt bzw. die Wirtin, denn Marias Mutter ist ganz und gar nicht angetan von dem Gedanken, ihre Tochter mit einem kränkelnden Musiker zu vermählen. Schriftlich teilt sie ihm mit, daß eine Heirat von seinem Gesundheitszustand abhängig gemacht werde und er sich mehr schonen müsse. Chopin, der bei einer Größe von 1,70 m nur knappe neunundvierzig Kilo wiegt, ständig hustet und bleichen Gesichtes bis zur Erschöpfung arbeitet, denkt nicht daran, sich der militanten Noch-nicht-Schwiegermutter zu beugen, und so wird die Verlobung auf Wunsch oder vielmehr Befehl von Marias Eltern gelöst. Der Künstler fügt sich traurig, aber ohne Gegenwehr, verschnürt lethargisch Marias Briefe mit einem Band und beschriftet das Päckchen mit den Worten: »Moja Bieda« – mein Elend.

In dieser Gemütsverfassung begegnet er der emanzipierten Amatine Aurore Lucile Dupin alias George Sand, die seine Musik bewundert und ihn verfolgt. Chopin, in Gedanken noch bei Maria, kann keinen Gefallen an seiner Verehrerin finden: »Was ist die Sand bloß für eine abstoßende Frau. Ist sie tatsächlich eine Frau? Ich bin sehr geneigt, es zu bezweifeln.« Voll unbeirrbarer Verve gelingt es Madame Sand offenbar, seine Zweifel auszuräumen, denn 1838 wird Chopin ihr Geliebter. Die Freundschaft dauert neun Jahre, ist jedoch bereits nach dem zweiten Jahr rein platonisch. Im Bett – und daraus macht sie keinen Hehl – langweilt sich die temperamentvolle George zu Tode mit Chopin, von dem sie behauptet, das Liebesspiel interessiere ihn nicht; im Schlafzimmer entwickele er den Schwung einer Leiche. Als die Beziehung 1847 zu Ende ist, nimmt sich Jane Stirling seiner an und kümmert sich bis zu seinem Tode liebevoll um Chopin. Nach seinem Ableben werden erotische Liebesbriefe gefunden, die das Gerücht nähren, der Komponist habe eine Affäre mit einer seiner ersten Schülerinnen, der musikbegabten und sexuell äußerst freizügigen Gräfin Delphine Potocka gehabt. Heute geht man allerdings davon aus, daß diese teilweise fast zotigen Schriftstücke von ihrer »Entdeckerin« gefälscht wurden.

Ernst Burger: Frédéric Chopin, eine Lebenschronik in Bildern und Dokumenten, Hirmer Verlag, München 1990
Wallace, Irving u.a.: Rowohlts indiskrete Liste, Rowohlt Verlag, Reinbek 1981

Claudius
* 10 v. Chr., † 54 n. Chr.

Tiberius Claudius Nero Germanicus wird in Lugdunum, dem heutigen Lyon, geboren. Bis er im Alter von 47 Jahren von seinem Neffen Caligula zum Konsul ernannt wird, hat er kein bedeutendes Amt inne. Als Caligula ermordet wird, ruft die kaiserliche Leibgarde Claudius zum Kaiser aus. Heute wird Claudius entgegen der zeitgenössischen Schilderungen als fähiger Herrscher eingeschätzt.

Claudius ist – eine Seltenheit unter den römischen Kaisern – ausschließlich heterosexuell. Das allerdings mit großem Engagement und Vergnügen. Als die erste Ehefrau, die Etruskerin Plautia Urgulanilla, seinen Ansprüchen nicht mehr genügt, läßt er sich – Ordnung muß sein – flugs von ihr scheiden und heiratet Aelia Paetina. Kaum liegt die in seinem Bett, als sie ihn auch schon wieder langweilt und der dreiundzwanzigjährigen Messalina weichen muß. Messalina schätzt das kaiserliche Dasein sehr, Claudius hingegen um so weniger. Der ist zwar eigentlich von recht ansprechendem Äußeren, stottert jedoch schrecklich und leidet wegen einer Entwicklungsstörung an ständigem Nervenzucken, Naselaufen und Sabbern. Statt also ihre ehelichen Pflichten mit dem schniefenden, triefenden Gatten zu erfüllen, nimmt sich die junge Frau einen Liebhaber nach dem anderen. Mit Silius, ihrem Favoriten, versucht die unternehmungslustige Kaiserin einen Staatsstreich, scheitert jedoch kläglich. Silius wird hingerichtet und die untreue Messalina in den Selbstmord getrieben.

Nach dieser Erfahrung hat Claudius erst mal die Nase voll vom Heiraten und widmet sich mit Elan seiner zweiten großen Leidenschaft, dem Essen. Der ständig überfüllte Magen führt zu massiven Schlafstörungen und die wiederum dazu, daß der Kaiser tagsüber andauernd einnickt – bevorzugt, wenn er Gerichtsverfahren leitet. In einem wachen Moment fällt zehn Jahre nach Messalinas erzwungenem Tod sein trüber Blick auf die überaus ehrgeizige Agrippina die Jüngere. Die Dame ist vierunddreißig und hat nur ein Lebensziel: Ihr zwölfjähriger Sohn soll Claudius' Nachfolger werden. Der direkteste Weg scheint ihr über das Bett des Kaisers zu führen, und so nimmt sie die laufende Nase in Kauf und heiratet den Herrscher, der ein Jahr später den Jungen namens Nero adoptiert. Doch dieser Liebesbeweis reicht Agrippina nicht! Sie will mehr, sie will die Macht. Als Nero siebzehn ist, beginnt sie zu befürchten, daß ihr kaiserlicher Gatte so lange vor sich hin stottert, bis ihr hoffnungsvoller Sprößling alt genug ist, die Staatsgeschäfte ohne mütterliche Regentschaft zu übernehmen. Sie beschließt, dem Schicksal nachzuhelfen und wählt, schließlich ißt Claudius gern, vergiftete Pilze. Der tödliche Plan geht auf; Claudius stirbt, und Nero besteigt den römischen Thron.

Michael Grant: Die Römischen Kaiser, Bechtermünz Verlag, Augsburg 1997

Gary Cooper
* 1901, † 1961

Der amerikanische Schauspieler Frank James Cooper übernimmt 1925 eine erste kleine Rolle beim Stummfilm. Vier Jahre später wird er mit der Hauptrolle in »The Virginian« zum Weltstar und glänzt während der nächsten drei Jahrzehnte immer wieder in der Rolle des wortkargen, vom Schicksal gezeichneten Helden. Cooper ist dreifacher Oscarpreisträger.

»Coop war wahrscheinlich der größte Schwanzträger, der jemals lebte. Sie stolperten übereinander, damit er sie mit in sein Bett nahm. Er konnte nicht aufhören herumzuvögeln. Die Frauen ließen ihn nicht. Sie legten sich quer vor seine Garderobe. Er hatte den Ruf, ein wundervoller Liebhaber zu sein.«

Stuart Heisler, Regisseur

Fakt ist, daß Gary Cooper ein wundervoller Zuhörer ist und nicht viel über sich selbst spricht. Mit einer Mischung aus Bescheidenheit, Romantik und jungenhaftem Charme weckt er bei vielen Frauen den Wunsch, ihn zu verführen. Gary ist kein Kostverächter und tut den Damen den Gefallen. Die erste, der er auffällt, ist Doris Virden, ein junges Mädchen aus wohlhabendem Hause, die ihn zu gerne geheiratet und ihm die heißgeliebten Pfannkuchen und Spiegeleier zubereitet hätte. Cooper ist noch nicht nach Hausmannskost, und Doris bleibt mitsamt ihrer Bratpfanne todunglücklich zurück. In Hollywoods Stargarderoben schwärmen sich bald darauf Mae West und Clara Bow gegenseitig von Garys Bettqualitäten vor, und die Presse stilisiert Cooper und Bow zu romantischen Idolen. Doch Clara ist alles andere als romantisch und desillusioniert die Fans durch bemerkenswert offene Interviews: »Gary hat den größten Schwanz in Hollywood und keinen Arsch dahinter. Er ist ausgestattet wie ein Pferd und hat Kraft für die ganze Nacht. Seine Lust auf Sex ist genauso groß wie meine – und es ist gar nicht so einfach, einen solchen Kerl zu finden, der auch noch ein Gentleman ist. Ich kann keine Kinder haben, also braucht er sich keine Sorgen zu machen, wenn er mich flach legt.«

Gentleman Cooper versucht dergleichen Statements zu entschärfen, indem er über seine Freundin fast lyrisch verlauten läßt: »Ich liebe sie. Ihre Schönheit am Tag ist so wahr wie die Sonne am Mittag, und nachts ist sie so mystisch wie das Nordlicht und die Weichheit des Sommermondes.« Trotz seiner Magnetwirkung auf das weibliche Geschlecht ist Cooper so schüchtern, daß ihm Liebesszenen auf der Leinwand enorme Schwierigkeiten bereiten und er immer wieder vor Aufregung den Text vergißt. Hier hilft die offenherzige Clara Bow, die alles mitmacht – und leider noch ein bißchen mehr: Sie betrügt den Frauenschwarm. Das und die Tatsache, daß Garys strenge Mutter, Mrs. Alice Cooper, die ordinäre Clara vom ersten Tage an nicht leiden kann, führt schließlich zur offiziellen Trennung des Paares. Da aber dennoch weiterhin eine große sexuelle Anziehungskraft vorhanden ist, treffen sich die beiden noch über Jahre zu geheimen Schäferstündchen.

Derweil liiert sich Coop – zu Mutters großer Freude – mit der wohlerzogenen, liebenswürdigen Evelyn Brent. Das ist eine Schwiegertochter so recht nach Mamas Gusto, und auch Evelyn sähe sich gerne in dieser Position, aber Gary disponiert anders und holt sich den Teufel ins Haus. Er behext ihn in Gestalt der zierlichen Maria Guada Lupe Velez, die mit ihrem unglaublichen Temperament und einer Sensationsfigur bereits die Herren Chaplin, Gable und Fairbanks um den Seelenfrieden gebracht hat. Wenn Cooper der kleinen Person im Weg steht, beißt sie ihn weg, bekommt sie ein Fenster nicht auf, durch das sie ihm einen Abschiedskuß geben möchte, schmeißt sie es ein. Lupe ist kein Kind von Traurigkeit und wild verliebt in den schönen Gary. Höchst eifersüchtig bewacht sie mit Argusaugen die Dreharbeiten mit Marlene Dietrich, doch kaum kehrt die kleine Lupe den Rücken, landet ihr Kerl natürlich doch im Bett mit der androgynen Kollegin. Was die wiederum vergeblich versucht hat, fällt Cooper ganz leicht. Carole Lombard folgt ihm willig in die Kissen, äußert sich allerdings nicht besonders freundlich über ihn: »Bis der den Mund aufmacht, ist morgen.« Mutter Cooper ist alles recht, wenn sie nur die exzentrische Lupe aus dem Leben ihres Sohnes katapultieren kann. Die beiden Frauen zerfleischen sich förmlich im Kampf um den geliebten Mann, und Lupe rastet eines Tages so aus, daß sie mit dem Messer auf Cooper losgeht. Der flieht nach Italien und in die Arme der Countess di Frasso, geborene Dorothy Taylor. Reich und adlig verheiratet und mit karriereförderlichem Geld und Beziehungen ausgestattet, macht sie den Schauspieler für eine Weile zu ihrem Gigolo. Der nimmt aus dem Süden ein Butlerehepaar und einige Erfahrungen mit und ist froh, als die Countess in den USA ihre Liebe zu Supergangster Bugsy Siegel entdeckt. Tallulah Bankhead, vieltrinkende, bisexuelle Kokainkonsumentin, die schon Marlon Brando das Fürchten lehrte, antwortet auf die Frage, warum sie nach Hollywood gegangen sei: »Ich wollte diesen göttlichen Cooper ficken«, und dem ist der Wunsch der Stardarstellerin Befehl, ebenso wie er wenig später der aktiven Joan Crawford zu Diensten ist.

»Das Mädchen, das ich heirate, darf keine beschädigte Ware sein«, läßt Coop ungeniert verlauten und besteht trotz seiner Vergangenheit auf einer jungfräulichen Gattin, als es an das Gründen einer Familie geht. Veronica, »Rocky« Balfe, ist Jungfrau und dazu erzogen, einen reichen Mann zu heiraten. Die kultivierte, gebildete Bankierstochter (ihr geliebter Stiefvater, der Wall Street-Tycoon Paul Shields, ist nach deren Aussage Marilyn Monroes »bester Liebhaber«) wird Mrs. Cooper, und dessen Freunde wundern sich, wie häuslich Coop auf einmal ist. Leider erweisen sich die Vorbehalte von Rockys Eltern ganz schnell als berechtigt. Kaum ist Gary zu Dreharbeiten ein paar Meter weg von zu Hause, hat er andere Damen am Arm und im Bett. In Ingrid Bergman ist er so verliebt, daß sogar Rocky davon erfährt, sich aber wegen der kleinen Tochter entscheidet, bei ihrem Mann auszuharren. Der kehrt auch tatsächlich zurück, aber die wirkliche Bedrohung der Ehe taucht jetzt erst auf. Kollegin Patricia Neil weckt derartige Gefühle in Coop, daß er drei Jahre braucht, um sie zu sortieren. Rocky kämpft mit harten Bandagen um ihre Ehe. Als erstes informiert sie ganz gelassen ihre inzwischen elfjährige Tochter und sorgt dafür, daß das Mädchen die Schuld für das Chaos einzig und allein Patricia in die Schuhe schiebt. Dann lädt sie eine ganze Reihe von Cooper-Verflossenen, unter anderem auch Countess di Frasso, ein, gibt den Damen höflich und seelenruhig die Geschenke zurück, die sie Gary einst gemacht haben, und weiß zu veranlassen, daß Patricia von dieser Aktion erfährt. Ganz cool verbringt sie »um des Kindes willen« die Ferien mit ihrem getrennt lebenden Mann, gibt nur ausgewählt höfliche Statements gegenüber der Presse ab – und flirtet was das Zeug hält mit anderen Männern. Sie gewinnt. Die arme Patricia wird schwanger und von Gary mehr oder weniger gezwungen, das Kind abzutreiben; Coopers Interesse an dem Mädchen, dessen große Liebe er ist, läßt nach. Eifersüchtig wacht er über das Treiben seiner berechnenden Frau und wird fast verrückt vor Wut, als er von außen durch die Fenster seines Hauses gewahr wird, wie sich Kollege Kirk Douglas an sie heranmacht. Kaum hat der die Tür hinter sich geschlossen, vermöbelt Gary Noch-Gattin Veronica, bis ihre Nase blutet. Und während Patricia zum Abschied einen Pelzmantel bekommt und Rocky vermeintlich triumphiert, heißt die lachende Dritte Grace Kelly und liegt mit Cooper im Bett. »Sie sah aus wie kaltes Essen für einen Mann, bis zu der Minute, wo du ihr Höschen unten hattest, dann explodierte sie.« Bei dieser Indiskretion läßt Gary den Gentleman in der Schublade. Er dreht im Ausland, hat eine Affäre nach der anderen, gerät in eine wilde Fummelei mit Barbara Stanwyck, schützt sich vor den Avancen des Kollegen Charles Laughton und spannt als letzten großen Akt Frank

Sinatra Geliebte Anita Ekberg aus. Eine Weile wird er noch mit immer jüngeren und vor allem immer niveauloseren Dämchen gesehen, und wirklich nach Hause zu Veronica geht Gary Cooper erst, als er schwer krebskrank und pflegebedürftig ist

Jeffry Meyers: Gary Cooper, William Morrow and Company, New York 1998

Marie Curie
* 1867, † 1934

In Warschau als Tochter eines Physiklehrers geboren, absolviert Maria Salomee Skłodowska die Sorbonne in Paris mit dem ersten Platz. Sie prägt den Begriff »radioaktiv« zur Beschreibung von Elementen, die bei der Spaltung ihrer Atomkerne Strahlung abgeben, und ist die erste Frau, die für die Ergebnisse ihrer Forschungsarbeit den Nobelpreis entgegennimmt.

Sechs lange Jahre braucht die zartbesaitete Maria Salomee, um über ihren ersten Liebeskummer hinwegzukommen, aber die wohlhabenden Gutsbesitzer Zorawski wollen eine bessere Partie für ihren Sohn Kazimierz und lassen sich nicht erweichen. Kazimierz leidet ebenso wie die junge, lernbesessene Frau und sitzt noch als alter Mathematikprofessor manchmal still vor der Statue seiner jetzt so berühmten ehemaligen Freundin.

Maria stürzt sich in die Arbeit, nachdem sie jahrelang als Gouvernante das Medizinstudium ihrer Schwester finanziert hat, die jetzt ihr Versprechen einlöst und Maria die Sorbonne zahlt. Aber das Geld reicht vorne und hinten nicht, und die ehemals recht pummelige Maria hat so wenig zu essen, daß sie eine schlanke, attraktive Frau wird. Das fällt Monsieur Lamotte auf, der sie mit Briefen bombardiert, doch ihr gefallen die formlosen, unordentlichen und sehr originellen Liebesschwüre eines anderen besser. Pierre Curie, der fünfunddreißigjährige, hochgebildete und sehr schüchterne Physiker erobert Maries Herz im Sturm. Statt mit den üblichen Blumen oder Pralinen umwirbt er sie mit einem Buch, »Über Symmetrie in physikalischen Erscheinungen«, statt mit Café- und Theaterbesuchen becirct er sie mit hochintellektuellen Fachgesprächen, und Marie beißt an: Sie heiraten.

Ehrgeizig arbeiten sie gemeinsam an ihren Forschungsprojekten, und als Marie schwanger wird, ist die Freude nur durch die ständige Übelkeit, die sie am Arbeiten hindert, getrübt. Pierres Vater, ein Arzt, entbindet ein gesundes Mädchen; die junge Mutter promoviert bald darauf als erste Frau in Frankreich. Mit Entsetzen läßt das bescheidene Ehepaar den Rummel über sich ergehen, den der gemeinsame Nobelpreis mit Henri Becquerel nach sich zieht. Die Versuche, anschließend in der gewohnten Beschaulichkeit weiterarbeiten zu wollen, scheitern am öffentlichen Interesse. Marie haßt die Popularität und verteidigt die Privatsphäre ihrer Familie (eine zweite Tochter ist inzwischen geboren) mit Verve. Pierre Curie kommt bei einem Unfall ums Leben, und Marie legt eine fast übermenschliche Disziplin im Umgang mit seinem Verlust an den Tag.

Sie ist achtunddreißig Jahre alt, doch Arbeit und Kummer lassen sie viel älter wirken. Fünf Jahre nach dem Tod ihres Mannes beginnt Marie eine Affäre mit einem seiner ehemaligen Schüler, dem talentierten Langevin. Der Mann ist jünger als sie und hat vier Kinder mit einer Frau, die ihm das Leben zur Hölle macht. Das Paar mietet ein kleines Apartment, um sich heimlich treffen zu können. Die betrogene Madame Langevin rächt sich fürchterlich: Sie stiehlt ihrem Mann die Briefe der berühmten Curie und übergibt sie der Presse. Am nächsten Tag ist das Verhältnis Schlagzeile. Marie Curie, öffentlich als »Gattendiebin« beschimpft, droht der Journaille angewidert mit Klagen, Langevin fordert den verantwortlichen Journalisten, Téry, zum Duell. Kaum sind die Wogen etwas geglättet, findet sich die Forscherin schon wieder in der Zeitung: Als erster Mensch erhält sie den Nobelpreis zum zweiten Mal. Als sie 1934 an perniziöser Anämie stirbt, sind ihre letzten Worte: »Ich will in Frieden gelassen werden.« Sie erlebt nicht mehr, daß ihre älteste Tochter Irène ein Jahr später ebenfalls mit dem Nobelpreis ausgezeichnet wird.

Robert Reid: Marie Curie, Eugen Diederichs Verlag, Düsseldorf/Köln 1980

Salvador Dalí
* 1904, † 1989

Der spanische Maler, Graphiker und Kunsttheoretiker läßt sich 1929 in Paris nieder und schließt sich dort der Bewegung des Surrealismus an. Er illustriert Bücher, entwirft Schmuck, Kostüme und Bühnenbilder und dreht mit Luis Buñuel surrealistische Filme. In den fünfziger Jahren kehrt er nach Spanien zurück, wo er bis zu seinem Tod in seiner Geburtsstadt Figueras lebt.

Lange bevor er zum Inbegriff der Egozentrik wird, fällt Salvador schon als kleiner Junge durch derart selbstsüchtiges, boshaftes, gewalttätiges Verhalten auf, daß er zunächst die Schule verlassen muß, als Halbwüchsiger zu zwei Monaten Gefängnis verurteilt und schließlich von seinem Vater hochkant aus dem Elternhaus geworfen wird. Dalí ist fünfzehn, als er zum ersten Mal nicht mehr – wie bis dahin immer – vor einem Mädchen davonläuft. Sein Opfer ist zwei Jahre älter als er und kann sich seiner stürmischen Küsse kaum erwehren. Bald muß sie allerdings feststellen, daß ihr angehender Liebhaber nicht so leicht zu befriedigen ist, wie sie sich das vorstellt. Gereizt durch die Lust an der Qual anderer, ent-

Salvador Dalí

wickelt Salvador, für sein Alter äußerst langfristig, einen »Fünfjahresplan«, währenddessen er sich das Mädchen auf unerklärliche Weise hörig macht. Endlose Stunden muß sie mit entblößter Brust vor ihm sitzen, ohne daß Dalí sie auch nur ansatzweise berühren würde. »Tu als ob du tot bist!« lautet statt dessen sein satanischer Befehl. Gehorcht die Unglückliche nach langem Zögern endlich, bekommt sie als Dank ein »Ich liebe dich nicht« zu hören. Erst wenn sie in Tränen aufgelöst um ein liebes Wort oder eine versöhnliche Geste bettelt, ist der verschrobene Salvador Dalí zufrieden.

Als er vierundzwanzig ist, wagt es eine seiner Bewunderinnen, ihn zaghaft zu berühren. Der Maler, dem Wahnsinn nahe, verliert jede Beherrschung, tritt auf die wehrlose Frau ein und greift sie so brutal an, daß sie blutend und mit zerrissenen Kleidern von ihm weggerissen werden muß. Kein Wunder, daß es sich äußerst schwierig gestaltet, eine geeignete Partnerin zu finden. Weitgehend unbeweibt, sublimiert Dalí, malt am liebsten nackt, kleidet sich so extravagant, daß sein Erscheinen nicht selten für Aufruhr sorgt, und schert sich einen Teufel um grassierende Gerüchte über seine Homosexualität. Im Alter vertraut er einem Biographen an, er habe Studienfreund Federico García Lorca geliebt, der habe ihn sogar »körperlich begehrt«, doch der Maler konnte sich dem Dichter nicht hingeben.

Anders, als er Ende der zwanziger Jahre Gala kennenlernt. »Wir liebten uns sofort«, sagt der Meister über die Frau, die zu diesem Zeitpunkt mit einem anderen verheiratet ist. Wenn er Gala trifft, brennen sämtliche Sicherungen durch: Vor Aufregung schütteln ihn hysterische Lachkrämpfe, so daß er kaum mit ihr sprechen kann. Trotzdem oder deswegen gerät die Angebetete in seinen Bann, hält ihn für ein halbverrücktes Genie, seine sorgfältig stilisierte Garderobe findet sie allerdings abscheulich. Ihre Kritik an seinem Outfit verfehlt ein wenig den Zweck und inspiriert ihn fast zwanghaft zu immer absurderen Verkleidungen, mit – wie er findet – aufreizend rasierten, blaugefärbten Achselhöhlen. Von dergleichen nicht zu irritieren, verläßt Gala ihren Mann, sie und Dalí werden ein Paar. Der Geliebte erweist sich als unberechenbar bis zeitweise gemeingefährlich. Als ihn am Rande einer Klippe das unwiderstehliche Verlangen überkommt, sie hinunterzustoßen, entschärft Gala die Situation mutig, indem sie ihn ganz ruhig animiert, sie zu töten. Durch die unmittelbare Aufforderung, seinem Impuls zu folgen, nimmt sie ihm den Wunsch und bleibt am Leben.

Gala ist des Künstlers Muse. Am liebsten malt er, während sie ihm aus russischen Büchern vorliest. Er versteht zwar keine Silbe dieser Sprache, aber aus Galas Mund klingt alles wie Musik. Er liebt sie, zollt ihr höchsten Respekt und macht sie zu seinem Idol: »Jeder gute Maler, der danach strebt, wirkliche Meisterwerke zu schaffen, muß vor allem anderen meine Frau heiraten.« Die wiederum, auf ihre Weise nicht weniger ungewöhnlich als er, hat nur eine Maxime: »Wenn es Dalí gefällt, macht es mir nichts aus.« Und so läuft sie auf seinen Wunsch mit entblößtem Oberkörper durch das Dorf, mal einen Hummer, mal einen umgekehrten Schuh auf dem Kopf. Zu Hause schafft sie fleißig und beinahe bürgerlich die Atmosphäre, die er zum Arbeiten braucht. Gala zahlt die Rechnungen, lehrt ihren Mann, wie man sich anzieht, wie man eine Treppe hinuntergeht, »ohne sechsmal zu fallen«, wie man ißt, ohne die Hühnerknochen an die Decke zu werfen, und wie man sein Geld nicht andauernd verliert. Sie erledigt seine Post, chauffiert ihn nach Bedarf herum und kocht seine Leibspeisen. »Intelligente Tiere wie Hummer und Krebse«, denn die tragen die Knochen außen; Bohnen mit Speck, Blutwurst, Schokolade und Lorbeer und immer wieder kleine Singvögel, deren Schädel der Künstler so gerne beim Kauen zermalmt – aber niemals Salat, denn »der hat kein Gesicht«.

Gala toleriert geduldig auch kleine Spinnereien, wie des Gatten Lieblingssport: »Mit dem Fahrstuhl hinauf-, aber nicht hinunterfahren«, und sorgt im Laufe des gemeinsamen Lebens dafür, daß aus dem bettelarmen katalanischen Jungen ein weltweit bekannter, schwerreicher Mann wird. Schließlich ist das Vermögen auch für sie von Vorteil. Trefflich lassen sich mit dem ermalten Geld die Fotos der Paparazzi kaufen, die die nymphomane Gala in Begleitung gutaussehender Jungmänner zeigen. Und während der vergreisende Gatte zu Hause mit Dollarnoten um sich wirft, um Orgiengäste auf Kommando onanieren zu sehen, überhäuft seine Frau ihre Lover mit Schmuck und Bargeld.

Fleur Cowles: Salvador Dalí, Verlag Langen Müller, München/Wien 1981
Axel Matthes/Tilbert D. Stegmann (Hrsg.): Dalí, Rogner und Bernhard, Hamburg 1974
Der Spiegel, 1.12.1997

Gabriele D'Annunzio
* 1863, † 1938

Der italienische Dichter Gabriele D'Annunzio, Principe de Montenevoso, gehört zu den wichtigsten und zugleich umstrittensten Vertretern der italienischen Neuromantik. 1912 flieht vor seinen Gläubigern nach Frankreich und nimmt 1919 als Flieger im Ersten Weltkrieg teil. Mit polemischen Reden erregt der den Faschisten nahestehende D'Annunzio politisches Aufsehen.

»Man kann in den Mund einer Frau beißen wie in eine Delikatesse, wenn man Hunger hat nach der Arbeit oder nach dem Turnen. Auch erfuhr ich, in einer Art taumelnden Schauderns, lasziven Verderbens, daß es noch einen Mund zum Aufbrechen gab, einen geheimen, geschlechtsreifen.« Für diese Erkenntnisse nutzt der fünfzehnjährige D'Annunzio einen Besuch im etruskischen Museum. Statt sich die antiken Kunstwerke anzuschauen, zieht er sich mit seiner gleichaltrigen Begleiterin in eine verschwiegene Ecke zurück und führt sich anstelle musealer lieber weibliche Schätze zu Gemüt. So fortgebildet kehrt der ausgezeichnete Schüler zurück in sein Internat und beginnt sofort mit der literarischen Verarbeitung des Erlebten. Sein Vater läßt die dreißig Gedichte drucken und veröffentlichen, die Literaturkritiker sind begeistert. Weniger begeistert ist die Schulleitung, der die Ergüsse zu unanständig sind. Das frühe Werk wird beschlagnahmt, Gabriele fliegt um ein Haar von der Schule.

Mit seinen schwarzen Locken und den feurigen Augen macht er großen Eindruck auf Frauen und weckt ihre Neugier. Giselda Zucconi, genannt Lalla, die älteste Tochter eines seiner Lehrer, ist kurz vor dem Abitur die erste, die ihre Neugier befriedigen darf. D'Annunzio schickt Briefe mit Fotos, Locken und Rosenblättern, kehrt aber nach den Ferien nicht zu Lalla zurück, sondern schließt sich in Rom der Gruppe »In Arte Libertas« an. Hier lernt er Maria Hardouin di Gallese, die Tochter eines römischen Hochadligen, kennen. In weiser Voraussicht ist deren Vater strikt gegen die Verbindung, doch all seinen Ermahnungen und Verboten zum Trotz wird Maria schwanger. Das verliebte Paar versucht aus Rom und vor der elterlichen Strenge zu fliehen, wird aber bei Florenz von der Polizei geschnappt und zurückverfrachtet. Ein halbes Jahr nach der Hochzeit wird Sohn Mario geboren, Vater Gabriele ist einundzwanzig Jahre alt. Er mietet ein Apartment, um sich heimlich mit seiner Geliebten Elvira Natalia Fraternali, einer Römerin aus kleinbürgerlichen Verhältnissen, treffen zu können. Ihr provozierendes Temperament steht ebenso wie ihre Herkunft in krassem Gegensatz zu der feinen, gebildeten Maria, die Gabriele außer Gefecht setzt, indem er noch zwei weitere Söhne mit ihr zeugt. Über die unglückliche Ehe mit dem ständig in Geldschwierigkeiten befindlichen Dichter sagt Maria nach der Trennung, sie hätte lieber ein Buch von D'Annunzio kaufen als ihn heiraten sollen.

Gabriele D'Annunzio

Gabriele ist sechsundzwanzig, hat drei Kinder, eine Gattin, eine Geliebte und muß zum Militär. Als er von dort zurückkommt, zieht er endgültig aus der ehelichen Wohnung aus und bekennt sich zu seinem Dauergespons Elvira. Wegen seiner Schulden ist er gezwungen, Rom zu verlassen. Er fährt nach Neapel, um Freunde zu besuchen, und dehnt diesen Besuch ohne Rücksicht auf Elvira auf zwei Jahre aus. Währenddessen hat er eine stürmische Affäre mit Prinzessin Maria Anguissola-Garnia Cruyllas di Romacca. Die dreißigjährige, auffallend schöne Frau hat vier Kinder und lebt von ihrem Mann getrennt. Ihr Verhältnis mit D'Annunzio lebt sie so schamlos, opulent und offenkundig aus, daß das Paar wegen Sittenwidrigkeit angeklagt, nach einigem Hin und Her aber freigesprochen wird. 1893 kommt die gemeinsame Tochter Renata (D'Annunzios Lieblingstochter), ein Jahr später Sohn Dante Gabriele auf die Welt. Die schöne Prinzessin mit den pechschwarzen Haaren und der feuerroten Strähne neigt zu fulminanten Eifersuchtsanfällen, und Gabriele, der ihre Kontrolle und Wütereien leid ist, würde sie gerne loswerden. Wenig später trifft er die berühmte Schauspielerin Eleonora Duse. D'Annunzio holt Töchterchen Renata zu sich und lebt mit ihr und der Künstlerin in trauter Familienidylle, bis er die wesentlich jüngere Alessandra di Rudini kennenlernt. Die Duse wird abserviert, und Alessandra zieht bei ihm ein. Endlich eine Frau, die seine an Großmannssucht grenzende Leidenschaft für Luxus, Prunk und Pomp teilt. Alessandra engagiert nicht weniger als fünfzehn Diener, organisiert opulente Gesellschaften und verpraßt mit ihrem Dichter Geld, das eigentlich nicht vorhanden ist. Das Glück ist nur von kurzer Dauer, denn Nike, wie D'Annunzio die Schöne zärtlich nennt, wird schwer krank. Dreimal muß sie wegen Unterleibskrebs operiert werden; das verabreichte Morphium macht sie abhängig. Gabriele steht ihr fürsorglich zur Seite, bis sie von massiven psychischen Störungen heimgesucht als Nonne in ein französisches Kloster geht. Mit seiner nächsten Geliebten, der verheirateten Florentinerin Giuseppina Mancini, hat er nicht mehr Glück. Sie leidet, wie sich bald herausstellt, unter religiösen Wahnvorstellungen und wird zwei Jahre später unheilbar geisteskrank. Ihre Familie gibt dem Dichter die Schuld an ihrem Zustand und verklagt ihn. D'Annunzio flieht nach Frankreich, zieht sich in eine Villa in Arcachon zurück und widmet sich seiner zweiten Leidenschaft: dem Züchten von Hunden. Die junge Amélie Mazoyer wird erst seine Dienerin, dann seine Geliebte und kümmert sich auch dann noch um den launischen Kokainkonsumenten, als der sie ständig mit seinem Verfolgungswahn und Selbstmorddrohungen drangsaliert. Aus dem gemeinsamen Bett zieht sie sich allerdings in seinen letzten Lebensjahren zurück und bevorzugt, D'Annunzios diesbezügliche Wünsche unter Einsatz von ihr engagierten Prostituierten zu befriedigen.

Maria Gazzetti: Gabriele D'Annunzio, rororo Bildmonographie, Rowohlt Verlag, Reinbek 1989

Charles Darwin
* 1809, † 1882

Der britische Naturforscher und Begründer der Evolutionstheorie studiert zunächst auf Wunsch seines Vaters Medizin, bricht dann das Studium aber ab, um eine theologische Ausbildung zu absolvieren. Nach dem Abschluß nimmt er als unbezahlter Naturwissenschaftler an einer fünfjährigen Expedition des königlichen Forschungsschiffes »Beagle« teil.

Mit knapp dreißig Jahren kann sich der pedantische Darwin noch immer nicht entscheiden, ob es nun besser ist, verheiratet zu sein oder ein lediges Leben anzustreben. Gewöhnt, über alle Gedanken Buch zu führen, legt er eine Liste mit Für und Wider der Ehe an. Zu den Vorteilen rechnet er »Zauber und Musik des weiblichen Geplauders. Dieses gut für die Gesundheit«, während negativ zu bewerten ist, »gezwungen Besuche zu machen, Verwandte zu empfangen – schrecklicher Zeitverlust«. Unter dem Strich fällt das Urteil für die Ehe und Darwins Wahl wenig später auf seine Cousine Emma Wedgwood, wie er aus der Enkelgeneration des reichen Porzellanfabrikanten. Mit Emma heiratet der Forscher am 29. Januar 1939 den Prototyp der viktorianischen Hausfrau; sie macht perfekte Haus- und Handarbeit, bekommt in geziemendem Abstand gesunde Kinder, reitet, tanzt, läuft Schlittschuh, hat gute Umgangsformen und kriegt eine ordentliche Ehestarthilfe von ihrem Vater.

Mrs. Darwin ist fest entschlossen, sich ihrem Mann in allen Punkten unterzuordnen, und hält sich auch an diesen Vorsatz bis auf das Thema Religion; da ist das Paar so unterschiedlicher Auffassung, wie sie konträrer nicht sein könnte. Wie Martha Freud sich weigert, die Psychoanalyse ihres Mannes ernst zu nehmen, und Elsa Einstein nicht in der Lage ist, die Relativität zu verstehen, reagiert die gläubige Emma Darwin mit größter Ablehnung auf die Evolutionstheorie ihres Mannes. Verzweifelt versucht die fromme Frau, ihren Gatten zu bekehren, und bemüht sich tapfer, seinen Gedanken über die Entstehung der Menschheit etwas abzugewinnen. Da Gespräche darüber oft in unliebsamen Auseinandersetzungen enden, schreibt sie Charles, was sie bedrückt. Der wirft die Briefe normalerweise weg, einen besonders eindringlichen jedoch hebt er auf und notiert darunter: »Wenn ich tot bin, sollst Du wissen, daß ich diese Worte küßte und manchmal darüber weinte.«

Ansonsten ist Emma ihrem Mann eine außerordentlich fürsorgliche, fast mütterliche Ehefrau. Sie schirmt ihn vor lästigen Störungen ab, hilft ihm bei seinen Arbeiten, führt den großen Haushalt, ist eine ausgezeichnete Gastgeberin und begleitet den ewig kränkelnden Hypochonder, wenn er in Sanatorien Kaltwasserbehandlungen über sich ergehen lassen muß. Darwin seinerseits leistet einen ganz eigenen Beitrag zum Gelingen der Beziehung. Penibel wie ein Buchhalter richtet er sich nach einem selbsterdachten Stundenplan, von dem er glaubt, daß er seiner Gesundheit förderlich ist. Auch hier beugt sich die brave Emma, und nur die Geburten der Kinder bringen von Zeit zu Zeit den festgelegten Zeitablauf durcheinander:

»7.45 Uhr Frühstück
8.00–9.30 Uhr Arbeitszeit
9.30–10.30 Uhr Durchsicht der Post
10.30–12 Uhr weitere Arbeitszeit,
kleiner Spaziergang mit Hund.
Danach zweites Frühstück und anschließend
Zeitungslektüre – auf dem Sofa liegend.
Danach Briefe schreiben.
15.00 Uhr Mittagsruhe – mit Zigarette
16.00 Uhr erneuter Spaziergang
16.30–17.30 Uhr Arbeit
17.30–18.00 Uhr Arbeitspause
18.00 Uhr Anhören eines Romans
19.30 Uhr Hauptmahlzeit. Danach Anhören
von Klavierspiel, Romanvorlesung oder
zwei Partien Brettspiel mit meiner Frau
22.00 Uhr Verlassen des Wohnzimmers,
Nachtruhe!«

Ronald W. Clark: Charles Darwin, S. Fischer Verlag, Frankfurt am Main 1985
Franz M. Wuketits: Charles Darwin, Serie Piper »Portrait«, Piper Verlag, Zürich/München 1987

James Dean
* 1931, † 1955

Das amerikanische Jugendidol erhält bei seinem ersten Versuch, in Hollywood Fuß zu fassen, nur winzige Rollen und muß den Lebensunterhalt mit Werbespots verdienen. Mit »Jenseits von Eden« gelingt dem jungen Darsteller der Durchbruch, er wird zum Symbol einer Generation, die sich von den Eltern nicht verstanden fühlt. Posthum wird Dean zweimal für den Oscar nominiert.

»Ich habe meinen Schwanz von fünf namhaften Hollywoodleuten lutschen lassen, ich würde alles tun, nur um eine kleine Rolle zu kriegen.« James Dean ist von einem derartigen Geltungsdrang besessen, daß er tatsächlich alles tut, um Karriere zu machen und Aufmerksamkeit zu erregen. Hier erweist sich eine grobe Ausdrucksweise und ebensolches Betragen als probates Mittel. Eine seiner Kolleginnen und Freundinnen faßt zusammen: »Er hat die schlechtesten Manieren und ist der gröbste Kerl, mit dem ich je ausgegangen bin. Er kann unglaublich nett sein, und im nächsten Moment dreht er sich um und ist ein Riesenarschloch.« Bevor in Hollywood sein großes Talent und die miesesten Seiten seines Charakters offenbar werden, ist Dean ein unglücklicher, renitenter Knabe, der mit dem frühen Tod seiner Mutter nicht fertig und mit der zweiten Frau seines Vaters nicht warm wird. Die etwas ältere Bette Mac Pherson gibt ihm die zu Hause vermißte Geborgenheit: »Bei ihre habe ich meine Unschuld verloren, bevor ich nach Hollywood ging und eine Hure wurde.«

Während Dean die Schauspielschule besucht, geht er vorwiegend mit Mädchen aus, ob diese Mädchen frei oder die Bräute seiner besten Freunde sind, interessiert den rücksichtslosen jungen Mann nicht im mindesten. Wen und was er will, nimmt er sich, und dabei ist jedes Mittel recht. Der homosexuelle Fernsehproduzent Warren Dunn nimmt Dean zu ganz besonderen Partys mit, auf denen Berühmtheiten wie Rock Hudson und Liberace ihren Neigungen nachgehen. Dort lernt er James Bracket kennen, einen Mann, der Stars und besonders solche, die es werden wollen, in Radio- und Fernsehshows unterbringt. Dean geht mit ihm erst mittag-, dann abendessen, und sehr bald frühstückt er in Brackets Apartment. Bracket, der sich in Dean ernsthaft verliebt hat, versucht ihn an sich zu binden. Was in seiner Macht steht, unternimmt er, um ihn in einem Film unterzubringen. Dean nutzt die Gefühle seines Freundes ebenso wie dessen Verbindungen aus und investiert seinerseits relativ wenig. Gefragt, wie es ist, mit Bracket zu leben, antwortet er »es tut nicht weh«, und auf die Frage nach der Dauer der Beziehung: »bis es anfängt, weh zu tun«. Weh tut es sehr bald Bracket, denn James lernt Dizzy Sheridan kennen. Die junge, temperamentvolle Frau wirbelt sein Leben durcheinander, und ehe er sich versieht, lebt er mit ihr und schmiedet sogar Heiratspläne. Bracket ist verzweifelt, ruft täglich dutzendfach an und wünscht sich seinen promisken Liebhaber wieder zurück. Der steht bald vor seiner Tür, wenn auch nicht aus Liebe, sondern aus Geldmangel. Dizzy und er sind pleite, Bracket bietet finanziellen Komfort. Hinter dessen Rücken trifft sich James weiter mit Dizzy, und irgendwann läßt er beide sausen und zieht mit John Gilmore zusammen. Die beiden mögen sich sehr, leider harmonieren ihre sexuellen Vorstellungen so wenig, daß die Affäre bald ein Ende hat. Deans ausschweifendes und vor allem indiskretes Leben zieht

Gerüchte nach sich. Gerüchte, die nicht förderlich für seine Karriere sind. Aus Publicitygründen wird eine kleine Bettgeschichte mit Pier Angeli zur großen James-Dean-Romanze stilisiert, doch der Bluff endet, als Pier einen Jugendfreund heiratet. James tobt weiter durch Hollywoods Betten, bricht reihenweise Frauen- und Männerherzen und glänzt mit postpubertären Sprüchen über seine Kollegen und Kolleginnen, so über Elizabeth Taylor: »Wenn ich die Frau jemals treffe, würde ich sie gerne in den Arsch ficken.« Er trifft sie – und hält sich ganz brav zurück.

Für Karen Davis ist Dean der Mann ihres Lebens. Obwohl er sie miserabel behandelt, sucht sie immer wieder seine Nähe – und wird schwanger. Dean verhält sich unerwartet loyal. Er bietet ihr an, sich für oder gegen das Kind zu entscheiden, und wenn sie es bekommen möchte, wird er mit ihr leben. Heiraten will er nicht. Die Studios mischen sich ein: Karen soll das Kind abtreiben, eine Familie schadet dem Ruf des Kometen am Filmhimmel, sie verbieten Dean, seine Freundin weiterhin zu sehen. Der opportunistische Schauspieler gehorcht, und bald hört man ihn tönen: »Die Mieze hat mir einen geblasen, davon wird man doch nicht schwanger!« Karen ist im fünften Monat, als James Dean tödlich verunglückt. Sie geht nach Kanada zu ihrer Mutter, um dort ihr Kind zu bekommen.

David Dalton/Ron Cayen: James Dean, Schirmer Mosel, München 1991
John Gilmore: Live Fast – Die Young, Thunder's Mouth Press, New York 1997
Mick St. Michael: James Dean In His Own Words, Omnibus Press, London/New York/Sidney 1989

Claude Debussy
* 1862, † 1918

Der impressionistische Stil des französischen Komponisten stellt eine Verbindung zwischen der Musik des 19. und 20. Jahrhunderts her. Trotz der für damalige Verhältnisse kontroversen Werke erhält Debussy schon zu Lebzeiten zunächst eine gewisse Anerkennung und mit der Oper »Pelléas et Mélisande« schließlich weltweiten Ruhm.

Debussy hat an jeder Straßenecke weibliche Begleiterinnen, die ihn lieben, bemuttern, verehren, an ihm kleben wie Efeu an der Mauer und ihn nicht selten verteufeln lernen. Der Reigen beginnt mit Mutter, Tante und Patentante, die dem kleinen Claude jeden Wunsch von den Augen ablesen, zumindest soweit es die eher ärmlichen Verhältnisse zulassen. Der Achtzehnjährige gibt Klavierstunden, um das Haushaltsgeld ein wenig aufzubessern, verliebt sich regelmäßig in seine Schülerinnen und widmet ihnen seine Kompositionen. Noch ist er selbst am Konservatorium in der Ausbildung, da stellt ihn die Millionärin Nadeschda Filaretowna von Meck als Klavierlehrer für die Kinder, Begleiter und Vorspieler an. Im dritten Sommer dieser gut bezahlten Tätigkeit hält Debussy um die Hand der sechzehnjährigen Erbin und Tochter des Hauses an. Frau von Meck rümpft die Nase und teilt ihm unbarmherzig mit, daß ihre Kleine ganz sicher keinen armen Schlucker wie ihn zum Gatten bekommt, spricht's und entläßt den gedemütigten Debussy auf der Stelle. Der kehrt geknickt nach Paris zurück, richtet sich aber bald wieder

Claude Debussy

auf und jagt weiterhin den schönen Schmetterlingen der Gesellschaft hinterher. Eine Weile gehört sein Herz Émile Deguingand, allerdings nur so lange, bis die zweiunddreißigjährige Marie-Blanche Vasnier vor seinem Flügel steht. Die lebhafte, gesellige Dame lädt Debussy oft zu sich nach Hause ein, wo er sie dann in Anwesenheit ihres Mannes am Klavier begleitet und in dessen Abwesenheit im Bett beglückt. Der gehörnte Vasnier ahnt, daß da hinter verschlossenen Türen manche Arien ein bißchen zu intensiv geprobt werden, und rät dem zögernden Debussy deswegen dringend, den Preis von Rom anzunehmen und die drei bezahlten Jahre in der Villa Medici zu verbringen.

1890 beginnt der Musiker eine neue Komposition mit einem leeren Blatt, auf das er schreibt, »Für Mademoiselle Gabrielle Dupont«. Gaby kommt aus der Normandie, hat grüne Augen, ein strenges Kinn und einen geschmeidigen Körper und – was alles zur Nebensache geraten läßt: Sie liebt Debussy. Als die junge Frau den Musiker kennenlernt, ist sie die komfortabel ausgehaltene Geliebte eines Adligen. Für Claude gibt sie all ihren Luxus auf und ist sich für keine Arbeit zu schade, während sie seine Armut teilt und mit ihm auf den großen Durchbruch hofft. Ihr spärliches Gehalt als Wäscherin reicht oft zu nicht mehr als einem Stückchen Brot und etwas Schokolade, trotzdem steht sie loyal und zärtlich zu ihrem Komponisten, der es ihr sehr merkwürdig dankt: Viele seiner Freunde sind der Meinung, an seine Seite gehöre ein Mädchen mit mehr Niveau als Gabrielle. Debussy läßt seine treue Freundin entsprechend bei den meisten seiner Unternehmungen zu Hause und lernt so eines Tages die mittelmäßige, verwöhnte Sängerin Thérèse Roger kennen. Den Blick stur auf ihr ansehnliches Bankkonto gerichtet, macht er ihr den Hof und bald darauf einen Heiratsantrag. Am 17. Februar 1894 gibt er die Verlobung bekannt. Doch einen Monat später ist er aus, der Traum vom Glück, denn eine Freundin hat der Familie Roger gesteckt, daß Gaby die Hauptrolle in Debussys kargem Leben spielt. Und während die noch immer den ärmlichen Haushalt führt und fremder Leute Wäsche schrubbt, startet ihr Liederjan zwei oder drei weitere Versuche, mit anderen, gutbetuchten Damen eine bürgerliche Existenz zu gründen. Seine Chuzpe wird mit Ablehnung bestraft, aber Gaby leidet so, daß sie versucht, sich das Leben zu nehmen. Der Schuß verletzt sie nicht allzu schwer, und kaum genesen, ist sie wieder an Claudes Seite. Als er noch immer für andere komponiert und der Name Alice Peter auf den Notenblättern auftaucht, hat Gabrielle endgültig genug, besinnt sich auf ihre Qualitäten und kehrt zu ihrer ehemaligen Lebensweise zurück. Es dauert nicht lange, und sie führt an der Seite des Comte Victor de Balbiani ein äußerst angenehmes Leben. Zu Hause sitzt jetzt Debussy und ärgert sich, daß er den Bogen überspannt hat.

Im Mai 1898 lernt er die fünfundzwanzigjährige Lilly kennen. Die hübsche, blonde, elegante Frau, mit bürgerlichem Namen Rosalie Texier, ist zwar anderwärts gebunden, doch nach einundhalb Jahren zäher Überzeugungsarbeit wird sie am 19. Oktober 1899 Madame Debussy; die Flitterwochen sind aus Geldgründen ein Besuch im Zoo. Seine Eltern sind von der Schwiegertochter aus kleinen Verhältnissen ganz und gar nicht angetan, doch das Paar ist eine Weile sehr glücklich miteinander, obwohl Lilly im folgenden Jahr zu beider Kummer ein Kind verliert. Im Juli 1903 zieht der Komponist Bilanz und kommt zu dem bedauerlichen Schluß, daß er seine Frau erstens nicht mehr liebt und sich zweitens mit ihr langweilt. Offenen Herzens lernt er die einundvierzigjährige Emma Bardac, Mutter eines seiner Schüler, kennen und ist fasziniert von der kultivierten, charmanten, musikalischen und jugendlich wirkenden Frau. Lilly kämpft einen verzweifelten Kampf um die Ehe und verliert ihn mit Pauken und Trompeten, als ihr Mann eine Reise mit Emma antritt und nicht wieder in sein eheliches Domizil zurückkehrt. Die Gattin macht einen letzten Versuch, Debussy zu halten, und verletzt sich mit einer Pistole. Der Versuch mißlingt, Claude bleibt bei Emma. Während Freunde Lilly trösten und ihr Mut zum Durchhalten zusprechen, wird Madame Bardac schwanger und bekommt am 30. Oktober 1905 ein gesundes Kind von ihrem Geliebten. Ein Jahr später findet sich der Komponist in völlig veränderten und ihm äußerst angenehmen Lebensumständen wieder: Er hat eine Tochter, eine Stieftochter, einen Stiefsohn, eine neue Frau, zwei Diener und einen Hund.

Marcel Dietschy: A Portrait of Claude Debussy, Clarendon Press, Oxford 1990
Theo Hirsbrunner: Debussy und seine Zeit, Laaber-Verlag, Laaber 1981

Diana, Princess of Wales
* 1961, † 1997

Bereits in der Schule glänzt die Tochter des Edward Spencer, Viscount Althorp, weniger durch intellektuelle Brillanz als durch ihre außerordentliche Hilfsbereitschaft und Freundlichkeit. Nach einem eher mittelmäßigen Abschluß absolviert Diana eine Ausbildung als Erzieherin. Sie arbeitet als Kindergärtnerin, bevor sie sich 1981 offiziell mit dem britischen Thronerben verlobt.

»Charles, komm, tu deine Pflicht!« Im spitzenbesetzten Negligé schwebt die frischverheiratete Diana, Prinzessin von Wales, um ihren lesenden Mann herum und versucht, den Stoffel ins eheliche Bett zu kriegen. Durchsichtige Nachthemden und Bodystockings aus Satin hat sie auf die Hochzeitsreise mitgenommen, Gatte Segelohr schleppt einen Koffer Bücher und die Angel mit. Die Ehe steht von Anfang an unter einem schlechten Stern. Camilla, die Dauergeliebte des britischen Prinzen, schwebt über allem. Als Diana ihren zukünftigen Mann ganz kurz vor der Hochzeit fragt, ob er die verheiratete Freundin noch liebt, bekommt sie eine ausweichende Antwort, findet jedoch wenig später ein schweres Goldarmband, das Charles – ein großer Geizhals vor dem Herrn – seiner Camilla zum Abschied schenken will. Diana ist empört, vermutlich auch, weil sie sich an die Geschenke erinnert, die sie im Laufe der Brautzeit so erhalten hat: ab und zu ein Buch, gerne Aquarelle von der Hand des Hobbymalers und einmal sogar einen kleinen Frosch aus Plastik, nachdem sie gesagt hatte, daß sie jetzt keine Frösche mehr zu küssen bräuchte, weil sie ihren Prinzen gefunden habe. Der, von seinem Vater jede Menge Geliebte gewöhnt, findet Dianas Reaktion wegen der einen völlig übertrieben und hysterisch. Und doch belastet Camillas Existenz die Ehe vom ersten Tag an. Charles ist unglücklich, weil er mit einer ungeliebten Frau vor der ganzen Welt gute Miene zum bösen Spiel machen muß, und die junge, naive Diana leidet, weil ihr Mann eindeutig eine andere liebt. Die Auseinandersetzungen zehren an den Nerven beider, die Prinzessin wird bulimiekrank. Charles Reaktion zeugt bestenfalls von britisch-schwarzem Humor, nicht aber von Verständnis für seine Frau, wenn er beim Mittagessen einen weiteren Beweis seiner sprichwörtlichen Sparsamkeit liefert: »Kommt das nachher wieder hoch? Was für eine Verschwendung!« fragt er mit Blick auf ihren Teller. Die Kräche der beiden eskalieren: Während Charles vor Wut Waschbecken aus der Wand reißt, schmeißt seine furiose Gattin mit Lampen und schlägt Fensterscheiben ein.

1986 lernt die frustrierte Prinzessin James Hewitt kennen. Er flirtet nach allen Regeln der Kunst, und sie, die Angst vor Pferden hat, nimmt Unterricht bei dem charmanten Reitlehrer. Ihre teuren Geschenke nimmt der sehr gerne an, und Diana ist glücklich, wenn er ihr dafür seine abgetragenen Sweatshirts überläßt – sie schläft so gerne darin. Einmal greift Hewitt für seine Freundin in die Tasche: Als die Prinzessin endlich aufhört, an den Nägeln zu kauen, bekommt sie zur Belohnung ein paar Ohrringe. Das Verhältnis ist eng, Dianas Söhne nennen den Liebhaber ihrer Mutter Onkel James. Vertrauensvoll genießt sie seine Zärtlichkeit und vermeintliche Zuneigung und ist am Boden zerstört, als der indiskrete Hewitt eines Tages prahlt: »Ich kenne mich überhaupt nur mit Pferden und Sex aus – und beides habe ich mit Diana gehabt.« Hewitt wird nach Deutschland versetzt und bekommt auf diese Weise nicht direkt mit, daß eine seiner Ex-Geliebten die Angeberei relativiert, indem sie ihn hämisch als »Drei-Minuten-Mann« bezeichnet.

Die verletzte Prinzessin sucht Trost bei einem Mann, in den sie schon mit siebzehn heftig verliebt war. James Gilbey nimmt sich ihrer liebevoll an, doch obwohl die beiden vorsichtig zu Werke gehen, gelingt es Paparazzi, erst ein Foto zu schießen und dann ein Telefongespräch mitzuschneiden. Große Teile werden in den Schmuddelblättern veröffentlicht und gehen als Squidgygate in die Annalen der Boulevardpresse ein, denn Gilbeys Kosename für Diana ist Squidgy (Tintenfisch). Zu ihrem dreißigsten Geburtstag schenkt Gatte Charles ihr ein imitiertes Armband. Diana tobt: Camilla hat soeben ein Diamanthalsband von großem Wert bekommen, und sie kriegt Glasperlen! Außer sich stürzt sie in die Arme des Kunsthändlers Oliver Hoare, der leider seine reiche Frau nicht verlassen will. Diana terrorisiert den gequälten Mann mit bis zu zwanzig Telefonaten täglich. Der beteuert zu Hause eifrig, daß ihn außer einer platonischen Freundschaft nichts mit der Prinzessin verbindet, doch seine Frau besteht auf einer Trennung. Diana triumphiert kurzfristig, doch wenige Monate später ist das Ehepaar wieder vereint und sie muß ihren eigenen strapaziösen Scheidungsprozeß durchstehen. Leidtragende der Schlammschlacht sind die Kinder, die mit sieben und neun Jahren noch oder wieder ins Bett machen und am Daumen lutschen.

1997 beginnt die letzte große Romanze der Prinzessin von Wales. In den braungebrannten Armen des Playboys Emad Mohamed Al-Fayed, genannt Dodi, ist sie endlich glücklich. Für Fotos des ebenso schönen wie spektakulären Paares werden horrende Summen gezahlt, und Dodi will Diana sogar heiraten. Als Wohnsitz ist die ehemalige Residenz des Herzogs von Windsor geplant. Sie dinieren im Ritz in Paris, Diana möchte am nächsten Tag nach London, um vor Schulbeginn noch ein paar Tage mit ihren Söhnen zu verbringen. In der Nacht zum 31. August 1997 kommen Dodi Al-Fayed und seine Geliebte bei einem tragischen Autounfall ums Leben.

Kitty Kelley: Die Royals, Marion von Schröder Verlag, Düsseldorf/München 1997
Focus, 11.4.1998

Charles Dickens
* 1812, † 1870

Der englische Schriftsteller wird in ärmlichen Verhältnissen groß und muß sich, nachdem sein Vater wegen Schulden verhaftet ist, seinen Lebensunterhalt in einer Fabrik verdienen. Diese Erfahrung verarbeitet Dickens in seinem autobiographischen Roman »David Copperfield«. In seinem Werk thematisiert der Autor die Probleme seiner Zeit und begründet damit den sozialen Roman.

Was Charles Dickens für die Liebe seines Lebens hält, entpuppt sich von seiten der Angebeteten als verlängerter Flirt ohne Happy-End. An seinem Geburtstag erhält

Charles Dickens

er statt der erhofften Glückwünsche eine Abfuhr der schönen Maria, die ihn lange Zeit an der Nase herumgeführt hat. Vier Jahre vergebliche Liebesmüh, und die verschenkten Gefühle hinterlassen bei dem Einundzwanzigjährigen »einen so tiefen Eindruck, daß ich darauf eine Neigung zur Verheimlichung zurückführe, die sich nunmehr in mir eingestellt hat, von der ich weiß, daß sie nicht Teil meines angeborenen Wesens ist, die mich aber zurückhält, meine Gefühle offen zu zeigen«. Die hübsche, kokette Maria Beadnell ist die Tochter eines wohlhabenden Bankmanagers, der der flammenden Liebe des jungen Charles mißtraut und ihn mit snobistischer Gleichgültigkeit vier Jahre lang allen Korrekturversuchen zum Trotz mit Mr. Dickin anredet. Als das nicht ausreicht, um den Habenichts von seiner Tochter fernzuhalten, wird das Mädchen, angeblich »um die Erziehung zu vervollkommnen«, nach Paris geschickt, und wenig später haben die Eltern ihr Ziel erreicht: Maria ist frei für eine gute Partie. Die macht sie auch, und fünfundzwanzig Jahre vergehen, bevor sie den inzwischen berühmten Schriftsteller um ein Wiedersehen bittet. Nach einigen zärtlichen, in Erinnerungen schwelgenden Briefen treffen sich die beiden, und der entsetzte Dickens sieht sich nicht mit dem mädchenhaften Idealbild seiner ersten Liebe, sondern mit einer schrecklichen Matrone konfrontiert. Aber auch er ist nicht jünger geworden …

Seit 1836 ist er mit der eher melancholisch-müden, ihren Launen zuweilen hilflos ausgelieferten Catherine Hogarth verheiratet. Catherine gebiert in fünfzehn

Jahren zehn Kinder und gehorcht ganz im Stil der Zeit ihrem patriarchalischen Gatten. Mit dem Paar lebt Catherines jüngere Schwester Mary, die den populären Schwager zutiefst bewundert. Dickens seinerseits findet die quirlige Mary bei weitem attraktiver als seine Kate und quält die ständig schwangere Ehefrau mit heftigen Flirts. Mary bleibt keine Zeit, die Ehe wirklich zu gefährden, denn eines Nachts stirbt sie überraschend und hinterläßt einen trauernden Charles.

Der vielseitige Autor leitet eine Theatergruppe und verliebt sich Hals über Kopf in Ellen Ternan, seine weibliche Hauptdarstellerin. Nach einundzwanzig Jahren Ehe kommt er zu dem Schluß: »Die arme Catherine und ich sind nicht füreinander geschaffen, und es gibt keine Hilfe dafür. Nicht nur, daß sie mich gereizt und unglücklich gemacht hat, sondern auch umgekehrt – und das noch viel mehr. (…) Ihr Temperament verträgt sich nicht mit meinem. (…) Ich sage nicht, daß ich frei bin von Tadel, vermutlich liegt auf meiner Seite eine ganze Menge Schuld (…) doch nur eines kann es ändern, und das ist das Ende, das alles ändert.« Die unglückliche Kate ist mit der Entscheidung ihres Mannes restlos überfordert. Mit seiner plötzlichen Analyse der Ehe kann sie überhaupt nichts anfangen; jahrelang hat sie sich seinen Wünschen gebeugt, mit ununterbrochen dickem Bauch alle Mutter-, ehelichen und Repräsentationspflichten erfüllt, ist mit ihm nach Amerika gezogen und von dort nach Genua, und jetzt muß sie sich ihre Unselbständigkeit vorwerfen lassen. Dickens bleibt hart, sein Herz schlägt – wenn auch heimlich – für Ellen, er will klare Verhältnisse. Eine offiziell vollzogene Trennung ist schwierig, wenn nicht gar unmöglich, da auf keiner Seite eine schuldhafte Zerrüttung der Ehe nachzuweisen ist. Außerdem zwingen die Rücksicht auf die Kinder und die Angst vor einem Skandal wenigstens zur Wahrung des Scheins, und so findet zunächst nur ein interner Umzug im Hause statt. Die verschlossene Tür zwischen den Schlafzimmern beendet diskret mehr als zwei Jahrzehnte Ehe und schafft für Kate eine fast unerträgliche Situation. Sie holt ihre Eltern zu Hilfe, die den Schwiegersohn noch nie mochten, und was der zu vermeiden versucht hatte, geschieht nun doch: Aus Verdachtsmomenten wird ein Ehebruch konstruiert, Kate zieht gut versorgt mit dem ältesten Sohn aus, Dickens bleibt mit den kleineren Kindern im ehemals gemeinsamen Haus. Noch immer versteckt er Ellen, hält seine Beziehung zu ihr geheim. Auch sie ist verheiratet, und der berühmte Dickens fürchtet in diesem Punkt nichts so sehr wie die Öffentlichkeit. Seine Leidenschaft für die Schauspielerin ist nur seinen engsten Freunden bekannt. Als er 1870 einem Schlaganfall erliegt, ist Ellen bei ihm.

Johann N. Schmidt: Charles Dickens, rororo Bildmonographie, Rowohlt Verlag, Reinbek 1978

Marlene Dietrich
* 1901, † 1992

Maria Magdalene Dietrich von Losch absolviert ihre Ausbildung bei dem renommierten Regisseur Max Reinhardt und wird zu einer der profiliertesten Schauspielerinnen ihrer Generation. Die scharfe Gegnerin des Nationalsozialismus emigriert in die USA und wird 1937 amerikanische Staatsbürgerin. Nach großen Filmerfolgen macht die Dietrich weltweit eine Zweitkarriere als Chansonnette.

»Die tollste Frau, die ich je hatte.«

John Wayne

»In Europa spielt es keine Rolle, ob man ein Mann oder eine Frau ist, wir schlafen mit jedem, der uns gefällt!« Nach diesem vielleicht doch nicht ganz allgemeingültigen Motto lebt die Dietrich ohne Rücksicht auf Verluste von frühester Jugend an. Im zarten Alter von fünfzehn Jahren verliebt sie sich heftig in ihre Französischlehrerin und imitiert diese pubertär schwärmerisch fortan von der Garderobe bis zur Frisur. Zwei Jahre später erhält sie Geigenunterricht bei einem gewissen Professor Reitz, der ihr alsbald beweist, daß auch Männer sexuell interessant sind. Das überprüft Marlene gewissenhaft erst mit einem Jüngling, dann mit einem wesentlich älteren und sehr wohlhabenden Herren. Dessen Juwelen und Essenseinladungen nimmt Maria Magdalene genauso lange an, bis sie erfährt, daß ihr Gönner auch noch andere Liebschaften pflegt, während zu Hause Frau und vier Kinder auf ihn warten. Kurz entschlossen setzt sie ihn vor die Tür.

Erlaubt ist, was gefällt, und hier besonders, was Marlene zusagt: Im Herbst 1921 lernt sie die Schriftstellerin Gerda Huber kennen, verliebt sich auf den ersten Blick und zieht noch am selben Tag bei ihr ein. Bald gefürchtet und bewundert für ihre Direktheit, scheut sie sich nicht, sofort zu äußern, wenn ihr jemand gefällt. So kann es durchaus passieren, daß sie dem oder der Jeweiligen bereits beim ersten Treffen unverblümt ins Ohr flüstert: »Nach dem Essen gehen wir zu dir!« Unstet wie ein Schmetterling verliebt sie sich ununterbrochen aufs neue, heiratet aber dennoch 1923 Rudolf Emilian Sieber, den ihre häufig wechselnden Rendezvous und Verhältnisse allerdings bald zu stören beginnen. Als sie zwei Wochen nach der Hochzeit heftig für ein junges Mädchen entbrennt, läßt Sieber sie keine Sekunde aus den Augen. Ein Jahr nach der Hochzeit bringt Marlene Tochter Maria auf die Welt, doch auch der Familienzuwachs kann die umtriebige Mutter nicht zähmen. Sie behält ihren wilden Lebenswandel bei und geht, kaum dem außerehelichen Bett entschlüpft, immer brav zu Sieber, um ihm von ihren Aktivitäten zu berichten. Auf die etwas länger andauernde Beziehung zu der Kabarettsängerin Claire Waldoff folgt eine engagierte Affäre mit dem Schauspieler Willi Forst. Diesmal ist Gatte Rudi hochgradig verärgert, denn das rücksichtslose Treiben seiner Frau füllt die Gazetten. Marlene weigert sich, ein Ende zu machen, und Sieber droht ihr, sich seinerseits anderweitig zu orientieren. Seine Frau reagiert ganz anders als erwartet: Sie ist regelrecht entzückt von der Idee und ermutigt ihn so lange, bis er ein Verhältnis mit Tamara Matul anfängt, die bald darauf als Ersatzmutter für die kleine Tochter der Siebers fungiert. Marlene, inzwischen eher befreundet als verheiratet mit ihrem Mann, fühlt sich frei und leistet sich mit Vorliebe mehrere Liebschaften gleichzeitig. »Ich habe bei einem Mann nie den starken Wunsch gehabt, ihn zu besitzen, vermutlich, weil ich in meinen Reaktionen nicht besonders weiblich bin, das bin ich nie gewesen.«

Josef von Sternberg entdeckt sie für den Film und sein Bett. Eifersüchtig wacht er über die Diva und leidet, als die schon zu Beginn der Dreharbeiten ein Techtelmechtel mit dem verheirateten Gary Cooper hat. Wenig später leidet Cooper, denn Marlene schenkt ihre Zuneigung Maurice Chevalier. Allerdings nur kurz, denn – Abwechslung muß sein – die spanische Tänzerin Imperio Argentina hat es ihr angetan. Deren Ehemann kriegt im fernen Spanien Wind von der Damenbekanntschaft, schnürt sein Bündel und holt die Angetraute eilig nach Hause. Zu Beginn des Jahres 1933 entwickelt sich eine intensive Liaison mit Mercedes de Acosta, Drehbuchautorin und ehemalige Geliebte von Greta Garbo. Die relativ feste Bindung hindert Marlene nicht daran, sich nach allen Regeln der Kunst an Carole Lombard, Clark Gables große Liebe, heranzumachen. Die Lombard erweist sich jedoch als resistent heterosexuell und zwingt Marlene zur Kapitulation.

Weder Mercedes noch von Sternberg sind begeistert, als sich die Dietrich in einem Anfall von Mütterlichkeit dem schwer alkoholkranken John Gilbert zuwendet. Ihre Bemühungen, den Säufer mit warmen Mahlzeiten und Sex zu kurieren, scheitern jedoch. Marlene ist verärgert und tauscht ihn gegen einen anderen Trostbedürftigen ein: den soeben von Joan Crawford geschiedenen Douglas Fairbanks junior.

Im Juni 1939 liegt Erich Maria Remarque ihr erst zu Füßen und noch am gleichen Abend in ihrem Bett. In den nächsten zwei Jahren bleibt er ihr Gefährte, nimmt jedoch den Platz nicht allein ein. 1940 springt Jean Gabin auf das Karussell d'Amour. Die Dietrich ist verständlicherweise organisatorisch ein wenig überfordert. Sie sucht sich einen homosexuellen Sternendeuter, der ihr die günstigsten Termine für Treffen mit Mercedes, Gabin, Fairbanks und Remarque berechnet. Wenn eine Lücke im randvollen Liebes-Terminkalender entsteht, füllt Marlene diese gern mit einem flotten Dreier mit ihrem Mann Rudi und dessen Freundin

Tamara, so bleibt es zumindest in der Familie. Douglas Fairbanks junior ist der erste, der die Nase von dem kontrollierten Durcheinander voll hat, und verläßt nach vier Jahren seinen Posten. Ersatz für die Vakanz ist schnell gefunden: John Wayne. Zwar zetert dessen zweite Ehefrau, wenn auch fernab vom Drehort, und macht ihrem Duke die Hölle heiß, doch das nutzt gar nichts – seine Beziehung zu Marlene dauert fast drei Jahre. Als sie genug von ihm hat, erwidert sie schlicht die Anrufe nicht mehr und schickt seine Blumen postwendend zurück. Auch der Krieg und die Auftritte vor den Soldaten ändern nichts an Frau Dietrichs Lebenswandel. Mal vergnügt sie sich mit einem General, mit der verheirateten Directrice des Modehauses Balmain, dann wieder mit dem elf Jahre jüngeren Michael Wilding, seinerseits zwischendurch mit Elizabeth Taylor verheiratet.

Die Dietrich altert ungern und versucht, dem Übel mit immer jüngeren Liebhabern abzuhelfen. 1951 erwischt es den dreißigjährigen Kahlkopf Yul Brynner. Siebenundzwanzig Jahre jünger als Marlene ist Yuls Nachfolger, ein aufstrebender Sänger namens Eddie Fisher. Auch Schauspieler Ralf Vallone verfängt sich kurz im Netz der männermordenden Spinne, bevor sie sich 1959 auf den fast halb so alten Dirigenten Burt Bacharach stürzt. Der »Mann, der mich in den siebten Himmel hebt« ist vermutlich ihr letzter männlicher Liebhaber, dem sie außerordentlich übel nimmt, als er sie 1965 verläßt, um eine Jüngere zu heiraten. Sie tröstet sich noch eine Weile mit ihrer reichen, intelligenten und sehr gebildeten Freundin Mary Stevens, bevor sie nach langer Einsamkeit 1992 als alkoholkrankes Wrack stirbt.

Maria Riva: Meine Mutter Marlene, C. Bertelsmann Verlag, München 1992
Donald Spoto: Marlene Dietrich, Wilhelm Heyne Verlag, München 1992

Walt Disney
* 1901, † 1966

Walter Elias Disney bricht mit sechzehn Jahren die Schule ab, besucht kurzzeitig verschiedene Kunstschulen und geht wenig später mit seinem Bruder nach Hollywood. Sie stellen Zeichentrickfilme her und bauen sich ein Imperium auf, zu dem Freizeitparks ebenso gehören wie Kinderbücher und Spielfilme. Walt Disney erhält für seine Werke insgesamt fünfundzwanzig Oscars.

»Mickey Mouse liebe ich mehr als jede Frau, die ich jemals gekannt habe.«

Walt Disney

Als Walt Disney während des Ersten Weltkrieges in Paris stationiert ist, bombardiert er seine in Chicago zurückgelassene Freundin fast täglich mit sehnsüchtigen Briefen und liebevollen Geschenken. Mit Präsenten bepackt wie ein Lastesel und voll der besten Heiratsabsichten, kehrt er schließlich zurück in die USA und muß feststellen, daß die Angebetete seit drei Monaten mit einem anderen verheiratet ist. Disney, dank seiner armen und harten Kindheit – »statt Taschengeld gab es Prügel« – an Enttäuschungen gewöhnt, wird auch mit diesem Schicksalsschlag fertig. Mit vierzig Dollar in der Tasche schickt er sich an, Hollywood zu erobern. Dort macht er mit seinen Zeichnungen Karriere und wird bald Leonardo da Disney genannt. Die eine oder andere junge Dame interessiert sich durchaus für den talentierten, bescheidenen Knaben, doch Walt entwickelt sich zum Workaholic. Tag und Nacht kritzelt er seine kleinen Figuren und gelobt, nicht zu heiraten, bis er zehntausend Dollar auf dem Konto hat.

1925 sieht er ein, daß das bei fünfunddreißig Dollar in der Woche vielleicht ein bißchen zu lange dauert, und macht der Tuschzeichnerin Lillian Boards, die für fünfzehn Dollar in der Woche bei ihm arbeitet, einen Antrag. Leider besitzt der Bräutigam nur einen alten Pullover und eine abgewetzte Hose, und in diesem Aufzug kann er unmöglich bei Vater Boards um Lillians Hand anhalten. Er kratzt sein letztes Geld zusammen, spart am Essen und geht nicht mehr vor die Tür, bis er sich für vierzig Dollar einen Anzug kaufen kann. Die Investition lohnt sich, Lillian wird Mrs. Disney. Später erzählte ihr Mann gerne, er habe ihr so viele Gehälter geschuldet, daß er sie einfach heiraten mußte. Kaum ist er verheiratet, führt Walt Disney in seinen Büros strengste Geschlechtertrennung ein. Männlein und Weiblein dürfen nicht einmal im selben Gebäude arbeiten – und wer bei Übertreten dieses »Gesetzes« erwischt wird, ist sofort den Job los. Was mag der Zeichner wohl mit seiner Lillian vorehelich beim Arbeiten getrieben haben, daß er zu so drakonischen Maßnahmen greift? Nach der Hochzeit jedenfalls hat es Mrs. Disney nicht leicht. Sie bekommt zwei Kinder und kann nicht verhindern, daß ihr Mann sich völlig aufreibt. 1928 entwickelt er Mortimer the Mouse und seine Freundin. Auf Lillians Rat hin nennt er das Pärchen Mickey und Minnie Mouse und schafft den ganz großen Durchbruch. Doch mit dem Erfolg kommt immer mehr Arbeit, und Disney hört nicht mehr auf Lillian, die ihn immer wieder bittet, sich ein bißchen zu schonen. Er zeichnet so viel, daß er erst äußerst reizbar wird, dann nicht mehr schlafen kann und schließlich nicht einmal mehr telefonieren kann, weil er vor Erschöpfung sofort anfängt zu weinen. Damit ist das Stadium erreicht, in dem seine Frau eingreift: Sie schleppt ihr Nervenbündel von Mann zum Arzt und verläßt mit ihm und dem Rezept für eine lange Reise – nur weg von den Studios – die Praxis. Das Leben an der Seite des perfektionistischen Marathonarbeiters Disney bleibt allerdings auch trotz dieser Pause sehr strapaziös.

Carole McKenzie: All about Sex, Europaverlag, München/Wien 1992
Reinhold Reitberger: Walt Disney, rororo Bildmonographie, Rowohlt Verlag, Reinbek 1979

Fjodor M. Dostojewskij
* 1821, † 1881

Der Sohn eines Militärarztes leidet bereits in seiner Kindheit unter epileptischen Anfällen, die ihn sein ganzes Leben belasten. Siebzehnjährig wird Dostojewskij auf eine Militäringenieurschule geschickt, bricht 1843 sein Studium jedoch ab, um als freier Schriftsteller zu arbeiten. Bereits sein Romanerstling »Arme Leute« wird von der Kritik als »das Werk eines Genies« gelobt.

»Ich liebe diese Frau schon lange bis zum Wahnsinn, mehr als mein Leben. Wenn Du diesen Engel kenntest, würdest Du Dich nicht wundern. Sie besitzt so viel ausgezeichnete Eigenschaften. Sie ist lieb, gebildet, wie nur wenige Frauen, von sanftem Charakter, pflichttreu und religiös.« Der Engel heißt in Wirklichkeit Marja Dimitrijewna Isajewa und ist mit einem alkholabhängigen Beamten verheiratet. Als der trunksüchtige Gatte seinen letzten Atemzug getan hat, legalisieren Marja und ihr Liebhaber Dostojewskij ihr Verhältnis durch eine Hochzeit. Das Jawort ist von Hindernissen begleitet, denn Marja hat noch einen Bettgefährten. Den ersten Heiratsantrag des schreibenden Soldaten Fjodor lehnt sie deshalb ab. Als der jedoch zum Fähnrich befördert wird und ihr Lehrer keine Anstalten macht, sich enger an sie und ihren kleinen Sohn zu binden, stimmt sie im zweiten Anlauf zu.

Die Ehe wird unglücklich, denn der vermeintliche Engel entpuppt sich als nörgelnde, keifende Ehefrau. »Wir lebten nicht glücklich miteinander«, sagt sie selbst, und während ihr Mann von epileptischen Anfällen geplagt wird, kämpft Marja mit der Schwindsucht, der sie schließlich erliegt. Dostojewskij, der vor der Ehe vermutlich nur ein paar Nächte in den Armen bezahlter Damen (und vermutlich ganz junger Mädchen) verbracht hat, steht mit seinem Stiefsohn Paul alleine da. Sein Verhältnis mit der emanzipierten, kapriziösen Appolinarija Suslowa, kurz Polina genannt, hat zwar schon in den letzten Jahren seiner Ehe begonnen, aber als Hausfrau und Stiefmutter taugt Polina herzlich wenig, und sie lehnt seine regelmäßigen Heiratsanträge ebenso regelmäßig ab. Mit zwei weiteren Damen hat

100

der Dichter vergebliche Versuche gestartet, als er mit seinem Roman »Der Spieler« 1865 in schwere Zeitbedrängnis gerät. Dostojewskij, selbst hochgradig spielsüchtig, muß das Manuskript wegen seiner Schulden pünktlich abgeben. Die Schreibmaschine ist noch nicht erfunden, und es bleiben genau achtundzwanzig Tage für die Fertigstellung. Der Autor befolgt den Rat eines Freundes und engagiert eine junge Stenographin. Anna Grigorjewna Snitkina ist neunzehn Jahre jung. Voll unbändiger Tatkraft, Beherrschung und Elan beginnt sie am 4. Oktober mit ihrer Arbeit und gibt das sauber abgeschriebene Werk am 30. des Monats, einen Tag vor dem Ultimatum, beim Verleger ab.

»Als der Roman zu Ende ging, merkte ich, daß meine Stenographin mich von Herzen lieb hat, obgleich sie mir nicht ein Wort davon gesagt hatte. Und auch mir gefiel sie mit jedem Tage besser. Da seit dem Tode meines Bruders mir das Leben trübe und schwer geworden war, machte ich ihr einen Heiratsantrag. Sie nahm ihn an, und nun sind wir Mann und Frau. Der Altersunterschied ist ungeheuer, aber ich komme immer mehr zu der Überzeugung, daß sie glücklich sein wird. Sie hat ein gutes Herz und weiß zu lieben.« Wie recht er damit hat, merkt der fünfundvierzigjährige Dostojewskij erst im Laufe der Jahre. Anna empfindet die Ehe mit dem von ihr verehrten Mann als Erfüllung ihres Lebens. Was in ihrer Macht steht, ihm das Dasein angenehm zu gestalten, tut sie. Für seine ständigen Spielschulden versetzt sie ihre Möbel und Juwelen, über den Horizont der Zeitgenossen hinaus erkennend, daß ihr Fjodor einfach nicht vom Zocken lassen kann: »Aber bald begriff ich, daß es keine einfache Willensschwäche war, sondern eine Leidenschaft, die den ganzen Menschen verschlang, etwas Elementares, wogegen auch ein fester Charakter nicht anzukämpfen vermag. (...) Ich habe meinem Mann deswegen nie Vorwürfe gemacht, nie mit ihm gezankt und ihm ohne Murren unser letztes Geld übergeben, obwohl ich wußte, daß meine verpfändeten Sachen, wenn wir sie nicht rechtzeitig einlösten, verloren gehen würden ...« Anna bekommt drei Kinder, von denen zwei früh sterben, und ist Dostojewskij bis zu dessen Tod die Frau, die er sich immer gewünscht hat. »Er hatte seine Fehler und seine guten Eigenschaften wie jeder andere auch und war nicht in allem groß. Er war sehr oft ein großes Kind, ein Invalide, anspruchsvoll, eigenwillig, unfähig das Leben zu verstehen.«

Janko Laurin: Dostojewskij, rororo Bildmonographie, Rowohlt Verlag, Reinbek 1963
Reinhard Lauth: Dostojewskij und sein Jahrhundert, Bouvier Verlag, Bonn 1986
Alfred Prugel: Feodeor Michailowitsch Dostojewski, Phönix-Verlag, Hamburg 1946

Dschingis Khan
* 1155 (oder 1162 bzw. 1167), † 1227

Temudijin, der mongolische Eroberer und Begründer des mongolischen Weltreiches, gebietet über ein Territorium, das sich vom Chinesischen Meer bis nach Europa erstreckt. Sowohl als Feldherr als auch als Staatsmann genießt er wegen seiner Organisation und Disziplin einen herausragenden Ruf, der nur noch von den Schilderungen seiner Grausamkeit übertroffen wird.

»Das höchste Glück eines Mannes ist es, den Feind zu verfolgen und zu besiegen. Wenn er dem Feind seinen ganzen Besitz entrissen hat, seine Wallache reitet, wenn er die Ehefrauen des Feindes schluchzen und weinen läßt und ihre Leiber nächtens als Stütze benutzt, ihre rosafarbenen Brüste betrachtet (…) dann erst ist ein Mann wirklich glücklich.« Seiner Maxime folgend, ist Dschingis Khan ein außerordentlich glücklicher Mann, der im Laufe seines Lebens vielen Feinden das Land, die Pferde und die Frauen nimmt.

Dschingis Khan

Der Neunjährige ist ein »Knabe mit Feuer in den Augen und Glanz im Gesicht«. Perfekt in den Künsten des Reitens und Bogenschießens ausgebildet, fehlt ihm nur noch eines: eine Frau. Sein Vater geht mit ihm auf Brautschau, und in einem der benachbarten Lager werden sie fündig. Der angesehene Stammesfürst stellt den Werbern seine zehnjährige Tochter Börte vor. Mit Handschlag wird die Ehe besiegelt, und Dschingis Khan bleibt – so verlangt es das Gesetz – für eine Weile bei den Eltern seiner Braut. Auf dem Weg nach Hause wird sein Vater vergiftet und der kleine Junge als sein Nachfolger zurück ins heimatliche Lager geholt.

Dreizehnjährig schlägt er die ersten Aufstände seiner Untertanen nieder und beginnt, mongolische und türkische Nachbarstämme zu erobern. Börte lebt an seiner Seite. Feinde bedrohen den Stamm, Dschingis Khan muß fliehen; es fehlt ein Pferd, und der vierzehnjährige Herrscher läßt Börte zurück. Sie ist nicht von seinem Stamm, der Gegner, so kalkuliert er richtig, wird ihr nichts tun. Börte behält ihr Leben, muß aber einen anderen Mann heiraten. Als Dschingis Khan sie wenig später befreit, ist sie schwanger, und niemand weiß von wem. Dschingis Khan erkennt den Sohn als seinen an. Es ist nicht ihr letztes gemeinsames

Kind: Obwohl so früh geschlossen, erweist sich die Ehe als stabil, und Dschingis Khan hält große Stücke auf seine Frau. Nicht nur, daß er ihr Waisenkinder aus gewonnenen Schlachten anvertraut, er schätzt auch ihren Rat und ihre Meinung. Dennoch lebt der mongolische Feldherr nach geltendem Recht, das besagt: Ehebruch mit Frauen unterworfener Völker und Sklavinnen ist erlaubt, während Fremdgehen mit Gattinnen von Stammesbrüdern, das zu blutigen Familienfehden führen kann, ebenso wie Mord mit der Todesstrafe geahndet wird.

Auf seinen Eroberungszügen schläft Dschingis Khan mit unzähligen Frauen, zeugt unzählige Kinder, bekommt nicht selten nach erfolgreich abgeschlossenen Friedensverhandlungen die eine oder andere Prinzessin geschenkt und heiratet etwa vierzigjährig aus politischen Gründen noch eine Fürstennichte. Die Legende sagt, daß es die Frau eines unterworfenen Königs ist, der Dschingis Khan seinen qualvollen Tod zu verdanken hat. Die schöne Kürbeldschin-Goa rächt sich auf schreckliche Weise für die Schmach des Sieges über ihren Mann. Vor dem unvermeidlichen Beischlaf mit dem mongolischen Fürsten führt sie einen mechanischen Gegenstand in ihre Scheide ein, mittels dessen sie Dschingis Khan an seiner empfindlichsten Stelle eine so schwere Verletzung beibringt, daß er daran verblutet.

W. Jantschewtzki: Dschingis Khan, Insel-Verlag, Frankfurt am Main 1980
Reinhold Naumann-Hoditz: Dschingis Khan, rororo Bildmonographie, Rowohlt Verlag, Reinbek 1985

Isadora Duncan
* 1877, † 1927

In ihrer Auseinandersetzung mit dem Tanz der griechischen Antike schafft die amerikanische Tänzerin und Tanzpädagogin einen expressiven Tanzstil, der den Grundstein für den Modern Dance im 20. Jahrhundert legt. Die Duncan tritt gewöhnlich mit offenen Haaren, nackten Armen und Beinen in einer durchscheinenden Tunika auf und provoziert damit am Anfang starke Widerstände.

»Ich wurde in gewissem Sinn für die Liebe geschaffen, genauso, wie ich zum Leiden geschaffen wurde. Und immer habe ich geliebt und immer gelitten ...« Das wahrhaft von Katastrophen geprägte Privatleben der außergewöhnlichen Tänzerin beginnt allerdings mit einer völlig normalen Vorpubertätsliebe, die sie elfjährig dem schönen, ortsansässigen Apotheker entgegenbringt. Der Pillendreher weiß nichts von seinem Glück, und die kleine Dora Angela Duncan hält ihm zwei Jahre heimlich die platonische Treue. »Es war meine erste Liebe. Ich war toll verliebt und glaube, daß ich seitdem immerfort in einem Liebestaumel war.« Das nächste Objekt ihrer Begierde entpuppt sich als ziemlicher Hallodri. Sie trifft den Polen Iwan Mirowski in Chicago und ist sicher, den Mann fürs Leben gefunden zu haben. Wie es sich gehört, wird feierlich Verlobung gefeiert, da stellt sich kurz vor der Hochzeit heraus, daß Iwan bereits verheiratet ist und in London eine Familie auf ihn wartet. Isadora jagt ihn genau dorthin und stürzt sich mit Verve in die Arbeit. Ihr Tanzkostüm ist so durchsichtig, daß ausgerechnet ein prüder Offizier die Vorstellung mit den Worten »wie ekelhaft« verläßt.

Keineswegs ekelhaft findet Oscar Beregi, was er da sieht, und wird in Budapest Duncans »Romeo«. Nach einem Tag im Bett des gutaussehenden Schauspielers ist Isadora am Abend so erschöpft, daß die Vorstellung ihr große Mühe macht, direkt im Anschluß saust sie jedoch ganz schnell wieder in die Federn mit ihrem dunkeläugigen Magyaren. Romeo begleitet sie eine Weile auf ihren Tourneen, die Glut kühlt ab, und Isadoras Herz ist frei für Edward Gordon Craig. Der britische Künstler kommt auf die geniale Idee, Geschäft und Liebe zu verbinden, und formuliert einen Vertrag, dank dessen er als Manager fünfzig Prozent der ertanzten Einnahmen erhält. Die erste große gemeinsame Einnahme ist allerdings Tochter Deidre, über deren Geburt sich Craig keineswegs erfreut zeigt. Der unsolide Schwerenöter hat nämlich bereits acht Sprößlinge aus vergangenen Amouren. Auch diesmal zeigt er keine Konstanz und verläßt Isadora und Deidre. Die Duncan verfolgt den Treulosen mit Briefen und Schilderungen seiner Tochter, die ihn herzlich wenig interessieren, bis Pim, ein Schnupftabakdosen sammelnder Dandy in ihrer Garderobe erscheint. Sofort ist Craig vergessen, und Isadora schickt sich an, mit dem Exzentriker durchzubrennen, verfolgt von Pims Ex-Geliebter, die dem Paar mit gezücktem Revolver auf den Fersen ist.

Rettung ist in Sicht. Der zweiundvierzigjährige Eugene Singer, dreiundzwanzigstes Kind des Nähmaschinen-Magnaten und Playboy-Millionärs, verfällt der Tänzerin mit Haut, Haar und seinen Millionen. Selbst Vater von fünf Kindern umgibt er Isadora und Deidre mit einem bis dahin unbekannten Luxus und erträgt stoisch die cholerischen Anfälle der temperamentvollen Isadora. Der gehen bei aller Zuneigung zu Singer regelmäßig die Pferde durch, so daß sie in Venedig den Tänzer Nijinskij durch einen Dolmetscher fragen läßt, ob er ihr nicht ein Kind machen möchte. Nijinskij möchte nicht, läßt er zurückübersetzen, und Isadora geht wieder auf Singers Jacht. Der möchte gerne, und am 1. Mai 1940 wird Sohn Patrick geboren. Singer möchte nicht nur das Kind, sondern vor allem möchte er die Mutter heiraten. Nach langem Hin und Her willigt die kapriziöse Duncan ein, drei Monate auf Probe mit ihm zu leben. Mit ihren Kindern bezieht sie Singers Schloß in England und langweilt sich binnen kürzester Zeit zu Tode. Flugs läßt sie vom Geld ihres Geliebten einen Ballsaal herrichten und aus Paris den ersten Pianisten der Stadt, André Capelet, anreisen. Der kranke Singer hütet in seinen Gemächern das Bett, während im Ballsaal Isadora mit André über den Diwan tobt. Völlig ungestört, wie sie meint, nicht ahnend, daß Singer sie über eine Telefonanlage belauscht. Wütend stellt er sie zur Rede und erreicht damit, daß sie die Koffer packt und mit Capelet das Schloß verläßt. Exakt zehn Tage später ist der Vulkan erloschen, und Isadora steht wieder vor der Tür, erklärt jedoch das Ehetauglichkeitsexperiment für gescheitert. Singer bleibt geduldig, bis er seine Gefährtin erneut mit einem anderen auf der Couch erwischt. Ohne ein Wort des Abschieds läßt er sie sitzen und kehrt erst zurück, als Patrick und Deidre bei einem tragischen Unglück ertrinken.

Isadora Duncan erholt sich nie mehr von dem Verlust ihrer beiden vergötterten Kinder und bittet einen italienischen Liebhaber auf Knien »Give me a child« – mach mir ein Kind –, um den Schmerz zu betäuben. Der Mann liebt sie nicht, tut ihr jedoch den Gefallen, und Isadora ist dem Suizid nah, als der Säugling wenige Stunden nach der Geburt stirbt. Ein bißchen Trost findet sie bei André, einem Arzt, der ihrem wunden Leib und ihrer geschundenen Seele seine Liebe verordnet und damit vorübergehend erfolgreich ist. Isadora betäubt ihren Kummer durch rastlose Männerjagd, die während einer Schiffspassage ihren Höhepunkt erreicht: Der spanische Maler Ernesto Valls darf mit ihr Siesta halten, hat des Nachts jedoch in seiner Kabine zu bleiben, wenn sich bei Isadora ein Team mitreisender Boxer die Klinke in die Hand gibt. Zwischendurch findet sie Zeit, einen Schiffsheizer, der »die Beine Apolls« hat, mit ihrer letzten Flasche Champagner zu becircen, um anschließend an der Bar bei härteren Getränken begeistert zuzusehen, wie sich Ernesto und ein weiterer Rivale ihretwegen verprügeln.

Die kurze Affäre mit einem Pianisten geht zu Ende, als der sich in eine seiner Schülerinnen verliebt. Grenzenlos eifersüchtig, duldet die Duncan keine Engel neben sich und lehnt die Versöhnungsangebote des reumütigen Klavierspielers ab. Sie ist dreiundvierzig Jahre alt, das Gesicht vom Alkohol aufgedunsen, der Körper nicht mehr annähernd so geschmeidig wie einst, da lernt die Tänzerin den russischen Revolutionsdichter Sergej Aleksandrowitsch Jessenin kennen. Mit dem sechsundzwanzigjährigen Mann, der bereits drei Kinder von zwei Frauen hat und hochgradig alkoholkrank ist, beginnt Isadora Duncan ihre wohl strapaziöseste Beziehung. Mitri, wie sie den blondgelockten Zerstörer zärtlich nennt, verschwindet oft für einige Tage, in denen Isadora krank vor Sorge und Eifersucht auf ihn wartet. Um ihn an Pünktlichkeit zu gewöhnen, schenkt sie ihm eine teure, goldene Uhr, die er ihr postwendend um die Ohren haut. Jedem Streit folgt eine alkoholgetränkte Versöhnung, und der Anfang vom Ende ist die Hochzeit am 2. Mai 1922. Mitri muß mit nach Berlin, Isadora will ihren Dichter den Freunden vorstellen. Als einer von ihnen etwas merkwürdig schaut, feixt die Tänzerin: »Meine Männer werden immer jünger, den nächsten bringe ich auf den Armen im Kinderkleidchen.« Mitri fühlt sich im Westen so unwohl, daß er sich regelmäßig bis zur Besinnungslosigkeit betrinkt. Als seine Frau ihn eines Tages nackt, völlig betrunken und randalierend aus einer Hotellobby holen muß, hat sie die Nase voll. Ab nach Moskau, heißt die Parole, und Mitri findet sich im nächsten Zug wieder. Er rächt sich für den Rausschmiß, indem er in ungültiger Ehe – rechtlich noch an Isadora gebunden – eine Enkelin Tolstojs heiratet und sich in der Nacht vom 27. auf den 28. Dezember 1925 erhängt. Seine Witwe Isadora nimmt die Nachricht einigermaßen betroffen in den Armen des vierundzwanzigjährigen Pianisten Victor Seroff entgegen. In den letzten Jahren bekommt ihre Leidenschaft für junge Männer etwas Groteskes. Selbst verquollen und nicht mehr sehr begehrenswert, schnappt sie sich auf ihren Streifzügen durch die Kneipen irgendeinen Willigen, schleppt ihn nach Hause und steckt ihm nicht selten am nächsten Tag Geld zu. So sie welches hat, denn Isadora Duncan ist immer knapp bei Kasse: »Es ist sinnlos, zu versuchen, mir das Sparen beizubringen, man kann einem Elefanten ja auch das Radfahren nicht beibringen.«

Max Niehaus: Isadora Duncan, Heinrichshofen's Verlag, Wilhelmshafen 1981
Carola Stern: Isadora Duncan und Sergej Jessenin, Rowohlt Verlag, Berlin 1996

Eleonora Duse
* 1858, † 1924

Eleonoras Vater gehört zu einer Wanderbühne, und schon als kleines Mädchen hat sie Auftritte in seiner Truppe. Ihr Durchbruch gelingt 1878 in Neapel, die Karriere ist nicht mehr aufzuhalten. Die Duse wird zu einer der größten Charakterdarstellerinnen ihrer Zeit. Mit ihrem gefühlsbetonten Spiel gilt sie zur Jahrhundertwende als Inbegriff vollkommener Schauspielkunst.

»Er war dumm, sah aber so gut aus!« Flavio Andò ist vermutlich der einzige Liebhaber der großen Schauspielerin, über den sie dieses vernichtende Urteil fällen muß. Eleonora Duse pflegt sich von Jugend an nur mit talentierten, klugen, aufregenden Männern einzulassen. Allen Hindernissen zum Trotz bewahrt sie sich ihre Jungfräulichkeit bis in ihr zweites Lebensjahrzehnt und entscheidet sich dann nach reiflichen Überlegungen für den erfolgreichen, urbanen, gutaussehenden Journalisten Martino Cafiero. Cafiero hat einen weitreichenden Ruf als Herzensbrecher, und es fällt dem Mittdreißiger nicht schwer, die junge Duse zu beeindrucken. Eleonora bekommt einen Sohn, der bald nach der Geburt stirbt, doch schon vorher kühlt die Zuneigung des Frauenfreundes Cafiero merklich ab. Er läßt nicht den Deut eines Zweifels daran, daß er keinerlei Intentionen hat, die Schauspielerin zu heiraten, und nach vergeblichem Bemühen muß die Duse einsehen, daß die Beziehung zu Ende ist. Ihre Trauer ist so tief, daß sie einige Monate unfähig ist zu arbeiten, doch dann erholt sie sich vom ersten großen Liebeskummer und bereitet den nächsten vor. Tebaldo Checci, um einiges älter als Eleonora und einer der begabtesten Darsteller des Ensembles, ist nicht nur auf der Bühne ihr Partner. Kollegen unken: »Das geht nicht gut«, aber am 7. September 1881 heiraten die beiden, und auf den Tag vier Monate später kommt Töchterchen Enrichetta auf die Welt. Kaum zwei Jahre sind vergangen, da knistert es im Hause Checci/Duse vor Spannungen. Tebaldo ist unglaublich eifersüchtig – und er hat Grund dazu. Flavio Andò, der gemeinsam mit Eleonora auf der Bühne steht, gibt ihrer Ehe den Rest, indem er hinterher mit ihr ins Bett geht. Enttäuscht verläßt Tebaldo Frau, Kind und Ensemble und trauert über die Trennung von seiner geliebten Tochter. Die Duse verläßt Flavio und beginnt ein

Eleonora Duse

leidenschaftliches Verhältnis mit dem Dichter und Komponisten Arrigo Boito. Sie treffen sich in den verschwiegensten Hotels und scheuen keine Mühe, die ewig lauernden Journalisten zu narren. Eleonora ist noch verheiratet und hat panische Angst, das Sorgerecht für ihr Kind zu verlieren. Mit Boito bleibt sie weit über ihre Liaison hinaus fast dreißig Jahre lang befreundet. Doch zunächst muß er in ihrem Privatleben den ersten Platz für das Enfant terrible der italienischen Literaturszene räumen: Gabriele D'Annunzio. Der routinierte Schmeichler erobert das Herz der Schauspielerin mit romantischer Leichtigkeit. Und obwohl Freunde sie vor dem Frauenheld warnen, erliegt die Duse seinem Charme. Leider setzt der untreue Gabriele den nicht nur bei ihr ein, und Eleonora leidet zunehmend unter seiner Rücksichtslosigkeit. Die Freiheiten, die er fordert und sich nimmt, will sie nicht widerspruchslos tolerieren, es kommt zu Spannungen, die schließlich zu einer Trennung führen.

Eleonora Duse ist Italiens berühmteste Darstellerin, eine Frau von Mitte vierzig und von den Männern tief enttäuscht. Sie sucht und findet Trost in den Armen von Cordula Poletti. Die junge Schriftstellerin ist zwanzig Jahre jünger und bekennende Lesbierin.

Giovanni Pontiero: Eleonora Duse in Live and Art, Verlag Peter Lang, Frankfurt am Main/Bern/New York 1986

Antonin Dvořák
* 1841, † 1904

Noch während er an der Prager Orgelschule studiert, verdient sich der talentierte Dvořák das erste Geld als Bratschist in verschiedenen Orchestern. Auf Vermittlung des Komponisten Johannes Brahms erhält er ein Staatsstipendium und feiert mit der Veröffentlichung des ersten Teils der »Slawischen Tänze« bereits 1878 internationale Erfolge.

Antonin Dvořák

»*Der Kerl hat mehr Ideen als wir alle, aus seinen Abfällen könnte sich jeder andere die Hauptthemen zusammenklauben.*«

Johannes Brahms

»Anton fürchtet die Frauenzimmer«, spottet seine Familie, eine wenig sensible Sippschaft von Metzgern und Gastwirten. Mehrerer Lehrer bedarf es, um Vater Dvořák davon zu überzeugen, daß seines Sohnes Zukunft nicht Fleischerbeil und -haken, sondern Notenheft und Bratschenbogen sind. Und Anton fürchtet die Frauenzimmer keineswegs, er mag nur nicht darüber reden. Im Gegenteil: der scheue, wortkarge Musiker schwärmt ununterbrochen für eine seiner Schülerinnen. Besonders angetan hat es ihm die sechzehnjährige Josefina Cermáková. Bei den Klängen ihrer entzückenden Sopranstimme schmilzt er genauso dahin wie beim begehrlichen Gedanken an ihre hübsche Figur. Leider sind diese Vorzüge auch anderen aufgefallen, und Josefina zieht den Aristokraten Graf Kaunitz vor. Dvořák tröstet sich mit Aninka, der Tochter eines Orchesterkollegen, und später mit der soeben erblühenden Schwester von Josefina. Anna Cermáková überzeugt den zurückhaltenden Lehrer mit dem Klang ihrer Altstimme und wird 1873 seine Frau. Der fromme Katholik Dvořák, der täglich in die Frühmesse geht, muß hier kurzfristig über die Gebote seines Kirchenvaters hinweggesehen haben, denn knapp fünf Monate nach der Hochzeit wird das erste Kind geboren. Anna ist ihm über dreißig Jahre treue Ehefrau und liebevolle Gefährtin. Sie bringt nicht weniger als neun Kinder auf die Welt und betrauert mit ihrem Mann den frühen Tod der ersten drei. Familientier Dvořák nimmt 1892 einen Lehrauftrag in New York an und ist erst glücklich und zufrieden, als er Anna und seine sechs Kinder in der neuen Heimat um sich scharen kann.

Kurt Honolka: Antonin Dvořák, rororo Bildmonographie, Rowohlt Verlag, Reinbek 1974

Thomas Alva Edison
* 1847, † 1931

Weil er dem Kind eines Bahnbeamten das Leben gerettet hat, darf Thomas Alva –
Sohn armer Leute – zur Belohnung telegrafieren lernen und macht bald seine erste Erfindung, ein telegrafisches Übertragungsgerät. Mit der Glühlampe, einem
elektrischen Kraftwerksystem, Tonaufnahmegerät und Filmprojektor wird Edison
zu einem der bedeutendsten Erfinder seiner Zeit.

Im Betrieb des wohlhabenden Unternehmers Edison arbeitet seit kurzem ein
sechzehnjähriges Mädchen aus ebenso armen Verhältnissen wie ihr Chef. Noch
nie hat der Mann mit dem großen Kopf ein Wort mit ihr gewechselt, sie noch keines außergewöhnlichen Blickes gewürdigt, daher staunt sie nicht schlecht, als er
eines Tages vor ihr steht: »Was meinen Sie, kleines Mädchen, mögen Sie mich?
(…) Sie müssen sich nicht beeilen mit einer Antwort. Es ist eigentlich nicht sehr
wichtig – es sei denn, Sie wollen mich heiraten. (…) Ich meine es ernst. (…)
Überlegen Sie es sich, sprechen Sie mit Ihrer Mutter darüber und lassen Sie es
mich wissen, sobald es Ihnen angenehm ist; Dienstag zum Beispiel – nächsten
Dienstag meine ich.« Thomas Alva ist kein Mann von großen Worten, für langes
Vorgeplänkel fehlt ihm die Zeit; als er seine Angestellte das erste Mal sieht, ent-
scheidet er spontan: die oder keine. Die hübsche Mary Stillwell mit dem goldblon-
den Haar und der guten Figur zögert nicht lange. Wer weiß, ob ihr verschrobener
Verehrer es sich anders überlegt. Sie greift zu. Am Weihnachtstag 1871 wird das
Paar getraut.

Edison hat nach der Zeremonie noch kurz etwas im Labor zu erledigen – und
vergißt über der Arbeit sofort, daß er seit eben eine junge Frau hat, die zu Hause
auf ihn wartet. Mitten in der Nacht findet ihn sein Partner versunken in die Lösung eines technischen Problems und jagt ihn zu der armen Mary, die weinend
und völlig verängstigt in einer Ecke des großen, neuen Hauses sitzt. Die junge
Frau Edison ist ein sanftes, unerfahrenes Wesen; sie verehrt ihren Mann, ordnet
sich ihm völlig unter und beginnt die Gespräche mit den drei gemeinsamen Kindern zumeist mit den Worten »Vaters Arbeit kommt immer zuerst«. Ohne Wi-
derrede folgt sie ihm in ein Dorf außerhalb New Yorks, wo er in der von ihr ge-

haßten Einsamkeit ein neues Labor gebaut hat. Klaglos erträgt sie die vielen einsamen Abende und seine merkwürdige Einstellung zu Frauen, von deren geistiger Unterlegenheit der Erfinder felsenfest überzeugt ist: »Es ist sehr schwer, einer Frau eine Tatsache zu erklären. Die Frauen als Klasse neigen zu Dickköpfigkeit. Sie gehen nicht gern von althergebrachten Vorstellungen ab.« Verheiratet mit dem berühmtesten Amerikaner seiner Zeit, bleibt Mary eine bescheidene, schlichte und zurückhaltende Frau, die wegen dieser Eigenschaften sehr geachtet wird. Mit Unmengen von Süßigkeiten tröstet sie sich über das häufige Alleinsein hinweg, und aus dem einst hübsch gewachsenen Mädchen wird eine üppige Matrone. Im Juli 1884 erkrankt sie kaum dreißigjährig an Typhus. Trotz aller Bemühungen der Ärzte verliert sie den Kampf gegen die Krankheit und hinterläßt Thomas Alva mit drei kleinen Kindern. Der Tod seiner Frau trifft ihn so, daß er am Morgen danach, als er seine Tochter weckt, »so heftig weinte und schluchzte, daß er mir nicht sagen konnte, daß Mutter in der Nacht gestorben war«.

Der Millionär mit dem Vorurteil gegen akademische Bildung steckt seine Tochter in ein Internat und zwingt die Söhne in handwerkliche Laufbahnen. Er selbst versucht mit Bergen von Arbeit über Marys Tod hinwegzukommen. Als einer der begehrtesten Witwer Amerikas erhält er unzählige Briefe von Frauen, die sich darum reißen, sein Leben zu teilen, sich um seine Kinder zu kümmern und vermutlich sein Vermögen zu verjubeln. Seine Freunde geben Party nach Party, laden alles ein, was heiratsfähig ist, und hoffen, daß der trauernde Edison noch einmal Feuer fängt. Und tatsächlich, im Frühjahr 1885 ist es soweit. Die achtzehnjährige Mina Miller, eine gebildete, ernsthafte Schönheit aus wohlhabendem Hause, erobert Edisons waidwundes Herz. »Fragt mich nichts über Frauen, ich verstehe sie nicht, ich versuche es auch nicht.« Der Erfinder eines wichtigen Kommunikationsmittels ist unfähig, sich zu erklären. Um nicht sprechen zu müssen, veranlaßt er Mina, das Morsealphabet zu lernen, und kaum beherrscht sie die Grundzüge, wird auf langen Spaziergängen in den gegenseitigen Handflächen eifrig getickert. Auf einem Kutschausflug gemeinsam mit Freunden fragt er sie »in Morsezeichen, ob sie mich heiraten wolle. Das Wort JA ist telegrafisch ganz leicht zu geben – und sie gab es. Wenn sie es hätte sprechen müssen, wäre es ihr vielleicht schwerer gefallen. Niemand merkte etwas von unserem langen Gespräch.«

Am 24. Februar 1886 wird eine pompöse Hochzeit gefeiert. Vor der Reise in die Flitterwochen jubeln die Menschen dem weltberühmten Erfinder und der anerkannten Schönheit zu, und Edison meldet sich zum ersten Mal in seinem Leben drei Wochen lang nicht in seinem Labor. Mina bringt zwei Söhne zur Welt und leidet wie die unglückliche Mary unter der Einsamkeit, denn Gatte Thomas, inzwischen so gut wie taub und nicht mehr der jüngste, bringt es noch immer fertig, auf seinem Labortisch zu schlafen und sich mit Büchern zuzudecken. Mit fünfund-siebzig Jahren arbeitet er täglich sechzehn Stunden und kommentiert sich einstel-lende Gebrechen verärgert: »Ich brauche meinen Körper, um damit mein Gehirn herumzutragen.« Mina bekennt 1925 in einem Interview: »Ich habe mein Leben dem persönlichen Dienst an meinem Mann gewidmet, der es tausendmal wert ist.«

Fritz Vögtle: Thomas Alva Edison, rororo Bildmonographie, Rowohlt Verlag, Reinbek 1982

Eduard VIII.
* 1894, † 1972

Als Eduard VIII., König von Großbritannien und Nordirland sowie Kaiser von Indien, amtiert der Sohn König Georgs V. vom 20. Januar 1936 bis zum 11. De-zember 1936. An diesem Tag tritt er zugunsten seines Bruders ab, der den Thron als König Georg VI. besteigt. Eduard führt fortan den Titel Herzog von Windsor und lebt mit seiner Frau vorwiegend in Frankreich und Amerika.

»Natürlich habe ich Ihnen allen gegenüber einen kleinen Vorteil. In kniffligen Situa-tionen hilft es, wenn man seine Braut daran erinnern kann, daß man für sie auf den Thron verzichtet hat.«

Eduard VIII., Herzog von Windsor

»Er war der Admiral der Flotte, jetzt ist er der dritte Gespons einer amerikani-schen Schlampe!« Nicht gerade schmeichelhaft, was seine Landsleute über ihren frischverheirateten Ex-König denken und sagen. Dessen Liebesleben ist für den damaligen Sittenkodex ohnehin recht unköniglich. Vierzehn Jahre unterhält er bereits ein Verhältnis zu einer verheirateten Frau, als er die ebenfalls verheiratete, aber immerhin schon zweimal geschiedene Wallis Warfield Simpson kennenlernt. Noch lebt sein Vater, König Georg V., und was der zu der Affäre seines Sohnes zu sagen hat, ist noch viel unangenehmer. Lebenslang weigert er sich stur, die unseli-ge Wallis zu empfangen, und verbietet seinem Sohn, »die königliche Gegenwart mit einer vom Makel der Scheidung befleckten Frau zu beschmutzen«. Als er merkt, daß es gilt, das Zepter abzugeben, zitiert er Gattin Mary an sein Sterbebett und läßt sie schwören, die verachtete Wallis ebenfalls keinen Fuß in den Palast setzen zu lassen. Mary gehorcht bis an das Ende ihrer Tage.
    Die schlanke, etwas androgyn wirkende Frau Warfield Simpson ist ebenso as-

ketisch und eßunlustig wie der Herzog von Windsor. Wie von Magneten angezogen, fliegen die beiden aufeinander. Wallis' reicher Reedergatte wird informiert, daß seine Frau ihre dritte Scheidung wünscht, und der soeben inthronisierte Eduard gedenkt, die Bürgerliche zur Königin von England zu machen. Bis dahin trifft sich der Regent regelmäßig mit seiner Geliebten und muß hinnehmen, daß auch sein Personal äußerst unzufrieden mit der Liaison ist. Einer seiner Butler quittiert den Dienst, weil er seinen Herren bei einer »höchst unschicklichen Tätigkeit antraf. Als ich mit zwei bestellten Getränken am Swimmingpool ankam, sah ich, wie Seine Majestät die Zehennägel von Mrs. Simpson lackierte. Mein Souverän beim Lackieren der Zehennägel einer Frau! Das ist etwas zuviel, meine ich, und ich kündigte sofort!«

Das britische Establishment ist genauso verknöchert wie der verstorbene Georg und alle Buckingham-Chargen und duldet unter keinen Umständen eine Geschiedene auf dem Thron. Im November 1936 informiert der einundvierzigjährige Junggeselle Eduard seinen Premierminister Stanley Baldwin, daß er Wallis zu heiraten gedenkt, auch wenn das den Verzicht auf den Thron bedeutet. Einen Monat später ist es soweit. Mit der Begründung, er könne nicht länger ohne die Unterstützung der Frau, die er liebt, herrschen, dankt der König ab.

Hocherfreut besteigt sein Bruder, Gattin Elisabeth (die heutige Queen Mom) fest an der Hand, den Thron und tutet ins allgemeine Horn, daß auch für die beiden Wallis »das Weib« ist und bleibt. Eduard, jetzt nur noch Herzog von Windsor, kann endlich sein Privatleben gestalten, wie es ihm beliebt, und heiratet »das Weib« ein halbes Jahr später. Die dünkelhaften Briten verweigern seiner Frau jedoch sogar den Status einer Herzogin, und das erbost ihn so, daß er die Insel verläßt und fortan das tolerantere Festland bevorzugt. In Amerika kürt das Magazin »Times« die Frau, für die Eduard VIII. auf Thron und Privilegien verzichtet, zur Frau des Jahres 1936.

Kitty Kelley: Die Royals, Marion von Schröder Verlag, Düsseldorf/München 1997
Carole McKenzie: All about Sex, Europaverlag, München/Wien 1992

Albert Einstein
* 1879, † 1955

Schon als Jugendlicher glänzt Einstein mit seinem Wissen über die Natur und seiner Fähigkeit, schwierige mathematische Probleme zu verstehen, und macht sein

Hobby zum Beruf. Der Physiker und Nobelpreisträger ist weltweit bekannt als der Schöpfer der speziellen und allgemeinen Relativitätstheorie sowie durch seine Hypothese zur Teilchennatur des Lichtes.

$E = mc^2$ heißt Albert Einsteins große Liebe, und hinter ihr müssen seine Frauen zurückstecken. Studienkollegin Mileva Mavic weiß das zwar, denkt aber, daß sie den genialen Physiker trotzdem domestizieren kann. 1903 heiratet die griechisch-orthodoxe Mileva den jüdisch erzogenen Albert in dem festen Glauben, aus ihm einen bürgerlichen Vater und Ehemann machen zu können. Ein Irrtum, wie sie elf Jahre und zwei Söhne später einsehen und zugeben muß. Traurig zieht die ohnehin zur Melancholie neigende Frau Einstein mit den Kindern nach Zürich, während der aktive und humorvolle Gatte Albert in Berlin bleibt und Freunden mitteilt, daß er nicht gedenkt, das eheliche Leben mit der schwerblütigen Mileva je wieder aufzunehmen.

Statt dessen zieht er zu Elsa Löwenthal, einer verwitweten entfernten Verwandten. Die liebenswürdige Elsa umsorgt ihren verschrobenen Cousin zweiten Grades wie ein weltfremdes Kind. Achtet darauf, daß er bei der Wahl seiner Kleidung ein Mindestmaß an Konvention und bei der Art seines Betragens die gängigen Regeln zumindest ansatzweise einhält. Sie schützt ihn vor den Zudringlichkeiten der Außenwelt und lauscht mit ihren beiden Töchtern andächtig, wenn Albert Einstein zum Ausgleich für physikalische Grübeleien mit Inbrunst seine Geige malträtiert. Angetan von soviel Fürsorge und der gebotenen Bequemlichkeit, nimmt Einstein die beiden Mädchen aus Elsas erster Ehe gerne in Kauf und heiratet Frau Löwenthal kurz nach seiner Scheidung von Mileva. Elsa Einstein ist's zufrieden. Sie versteht nicht viel von Physik, ist aber mit der ihr zugedachten Rolle in Alberts Leben vollkommen glücklich und ausgelastet. Als sie 1936 stirbt, ist Einstein wie von Sinnen vor Trauer und stürzt sich in seine Arbeit.

Wenn in den Briefen, die vor kurzem in New York aufgetaucht sind, die Wahrheit steht, trifft Amors Pfeil den berühmten Physiker Ende 1945 noch einmal. Die russische Spionin Margarita Konenkowa kann das Herz des Wissenschaftlers gewinnen und versucht auf diesem infamen Weg möglicherweise an für die Sowjetunion nützliche Informationen zu gelangen. In den Liebesbriefen, die Einstein ihr schickt, stehen allerdings ganz andere Dinge: »Ich habe mir heute die Haare gewaschen, aber das Ergebnis ist sehr schlecht. Ich bin nicht so fürsorglich wie Du.«

Banesh Hoffmann/Helen Dukas: Albert Einstein, Verlag Stocker-Schmid, Zürich 1976
La Repubblica, 2.6.1998

Elisabeth I.

* 1533, † 1603

Nach dem Tod ihrer Halbschwester Maria wird Elisabeth 1558 Königin von England und Irland. Ihr Reich ist von religiösen Machtkämpfen zerrissen, die Wirtschaft schwer angeschlagen, doch dank ihres Scharfsinns und diplomatischen Geschicks überwindet Elisabeth die Schwierigkeiten. Obwohl sie als ausgesprochen kapriziös gilt, sind die Aufgaben als Monarchin immer der Mittelpunkt ihres Lebens.

Erzherzog Karl hat einen viel zu großen Kopf, Erik von Schweden ist ein düsterer Melancholiker im Hamlet-Stil, den Grafen von Arundel bezeichnet sie als provinziellen Holzklotz, außerdem ist er ihr zu alt, er geht schon auf die Fünfzig; und schließlich Sir William Pickering, ein abgenutzter Playboy, der so ziemlich jedes Bordell in England kennt und fast jede Dorfmagd ins Heu gezogen hat. Vor den Augen der Virgin Queen Elisabeth findet keiner ihrer prospektiven Heiratskandidaten Gnade. In verdächtigem Maß betont sie ihr ganzes Leben lang ihre angebliche Jungfräulichkeit, hält sich in Wirklichkeit jedoch Günstlinge und trägt ihre Verliebtheit und erotische Faszination in für die Zeit skandalöser Weise zur Schau. Wenn Könige Mätressen haben dürfen, so ihr Credo, können Königinnen sich Liebhaber halten. Lange Jahre heißt ihr bevorzugter Galan Robert Dudley. Das Problem und der Skandal: Dudley ist verheiratet, und obwohl er die königlichen Gefühle durchaus erwidert, bleibt er es auch eine ganze Weile. Der vollendete Höfling beherrscht die italienische Sprache so perfekt wie das Turnierreiten und gleicht in Bildung und Vitalität seiner Geliebten Elisabeth. Vor allem aber ist er schön, entspricht dem Idealtyp Ihrer Majestät: »… groß, gut gebaut, mit für Engländer seltenen schwarzen Haaren, dunklem Teint und feingliedrigen Händen«, und er versteht es meisterlich, mit ihrer komplizierten Psyche und den hohen Ansprüchen umzugehen. Die Königin gewährt dem attraktiven Dudley ihre Gunst nicht nur im Bett; sie macht ihn zu einem wohlhabenden Mann, beschenkt ihn mit Gütern, Ländereien und Anwesen und schert sich nicht darum, daß die gesamte britische Aristokratie die Nase über den Emporkömmling rümpft. Als Roberts schwerkranke Frau eines Tages am Fuße ihrer Treppe tot aufgefunden wird, ist sich der Adel sicher: Dudley hat seine Frau ermordet! Doch das Gericht erkennt auf »Tod durch Unfall«, und Elisabeth geniert sich nicht, ihre Gefühle für den Witwer in aller Öffentlichkeit zu zeigen. Endlich frei hofft der ehrgeizige Höfling, königlicher Gemahl werden zu können, aber Elisabeth zögert die dafür notwendige Verleihung der Peerswürde immer wieder heraus. Verärgert bezieht

Dudley die Räume neben den Gemächern seiner Regentin, und die Dienerschaft kann die beiden fast allabendlich heftig streiten hören. Auf die saftigen Kräche folgen vehemente Versöhnungen, aber Elisabeth bleibt beinhart bei ihrem Leitsatz »Vermische nie Liebe mit Macht!« Eifersüchtig wacht sie über ihren Günstling, nimmt sich das Recht heraus, auch mit anderen zu flirten, tobt jedoch vor Wut, wenn Dudley es wagt, eine attraktive Hofdame auch nur anzusehen. Über seine ständig wachsenden Ansprüche ärgert sich die britische Herrscherin so sehr, daß sie ihm gleich zwei Konkurrenten präsentiert: den häufig in Tränen ausbrechenden Christopher Hatton und den Earl of Oxford, den sie zu Dudleys Ärger »ihren Eber« nennt. Ungeachtet der Kapricen seiner Geliebten hofft Robert immer noch darauf, eines Tages geheiratet zu werden und seinen Sohn auf dem Thron zu sehen. Als er endlich merkt, daß die eigenwillige Königin weder das eine noch das andere will, rächt er sich und schwängert eine ihrer Hofdamen. Deren Vater zwingt ihn, die junge Frau zu heiraten. Eine Weile läßt sich die Hochzeit geheimhalten, doch dann erfährt Elisabeth von dem Verrat und jagt Robert vom Hof.

Mit Hilfe des Herzogs von Alençon versucht sie, über die Ungeheuerlichkeit hinwegzukommen, schwört ewige Liebe und ist wenig später erleichtert, als der Herzog von einem Fieber dahingerafft wird. Bar der Verpflichtung nimmt sie den dreißigjährigen Walter Raleigh in ihr Bett. Der ehrgeizige, grenzenlos arrogante Opportunist nutzt ihre Gunst für seine Pläne, kann aber nicht verhindern, daß Dudley in Gnaden wieder aufgenommen wird. In seiner kurzen Ehe ziemlich dick geworden, muß der sich einer von Elisabeth verordneten Diät unterziehen, bevor sie ihn wieder empfängt. Die Beziehung dauert über dreißig Jahre, bis zu Dudleys Tod 1588, nach dem sich Elisabeth tagelang verzweifelt in ihrem Zimmer einschließt. Von ihrer Trauer genesen, blüht die fast Sechzigjährige an der Seite des vier Jahrzehnte jüngeren Earl of Essex noch einmal auf. Sie raucht Raleighs Tabak, liebt derbe Zoten, spuckt aus und flucht wie ein Kutscher, wenn sie nicht gerade mit der Grazie eines jungen Mädchens durch den Tanzsaal schwebt. Essex bekommt Dudleys ehemalige Zimmer und beginnt Forderungen zu stellen, von denen sein Vorgänger nicht einmal zu träumen gewagt hätte. Elisabeth weist ihn in seine Schranken, doch Essex mißbraucht ihre Zuneigung, nimmt Bäder in der Menge und läßt sich feiern. Die Königin spürt ihr Alter, dem sie auf keinen Fall den nötigen Tribut zollen will. Sie schminkt sich bis zur Maskenhaftigkeit und trägt ihr faltiges Dekolleté fast bis zum Nabel offen. Essex glaubt den Vorzug seiner Jugend noch weiter ausnutzen zu können, strapaziert die Gunst der Monarchin über und wird zum persönlichen und politischen Verräter. Über Elisabeth sagt er: »Sie ist geistig genauso krumm und schief wie körperlich.« Das und ein grober Ungehorsam gegen die Regentin hat fatale Konsequenzen. Mit den Worten »die nach dem Zepter von Königen greifen, verdienen keine Gnade« unterschreibt Elisabeth sein Todesurteil.

Sabine Appel: Elisabeth I. von England, Bechtle Verlag, Esslingen/München 1994
Herbert Nette: Elisabeth I., rororo Bildmonographie, Rowohlt Verlag, Reinbek 1982

Elisabeth von Österreich
* 1837, † 1898

Elisabeth, Kaiserin von Österreich und Königin von Ungarn, genannt Sis(s)i, tritt politisch nur kurz in den Vordergrund, indem sie sich an der Errichtung der Doppelmonarchie Österreich-Ungarn beteiligt. In späteren Jahren wird sie zunehmend exzentrisch, reitet, jagt, lernt Griechisch, transferiert ihr Geld in die Schweiz und verliert den Glauben an die Zukunft der Monarchie.

»Die Ehe ist eine widersinnige Einrichtung. Als fünfzehnjähriges Kind wird man verkauft und tut einen Schwur, den man nicht versteht und dann dreißig Jahre oder länger bereut und nicht mehr lösen kann.« Lange vierundfünfzig Jahre ist Sisi mit Kaiser Franz Joseph verheiratet und den Großteil der Zeit unter anderem dank ihrer herrschsüchtigen Schwiegermutter unglücklich. Mit der Liebe klappt es für das junge Mädchen von vornherein nicht so recht. Noch in der ländlichen Residenz ihrer Eltern verliebt sich Elisabeth in den Grafen Richard S., ein »indiskutabler« Mann, der in herzoglichen Diensten steht. Als die Idylle ruchbar

Elisabeth von Österreich

wird, macht man ihr ein schnelles Ende, indem der Graf unter dem Vorwand eines Auftrages weggeschickt wird. Sisis Liebeskummer wächst sich zu Melancholie aus. Stundenlang schließt sich das empfindsame Mädchen in seinem Zimmer ein, schreibt Gedichte und weint. Es kommt der Tag der kaiserlichen Brautschau, und Franz Joseph, dem eigentlich die ältere Schwester Helene angetraut werden soll, verliebt sich Hals über Kopf in seine Cousine Elisabeth. »Wie kann man den Mann nicht lieben?« sagt die bald darauf, äußerst angetan von Seiner gutaussehenden, fabelhaft

tanzenden Hoheit. Aus politischen und dynastischen Gründen eingefädelt, wird –
und das ist selten genug – die Hochzeit aus Liebe gefeiert.

Leider hat Franz Joseph einen unsensiblen Besen zur Mutter, die der kleinen
Sisi das höfische Leben mit Etikette und ungewohnten Formalien schwerer als
nötig macht. Gleich nach der Hochzeitsnacht taucht sie beim jungen Paar auf, um
zu erfragen, ob alles glatt gegangen ist. Verschreckt muß Elisabeth sich die
gerümpfte Nase gefallen lassen, denn im Ehebett ist gar nichts passiert. In der dritten Nacht ist es dann soweit, und die junge Kaiserin fühlt sich mit Recht vom
ganzen Hof begutachtet. Allein mit Franz Joseph ist sie glücklich. Der bemüht sich
zwar, ihr die Eingewöhnung zu erleichtern, aber aus seiner Haut kann auch er
nicht. Und so sitzt er zwar händchenhaltend neben seiner Frau, als die das erste
Kind bekommt, aber daß seine Mutter gegen Sisis Willen das kleine Mädchen sofort an sich nimmt, kann er nicht verhindern. »Ich habe ihn ja sehr lieb, wenn er
doch bloß ein Schneider wär'«, entfährt es Elisabeth aus tiefstem Herzen. Aber der
Gatte bleibt Kaiser, und sie wird krank; heute würde man es vermutlich defensive
Magersucht nennen, denn immer wenn Sisi weg vom Hof und all den Belastungen ist, geht es ihr gut, fehlt ihr nichts. Sie und Franz Joseph entwickeln sich auseinander, und auch wenn sie sich nicht viel aus Sex macht, leidet sie unter seinen
Seitensprüngen. Der ungarische Graf Andrássy vermag sie ein wenig zu trösten,
doch obwohl wenn es heißt, er sei die große Liebe ihres Lebens und der Vater ihres vierten Kindes, so ist zumindest letzteres ganz sicher nicht wahr. Sisi ist zwar
unglücklich, aber treu. Franz Joseph ist ebenfalls unglücklich – und untreu, doch
aller Affären zum Trotz bleibt er der größte Verehrer seiner Frau und versucht,
ihr die Wünsche von den Augen abzulesen. Elisabeth ist inzwischen etwas abge-
klärter als in der Jugend, was die Eskapaden ihres Mannes betrifft. Als er sich in
die erfolgreiche Schauspielerin Katharina Schratt verliebt, fördert die Kaiserin das
Verhältnis sogar und sorgt dafür, daß Außenstehende die Schratt für eine ihrer
Freundinnen halten. Hinterrücks verdreht sie allerdings die aristokratischen Augen über die gewöhnliche Person.

Brigitte Hamann: Elisabeth – Kaiserin wider Willen, Piper Verlag, München 1989
Brigitte Hamann/Elisabeth Hassmann (Hrsg.): Elisabeth. Stationen ihres Lebens, Verlag Christian
Brandstätter, Wien/München 1998

Hans Fallada
* 1893, † 1947

Mit bürgerlichem Namen Rudolf Ditzen, arbeitet der bereits in jungen Jahren alkohol- und morphiumabhängige Fallada auf mehreren Gütern, muß seine Jobs aber aufgeben, weil er zweimal wegen Unterschlagungsdelikten angeklagt wird. Aus dem Gefängnis entlassen, wird er bei einer Zeitung angestellt und erlangt 1932 mit seinem Roman »Kleiner Mann, was nun?« internationalen Ruhm.

»In den Anlagen der Promenaden zwischen fünf und sechs Uhr werden Sie den Schüler Ditzen mit Ihrer Tochter Unzucht treiben sehen.
Ein Freund des Hauses, der wacht.«

Vier solcher Briefe erhalten die Eltern der pubertierenden Elise, da ist der Verfasser entlarvt: Der wachende Freund des Hauses ist kein anderer als Rudolf Wilhelm Adolf Ditzen selbst. Der völlig verklemmte, unaufgeklärte Junge wird mit Selbstbefriedigung und sexuellen Nöten so schlecht fertig, daß er auf diese Weise ein Ventil für seine Phantasien sucht. Rudolf muß zum Arzt, der diagnostiziert, daß der Knabe Opfer seiner Pubertät und des prüden Elternhauses ist, und zu mehr Liberalität rät. Wütend verbittet sich Vater Ditzen die Einmischung. Sein Sohn wird vor ein Schulkollegium zitiert, gesteht die Tat, fliegt und beschließt, sich das Leben zu nehmen. Er vertraut sich einem Freund an, der den wirren Plan den Eltern verrät. Als die am nächsten Morgen ihren Rudolf in seinem Zimmer finden, wie er gerade Abschiedsbriefe schreibt, verfrachten sie ihn umgehend in ein Sanatorium auf dem Land.

Ein Vierteljahr später, am 18. Oktober 1911, steht in der Zeitung die Schlagzeile »Gymnasiastentragödie«, und diesmal ist es wirklich eine. Rudolf Ditzen hat sich in die fünfzehnjährige Erna Simon verliebt. Regelmäßig trifft er das Mädchen und widmet ihr viele seiner Gedichte. Anfang Oktober wird er immer wieder von der Zwangsvorstellung heimgesucht, Erna töten zu müssen. Der Wahn, sie zu erschießen, wird so bedrohlich, daß der verzweifelte Ditzen nur die Möglichkeit sieht, ihm nachzugeben oder sich selbst das Leben zu nehmen. Er spricht mit seinem Freund Hanns Dietrich von Necker und bittet den, ihn zu töten. Necker ist

119

Ditzen zwar sklavisch ergeben, aber umbringen will er ihn nicht. Zu einem Doppelselbstmord läßt sich der zwei Jahre Jüngere allerdings überreden. Das Scheinduell wird organisiert. Ditzen besorgt die Waffen; er und Hanns stehen sich gegenüber – und schießen. Necker ist sofort tot, Ditzen nicht einmal getroffen, zweimal feuert er auf sich selbst und verletzt sich schwer. Der gestörte Junge wird gefunden, sein Leben hängt an einem seidenen Faden. Als die Mutter das Telegramm erhält, ist ihr erster Gedanke: »Gott sei Dank nichts Sexuelles!«

Ditzen wird nach seiner Genesung wegen Mordes angeklagt und kommt wegen Geisteskrankheit in eine Nervenheilanstalt. Dort fängt er eine Affäre mit der Hauslehrerin des Anstaltsleiters an, die ihn unglücklich macht. Ein Jahr später wird er entlassen und verliebt sich in die Frau eines Freundes, die gute Verbindungen und immer Morphium in der Tasche hat. Gemeinsam erleben sie wohlige Räusche. Doch bald reicht die eine Quelle nicht mehr, um Rudolfs Bedürfnisse zu befriedigen. Er geht mit Lotte Fröhlich ins Bett, deren Sohn sein Freund und nächster Morphiumlieferant wird. Als Herr Fröhlich aus dem Krieg kommt, stimmen ihn die häuslichen Verhältnisse verdrossen und er jagt Ditzen vor die Tür. Der klaut Rezepte und versucht, vom teuren Morphium loszukommen, indem er es mit Alkohol bekämpft, und hat ganz schnell ein fatales Stadium erreicht: morgens vier Glas Kognac auf nüchternen Magen und für den Rest des Tages Spritzen für nicht weniger als zweihundert Mark. Er beginnt bei der Arbeit zu unterschlagen, wird erwischt, und während Rudolf Ditzen im Knast sitzt, wird Hans Falladas zweiter Roman soeben gedruckt. Aus der Haft entlassen, muß der arbeits- und mittellose Autor seine Eltern um Geld bitten. Er geht nach Hamburg und lernt dort die siebenundzwanzigjährige Anna Margarete Issel kennen. Die ruhige, besonnene Frau scheint ihm die Richtige. Beide Mütter sind nicht glücklich über die flugs geschlossene Heirat, seine warnt ihn dringend, »einen anderen Menschen in sein Leben zu ziehen«, ihre bemerkt kritisch: »Ihr lauft ja zusammen wie die Wilden in Afrika, und so werdet ihr in vier Wochen wieder auseinanderlaufen«. Sie irrt: Anna, von ihrem schwierigen Mann Suse genannt, lernt mit wenig Geld auszukommen, liebt ihn und läßt ihn sein, wie er ist.

»Kleiner Mann, was nun?« erscheint, die Ditzens sind über Nacht wohlhabende Leute. Rudolf trägt Unmengen Geldes in Nachtlokale. Anna, die an die Zukunft des gemeinsamen Sohnes Uli denkt, ist erneut schwanger und sorgt dafür, daß ein Häuschen auf dem Land gekauft wird. Der kranke Ditzen trinkt, bis ihm wieder die Sicherungen durchbrennen, kommt 1943 in eine psychiatrische Anstalt, aus der seine Frau ihn nach Hause holt. Er dankt es ihr, indem er ein Verhältnis mit Haustochter Anneliese anfängt. Das Mädchen geht einen Schritt zu weit, als sie außer Hauses schlecht über die Ehefrau ihres Geliebten spricht. Die erfährt davon, und damit haben ihre Geduld und Langmut ein Ende: Sie setzt das Paar vor die Tür. Wenig später steht der reumütige Rudolf wieder vor derselben und bittet um Vergebung und Einlaß, den die verletzte Anna ihm um der Kinder willen gewährt. Immer wieder streiten sich die Eheleute, und nach einer besonders heftigen Auseinandersetzung verläßt Ditzen das Haus und ertränkt seinen Zorn in der nächstbesten Kneipe.

Am Nachbartisch sitzt eine junge Witwe mit langen Haaren und roten Fingernägeln und genauso einsam wie der angetrunkene Rudolf. Man kommt ins Gespräch, verbringt die Nacht miteinander und bummelt am nächsten Tag durch das Städtchen. Ursula (Ulla) Losch ist das Gegenteil der ruhigen besonnenen Anna, wie Ditzen konsumiert sie Alkohol und Morphium, und der Verblendete glaubt, in ihr die ideale Partnerin gefunden zu haben. Am 5. Juli 1944 wird die Ehe von Anna und Rudolf Ditzen geschieden, letzterer nimmt sich das Recht heraus, nach Lust und Laune mal bei Ulla, mal im ex-ehelichen Haus zu nächtigen. Eines Abends kommt es zu massiven Handgreiflichkeiten gegen Anna, die die Polizei als Mordversuch interpretiert, und Ditzen wird erneut in eine Anstalt eingeliefert. Diesmal nutzt er den Gefängnisaufenthalt, um »Der Trinker« zu schreiben. Ulla Losch besucht ihn nicht ein einziges Mal, anders als Anna, die sich rührend um ihren geschiedenen Mann kümmert. Am Ende der Haft steht für ihn fest: Er geht zurück zu Suse und den Kindern. Weihnachten 1945 verbringt er vermeintlich geläutert bei seiner Familie. Am zweiten Feiertag will sich Ditzen von Ulla verabschieden – und kommt nicht zurück. Statt dessen heiratet er seine Geliebte. Ein entsetzlicher Kreislauf aus Räuschen, Entzügen, Krankenhausaufenthalten, Krächen und Gewalttätigkeiten beginnt. Gerade hat Hans Fallada »Jeder stirbt für sich allein« fertig geschrieben, da wird er ein letztes Mal wegen Unmengen von Alkohol und Morphium völlig wirr in die Charité eingeliefert. Diesmal kehrt er nicht nach Hause zurück: Hans Fallada stirbt vierundfünfzigjährig an Herzversagen. Seine Witwe Ursula heiratet bald darauf wieder.

Tom Crepon: Leben und Tode des Hans Fallada, Hoffmann und Campe, Hamburg 1981

Rainer Werner Fassbinder
* 1945, † 1982

Der Schauspieler, Regisseur und Autor avanciert binnen kurzem zum wichtigsten Repräsentanten des deutschen Autorenfilms. Zwischen 1969 und 1982 entstehen über dreißig Filme des besessenen Arbeiters. In seinen Filmen tritt er oft selbst als Darsteller auf und verfaßt nebenbei ein ganze Reihe Theaterstücke, so auch das skandalumwitterte »Der Müll, die Stadt und der Tod«.

»Als ich das Gefühl hatte, ich bin schwul, habe ich es auch gleich allen Leuten erzählt.« Nach einer Kindheit im Heim – die Mutter muß Rainer Werner weggeben, weil sie schwer tuberkulosekrank ist – sucht der Junge die vermißte Geborgenheit. Er verläßt als miserabler Schüler ohne Abschluß die Schule und lernt bald darauf den erfolglosen, wesentlich älteren Schauspieler Christoph Roser kennen. Zwei Jahre lebt das Paar zusammen, dann gehen sie getrennte Wege. Fassbinder macht aus seiner Homosexualität keinerlei Hehl. Seine Freunde spielen fast immer auch in seinen Filmen mit, umgekehrt werden viele seiner Protagonisten für eine Weile seine privaten Partner. So auch der Marokkaner El Hedi Ben Salem aus »Angst essen Seele auf«.

Trotz seiner eindeutigen Vorliebe für das eigene Geschlecht heiratet Fassbinder Ingrid Caven, hat aber weiterhin männliche Liebhaber. In seiner Stammkneipe lernt der Regisseur den gelernten Metzger Armin Meier kennen. Die beiden beziehen für drei Jahre eine gemeinsame Wohnung. Im Frühling 1978 kommt es zur Trennung, und wenige Wochen später wird Meier tot im Apartment aufgefunden. Fassbinder ist außerstande, an der Beisetzung teilzunehmen, und betritt den Ort des traurigen Geschehens nie wieder. Eine Weile ist Günther Kaufmann sein Lebensgefährte, und Rainer Werner Fassbinder reagiert gekränkt und verletzt, als Kaufmann sich von ihm löst und zu seiner Frau zurückgeht. Gezeichnet stirbt der polytoxikomane Künstler in München an einer Überdosis Kokain und Schlaftabletten.

Herbert Spaich: Rainer Werner Fassbinder. Leben und Werk, Beltz Verlag, Weinheim 1992

William Faulkner
* 1897, † 1962

Der Sohn einer Pflanzerfamilie aus den Südstaaten verläßt 1915 die High School ohne Abschluß und arbeitet zunächst im Bankhaus seines Großvaters. Während des Ersten Weltkrieges dient er in der kanadischen Luftwaffe und beginnt danach ein Studium, das er jedoch bald wieder abbricht, um zu schreiben. Seinen Lebensunterhalt verdient Faulkner mit Gelegenheitsarbeiten.

»Armer Kerl, dreimal heiraten zu müssen, um herauszufinden, daß die Ehe ein Fehlschlag ist und daß man, wenn man etwas Frieden herausholen will (wenn man schon närrisch genug ist, überhaupt zu heiraten) die erste behalten und so weit von ihr fernbleiben soll, wie man nur kann, in der Hoffnung, sie eines Tages zu überleben. Wenigstens ist man dann sicher davor, daß man von keiner anderen geheiratet wird – was eintritt wenn man sich (…) scheiden läßt. Offenbar kann der Mensch von Drogen-, Trunk-, Spielsucht, Nägelkauen und Nasenbohren geheilt werden, nicht aber vom Heiraten.« Faulkners Mitleid für den Kollegen Hemingway ist groß, denn seine eigene Ehe entpuppt sich als ziemliche Katastrophe.

Nachdem die Eltern seiner Jugendliebe den angehenden Schriftsteller mangels Geldes und angemessener Herkunft ablehnen, muß er mit ansehen, wie Estelle Oldham einen gutsituierten, erfolgreichen Rechtsanwalt ehelicht. Der enttäuschte Faulkner versucht sein Glück bei der Bildhauerin Helen Baird, holt sich jedoch auch bei ihr einen Korb. Schwiegereltern, so muß er feststellen, mögen keinen, der »mit Schulbesuchen aufhörte, sobald ich alt genug war, beim Schwänzen nicht erwischt zu werden«.

Zehn Jahre später wohnt Estelle mit ihren beiden Kindern wieder bei ihren Eltern. Die Ehe ist gescheitert, und die lebhafte, charmante Schönheit läßt ihre Beziehung zu William wiederaufleben. Faulkner, nachtragend in seinem verletzten Stolz, triumphiert über die Oldhams und setzt diesmal durch, was ihm seinerzeit verwehrt wurde: Er heiratet Estelle. Die Verbindung ist von Anfang an ge-

William Faulkner

spannt, angeblich begeht seine junge Frau auf der Hochzeitsreise einen Selbstmordversuch. Der Lebensstil, den Faulkner finanzieren kann, entspricht bei weitem nicht dem Luxus, den Estelle gewöhnt ist. Sie ihrerseits tut sich äußerst schwer, seinen Anforderungen in puncto Lebens- und Arbeitsgewohnheiten gerecht zu werden. Daß beide deutlich zu viel trinken, verschlimmert die Probleme eher, als daß es sie löst. Zwei- bis dreimal jährlich legt sich William Faulkner einen ordentlichen Whiskyvorrat an und besäuft sich mehr oder weniger einen Monat lang so, bis der Schlaf ihn überwältigt, um im Augenblick des Erwachens die Flasche wieder anzusetzen.

Aus Geldgründen verdingt er sich als Drehbuchautor in Hollywood und engagiert einen Krankenpfleger, der seinen Alkoholkonsum überwachen soll. Während der Arbeit lernt er das wesentlich jüngere Skriptgirl Meta Carpenter kennen. Der frustrierte Autor blüht auf, wird zum stürmischen Liebhaber und will sich von Estelle scheiden lassen. Die tobt nüchtern und betrunken, rast vor Eifersucht und denkt gar nicht daran, ihren Mann freizugeben. Meta heiratet schließlich einen anderen, nimmt aber später ihr Verhältnis mit Faulkner wieder auf. Der Schriftsteller kehrt zu seiner Frau zurück, und beide sind überglücklich, als Töchterchen Jill geboren wird. Faulkner ist ihr und seinen beiden Stiefkindern ein liebevoller Vater und wird nur ruppig, wenn sie ihn wegen seines Alkoholkonsums zu tadeln wagen. »Niemand erinnert sich an Shakespeares Kinder!« weist er sie bei dergleichen Einmischungen zurecht. Eine Weile sieht es so aus, als gelänge den Faulkners endlich eine harmonische Beziehung. Doch der zunehmend berühmte Mann entwickelt und pflegt seine Neurosen aufs trefflichste. Immer menschenscheuer pflügt er regelmäßig die Auffahrt zu seinem Haus um, damit Fremde und Journalisten ihn nicht finden können. Als er 1949 den Nobelpreis erhält, lehnt er die Auszeichnung aus Angst vor den vielen Menschen zunächst ab und nimmt sie dann völlig betrunken doch entgegen. Seine unglückliche Frau muß die Seitensprünge ihres Mannes ertragen und lernt auch mit den längeren Verhältnissen zu leben. Joan Williams ist frische einundzwanzig, als sie den Dichter für vier Jahre an sich bindet, nicht viel anders verhält es sich wenig später mit Jean Stein. Einen ernsthaften Trennungsversuch von Estelle unternimmt Faulkner jedoch nicht mehr.

Peter Nicolaisen: William Faulkner, rororo Bildmonographie, Rowohlt Verlag, Reinbek 1981

Sarah Ferguson
* 1959

Nach dem Abschluß des Mädchenpensionats absolviert die Tochter eines Majors ihre zweijährige Ausbildung als Sekretärin und arbeitet in London unter anderem in einer Galerie und verschiedenen Agenturen. Später verfaßt Sarah Ferguson, Herzogin von York, Kinderbücher und bekleidet Ehrenämter in verschiedenen Wohltätigkeitsorganisationen.

»Sie war eine Patientin, die wir in unserer Praxis nie wieder sehen wollten. Sie war abscheulich – unhöflich, schwierig und vulgär. Egal ob Essen, Sex oder Alkohol, ihr Appetit war außer Kontrolle. Zuviel Kokain, zuviel Amphetamine, zuviel Champagner, immer nur essen und Sex.« Der geplagte Homöopath, der die beinahe unlösbare Aufgabe hat, Sarah Margaret Ferguson vor ihrer Hochzeit mit Prinz Andrew etwas schlanker zu machen, denkt nur mit Schrecken an die rothaarige Kundin. Für ihren Andrew allerdings scheint sie die Richtige zu sein, nennt Sex »Joggen in der Horizontalen«, reitet lieber, »als daß ich ein Buch lese«, und liebt grobe Späße auf Kosten anderer – kaum etwas ist so lustig wie ein lebender Hummer im Dekolleté eines wehrlosen Mädchens. Die Gemeinsamkeiten mit dem zukünftigen Gemahl »Randy Andy« (geiler Andy) sind vielversprechend. Der hat sich gerade von einer unerfreulichen elterlichen Einmischung in sein Liebesleben erholt: Nach vielen Affären mit Models und Schauspielerinnen verliert Andrew sein Herz an Koo Stark und will das hübsche Mädchen sogar heiraten. Die ist sich ihrer Sache so sicher, daß sie es wagt, der Königin die Lieblingspralinen wegzuessen. Das geht zu weit, findet Prinzgemahl Philip und beendet die heftige Liebschaft seines Sohnes mit einem knappen Telefonat: »Andrew, es ist aus!« lautet das Kommando. Der Prinz gehorcht und landet an Fergies üppigem Busen. Die hat bereits ein halbes Dutzend Verhältnisse hinter sich und ist mit ihrem Vater der Meinung: »Wenn sie mit sechsundzwanzig keine Vergangenheit hätte, würde man sich fragen, ob alles in Ordnung ist«. Noch kurz bevor sie Andrew kennenlernt, schlägt ihr Herz für den verwitweten Rennfahrer Paddy McNally. Sarah lebt mit ihm zusammen und geht ihm so auf die Nerven mit ihrem ewigen »entweder du heiratest mich, oder ich verlasse dich«, daß er ihr schließlich beim Kofferpacken hilft.

Von Freundin Diana Spencer mit Andrew bekannt gemacht, ist Fergie sofort begeistert. Keiner kann so lustige Furz-Witze erzählen wie Andy, und flugs beweist sie ihren ebenbürtigen Humor, indem sie ihm eine aufblasbare Frauenpuppe schenkt, die er selbstverständlich in seiner Suite aufstellt. Als er Sarah einen Heiratsantrag macht, ruft die als erstes ihren Vater an: »Dad, er hat mich gebeten, ihn zu heiraten. Ich habe ihn dazu gebracht, daß er mich zweimal fragt – um sicher zu gehen.« Die königlichen Schwiegereltern sind zunächst sehr angetan von der patenten jungen Frau, zur Hochzeit gibt es jede Menge Juwelen, Geld und Land von der Queen sowie zwanzig Millionen Mark für den Bau eines standesgemäßen Hauses. Angesichts der illustren Hochzeitsgäste staunt Brautvater Major Ferguson: »Guckt euch die Leute an, die gekommen sind, um meine stinkige, kleine Tochter zu sehen!« Die muß im Ehebett erst mal Nachhilfeunterricht geben, denn Andy ist zwar »randy«, hat seinem angetrauten Rotschopf ansonsten aber nicht viel zu bieten: »Was er heute kann, hat er von mir. Ich habe ihm alle Stellungen beigebracht!«

Andrew ist ständig auf See, und Sarah langweilt sich zu Hause. Schwanger mit der zweiten Tochter, lernt sie 1989 den muskulösen, braungebrannten Texaner Steve Wyatt kennen und verknallt sich sofort. Ihrem Astrologen vertraut die Herzogin von York an, Wyatt »ist unglaublich süß und ganz wild im Bett«. Davon läßt Steve auch andere Frauen profitieren, doch das stört Sarah nicht im geringsten. Sie legt Vater Andrew das neugeborene Baby in die Arme und fliegt zu Wyatt nach Marokko. Dort genießen die beiden sehr ungeniert das Leben: »So eine schamlose Fummelei habe ich nie zuvor in einem Drei-Sterne-Lokal gesehen«, entrüstet sich ein Gast. Im Laufe des Jahres 1990 wissen alle, außer Andrew, daß seine Ehe ziemlich bedroht ist. Die Königin wäscht ihrer Schwiegertochter den hitzigen Kopf und beendet die Affäre. Sarah mault leise vor sich hin und wird fortan immer öfter mit Multimillionär John Bryan gesehen. Der behauptet eisern, die Beziehung sei rein platonisch, hat aber seine Garderobe schon in Sarahs Kleiderschrank und die Pantoffeln unter ihrem Bett, wenn Andrew wieder irgendwo gefahrene Seemeilen und Knoten notiert. Das Paar Bryan/Ferguson gönnt sich ein paar nette Tage an der Côte d'Azur, sie ölt ihm die Glatze, er küßt ihr die Füße und streichelt ihre baren Brüste, ganz in der Nähe spielen die Kinder, und die Leibwächter dösen in der Sonne. Und das ist das Problem, denn so sehen sie die Paparazzi nicht, die in den Büschen mit ihren Weitwinkelobjektiven lauern. Zurück im regnerischen England frühstückt Fergie mit ihrem im Heimaturlaub weilenden Andrew und erstickt fast am gebutterten Toast, als sie die Titelseite der Morgenzeitung sieht: Deutlich zu erkennen Sarah Ferguson und auf ihr liegend in der Badehose John Bryan.

Tränen, Trennung, Scheidung und ein Verhältnis mit Tennis-Crack Thomas Muster sind die Folgen der Bilder, und die alte Queen Mom bemerkt weise: »Sobald das Geld, das sie bei der Scheidung verlangt (4,5 Millionen Mark) bezahlt ist, wird sie nur eine rothaarige Fußnote in der Geschichte Englands sein.«

Kitty Kelley: Die Royals, Marion von Schröder Verlag, Düsseldorf/München 1997
Express, 30.9.1996
The Times, 10.10.1996

Lion Feuchtwanger
* 1884, † 1958

Der in München geborene Schriftsteller reist viel und gerne und wird 1914 in Tunis verhaftet; die Flucht nach Deutschland gelingt. Von den Nationalsozialisten wird der pazifistisch-sozialkritische Autor ausgebürgert, seine Werke fallen der Bücherverbrennung zum Opfer. Feuchtwanger flieht nach Frankreich, wird auch dort inhaftiert, kann aber 1940 nach Amerika fliehen und dort bleiben.

»Wir trafen uns am höchsten jüdischen Feiertag, den Lion, wie auch ich fastend und im Gebet verbringen sollten. Statt dessen gingen wir ins Isartal, dann auf sein Zimmer. Dort begann unsere Ehe.« Marta Löffler ist neunzehn, bildhübsch, groß, dunkelhaarig, schlank und hat einen Hauch des damals begehrten Salometyps, als sie den 1,65 m kleinen, sechzig Kilo leichten, stark kurzsichtigen Lion Feuchtwanger auf einem Ball trifft. Tags darauf ruft er sie an und verabredet mit seiner hellen, schnarrenden Stimme das Treffen. Feuchtwanger ist kein schöner Mann – und er weiß es –, aber er ist sinnlich und Frauen spielen eine große Rolle in seinem Leben. Der Weg zu ihnen ist für den gehemmten Studenten der Philosophischen Fakultät zunächst nicht leicht. Aber er geht ihn mit Erfolg. Die schöne, erotische, begehrenswerte Marta wird am 10. Mai 1912 seine Frau und bleibt es fast fünfzig Jahre. Der Vorschlag zu heiraten, kommt von Lion, ihr ist die Idee eigentlich zu spießig. Als drei Jahre nach der Hochzeit das einzige Kind stirbt, schweißt die Trauer das ungleiche Paar nur noch mehr zusammen. Marta ist eine außergewöhnliche Köchin und perfekte Gastgeberin, sie sucht die Häuser in aller Herren Länder und richtet sie ein, sie packt Lion die Koffer, wenn der mit seinen beiden linken Händen ratlos davor steht, sie hält ihm lästige Besucher vom Leib und quält ihren Mann »zu seinem Besten«. Täglich muß der passionierte Schreibtisch- und Stubenhocker schwimmen, allmorgendlich Gymnastik machen und an ihrer Seite dauerlaufen, damit er seine Tage nicht sitzend mit Denken verbringt. Marta ist beherrscht, asketisch, sparsam, sportlich – der Genußmensch Lion liebt Reisen und luxuriöse Hotels, haßt Sport, schätzt einen edlen Tropfen Wein und ißt gerne gut und viel … wenn man ihn läßt. »Aber sie kennen ja Marta«, seufzt er mehr als einmal, wenn die Gestrenge ihn zu Diät und Bewegung zwingt. Nur eines kriegt die allüberall präsente Gattin nicht unter Kontrolle: Lions Leidenschaft für andere Frauen. Der auf den ersten Blick so wenig attraktive Mann hat sein ganzes Leben lang Erfolg bei den Damen und nutzt ihn aus. Immer wieder genießt er flüchtige sexuelle Begegnungen im Wechsel mit tieferen Beziehungen und Verhältnissen, die manchmal sogar über Jahre andauern. Marta lehnt wie ihr Mann jede bürgerliche Scheinmoral zutiefst ab, quittiert die Seitensprünge mit ihrem losen Mundwerk und bringt den Untreuen manches Mal in peinliche Situationen – findet er. Trotz alledem schildern eingeweihte Freunde die Ehe der Feuchtwangers als ideal. Mit den wichtigsten Frauen in seinem Leben, Eva Herrmann, einer Jugend- und Lebensfreundin von Klaus und Erika Mann, der Journalistin Eva Boy und der

Drehbuchautorin Lilo Dammert hält Marta über Lions Tod hinaus Kontakt. Gegenseitig respektieren sie das Eigenleben des anderen, und Feuchtwanger überschreibt sein Dasein »Ich war einmal verheiratet«.

Reinhold Jaretzky: Lion Feuchtwanger, rororo Bildmonographie, Rowohlt Verlag, Reinbek 1985
Wilhelm von Sternburg: Lion Feuchtwanger, Ullstein Verlag, Frankfurt am Main/Berlin 1987

Ludwig Andreas Feuerbach
* 1804, † 1872

Der Schüler Hegels verwirft schon bald dessen philosophischen Idealismus und versucht in Ablehnung der christlichen Orthodoxie die Entstehung der Religion psychologisch zu deuten. Damit zählt er zu den ersten Vertretern des Materialismus. Feuerbachs späteres Credo »der Mensch ist, was er ißt« beinhaltet, daß alles Denken auf materialistische Bedürfnisse zurückgeht.

»Das Weib gibt mir das Gefühl, daß ich ein Mann bin«, sagt Ludwig Feuerbach über seine soeben angetraute Bertha Löw. Doch leider gelingt ihr das nicht einmal ein halbes Jahrzehnt.

Der Philosoph weilt zu Besuch bei seinem alten Freund Christian Kapp. Es ist das Jahr 1841, und Kapps Tochter Johanna hat gerade ihren sechzehnten Geburtstag gefeiert. Feuerbach verbringt einen langen Sommeraufenthalt im Hause der Familie, an dessen Ende er verschämt bekennen muß: Aus der zaghaften Zuneigung für das intelligente, hübsche und frühreife Mädchen ist eine stürmische Leidenschaft geworden. Das sieht nun weder Freund Christian, aber noch viel weniger Gattin Bertha besonders gern. Feuerbach ist ratlos. Bertha und Töchterchen Lore sind sein Zuhause auf dem Lande, dessen Ruhe und Geborgenheit er schätzt und zum Arbeiten braucht. Johannas schwärmerische Liebe und vehemente Verehrung ist Balsam für die Männerseele und sehr verlockend. Er wankt und schwankt, bis es seiner Frau zu bunt wird und sie im Frühsommer 1845 eine Aussprache mit dem jungen Mädchen, an das sie ihren Mann zu verlieren droht, herbeiführt. Der läßt sich sage und schreibe noch ein ganzes Jahr Zeit, bis er sich endlich – auch kluge Männer können feige sein – aufrafft, der liebenden und leidenden Johanna zu sagen, daß er sich gegen sie und für seine Familie entschieden hat. Seiner Frau schreibt er im selben Atemzug, er werde zu ihr zurückkehren, denn er liebe Johanna zwar immer noch, aber sie sei jung, er alt, sie frei, er gebunden, und so wolle er »trotz des unerfreulichen Abschiedes herzlich gerne wieder bei Dir und unserem Lorchen sein«. Für Johanna allerdings ist die Sache damit nicht erledigt. Sie hofft noch immer auf einen glücklichen Ausgang für sich und Ludwig und steigert sich regelrecht in ihre Gefühle hinein. Am 9. Oktober 1847 hält Hoffmann von Fallersleben um ihre Hand an. Johanna beichtet ihm ihre unerfüllte Liebe, und er schreibt:

»Als nun endlich Dein Geheimnis
über Deine Lippen schlich,
war's als hätt ich keine Worte
keine Träne mehr für Dich.«

»Nun ich Deinen Schmerz ermessen,
ganz ermessen, wie er ist
muß ich klagen, muß ich weinen
weil Du selbst das Unglück bist.«

Johanna bangt und betet weiter, versteift sich mehr und mehr auf Feuerbach und verstrickt sich immer tiefer in ihre unerfüllten Sehnsüchte. Ein Jahr später möchte Gottfried Keller die schöne junge Frau heiraten. Er erhält eine schriftliche Absage von ihr:

»Mir ist als sei ein Zauber
wohl über mich gesprochen
und wer ihn lösen wollte,
des Herz sei bald gebrochen.«

Gebrochen ist allerdings nur das Herz der unglücklichen Johanna Kapp, die 1871 unverheiratet in geistiger Umnachtung stirbt, besessen von der Vorstellung, daß alle Welt das Geheimnis ihrer unerfüllten Liebe zu Ludwig Feuerbach kennt und sie deshalb verachtet.

Hans Martin Sass: Ludwig Feuerbach, rororo Bildmonographie, Rowohlt Verlag, Reinbek 1978

Ella Fitzgerald
* 1918, † 1996

In einem Waisenhaus in New York aufgewachsen, wird die bedeutendste Jazzsängerin Amerikas sechzehnjährig bei einem Talentwettbewerb im Stadtteil Harlem entdeckt. Ihre charakteristische, klare Stimme, die reine Intonation und ihr Gefühl für rhythmisches Timing bringen Ella Fitzgerald den Ruf der besten Jazzsängerin der Welt ein.

»Die Orchester stimmen ihre Instrumente mit dem ‚a‘ der Oboe ein, weil sie den reinsten Ton hat. Ebenso könnten sie es mit einem ‚a‘ von Ella tun.«

André Previn

Ella Fitzgerald

»Es war lächerlich und ziemlich dumm, was wir gemacht haben. Dieser Kerl hatte nämlich mit mir gewettet, daß ich ihn nicht heiraten würde. Nun ich habe die Wette angenommen und gewonnen.« Nach einer Liebesbeziehung mit ihrem Entdecker Chick Webb, die mit dessen Tod endet, lernt Ella den Dockarbeiter Benny Carnegy oder Kornegay, die Sängerin ist nicht ganz sicher, wie der Typ heißt, kennen, den sie wenig später gegen die Warnungen ihrer Orchestermusiker heiratet. »Ich habe ihm geglaubt, als er mir sagte, du kannst jederzeit gehen, wann immer du willst. Also war ich fest davon überzeugt, daß ich frei sein würde, wenn mir die ganze Sache keinen Spaß mehr machen sollte.« Benny will, daß Ella kochen lernt und ihm den Haushalt führt. Aber Ella will nicht kochen, sie will singen, und das fordert und tut sie mit Nachdruck. Während sie auf Tournee Karriere macht, sitzt ihr Mann zu Hause und hört sich ihre Platten an, um dann in die Kneipe zu gehen und ihre Platten in der Musikbox dudeln zu lassen. Zwei Jahre später sagt der freundliche Scheidungsrichter fürsorglich: »Singen Sie lieber wieder ›A Tisket A Tasket‹ und lassen Sie die Finger von solchen Ehemännern.« Ella nickt brav, singt auch brav und stürzt sich in ihr nächstes Abenteuer. Ray Brown, ein Musiker mit eigenem Trio, hat es ihr angetan. Die Starsängerin ist dreißig, als sie dem acht Jahre jüngeren Mann ihr Jawort gibt. Die beiden adoptieren einen Sohn, Ray junior, und lassen sich kein halbes Jahrzehnt später wieder scheiden.

»Ich glaube, ich suche mir immer die Falschen aus«, räsoniert Ella und zieht die Konsequenz: »Aber ich möchte wieder heiraten, ich möchte es noch einmal versuchen. Jeder wünscht sich schließlich einen Partner.« Was 1955 angeblich geschieht, ist ein wenig nebulös. Vermutlich heiratet die weltberühmte Diva tatsächlich noch einmal. Die Presseagentur UPI will am 3. August 1957 erfahren haben, daß Ella Fitzgerald bereits seit zwei Jahren mit dem zehn Jahre jüngeren norwegischen Musiker Einar Larsen verheiratet ist. Larsen ist jedoch ein Heiratsschwindler, der bereits an eine Schwedin legal gebunden ist und einer dritten Frau die Hochzeit versprochen hat. Wenig später läßt Ella die Nachricht dementieren, doch UPI legt noch einmal nach und meldet am 9. August, daß Larsen wegen Heiratsschwindels und Diebstahls zu fünf Monaten Zuchthaus verurteilt worden ist. Ella Fitzgerald hüllt sich in Schweigen. Im März 1960 heißt es ein letztes Mal, sie sei verlobt. Die Fitzgerald trägt einen Verlobungsring und erklärt der Presse: »Ich will nur sagen, daß er Amerikaner und kein Musiker ist. Er hat mich gefragt, ob ich ihn heiraten wolle, und ich habe JA gesagt.« Doch der große Unbekannte verschwindet ebenso geheimnisvoll aus den Pressemeldungen, wie er hereingekommen ist. Duke Ellington, über Jahre Ellas väterlicher Freund, tröstet die mal wieder unglücklich Verliebte mit den Worten: »Ella, das ist wie Zahnschmerzen. Wenn die Schmerzen so schlimm werden, daß du es nicht mehr aushältst, läßt du dir den Zahn ziehen. Ein paar Tage wirst du noch spüren, daß er nicht mehr da ist, dann fühlst du dich besser.«

Rainer Nolden: Ella Fitzgerald, Oreos Collection Jazz, Gauting-Buchendorf 1986

Francis Scott Key Fitzgerald
* 1896, † 1940

Im Anschluß an ein katholisches Internat besucht Fitzgerald die Universität Princeton, die er 1917 verläßt, um Offizier in der Armee zu werden. Noch in den Ausbildungslagern überarbeitet der Schriftsteller seinen ersten Roman »Diesseits vom Paradies«, der 1920 erscheint. Der Erfolg seiner über einhundertundfünfzig Kurzgeschichten ermöglicht Fitzgerald ein extravagantes Leben.

»Ich hatte mich in einen Wirbelwind verliebt und mußte ein Netz knüpfen, das groß genug war, ihn einzufangen.« Oberleutnant Fitzgerald stellt sich äußerst geschickt an und schafft es tatsächlich, die wilde, unkonventionelle, von vielen Verehrern umschwärmte und vor allem bildhübsche Zelda Sayre an sich zu binden. Bis zur Hochzeit, an der Zeldas großbürgerliche Eltern aus Protest gegen den Schriftsteller nicht teilnehmen, überstehen die beiden mehrere Trennungen, ein gelöstes Verlöbnis, beiderseitige Flirts und einige von Scotts Trinkorgien.

Die Gefühle der beiden extravaganten, eitlen jungen Leute sind letztendlich stärker als alles andere, und am 3. April 1920 schließen sie den Bund fürs Leben. Vom ersten Tage an fliegen in dem unordentlichen Apartment die Fetzen, das Ehepaar Fitzgerald ist sicher: Die Verbindung wird nicht halten. Sie trinken um die Wette, und ein Freund beschreibt den Zustand: »... die Wohnung sieht aus wie ein Schweinestall. Wenn Zelda da ist, stört sie Fitz beim Arbeiten, wenn sie nicht da ist, kann er auch nicht arbeiten, weil er sich Sorgen um sie macht.« Bemüht, um jeden Preis Aufsehen zu erregen, benimmt sich das Paar besonders in angetrunkenem Zustand ohne Rücksicht auf die Mitmenschen ständig daneben. Sie fliegen wegen des Tag und Nacht verursachten Krawalls aus einem Ferienhaus, und die hochschwangere Zelda stellt in einem Schwimmbad ihren dicken Bauch in für die Zeit so schockierender Weise zur Schau, daß sie vom prüden Bademeister der Anlage verwiesen wird. 1921 kommt Patricia, genannt Scottie, auf die Welt. Zelda notiert: »Die Kleine ist schrecklich nett, und ich hänge sehr an ihr, bin aber etwas enttäuscht, daß es ein Mädchen geworden ist.« Darüber hinaus macht sie sich mehr Sorgen um ihre Figur als um das Wohlergehen ihrer Tochter und überläßt Scottie einem Kindermädchen.

Die Partys und Saufgelage inner- und außerhalb des Hauses Fitzgerald gehen weiter. Kollege Ernest Hemingway, selber kein Kind von Traurigkeit, nennt die beiden »eine unbequeme Bande«. Das und ihre Eifersucht auf die Männerfreundschaft trägt ihm Zeldas Haß ein. Sie unterstellt den beiden Schriftstellern absurderweise ein homosexuelles Verhältnis und merkt ein bißchen zu spät, daß weit größere Gefahr von dem siebzehnjährigen Filmstar Lois Moran ausgeht. Als sie dahinterkommt, wie gut die Kleine ihrem Fitz gefällt, verbrennt sie vor Wut alle ihre Kleider. Das kratzt den fremdgehenden Ehemann herzlich wenig, er rächt sich nur für eine Affäre, die seine Frau mit dem gutaussehenden französischen Flieger Édouard Jozan gehabt hat. Die Krisen und Kräche häufen sich, und dennoch beharrt Fitzgerald darauf: »Zelda und ich hören zwar manchmal vier Tage nicht mit dem Streiten auf, jedesmal geht eine Trinkerei voraus, aber wir sind noch immer maßlos ineinander verliebt und so ungefähr das einzig wirklich glückliche Ehepaar, das ich kenne.«

Sie wirft vor Wut eine brillantbesetzte Armbanduhr (sein erstes teures Geschenk!) aus dem Zugfenster, er verpaßt ihr eine blutige Nase. Gegenseitig werfen sie sich vor, die Karriere des anderen zu verhindern, und zerfleischen sich mit

Worten. Es kommt zum Eklat. Binnen kurzem nimmt Zelda fünfzehn Pfund ab und muß eines Tages – selbstverständlich angesoffen – in ein Krankenhaus eingeliefert werden. Die Diagnose ist für beide gleichermaßen erschreckend und lebensbestimmend: Zelda leidet unter schizoiden Schüben. Sie wird nach fast eineinhalb Jahren entlassen, Scott hält stoisch zu ihr, bis ein erneuter Schub sie zum Pflegefall macht. Der Schriftsteller verschuldet sich bei Freunden und Krankenhäusern bis über beide Ohren, um seiner kranken Frau den Aufenthalt in einer staatlichen Irrenanstalt zu ersparen. Er selbst trinkt und arbeitet abwechselnd wie besessen und ruiniert sich seine Gesundheit dadurch fast planmäßig. In Hollywood lernt er die Engländerin Sheilah Graham kennen; die junge Frau sieht Zelda sehr ähnlich, und nach mehreren kleinen Affären verliebt sich Fitzgerald zum ersten Mal, seit seine Frau im Krankenhaus ist. Sheilah wird die Gefährtin seiner letzten Jahre, ständig darum bemüht, seinen Alkoholkonsum in erträglichen Grenzen zu halten. Er stirbt vierundvierzigjährig an einem Herzanfall.

Nancy Milford: Zelda, Kindler Verlag, München 1975

Gustave Flaubert
* 1821, † 1880

Der Sohn eines Chirurgen beginnt schon in früher Jugend zu schreiben, studiert jedoch auf Wunsch des Vaters zunächst Jura. Wegen eines Nervenleidens muß er die Ausbildung abbrechen und widmet sich fortan zurückgezogen auf einem Landgut der Schriftstellerei. Nach Erscheinen seines ersten Romans »Madame Bovary« wird Flaubert wegen Immoralität angeklagt.

»Beim Vögeln kann ich nichts mehr lernen …«, behauptet der vierundzwanzigjährige Flaubert, dem seine drastische Ausdrucksweise viel Kritik von Zeitgenossen einbringt. Ein ganzes Leben in die ältere und – weil verheiratet – unerreichbare Elisa Schlesinger verliebt, verschafft sich Flaubert Befriedigung und die damals fast unvermeidlichen Ge-

Gustave Flaubert

schlechtskrankheiten in verschiedenen Bordellen. Dabei bevorzugt er nicht etwa die jungen, knackigen Prostituierten, die die Zuhälter und Puffmütter ihm anbieten, sondern vielmehr ältere, fette Frauen. Seine ideale Partnerin, so vertraut er den Brüdern Goncourt an, sei sowohl häßlich als auch schmuddelig, denn »Schönheit hat nichts mit Erotik zu tun, schöne Frauen sind nicht dazu geschaffen, gevögelt zu werden«. Beunruhigt über den Zustand seiner Hoden, sucht Flaubert eines Tages einen Arzt auf, und dessen Diagnose ist erstaunlich: Des Dichters Gemächte gleicht dem eines Kirchenmannes – er ejakuliert nicht häufig genug. Und das, obwohl der doch von sich behauptet: »Es gibt nur wenige Frauen, die ich nicht zumindest in meiner Einbildung bis zu den Schuhen ausgezogen habe«. Aber vielleicht sind sie mehr in seiner Einbildung als in der Wirklichkeit.

Verbürgt ist ein mehrjähriges Verhältnis mit Louise Colet. Die ernsthafte Schriftstellerin und auffallende Schönheit ist zehn Jahre älter als der Dichter und fest davon überzeugt, daß er der Mann ihres Lebens ist. Das hindert sie allerdings nicht, nebenbei ständig auch mit anderen Herren zu verkehren. Mit ihrem Temperament, ihren Eifersuchtsanfällen und den Amouren macht sie Flaubert das Leben schwer, so daß im April 1854 geschieht, was geschehen muß: »Eines Abends kam ich zu ihr, um Viertel nach neun. Sie hatte mich um neun erwartet. Ich setzte mich an den Kamin, ihr gegenüber. Du kommst aus dem Bordellviertel, sagte sie. Du magst diese Frauen mehr als mich. Ich entschuldigte mich so gut ich konnte für mein nicht beabsichtigtes Zuspätkommen. Sie wollte nichts davon hören. Gleich darauf begann sie von dem Stuhl, auf dem sie saß, mich zu treten. Erbittert maß ich mit meinen Augen die Distanz zwischen einem Holzscheit in meiner Reichweite und ihrem Kopf; ich hätte sie umgebracht, aber plötzlich sah ich den Schwurgerichtssaal vor mir, die Polizei, die Richter, die Leute im Saal und mich auf der Anklagebank. (…) Ich sprang auf und floh (…) und kam nie mehr zurück.«

Frei von Louise, wechselt Flaubert zwischen Bordellbesuchen, kleinen Liebschaften mit Schauspielerinnen, Gouvernanten und einer jungen Witwe. Doch als George Sand ihn bedrängt, um Himmels willen endlich zu heiraten, entscheidet Flaubert, daß er dafür zu alt sei. »Ich habe mehr als jeder andere geliebt. Aber dann haben mich das Schicksal und die Macht der Dinge in die Einsamkeit geführt.« Und von da an korrespondiert er mit Turgenjew, dem er anvertraut: »Auch ich fühle mich manchmal sehr alt, sehr müde, bis ins Mark verbraucht. Und dennoch: Ich mache weiter und ich will nicht zusammenbrechen, bevor ich nicht noch ein paar Kübel Scheiße auf die Häupter meiner Mitmenschen ausgeleert habe.«

Herbert Lottmann: Flaubert, Insel Verlag, Frankfurt am Main/Leipzig 1992

Sigmund Freud
* 1856, † 1939

Der österreichische Arzt, Neurologe und Begründer der Psychoanalyse will eigentlich von Kindesbeinen an Jurist werden. Kurz vor Beginn des Studiums entscheidet er sich um und belegt Medizin. Seine große wissenschaftliche Leistung
besteht darin, durch den Nachweis der Existenz des Unbewußten ein völlig neues
Verständnis der menschlichen Persönlichkeit ermöglicht zu haben.

*»Wenn zwei Menschen miteinander schlafen, dann sind mindestens vier Personen
anwesend – die zwei, die tatsächlich im Bett liegen, und die zwei, an die sie denken.«*
Sigmund Freud

Als das Dienstmädchen Paula Fichtel eines Tages aus Versehen ins Bad platzt, wo
Gattin Martha ihren in der Wanne stehenden Mann gerade abtrocknet, wird sie
knallrot, schließt die Tür ganz schnell wieder und fragt sich bis an ihr Lebensende,
»wie ein Mann so ein großes Glied haben kann«. Freud, der mit der Erforschung
der sexuellen Geheimnisse anderer Karriere macht, bemüht sich stets, sein eigenes
Privatleben streng geheimzuhalten. Er vernichtet viele seiner Briefe und bewahrt
diskretes Stillschweigen über die Beziehung zu seiner Schwägerin Minna Barnays.
Minna ist über vier Jahrzehnte fester Bestandteil des Freudschen Haushaltes, ihr
Schlafzimmer nur durch das von Sigmund und Martha zu betreten. »Bei den
Herrschaften ist halt alles etwas anders«, nimmt Paula Fichtel folgerichtig zur
Kenntnis. Denn Freud ist Minna außerordentlich zugetan. »Kluge Gespräche«
führt er eher mit ihr als mit seiner stillen, zurückhaltenden Frau, und die besitzer-
greifende Minna findet nichts dabei, sich am Telefon mit »Frau Professor Freud«
zu melden. Als jedoch Freud-Schüler C. G. Jung eine Beziehung zwischen seinem
Lehrer und dessen Schwägerin öffentlich macht, reagiert Freud äußerst erbost
und stellt es aufgebracht in Abrede.

Sigmund ist sechsundzwanzig und bis auf die Abfuhr seiner Jugendliebe Gisela
Fluß emotional ein unbeschriebenes Blatt, als er die hübsche, schlanke Martha
Barnays kennenlernt. Noch verdient er zuwenig Geld, um sie heiraten zu können,
und so sind die beiden darauf angewiesen, sich während der nächsten vier Jahre
Hunderte von Briefen zu schreiben – obwohl sie nah beieinander wohnen. Posses-
siv und leidenschaftlich gibt Freud seiner Zukünftigen einen Vorgeschmack dessen, was sie erwartet: »Wehe Dir, meine Prinzessin, wenn ich komme! Ich werde
Dich küssen, bis Du rot wirst, und ich werde Dich füttern, bis Du dick bist. Und
wenn Du aufmuckst, dann wirst Du sehen, wer hier der Stärkere ist: ein sanftes,

kleines Mädchen, das nicht genug ißt, oder ein großer, wilder Mann mit Kokain im Leib.«

Auch ohne die Droge, so gibt er zu, hat Freud einen gewaltigen Appetit auf Sex. Kaum verheiratet, bekommt Martha in den nächsten neun Jahren sechs Kinder und hütet artig zu Hause die Brut, während Sigmund und ihre Schwester Minna während der Sommermonate ausgedehnte Ferienreisen miteinander unternehmen. Beide Frauen sind stets bemüht, dem Patriarchen das Leben so angenehm wie möglich zu machen, und Martha, die vorehelichen Briefe fest im Herzen, wagt nicht aufzumucken, auch wenn ihr Mann – um sie zu ärgern – den ihr verhaßten Chow-Chow bei Tisch von seinem Teller fressen läßt.

Was sich hinter der Tür seines Arbeitszimmers abspielt, wird mit der gebotenen Diskretion behandelt, nur Magd Paula Fichtel verschweigt nicht: »Die Frauen waren natürlich alle verliebt in ihn, das hab' ich schon gesehen, wenn sie den Herrn Professor beim Umarmen an ihre Brust gedrückt haben. Manchmal hat der Professor ganz rote Wangen gehabt, wenn so ein hübsches Ding dagewesen ist (…) und einmal hat er nicht aus seinem Sessel aufstehen wollen, als die Dame gegangen war.« Freud ist eben ständig auf der Suche nach der Lösung seines eigentlichen Problems: »Trotz dreißigjähriger Erforschung der weiblichen Seele habe ich keine Antwort (…) auf die große Frage gefunden, die noch nie beantwortet wurde: Was will eine Frau?« Eine der Patientinnen, die ihn da ganz sicher eher verwirren als erhellen, ist Dorothy Burlingham, die Tochter des amerikanischen Juwelenkönigs Tiffany. Sie verliebt sich nicht in den Psychoanalytiker, sondern in dessen Tochter Anna. In den zwanziger Jahren mieten sich die beiden Frauen ein Haus etwas außerhalb von Wien, wo die resolute Anna die beiden Kinder ihrer Geliebten mit fester Hand erzieht.

Detlef Berthelsen: Alltag bei Familie Freud, Hoffmann und Campe, Hamburg 1987
Ronald W. Clark: Sigmund Freud, S. Fischer Verlag, Frankfurt am Main 1981
Carole McKenzie: All about Sex, Europaverlag, München/Wien 1992
Wallace, Irving u.a.: Rowohlts indiskrete Liste, Rowohlt Verlag, Reinbek 1981

Friedrich II., der Große

* 1712, † 1786

Friedrich der Große gilt bis heute als der entscheidende Fürst des Absolutismus im Europa des 18. Jahrhunderts. Der Sohn des Soldatenkönigs teilt die militärischen Vorlieben seines Vaters nicht im geringsten, sondern hegt statt dessen seine feingeistigen und musischen Begabungen und Interessen und erweist sich dennoch im Frieden und während einiger Kriege als fähiger Feldherr.

Wann immer sein strenger Vater außer Reichweite ist, pfeffert Friedrich den verhaßten Soldatenrock in die Ecke, läßt sich die Locken kräuseln, zieht französische Kleider an und greift zur Blockflöte. Seine Freunde und Vertrauten warnen ihn, wenn der cholerische Friedrich Wilhelm I. wieder auftaucht, und nicht selten muß einer von ihnen, in Truhen oder Schränken versteckt, Zeuge der tyrannischen Erziehungsmethoden des Königs werden. Als sein Sohn versucht, dem amusischen Wüterich zu entkommen, und eine Flucht nach England anzettelt, werden er und sein Freund und Vertrauter, Leutnant von der Katte, erwischt und schwer bestraft. Der Monarch, der den armen Katte für den Liebhaber seines Sohnes hält, läßt den Leutnant in Friedrichs Gegenwart enthaupten und sperrt den Kronprinzen ein.

Friedrich II., der Große

Aus seiner Ohnmacht erwacht, gelobt der entsetzte Friedrich ewigen Gehorsam und bekommt gleich Gelegenheit, ihn zu leisten. Sein Vater hat eine Frau für ihn ausgesucht: Elisabeth Christine von Braunschweig-Bevern. Friedrich schluckt zweimal, von der Prinzessin hat er nur gehört, sie sei ziemlich häßlich und nicht der gescheitesten eine. Zaghaft schlägt er Katherine von Mecklenburg vor, aber der Vater kriegt schon wieder so einen grimmigen Blick, daß im März 1733 die Verlobung gefeiert und am 12. Juni geheiratet wird. So schlimm wie befürchtet ist Elisabeth gar nicht, das stellt der junge Ehemann bald fest, gibt es aber seinem Vater gegenüber nicht zu, damit der weiter seinen selbstlosen Gehorsam schätzt. Was im Schlafzimmer geschieht, und ob überhaupt etwas geschieht, darüber sind sich die Biographen nicht einig, sie konstatieren lediglich einhellig, daß die Ehe kinderlos bleibt und der Bräutigam im Vorfeld klagt: »Man will mich mit Stockschlägen zum Liebhaber machen. Ich bemitleide das arme Geschöpf, es wird eine unglückliche Fürstin mehr in der Welt geben.« So unglücklich ist Elisabeth wohl nicht, denn auch wenn die Erotik vielleicht keine gemeinsame Leidenschaft ist, gehen die Eheleute sehr freundlich und respektvoll miteinander um.

Friedrich, der in seiner Jugend kurz für Doris Ritter, die Tochter seines Musiklehrers, und Anna Gräfin Orcelska, Tochter und (!) Mätresse Augusts des Starken, geschwärmt hat, kann ansonsten nur auf Erfahrungen mit der einen oder anderen Prostituierten zurückgreifen. Vermutlich fühlt er sich doch eher dem eigenen Geschlecht zugetan. 1744 entflammt er kurz für die Tänzerin Signora Barberina, nimmt von Zeit zu Zeit seinen Tee bei ihr und lädt sie sogar zum Abendessen ein. Dergleichen ist allerdings die große Ausnahme, denn während Elisabeth in Berlin mildtätig und fromm ihr Dasein fristet, schart Friedrich in Sanssouci hübsche, kluge, musisch begabte Adlige um sich. Seinen Gefährten ist er ein großzügiger und fürsorglicher Freund und verhindert geschickt, daß Elisabeth ihn besuchen kommt. Die hätte zu gerne mal eine Einladung nach Sanssouci, aber Friedrich hat keine Lust, sie zu sehen und sagt: »Salomo hat einen Harem von tausend Frauen gehabt und gemeint, das sei nicht genug. Ich habe nur eine, und das ist mir zuviel.«

Am liebsten teilt der große Preußenkönig das Lager ohnehin mit seinem jeweiligen Lieblingshund. Friedrich ist ein ausgesprochener Tierfreund und hat immer drei oder vier Hunde um sich, die im Winter mit weichen Kissen zugedeckt werden und bei Ausfahrten eine Extrakutsche bekommen. Unter Aufsicht eines Lakaien, der hinten sitzen muß, dürfen sie ihren Herren darin begleiten. Ebenso liebevoll kümmert er sich um seine Pferde. Lieblingsschimmel Condé wird ihm jeden Morgen vorgeführt und erhält aus königlicher Hand Zucker, Melonen und Feigen. Der kluge Condé genießt diesen Luxus sehr, und wenn keiner aufpaßt, trabt er äpfelnd durch das ganze Schloß und sucht seinen Fürsten in dessen Gemächern auf, um eine Extraration zu ergattern.

George P. Gooch: Friedrich der Große, Wilhelm Heyne Verlag, München 1981
Franz Kugler: Geschichte Friedrichs des Großen, Gondrom Verlag, Bayreuth 1981

Max Frisch
* 1911, † 1991

Frisch studiert zunächst Architektur und arbeitet als Journalist und Architekt. Seit den fünfziger Jahren ist er als freier Schriftsteller tätig. Seine zentralen Themen sind die Selbstentfremdung und das Ringen um Identität in einer ebenso entfremdeten Welt. Mit Friedrich Dürrenmatt gehört er zu den wichtigsten schweizerischen Schriftstellern der Nachkriegszeit.

»Nicht einmal in fünf Jahren auch nur die heimliche Versuchung einer Untreue.« Frisch, der sich auf der Universität regelmäßig verliebt, wagt nicht, die Auserwählten von ihrem Glück in Kenntnis zu setzen, bis er 1933 Käte trifft. Um jeden Preis möchte er, daß die jüdische Studentin aus Berlin bei ihm in der Schweiz bleibt und nicht in das rassistische Deutschland zurückkehrt. Doch Käte lehnt 1936 seinen Heiratsantrag ab, weil sie mehr Fürsorge als Liebe hinter der Entscheidung vermutet.

1941 erhält Frisch Urlaub vom Wehrdienst, damit er seine Ausbildung abschließen kann. Er findet eine Anstellung in einem Architekturbüro und statt Entwürfe zu zeichnen, guckt er auf die Kollegin, die neben ihm am Reißbrett steht: Constanze von Meyenburg. Was für eine Frau! Max kann sich gar nicht auf die Arbeit konzentrieren, so gut gefällt sie ihm. Am 30. Juli 1942 wird geheiratet, 1943 kommt das erste, ein Jahr später das zweite und bald darauf ein drittes Kind auf die Welt. Constanze ist glücklich und zufrieden, sie hat drei süße Kinder und ist mit einem gutsituierten Architekten verheiratet, dessen Stücke von Zeit zu Zeit aufgeführt werden.

Zur selben Zeit quält sich Frisch mit der bürgerlichen Enge seines Lebens. Zu Recht vermutet er, daß seine Frau nicht die geringste Ahnung hat, was in ihm vorgeht. Und wirklich, Constanze kann den Wandel ihres Mannes nur schwer nachvollziehen. Was will er? Hat er nicht alles, was man braucht? Erfolg, Wohlstand, Familie. Daß es nicht das ist, was er braucht, geht über ihren Horizont. 1955 löst Frisch sein Büro auf und will nur noch schreiben, und parallel zu dieser Entscheidung wird auch seine Ehe immer schwieriger. Frisch beginnt in Rom ein Verhältnis mit der Schriftstellerin Ingeborg Bachmann: »Ihre Freiheit gehörte zu ihrem Glanz. Die Eifersucht ist der Preis von meiner Seite. Ich bezahle ihn voll.« Die Beziehung der beiden starken Persönlichkeiten ist kompliziert. Frisch wird krank, und Ingeborg findet ein Tagebuch, dem er die Hochs und Tiefs der Liebe anvertraut. Sie verbrennt es. »Ich trauer' dem nicht nach. Ich hätte es vielleicht auch vernichtet. (…) Etwas anderes ist die Frage, ob sie das Recht dazu hatte.« Das intellektuelle Paar lebt, liebt und streitet zusammen, trennt sich, kommt wieder zusammen und trennt sich erneut. »Das Ende haben wir nicht gut bestanden, beide nicht.«

1962 lernt Frisch die Studentin Marianne Oellers kennen. Marianne ist fast dreißig Jahre jünger als er, dennoch wagt er nach sechs Jahren Zusammenlebens den Schritt in die Ehe noch einmal – und scheitert. Als ihn sein amerikanischer Verlag 1974 einlädt, wird eine junge Frau namens Alice Locke-Carey abkommandiert, den Schweizer Autor zu begleiten und für seine Bequemlichkeit zu sorgen. Die Dame nimmt ihre Aufgabe sehr ernst und wird später Max Frischs Lebensgefährtin.

Volker Hage: Max Frisch, rororo Bildmonographie, Rowohlt Verlag, Reinbek 1981

Jean Gabin
* 1904, † 1976

Jean-Alexis Moncorgé wird als Sohn einer Schauspielerfamilie geboren und tritt zunächst bei den Folies-Bergère, in Kabaretts, Varietés und im Theater auf. 1930 spielt er seine erste Filmrolle und wird mit »Tod eines Holzfällers« schlagartig bekannt. Berühmt machen ihn in der Zukunft seine Rollen als einfacher, rauher, wortkarger, aber herzlicher Mann aus dem Volk.

»Kein Zweifel, es war die Göttliche, die da auf eine Mülltonne kletterte und zu erhaschen suchte, zu welcher Verworfenheit sich dieser Franzose namens Jean Gabin in ihrer Nachbarschaft wohl verstieg.« Greta Garbo kann und will nicht begreifen, mit wem und was die eifrige Kollegin Marlene Dietrich es so treibt, und um sich Gewißheit zu verschaffen, klettert »die Göttliche« tatsächlich verkleidet auf die Abfalltonne der Nachbarin und späht durch deren Fenster. Unter anderem sieht sie Jean Gabin, den die Dietrich gerade zum Mann ihres Lebens stilisiert, indem sie ihm abends die Hausschuhe anzieht und regelmäßig für ihn kocht. Gabin spielt mit dem Gedanken, die Schauspielerin zu heiraten, doch dafür müßte die sich scheiden lassen, und das will sie nicht. Irgendwann ist ihm ihr auf allen Ebenen unstetes Leben zu anstrengend, er stellt ein Ultimatum, das Marlene nicht einhält, und trennt sich von ihr. Das anschließende Bombardement von Briefen und Telegrammen ändert seine Entscheidung nicht. Bis es soweit ist, hat in seinem Leben allerdings schon eine ganze Menge statt gefunden, Liebe, Kummer, Trennungen.

Jean Gabin

Der junge Gabin steht allabendlich auf der Bühne und beobachtet ein Mädchen, das die Loge immer nach dem ersten Akt, seinem Auftritt, verläßt. Eines Abends fängt er sie ab, und die gelernte Schneiderin Gaby Basset gesteht errötend, daß sie tatsächlich nur seinetwegen kommt. Nach ein paar kurzen Amouren beschließt Gabin, mit Gaby zusammenzuleben. Das Geld der beiden reicht nicht für eine eigene Wohnung, und so mieten sie sich ein billiges Hotelzimmer und essen harte Eier: »Die kosten nichts und machen satt.« Gabin muß zum Militär, doch wenn man verheiratet ist, so erfährt der Gefreite, kriegt man mehr Urlaub. Das ist fürwahr ein Grund! Die Hochzeitsglocken läuten, und fünf Jahre später trennt der Scheidungsrichter, was der Kollege Pfarrer zusammengefügt hat. Gaby und Jean verlassen das Gericht Arm in Arm und bleiben lebenslang befreundet. Verliebt ist Gabin nun in eine andere, Jacqueline Francell, allerdings nur so lange, bis er die Nackttänzerin Doriane, mit bürgerlichem Namen Jeanne Mouchin, das erste Mal sieht. In einem Akt spontanen Wahnsinns beschließen die beiden, noch bevor sie sich richtig kennen, zu heiraten. Gesagt, getan, aber die Ehe endet in zermürbenden Krächen, gegenseitigen Betrügereien und mit einer nicht für möglich gehaltenen Geldgier seitens Dorianes. Sie versucht, die Hälfte von Gabins Vermögen zu erklagen, doch der Richter ist auch nur ein Mann und entscheidet zu Jeans Gunsten. Der macht in der Endphase seiner Ehe verschiedenen Kolleginnen großzügig den Hof und geizt weder mit Charme noch mit Geschenken. Eines Abends kommt Doriane in einem nagelneuen Hermelinmantel nach Hause. Mit schreckgeweiteten Augen will Gabin wissen, wem sie das Prachtstück zu verdanken hat, »Dir! Du brauchst ihn nur noch zu bezahlen, die Rechnung liegt auf Deinem Schreibtisch.« Gabin schämt sich in Grund und Boden, denn den gleichen Mantel hat er gerade – wie er dachte heimlich – einer Kollegin geschenkt.

Wirklich verliebt ist er bei all diesen Frauen jedoch nur in Michèle Morgan, mit der er Jahre später eine leidenschaftliche Romanze hat, bevor sie ihn mit ihrer Freundin Ginger Rogers zusammenbringt und zwischen den beiden eine Idylle beginnt, die dauert, bis Jean Marlene Dietrich anheimfällt. Nach der Trennung von ihr lernt Gabin Ende 1949 die Liebe seines Lebens kennen. Dominique ist Mannequin, hat einen Sohn von einem »Jugendirrtum« und heißt eigentlich Marcelle Christiane Mary Fournier. Die hochgewachsene, schlanke, sehr elegante Frau ist schüchtern und über die Maßen verwundert, als der große Gabin sie kennenlernen möchte. »Einer Frau, der es vergönnt war, ihn aus der Nähe kennenzulernen, war es unmöglich, sich nicht in diesen Mann zu verlieben (…) ich bin in Jean bis ans Ende seiner Tage verliebt geblieben.« Jeden Tag um fünf Uhr nachmittags, der Stunde des ersten Rendezvous, bekommt Dominique einen Strauß roter Rosen, und nach zwei Monaten bekennt Jean, daß er ein Kind von ihr möchte. Gleichzeitig stellt er fest – nein, er fragt nicht –, daß er sie heiraten wird. Und so geschieht es. Draußen vor der Wohnung lungert Marlene Dietrich in den Cafés herum und versucht einen Blick auf Gabins Glück zu erhaschen, doch der läßt sie nicht am Familienleben mit den beiden Kindern teilhaben. Aus Rücksicht auf seine Frau nimmt er keine Liebhaberrollen mehr an und beginnt für den Fall, daß die Angebote irgendwann ausbleiben, Rinder zu züchten. Dominique trägt's mit Fassung: »Ich habe siebenundzwanzig Jahre mit Jean zusammengelebt. In den ersten zwanzig Jahren habe ich versucht, ihn zu begreifen, und habe mir viele Fragen gestellt. Die letzten sieben Jahre habe ich es gelassen, weil ich wußte, daß ich nie herausfinden würde, wer er wirklich war.«

André Brunelin: Jean Gabin, Henschel Verlag, Berlin 1991

Clark Gable
* 1901, † 1960

Der amerikanische Schauspieler schlägt sich eine ganze Weile mit Gelegenheitsjobs und kleinen Filmrollen durch, bis er am Broadway einen ersten Erfolg auf der Bühne verbuchen kann. In der Folge gelingt ihm der Sprung in die erste Garde männlicher Hauptdarsteller: Clark Gable wird zum Garanten für Kassenerfolge. 1934 erhält er den Oscar für den Film »Es geschah in einer Nacht«.

»Er hat so viel Erotik wie ein Teller mit altem Kartoffelsalat«, findet die unvergleichlich schlappmäulige Mae West und steht mit ihrer Meinung über einen der begehrtesten Männer Hollywoods ziemlich alleine da. Fast zwanghaft besessen von körperlicher Sauberkeit, duscht Gable mehrmals täglich und rasiert sich Brust- und Achselhaare. Was der legendäre »Rhett Butler« trotz aller Hygienemaßnahmen nicht unter Kontrolle bekommt, ist sein atemberaubender Mundgeruch, über den sich vor allem Kollegin Vivien Leigh alias Scarlett O'Hara beschwert. Dennoch werden ihm Dutzende von Affären nachgesagt, so auch erwiesenermaßen mit Joan Crawford, ihrerseits gerade mit Douglas Fairbanks junior verheiratet, und eine Kollegin stellt fest: »Clark wirkte auf alle Frauen, es sei denn, sie waren tot.«

Normalerweise hat der berühmte Darsteller nichts gegen seinen Ruf als Herzensbrecher und Charmeur einzuwenden, doch als es bei den Dreharbeiten zu »Vom Winde verweht« 1930 heißt, er hätte seinem ebenso populären Kollegen William Haines in der Garderobe erlaubt, ihm zu Diensten zu sein, reagiert Clark äußerst heftig und sorgt dafür, daß der indiskrete George Cukor, der das Gerücht verbreitet, aus der Produktion fliegt. Gable selbst bevorzugt eindeutig reifere Damen: »Die ältere Frau hat mehr gesehen, mehr gehört, und sie weiß mehr als das zimperliche junge Mädchen. Ich würde immer die ältere Frau vorziehen.« Er tut es und heiratet in erster Ehe seine gut zehn Jahre ältere Schauspiellehrerin Josephine Dillon, die nach der Scheidung behauptet, die Beziehung sei rein platonisch gewesen und die Ehe nie vollzogen worden. Gentleman Gable schweigt und macht die reiche, sechsundvierzigjährige (und damit fünfzehn Jahre ältere) Texanerin Ria Langham zu Gattin Nummer zwei. Nachdem er von Josephine das Handwerk gelernt hat, kann der durchaus opportunistisch veranlagte Schauspieler jetzt Stil, Geld, Klasse und Beziehungen seiner zweiten Gattin für sich nutzen. Trotz vielfacher Affären, Seitensprünge und einer Tochter mit Loretta Young hält die Verbindung zu Ria, bis Clark der Liebe seines Lebens begegnet.

Carole Lombard, die quirlige Schauspielerin, liebt es zu fluchen wie ein Kutscher, hält Gable mit ihrem Temperament ordentlich auf Trab und schätzt es, ihn mit eigenwilligen Geschenken zu irritieren: Eines Tages legt sie ihm einen handgestrickten, liebevoll verpackten »Schwanzwärmer« in die Garderobe und schreibt dazu: »Laß ihn nicht kalt werden, bring ihn mir heiß nach Hause.« Hinter seinem Rücken teilt sie allerdings die Meinung einiger ihrer Vorgängerinnen, der umschwärmte Gatte sei eine »Mogelpackung«, und sagt gnadenlos über ihn, »ich bete Clark an, aber im Bett ist er eine Niete!« Trotzdem sind die beiden sehr glücklich, einziger Wermutstropfen ist die Tatsache, daß Carole trotz eifrigster Bemühungen nicht schwanger wird. »Sie ließen ständig sein Sperma untersuchen und probierten jede Position aus, sie würden es aus einem Fenster hängend gemacht haben, wenn jemand gesagt hätte, daß man so schwanger wird«, feixen mitleidlose Freunde. Drei Jahre nach der Hochzeit kommt Carole Lombard bei einem tragischen Flugzeugabsturz ums Leben. Gable ist völlig verzweifelt. Auf der Suche nach dem geliebten Lombardtyp vernascht er jedes weibliche Geschöpf in seiner Reichweite und stürzt sich wenig später Hals über Kopf in seine vierte Ehe. Als er sich kurz darauf wieder von Lady Sylvia Ashley trennt, sagt er – ganz und gar nicht gentlemanlike: »Ich muß wohl betrunken gewesen sein, als ich ihr einen Heiratsantrag machte.«

Obwohl der 1,92 m große Star ohnehin beinahe jede Frau im Sturm erobert, zieht er es manchmal vor, mit teuren Callgirls das Bett zu teilen. Die lakonische Begründung: »Weil ich sie dafür bezahlen kann, wieder zu gehen. Die anderen bleiben da, wollen Liebe und mit mir schlafen wie im Kino. Ich will aber nicht der größte Liebhaber der Welt sein.« Mit vierundfünfzig Jahren heiratet Gable ein fünftes und letztes Mal. Die zehn Jahre jüngere Schauspielerin Kay Spreckles ist das Abbild von Carole Lombard. Sein einziger Sohn John wird fünf Monate nach dem unerwarteten Tod des Vaters geboren.

George Baxt: The Clark Gable and Carole Lombard Murder Case, St. Martins Press, New York 1997
Wallace, Irving u.a.: Rowohlts indiskrete Liste, Rowohlt Verlag, Reinbek 1981

Galileo Galilei
* 1564, † 1642

Der italienische Physiker, Mathematiker, Philosoph und Astronom entwickelt das heliozentrische Weltsystem weiter und macht mit Hilfe des neu erfundenen Fernrohrs bedeutende Entdeckungen. Seine Erkenntnisse bringen ihm 1633 wegen Ketzerei lebenslange Haft ein, die in Hausarrest abgewandelt wird. Erst im Oktober 1992 gesteht der Vatikan seinen Irrtum ein und rehabilitiert Galilei offiziell.

Ständig Ärger mit der Kirche, eine Geliebte und drei Kinder, deren hungrige Mäuler es zu stopfen gilt! Das ist dem miserabel bezahlten Professor Galilei eindeutig zu viel. Nie wieder Familie, soviel steht fest – und so läßt er den unehelichen Anhang ohne den Anflug eines schlechten Gewissens einfach in Padua sitzen und zieht nach Florenz. Mutter Marina Gamba macht ganz pragmatisch das Beste aus ihrer mißlichen Lage: Sie sucht sich einen anderen Mann und heiratet. Dem sterneguckenden Vater ihrer Sprößlinge bleibt sie dennoch lebenslang wohlgesonnen. Was aber tun mit den Kindern? Papa Galilei fällt – den Blick stur himmelwärts gerichtet – eine Entscheidung: Die beiden Mädchen sollen in ein Kloster, da sind sie versorgt, und er braucht nicht zu zahlen; den Sohn legitimiert er und finanziert ihm eine anständige Ausbildung.

Elf und zwölf Jahre sind seine Töchter, als er versucht, ein passendes Konvent zu finden, doch der zuständige Kardinal macht dem Lieblosen einen Strich durch die Rechnung, weil die beiden zu jung sind. Zwei Jahre später setzt Galileo Galilei seinen Willen durch, macht Tochter Livia damit lebenslang unglücklich und Tochter Virginia zur Nonne Maria Celeste. Sie hält Kontakt zu ihrem Vater und kümmert sich um ihn, bis er, vom Klerus unter Hausarrest gestellt, kurz vor seinem achtundsiebzigsten Geburtstag stirbt.

Rudolf Krämer-Bandoni: Galileo Galilei, Ullstein Verlag, Frankfurt am Main/Berlin 1992

Greta Garbo
* 1905, † 1990

Greta Lovisa Gustafsson wird nach herausragenden Leistungen auf der Bühne 1925 von MGM unter Vertrag genommen und avanciert zu einem der populärsten Stumm- und Tonfilmstars. Sie wird zum Publikumsliebling und 1950 in einer Meinungsumfrage zur besten Schauspielerin der letzten fünfzig Jahre gewählt. Vier Jahre später erhält »Die Göttliche« den Ehren-Oscar für ihr Lebenswerk.

»Das verführerischste Wesen, das man je gesehen hat, kapriziös wie der Teufel, launisch, eigenwillig und faszinierend.« John Gilbert, im Film der Nachfolger des

Greta Garbo

großen Leinwandliebhabers Rudolpho Valentino, verliert sein Herz im Nu an die schöne Greta Garbo. Flikka, schwedisches Mädchen, ist sein Kosename für die Einundzwanzigjährige, und während gemeinsamer Dreharbeiten beschließen sie, durchzubrennen und zu heiraten. Vor dem Haus des Friedensrichters, der sie trauen soll, kriegt Flikka jedoch eiskalte Füße, verkrümelt sich unter einem Vorwand in die nächstbeste Damentoilette und fährt nach Hause.

»Ob ich heirate? Ich habe schon oft gesagt, daß ich das nicht weiß. Ich bin gern allein: nicht immer mit denselben Menschen zusammen.« Es sind auch nicht allzu viele Menschen mit ihr zusammen, denn Frau Garbo ist ein launischer, kontrollwütiger Tyrann mit Engelsgesicht. Mercedes de Acosta, selbst dogmatische Gesundheitsfanatikerin und Anhängerin religiöser Kulte, weiß 1934 ein Liedchen davon zu singen: »eine der erregendsten, schönsten Frauen, die ich je gesehen habe«, beschreibt die High-Society-Dichterin spanischer Abstammung die Schauspielerin, deren Geliebte sie wird. Doch die schöne Frau offenbart privat schnell ihre unangenehmen Seiten. So verlangt sie bis zum Geiz sparsam von ihren Angestellten, daß sie sich das Geld für Zeitschriften wiedergeben lassen, in denen nichts über sie steht. Und quittiert vermeintlich illoyales Verhalten ihrer Geliebten mit unbändiger Eifersucht. Eine Eigenschaft, die die ehrgeizige Tochter eines Straßenkehrers bereits als ganz junges Mädchen an den Tag legt. Einer Freundin schreibt sie vierzehnjährig böse Briefe, weil die es wagt, den Nachmittag mit einer anderen zu verbringen. Je älter die Garbo wird, um so unberechenbarer ihre Launen, und Gefährtin Acosta beobachtet: »Sie konnte fröhlich sein und gut aussehen und wirkte in den nächsten fünf Minuten schrecklich deprimiert und anscheinend ernstlich krank.« Den Status als geheimnisvolle Filmgöttin kultiviert Greta, der es immer unangenehm ist, über Privatangelegenheiten sprechen zu müssen, ganz bewußt. Doch auch ihre enge Beziehung zu der zielstrebigen, intelligenten Drehbuchautorin Salka Viertel bleibt nicht verborgen.

Mitte 1937 lernt Greta Garbo den dreiundzwanzig Jahre älteren Stardirigenten für Hollywoodmusicals Leopold Strokowski kennen. Sechs Monate später mietet sich das Paar eine Villa in Ravello, von Paparazzi, die eine Romanze vermuten, umlagert. Der Gärtner des Hauses berichtet allerdings, die Göttliche kommandiere den Maestro wie ein Feldwebel herum, was zum schnellen Ende des jungen »Glückes« führt.

Ihren letzten Heiratsantrag bekommt der Star von dem berühmten Fotografen Sir Cecil Beaton. Ihre Antwort: »Aber wir würden nie miteinander auskommen, und außerdem würde es dir nicht passen, mich morgens in einem Alt-Herrenpyjama zu sehen.« Daraufhin Beaton: »Ich würde auch einen Alt-Herrenpyjama tragen. Und ich glaube, wir würden sehr wohl miteinander auskommen – falls dir meine Pfeiferei im Badezimmer nicht auf die Nerven geht.« Das letzte Wort in der Angelegenheit hat die Garbo: »Du bist sehr oberflächlich. Man plant sein Leben nicht nach den Badezimmergewohnheiten anderer Leute.«

Alexander Walker: Greta Garbo, Christian Verlag, München 1981

Paul Gauguin
* 1848, † 1903

Während Eugène Henri Paul Gauguin erfolgreich als Börsenmakler tätig ist, bildet er sich zum Maler und Bildhauer aus. 1883 gibt er seine gesicherte bürgerliche Existenz auf und widmet sich ganz der Kunst. 1891 schifft sich Gauguin erstmals nach Tahiti ein und verbringt, abgesehen von einer Reise nach Europa, den Rest seines Lebens in den Tropen.

»Kreuzschockschwerenot, wo wird mein Samen noch überall aufgehen?« fragt sich Gauguin etwas naiv, als seine Beischlafaktivitäten wieder einmal ungewollte Konsequenzen haben. Die Sache mit dem Verhüten hat der Künstler ebensowenig unter Kontrolle wie seine Finanzen. Es kommt, wie er kommt. Die erste Liebe erlebt er siebzehnjährig in Rio mit der vermeintlich sittsamen und unnahbaren Madame Aimée. Doch schnell durchschaut Paul das Geheimnis ihrer Tugend: »Sie bezog ihre Liebhaber von außerhalb. Als ich sie verließ, mußte ich ihr versprechen, einen Ersatzmann zu schicken.«

1873 heiratet der Bankier Paul Gauguin die Dänin Mette Gad. In den folgenden fünf Jahren erblicken fünf Kinder das Licht von Paris, und Gauguin kündigt gegen den Willen und zum Entsetzen seiner Frau den gutbezahlten, sicheren Job bei der Bank, um fortan als Künstler zu leben. Seine Kunst erweist sich als äußerst brotlos: Das Geld wird immer knapper, und schließlich ist das Paar gezwungen, die Wohnung aufzugeben und nach Dänemark zu reisen, um dort bei Mettes Mutter zu leben. Die resolute Dame findet, fünf Kinder seien genug, und leistet ihren Beitrag zur Empfängnisverhütung, indem sie das Ehepaar zu deren Kummer in getrennten Zimmern unterbringt. Paul verdient noch immer keinen Pfennig, und Mette unterrichtet Aristokratenkinder, um zumindest etwas zur Versorgung der siebenköpfigen Familie beisteuern zu können. Des Gatten Selbstwertgefühl ist merklich angekratzt, und er beschließt, daß das schwiegermütterlich dominierte Leben nicht seines bleiben kann.

»Was wir Künstler brauchen, ist ein Land, wo man essen kann, wenn man Hunger hat, wo man trinken kann, wenn man Durst hat, und wo man ein liebes Mädel findet, wenn man schlafen geht.« Mit dieser verlockenden Aussicht fragt der Maler seine Frau pro forma, ob sie ihn auf eine Reise nach Panama begleiten möchte. Die guckt auf ihre Kinderschar und lehnt dankend ab. Von Panama reist Gauguin weiter nach Martinique und sieht seine Familie erst fünf Jahre später wieder. Mette zieht derweil die Kinder groß, und als ihr Mann endlich wieder in Dänemark aufkreuzt, ist man sich schon so fremd, daß Paul sich im Hotel einquartiert. Auch den zweiten Trip macht er allein, zunächst nach Paris. Dort lebt er bei einem Freund, dessen Hausmädchen Juliette Gefallen an dem malenden Gast findet. Sie bittet ihn – nicht ohne Hintergedanken –, doch einmal mit ihr auszugehen. Ein Wunsch, dem der Künstler so gewissenhaft nachkommt, daß Juliette schwanger wird. Um ihr und der Verantwortung zu entkommen, erfindet er einen Regierungsauftrag, der ihn außer Landes zwingt. Die werdende Mutter ahnt Böses und weint ob dieser Nachricht eine ganze Nacht lang so laut, daß sich am nächsten Morgen die Nachbarn beschweren.

An seinem dreiundvierzigsten Geburtstag landet Gauguin auf Tahiti. Schnell lernt er die zielstrebige Titi kennen, die keine Zeit verliert und in sein Hotelzimmer zieht. Aber den Maler treibt es aus der Hauptstadt in ländlichere Gefilde, und er sucht sich eine Hütte außerhalb. Doch so ganz allein ist es recht langweilig, also läßt er Titi nachkommen, stellt aber bald fest, daß sie ihm zu städtisch geprägt und nicht ursprünglich genug ist. Nach einem ordentlichen Krach und einer großzügigen Abfindung wird er das Mädchen los.

Mit Ehefrau Mette führt Gauguin brieflich heftige Auseinandersetzungen über seine Lebensform. Stur – wie er findet – beharrt die Mutter seiner Kinder darauf, daß ihr der Bankangestellte mit Geld lieber war als der Künstler ohne. In Paris bringt währenddessen Juliette eine Tochter zur Welt und sich und das Kind als Schneiderin durch. All das ficht den Maler nicht an, er geht nach Landessitte auf Wanderschaft, um sich ein Weib zu suchen. Nicht lange, und er wird fündig: Eine wohlproportionierte Dreizehnjährige wird ihm geschenkt. Einzige Bedingung der Mutter: Er muß die Kleine glücklich machen, sonst darf sie ihn nach einer Woche wieder verlassen. Tehura fühlt sich wohl beim Meister, macht wenig Worte und die Hausarbeit, Gauguin gewöhnt sich an sie und verliebt sich in das schöne Kind. Als sie nach acht Tagen ihre Mutter besuchen möchte, ist er beunruhigt und hocherfreut, als sie zurückkehrt. Posthum trägt ihm seine Vorliebe für allzu junge Damen bei amerikanischen Wissenschaftlern den Ruf des pathologischen Kinderschänders ein. Tagsüber porträtiert Gauguin Tehura, und auch des Nachts ist er nicht untätig. Das junge Mädchen erwartet ein Kind. Ihr braunes Bäuchlein rundet sich, und der werdende Vater bekommt Sehnsucht nach seinen anderen Kindern. Schnurstracks klemmt er seine Bilder unter den Arm und reist nach Europa. Dort spitzt sich die Situation mit Mette zu, als ihr Mann eine Erbschaft macht und ihr keinen Pfennig für die Kinder gibt. Sie ist so verärgert, daß fortan seine Briefe unbeantwortet bleiben.

Eine Schöne aus Java wird sein Modell. Erst sitzt sie für ihn, dann legt sie sich hin, und schließlich lebt sie bei Paul. Anna macht den Fehler, sich stolz und lautstark überall als Madame Gauguin auszugeben. Die Schneiderin Juliette erfährt davon und macht einen Riesenwirbel. Gauguin besänftigt sie mit Geld und widmet sich weiter seiner Kunst. Zwei Jahre nach seiner Abreise kehrt er nach Tahiti zurück. Tehura hat einen gesunden Sohn geboren und einen Landsmann geheiratet. Gauguin bezieht ein kleines Haus, dessen Klinke nicht stillsteht. Vornehmlich Besucherinnen geben sie sich in die Hand. Eine erweist sich als besonders hartnäckig, Peggy kann neben anderem auch lesen und schreiben und schafft es, bei ihm einziehen zu dürfen. Nicht lange, denn Gauguin wird gekündigt, er ist pleite. Mit seiner Hände Arbeit baut er sich auf der kleinen Insel Hira-Hoa eine Hütte. Dort hinterläßt er Bilder, eine Eingeborene und ein Kind, bevor er fünfundfünfzigjährig alkohol- und syphilisgeschädigt vereinsamt stirbt.

Herbert Lewandowski: Paul Gauguin, Ullstein Verlag, Frankfurt am Main/Berlin 1991
Der Spiegel, 15.6.1998

George Gershwin
* 1898, † 1937

Der amerikanische Komponist ist bereits mit sechzehn Jahren Gutachter für Unterhaltungsmusik in einem renommierten New Yorker Musikverlag. 1916 schreibt er seinen ersten eigenen Song, für den – wie für nahezu alle seine Stücke – sein Bruder Ira den Text verfaßt. Mit seiner Art des sinfonischen Jazz vereinigt Gershwin in seinen Kompositionen Jazzelemente und Unterhaltungsmusik.

Bereits in jungen Jahren entwickelt George Gershwin seine ausgesprochene Vorliebe für Bordellbesuche, eine Leidenschaft, die ihn zeitlebens nicht losläßt. Obwohl er regelmäßig in Begleitung bevorzugt schöner Frauen gesehen wird, ist und bleibt er der Ehe gegenüber äußerst skeptisch. Mutig und etwas übereilt läßt sich die Komponistin Kay Swift für ihn von ihrem Mann scheiden, doch Gershwin kann sich trotz dieses Entgegenkommens auch bei ihr nicht zum Schritt vor den Altar entscheiden. Statt dessen vereinbart das Paar, sich zu prüfen und ein Jahr lang weder persönlichen noch schriftlichen Kontakt zu halten. Gershwin nutzt die Zeit, um an seiner Karriere zu arbeiten und durch seinen Erfolg in die gesellschaftlichen Kreise aufgenommen zu werden, die er für erstrebenswert hält. Das fällt dem Aufsteiger schwerer als gedacht, denn seine Manieren lassen außerordentlich zu wünschen übrig. Von Haus aus mangelt es ihm an den grundlegenden Umgangsformen und Verhaltensregeln: Er weiß sich nicht bei Tisch zu benehmen, behält die Zigarre im Mund, wenn er Damen vorgestellt wird, und kleidet sich zu allen Anlässen mit geschmackloser Zielsicherheit völlig unpassend. Alles Dinge, die man einem jungen Genie im Amerika des beginnenden Jahrhunderts zu verzeihen bereit ist, die aber unerläßlich sind in den Zirkeln, in die Gershwin aufgenommen werden will. Sein Ehrgeiz trägt Früchte: Douglas Fairbanks, Maurice Chevalier, die Geschwister Astaire und Charlie Chaplin lassen ihn an ihren Partys teilnehmen. Chaplin bereut es bald, denn Gershwin macht sich ziemlich ungeniert an seine Frau Paulette Goddard heran. Er äußert sogar Heiratsabsichten, doch die Goddard durchschaut sie als rhetorische Übung und bleibt bei ihrem Charlie. Das Jahr ist um, und der Komponist hat so viele Freudenhausbesuche absolviert, daß er Kay Swift nicht besonders vermißt hat. Gleichzeitig führt er sich in der Familie als ausgesprochener Moralapostel auf. Seine Schwägerin wird gescholten, weil sie Lippenstift benutzt, die Schwester muß sich einen Vortrag über die Saumhöhe ihre Rockes gefallen lassen. Nachdem er sich derart aus vermeintlich berufenem Munde geäußert hat, sucht er wieder die Gesellschaft derer, die viel Lippenstift verwenden und die Röcke ganz kurz tragen.

Angeblich hat er 1928 in Kalifornien ein kurzes Verhältnis mit einer Tänzerin, das nicht folgenlos bleibt. 1959 beansprucht ein gewisser Alan Gershwin den Status des legitimen Sohnes und Erben. Er sei nach dem frühen Tod seiner Mutter bei deren Schwester in New York aufgewachsen, und der berühmte Gershwin habe ihn über ein Dutzend Mal zu sich holen lassen. Fakt ist, daß Alan dem früh verstorbenen Komponisten außerordentlich ähnlich sieht.

Hanspeter Krellmann: George Gershwin, rororo Bildmonographie, Rowohlt Verlag, Reinbek 1988

André Gide
* 1869, † 1951

Die Romane, Theaterstücke und autobiographischen Werke des französischen Schriftstellers sind berühmt für ihre gründliche Analyse individueller Selbstbestimmung und Gides bedingungsloses Eintreten für Freiheit und Würde des Menschen. Der Autor, der einen großen Einfluß auf Frankreichs intellektuelle Kreise hat, wird 1947 mit dem Nobelpreis für Literatur ausgezeichnet.

»Ich muß es frei zu erkennen wagen, meine einsame und verdrossene Kindheit hat mich zu dem gemacht, was ich bin. Meine puritanische Erziehung hat die Forderungen des Fleisches zum Schreckgespenst gemacht.« Das »Schreckgespenst« verfolgt den gequälten Dichter Zeit seines Lebens. Unfähig, mit einem Menschen, den er liebt, sexuellen Kontakt zu haben, masturbiert er bis zu seinem dreiundzwanzigsten Lebensjahr einsam vor sich hin und lebt auf diese Weise »völlig jungfräulich und verderbt«.

Zehn Jahre ist es her, daß sich André in seine Cousine Madeleine Rondeaux verliebt hat. Das ernsthafte, bescheidene Mädchen ist sein Engel, seine Madonna, die er aber nicht körperlich begehrt. Dennoch beschließen die beiden zu heiraten und scheitern zunächst an Mutter Gide, die ganz und gar gegen die Verbindung ist. Das Paar wird sich dem mütterlichen Dogma widersetzen, aber zunächst sucht der Bräutigam besorgt über seine Andersartigkeit einen Arzt auf. Der Doktor versucht, die Bedenken des jungen Mannes zu zerstreuen, und stellt eine saubere Fehldiagnose: »Sie sagen mir, daß Sie ein junges Mädchen lieben; und daß Sie mit der Heirat zögern, da Sie andererseits Ihre Neigungen kennen. Heiraten Sie ohne Scheu. Sie werden bald merken, daß alles nur in Ihrer Phantasie besteht. (…) Sie werden, wenn Sie verheiratet sind, bald verstehen, was natürlicher Instinkt ist, und ganz spontan dahin zurückfinden.« Der Medizinmann irrt gewaltig. Gide heiratet Madeleine zwar nach dem Tod seiner Mutter, rührt seine Frau jedoch lebenslang nicht an. Madeleine notiert im Tagebuch, daß ihre Gefühle weit weniger »rein und fleischlos« sind als die ihres Mannes, doch das hilft ihr wenig. Unglücklich muß sie mitansehen, daß sich André, unter dem Vorwand, sie zu fotografieren, mit jungen Knaben einschließt. Nachdem er während einer Reise durch Tunis die willfährigen Dienste der vierzehnjährigen Jungen Céci und Ali genossen hat, ist klar: Gide ist Päderast. Allerdings schläft er selten mit den Halbwüchsigen, eher sucht er in gegenseitiger Onanie Befriedigung. Der Versuch, sich mit Hilfe einer kindlichen, sechzehnjährigen Prostituierten zu kurieren, mißlingt kläglich. Gide übersteht die Nacht nur, indem er »die Augen schließend, mir vorstelle, es wäre der kleine Mohammed, den ich in meinen Armen halte«. 1895 trifft er in Paris mit Oscar Wilde zusammen, der ihn mit Rat und Tat überzeugt, sich zu seinen Vorlieben zu bekennen und endlich mit dem Versteckspiel aufzuhören. Gide folgt der Mahnung und versucht vergeblich, der unglücklichen Madeleine zu erklären, daß es gerade seine innige Liebe zu ihr ist, die es ihm unmöglich macht, die Ehe zu vollziehen: »Eine geliebte und geachtete Frau zu begehren würde bedeuten, sie zu erniedrigen.« Madeleine leidet schweigend weiter unter dem »Madonnenwahn« und verschließt die Augen, so gut sie kann, vor dem, was da hinter ihrem Rücken vor sich geht. Als ihr Mann sich zum ersten Mal wirklich verliebt, kommt es zu einer heftigen Krise zwischen den Eheleuten.

Marc Allégret ist der Sohn eines Pastors und bedeutet dem Dichter weit mehr als alle anderen Knaben vor ihm. Bis jetzt konnte er sein Gewissen immer noch beruhigen, indem er die geistige Liebe zu Madeleine von der körperlichen zu seinen kleinen Jungen trennte. Aber mit Marc geht das nicht mehr. Madeleine kapselt sich zunehmend ab, und um nicht noch unglücklicher zu werden, liest sie auch die autobiographischen Bücher ihres Mannes nicht mehr. Gide sieht keinen Ausweg aus dem Teufelskreis und, schlimmer noch, es quält ihn das Gefühl, sich und der Welt beweisen zu müssen, daß er sehr wohl in der Lage ist, auch mit Frauen zu schlafen – nur nicht mit seiner eigenen. In einem Brief bittet er seine Freundin Elisabeth van Rysselberghe um die Erlaubnis, mit ihr ein Kind zeugen zu dürfen. Als 1923 seine einzige Tochter Catherine geboren wird, verheimlicht Gide das Mädchen seiner Gattin, bis sie fünfzehn Jahre später stirbt.

André Gide: Tagebuch 1889–1939, Deutsche Verlagsanstalt, Stuttgart 1950
Claude Martin: André Gide, rororo Bildmonographie, Rowohlt Verlag, Reinbek 1963

Joseph Goebbels
* 1897, † 1945

Der Politiker stammt aus einem kleinbürgerlichen Elternhaus und studiert unter anderem Germanistik und Philosophie, bevor er 1925 der NSDAP beitritt. In Hitlers Unrechtsregime forciert Goebbels von Anfang an einen ausgeprägten Führerkult und übt strenge Kontrolle über die Presse aus, die er nach und nach gleichschaltet und auf die gewünschte nationalistische, rassistische Ideologie trimmt.

Sexualität und seine Sehnsucht danach hält der junge, streng katholische Goebbels zwar für höchst verwerflich, sieht sich aber dennoch gezwungen, ihr eines Nachts im Park mit Lene Krage nachzugeben. In ihren Armen ist er »der glücklichste Mensch« und kann kaum fassen, daß »der Krüppel das schönste Mädchen geküßt«. Schon zu Schulzeiten ist der seit einer Knochenhautentzündung und anschließend mißlungenen Operation gehbehinderte Goebbels ein Außenseiter. Bei Mädchen stellt der verkrüppelte Fuß ein solches Hindernis dar, daß er sich bis zu Lene jede Menge verletzender Körbe holt. Die ist zwar seine erste Liebe, doch bei weitem nicht die letzte, denn erstens wundert er sich insgeheim, warum er ausgerechnet so ein dummes Mädchen gerne hat, und zweitens will der Überehrgeizling nach oben.

Joseph Goebbels

Anka Stalherm paßt besser in sein Konzept. Die Tochter aus reichem Haus wird Geliebte und Verlobte, obwohl ihre Familie ununterbrochen gegen den klumpfüßigen Habenichts opponiert. Anka, die ihren Joseph recht gerne hat, ist leider nicht in der Lage, ihm treu zu sein. Pathetisch stellt er ihr ein Ultimatum: »Fühlst du dich nicht stark genug, JA zu sagen, dann müssen wir auseinander gehen.« Doch Anka läßt sich nicht unter Druck setzen, auch dann nicht, als Goebbels sein Testament macht und mit Selbstmord droht. Sie wird in ihrer Ehe reich und unglücklich, und Goebbels nimmt sich erst viel später das Leben ...

Der tröstet sich derweil über Ankas Verlust mit verschiedenen Damen, die er herablassend als »Spielzeuge« bezeichnet. Eine von ihnen ist allerdings kein solches Spielzeug: Um Else muß er sich lange bemühen. Das Fräulein ist nicht sicher, ob der hinkende Mann Vater ihrer Kinder werden soll, und zögert lange, bis sie ihrem »lieben Herrn Doktor« erliegt. Der entpuppt sich als gar nicht mehr lieb, kaum daß er erfährt, daß Elses Mutter Jüdin ist. Der verbissen überzeugte Antisemit notiert im Tagebuch: »Der erste Zauber war dahin!« Und wenig später: »Wir können nicht einmal mehr Kameraden sein. Zwischen uns stehen Welten.« Vergessen ist der kecke Spruch aus seiner Jugend: »Seh' ich nur ein Hakenkreuz – krieg' ich schon zum Kacken Reiz.« Gauleiter Goebbels ist wer in Berlin und dank seiner Position sehen Tamara, Jutta, Erika, Xenia und ein paar andere großzügig über das Hinkebein hinweg. Goebbels verachtet sie wie alle Menschen als »einen Haufen gefrorener Scheiße«.

Anfang November 1930 stellt er eine junge Frau ein, die sein Privatarchiv anlegen soll. Magda Quandt verkörpert alles, was ihm verschlossen geblieben ist. Elegant, souverän, aus wohlhabendem Hause stammend, hat sie jung den verwitweten Günther Quandt geheiratet, zu seinen beiden Kindern noch ein drittes bekommen und sich einen jüngeren Liebhaber zugelegt. Quandt stimmt der Scheidung zu und mißbilligt den Einsatz seiner Ex-Frau für die NSDAP zutiefst. Doch Magda ist felsenfest überzeugt von der großen Idee und verspricht, Goebbels zu heiraten, wenn das Dritte Reich Wirklichkeit wird. Die Hochzeit geht dann etwas eher über die Bühne, denn Magda ist schwanger. Trauzeuge Hitler ist begeistert von der kultivierten Frau, die, wie sich zeigen wird, auch auf politischem Parkett eine ausgezeichnete Figur macht. Duce Mussolini weiß gar nicht wohin mit sich vor Begeisterung, als seine Tischnachbarin neben mehreren anderen Sprachen auch Italienisch spricht. Der spießbürgerliche Goebbels ist einerseits stolz auf seine Frau, andererseits erträgt er deren Erfolg nur schlecht. Sie soll zu Hause bei den Kindern bleiben und ihrem Talent gemäß eine gute Gastgeberin sein. Derweil schaut sich der kleine Mann mit dem großen Geltungsbedürfnis gern schon mal rechts und links des Weges um. Magda ist enttäuscht und rächt sich, indem sie ihrerseits kleine Affären hat. Und während Goebbels öffentlich gegen Scheidung und Ehebruch polemisiert, wirbt er mit allen Mitteln um die Gunst der tschechischen Schauspielerin Lida Baarova, die schließlich seine Geliebte und mehr als eine Eskapade wird. Goebbels ändert flugs den Redekurs und gibt den Frauen an gescheiterten Ehen die Schuld, »die zu plump und zu dumm sind, ihre Männer zu halten«. Er täuscht sich gewaltig, denn seine eigene ist beides nicht. Doch zunächst kriegt sie klaglos Kind Nummer vier und fünf und läßt sich gefallen, daß ihr Mann in der Öffentlichkeit immer häufiger in Begleitung von Frau Baarova zu sehen ist. Goebbels ignoriert Magdas Eifersucht und unternimmt eine Reise mit Lida, an deren Ende er die grandiose Idee einer Ménage à trois hat. Lida soll sie seiner Frau näherbringen, doch der reißt angesichts des miserablen Benehmens ihres Mannes der Faden. Sie geht zu Hitler und erklärt ihm, daß sie sich unter diesen Umständen von ihrem Mann trennen werde. Ihr Rechnung geht auf. Aufs äußerste erbost, ruft der seinen Reichsminister zu sich und macht ihm unmißverständlich klar, daß er sich sofort von Lida zu trennen und bei seiner Frau demütigst um Vergebung zu bitten hat – andernfalls kann sich Herr Goebbels die bisherige und jede weitere Karriere an den Hut stecken. Und, so läßt der Führer ihn wissen, ob er eine Chance auf Versöhnung erhalte, das habe er in die schönen Hände der so verehrten Frau Goebbels gelegt.

Seiner Frau auf Gedeih und Verderb ausgeliefert, kann Goebbels Lida gar nicht schnell genug vor die Tür setzen. Alsdann rutscht der Opportunist vor Magda auf den Knien herum. Die ist auch ein Machtmensch und läßt den Übeltäter ausgiebigst büßen. Immer wieder zögert sie die für ihn überlebensnotwendige Entscheidung hinaus und sieht gelassen zu, wie ihr Mann vor lauter Angst wegen schwerer, nervöser Magenstörungen ins Krankenhaus muß. Sie gönnt sich noch ein außereheliches Verhältnis, bevor sie mit ihrem Joseph Frieden schließt, ihm damit den Weg zum Staatssekretär ebnet und ein sechstes Kind bekommt.

Ralf Georg Reuth: Goebbels, Piper Verlag, München/Zürich 1990

Johann Wolfgang von Goethe
* 1749, † 1832

Der Dichter, Kritiker und Naturforscher ist die bis heute bedeutendste Gestalt der deutschen Literatur. Er ist nicht nur innerhalb seiner Epoche von großem Einfluß und gibt ihr seinen Namen – Goethezeit –, sondern wird darüber hinaus für die folgenden Generationen zum Inbegriff deutscher Geistigkeit. Zu seinen wichtigsten Werken gehört die Tragödie des »Faust«.

Charlotte von Stein

Die Frauen, in die Goethe sich verliebt, sind oft unerreichbar für ihn, verlobt oder mit einem seiner Freunde verheiratet. Der Mann mit der außergewöhnlichen Literaturbegabung hat ein mindestens ebenso außergewöhnliches Talent, sich bis ins hohe Alter immer wieder in heftigsten Gefühlen zu verlieren. Seine erste Leidenschaft, das pausbäckige Käthchen Schönkopf, Tochter eines Gastwirts, bei dem Goethe seinen Mittagstisch hat, ist der Prototyp der vom Dichter geliebten, tüchtigen, hübschen und vor allem »naturhaften« Frau. Obwohl er zeitlebens Beziehungen zu gebildeten Damen des Adels unterhält, bevorzugt er doch zupackende Mädchen, die aus einer niederen Schicht stammen als er. Anna Katharina Schönkopf erwidert seine stürmischen Gefühle, aber die ewigen Eifersüchteleien, das ständige Hin und Her der Beziehung gehen ihr irgendwann so auf die Nerven, daß sie für eine freundschaftliche Trennung sorgt. Der nächste »allerliebste Stern an diesem ländlichen Himmel« heißt Friederike Brion und ist die Tochter des Pastors von Sesenheim, doch auch bei ihr schwankt Johann Wolfgang immer wieder zwischen großer Liebe und Zweifeln: »Ich fühle, daß man um kein Haar glücklicher ist, wenn man erlangt, was man wünschte.« Er muß es dennoch

Christiane Vulpius

erlangt haben, denn einige Biographen sind sicher, daß er Friederike nicht nur mit gebrochenem Herzen, sondern auch schwanger zurückläßt. Er reist ab, ohne ihr zu sagen, daß er nicht wiederkehren wird.

Bald darauf lernt er den bremischen Gesandtschaftssekretär Christian Kestner kennen. Die Männerfreundschaft wird auf eine harte Probe gestellt, als Goethe sich in dessen Verlobte Charlotte Buff verliebt. Bevor er mit seinen Gefühlen größeres Unheil anrichten kann, zieht sich der Dichter jedoch taktvoll zurück. Es ist das Jahr 1775, und Lili Schönemann, die kleine Tochter eines Frankfurter Handelsherren, ist gerade sechzehn Jahre alt, als Goethe ihr den Hof macht. Im April verlobt sich das Paar, doch auch diesmal zweifelt er wieder an sich und seinen Gefühlen. Es kommt zu Trennungen, Versöhnungen, erneuten Trennungen und abermaligen Versöhnungen, bis die Verlobung im Herbst gelöst wird und Goethe nach Weimar geht.

Die nächsten zehn Jahre sind weitgehend geprägt von der vermutlich überwiegend, wenn nicht rein platonischen Beziehung zu Charlotte von Stein. Die kluge, gebildete Frau ist unglücklich verheiratet und hat nicht weniger als acht Kinder. Goethe schreibt ihr mehr als eintausendundfünfhundert Briefe. Leicht nachvollziehbar, daß er währenddessen kaum Zeit findet, etwas anderes zu verfassen. Nach seiner Italienreise trifft er seine »Naturgewalt«. Die untersetzte, schwarzäugige Christiane Vulpius arbeitet in einer Fabrik für künstliche Blumen. Sie liebt das Theater, den Tanz, schöne Kleider, guten Wein und – Johann Wolfgang von

Goethe. »Ich bin verheiratet, nur nicht durch Zeremonie«, läßt der verlauten, denn die muntere, pragmatische Christiane ist über fünfzehn Jahre in wilder Ehe seine Lebensgefährtin, bis er sie im Oktober 1806 dann doch noch heiratet. »Ich will meine kleine Freundin, die soviel an mir getan (…) völlig und bürgerlich anerkennen, als die Meine.« Von den fünf gemeinsamen Kindern überlebt nur der erstgeborene Sohn August. Kaum verheiratet, locken den Dichter schon wieder andere Damen, unter ihnen Wilhelmine (Minna) Herzlieb und die mit seinem Freund Jakob von Willemer verheiratete Marianne von Willemer. Ihre intensive Schwärmerei erwidert der geschmeichelte Goethe ebenso vehement. Dennoch trauert er aufrichtig, als seine Christiane 1816 stirbt.

Ein letztes Mal trifft ihn Amors Pfeil, als er im hohen Alter von vierundsiebzig Jahren auf einer Reise nach Böhmen die neunzehnjährige Ulrike von Levetzow kennenlernt. Der betagte Witwer steigert sich in einen derart »leidenschaftlichen Zustand« hinein, daß er sogar um ihre Hand anhält. Doch das junge Mädchen stellt sich die Zukunft nicht an der Seite eines Greises vor und weist ihn ab.

Peter Boerner: Goethe, rororo Bildmonographie, Rowohlt Verlag, Reinbek 1964
Wallace, Irving u.a.: Rowohlts indiskrete Liste, Rowohlt Verlag, Reinbek 1981

Carlo Goldoni
* 1707, † 1793

Mit vierzehn Jahren schließt sich Goldoni einer reisenden Schauspielertruppe an und studiert einige Jahre später Jura und Philosophie an der Universität von Padua. 1731 läßt er sich in seiner Heimatstadt Venedig als Anwalt nieder und beginnt gleichzeitig, Dramen zu verfassen. Dreißig Jahre später verläßt er Italien, um das italienische Theater in Paris zu leiten.

Der alte Herr Goldoni ist Arzt und möchte, daß Sohn Carlo in seine Fußstapfen tritt. Um ihn auf den Geschmack zu bringen, nimmt er den Filius eifrig mit ins Krankenhaus, auf daß der bei Visiten das Handwerk von der Pieke lerne. Penibel achtet der Herr Doktor darauf, daß Carlo brav vor der Türe wartet, wenn es sich bei den Patientinnen um junge, hübsche Frauen handelt. Der Sohn steht nicht still vor den geschlossenen Türen, sondern nutzt die Zeit und späht in benachbarte Zimmer. In einem liegt ein Mädchen, das ihm ausnehmend gut gefällt. Das Glück ist ihm hold, und die Mutter der Kranken lädt ihn ein, sie nach der Genesung doch zu Hause zu besuchen. Eines Abends folgt Goldoni der freundlichen Einladung und erkennt nicht, daß dieses Zuhause ein Bordell ist. Erst als der Diener seiner Mutter ihn an den Ohren aus dem Pfuhl des Lasters herausholt, wird ihm der Fauxpas bewußt.

Dank Charme und Originalität fällt es Carlo gemeinhin nicht schwer, die Frauenherzen für sich schlagen zu lassen. Allein eine begehrenswerte Schöne hält sich lange zurück und schickt ihr Dienstmädchen vor, um Geschenke in Form von Juwelen und Haarschmuck entgegenzunehmen. Auf diese Weise um eine erkleckliche Summe Geldes gebracht, muß Goldoni feststellen, daß die Magd eine hinterhältige Betrügerin und keine seiner teuren Gaben bei der Umschwärmten angekommen ist. Unterwegs mit der Schauspielertruppe verliebt sich Carlo in Angelica, die seine Gefühle erwidert. Schon ist von Hochzeit die Rede, da lernt der zukünftige Bräutigam Angelicas Schwester kennen. Die junge Frau ist nach dem Wochenbett entsetzlich aus dem Leim gegangen, und vor Angst, es könne ihm mit Angelica ebenso gehen, läßt er die Heiratspläne sausen.

Goldoni ist seßhaft, arbeitet in Venedig als Anwalt und macht einer Vierzigjährigen den Hof. Die entscheidet sich zu seinem Leidwesen für einen Herrn mit Titel und gibt dem jungen Advokaten den Laufpaß. Goldoni rächt sich, indem er sich mit ihrer Nichte trifft, und entgeht nur um Haaresbreite einem unterschriebenen Ehevertrag. Auch sein Verhältnis mit einer schönen Schauspielerin ist nicht vom Glück gekrönt. Als er erfährt, daß sie ihn nach Strich und Faden betrügt, zieht er sich verärgert zurück.

Endlich lernt er die Frau seiner Träume kennen. Ihre Eltern sind große Bewunderer seiner Stücke und machen dem Dramatiker die Brautwerbung leicht. Die Morgengabe wird festgelegt, der Ehekontrakt aufgesetzt, und Goldoni lebt mit seiner Frau in Venedig. Zu beider Kummer bleibt die Verbindung kinderlos, doch als Carlos Bruder stirbt, nimmt das Paar dessen achtjährigen Sohn nebst der fünfjährigen Tochter zu sich.

Carlo Goldoni: Mein Leben, mein Theater, Rikola Verlag, Wien/Leipzig/München 1923

Hermann Göring
* 1893, † 1946

Der Politiker steigt im nationalsozialistischen Deutschland zum zweitmächtigsten Mann der Regierung auf. Hitler bestimmt ihn bereits 1934 für den Fall seines Todes zu seinem Nachfolger. Doch gegen Kriegsende schwinden Görings Ansehen und Einfluß. Als er zu Verhandlungen mit den Alliierten rät, schließt Hitler ihn aus der NSDAP aus und enthebt ihn aller Ämter.

Im Ersten Weltkrieg schwer von britischen Jägern verletzt, wird Hermann Göring auf Genesungsurlaub nach Schloß Mauterdorf in Österreich geschickt. Dort verliebt sich der joviale Patient so heftig in die Bauerntochter Marianne Mauser, daß er wild entschlossen ist, sie zu heiraten. Fräulein Mausers Eltern sind allerdings leider ebenso wild entschlossen, das zu verhindern, denn »Jagdflieger leben nicht lange« und als Witwe wollen sie ihre Tochter nicht sehen. Göring wird gesund, fliegt wieder Einsätze, riskiert Kopf und Kragen, wird zum Hauptmann befördert und schließlich mit dem »Pour le Mérite« ausgezeichnet. So dekoriert wird er nach Kriegsende noch einmal vorstellig bei Familie Mauser, doch als der besorgte Vater ihn ganz ernsthaft fragt, was er denn seiner Marianne bieten könne, muß der arbeitslose Pilot ebenso ernsthaft antworten: »Nichts.« Marianne Mauser ist ad acta, Göring verdingt sich in Kopenhagen und befördert Passagiere in kleinen Privatmaschinen.

Hermann Göring

Der sechsundzwanzigjährige Deutsche gefällt den dänischen Frauen, und die gefallen ihm. Hermann läßt nichts anbrennen, bis er die vornehme Carin von Kantzow, geborene Freiin von Fock, kennenlernt. Höchst beeindruckt von ihrer »hohen Gestalt, edlen königlichen Haltung und den blauen Augen«, stilisiert er sie schon zu Lebzeiten zur Kultfigur. Nach ihrer Scheidung heiratet er am 23. Februar 1922 seine Traumfrau. Die kultivierte, gebildete Frau Göring weiß mit Menschen umzugehen und sie für sich einzunehmen, auch Adolf Hitler zeigt sich beeindruckt und trifft sich unter anderem um ihretwillen gern mit seinen verblendeten Anhängern im Hause Göring. Doch muß die Ehe schwere Belastungen aushalten: Als Hermann Göring bei einem Putschversuch das Bein zerschossen wird, ist die Verletzung so schwer und schmerzhaft, daß er hohe Dosen Morphium verabreicht bekommt und schließlich einen suchtbedingten Tagesbedarf von vier bis sechs Spritzen hat. Carin ihrerseits ist schon seit Jahren herzkrank und immer wieder von Ohnmachten und ihrer angegriffenen Lunge gequält. Nach einem Zusammenbruch kommt Göring zum Entzug in ein Krankenhaus, ein Schritt, mit dem nicht verhindert werden kann, daß Carin wegen ihrer Verbindung mit einem Morphinisten das Sorgerecht für Sohn Thomas aus erster Ehe abgesprochen wird. Göring fängt direkt nach seiner Entlassung wieder an zu spritzen und beginnt den Kreislauf von Sucht und Entzug, der in den nächsten Jahren lebensbestimmend wird. 1931 stirbt Carin. Hermann Göring ist verzweifelt, tröstet sich mit Arbeit und trauert noch immer, als ihm Adolf Hitler die Schauspielerin Emmy Sonnemann vorstellt. Die dralle, norddeutsche Blondine zeigt Verständnis für Hermanns Kummer, geht erst eine Weile mit ihm spazieren und dann ins Bett. Frau Sonnemann weiß die Position ihres mächtigen Liebhabers sowohl privat als auch beruflich für sich zu nutzen. Verständnisvoll weiht sie das Mausoleum Carinhall mit ihm ein und läßt sich den versammelten Prominenzen als seine Privatsekretärin vorstellen. Sie spielt die ihr von Göring zugedachte Rolle zu überzeugend, daß sie an einem Februarmorgen 1935 einen Zettel findet, auf dem steht: »Magst Du mich Ostern heiraten? Der Führer ist unser Trauzeuge.« Emmy mag am 10. April und verkraftet den Wermutstropfen, Abschied von der Bühne nehmen zu müssen, angesichts der prachtvollen Hochzeitsgeschenke ziemlich mühelos. Als den Mittvierziger-Eltern am 2. Juni 1938 Töchterchen Edda geboren wird, scheint das Glück des mächtigen Hermann Göring perfekt. Hinter der Fassade sieht es jedoch anders aus: Der frischgebackene Vater substituiert seine Spritzen schon seit langem mit Paracodein-Tabletten, leidet unter der suchtbedingten Nervosität und heftigen Schweißausbrüchen, bekämpft sein Übergewicht mit ständigen Abmagerungskuren und beginnt sich zu schminken, um seinen physischen Verfall zu kaschieren. Emmy bekommt von all dem, wie auch von den politischen Unmenschlichkeiten ihres Mannes, nur einen Teil mit.

Wolfgang Paul: Wer war Hermann Göring, Bechtle Verlag, Esslingen 1983

Maksim Gorkij
* 1868, † 1936

Der russische Schriftsteller Aleksej Maksimowitsch Peschkow leidet am Leben und wählt aus diesem Grund das Pseudonym Gorkij, »der Bittere«. Früh verwaist, muß der Sohn eines Bauern die Schule verlassen und vagabundiert auf Arbeitsuche durch Rußland. Seine erste Sammlung von Erzählungen hat die Erfahrungen aus dieser Zeit zum Hauptthema und erscheint 1898 mit großem Erfolg.

Die russische Intelligenzlerin und flammende Revolutionärin Katerina ist von Talent, Schönheit, Ernst und Eifer des schreibenden Maksim hochgradig angetan und erreicht ihr Ziel, Frau Peschkowa zu werden. Der Verbindung ist jedoch kein Glück beschieden, die gemeinsame Zeit reicht gerade aus, um zwei Kinder zu zeugen. Gorkij muß aus politischen Gründen fliehen und läßt sich in den USA nieder. Wegen seines schlechten, tuberkulösen Gesundheitszustandes muß er auch dieses Land verlassen und geht 1906 nach Capri. Stets an seiner Seite: Marija Fjodorowna Andrejewa. Die reiche, überaus großzügige Frau bemüht sich, dem »großen Arbeiter« und »großen Kranken« das Leben so angenehm wie möglich zu gestalten. Sie ist eine ungewöhnliche Frau und versteht es, mit ihrem komplizierten Geliebten umzugehen, der nicht selten mit seinen Schwächen kokettiert: »Ich bin ein sehr grober und ungehobelter Mensch, und meine Seele ist krank. Wie es sich übrigens für die Seele eines denkenden Menschen gehört.«

Maksim Gorkij

Als ehemalige Schauspielerin des Künstlertheaters heiratet Marija einen General, den sie bald darauf wieder verläßt, um sich revolutionär zu betätigen. Gorkij schätzt sie als Sachkennerin, Kämpferin und Frau. Während der Revolution muß sie ihren Platz jedoch für die Petersburger Baronin von Budberg räumen, die Gorkij immer wieder mit ihrer Gabe, sich bei seinen Freunden äußerst unbeliebt zu machen, auf die Nerven geht. Die gebildete, unruhige Baronin begleitet Maksim während seines zweiten Exils. Doch die einzige Frau, von der der Schriftsteller mit Zärtlichkeit, ohne Reserve und Distanz spricht, ist die »Königin Margot«, die Liebe seiner Jugend. »Die Beziehung zu den Geschlechtern interessierte mich wahnsinnig', und ich beobachtete sie mit besonderer Schärfe. Ich selbst hatte noch keine Liebkosungen von Frauen erfahren, und das brachte mich in eine unangenehme Lage; sowohl die Frauen als auch meine Kameraden machten sich über mich lustig.« Die unerreichbare, angebetete Margot machte sich zwar nicht über ihren Verehrer lustig, aber sie überläßt den Fünfzehnjährigen seinen quälenden Problemen: »Ich begann zu häufig an Frauen zu denken und beschäftigte mich schon mit der Frage, ob ich nicht am nächsten Sonntag dahin gehen sollte, wo alle hingingen.« Biographen vermuten, daß Gorkij, ungeachtet seiner zahlreichen und derben Beschreibungen sexuellen Übermaßes, wahrscheinlich ein prüder Mensch war.

Maxim Gorki: Autobiographische Romane, Deutscher Taschenbuch Verlag, München 1976
Nina Gourfinkel: Maxim Gorki, rororo Bildmonographie, Rowohlt Verlag, Reinbek 1958

Cary Grant
* 1904, † 1986

Der Brite Archibald Alexander Leach geht bereits als Jugendlicher zur Bühne. In den zwanziger Jahren reist er mit einer Varieté-Gruppe in die USA, übersiedelt 1932 nach Hollywood und wechselt in die Filmbranche. Hier setzt er als Cary Grant sein komödiantisches Talent sehr erfolgreich ein, wird zu einem zugkräftigen Star und nimmt zehn Jahre später die amerikanische Staatsbürgerschaft an.

»Um Erfolg beim anderen Geschlecht zu haben, erzähl ihr, du seist impotent. Sie wird es kaum erwarten können, dir das Gegenteil zu beweisen.«

Cary Grant

Der Gentleman-Darsteller Cary Grant hält sich im allgemeinen strikt an die von den Studios aufgestellten Regeln. Er nimmt regelmäßig Sonnenbäder und achtet darauf, daß er trotz seines täglichen Konsums von dreißig bis vierzig Zigaretten nicht von Journalisten beim Rauchen erwischt wird. Außerdem wählt er seine weiblichen Begleiterinnen sorgfältig aus, und so ist 1933 Virginia Cherrill neben Grant zu bewundern. Die Hollywoodschönheit hat zuvor an Chaplins Seite in »Lichter der Großstadt« Furore gemacht, jetzt wird sie Mrs. Grant. Der so begehrte Junggeselle entpuppt sich als eine Katastrophe von Ehemann, und sieben Monate später ist die Beziehung ein Desaster. Virginia kann und will sich nicht länger von Carys neurotischer Eifersucht tyrannisieren lassen. Auf Partys darf sie mit niemand sprechen, außer mit ihrem Mann, das gemeinsame Haus muß sie mit Randolph Scott, Grants engstem Freund, teilen. Die Wochenenden gehören ohnehin eher Scott, mit dem sich Grant ein Strandhaus teilt. Als Randolph später ebenfalls heiratet, muß auch seine Frau die Beziehung zu Grant tolerieren. Virginia geht das und vieles mehr auf die Nerven. Sie zieht zurück zu ihrer Mutter und reicht die Scheidung ein. »Er trank exzessiv, würgte und schlug mich und drohte, mich umzubringen«, muß der verlassene Ehemann wenig später über sich in der Zeitung lesen und geht auf jede Unterhaltsforderung seiner Frau ein, nur um wieder bessere Presse zu bekommen. Ein kurzes Verhältnis mit Ginger Rogers hilft ihm über den ersten Schmerz, die restlichen Wunden heilt die ebenfalls blonde Schauspielerin Phyllis Brooks. Die Vierundzwanzigjährige lebt noch bei ihren Eltern, und Grant kommt besonders mit der Mutter überhaupt nicht zurecht. Als nach zwei Jahren von Hochzeit die Rede ist, setzt er eine Vereinbarung auf, daß Mrs. Brooks senior zeitlebens keinen Fuß in sein Haus setzen darf. Man kann sich die Freude in Phyllis' Elternhaus über dergleichen leicht vorstellen, und es wundert niemand, daß die verhaßte Schwiegermutter in spe alles daran setzt, die Ehe zu verhindern. 1940 kann sich Mrs. Brooks die Hände reiben, sie hat es geschafft.

Grant lernt die Woolworth-Erbin Barbara Hutton kennen und freundet sich mit ihr und dem vierjährigen Sohn aus erster Ehe an. Der ohnehin pressescheue Grant nimmt gerne in Kauf, daß Barbara nach der tragischen Lindbergh-Entführung zum Schutz des kleinen Lance in Buster Keatons gut gesichertem Haus wie eine Gefangene lebt. Am 8. Juli 1942 geht die neunundzwanzigjährige Mrs. Hutton ihre dritte Ehe mit dem neun Jahre älteren Cary Grant ein. Da sie das Haus so gut wie nicht verläßt, verschafft sie sich Zerstreuung durch tägliche Partys. Im Haushalt Grant geht es zu wie in einem Taubenschlag, der vom Arbeiten erschöpfte Cary kommt nur noch sonntags die Treppe herunter, wenn keine Gäste da sind. Barbara macht ihm genau das zwei Jahre später bei der Scheidung zum Vorwurf. »Er kam nicht herunter, wenn ich Gäste hatte, und wenn er doch mal kam, hat er sich nicht amüsiert!« klagt sie und findet einen merkwürdigen Richter, der sie aufgrund dessen wegen seelischer Grausamkeit scheidet. Zu dergleichen Nonsens schweigt der Schauspieler und hält sich im Hintergrund.

Kollegin und Model Betsy Drake hält seinen Avancen lange stand, doch schließlich erliegt sie dem Charmeur, der sicher ist, diesmal »die Richtige« gefunden zu haben. Leider weigert sie sich stur, ihn zu heiraten, bis Howard Hughes die beiden in sein Privatflugzeug verfrachtet und Weihnachten 1949 eine Blitzhochzeit organisiert, bei der er selbst Trauzeuge ist. Betsy ist sechsundzwanzig, ihr Mann zwei Jahrzehnte älter. Ehe und Leben des Filmstars könnten so schön sein, wenn da nicht immer wieder verlockende Kolleginnen bei den Dreharbeiten auftauchen würden. Als Grant gemeinsam mit Sophia Loren arbeitet, entwickelt sich eine Beziehung, für die er alles aufzugeben bereit ist. »Ich habe nie daran gezweifelt, daß Cary mich so liebt, wie mich ein Mann nur lieben kann«, sagt die schöne Loren und zweifelt dennoch daran, daß es eine gute Idee ist, mit ihm zu leben.

»Warum heiraten wir nicht einfach und besprechen den Rest danach?« versucht Grant seinem Ziel näher zu kommen, doch Sophia entscheidet sich nach langem Hin und Her für Carlo Ponti, und Grant kehrt zu Betsy zurück. Die Ehe ist nicht mehr zu retten, und der inzwischen sechsundfünfzigjährige Cary entwickelt eine ausgesprochene Vorliebe für immer jüngere, hübsche Mädchen. Seine strenge Mutter liest ihrem Sohn ordentlich die Leviten, und der, selbst fast im Rentenalter, hat solche Manschetten vor der alten Dame, daß er seine vierte Frau Dyan Cannon (sie ist sechsundzwanzig) am 22. Juli 1965 heimlich heiratet und sich eine ganze Weile nicht traut, es seiner Mutter zu sagen. Dyan wird schwanger, und der werdende Vater kriegt sich vor Freude über die Geburt seiner Tochter Jennifer nicht ein. Strengstens überwacht er das Wechseln der Windeln, die Mahlzeiten, weiß alles besser als die junge Mutter und posaunt den ganzen Tag: »Jennifer ist mein bestes Produkt!« Für die Ehe ist das alles andere als förderlich, siebzehn Monate nach der Hochzeit nimmt Dyan ihr Kind und verläßt den tyrannischen Grant. Der versucht mit allen Mitteln, seine Familie wieder zusammenzukriegen, muß sich aber statt dessen mit einer Scheidung abfinden. Sein Appetit auf junge Mädchen erwacht wieder, und als ihm 1976 Barbara Harris, PR-Dame in einem Londoner Hotel, vorgestellt wird, entflammt er noch einmal aufs heftigste. Sechsundvierzig Jahre trennen das Paar, als Barbara am 11. April 1981 die fünfte und letzte Mrs. Grant wird.

Carole McKenzie: All about Sex, Europaverlag, München/Wien 1992
Geoffres Wansell: Cary Grant, Arcade Publishing, New York 1996

Franz Grillparzer
* 1791, † 1872

Seine Schicksals- und Geschichtstragödien zählen zu den Meisterwerken des österreichischen Dramas. Grillparzer, Sohn eines Advokaten, studiert zunächst Philosophie und Rechtswissenschaft, ist von 1814 bis 1856 als Beamter im Staatsdienst tätig und wird im Jahr 1818 zum Theaterdichter des Burgtheaters ernannt.

»Eifersucht schließt bei mir ganz den Gebrauch der Vernunft aus«, erkennt der jähzornige Dichter, ohne aus dieser Tatsache jedoch eine sinnvolle Konsequenz zu ziehen. »Ein eifriges Gespräch der Geliebten mit einem Fremden setzt mich in Wut, ihr Lob aus einem anderen Mund macht mich den Lobenden hassen, wenn sie eines anderen Mannes mit einiger Wärme erwähnt, ist es um die Ruhe meiner Seele geschehen.« Seinerseits scheut er sich jedoch keineswegs, auch die Weiber seiner Nächsten zu begehren, und verliebt sich immer wieder, obwohl er weiß, daß diese oder jene Schöne in festen Händen ist. Ganz dreist treibt es der Franz, als sein Vetter und engster Freund Ferdinand von Paumgarten Charlotte Ietzer, die Tochter eines hohen Offiziers, heiratet. Grillparzer schreibt ein Verslein ins Gästebuch und verliebt sich am Tag der Hochzeit unsterblich in die Braut. Armer von Paumgarten, denn hier hört des Dichters Freundschaft auf. Gnadenlos buhlt er um Charlotte und beginnt mit der Frischverheirateten ein zwei Jahre andauerndes Verhältnis. Dann obsiegt, wenn auch ein bißchen spät, das schlechte Gewissen, und Franz beendet die Liaison, ein Schritt, den Charlotte ihm noch auf dem Sterbebett vorwirft: »Er hat nicht erkannt, daß meine Liebe zu ihm mein einziges Lebensglück ausgemacht hat.«

Franz Grillparzer

1821 lernt Grillparzer Katharina Fröhlich kennen. Durch und durch Wienerin, lebhaft, ungeniert, schlagfertig, witzig und anmutig scheint die Einundzwanzigjährige wie geschaffen, den verhätschelten Frauenliebling glücklich zu machen. Beide sind aufs heftigste entflammt, müssen aber bald erkennen, daß ihre Charaktere nicht so recht harmonieren. Grillparzer tyrannisiert seine Kathy mit grundloser Eifersucht und unbeherrschten Launen und versucht obendrein, sie zu erziehen, was der eigenwilligen jungen Dame ganz und gar nicht gefällt. Zwei Jahre nach dem ersten Treffen sollen die Hochzeitsvorbereitungen getroffen werden. Verlobt ist das Paar schon eine geraume Weile, doch Franz zieht nicht so recht mit. »I trau mi halt net«, läßt er die Braut wissen und möchte sich eigentlich trennen. Die Trennung dauert ein ganzes Leben. Grillparzer und Katharina Fröhlich bleiben bis an ihr seliges Ende verlobt. Die treue Kathy liebt ihn mit dreißig, mit vierzig und darüber, schlägt alle anderen Heiratsanträge aus und versorgt ihren eigenbrötlerischen Freund, auch wenn der sich alle naselang in eine andere verguckt. Als die Eltern Fröhlich tot sind, bleibt Kathy mit ihren Schwestern Netty, Betty und Peppi im Haus zurück. Grillparzer, der sich auch mit ihnen gut versteht, kommt sechzigjährig auf den bequemen Gedanken, sich dort einzuquartieren. Und so behüten und beschützen und versorgen sie in geschwisterlicher Gemeinsamkeit den nörgeligen, oft schlechtgelaunten Junggesellen und lächeln leise in ihr Stickzeug, wenn er seine Sprüche von sich gibt:

»Eine Ähnlichkeit, die ich mit Christus habe,
Nur die Weiber kommen zu meinem Grabe.«

August Sauer: Franz Grillparzer, Kommissionsverlag der J. B. Metzlerschen Verlagsbuchhandlung,
Stuttgart 1941

Jacob und Wilhelm Grimm
* 1785, † 1863 / * 1786, † 1859

Die deutschen Literatur- und Sprachwissenschaftler Jacob und Wilhelm Grimm
gelten mit ihren Werken als Begründer der deutschen Philologie. Gemeinsam
sammeln sie bereits in frühen Jahren Sagen und Märchen, geben eine »Deutsche
Grammatik« heraus und erstellen ihr umfassendstes Werk mit einem »Deutschen
Wörterbuch«, dessen erste drei Bände bis 1862 erscheinen.

Jacob und Wilhelm Grimm

»… denn lieber Wilhelm, wir wollen uns einmal
nie trennen und gesetzt, man wollte einen anders-
wohin tun, so müßte der andere gleich aufsagen.
Wir sind nun diese Gemeinschaft so gewohnt, daß
mich schon das Vereinzeln zu Tode betrüben
könnte.« Keine leichte Bürde, die Jacob mit dergleichen Briefen seinem Bruder Wilhelm auferlegt,
doch der macht das Beste aus der Situation und in-
tegriert den etwas verkorksten älteren Bruder so
gut es geht in sein Leben. Am 15. Mai 1825 heiratet
Wilhelm Grimm die mit seiner Schwester Lotte be-
freundete Apothekerstochter Henriette Dorothea
»Dortchen« Wild. Dortchen kennt den Haushalt
der sechs Waisengeschwister Grimm und weiß, was
auf sie zukommt, denn Freundin Lotte führt den
Haushalt seit ihrem fünfzehnten Lebensjahr. Jetzt ist sie selbst verheiratet, und bis
auf die beiden Hagestolze Jacob und Wilhelm sind alle Grimms aus dem Haus.

Wilhelm ist hochzufrieden mit seiner Entscheidung, Dorothea zu heiraten.
»Ich fühle mich in meinem Verhältnis glücklich, glücklicher als ich dachte.
Glaubst Du wohl, daß ich, nahe an die vierzig, im Ernste glaube, es könnte nicht
leicht jemand auf der Welt so lieblich, natürlich, heiter und bescheiden sein, als

166

meine Frau ist«, schreibt er einem Freund. Und wirklich, Dortchen hat Humor, bekommt vier Kinder, von denen das älteste (Jacob!) mit acht Monaten stirbt, und heiratet den älteren Bruder ihres Mannes gewissermaßen mit. Der ist der große Gewinner der Verbindung und stellt nach dem von ihm zunächst gefürchteten Schritt zu seiner Erleichterung fest: »… unser Beisammenleben und Wohnen und ewige Gütergemeinschaft hat darunter nichts gelitten; wir drei wohnen und essen zusammen und stoßen Einnahmen und Ausgaben zusammen, um uns leichter durchzuschlagen.« Zu dritt ziehen sie die Kinder groß, der ledige Onkel Jacob macht jeden Umzug mit und beantwortet Fragen nach seinem Privatleben: »Sie urteilen ganz recht, daß ich unverheiratet lebe, ich bin aber nicht ungeliebt, und meines Bruders Kinder sehen mich wie ihren anderen Vater an.« Und dann geschieht das, wovor sich Jacob zeitlebens gefürchtet hat. Der geliebte Wilhelm wird krank und stirbt bald darauf. Jacob trägt untröstlich in die Familienbibel ein: »Ich werde diesem liebsten Bruder über nicht lange nachfolgen und an seiner Seite zu liegen kommen, wie ich ihm im Leben fast immer vereint gewesen bin.« Doch annähernd vier Jahre vergehen noch, bis sein letzter Wille geschieht. Vier Jahre, in denen er mit seiner Schwägerin Dorothea und deren Tochter zusammenlebt und sich gefallen lassen muß, daß die beiden Frauen ihn zwingen, das Haus zumindest für einen Spaziergang von Zeit zu Zeit zu verlassen. »Sie quälen mich damit!« schreibt er mürrisch an seinen Malerbruder Ludwig und ergeht sich wieder in der Trauer um Wilhelm, dessen Büste er am Kopfende seines Bettes aufgestellt hat.

Ludwig Denecke: Jacob Grimm und sein Bruder Wilhelm, Metzlersche Verlagsbuchhandlung, Stuttgart 1971
Herbert Scurka: Die Brüder Grimm, Verlag Werner Dausien, Hanau 1986

Gustaf Gründgens
* 1899, † 1963

Der Schauspieler und Regisseur macht eine stringente Karriere, geht von den Hamburger Kammerspielen nach Berlin und wird dort 1937 Generalintendant des Preußischen Staatstheaters. Wegen seiner Tätigkeit während der Zeit des Nationalsozialismus verbringt Gründgens nach dem Zweiten Weltkrieg neun Monate in Internierungshaft.

»Wer sich auch nur von einem Menschen wirklich geliebt wüßte, hätte es kaum nötig, ständig zu verführen.«

Klaus Mann

Dem Verführer Gustaf Gründgens reicht weder ein Mensch, der ihn wirklich liebt, noch Tausende, die ihn und seine Arbeit auf der Bühne bewundern. Homophilie und den Hang zur Promiskuität versucht der berühmte Theatermann 1925 erstmals durch seine Hochzeit mit Erika Mann zu kaschieren. Die Ehe dauert drei

Gustaf Gründgens

Jahre, in denen die Öffentlichkeit sich die Mäuler über die homosexuelle Orientierung beider Partner zerreißt. Als 1934 SA-Führer Röhm in »widernatürlichen Stellungen« erwischt und nicht zuletzt auf Betreiben Hermann Görings erschossen wird, gesteht Gründgens seinem Mentor und Schutzpatron die eigene Neigung und bittet um Entlassung und die Erlaubnis zur Emigration. Göring schickt ihn postwendend an seinen Arbeitsplatz zurück. Endlich hat er einen Theatermann, der etwas von seinem Handwerk versteht, Gründgens soll bleiben. Dem die Angst vor Verfolgung zu nehmen, gelingt Göring allerdings nicht. 1935 kauft sich der Intendant ein Herrenhaus am See und lebt dort mit der einzigen Frau, die er je geliebt hat, seiner Mutter. Das Damoklesschwert der Nazis schwebt noch immer über dem Künstler, und als seine Mutter ein Jahr später stirbt, heiratet er die Kollegin Marianne Hoppe. »Hoppe, Hoppe Gründgens, wo bleiben denn die Kindgens?« schallt es den beiden entgegen. Alle Welt weiß, daß es mit dem Vollzug der Ehe mangels beiderseitigen Interesses hapert. Kurz vor Kriegsende trennt sich das Paar dann auch folgerichtig und wird 1946 geschieden.

Der Mann, der souverän ein Theater mit weit über tausend Mitarbeitern leiten kann, ist privat unfähig, auch nur ein weiches Ei zu kochen. Ohne Mutter und Marianne völlig aufgeschmissen, sitzt er in der Wohnung von Freunden und sinnt auf Abhilfe. In dieser Situation spürt ihn ein junger Mann auf: das Organisationstalent Peter Gorski. Der pragmatische Peter wird Gründgens' Lebensgefährte, die Verbindung 1949 durch seine Adoption auf zeitgemäß legale Füße gestellt. »Vater« und »Sohn« bewohnen über Jahre eine elegante Wohnung in Düsseldorf. In seinem dreiundsechzigsten Lebensjahr beschließt der schwerkranke Gründgens, noch einmal »richtig zu leben«. Gegen ärztliche Ratschläge unternimmt er eine Weltreise, begleitet von Jürgen, der zunächst Beleuchter im Theater und jetzt Musikstudent von Gustafs Gnaden ist. Derweil sucht Peter in Hamburg ein neues Domizil.

Das Klima in Manila ist strapaziös für den kranken Gründgens, und während Jürgen sich in der Hotelbar amüsiert, nimmt der Mime wie gewöhnlich sein Medikament zum Einschlafen. Seinem Begleiter hinterläßt er eine kleine Notiz: »Ich glaube, ich habe zuviel Schlafmittel genommen, ich fühle mich etwas komisch, laß mich ausschlafen.« Jürgen findet den Toten am nächsten Morgen auf den Fliesen des Badezimmers.

Heinrich Goertz: Gustaf Gründgens, rororo Bildmonographie, Rowohlt Verlag, Reinbek 1982

Ernesto (Che) Guevara
* 1928, † 1967

Der südamerikanische Revolutionär ist überzeugt, daß eine gewaltsame Revolution die einzige Lösung für die sozialen Ungerechtigkeiten in Südamerika sei. Guevara ergreift weder für den Kapitalismus noch für den orthodoxen Kommunismus Partei, sondern vertritt einen gemäßigten Sozialismus und wird so zum Idol der Neuen Linken der sechziger Jahre.

Ernesto Guevara Serna lernt die Liebe, wie damals in besseren Familien üblich, bei einem indianischen Dienstmädchen. Er ist vierzehn, und seine Freunde stehen vor der Tür und sehen durch das Schlüsselloch, wie er auf der armen Frau herumturnt und zwischendurch immer wieder einen tiefen Zug aus dem Inhalator nimmt, damit er sein Asthma trotz all der Aufregung unter Kontrolle behält. Das Mädchen macht seine Sache gut, Ernesto ist auf den Geschmack gekommen und schläft eine ganze Weile mit der Köchin seiner Mutter, für die Freunde »die häßlichste Frau der Welt«. Während der Zeit des Medizinstudiums lernt der zweiundzwanzigjährige Guevara Chichina Ferreyra kennen. Der hochbegabte Student findet zu dieser Zeit besonderen Gefallen daran, in ausgebeulten Hosen, einem völlig abgewetzten Regenmantel und verdreckten Schuhen herumzulaufen. Stolz und provozierend trägt er seinen Spitznamen: »El Cancho«, das Schwein. Chichina ist ein gepflegtes Mädchen aus guter Familie, und Ernesto schreibt nicht weniger als vierzig ellenlange Liebesbriefe, in denen er ihr erklärt, daß er auf keinen Fall so sein und werden kann wie ihre Eltern. Seine ideologischen Maßstäbe stehen der Beziehung allerdings weit weniger im Weg als Señor Ferreyra, dessen Hauptanliegen es ist, daß seine Tochter nicht wird und lebt wie ihr ungewaschener Lümmel von Verehrer. Als er ihr schließlich den Umgang mit dem ungehobelten Ernesto verbietet, macht der bei einem heimlichen Treffen den Vorschlag, gemeinsam das Weite und einen Standesbeamten zu suchen. So weit geht Chichinas Liebe dann doch nicht, schließlich will sie nicht auf all den Komfort, den Papas Geld ermöglicht, verzichten, statt dessen setzt sie Ernesto vor die Tür.

Der stürzt sich in sein Studium, promoviert in kürzester Zeit über Allergien und lernt im Januar 1954 eine kleine engagierte Sozialistin kennen. Hilde Gadea

Ernesto (Che) Guevera

liest Mao und liebt außer Che (mein Gefährte) hitzige politische Diskussionen. Che nutzt ihre Zuneigung erbarmungslos aus und läßt sie sogar ihren Schmuck versetzen, damit er seine Miete bezahlen kann. Hilde ist ihm fast sklavisch ergeben und liest gottlob die Eintragungen in seinem Tagebuch nicht: »Zu schade, daß sie so häßlich ist, sonst würde ich mit ihr schlafen.« Irgendwann ist der Blick des Latin-Macho offenbar getrübt, denn Hilde wird schwanger. In der Hoffnung, ihn damit halten zu können, zwingt sie Ernesto gegen seinen Willen zur Hochzeit. Im Tagebuch steht prophetisch: »Letztlich bekommt sie ihren Willen, aber wohl nur für kurze Zeit, auch wenn sie hofft, es sei fürs Leben.« Schon zwei Jahre später hat Che seine Frau und die kleine Tochter verlassen und sich in eine leidenschaftliche Affäre mit Zoila Rodriguez gestürzt. Aber auch die rassige schwarze Bäuerin lenkt ihn nicht wirklich von seinen politischen Ideen ab: »Er trug eine merkwürdige grüne Uniform und redete immerzu von Kommunismus. Ich hatte das Wort Kommunismus noch nie gehört. Aber er gefiel mir als Mann.« Che, der stets auch den intellektuellen Austausch sucht, bleibt nicht lange bei Zoila, denn er findet, was jeder sich wünscht: die Frau fürs Leben. Aleida March, intelligente Tochter eines armen Bauern, hat sich schon während der Studentenzeit den Aufständischen angeschlossen. Bemerkenswert mutig schmuggelt sie Bomben unter ihren weiten Röcken und erledigt riskante Botengänge. An ihre erste Zusammenkunft mit Rebellenführer Che erinnert sie sich ganz und gar unromantisch: »Er war klapperdürr und sehr schmutzig, er roch wirklich gar nicht gut.« Aleida begleitet Che bei Angriffen, trägt seine Dokumente, wäscht seine Unterhosen und wird schließlich seine Frau. Die verlassene Hilde stellt das Glück des immer noch geliebten Mannes über ihren Trennungsschmerz und läßt sich widerstandslos scheiden. Aleida bekommt zwischen 1961 und 1965 vier Kinder und bedauert zutiefst, daß ihr eigensinniger Gatte auf sein Ministergehalt verzichtet, denn von seinen Idealen sind die Kinder nicht satt zu kriegen. Die Frau des zum Industrieminister aufgestiegenen Rebellen muß ständig die Leibwächter anpumpen, damit sie etwas zu essen kaufen kann. Draußen der kämpferische, starke Mann, läßt sich Guevara zu Hause von seiner Frau baden, anziehen und schützen. Aleida liebt ihn abgöttisch und stellt die Ehe auch dann keine Sekunde in Frage, als ihr zugetragen wird, Che habe ein Verhältnis mit einer deutschen Mitkämpferin namens Tamara »Tania« Bunke. Zwei Tage bevor sie die Nachricht erhält, träumt Aleida den gewaltsamen Tod ihres Mannes und bricht zusammen, als Agenten der Sicherheit vor ihrer Tür stehen, um ihr die traurige Nachricht zu überbringen.

John Lee Anderson: Che – die Biographie, List Verlag, München 1997
Frederik Hetmann: Ich habe sieben Leben, Beltz und Gelberg, Wiesbaden 1974

Alec Guinness
* 1914

Der englische Schauspieler gibt zwanzigjährig sein Theaterdebüt und brilliert vor allem in Shakespeare-Rollen. Im Zweiten Weltkrieg dient Alec Guinness de Cuffe bei der Royal Navy und kehrt danach zum Theater zurück. Es folgen Filmangebote und 1957 der Oscar als bester Darsteller in »Die Brücke am Kwai«. Zwei Jahre später wird Guinness geadelt.

Wenn im Schlafsaal der Schule das Licht gelöscht ist und der Direktor seine Runde gemacht hat, liegen die bis zu den Schmetterlingen aufgeklärten Jungen unter ihren Bettdecken und denken nach: Was mag es wohl auf sich haben mit dem Samen, mit dem sie so vorsichtig sein sollen. Alec kann das Rätsel nicht alleine lösen und bespricht sein Problem mit einem Kameraden. Der hilft ihm ein ganzes Stück weiter. Mit wissender Miene gibt er preis, der Samen sei ein schwarzer Kern, der unerwartet aus dem Penis schnellt, und jedesmal, wenn man sich erleichtert, muß man bereit sein, ihn aufzufangen. So weit so gut, aber, was macht man mit dem Kern, wenn man das Glück hat, ihn zu erwischen? Man schließt ihn in einer Schublade ein und gibt ihn eines Tages der Frau, die man heiraten will. Alec fühlt sich informiert und bringt sein Wissen bei nächster Gelegenheit bei der Mutter des Freundes an. Die reagiert entsetzt, das sei alles viel zu ekelhaft, um darüber zu reden, geschweige denn nachzudenken, und außerdem sprechen nur Mädchen über Schweinereien. Alec ist verwundert und läßt die Angelegenheit auf sich beruhen.

Etwa mit diesem Wissensstand tritt der Achtzehnjährige eine Stelle als Texter in einer Werbeagentur an und beginnt eine lockere Freundschaft mit einer Grafikerin. Die Sache mit dem Kern klappt. Guinness teilt seiner zukünftigen Schwiegermutter die Verlobung mit. »Man muß dem Koch Bescheid sagen«, kann die noch stöhnen, bevor sie in Ohnmacht fällt. Im Juni 1940 wird ein Sohn geboren, und Alec Guinness besteht bis heute darauf, daß seine Frau Merula der wichtigste Mensch in seinem Leben ist und er sich eine Existenz ohne sie nicht vorstellen kann: »Was wäre das für ein Leben, wenn ich mich nicht beklagen könnte über die fehlende Kaffeekanne, die gefährlichen, herumliegenden Haushaltsgeräte, die angebrannten Kartoffeln, die Ölfarbe am Türgriff, das Gebell ihres Hundes, die vergessene Ankunftszeit meines Zuges ...«

Alec Guinness: Das Glück hinter der Maske, Kindler Verlag, München 1986

Emma Hamilton
*um 1765, † 1815

Amy Lyon wird in einfachen Verhältnissen geboren und erhält sechzehnjährig von ihrem adligen Geliebten Unterricht und gesellschaftlichen Schliff. Den setzt sie am neapolitanischen Hof geschickt ein und avanciert bald zur Vertrauten von Königin Maria Carolina. Mit dem britischen Botschafter Sir William Hamilton verheiratet, wird sie die Geliebte von Admiral Nelson.

Von ihrer ehrgeizigen Mutter in einem Bordell untergebracht, hebt sich die vitale, schöne Amy, strotzend vor Gesundheit und Frische, angenehm von vielen ihrer Konkurrentinnen ab und erweckt die Aufmerksamkeit eines jungen Baronets, Sir Harry Fetherstonehaugh. Der mag sie alsbald nicht mehr mit anderen teilen und nimmt sie mit zu sich nach Hause. Es beginnt ein Leben, das Amy später als wild und gedankenlos bezeichnen wird – so gedankenlos, daß kein Jahr vergeht, bis sie entdecken muß, daß sie schwanger ist. So hat Sir Harry nicht gewettet, ein Kind kommt gar nicht in Frage, und das gerade erst geöffnete Tor zum heißersehnten Paradies schließt sich, bevor Amy den Garten Eden der Ehe betreten kann.

Die junge Frau sitzt buchstäblich auf der Straße und ist verständlicherweise überglücklich, als der kühle, kultivierte Charles Greville, ein Freund von Fetherstonehaugh, sich zu ihrem Beschützer erklärt. Er adoptiert nicht nur das Kind, ein kleines Mädchen namens Emma, sondern behält Amy – die sich ihrerseits inzwischen Emily Hart nennt – vier Jahre als Mätresse in seinem Haus. Treu, anhänglich, leidenschaftlich und voller Dankbarkeit liebt Emily den Gönner, der in ihr eine bildschöne Gefährtin und in ihrer Mutter eine ausgezeichnete Haushälterin hat. Greville lehrt Emily die Orthographie (die allerdings nie ihre Stärke wird), läßt sie Musikunterricht nehmen und »macht aus der wilden Rose vom Lande eine Blume, die sich elegant im Knopfloch eines Lebemannes ausnimmt«.

Allein, für Knopflöcher braucht man Jacken, und Greville stammt zwar aus einer sehr guten, jedoch gänzlich verarmten Familie. Um seine Pflicht zu erfüllen und ein standesgemäßes Leben führen zu können, muß er eine reiche Braut finden. Diese Suche gestaltet sich als außerordentlich schwierig mit Emily an seiner Seite. Es heißt, sich trennen. Grevilles reicher Onkel William Hamilton – im Gegensatz zum Neffen erfolgreich im Finden einer wohlhabenden Gattin, und seit deren Tod finanziell genesen – soll Emily übernehmen.

Bei einem Besuch in London hatte er zwar die Schönheit der Mätresse seines Neffen gepriesen, doch jetzt als britischer Gesandter in Neapel entpuppt er sich als widerwilliger Liebhaber. Von Greville heftig protegiert, braucht Emily geraume Zeit, bis sie Emma und Sir Williams Geliebte wird. Sie, die Greville von ganzem Herzen liebt, sieht zwar die Notwendigkeit des Schrittes zu ihrer Versorgung ein, doch schreibt sie traurige Briefe nach London, als sie den ältlichen Onkel gegen seinen Neffen eintauschen muß. »Du bist alles, was mir auf Ehrden lieb ist, und ich hoffe, daß glücklichere Zeiten Dich mir bald zurückgeben werden, denn ich würde tatsechlich lieber mit Dir Not leiden als im größtn Glantz der Welt fort von Dir zu sein.« Im Gegensatz zu Greville macht sie jedoch eine gute Partie, und nachdem Sir William England einen weiteren Besuch abgestattet hat, zieht sie als Lady Emma Hamilton, Gattin des außerordentlichen und generalbevollmächtigten Gesandten beim Königreich, nach Neapel. Der Dichter Goethe macht beider Bekanntschaft und schreibt: »Hamilton ist ein Mann von allgemeinem Geschmack und nachdem er alle Reiche der Schöpfung durchwandert, an ein schönes Weib, das Meisterstück des großen Künstlers geraten. Eine Engländerin von etwa zwanzig Jahren, sie ist sehr schön und wohlgebaut. Man schaut, was so viele tausend Künstler gerne geleistet hätten, hier ganz fertig in Bewegung und überraschender Abwechslung.«

Die schöne Engländerin ist ihrem Mann viele Jahre lang eine treue Gefährtin, bis das Schicksal sie mit Admiral Horatio Nelson zusammenführt. Entflammt und felsenfest entschlossen, diesen Mann für sich zu gewinnen, betrügt sie ihren Gatten und nimmt auch keine Rücksicht auf die Tatsache, daß Nelson seinerseits verheiratet ist. Alles ist auf ihre große Liebe ausgerichtet, das Haus wird vollgehängt mit Büsten und Porträts des Admirals, die Lady selbst ändert ihre Garderobe: »Ich trage mich von Kopf bis Fuß à la Nelson, selbst mein Schal ist blau und mit goldenen Ankern übersät. Meine Ohrringe sind Nelsons Anker; kurz wir sind alle vernelsont.« Und mittendrin lebt ihr gutmütiger Ehemann, der Nelson wie seinen eigenen Sohn liebt und sich mit der Liaison arrangiert.

Emma verschweigt beiden Männern die Tatsache, daß sie bereits eine Tochter hat, was zu einer kleinen Komplikation führt, als sie 1801 ein Mädchen zur Welt bringt. Vater Admiral möchte die Kleine gerne Emma nennen, doch die Mutter besteht hartnäckig und ohne Angabe von Gründen auf dem Namen Horatia, denn Emma heißt schon ihre erste Tochter. Noch lebt Sir William, und um ihn zu schonen, wird das Kind heimlich geboren und ebenso heimlich aus dem Haus geschmuggelt, um die ersten vier Lebensjahre in der Obhut einer Amme zu verbringen. Erst nachdem Hamilton in den Armen seiner Frau und im Beisein ihres Geliebten gestorben ist, wird Horatia zum Schein adoptiert und kann bei ihren leiblichen Eltern aufwachsen. Eine kleine Schwester, 1804 geboren, lebt nur wenige Wochen. Nelson, der zu dieser Zeit auf See ist, hat sie nie gesehen.

Die britische Gesellschaft lehnt Lady Hamilton als Gefährtin ihres Nationalhelden ab. Adlige Nasen werden gerümpft, feine Damen tuscheln mißgünstig, und mancher versucht Gesellschaften im Hause Nelson/Hamilton zu meiden. Als der Admiral stirbt, weigert sich König Georg III., dessen letzten Wunsch zu erfüllen, und billigt Emma keine Unterstützung zu. Als Witwe von Sir Hamilton bekommt sie ein wenig Geld, das aber vorne und hinten nicht ausreicht, den gewohnten, opulenten Lebensstil weiterzuführen. Verzweifelt tröstet sie sich mit der Flasche, macht Schulden, derentwegen sie ins Gefängnis muß, und wird schwer krank. Liebevoll umsorgt von Horatia, die sie bis zum Tod für ihre Adoptivmutter hält, stirbt Lady Hamilton im Januar 1815 und wird an unbekannter Stelle auf dem städtischen Friedhof begraben.

Georges Blond: Ruhm und Schönheit. Lord Nelson und Lady Hamilton, Ullstein Verlag, Frankfurt am Main 1978
Ernle Bradford: Nelson – Admiral – Liebhaber – Diplomat, Ullstein Verlag, Frankfurt am Main/Berlin 1989

Hannibal
* 247/246 v. Chr., † 183 v. Chr.

Mit neun Jahren begleitet Hannibal seinen Vater Hamilkar Barkas das erste Mal auf einem Eroberungsfeldzug nach Spanien. Keine zwei Jahrzehnte später macht er mit eigenen Kämpfen und zähen Feindesbelagerungen Furore. Seine legendäre Überquerung der Alpen mit einem riesigen Heer, Pferden und Elefanten geht in die Militärgeschichte ein.

»Keine Anstrengung konnte ihn körperlich erschöpfen oder in seiner inneren Haltung bezwingen. Hitze und Kälte werden ertragen. Essen und Trinken richten sich nach Bedürfnis und nicht nach Genuß. Er ruht sich nur dann aus, wenn ihn sein Dienst nicht beansprucht. Tag und Nacht ist ihm egal. Oft liegt er zwischen Posten und Feldwachen auf seinem Mantel auf dem Boden. Er zieht als erster in den Kampf und geht als letzter vom Feld.« So beschreibt Livius den asketischen

Hannibal, der mit sechsundzwanzig Jahren zwar schon manche Schlacht geschlagen, dafür aber bedauerlicherweise um so weniger Erfahrungen mit Frauen gemacht hat.

Stolz hat er in Anwesenheit seines strengen Vaters den Schwur geleistet, sein Leben dem Kampf gegen die Römer zu weihen, und statt in den weichen Armen einer Gespielin sucht der Oberbefehlshaber Befriedigung an der Spitze seines Heeres. Nur einmal wird er seinen Soldaten untreu: In Castulo heiratet er Imilce, die Tochter eines Stammesfürsten. Bei dergleichen Verbindungen durchaus nicht die Regel, ist die Fürstentochter ihrem Mann hochgradig zugetan, schenkt ihm laut Überlieferung einen Sohn und will den Angetrauten unbedingt begleiten, als er Spanien verläßt, um gegen Italien zu marschieren. Das geht zu weit! Eine Frau beim Feldzug, wo gibt's denn so was, das paßt nicht in Hannibals Konzept. Und da er seine Mission und das harte Soldatenleben Dolce vita und Kindergeschrei in Castulo eindeutig vorzieht, bleibt Imilce bei den ihren und sieht den Vater ihres Sohnes vermutlich niemals wieder. Einmal ist keinmal, und zweimal ist einmal zuviel: Hannibal schwingt sein Schwert und bleibt bis zu seinem Freitod ledig.

Ernle Bradford: Hannibal, Ullstein Verlag, Frankfurt am Main/Berlin 1986

Oliver Hardy
* 1892, † 1957

Der amerikanische Schauspieler, weltbekannt als »der Dicke« des unvergleichlichen Komikerduos »Dick und Doof«, legt sich schon früh auf komische Rollen fest und bleibt dem Genre mit ganz wenigen Ausnahmen lebenslang treu. Seine Slapstick-Komödien garantieren stets hohe Einspielergebnisse, während eine Varieté-Tournee in späteren Jahren nur auf mäßiges Interesse stößt.

Wenige Monate nach des kleinen Norvell Geburt stirbt sein Vater und hinterläßt seiner Witwe ein Hotel sowie acht Kinder aus zwei Ehen. Mrs. Hardy ist eine zähe, pragmatische Frau, versorgt die große Familie mit Bravour und hängt mit besonderer Zärtlichkeit an ihrem Jüngsten. Liebe geht bekanntlich durch den Magen, und Norvell ist ein dankbares Opfer. Er ißt ständig und viel und vor allem Süßes, was dazu führt, daß er bereits fünfzehnjährig ein Schlachtgewicht von etwa einhundertundzwanzig Kilo erreicht. Babe Hardy – so der lebenslange Spitzname –

hat ein kugelrundes Gesicht, eine schöne Sopranstimme und großes schauspielerisches Talent. Letzteres verhilft ihm zu einem Engagement als Darsteller in kleinen Bühnenshows. Dort lernt er die Pianistin Madelyn Saloshin kennen. Sie hat bereits einen Ruf als hervorragende Künstlerin, und »zusätzlich fasziniert von ihren schönen Augen« sucht der junge Norvell fortan wiederholt die Nähe dieser »reizenden Person«. Die Umschwärmte findet den schwergewichtigen Einundzwanzigjährigen keineswegs abstoßend, und so heiraten die beiden am 17. November 1913. Niemand ist verwundert, daß Madelyn sich bei dieser Gelegenheit strikt weigert, ihr Alter anzugeben, denn auch wohlgesonnene Freunde sind überzeugt, daß sie mindestens zehn Jahre älter als ihr frischangetrauter Gatte ist. Das Paar steht allabendlich gemeinsam auf der Bühne, tagsüber treibt sich Babe bei den örtlichen Filmgesellschaften herum. Als für einen Kurzfilm ein dicker junger Mann benötigt wird, erhält er seine Chance – und er macht die Sache so gut, daß er sofort einen regulären Schauspielervertrag bekommt.

Oliver Hardy

In Gedenken an seinen Vater legt er sich dessen Vornamen Oliver zu, für die Kollegen bleibt er wegen seines dicken, faltenlosen Gesichtes Babe. Hardy liebt seine Arbeit, den Erfolg und die Frauen. Angesichts des großen Altersunterschiedes, der sich zunehmend auch auf Madelyns äußere Erscheinung auswirkt, richtet sich Ollies Augenmerk auf so manche Vitagraph-Schönheit. Erfolg macht auch die Dicken sexy, und 1919 zieht Gattin Madelyn gefrustet die Konsequenzen und läutet die Trennungszeremonie ein. Streit um Geld und andere Meinungsverschiedenheiten ziehen die Sache in die Länge, doch am Thanksgiving Day 1921 kann Babe endlich seinen neuen Schatz, die Vitagraph-Darstellerin Myrtle Lee Reeves, heiraten. Neben Myrtle hat Hardy eine zweite Leidenschaft: Er wird zu einem der besten Golfer des Filmgeschäftes. Leider nutzt seine Frau die Zeit, die er auf dem Grün verbringt, äußerst destruktiv: Sie trinkt. Bald muß Babe erkennen, daß sein Engel schwer alkoholkrank ist. Einen wesentlichen Teil des Ehelebens verbringt sie mit vergeblichen Entziehungskuren in teuren Sanatorien. Hardy sucht Ablenkung beim Pferderennen: Was Myrtle nicht vertrinkt, verliert er am Wettschalter. 1926 hat der Schauspieler nicht nur eine schwer trunksüchtige Gattin – um die er sich ein Leben lang rührend kümmert –, sondern auch den Verlust seines nahezu gesamten Vermögens zu beklagen. Sein Privatleben bleibt unglücklich, doch beruflich und damit finanziell kommt die Wende, als er beginnt, mit Stan Laurel zu arbeiten.

Christian Blees: Laurel und Hardy, Trescher Verlag, Berlin 1993

Jean Harlow
* 1911, † 1937

Als Herlean Carpenter in Kansas City geboren, spielt die Tochter eines Zahnarztes achtzehnjährig ihre erste größere Rolle und avanciert binnen kürzester Zeit zum Star mit dem Image der kühl-überlegenen Sexbombe. Der 1933 gedrehte Film »Bombshell« bringt ihr den Spitznamen »Blonde Bombshell« ein. Ihr früher Tod macht die amerikanische Schauspielerin zur Kultfigur.

»Nein, ich bin der, der nicht mit ihr geschlafen hat«, antwortet Clark Gable höflich auf die Frage, ob auch er ein Verhältnis mit der platinblonden Schönheit gehabt habe. Selbst als Jean Harlow mit Stars wie Clark Gable und Spencer Tracy vor der Kamera steht, muß sie trotz des Versprechens, ernsthaftere Rollen zu bekommen, mehr Dekolleté zeigen und mehr Erotik an den Tag legen als jeder andere Star der Zeit. Die Kritiker haben längst ihre Meinung zugunsten der Harlow geändert, als MGM sie immer noch in hautenge weiße Kleider zwängt und sie nur in aufreizenden Rollen erscheinen läßt. Die entsprechen allerdings offensichtlich durchaus einem Teil von Jeans Wesen: Sie trägt nur selten Unterwäsche – »ich kann nicht atmen, wenn ich einen Büstenhalter trage« – und in Restaurants und bei Pressekonferenzen wird beobachtet, wie sie sich selbst – offensichtlich geistesabwesend – zärtlich streichelt.

Entsetzlich gelangweilt von all den angeblich so klugen Schulbüchern verläßt Fräulein Carpenter sechzehnjährig bei Nacht und Nebel ihr Internat, um mal zu kosten, was das richtige Leben so zu bieten hat. Es läßt sich gut an. Ordentlich geschminkt, kann sie einen ahnungslosen Friedensrichter über ihre Minderjährigkeit hinwegtäuschen und heiratet als erste Amtshandlung in der Freiheit den gutaussehenden Salonlöwen Charles McGrew. Leider hat Charlie eine ganz andere Vorstellung von Freiheit und seilt sich kurz nach der Trauung ab. Dank des engen Verhältnisses, das sie zu ihrer Mutter hat, kann Harlean zurück nach Hause. Sie nimmt Mamas Mädchennamen an und verwirklicht ihren Traum: eine Karriere beim Film. Jetzt heißt es erst mal arbeiten, und da ist keine Zeit für Männer. Mrs.

McGrew wird 1929 geschieden und hat als Jean Harlow viel mehr Wirkung auf Männer, als sie ausnutzt. Brav lebt sie mit ihrer angebeteten Mutter zusammen und träumt von einem reichen, liebenden Mann. Am 2. Juni 1932 überschlagen sich die Gazetten: Jean Harlow hat sich verlobt. Der Auserwählte ist allerdings kein Märchenprinz, sondern ein unattraktiver Filmproduzent namens Paul Bern. Was immer in der Hochzeitsnacht über den zweiundzwanzig Jahre älteren Bräutigam kommt, Amor in seiner liebevollsten Form ist es nicht. Bern drischt mit einem Spazierstock so heftig auf seine junge Frau ein, daß die striemenübersät und mit einer Nierenquetschung ins Krankenhaus muß. Acht Wochen später schreibt er einen Abschiedszettel, übergießt sich mit Jeans Parfum und jagt sich nackt vor dem Spiegel eine Kugel in seinen verstörten Schädel.

Jean Harlow erholt sich von der Attacke, feilt an ihrem Image als Sexstar und heiratet mit dreiundzwanzig Jahren zum drittenmal, diesmal den Kameramann Harold Rosson. Der ist seiner Existenz an der Seite einer Leinwandgöttin nicht gewachsen und flieht vor den ehelichen Pflichten in die Lektüre von Sach- und Fachbüchern. Was bleibt der schönen Jean da übrig, als sich einen schmucken Liebhaber zu suchen. Kollege William Powell hilft gern aus der ehelichen Patsche und entpuppt sich als die große Liebe der kleinen Jean Harlow. Das Glück dauert nur drei Jahre, denn Jean wird krank; so krank, daß sie ihre geliebte Mutter um Hilfe bittet. Leider vergeblich, denn Mama Jean ist inzwischen Mitglied einer obskuren Sekte, die körperliche Krankheiten schlichtweg verleugnet, und läßt ihre Tochter buchstäblich verrecken.

Donald Spoto: Marilyn Monroe, Wilhelm Heyne Verlag, München 1993
Gala, 13.11.1997

Jaroslav Hašek
* 1883, † 1923

Als Buchautor und Journalist publiziert Hašek mit rasanter Geschwindigkeit sechzehn Bücher, bevor er in die Armee eintritt. Seine Erfahrungen als Soldat im Ersten Weltkrieg fließen in sein berühmtestes Buch »Die Erfahrungen des braven Soldaten Schwejk während des Weltkrieges«. Vier Bände dieses unvollendeten Projekts stellt Hašek vor seinem frühen Tod fertig.

»Ich habe zwei Frauen und betrüge beide!« muß sich der tschechische Schriftsteller in einem seiner äußerst seltenen nüchternen Augenblicke eingestehen. Doch obwohl er tatsächlich mit beiden Frauen rechtmäßig verehelicht ist, bleibt Hašek durch glückliche Umstände die eigentlich fällige Anklage wegen Bigamie erspart.

Jaroslav, der beileibe kein Frauenheld ist, kann seine Rendezvous an fünf Fingern abzählen. Mal trifft er sich mit einer niedlichen Kellnerin, mal mit einem Mädchen aus der Nachbarschaft. Immer stellt er jedoch fest, daß er mit den Mädels nicht viel anfangen kann und ihn die eintönigen Gespräche bald langweilen. Das ändert sich, als er Slavka, eine mährische Lehrerstochter, kennenlernt. Slavka ist lustig und gescheit, und vor allem hat sie ein paar äußerst attraktive Freundinnen, mit denen es sich gut durch die Prager Kneipen und Kabaretts ziehen läßt.

Jaroslav Hašek

Eine von ihnen, Jarmilka Majerová, hat es dem ironisch-komischen Dichter auf Anhieb angetan. Immer öfter lädt Jaroslav die hübsche, schlanke Jarmilka ein, ihn zu begleiten, und liest ihr seine frechen Texte vor. Fräulein Majerová ist zwar leicht schockiert, läßt sich aber nichts anmerken. Ihrem Tagebuch vertraut sie an: »Er sieht zwar aus wie ein Vagabund, hat aber einen so lieben Gesichtsausdruck.« Hašek sieht nicht nur aus wie ein Vagabund, er ist auch einer. Die Honorare für seine Bücher und Artikel setzt er umgehend in sein geliebtes dunkles Prager Bier mit dem seidigen Schaum um. Bisweilen schüttet er täglich fünfunddreißig halbe Liter der köstlichen Flüssigkeit in seine trockene Kehle, eine Angewohnheit, die zu Trunkenheit und Schulden führt. Wenn der Magen den Gerstensaft nicht mehr bei sich behalten kann, zwingt sich Hašek alternativ zu »Kaffee mit Rum, Kaffee ohne Rum und Rum ohne Kaffee«. Jarmilkas Eltern sind entsetzt, als sie erfahren, mit wem sich ihre einzige Tochter herumtreibt. Der brave Papa, Stukkateur von Beruf, wünscht sich einen bürgerlichen Schwiegersohn und läßt den schreibenden Trunkenbold Hašek vier Jahre auf die elterliche Einwilligung zur Hochzeit warten. Jaroslav tut das Menschenmögliche, um den Anforderungen der Familie Majerov zu genügen. Er tritt in die Katholische Kirche ein und nimmt eine Stelle als Hilfsredakteur bei einer kleinen Zeitung an. Zu seinem Leidwesen passieren ihm jedoch immer wieder Mißgeschicke, die ihn im Ansehen bei seinen zukünftigen Schwiegereltern um Lichtjahre zurückwerfen. Jarmilka hält dennoch liebevoll und unverdrossen zu ihm, als er zum x-ten Mal bei der Polizei ausgenüchtert wird, weil er seine bierpralle Blase verbotenerweise öffentlich entleert hat. Sie besucht ihren Bräutigam im Gefängnis, als der wegen Teilnahme an einer anarchistischen Demonstration für zwei Monate inhaftiert ist, und überzeugt schließlich ihre Eltern, daß sie eher als alte Jungfer enden wird, als auf ihren »Vagabunden« zu verzichten. Am 23. Mai 1910 heiratet das junge Paar, und die langmütige Jarmilka muß bald feststellen, daß das Leben mit Jaroslav Hašek alles andere als einfach ist. Nächtens zieht der frischgebackene Ehemann weiterhin ungehemmt um die Häuser und kommt, wenn überhaupt, meist sturzbetrunken nach Hause. Als im April 1912 Söhnchen Richard auf die Welt kommt, ist es um die Ehe bereits nicht zum besten bestellt. Einer Anekdote zufolge zeigt der angetrunkene Jaroslav seinen neugeborenen Sprößling bei den Trinkkumpanen herum, hebt mit jedem seiner Freunde eine Maß auf den Kleinen und vergißt das Kind schließlich in irgendeinem Etablissement. Jarmilka leidet, ihre Eltern toben und versuchen die Tochter zur Trennung zu überreden, zumal Hašek keineswegs in der Lage ist, seine kleine Familie zu ernähren. Kurz nach Richards Geburt verläßt er dann auch Frau und Kind, und Jarmilka kehrt zu ihren Eltern zurück.

»Der Mensch denkt, die Kneipe lenkt«, Hašek schreibt hier und da ein wenig, säuft um so mehr und verbummelt seine Tage, bis er 1915 den Einberufungsbefehl erhält. Um nicht kämpfen zu müssen, tut er, was viele Landsleute tun, er läuft zu den Russen über. Nach einigen Irrungen und Wirrungen geht es ihm dort ganz gut, bis er 1919 an Typhus erkrankt. Ohne Angst vor einer Ansteckung pflegt ihn die junge Alexandra Gavrilovna, Schustertochter aus einem Tatarendorf, gesund. So viel Fürsorge muß belohnt werden: Der genesene Hašek revanchiert sich, indem er seine kleine Verehrerin anlügt, ihr sagt, er sei ledig und ohne Verpflichtungen, und sie heiratet. Kaum gesundet, nimmt er Sura, wie er seine Frau nennt, mit nach Prag. Freunden erzählt er, sie sei eine russische Großfürstin, die er vor den Bolschewiken gerettet habe. Das junge Mädchen widerlegt seine Fabeln nicht, denn sie versteht kein Wort, spricht kein Tschechisch, kann nicht lesen und fühlt sich einsam unter all den fremden Menschen. Unglücklich nimmt sie zur Kenntnis, daß ihr Jaroslav ein Alkoholiker ist, und folgt ihm Nacht für Nacht, um ihn aus seinen Spelunken nach Hause zu zerren. Eine Weile gelingt es dem Heiratsschwindler, Jarmilkas Existenz vor seiner Sura zu verheimlichen, doch dann fliegt alles auf, und Sura ist todunglücklich, zumal Hašek seine Beziehungen zu der kultivierten, gescheiten Jarmilka wieder intensiviert. Da die tschechischen Behörden zu diesem Zeitpunkt Rußland nicht anerkennen, nehmen sie auch keine Notiz von der zweiten Ehe und lassen Hašek unbehelligt.

Der Alkohol fordert seinen Tribut, Freunde sind beunruhigt über Jaroslavs Gesundheitszustand und bringen ihn unter einem Vorwand in ein kleines Dorf außerhalb von Prag. Hier soll der Schriftsteller ausnüchtern und endlich seinen bereits begonnenen, vielversprechenden »Schwejk« beenden. Zwar kann von Nüchternheit keine Rede sein, doch gelingt es ihm tatsächlich, einen Teil des Werkes fertigzustellen. Mit dem »Braven Soldaten Schwejk« schafft Jaroslav Hašek das, worum er sich sein kurzes Leben lang bemüht hat, er kann Frau(en) und Kind ernähren. Er stirbt knapp vierzigjährig an den Folgen seiner Alkoholabhängigkeit.

Radko Pytlík: Tuolavé House, Emporius 1998

Gerhart Hauptmann
* 1862, † 1946

Der deutsche Dramatiker, Erzähler und Dichter gilt als Hauptvertreter des Naturalismus in der deutschen Literatur. Nach einem kurzen Studium der Bildhauerei in Breslau und Jena wendet er sich – entscheidend beeinflußt vom Werk Henrik Ibsens – ganz dem Schreiben zu. 1912 erhält Gerhart Hauptmann den Nobelpreis für Literatur.

»Wenn ich ein großes und langes Gedicht schriebe, wo, wie im Trojanischen Krieg, Kämpfe und Helden geschildert würden? Es ist doch gewiß, daß mein Ruhm, besonders, weil ich so jung bin, sich über die ganze Welt verbreiten würde, würde mir dann nicht Annuschka um den Hals fliegen?« Der vierzehnjährige Gerhard Johann Robert (die Schreibweise seines Rufnamens ändert er mit Beginn seiner literarischen Laufbahn) ist schon wieder verliebt. Seit seinem dritten Lebensjahr, als er die weiche Brust der elterlichen Köchin entdeckte, verguckt er sich andauernd und wird nie erhört. Auch Annuschka Boguschewska, die Tochter eines russischen Generals, fliegt dem Knaben keineswegs um den Hals, sondern läßt ihn vielmehr links liegen. So ganz genau weiß der kleine Hauptmann ohnehin nicht, was er von den Mädchen will, denn die Aufklärung seines prüden Vaters ist reichlich nebulös: »Du wirst, es kann nicht ausbleiben, eines Tages das getan haben, was die meisten, ehe sie dein Alter überschritten haben, eben tun. Bevor du dich aber zu einem solchen Entschluß hinreißen läßt, versichere dich nach Möglichkeit, daß du einen gesunden Menschen vor dir hast.« Dafür hat der Sohn keine Zeit, denn er verliebt sich immer noch ununterbrochen und immer noch genauso erfolglos wie zu Kinderzeiten. »Sei mein, Du berauschende Honigwabe! Sei mein Haus, mein Hof, mein Herd! Erd und Himmel bist Du mir wert. – Anna, darben mit Dir ist Genuß, mit Dir arm sein Überfluß.« Hauswirtschaftslehrling Anna Grundmann schüttelt nur den Kopf anläßlich dieser Verse und beantwortet nicht einmal den Brief, in dem Gerhard ihr einen Heiratsantrag macht. Sie bleibt trotzdem seine große Liebe, und selig zehrt er in Gedanken von den zwei oder drei Küßchen, die er ihr hat applizieren können. Sein älterer Bruder ist da erfolgreicher und verlobt mit Fräulein Thienemann, einem wohlerzogenen Mädchen aus gutem Hause. Georg stellt den zukünftigen Schwiegereltern seine Brüder Gerhard und Carl vor und löst damit eine Hauptmanninvasion im Hause Thienemann aus. Gerhard verliebt sich in Marie, Carl verliert sein Herz an Schwester Martha. Die Folge ist, daß drei arme Schlucker-Brüder Hauptmann drei Höhere-Töchter-Schwestern Thienemann heiraten.

Marie, genannt Mimi, ist so schüchtern wie ihr Verehrer, und als der ihr auf einem ihrer gemeinsamen ellenlangen Spaziergänge seine Liebe gesteht, hüllt sie sich für den Rest des Tages in Schweigen. Gerhard glaubt schon wieder eine Herzenssache verloren, geht zitternd am nächsten Morgen zu Mimi und faßt sich kaum vor Freude, als er erfährt: Sie wird ihn erhören. Zunächst aber – so beschließen die beiden – soll die Verlobung geheim bleiben. Mimi zwackt regelmäßig Geld bei ihren Eltern ab, das sie ihrem mittellosen Studenten zusteckt. Der vertrinkt zwar einen wesentlichen Teil, aber er arbeitet auch fleißig. Vor der Hochzeit, so hat er entschieden, will er noch eine Reise in den Süden unternehmen, ohne Mimi, aber mit ihrem Geld. Bruder Carl läßt sich inspirieren, und die beiden Hauptmanns machen sich eine nette Zeit auf Kosten ihrer geduldigen Bräute.

Am 5. Mai 1885 heiraten Gerhart und Marie Hauptmann und beziehen eine kleine Mansardenwohnung in der Stadt. Marie, wohlhabendes Landleben gewohnt, leidet unter Schmutz und Lärm, und als sie schwanger wird, setzt sie sich durch: Die Familie zieht aufs Land. Bereits zwei Jahre nach der Trauung hat Gerhart das Gefühl, daß er sich von der Ehe ausruhen muß. Marie, die Ja zu einem Habenichts gesagt hat und sich als Frau eines berühmten Dichters wiederfindet, wagt nicht zu widersprechen. Gerhart verreist allein. Wenig später gesteht er seiner Gattin, was sie bereits gespürt und befürchtet hat – er ist verliebt.

Margarete Marschalk ist ehrgeizig, temperamentvoll, talentiert, munter, unbeschwert und weiß genau, was sie will: Gerhart Hauptmann. Dessen Ehefrau und Mutter seiner drei Söhne bittet, trauert, bangt, versucht, die Ehe zu retten, und muß sich schließlich geschlagen geben. Gemeinsam verbrennt das Ehepaar alle früheren Liebesbriefe. Die Kinder, die nicht wissen, was da flackert, freuen sich über das lustige Feuerchen. Gerhart Hauptmann zieht nach Berlin, wo Margarete lebt, und der Dichter bricht das Abkommen mit seiner Gemahlin, beide Frauen sechs oder acht Wochen nicht zu sehen, um sich Gefühlsklarheit zu verschaffen. Margaretes Mutter ist alles andere als begeistert von dem Verhältnis ihrer Tochter. Der Mann mag ja berühmt sein, aber in erster Linie ist er zwölf Jahre älter, verheiratet und Vater dreier Kinder. Die befinden sich inzwischen mit ihrer unglücklichen Mutter auf einer Reise nach Amerika. Als Hauptmann von der Unternehmung erfährt, ist Marie schon auf dem Schiff und hat nur hinterlassen, wenn er Sehnsucht verspüre, könne er ja nachkommen. Seine Frau, in einem anderen Teil der Erde, seinem Zugriff entzogen! Hauptmann bucht die nächste Passage und fährt hinterher. In Connecticut kommt es zu einer innigen Vereinigung, doch heimlich hat der Dichter auch hier Sehnsucht nach der jungen Margarete. Die Familie reist zurück nach Deutschland, und binnen kürzester Zeit wird aus dem geläuterten Familienvater wieder Fräulein Marschalks ergrauter Liebhaber. Diesmal läßt sie ihn nicht wieder los. Briefe unterschreibt sie in naiver Selbstaufgabe mit »Dein Eigentum«, und nach der Geburt des Sohnes Benvenuto wird Hauptmanns Scheidung unumgänglich. Kurz danach heiratet Gerhart seine Margarete, Marie zeigt Klasse und bleibt ihm Vertraute und Freundin. Sein »Eigentum« bekommt einen zweiten Sohn, der jedoch bald nach der Geburt stirbt. Margarete bemüht sich, dem zweiundvierzigjährigen Dichter die Frau zu sein, der er treu sein kann, sieht sich jedoch eines Tages mit einer unliebsamen Konkurrentin konfrontiert.

Ida Orloff ist gerade sechzehn, als sie während der Proben neben Hauptmann sitzt. Der Dramatiker ist für sie ein »alter Mann«, während er dem »schönen Kind, das den goldenen Haarschwall bis zu den Knien fließen läßt« in der ersten Stunde verfällt. Idas Mutter staunt nicht schlecht, als ihre Tochter mit einem Galan auftaucht, der sogar älter als sie selbst ist. Die Kleine heizt dem Midlifecrisis-geschüttelten Hauptmann ordentlich ein. Auf gemeinsamen Spaziergängen offenbart sie ihm mit großem Vergnügen ihre pubertären sexuellen Phantasien und regt ihn damit so auf, daß er sie täglich mit einem Blumenstrauß in der Hand besuchen kommt. Frau Orloff redet ihm zwar ins Gewissen, aber der Autor will nicht von Ida lassen. Margarete weiß natürlich längst Bescheid und reagiert mit äußerlicher Gelassenheit auf die Verliebtheit ihres Mannes. Der wird durch die zerrissene Situation krank, so krank, daß er ins Bett muß, und zwar in sein eigenes. Jetzt schlägt die Stunde seiner Gattin, fürsorglichst pflegt sie den maladen Mann und ermuntert ihn raffiniert, während seiner Krankheit doch einen Briefwechsel mit Ida zu führen. Sie kalkuliert richtig: Angesichts der kindlichen Zettel, die ins Haus geflattert kommen, merkt sogar der verblendete Hauptmann, in was er sich da verrannt hat. Ida ist Geschichte und Gerhart wieder bei seiner Kleinfamilie. 1942 trifft das Ehepaar Hauptmann die Schauspielerin Orloff noch einmal wieder, und

Margarete sagt mit süffisanter Betonung: »Inspirieren Sie meinen Mann nur wieder. Dagegen habe ich nie etwas gehabt!«

Wolfgang Leppmann: Gerhart Hauptmann, Scherz Verlag, Bern/München/Wien 1986

Franz Joseph Haydn
* 1732, † 1809

Der österreichische Komponist wächst in einfachen Verhältnissen auf und wird als Achtjähriger in die Chorschule des Wiener Stephansdoms aufgenommen. Als freischaffender Musiker studiert er autodidaktisch Musiktheorie und Kontrapunkt und beginnt erfolgreich zu komponieren; unter anderem die Melodie der deutschen Nationalhymne.

Domkapellmeister Reutter ist so entzückt von der außergewöhnlichen Stimme des kleinen Joseph, daß er den Jungen vor Eintritt der Pubertät zu »einem kleinen Eingriff« überredet, der ihm den klaren, hellen Klang erhalten soll. Die Aussicht, im geliebten Stephansdom unbefristet weitersingen zu dürfen, läßt Haydn zustimmen, und nur durch einen Zufall erfährt sein Vater von dem perfiden Unternehmen und verhindert zwei Stunden vor dem Operationstermin die Kastration seines Sohnes. Mit Eintritt des Stimmbruchs muß Haydn den geliebten Chor verlassen und verdient sich siebzehnjährig seinen Lebensunterhalt durch Musikunterricht.

Franz Joseph Haydn

So bringt er auch den beiden Töchtern des Frisörs Keller das Musizieren bei. Vater Keller zahlt nicht nur pünktlich die Stunden, er ist auch sonst ein umgänglicher Mann, und als Haydn um die Hand der jüngeren Tochter anhält, hat er nichts gegen die Verbindung. Leider ist das Mädchen ganz anderer Meinung und erwidert Josephs Gefühle so wenig, daß sie statt in seine Arme in ein Kloster eilt und allem Irdischen für immer entsagt. Freund Keller empfiehlt wärmstens, es doch mit der überfälligen Tochter Nummer zwei zu versuchen, und um sich zu trösten und dem Vater einen Gefallen zu tun, heiratet Joseph Haydn am 26. November 1760 die zweiunddreißigjährige Anna Maria Keller. Die Hochzeit wird heimlich gefeiert, denn Haydn ist beim Grafen Morzin für zweihundert Gulden jährlich, inklusive Unterkunft und Verpflegung, als Musikdirektor angestellt und hat im Vertrag stehen, daß er ledig bleiben muß. Wäre er besser auch geblieben, denn die Ehe mit der zänkischen, ewig nörgelnden Anna Maria ist von Anfang an ein Desaster. Die Frisörstochter hat keinerlei Verständnis für den Beruf ihres Mannes, nimmt seine Notenblätter zum Auslegen der Kuchenbleche oder benutzt sie – was er fast noch schlimmer findet – als Lockenwickler. Am allerschlimmsten aber ist für den vier Jahre jüngeren Ehemann, daß sie keine Kinder bekommen kann. »Sie hat keine Qualitäten, ihr ist es gleichgültig, ob ihr Mann Schuster oder Künstler ist«, beschreibt Haydn sein Gespons und schaut sich um.

1779 wird das Ehepaar Polzelli für die fürstliche Kapelle engagiert. Er ein Geiger reiferen Alters und schon etwas gebrechlich, sie ein neunzehnjähriger rassiger Mezzosopran mit schwarzen Augen und schmalem Gesicht. Bei Luigia findet Kapellmeister Haydn das, was ihm zu Hause fehlt – und er genießt es. Es beginnt ein Verhältnis, das über Jahre geht, und hartnäckig hält sich das Gerücht, Luigias zweiter Sohn Anton sei des Komponisten Filius. Die Wege trennen sich, doch das Paar bleibt in Verbindung, schreibt sich zärtliche Briefe, die alle den gleichen Ausklang haben: Man wartet auf den Tod der hinderlichen Ehepartner. Der alte Geiger tut ihnen 1791 den Gefallen, bleibt nur noch Anna Maria Haydn, deren Mann seiner Geliebten unverfroren schreibt: »Teure Polzelli, vielleicht wird jene Zeit kommen, welche wir uns so oft herbeigewünscht haben, daß vier Augen sich schließen würden. Zwei haben sich geschlossen, aber die anderen zwei – je nun, wie Gott will.« Aber Gott will die zänkische Frau Haydn offenbar auch nicht bei sich haben und läßt sie noch weitere neun Jahre auf der Erde, wo sie ihrem Mann so auf den Wecker geht, daß er sie öffentlich »höllische Bestie« tituliert. Zu einer Heirat des Liebespaares kommt es jedoch auch nach Anna Marias Tod nicht. Luigia ehelicht einen italienischen Sänger, nicht ohne sich vorher von Haydn testamentarisch eine lebenslange Rente von »dreihundert Gulden in Wiener Münze« zusichern zu lassen.

Pierre Barbaud: Joseph Haydn, rororo Bildmonographie, Rowohlt Verlag, Reinbek 1960

Christian Friedrich Hebbel
* 1813, † 1863

Als Sohn eines Tagelöhners geboren, studiert Hebbel Jura, Geschichte, Literatur und Philosophie und hat 1841 mit der Tragödie »Judith«, die nach einem alttestamentarischen Stoff entsteht, einen ersten literarischen Erfolg. In seinen Geschichtsdramen thematisiert er vor allem das tragische Verhältnis von Individuum und Welt.

»Heiraten! Es ist mir überhaupt unter allen entsetzlichen Dingen das entsetzlichste, und ich werde mich gewiß niemals dazu entschließen.« Bis er es dennoch tut, absolviert der Dramatiker eine ganze Reihe von Affären und Beziehungen, nicht immer mit Bravour. Die elterliche Armut zwingt ihn bereits sechzehnjährig, sein Geld als Botenjunge und Schreiber zu verdienen. Sein Arbeitgeber Mohr schwängert die Dienstmagd Antje Hinrichs und will den jungen Hebbel zwingen, das Mädchen zu heiraten. Der klemmt die Beine unter den Arm und sieht zu, daß er Land gewinnt. Bis nach Hamburg flieht er vor dem unsittlichen Mohr. Dort vermietet ihm die brave Elisabeth Lensing, genannt Elise, ein Zimmer. Sechs Wochen wohnt er bei Elise, dann heißt es auch hier: Nichts wie weg, denn die Einunddreißigjährige hat sich in ihren Untermieter verliebt und will dringend heiraten. Aus sicherer Entfernung läßt er sich die liebevolle Fürsorge Elises gefallen und dankt sie ihr, indem er ein Verhältnis mit ihr beginnt. 1836 ist alles vorbei, und gut ausgestattet mit dem Geld der enttäuschten Freundin verläßt Hebbel Hamburg.

Christian Friedrich Hebbel

In München quartiert er sich bei Tischlermeister Anton Schwarz ein und schläft mit dessen Tochter Josepha. Beppi gefällt der nette Christian. Zwei Jahre versucht sie ihn zu ködern, indem sie allmorgendlich Frühstück und Zeitung an sein Bett bringt, doch als der Heiratswunsch zu deutlich wird, sucht Hebbel wieder das Weite. Statt sich irgendwo eine Wohnung zu suchen, zieht er unvorsichtigerweise wieder zu Elise nach Hamburg, die ihn in ihrem Herzen behalten und die Hoffnung nicht aufgegeben hat, doch noch seine Frau und die Mutter seiner Kinder zu werden. Auf letzteres läßt sie es ankommen und wird 1840 schwanger. Vater Hebbel zeigt sich gänzlich unbeeindruckt. Weit entfernt davon, die Verantwortung zu übernehmen, ist er sehr dafür, daß Elise das Kind diskret in Rügen zur Welt bringt. Und während die sich dort als Frau Dr. Hebbel ausgibt – was genauso falsch wie der Titel ist – und ihr Kind erwartet, erzählt Christian Friedrich ihr in seinen Briefen detailliert von seinem Verhältnis mit der hübschen Patriziertochter Emma Schröder. Noch bevor der kleine Max geboren ist, kehrt der Sadist allerdings reumütig zu Elise zurück: »Ich möchte den ganzen Tag vor Dir auf den Knien liegen und um Vergebung bitten, daß ich Dich so oft gequält, im Tiefsten verletzt, bitter geschmäht habe.« Max stirbt zum Kummer seiner Eltern an Gehirnhautentzündung, und Hebbel versucht Elise zu trösten, indem er ihr die Heirat anbietet. Aber noch bevor sie antworten kann, überlegt er es sich wieder anders. »Ich habe es durchgerechnet, es geht doch nicht«, läßt er die frustrierte Elise wissen. Die bekommt einen zweiten Sohn, Ernst, und schreibt Hebbel, egal wo der sich aufhält, sie würde die Beziehung doch gerne legalisieren. Der ist jetzt allerdings ganz anderer Meinung, sein Entschluß steht fest: Entweder das Verhältnis wird eine Freundschaft auf Distanz, oder er bricht es ab. Spricht's, läßt Elise und Ernst sitzen und zieht nach Wien, wo die berühmteste Schauspielerin der Stadt, Christine Enghaus, in seinen Stücken auftritt. Und hier geschieht, was er »das Wunder« nennt.

Christian Friedrich Hebbel verliebt sich so hemmungslos in die vier Jahre jüngere Aktrice, daß er sich auch von ihrem unehelichen Sohn nicht irritieren läßt und sie nach wenigen Besuchen um ihre Hand bittet. »Ich liebe sie, wie ich noch nie geliebt habe und werde ebenso von ihr geliebt. Ein Tag bringt mir mehr Glück als ehemals ein ganzes Jahr«, schwärmt er romantisch und fügt ganz pragmatisch hinzu: »Sie ist lebenslänglich mit fünftausend Gulden beim Hoftheater engagiert, ihre Stellung erlaubt uns, zu heiraten.« Das tut das Paar am 26. Mai 1846. Die unglückliche Elise betrauert in Hamburg den Tod ihres zweiten Sohnes, den Hebbel nie gesehen hat, und erweicht Christines Herz. Sie lädt Elise nach Wien ein. Während Hebbel einen sehr nüchternen Umgang mit seiner Ex-Geliebten pflegt, freunden die beiden Frauen sich an, und als Elise zurück nach Hamburg fährt, hat sie Christines Sohn bei sich, den sie in Zukunft, bezahlt vom Ehepaar Hebbel, erzieht. Mutter und Ziehmutter schreiben sich regelmäßig, und Christian Friedrich Hebbel genießt sein Familienglück, das 1847 durch die Geburt einer gesunden Tochter komplett wird.

Albrecht Jansen: Die Frauen rings um Friedrich Hebbel, B. Bern Verlag, Berlin/Leipzig 1919
Hugo Matthiese: Friedrich Hebbel, rororo Bildmonographie, Rowohlt Verlag, Reinbek 1970
Ursula Voß (Hrsg.): Kindheiten, Deutscher Taschenbuch Verlag, München 1979

Georg Wilhelm Friedrich Hegel
* 1770, † 1831

In einem pietistischen Elternhaus aufgewachsen, studiert Hegel in Tübingen Theologie und entwickelt sich zu einem der einflußreichsten Denker des 19. Jahrhunderts. Er schließt das Studium ab und nimmt eine Stelle als Hauslehrer an. Als die Erbschaft seines Vaters aufgebraucht ist, gibt er eine Zeitung heraus und verdient sein Geld als Rektor eines Gymnasiums.

»Was sexuelle Beziehungen angeht, sollten wir bedenken, daß ein Mädchen, das sich dem Beischlaf hingibt, seine Ehre verliert. Bei Männern ist dies nicht der Fall, denn ihnen stehen jenseits der Familie noch andere Bereiche für ihre ethischen Aktivitäten offen.«

Georg Wilhelm Friedrich Hegel

Als Student ist Hegel ständig so schlampig gekleidet, daß die jungen Damen des Städtchens Tübingen die zierlichen Nasen rümpfen. Dennoch mögen sie den gutmütigen, etwas behäbigen, aber geistig äußerst munteren Friedrich ganz gerne. Der wiederum läßt keine Gelegenheit aus, Pfänderspiele zu arrangieren, »wo ihm denn doch von holdem Mund auch ein Küßchen zu Theil werden mußte«. Seine beiden wirklichen Leidenschaften sind allerdings das Tarotspiel und der Wein. Er ist ein so engagierter »Vierteleschlotzer«, daß er sich bei nächtlich-beschwingter Heimkehr ins Stift vom Hausmeister nicht selten anhören muß: »O Hegel! Du saufst dir gewiß no dei bißle Verstand vollends ab!«

Vierzigjährig pflegt er zu sagen, Gott habe ihn verdammt, Philosoph zu sein, und nichts deutet darauf hin, daß der freundliche Hagestolz jemals ans Heiraten denkt. Im Gegenteil, voll von Selbstzweifeln, ist er fest davon überzeugt, nicht das Zeug zur Ehe zu haben und einen anderen Menschen glücklich machen zu können. Die Freunde kriegen die Münder vor Staunen nicht zu, als er wie umgewandelt am 16. September 1811 die zwanzigjährige Maria von Tucher heiratet. Die Tochter des Senators der Reichsstadt Nürnberg hat offenbar das Herz des eingefleischten Junggesellen im Sturm erobert. Der Herr Senator allerdings muß mit einem gefälschten Brief zum Einverständnis überredet werden. Besorgt um sein ältestes Kind, scheint ihm die finanzielle Lage des vorwiegend denkenden zukünftigen Schwiegersohnes etwas unsicher. Flugs fingiert ein Freund aus Erlangen einen Brief, indem er höchst würdevoll bestätigt, daß Hegels Ernennung zum Professor so gut wie sicher ist. Außer seinem klugen Kopf und sehr viel Liebe bringt Friedrich Hegel noch »eine Kleinigkeit« mit in die Ehe. Er hat aus seiner Zeit in Jena einen Sohn. Die verheiratete Christina Charlotte Burkhardt, geborene Fischer und ihres Zeichens Hegels Hauswirtin, hat ihre Fürsorgepflicht so ernst genommen, daß sie Untermieter Hegel Söhnchen Ludwig schenkt. Als ihr Mann stirbt, verspricht der Kindsvater der Mutter von drei Kindern die Ehe und – man mag es kaum glauben bei so viel Intelligenz – »vergißt« das Versprechen schlichtweg, als er Jena verläßt. Christina allerdings hat nichts vergessen, und als sie von der Hochzeit mit Maria erfährt, reist sie auf der Stelle an und verlangt »in gemeinster, niedrigster Weise« eine Abfindung. Die junge Frau Hegel reagiert gelassen und nimmt den Sohn ihres Mannes bei sich auf. Leider ist der Bengel verschlossen, scheu und durchtrieben, veruntreut in der Lehre Geld, was Vater Hegel dazu veranlaßt, ihn zu zwingen, den Geburtsnamen seiner Mutter, Fischer, anzunehmen und den Knaben in den holländischen Kolonialdienst zu verfrachten. Die beiden Söhne mit Maria (eine Tochter stirbt bald nach der Geburt) entwickeln sich allerdings prächtig, und die Ehe ist bis zu Hegels Tod glücklich und von Marias vergötternder Anhänglichkeit und Zärtlichkeit für ihren Mann geprägt.

Christoph Helferich: Georg Wilhelm Friedrich Hegel, J. B. Metzlerische Verlagsbuchhandlung, Stuttgart 1979
Carole McKenzie: All about Sex, Europaverlag, München/Wien 1992
Franz Wiedmann: Georg Wilhelm Friedrich Hegel, rororo Bildmonographie, Rowohlt Verlag, Reinbek 1965

Heinrich Heine
* 1797, † 1856

Der Sohn eines jüdischen Tuchhändlers promoviert 1825 zum Dr. jur. und kann wegen seiner Herkunft in Deutschland nicht als Anwalt tätig werden. Er läßt sich protestantisch umtaufen – und arbeitet trotzdem nicht als Jurist. 1831 geht er als Korrespondent einer Zeitung nach Paris und verbringt dort – mit Ausnahme von zwei Deutschlandreisen – den Rest seines Lebens.

»Der Hochzeitsmarsch erinnert mich immer an die Musik, die gespielt wird, wenn Soldaten in die Schlacht ziehen.«   *Heinrich Heine*

»Ein Jüngling liebt ein Mädchen – die hat einen Andern erwählt.
Der Andre liebt eine Andre – und hat sich mit dieser vermählt.
Das Mädchen heirathet aus Ärger – den ersten besten Mann,

der ihr in den Weg gelaufen – der Jüngling ist übel dran.
Es ist eine alte Geschichte – doch bleibt sie immer neu,
und wem sie just passieret – dem bricht das Herz entzwei.«

Harry Heine ist schon ein armer Teufel, wie gut, daß er seinem gebrochenen Herzen wenigstens in Versen Luft machen kann. Gleich zwei der begehrenswerten Töchter seines reichen Onkels Salomon haben ihm einen Korb gegeben. Erst Amalie, die er Molly nennt und glühend verehrt, und dann will auch noch deren Schwester Therese nichts von ihm wissen. Heine tröstet sich bei Mädchen, die nicht nach Liebe, sondern nach Geld fragen: Posaunenengel-Hannchen, Mummen-Friederike, Dragoner-Kathrine, Pique-As-Louise, Kuddel-Muddel-Marie,

Strohpuppen-Jette und die falsche Marianne. Sie geben ihm, was er sich wünscht, und noch etwas mehr, denn hier holt er sich vermutlich die Syphilis, die ihn – viel zu spät – veranlaßt, von Kondomen Gebrauch zu machen. Kondome, die er sich aus veilchenblauer Seide maßanfertigen läßt. Seine Vorliebe für bezahlte »Liebe« gibt Heinrich – wie er sich inzwischen umbenannt hat – auch als verheirateter Mann nicht auf.

Heinrich Heine
im Salon von Rahel Varnhagen

In einem Schuhgeschäft lernt er Crescence Eugénie Mirat kennen, die er Mathilde nennt, weil ihm das Aussprechen von Crescence »im Hals weh tut«. Mathilde ist achtzehn, als sie den Dichter trifft, ein Bauernmädchen mit rundem vollem Gesicht, kastanienbraunem Haar, blendend weißen Zähnen, ungeschminkten und dennoch »kirschroten« Lippen und einer ausgezeichneten Figur. Zeitgenossen beschreiben ihre Büste als unvergleichlich, die Hüften gar als göttlich. Heine formuliert es drastischer, ihm gefällt »der imposante dicke Hintern!« Er, der sich vor klugen und gebildeten Frauen fürchtet, wählt sich zur Lebensgefährtin ein gänzlich unintellektuelles Wesen, daß zu hysterischen Wutanfällen, Tränenausbrüchen und ebensolchen Lachkrämpfen neigt. »Die Leute sagen, daß Heinrich ein sehr geistreicher Mann sei und schöne Bücher geschrieben haben soll, ich merke aber nichts davon und muß mich begnügen, es aufs Wort zu glauben«, kommentiert sie das Schaffen ihres zukünftigen Ehemannes, doch das kann Heine nicht hindern. Sechs Jahre nach der ersten Begegnung und viele Kräche später heiratet er seine Mathilde, auf ihren Wunsch und um ihre naiven religiösen Gefühle nicht zu verletzen, nach katholischem Ritus. Er weiß, daß sie eine lausige Hausfrau ist, weiß, daß sie viel zuviel Geld ausgibt, weiß, daß sie ihm manchmal furchtbar auf die Nerven geht. Aber Mathilde hat auch Humor, ist pragmatisch und heitert ihren Heinrich auf, wenn der wieder in eine seiner melancholischen Stimmungen zu versinken droht. Und wenn sie es zu bunt treibt, vermöbelt der Literat seine Gattin nach Strich und Faden, und sie, die viel stärker ist als er, weint bitterlich und läßt es sich gefallen. Als Heine in den letzten acht Jahren seines Lebens bettlägerig ist, gefesselt an seine »Matratzengruft«, ist es Mathilde, die ihm die Zeit erleichtert, wo immer sie kann.

Jan-Christoph Hauschild/Michael Werner: Heinrich Heine, Kiepenheuer & Witsch, Köln 1997
Carole McKenzie: All about Sex, Europaverlag, München/Wien 1992
Der Spiegel, 1.12.1997

Heinrich VIII.
* 1491, † 1547

Heinrich Tudor wird 1509 zum König gekrönt. Während der ersten zwanzig Jahre seiner Regierung leert er die königlichen Schatzkammern, um die Ausgaben seines Hofes und die Kosten für seine Kriege decken zu können. Überreichlich füllt er Truhen und Kisten wieder auf, als er sich von Rom loslöst und die Vermögen der Klöster im Namen der britischen Krone beschlagnahmt.

Sechsmal ist er verheiratet, hat im Laufe seines Lebens eine ganze Reihe hübscher Geliebter und biegt Recht und Moral solange, bis das Ergebnis in sein Konzept paßt. Heinrich Tudor ist ein bildschöner Jüngling, lebhaft, vielseitig interessiert und gebildet, mit außergewöhnlich athletischem Körperbau. Zwölfjährig wird er mit der Witwe seines jung verstorbenen Bruders vermählt, heiratet Katharina von Aragonien aber erst nach der Thronbesteigung. Obwohl die Hochzeit aus politischen und finanziellen Gründen beschlossen wird, entwickelt sich ein durchaus warmes Gefühl zwischen Heinrich und seiner Frau. Angenehmer Nebeneffekt: Statt ihr eine Witwenpension zahlen zu müssen, kann Heinrich die schon entrichtete Mitgift behalten. Nach mehreren Schwangerschaften, die mit Fehl- und Totgeburten enden, ist Katharina 1518 wieder guter Hoffnung. Am 18. November schlägt das Schicksal gnadenlos zu: Der heißersehnte Thronfolger kommt als totes

Mädchen zur Welt. Katharina ist untröstlich, zumal wenig später des Königs Mätresse, die flotte Bessie Blount, einen Sohn gebiert, dessen Ankunft auf Heinrichs Geheiß überschwenglich gefeiert wird.

Fasching 1526 verliebt sich der Monarch in die lebhafte Anna Boleyn. Anna ist Mitte zwanzig, tanzt gut und gerne, hat Humor – und Prinzipien. Kleine Fummeleien sind erlaubt, aber, so läßt sie den König wissen, weitere Zudringlichkeiten läßt sie sich nicht gefallen, solange er verheiratet ist. Heinrich versucht, seine Ehe annullieren zu lassen, und kriegt regelmäßige Wutanfälle, wenn die sanfte Katharina ihn schriftlich wissen läßt, daß sie sich nach mehr als zwei Jahrzehnten Ehe nicht einfach zur Seite schieben läßt. Die Ehe wird annulliert. Anna wird geheiratet, schwanger und bringt Prinzessin Elisabeth zur Welt. Natürlich ist Heinrich ein bißchen enttäuscht, daß es »nur« ein Mädchen ist, aber die Tatsache, daß zumindest schon mal ein gesundes Kind da ist, läßt auf weitere hoffen. Das Ausbleiben folgender Nachkommen wird Anna heftigst angekreidet, die wehrt sich und stänkert: »Der König kann keine Frau befriedigen, in dieser lebenswichtigen Sache beweist er weder besonderes Geschick noch Manneskraft.« Ein vernichtendes Urteil über den buchstäblichen Ladykiller, der offensichtlich bei Frauen, die ihm nicht so vertraut sind, größeres Talent an den Tag oder die Nacht legt. Als Anna eines Tages die sanfte, liebenswürdige Jane Seymour auf Heinrichs Schoß erwischt, verteilt sie auf der Stelle Ohrfeigen und kratzt die Rivalin unter wüsten Beschimpfungen aus dem Gemach. Das hilft ihr nichts, denn Seine Majestät sind die herrschsüchtige Gattin leid. In einer Farce von Gerichtsverfahren wird die des Ehebruchs unschuldige Anna überführt und zum Tode verurteilt.

Ihre Nachfolgerin Jane erfreut sich größter Beliebtheit. Sie bringt den König seiner ersten Tochter Mary wieder näher, ist von verbindlichstem Wesen und stiller Heiterkeit. Heinrich liebt seine junge Frau und ist überglücklich, als die ihm nach mehr als zwei Tagen Wehen auch noch den dringend benötigten Erben schenkt. Keine zwei Wochen später erliegt die junge Mutter dem Kindbettfieber und hinterläßt Mann und Stieftochter aufrichtig trauernd.

»Ich mag sie nicht!« sagt der enttäuschte König, als er seine nächste Braut, Anna von Kleve, das erste Mal sieht. Die Porträts sind alle geschmeichelt, die Schilderungen der Brautwerber geschwindelt. Anna spricht kein Englisch, ist halb so alt wie Heinrich, und auch während man auf den Hochzeitstermin wartet, ändert sich Heinrichs Abneigung nicht. Am Tage der Zeremonie läßt er wissen: »Wäre es nicht, um die Welt und mein Reich zufriedenzustellen, würde ich für nichts auf Erden tun, was ich heute tun muß.« Die Hochzeitsnacht wird ein Desaster. Von Beratern gefragt: »Und wie gefiel Euch die Königin?« rümpft Heinrich die Nase und antwortet mürrisch: »Ich habe sie schon zuvor nicht gemocht, doch jetzt mag ich sie noch viel weniger.« Es folgt eine detaillierte Schilderung von Hängebrüsten und schlaffem Fleisch, eine Kombination, die es Seiner Hoheit unmöglich macht, die Ehe zu vollziehen. Anna scheint das überhaupt nicht zu stören, denn ihren Hofdamen berichtet sie sehr vergnügt: »Wenn der König zu Bett geht, nimmt er mich bei der Hand und wünscht mir gute Nacht, Liebling, und am Morgen küßt er mich und wünscht mir, leb wohl – genügt das nicht?« Dem König genügt es jedenfalls nicht, und sein nach Befriedigung suchendes Auge fällt auf die kleine, dreißig Jahre jüngere Katharina Howard. Das Mädchen kommt aus ärmlichen Verhältnissen, hat im Gegensatz zur drögen Anna bereits Erfahrung in Sachen Liebe und wickelt Heinrich um alle zehn Finger. Dringlichst hat der den Wunsch, Anna von Kleve loszuwerden. Es wird ein Abkommen getroffen, in dem seine Gemahlin guten Gewissens bestätigt, daß sie noch Jungfrau und die Ehe damit nichtig ist. Anna ist froh, ihren Kopf auf den Schultern behalten zu dürfen, und macht sich aus dem Staub.

Am 28. Juli 1540 heiratet der englische König seine Favoritin, die brav das Ehegelübde ablegt, »im Bett fügsam und willig zu sein«. Das ist sie auch, doch leider nicht nur unter den königlichen Laken. Heinrich, völlig vernarrt in seine kleine Katharina, kann in der Öffentlichkeit kaum die Finger von ihr lassen und ist am Boden zerstört, als Höflinge Beweise liefern, daß sie ihn betrügt. Irgendwann kann er die Augen nicht mehr vor der Wahrheit verschließen: Katharina kommt in den Tower und wird wegen »der starken Wahrscheinlichkeit des begangenen Ehebruchs« zum Tode verurteilt.

1543 hat der Regent sich von seinem Kummer erholt und wirft ein Auge auf Catherine Parr. Die junge Frau ist bereits einmal verwitwet und hat einen schwerkranken zweiten Gatten, der in den letzten Zügen liegt, als Heinrich sein Interesse an ihr bekundet. Catherine ist zwar verliebt und würde den Mann ihrer Träume auch gerne heiraten, aber, das sieht die patriotische Engländerin ein, das Vaterland ist wichtiger, und wenn der König sie zu ehelichen wünscht, wird sie des Königs Gemahlin. Kaum vier Wochen ist ihr zweiter Mann tot, da läuten die Hochzeitsglocken. Heinrich ist ein alternder, dicklicher Mann, der eher eine Krankenschwester als eine Ehefrau braucht, und die liebenswürdige, freundliche Catherine erfüllt diese Funktion bis zu seinem Tod. Auf seinen Wunsch wird der Monarch neben Jane Seymour begraben, »der Frau, die starb, um mir einen Erben zu schenken«. Die zum dritten Mal verwitwete Catherine heiratet den Mann, auf den sie für den König verzichtet hat, und bekommt mit fünfunddreißig Jahren das ersehnte erste Kind.

Antonia Fraser: Die sechs Frauen Heinrichs des VIII., Claassen Verlag, Hildesheim 1994

Ernest Hemingway
* 1899, † 1961

Nach wenigen Monaten als Reporter meldet sich Ernest Miller Hemingway im Ersten Weltkrieg freiwillig als Sanitäter. Später wechselt er zur Infanterie und wird schwer verwundet. Auch im Zweiten Weltkrieg ist er aktiv und kämpft gegen den Faschismus. Seine Erfahrungen verarbeitet er literarisch. 1954 wird dem Schriftsteller der Nobelpreis für Literatur zuerkannt.

»Je besser man einen Mann behandelt und
je mehr man ihm zeigt, daß man ihn liebt,
um so eher wird er der Sache überdrüssig.«

Ernest Hemingway

»Dralle braune Beine, ein flacher Bauch und harte kleine Brüste«, das sind die Phantasien, mit denen sich der kleine Ernest unter der Bettdecke beschäftigt. Natürlich hat sein Vater, ein Arzt, von solch präzisen Vorlieben keine Ahnung, als er seinen bereits siebzehnjährigen Sohn endlich aufklärt. Die väterlichen Hinweise sind nicht besonders sinnenfroh und schnell erschöpft, doch was er mitzuteilen hat, bleibt Ernest im Gedächtnis: »Onanie führe Blindheit, Irrsinn und Tod herbei, während ein Mann, der mit Prostituierten ginge, sich grauenhafte Geschlechtskrankheiten holen würde, und es das einzig Wahre sei, sich mit niemandem einzulassen.« Sein Trieb ist stärker als der lustfeindliche Humbug, den der Herr Papa ihm aufgetischt hat, und wenig später verliebt sich Ernest in Katy Smith, geschlagene acht Jahre älter und leider so ehrbar, daß sie nicht gewillt ist, seine erotischen Wünsche erfüllen.

Zwei Jahre später, Hemingway liegt verletzt in einem italienischen Lazarett, lernt er Agnes Kurowsky kennen. Die Krankenschwester pflegt ihn hingebungsvoll, läßt auch ein paar Schmusereien zu und sorgt ansonsten dafür, daß der Patient sie in Ruhe läßt und sich erholt. Ernest ist sehr verliebt und würde die schöne Mittzwanzigerin gerne sein eigen nennen, aber Agnes verhält sich zögerlich, und als er nach Amerika zurück muß, bleibt sie in Italien. Briefe überqueren den Atlantik, doch zu Hemingways Leidwesen lernt Agnes einen neapolitanischen Adligen kennen und glaubt, der sei der Richtige. Sie beendet die Überseeverbindung, ein Schritt, den sie schon bald bereut, denn der Traumprinz aus Neapel entspricht den Vorstellungen ihrer Mutter so ganz und gar nicht, daß die die Liaison energisch unterbindet. Agnes will reumütig zu Ernest zurückkehren, doch der ist tief in seinem Männerstolz verletzt und hat nur ein vernichtendes »Zu spät!« für sie übrig.

Nach geraumer Weile vergeblichen Suchens findet Ernest endlich eine Kellnerin, die sich willfährig zeigt. Auf einem hölzernen Bootssteg gibt sie sich dem werdenden Dichter hin. Der hat den Bogen allerdings noch nicht richtig raus, und was bleibt, ist nicht die Erinnerung an ein unvergleichliches Erlebnis, sondern an einen riesigen Holzsplitter, den die Ärmste im Allerwertesten stecken hat.

1920 lernt Hemingway auf einem Fest den neunundzwanzigjährigen Rotschopf Hadley Richardson kennen. Aus behütetem Hause, hat sie bis jetzt außer ihrer pflegebedürftigen Mutter vom Leben noch nicht viel gesehen. Hadley liebt Ernest über alles, sie glaubt an ihn, unterstützt sein Schreiben und heiratet ihn am 3. September 1921. Geduldig läßt sie ihn gewähren, wenn er sie im Bett mit einer Hand liebkost, während er mit der anderen diskret versucht, die Zeitung hinter ihrem Rücken umzublättern. Das Paar verkehrt regelmäßig bei Gertrude Stein und deren Freundin, und Hemingway bekennt: »Ich wollte sie immer ficken, und sie wußte es, und es war ein gutes, gesundes Gefühl.« Bis auf wenige Ausnahmen ist er ein treuer Ehemann, jedoch nicht halb so begeistert wie Hadley, als sich Nachwuchs ankündigt. Doch kaum hat er seinen Sohn auf dem Arm, ist er ganz stolzer Vater. Das Familienglück ist nur von kurzer Dauer, denn die Journalistin Pauline Pfeiffer drängt sich in die Ehe. Auf den ersten Blick in Hemingway verliebt, tut sie das Menschenmögliche, ihn für sich zu gewinnen. Verlogen buhlt sie um die Freundschaft der ahnungslosen Hadley, um öfter in Ernests Nähe sein zu können. Sie hat Erfolg, denn trotz seiner großen Schuldgefühle läßt sich Hemingway mit ihr ein. Es ist ausgerechnet Paulines Schwester, die den Verrat an Hadley nicht mehr mit ansehen kann und der betrogenen Ehefrau die Augen öffnet. Die zieht nach vergeblichem Kampf schließlich mit ihrem Kind in ein Hotel. Doch noch gibt sie nicht auf und den Weg für Ernest und Pauline nicht frei.

Hadley besteht auf der Erfüllung eines von ihr ersonnenen Vertrages und fordert verzweifelt: Einhundert Tage soll das Paar getrennt verbringen – und wenn dann die Gefühle nicht abgekühlt sind, wird sie in die gewünschte Scheidung einwilligen. Die Liebenden bestehen die Probe, am 27. Januar 1927 wird seine Ehe geschieden, am 10. Mai heiratet er Pauline. Die bringt per Kaiserschnitt zwei Söhne auf die Welt und darf danach nicht mehr schwanger werden. Ernest ist verdrossen, denn das bedeutet Koitus interruptus, eine Verhütungsform, die dem Obermacho hochgradig mißfällt. Statt sie zu praktizieren, beginnt er ein Verhältnis.

Die Nachmittage verbringt er gerne mit Freund Alkohol in den verschiedensten Bars, wo ihm eines Tages eine junge Frau auffällt: Martha Gellhorn. Die Schriftstellerin und Journalistin wird nach Riesenkrächen mit Pauline 1940 die dritte Mrs. Hemingway. Hadley, Gattin Nummer eins, kommentiert den Schritt aus sicherer Entfernung: »Wenn Ernie nicht so spießig erzogen worden wäre, hätte er gewußt, daß man sich nicht jedes Mal scheiden lassen und die Neue heiraten muß, wenn man sich mal außerehelich verliebt.«

Auch Martha hat es nicht leicht mit dem schmuddeligen, hocheifersüchtigen, häufig angetrunkenen Angeber Hemingway. Nach einer Weile wird ihr das Leben mit dem unberechenbaren Schriftsteller zu anstrengend, sie will sich trennen. Hemingway tobt, säuft, randaliert, streitet, versöhnt sich und – lernt Mary Welsh Manks kennen. Nach dem ersten gemeinsamen Essen stapft er unverfroren in ihr Hotelzimmer, legt sich in voller Montur auf ihr Bett und überrascht sie mit den Worten: »Ich kenne Sie nicht, Mary, aber ich möchte Sie heiraten.« Mrs. Manks staunt nicht schlecht, aber er muß dem Antrag einen gewissen Nachdruck verliehen haben, denn 1946 findet die Trauung statt. Nach einer lebensbedrohlichen Krise, in der die Ärzte Mary bereits aufgegeben haben, rettet Ernest seiner vierten Frau durch bewundernswert unermüdlichen Einsatz das Leben, um allerdings kurz drauf wieder gemäß seines chauvinistischen Wahlspruches zu leben: »Die beste Art mit Frauen umzugehen, ist ihnen Komplimente zu machen, mit ihnen zu schlafen und sie sich dann vom Leib zu halten.«

Adriana, eine achtzehnjährige Italienerin, ist das nächste Objekt seiner Begierde und läßt den berühmten Schriftsteller in puncto schlechtem Benehmen zu Höchstform auflaufen. Das junge Mädchen folgt seiner Einladung und besucht gemeinsam mit ihrer Mutter die Hemingways. Mary wird unglückliche Zeugin heftiger Flirts und muß sich aufs übelste beschimpfen lassen. »Brosamenfresser und Dreckaufräumer mit der Grazie einer Müllfrau«, pöbelt der ungehobelte Literat sie an. Seine Ahnung wird zur Überzeugung: »Wenn zwei sich lieben, kann es kein glückliches Ende geben.« Mary duldet, leidet und triumphiert. Nach zwei Jahren ist die schöne Adriana vergessen, und Ernest, der mit »keiner so gern schläft wie mit Mary«, beglückt seine Ehefrau wieder regelmäßig dreimal täglich. Ihr reicht diese Frequenz voll und ganz, er jedoch holt sich auf einer gemeinsamen Reise nach Afrika zusätzlich die eine oder andere Eingeborenenfrau ins Bett. Eine von ihnen, Debba, wird ihm nach Stammesritual anverlobt. Mary nimmt's gelassen und bemerkt lediglich: »Die muß erst mal dringend baden.« Nach der Rückkehr aus Afrika beginnt der Alkohol zunehmend seinen Tribut zu fordern. Hemingway kommt wegen paranoider Schübe in ein Krankenhaus und nimmt sich wenige Monate nach seiner Entlassung das Leben.

Carole McKenzie: All about Sex, Europaverlag, München/Wien 1992
Bernice Kert: Die Frauen Hemingways, Ullstein Verlag, Frankfurt am Main/Berlin 1987

Jimi Hendrix
* 1942, † 1970

Der amerikanische Rockmusiker afroamerikanisch-indianischer Abstammung gilt als einer der besten Gitarristen der Rockmusik. Mit orgiastischen Auftritten, bei denen er die Gitarre mit Zunge und Zähnen spielt und Rückkopplungseffekte musikalisch einsetzt, aber vor allem durch seine beispiellos virtuose Spieltechnik wird Hendrix zu Lebzeiten zur Legende.

»Jeder Durchschnittsengländer glaubt, daß alle Nigger große Schwänze haben. Und Jimi hat das ausgenutzt bis zum geht nicht mehr, der Arsch mit Ohren. Und jeder ist drauf reingefallen … Ich auch!«

Eric Clapton

Jimi Hendrix

Claptons Schilderung der diesbezüglichen Beschaffenheit des Kollegen muß allerdings der Wahrheit entsprochen haben, denn mehrere Zeugen und Zeuginnen wissen von den beeindruckenden Ausmaßen zu berichten. So Cynthia und Diana, die Plaster-Casters, die Prominenten erst zu einer Erektion verhelfen und dann einen Gipsabdruck vom Ergebnis ihrer Bemühungen nehmen. Ihr Tagebuch vermerkt über das Treffen mit Jimi Hendrix: »Er hatte den größten Schwengel, den ich je gesehen habe, und er konnte ihn sogar eine ganze Minute lang im kalten Gips hart halten.«

Hendrix ist zwölf, als er die lange Kette seiner Geliebten mit einer Schulkameradin eröffnet. Mit fünfzehn fliegt er von der Schule, weil er im Unterricht ständig mit seiner Freundin Händchen hält, statt aufzupassen. Ein Lehrer, der es wagt, ihn zu ermahnen, wird pubertär angefaucht: »Wohl eifersüchtig, was?« Mit dem musikalischen Erfolg steigt seine Ausstrahlung auf Frauen. Ike Turner, seinerzeit noch im Duo mit Ehefrau Tina unterwegs, schmeißt Hendrix nach wenigen Tagen raus, weil er Angst hat, seine Tina an Jimi zu verlieren. Der Gitarrist kann sich vor Groupies kaum retten – und will das vor allem auch gar nicht, denn seine jugendliche Männlichkeit ist schier unerschöpflich. Am liebsten zieht er sich nach den Konzerten gleich mit mehreren Mädchen auf sein Hotelzimmer zurück. Trotzdem gibt es immer wieder Frauen, die ihm etwas mehr als Bettgespielin sind – treu ist er allerdings keiner von ihnen. So wie er seine Autogramme unterschreibt, lebt er seine Beziehungen: »stay free«.

Die erste ernsthafte Frau in seinem Leben ist Fayne Pridgeon, eine mit allen Wassern gewaschene, harlemerprobte Straßengöre, die außer vor Jimi vor nichts auf der Welt Angst hat. Als sie eines Nachts aufwacht, sitzt ihr Lover nackt am Bettende und ist soeben dabei, sie zu fesseln. Er steckt ihr einen Knebel in den Mund, schläft mit ihr und läßt sie, bis er von der Probe kommt, an das Bett gefesselt und geknebelt zurück. Fayne macht diese Art von Spielchen eine Weile mit, dann trennt sich das Paar in aller Freundschaft. Carol Shiroky, genannt Kim, ist eine Weiße. Drei Tage nach der ersten Begegnung ziehen sie zusammen und »erleben eine Art permanentes Feuerwerk«. Auch die buntesten Raketen verglühen, und Carol erträgt nicht, was sie weiß: Jedesmal, wenn Jimi die Wohnung verläßt, schläft er mit anderen Frauen. Eine Sechzehnjährige bekommt ein Kind von ihm, das er nicht anerkennt; die Freundin von Stones Gitarrist Keith Richards teilt die Suite mit Hendrix, während Keith auf Tournee über die Bühne hottet – wie viele andere muß auch sie ertragen, daß Jimi ungewöhnliche Vorlieben hat. Zum Frühstück konsumiert er Spaghetti mit viel Knoblauch und trinkt dazu ein gruseliges Gemisch aus Wein und Cola. Kathy Etchingham toleriert diese Eigenart nicht nur, sondern teilt eine ganze Zeit lang sein rastloses Leben. Wenn Jimi gehen will, kann er gehen, wenn er sie braucht, ist sie für ihn da, und obwohl die beiden oft wie Hund und Katze streiten, sich Nasenbeine brechen und Bratpfannen auf die Schädel hauen, ist sie eine der wichtigsten Frauen für den Musiker. Als er versucht, Marianne Faithful vor den Augen ihres damaligen Freundes Mick Jagger abzuschleppen, muß Hendrix einen Korb verkraften. Gegen den Sex-Appeal dieses Konkurrenten hat nicht einmal er eine Chance. Für ein paar Wochen ist die Deutsche Monika Dannemann (aus der Zigarillo-Dynastie) seine Geliebte. Felsenfest behauptet sie, der Rockstar habe sie heiraten wollen; ihre Aussage ist weder zu beweisen noch zu widerlegen, denn am 18. September 1970 stirbt Jimi Hendrix. Kathy und Monika verstricken sich in einen erbitterten Kampf um ihre Rechte an Jimi Hendrix' Person, der im April 1996 zugunsten der Engländerin entschieden wird. Die inzwischen fünfzigjährige Monika Dannemann setzt sich am nächsten Tag in ihr Auto und nimmt sich mit den Abgasen das Leben.

Harry Shapiro/Caesar Glebbeek: Jimi Hendrix – Electric Gypsy, Verlagsgesellschaft, Köln 1993
Stern, 6.11.1997

Audrey Hepburn

* 1929, † 1993

Edda van Heemstra Hepburn-Ruston wird in Belgien als Tochter eines britischen Bankiers und einer niederländischen Baronin geboren. Ihre berufliche Laufbahn beginnt sie als Tänzerin und Fotomodell, bevor sie durch ihre Filme zu einem der populärsten Hollywoodstars wird. Als Sonderbotschafterin der UNICEF setzt sie sich seit 1988 für die Kinder in Afrika und Lateinamerika ein.

»Das Mädchen ist drauf und dran, den Busen zu einer Sache der Vergangenheit zu machen«, bemerkt der große Regisseur Billy Wilder, als er die dünne Audrey Hepburn die Socken in ihrem BH zurechtzupfen sieht. Ganz und gar nicht dem üppi-

Audrey Hepburn

gen Schönheitsideal der Zeit entsprechend, ist der ehrgeizigen, fragilen Schauspielerin beinahe jedes Mittel recht, um der Natur nachzuhelfen, wo sie vermeintlich versagt hat. Aber nicht alle Männer mögen's drall, und Audrey hat keine Mühe, Verehrer zu finden. Nach einer heftigen Affäre mit dem französischen Sänger und Revuekollegen Marcel le Bon zieht es sie weg von der Bühne und hin zum Film. Auf ihrem Weg dorthin trifft sie James/Jimmy Hanson, den zukünftigen Lord Hanson, der sich soeben von Jean Simmons getrennt hat. James macht Audrey einen Antrag, den sie in Form einer Verlobung zunächst annimmt. Ihre Dreharbeiten sorgen für Trennungen, und der Millionär verliert ein wenig an Faszination für die immer erfolgrei-

chere Darstellerin. Der verliebte, arme, reiche Mann sieht nicht, daß seine Zukünftige sich mit jedem Schritt in das Stardasein zwei Schritte von ihm entfernt. Die Hochzeit ist für den 30. September 1952 anberaumt, zweihundert Gäste bereits eingeladen, da stellt die Hepburn fest, daß sie ihre Karriere mehr liebt den Verlobten, und bläst die Feierlichkeiten kurzfristig ab. »Und wenn wir nicht heiraten, brauchen wir auch nicht verlobt zu bleiben«, lautet ihre logische Schlußfolgerung. James guckt in die Röhre, Audrey in die Kamera und angeblich ziemlich tief in Gregory Pecks Augen, was sie vehement bestreitet.

Miss Hepburn ist ohnehin eine der ersten Künstlerinnen, die mit solcher Verve darauf bestehen, ihr Privatleben auch privat führen zu dürfen. Sie vermeidet Interviews zu diesem Thema und lehnt die begehrten Homestories, wenn möglich, ab. Das kommt ihr bei kleinen oder größeren Liebschaften am Set natürlich durchaus zugute. Als sie eine Affäre mit dem verheirateten Kollegen William Holden hat, gelingt es dem Pärchen eine ganze Weile, die Diskretion zu wahren. Der mehrfach geschiedene Mel Ferrer ist es schließlich, der die zerbrechliche Audrey am 25. September 1954 vor den Altar führt. Sie ist überglücklich, der maskuline, wenig romantische Kollege ist Prototyp ihres Traummannes. Nach einer Fehlgeburt bekommen die beiden 1960 einen gesunden Sohn, Sean, »Geschenk Gottes«, getauft. Doch schon acht Jahre später stehen Ferrer/Hepburn unglücklich vor den Scherben ihrer Ehe und dem Scheidungsrichter.

Audrey sucht Erholung auf einer Kreuzfahrt und findet auf dem Schiff einen Fan namens Dr. Andrea Dotti. Der Psychiater betet den Filmstar an, versteht sich prächtig mit dem kleinen Sean und heiratet Audrey am 6. Januar 1969. Seine Familie ist begeistert. Daß die Braut fast zehn Jahre älter ist, stört bei soviel Ruhm niemand. Ein Jahr später wird das Glück durch Sohn Luca gekrönt und erweist sich leider kurz darauf als sehr zerbrechlich. Dotti ist enttäuscht. Er hat eine Filmgöttin geheiratet, doch statt des gewünschten Hollywoodglamours findet er zu Hause eine ruhige und zufriedene Mutter von zwei Söhnen, und er beginnt, seine Frau zu betrügen. Audrey tröstet sich mit Arbeit, Kollegen und dem gutaussehenden Witwer Robert Wolders. Aus Freundschaft werden erst mehrmals tägliche Telefonate, dann heimliche Treffen. Er hilft ihr, den unangenehmen Scheidungsprozeß zu überstehen, und lebt schließlich genau das Leben mit ihr, das die Hepburn sich immer gewünscht hat: ruhig, zurückgezogen und beschaulich. Kurz vor ihrem Tod läßt sie ihn wissen: »Du warst mir näher als jeder meiner Männer.«

Alexander Walker: Audrey Her Real Story, Conundrum, New York 1994

Katharine Hepburn
* 1909

Die amerikanische Schauspielerin wird in Hartford, Connecticut, geboren und feiert ab 1932 große Erfolge in verschiedenen Bühnenrollen am Broadway. Wenig später spielt sie ihre erste Filmhauptrolle und wird 1933 für ihre Leistung in »Morgenrot des Ruhms« mit dem Oscar ausgezeichnet. Im Laufe der Jahre erhält die Hepburn diese begehrte Trophäe noch dreimal.

»Häßliche Frauen wissen mehr über Männer als hübsche.«

Katharine Hepburn

»Wenn du die Bewunderung von vielen Männern gegen die Kritik von einem eintauschen willst, mußt du nur heiraten«, versucht Mutter Hepburn ihre Tochter von der Ehe abzuhalten. Leider vergeblich, denn die siebzehnjährige resolute Kate ist felsenfest davon überzeugt, im gutaussehenden, amüsanten Ludlow (Luddy) Ogden Smith ihren Traummann gefunden zu haben. Die Nacktfotos, die er von ihr knipst, gefallen ihr. Am 26. November 1928 entscheidet sie, ihn zu heiraten, am 12. Dezember tut sie es, allerdings nicht ohne Bedingung: Der zukünftige Gatte muß seinen Namen ändern. »Ich wollte nicht Smith heißen. Das fand ich niederdrückend. Kate Smith. Igitt!« Luddy wünscht sich, daß seine Frau ihren Beruf aufgibt, und Kate ist auch durchaus bereit dazu. Doch zu beider Leidwesen langweilt sie sich jedoch ganz schnell so furchtbar, daß Luddy gar nicht anders kann, als sie wieder spielen zu lassen. Später wird er sagen: »Wahrscheinlich habe ich sie allzusehr verwöhnt. Ihr hätte gut getan, wenn ich sie mal über das Knie gelegt hätte.«

Katharine arbeitet beim Film, ihr Partner ist der vom Alkohol gezeichnete John Barrymore. Sein trüber Blick fällt auf das flotte Mädchen, und was er sieht, gefällt ihm so gut, daß er der jungen Kollegin Hepburn anbietet, eine bestimmte Szene mittags in der Garderobe durchzugehen. Kate ist pünktlich und erstarrt vor Schreck, als Barrymore seinen völlig verdreckten Bademantel öffnet und darunter splitterfasernackt ist. Sie möchte schreiend davonlaufen, bringt vor Entsetzen jedoch weder einen Ton heraus noch eine Bewegung zustande. Erst als der Kollege zum Frontalangriff übergeht, findet sie ihre Sprache wieder und stöhnt: »Das ist unmöglich, ich kann es nicht tun. Mein Vater möchte nicht, daß ich Babys bekomme.« Das möchte Barrymore auch nicht und macht den Bademantel wieder zu. In Hollywood weiß aus taktischen Gründen keiner, daß die sympathische Katharine verheiratet ist. Sie wird so oft in Begleitung ihrer Freundinnen gesehen, daß man eher dazu tendiert, ihr Interesse am eigenen Geschlecht zu unterstellen. Die Wahrheit ist, daß Kates Ehe in der Auflösung begriffen und trotz beiderseitigen Bemühens nicht mehr zu retten ist. Heimlich nimmt sie eine Wohnung mit Leland Hayward. Der Agent ist charmant, wohlhabend, einflußreich und hat nur den großen Nachteil, sich nicht für eine Frau entscheiden zu können. Katherine, die gerade jubelnd vor Freude nach ihrer Scheidung von Luddy den Gerichtssaal verlassen hat, nimmt Leland die Entscheidung ab, und zwar gegen ihn.

Howard Hughes wartet an der nächsten Straßenecke, und obwohl er sonst Damen vom Typ Jean Harlow und Ginger Rogers bevorzugt, wird sein Verhältnis mit Katharine eines der längsten, das er je hat. Die couragierte Schauspielerin läßt sich weder von zwanzig täglichen Rosen um den Finger wickeln noch von Geld und Macht beeinflussen, sie ist eine der ganz wenigen, die sich trauen, Hughes die Meinung zu sagen, und beendet die Beziehung dennoch ohne ein Wort: Eines Abends nimmt Howard Katharine mit zu sich nach Hause und begleitet sie ins Schlafzimmer. »In einer Minute bin ich zurück«, ruft er und verschwindet in der Toilette. Hughes leidet an chronischer Verstopfung und hat sich angewöhnt, Bücher und Zeitschriften auf der Toilette zu lesen. So auch an diesem Abend – er vergißt völlig, daß Katharine auf ihn wartet. Die hat genau fünfundvierzig Minuten Geduld, dann zieht sie sich wieder an und verläßt das Haus. Als der verstopfte Howard versucht, sie mit dem Auto noch einzuholen, ist es schon zu spät. Fräulein Hepburn möchte nicht mehr mit ihm sprechen, das Verhältnis ist Vergangenheit.

Mit Spencer Tracy ist schwer arbeiten. Der brummige Leinwandstar macht vier Wochen lang die gemeinsamen Dreharbeiten zur Tortur, bis Kate sich ein Herz faßt und ihn zu einer klärenden Aussprache einlädt. Der Erfolg ist durchschlagend, die beiden verlieben sich ineinander. Tracy ist verheiratet und hat zwei Kinder, sein Sohn ist taub, und Vater Tracy fühlt sich besonders seinetwegen in die familiäre Pflicht genommen. Dennoch verläßt er in regelmäßigen Abständen die Familie, entweder um sich bis zur Unkenntlichkeit zu betrinken oder um angeblich ein Verhältnis mit schönen Kolleginnen wie Loretta Young, Judy Garland, Olivia de Havilland, Lana Turner und Jean Harlow zu zelebrieren. Aber immer kehrt Spence zu Frau und Kindern zurück, getrieben vor allem von der Verantwortung für den behinderten Sohn. Kate wird seine Geliebte und bleibt es ein Leben lang. Seine Frau Louise weiß von Mrs. Hepburns Verhältnis zu ihrem Mann und toleriert es. Die beiden Frauen sehen sich nicht oft, aber Louise bemerkt sehr wohl, daß der schwierige Tracy etwas ausgeglichener ist, seit es Katharine in seinem Leben gibt. Als er krank wird, wechseln sie sich im Krankenhaus an seinem Bett ab. Kate kocht für ihn, wäscht für ihn, fährt ihn ins Studio und holt ihn nach Alkoholabstürzen aus der Anstalt. Dabei hält sie einen Trauschein für gänzlich überflüssig. Louise erfüllt all diese Aufgaben auch und bleibt die offizielle Mrs. Tracy. Am 10. Juni 1967 beendet Spencers Herzattacke die mehr als fünfundzwanzig Jahre lange Liebesgeschichte. Seither lebt Katharine Hepburn mit der Erinnerung an ihren Geliebten und der Gewißheit, daß sie ihn wiedersehen wird. »Er braucht«, sagt sie an ihrem neunzigsten Geburtstag »nicht mehr lange zu warten.«

Katharine Hepburn: Ich – Geschichten meines Lebens, Wilhelm Heyne Verlag, München 1991
Carole McKenzie: All about Sex, Europaverlag, München/Wien 1992
Andrea Thain: Katharine Hepburn, Rowohlt Verlag, Reinbek 1990
Gala, 2.6.1998

Johann Gottfried von Herder

* 1744, † 1803

Der deutsche Philosoph, Theologe und Dichter beeinflußt mit seinen Schriften wesentlich die deutsche Klassik und Romantik. Herder zählt neben Goethe, Schiller und Wieland, mit dem er befreundet ist, zu den bedeutendsten Persönlichkeiten des Weimarer Geisteslebens. Wegweisend für die Anfänge der Sprachwissenschaft wird seine Untersuchung »Über den Ursprung der Sprache«.

Schon beim Öffnen der ersten Leiche stellt Johann Gottfried fest, die Chirurgie ist seine Sache nicht. Angewidert bricht er das Medizinstudium auf der Stelle ab und widmet sich der Theologie. Als Prediger und Lehrer quartiert sich Herder in Riga im Hause des Kaufmanns Busch ein und hat alsbald ganz engen Familienanschluß, besonders zur Frau seines Zimmerwirtes: »Da waren wir täglich zusammen, um zu plaudern und zu lesen, uns zu zanken und zu tändeln, uns zu liebkosen – nichts mehr!« Darauf beharrt er, der sehr stolz auf seine Tugendhaftigkeit ist.

1770 lernt er in Darmstadt Caroline Flachsland kennen. Das intelligente, etwas sentimental veranlagte Mädchen gewinnt auf der Stelle sein Herz. »Ihr unschuldiges, einfaches, freies Gesicht, ihr blaues, stilles, fühlendes Auge, ihr leichter Körper, in jeder Stellung ganz Natur, ganz Munterkeit, ganz sanfte Zärtlichkeit und Anmut« nehmen den braven Mann so für sie ein, daß er sich sofort mit ihr verlobt. Zwei Jahre dauert die Zeit der Prüfung, denn Herder, stets in Geldnöten, hat Sorge, seiner Angebeteten keine bürgerliche Existenz bieten zu können. Caroline ist zwar sanft, aber durchaus eine Frau der Tat, und am 18. Dezember 1772 schreibt sie ihrem Johann, daß er gefälligst Position beziehen soll. Bald darauf kann sie ihren Eltern mitteilen, daß sie Herder heiraten wird. Er, der sich in Briefen gern zu ihrem Erzieher aufschwingt, hat bald Gelegenheit, seine diesbezüglichen Ambitionen anderweitig auszutoben, denn Caroline bringt nicht weniger als sieben Kinder auf die Welt. Nebenbei führt sie den Haushalt und vor allem jedwede Geldverhandlungen, denn ihr Mann ist völlig unfähig, die Finanzen der Familie zu regeln. Freunden gilt die Ehe als ausgesprochen glücklich, und als Herder spürt, daß er sich ein wenig in Sophie von Schardt verliebt hat, will er seine Beziehung zu Caroline auf keinen Fall gefährden und macht dem Ganzen ein Ende, bevor es angefangen hat: »Ich muß meinem Herzen Luft machen und an Dich schreiben, lieber Schwesterengel, heilige, unschuldige Blume. Laß uns aufhören, wo wir sind …« Sophie hat ein Einsehen und kehrt zu ihrem ungeliebten Gatten zurück.

Schiller, der das Ehepaar Herder und die andere Seite der Medaille gut kennt, beobachtet, wie ritualisiert sie mit Streitigkeiten umgehen: »Weil beide stolz, beide heftig sind, so stößt diese Gottheit unter sich selbst aneinander. Wenn sie also in Unfrieden geraten sind, so wohnen beide abgesondert in ihren Etagen, und Briefe laufen Treppe auf und Treppe nieder, bis sich endlich die Frau entschließt, in eigener Person in ihres Ehegemahls Zimmer zu treten, wo sie eine Stelle aus seinen Schriften zitiert: ›Wer das gemacht hat, muß ein Gott sein, und auf den kann niemand zürnen‹, dann fällt ihr der besiegte Herder um den Hals, und die Fehde hat ein Ende.«

Walter Dietze: Johann Gottfried Herder, Aufbau Verlag, Berlin/Weimar 1980
Friedrich Wilhelm Kantzenbach: Johann Gottfried Herder, rororo Bildmonographie, Rowohlt Verlag, Reinbek 1970

Hermann Hesse
* 1877, † 1962

In jungen Jahren arbeitet Hesse als Buchhändler und Antiquar, bevor er 1900 beschließt, als freier Schriftsteller zu leben. Sein erster Roman »Unterm Rad« beschreibt die drückenden Erfahrungen der Schulzeit und setzt das Ideal eines freien Vagabundendaseins dagegen. Der Konflikt zwischen Geist und Natur durchzieht sein ganzes Werk, für das er 1946 den Literaturnobelpreis erhält.

»Die erste Liebe ist nie und nimmer die richtige.« Sanft und weise versucht die zweiundzwanzigjährige Eugenie Kolb ihren sieben Jahre jüngeren Verehrer auf Distanz zu halten. Das erfordert viel Geschick, denn anläßlich ihrer ersten Abfuhr kauft sich Hermann eine Pistole und will sich das Leben nehmen. Das Unglück kann zwar verhindert werden, hat aber zur Folge, daß der seit Kindesbeinen problematische Knabe in eine Heil- und Pflegeanstalt für geistig zurückgebliebene und epileptische Kinder eingewiesen wird. Kaum ist er entlassen, nimmt er wieder Kontakt zu Eugenie auf und holt sich einen weiteren Korb. Das »Nein« stürzt ihn in eine erneute Krise, und zum zweiten Mal muß er in die Anstalt. Wieder auf freiem Fuß, besorgt er sich einen Revolver, richtet aber statt dessen eine andere Waffe gegen sich selbst: die Flasche. Hermann Hesse beginnt aus Kummer unmäßig zu trinken.

Nach mehreren unerwiderten Lieben schwärmt Hesse für Julie Hellmann, die seine Briefe freundlich beantwortet, seine Gefühle jedoch nicht. Als nächstes verliert er sein stürmisches Herz an Elisabeth Laroche; die Tochter eines Baseler Pfarrers inspiriert ihn, erotische Phantasien zu Papier zu bringen, mit denen er bei ihr zwar nichts, aber immerhin einen ersten bescheidenen Erfolg als Dichter erreicht.

»Seit Jahren war ich nicht mehr verliebt und hatte keine Liaison mehr (…) war der reinste Puritaner. Jetzt aber halte ich allabendlich einen entzückenden, kleinen, schwarzen Schatz im Arm.« Seine ganze Freizeit gehöre diesem Mädchen, schreibt der Dichter Freunden, und auf Büchern und Schreibtisch sammle sich indessen friedlicher Staub an. Die musikalische Maria Bernouilli ist zwar eine reife Mittdreißigerin, aber Hermann sieht in ihr ein »kleines Mädchen, das mir bis an den Bart reicht und so gewaltsam küssen kann, daß ich fast ersticke. Heirat usw. ist natürlich ausgeschlossen, dafür habe ich keinerlei Talent«. Wie recht der Autor hat, doch leider schützt ihn weder die kritische Selbsterkenntnis noch der Widerstand von Marias Vater vor dem Schritt zum Altar. Obwohl er noch kurz zuvor äußerst skeptisch ist – »ich glaube schon, daß das Verheiratetsein seine Gräten haben wird, hoffe aber damit fertig zu werden« –, ehelicht Hesse am 2. August 1904 das Fräulein Bernouilli. Die Braut ist fast zehn Jahre älter als er, eine Tatsache, die ihm von Anfang an zu schaffen macht. Wenige Monate nach der Trauung beginnt Maria zu kränkeln, hier ein Zipperlein, da ein eingeklemmter Nerv, eine mühsame Schwangerschaft. Hesse fühlt sich eingesperrt. Sohn Bruno kommt auf die Welt, Maria verliert ein Kind und ist schon wieder schwanger, als der Dichter den empfundenen Familienzwängen entflieht. Er reist nach Italien und schreibt einem Freund: »Ich gäbe meine linke Hand dafür, wenn ich wieder ein armer froher Junggeselle wäre, der nichts hat als zwanzig Bücher, ein Paar Reservestiefel und eine Schachtel voll heimlicher Gedichte. So aber bin ich eben ein Familienvater, Hausbesitzer …« Als sein dritter Sohn geboren wird, befindet sich der egozentrische Familienvater gerade auf einer Reise nach Indien. Maria will die Kinder in ihrer Heimat, der Schweiz aufziehen, der Umzug ist die letzte gemeinsame Aktion des Paares. Ihr jüngster Sohn erkrankt an einem Nervenleiden, Maria verbringt ihre Tage mit dem Kind in einem abgedunkelten Zimmer und erleidet 1925 ihrerseits eine so schwere Psychose, daß sie ärztliche Betreuung braucht. »Seit acht Tagen ist meine Frau in einem Irrenhaus. Aussicht auf Heilung ist da, aber wie weit eine Heilung reichen, wie lange sie dauern wird, kann niemand sagen.« Kaum ist Maria auf dem Wege der Besserung, schnürt ihr Mann sein Bündel und nutzt die Gelegenheit, um seine Familie zu verlassen.

In seinem italienischen Domizil genießt Hesse die hochbezahlte Freiheit und ist häufiger Gast im Hause Wegener. Ruth, die zwanzigjährige Tochter des Hauses, ist Gesangsschülerin, ihre Mutter Schriftstellerin und der Vater hauptberuflich Patriarch. Dem gefällt die wachsende Intimität zwischen seinem Kind und dem mehr als doppelt so alten Hesse überhaupt nicht, aber Mutter und Tochter sind so geschmeichelt durch die Anwesenheit des berühmten Dichters, daß sie ihn regelrecht umwerben und die väterlichen Warnungen in den Wind schlagen. 1923 wird das Ehepaar Hesse geschieden, und ein Jahr später macht Hermann den Fehler zum zweiten Mal. Er heiratet Ruth Wegener. Vor der Trauung kriegt er einen psychosomatischen Fieberschub, und wenige Wochen danach fühlt er sich schon wieder eingesperrt. »Das Verheiratetsein, das ich nun wieder lernen soll, glückt mir noch nicht gut. Es zieht mich, davonzulaufen.« Das tut er auf seine Weise auch: Hesse hat einen Nervenzusammenbruch und muß ins Krankenhaus. Nach seiner Entlassung wird die eheliche Gemeinschaft nicht wieder aufgenommen. Jetzt wird Ruth krank; die Ärzte diagnostizieren Tuberkulose, die begabte junge Frau wird nie wieder singen können. Während sie in einem Sanatorium gesunden soll, erleidet Gattin Nummer eins eine weitere Psychose und kommt wieder in medizinische Pflege. Der überforderte Hesse leidet und flucht, jetzt muß er sich um das Wohlergehen seiner drei Söhne kümmern. Über die Tatsache, daß Ruth die Scheidung einreicht, tröstet er sich mit Alkohol und Damenbekanntschaften. »Die Betäubung muß Abend für Abend mit viel Alkohol erzwungen werden.«

Ninon ist eine Freundin aus Wien, »deren Anwesenheit ich gut zwei Wochen aushalte und nicht nach zwei Tagen überdrüssig werde«. Die junge Frau begleitet den Dichter auf seinen Reisen und nimmt sich die Freiheit, von Zeit zu Zeit für ein paar Wochen zu verschwinden. Das bringt Hesse jedesmal mehr aus der Fassung, als er zugeben möchte. Wenn sie wieder auftaucht und selbstbeherrscht und rational Ordnung in sein Leben bringt, ist er jedesmal erleichtert. Aus der eher oberflächlichen Verbindung wird ein Zusammenleben, Ninon ist einunddreißig, ihr Geliebter fünfzig Jahre alt. Dessen Widerstände und Befürchtungen sind nach zwei gescheiterten Ehen nicht gerade geringer geworden, aber im November 1931 wagt er es wieder. Diesmal ist es kein Fehler. Ninon wird lebenslange Vertraute, Managerin und Bindeglied zur Welt.

Ralph Freedmann: Hermann Hesse, Suhrkamp Verlag, Frankfurt am Main 1982

Alfred Hitchcock
* 1899, † 1980

Alfred Joseph Hitchcock wird in London geboren, geht 1939 in die USA und nimmt später die amerikanische Staatsbürgerschaft an. Als Produzent und Regisseur beeindruckt er durch weltläufigen Witz und makellose Filmtechnik und wird zum »Master of Suspense«. Neben seiner Filmarbeit bringt Sir Hitchcock mehrere Sammlungen von Kurzgeschichten heraus und produziert zwei Fernsehserien.

»Nein! Nein! Nein!« ist alles, was Hitchcock verzweifelt schreien kann, als sich auf Bestellung eines Freundes zwei junge Damen intensiv um ihn zu kümmern beginnen. Bemitleidenswert unansehnlich und pummelig, ist der zwanzigjährige

Alfred Hitchcock

Alfred noch mit keinem Mädchen außer seiner Schwester ausgegangen. Regisseur und Freund Jack Cutt findet diesen Zustand weder erstrebenswert noch normal und beschließt, dem Einzelgänger eine Lektion in Sachen Liebe zu erteilen. Hitchcock reagiert fast panisch, als die bezahlten Mädchen ihm und Cutt in das Hotelzimmer folgen. Als ein Opfer seiner strengen Erziehung wagt er aus Höflichkeit jedoch nicht, den Raum zu verlassen, als Cutt die Callgirls animiert, sich auf dem Kingsizebett ein wenig miteinander zu beschäftigen. Starr und stumm sitzt er auf einem Stuhl, und bis die Darbietung ein Ende hat, bemüht er sich erfolgreich, seinen Blick nicht von der den lüsternen Aktivitäten entgegengesetzten Ecke des Zimmers zu lassen. Was der wohlmeinende Cutt nicht zuwege gebracht hat, schafft Alma Reville. Das Skriptgirl – einen Tag jünger als er – gefällt dem angehenden Regisseur auf den ersten Blick, aber schüchtern, wie er ist, wagt er selbstverständlich zunächst nicht, es ihr zu sagen. Er wartet auf einen günstigen Moment. Aus beruflichen Gründen unternehmen die beiden eine Reise nach England. Alma leidet entsetzlich unter den hohen Wellen und liegt schwer seekrank in ihrer Kabine. Das scheint Alfred die passende Gelegenheit. Wem so übel ist, denkt er sich durch und durch romantisch, der hat keine Kraft, nein zu sagen. Er besucht die würgende Alma, um sie nach ein paar Small-talk-Sätzen völlig unvermittelt zu fragen, ob sie seine Frau werden will. Die ist dem Seegang und Hitchcocks Antrag gleichermaßen hilflos ausgeliefert und antwortet zwischen zwei Magenkrämpfen mit einem gequälten »Ja«. Es folgt eine ungewöhnlich lange Verlobungszeit, in deren Verlauf die Braut auf

Wunsch ihres zukünftigen Mannes zum Katholizismus übertritt, bevor sie 1926 Mrs. Hitchcock wird.

Verbürgt ist, daß Alfred auch ein Jahr vor der Hochzeit noch völlig ahnungslos bezüglich des weiblichen Geschlechts ist. Bei Dreharbeiten soll ein Mädchen eine Szene im Meer spielen. Als die Darstellerin sich eines Tages weigert, ins Wasser zu gehen, will der Regisseur natürlich die Ursache für den Sinneswandel erfahren. Sie druckst verlegen eine Weile herum, die ganze Crew schaut auf die Schuhspitzen, Hitchcock insistiert, und schließlich sagt das Mädchen leise: »Ich habe meine Tage.« »Was für Tage?« erkundigt sich Hitchcock laut und deutlich in die Runde und erhält zum ersten Mal im Leben eine detaillierte Schilderung der biologischen Vorgänge im weiblichen Körper. »Und warum hat sie das nicht bei der Planung des Filmes sagen können?« kommentiert der Regisseur die neuen Erkenntnisse.

Die tüchtige Alma muß dem Meister dann wohl doch noch das eine oder andere erklärt und beigebracht haben, denn zwei Jahre nach der Trauung kommt eine Tochter auf die Welt. Hitchcocks Liebe zu seiner Frau hält ein ganzes Leben, und anläßlich des Hochzeitstages fährt auch das hochbetagte Paar noch jedes Jahr nach St. Moritz in das Hotel ihrer Flitterwochen.

John Russel Taylor: Hitchcock, Fischer Cinema, Frankfurt am Main 1982

Adolf Hitler
* 1889, † 1945

Der Sohn eines Zollbeamten bricht die Realschule ohne Abschluß ab und versucht zweimal vergeblich, als Maler auf der Akademie der bildenden Künste in Wien aufgenommen zu werden. Als Reichskanzler (1933–1945) und Führer der Nationalsozialisten zeichnet Hitler mit den Grauen des Zweiten Weltkrieges und der gnadenlosen Verfolgung der Juden für Leid und Tod von Millionen Menschen verantwortlich.

Es ist der 28. April 1945, kurz vor Mitternacht, der Führer hat eine Entscheidung gefällt und hält in seinem Bunker eine kleine Ansprache. Neben ihm steht seine Gefährtin Eva Braun, sie trägt ein langes, hochgeschlossenes Kleid aus schwarzem Seidentaft. »Da ich in den Jahren des Kampfes glaubte, es nicht verantworten zu können, eine Ehe zu gründen, habe ich mich nunmehr vor Beendigung dieser irdischen Laufbahn entschlossen, jenes Mädchen zur Frau zu nehmen, das nach langen Jahren treuer Freundschaft aus freiem Willen in die schon fast belagerte Stadt hereinkam, um ihr Schicksal mit dem meinen zu teilen. Sie geht auf ihren Wunsch als meine Gattin mit mir in den Tod.« Eilig wird die Kriegstrauung mit den Zeugen Goebbels und Bormann vollzogen. Die aus dem Gestapodepot herbeigeschafften Ringe sind zu groß, und Eva unterzeichnet die Urkunde vor lauter Aufregung mit ihrem Mädchennamen. Am 30. April 1945 nimmt sich Frau Hitler mit Gift das Leben, ihr Mann Adolf setzt den Lauf seiner Pistole an die rechte Schläfe und drückt ab.

Der gruseligen Hochzeit geht eine für Eva Braun demütigende Beziehung voraus. Oft zwingt Hitler sie, stundenlang neben ihm zu sitzen, ohne ihn ansprechen zu dürfen, und erniedrigt die junge Frau mit despektierlichen Äußerungen: »Sehr intelligente Menschen (für einen solchen hält er sich) sollten sich eine primitive dumme Frau (dafür hält er Eva) nehmen.« Das einfache Mädchen interessiert sich in erster Linie für Mode und Klatsch und arbeitet in einem Fotogeschäft, als Hitler sie kennenlernt. Er bombardiert sie mit Blumen und Konfekt und macht sie zu seiner Geliebten. Seine große Liebe, Nichte Geli Raubal, ist noch nicht vergessen; nur mit Tränen in den Augen kann der sonst so kaltblütige Hitler von ihrem Freitod sprechen. »Ich habe Eva sehr gern, aber wirklich geliebt habe ich nur Geli«, faßt er seine Gefühle zusammen. Geli ist siebzehn, als sie in das Haus ihres Onkels kommt; aus der Zuneigung, die er für das hübsche Mädchen empfindet, entwickelt sich alsbald eine leidenschaftliche Beziehung, belastet durch seine Unduldsamkeit und die Skrupel einer Onkelromanze. Dennoch beherrscht Geli ihren Oheim so, daß schon ihr Wunsch, schwimmen zu gehen, wichtiger als jede Besprechung ist. Mitzi Reiter, der Hitler zuvor seine Aufmerksamkeit schenkt, versucht sich aus Verzweiflung über den Sinneswandel 1927 mit einer Wäscheleine zu erhängen. Das tangiert Hitler nur sehr am Rande, zu beschäftigt ist er damit, eifersüchtig über Tun und Lassen seiner Nichte zu wachen. Als er seinen Chauffeur Emil Maurice eines Tages in ihrem Zimmer überrascht, bedroht er ihn so vehement mit der Reitpeitsche, daß Maurice vor Angst aus dem Fenster springt. Selbstverständlich ist er sofort seinen Job los. Nach einer heftigen Auseinandersetzung mit Hitler nimmt sich Geli 1931 dreiundzwanzigjährig das Leben und wird, obwohl Suizid vorliegt, kirchlich auf einem Wiener Friedhof bestattet. Ungeklärt bleibt, ob das Mädchen wirklich Adolf Hitlers Geliebte war. Gerüchte, daß sie ein Kind von »Onkel Alf« erwartete, bestreitet der heftig.

Eva kann die Lücke, die Gelis Tod hinterlassen hat, nicht schließen. Ständig lebt sie in der Angst, von Hitler verlassen zu werden, und läßt sich seine Allüren widerstandslos gefallen. Nur die Seiteneingänge und Nebentreppen sind ihr erlaubt, und wenn Gäste kommen, muß sie in ihr Zimmer und dort mit einem Foto von Hitler die Mahlzeit einnehmen und den Abend verbringen. Eva vertraut ihren Kummer dem Tagebuch an: »Ich wünschte mir nur eines, schwer krank zu sein und wenigstens acht Tage von ihm nichts mehr zu wissen. Warum passiert mir nichts, warum muß ich das alles durchmachen. Hätte ich ihn doch nie gesehen … Warum holt mich der Teufel nicht? Bei ihm ist es bestimmt schöner als hier.« Der Teufel hat sie längst geholt, sie erkennt ihn nur nicht und versucht zweimal, ihrem Leben ein Ende zu machen. 1932 schießt sie sich mit einer Pistole in den Hals, und drei Jahre später nimmt sie eine Überdosis Schlaftabletten. Ihre Schwester weckt sie aus dem Koma und vernichtet aus Angst vor Hitlers Sanktionen die Tagebuchaufzeichnungen, in denen Eva ihren Suizid ankündigt. Der Mann, den die Kameraden aus dem Ersten Weltkrieg als »Weiberfeind« bezeichnen, verlangt von seiner Freundin auch unter vier Augen mit »mein Führer« angeredet zu werden. Hörig folgt sie ihm bis in den Tod.

Joachim C. Fest: Hitler, Ullstein Verlag, Frankfurt am Main/Berlin/Wien 1973
Brigitte Hamann: Hitlers Wien, Piper Verlag, München/Zürich 1996
John Toland: Adolf Hitler, Gustav Lübbe Verlag, Bergisch Gladbach 1977

Johann Christian Friedrich Hölderlin
* 1770, † 1843

Hölderlin beginnt schon in jungen Jahren, Gedichte zu verfassen, studiert jedoch auf Wunsch der Eltern Theologie. Nach dem Abschluß verdingt er sich als Hofmeister, schreibt weiter und entwickelt sich zu einem der bedeutendsten deutschen Lyriker. Die letzten vier Lebensjahrzehnte verbringt der Dichter wegen einer schweren Gemütskrankheit in Heilanstalten und in privater Pflege.

»Sitzt denn der Mensch beständig bei meiner Frau?« wütet der erfolgreiche Bankier Jakob Friedrich Gontard, als er den Hauslehrer der vier Kinder eines Abends wieder mal bei seiner Gattin und nicht beim hoffnungsvollen Nachwuchs vorfindet. Sein Zorn ist durchaus berechtigt, denn Hölderlin und Frau Gontard unterhalten seit einiger Zeit ein heimliches Verhältnis.

Doch zunächst besucht der sechzehnjährige Friedrich folgsam eine Klosterschule und lernt dort die Tochter des Klosterverwalters Louise Nast kennen. Louise ist zwei Jahre älter und besteht auf äußerster Diskretion; ihre Angst vor dem gestrengen Vater überschattet zwölf Monate die jugendliche Romanze. Hölderlin nimmt sein Studium auf und schreibt verliebte Briefe, bis er 1790 einen für die unverbrüchlich treue Louise schwer verständlichen Entschluß faßt: »Ich schike Dir den Ring und die Briefe hier wieder zurück. Behalte sie, Louise, wenigstens als Andenken jener seligen Tage, wo wir so ganz für uns lebten, daß uns kein Gedanke an die Zukunft trübte, keine Besorgniß unsere Liebe störte – es ist und bleibt mein unerschütterlicher Vorsaz, Dich nicht um Deine Hand zu bitten, bis ich Deiner würdigen Stand erlangt habe. (…) Ich wollte Dich nicht binden, weil es ungewiß ist, ob jener mein ewiger Wunsch jemals erfüllt wird, ob ich also jemals ganz heiter, ganz froh und gesund werden kan. Und ohne diß würdest Du nie ganz glüklich mit mir sein.« Zu diesem Zeitpunkt zeigen sich erste Anzeichen von Höderlins späterer Krankheit, doch der wahre Grund für die Auflösung seiner Be-

Hölderlin und Diotima

ziehung zu Louise heißt Elise Lebret, die Tochter des Universitätskanzlers von Tübingen. Das sechzehnjährige Mädchen kommt »aus vornehm bürgerlichem Haus« und gefällt vor allem Mama Hölderlin ausnehmend als gute Partie für den geliebten Sohn. Der jedoch turtelt nur solange herum, wie er in der Stadt weilt; er zieht um und ist dann zu feige, der kleinen Elise den Laufpaß zu geben. Ausgerechnet seiner Mutter, die so heftig auf eine Hochzeit gedrängt hat, überträgt er die undankbare Aufgabe: »Sagen Sie, was Sie vielleicht schon gesagt haben, ich sei verreist und schreibe nicht! – Gottlob! So hätte ich den schwierigen Punkt von der Brust weg.« An die sinkt wenig später Wilhelmine Maisch. Die schwäbische Dichterin ist drei Jahre älter als er und bombardiert ihn mit fordernden Schmachtgedichten. Das wird dem freiheitsliebenden Friedrich alles zu eng, und er seinerseits probiert die Wirkung seiner Liebeslyrik erfolgreich an Lotte Stäudlein aus.

Mit Gedichten lassen sich zwar Frauenherzen erobern, aber ansonsten ist das Reimen eine recht brotlose Kunst, und zwischendurch gilt es schließlich, Geld zu verdienen. Kein geringerer als Friedrich Schiller vermittelt Hölderlin als Hofmeister in den Haushalt Charlotte von Kalbs. Noch besser als seine Aufgabe gefällt ihm dort die Gesellschafterin Wilhelmine Krims. Es wird beileibe nicht gern gesehen im Haushalt von Kalb, aber Hölderlin und die zweiundzwanzigjährige, bereits verwitwete Wilhelmine kommen sich tagtäglich näher. Als Wilhelmine bald darauf die Kündigung erhält, fühlt Friedrich sich zu Recht schuldig. Das Kind, das sie unehelich erwartet, ist von ihm. Frau Krims ist wenig später nicht nur Witwe, sondern auch noch ledige Mutter der kleinen Louise Agnese, denn Hölderlin fliegt deswegen zwar auch bei von Kalbs, aber seinen Vaterpflichten entzieht er sich.

Im Haushalt des Bankiers Gontard ist eine Erzieherstelle frei, genau das, was Hölderlin gerade sucht – vier kleine wohlerzogene Kinder und die Mutter Susette, »begabt mit Liebreiz und Schönheit«. Zwei Jahre betrügen die beiden, gedeckt von Dienstboten und Verwandten, den ahnungslosen Geldgeber und Ehemann, bis der endlich etwas merkt und Hölderlin die Tür weist. Er trifft sich heimlich mit Susette und sieht sie noch ein letztes Mal, kurz bevor sie überraschend den Röteln erliegt. Nach ihrem Tod ist der Lyriker dem Zusammenbruch nah. Verzweifelt sucht er Trost in den Armen seiner Mutter, die kurz zuvor zufällig seinen Liebesbriefwechsel mit Susette gefunden hat. Kaum ist der Sohn zu Hause angekommen, macht sie ihm – seine Gemütsverfassung nicht ahnend – deswegen vehemente Vorwürfe. Hölderlin reagiert mit einem fast krankhaften Wutanfall, wird bald darauf in eine Heilanstalt gebracht und verbringt die kommenden vierzig Jahre in geistiger Umnachtung.

Pierre Bertaux: Friedrich Hölderlin, Suhrkamp Verlag, Frankfurt am Main 1978

Ödön von Horváth
* 1901, † 1938

Der österreichische Schriftsteller wird im italienischen Fiume als Sohn eines Diplomaten aus ungarischem Kleinadel geboren. 1923 beginnt er ein Studium der Germanistik und Theaterwissenschaften und lebt anschließend als freier Schriftsteller. 1933 emigriert Horváth erst nach Wien und 1938 nach Frankreich. Dort kommt er am 1. Juni bei einem Unfall ums Leben.

»Keine hat gerade Beine. Der weinerliche Egoismus! Die Männer heiraten die Häßlichen, um es sich abzugewöhnen.« Trotz seines kurzen Lebens hat Ödön von Horváth offenbar genug Zeit, um Erfahrungen zu machen, die zu dieser wenig

Ödön von Horváth

schmeichelhaften Einstellung gegenüber Frauen führt. Nach einer unspekta-
kulären Pubertät – »bei einer ungefähren Höhe von 1,52 Metern erwachte in mir
Eros, aber vorerst ohne mir irgendwelche Scherereien zu bereiten« – macht Horváth seine ersten Erfahrungen in Ungarn. »Ich erinnere mich noch meiner ersten
Liebe; das war während des Ersten Weltkrieges in einem stillen Gäßchen, da holte
mich in Budapest eine Frau in ihre Vierzimmerwohnung, es dämmerte bereits,
die Frau war keine Prostituierte, aber ihr Mann stand im Feld, ich glaube in Gali-
zien, und sie wollte mal wieder geliebt werden.« Der Mann mit der Ausstrahlung,
die es schwer macht, ihm etwas übel zu nehmen, erfüllt den Wunsch der Strohwitwe. Und vermutlich noch einer Reihe anderer Damen, denn auf ein diesbezüg-
liches Interesse läßt zumindest die Tatsache schließen, daß man anläßlich seines
Todes eine Zigarettenschachtel und ein Päckchen Aktfotos bei ihm findet. Zuvor
geht er allerdings 1933 eine Blitzehe mit der Sängerin Maria Elsner ein, die jedoch
ein Jahr später genauso blitzartig wieder gelöst wird. Offenbar begabt im Umgang
mit dem weiblichen Geschlecht, schlägt er in Krisenzeiten schon mal Kapital aus
diesem Talent: »Augenblicklich beschäftige ich mich damit, nichts zu schreiben.
(...) Ich verdiene meinen Lebensunterhalt damit, die Filmschauspielerin Renate
Müller während der Drehpausen in Babelsberg bei guter Laune zu halten. Sie hat
Nerven wie Spinnweben.«

Nach dem Scheitern seiner Ehe lebt Ödön in Berlin mit der jungen Schauspielerin Wera Liessen zusammen, die tapfer sein von ständigem Geldmangel gepräg-
tes Dasein erträgt und bei Bedarf immer wieder das gesamte Hab und Gut versetzt.

Dieter Hildebrandt: Ödön von Horváth, rororo Bildmonographie, Rowohlt Verlag, Reinbek 1975

Rock Hudson
* 1925, † 1985

Roy Scherer ist der Sohn eines Kraftfahrzeugmechanikers und wird achtjährig von
seinem Stiefvater adoptiert. Die Versuche des Jungen, ein Hochschulstudium zu
beginnen, scheitern an mangelndem Geld. Roy verdient seinen Lebensunterhalt
als Vertreter, Briefträger und Lastwagenfahrer, bis er aufgrund seines guten Aus-
sehens einen Vorstoß beim Film wagt und Erfolg hat.

Als ein journalistischer Schmierfink droht, Hudsons homosexuelle Veranlagung zu verraten, zwingen die Studios ihren Star, mehr oder weniger sofort zu heiraten. Die brave Sekretärin Phyllis Gates wird am 9. November 1955 im Zuge einer Blitzheirat Mrs. Hudson und rettet damit im prüden bigotten Amerika der fünfziger Jahre Ruf und Karriere »ihres Mannes«. Die erste Aufgabe der frischgetrauten Ehefrau besteht darin, die beiden einflußreichsten Klatschkolumnisten Hollywoods, Louella Parson und Hedda Hopper, zu informieren, daß Hudson verheiratet ist. Bewundernswert loyal besteht Phyllis stur darauf, daß dem Schritt »echte, wahre Liebe« zugrunde liegt, und schafft es tatsächlich, die Klatschtanten zum Schweigen zu bringen.

Zu diesem Zeitpunkt lebt Hudson, wenn auch sehr diskret, ein eindeutig homosexuelles Leben. Über drei Jahre teilt er Tisch und Bett mit dem Schauspieler Bob Prebble, der dann zu Rocks Kummer die Seiten wechselt und eine Frau heiratet. Das Bett bleibt nicht lange leer, denn der soeben aus der Army entlassene Jack Navaar zieht bei Hudson ein. Anläßlich von Filmpremieren und ähnlichen Festivitäten pflegen die beiden in getrennten Wagen jeweils mit einer Pro-forma-Dame am Arm anzukommen. Hudson ist so übervorsichtig, nicht mit Navaar erwischt zu werden, daß der irgendwann vom ewigen Versteckwerden die Nase voll hat und seinen Geliebten verläßt. Auch während seiner Ehe mit der bemühten Phyllis hat Hudson ausschließlich Beziehungen zu Männern. Als er 1957 unter seinem durch Adoption erworbenen richtigen Namen Roy Fitzgerald im Beverly Hills Hotel Quartier nimmt, überschlagen sich die Zeitungen, sind jedoch so freundlich, Phyllis Geldausgebegewohnheiten und Rocks Launen für das Scheitern der Ehe verantwortlich zu machen.

Froh darüber, daß die drittklassige Komödie ein Ende hat, lebt Hudson gemäß seiner Neigung, frequentiert die entsprechenden Etablissements und Partys und läßt sich pflichtschuldig regelmäßig mit Frauen in der Öffentlichkeit blicken. Die Schauspielerin Marilyn Maxwell entwickelt sich zu einer so engen Freundin, daß die Zeitungsmacher eine zweite Hochzeit wittern. Und tatsächlich fragt Hudson seine Kollegin auch, ob sie ihn nicht heiraten möchte, vorausgesetzt, er kann sein Leben so weiterführen wie bisher. Die Antwort ist ein freundschaftliches, aber deutliches »Nein«. 1967 zieht der dreiundzwanzigjährige Student Jack Coates bei Hudson ein, dem es weitere vier Jahre gelingt, absolut skandalfrei zu leben. Dann wird ein Scherz fast zur Katastrophe: Schwule Freunde annoncieren aus Spaß, daß Hudson und der ebenfalls homosexuelle Schauspieler Jim Nabors in aller Stille geheiratet haben. Die Ente schlägt hohe Wellen, und Hudson verkriecht sich in ein Mauseloch. Coates zieht aus, an seine Stelle tritt zwei Jahre später Tom Clark. Von Hudsons Freunden wegen seiner Possessivität nicht besonders gemocht, wird Clark der Manager des Stars, was dazu führt, daß das Paar auch in der Öffentlichkeit gemeinsam auftreten kann. »Ich kann ihn Prinzessin Margaret vorstellen«, bemerkt ein glücklicher Hudson. Auch das Verhältnis geht zu Ende, und Rock trifft sich mit dem neunundzwanzigjährigen Mark Christian, der 1983 bei Hudson einzieht. Anders als sein Vorgänger ist Mark ein liebenswürdiger, verbindlicher Junge. Ein wenig zu verbindlich und zu liebenswürdig anderen gegenüber findet Rock, der sich eifersüchtig über nächtelanges Ausbleiben seines Freundes aufregt. Marks Promiskuität hat tödliche Konsequenzen. Vermutlich ist er es, der den Star mit dem Aidsvirus infiziert, das 1984 diagnostiziert wird. Rock Hudson ist einer der ersten Prominenten, die an der Immunschwäche sterben, und er verheimlicht seine Krankheit (Ausnahme sind zwei ganz enge Freunde) bis zu seinem Tod.

Munzinger Archiv: Internationales Biographisches Archiv
Brenda Scott Royle: Rock Hudson, Greenwood Press, Westport (Connecticut)/London 1995

Victor Hugo
* 1802, † 1885

Schon in früher Jugend wendet sich Hugo der Literatur zu und erhält fünfzehnjährig die erste Auszeichnung für eines seiner Gedichte. Später werden seine Werke zwar zeitweise zensiert oder gar verboten, erfreuen sich aber großer Beliebtheit bei den Lesern. In seiner zweiten Lebenshälfte wendet sich der Dichter der aktiven Politik zu und wird 1845 in den Adelsstand erhoben.

»Du mußt Geheimnisse haben; hast du nicht eines, welches das größte ist? Sag du mir dein größtes Geheimnis und ich werde dir meins sagen!« Die schwarzhaarige Schönheit Adèle Foucher weiß genau, was sie hören möchte, und wird nicht enttäuscht. Victor Hugo, der seit seiner Kindheit für sie schwärmt, gesteht: »Mein größtes Geheimnis ist, daß ich dich liebe.« »Mein größtes Geheimnis ist, daß ich dich liebe«, wiederholt Adèle, und damit ist für die beiden Minderjährigen klar: Es wird geheiratet. Ein Jahr später macht sich Madame Foucher auf den Weg zur dünkelhaften Madame Hugo, um ihr mitzuteilen, daß es für das junge Glück aus Gründen der Schicklichkeit nur zwei Möglichkeiten gibt, entweder verloben oder trennen. Mutter Hugo denkt gar nicht daran, ihren begabten Engel mit einer Kleinbürgerstochter zu verheiraten, und scheut sich nicht im geringsten, ihren Standpunkt sowohl der verdatterten Frau Foucher als auch dem entsetzten Sohn klarzumachen. Der zürnt, weint, fügt sich und bricht seinen Kontakt zu Adèle ab. Man schreibt Juni 1821, ein Jahr ist vergangen, die herrschsüchtige Frau Hugo stirbt, und Victors Weg in die Arme der immer noch Geliebten ist endlich frei. Der junge Dichter schreibt wie ein Besessener, um des zukünftigen Schwiegervaters Bedingung erfüllen und seine Adèle ernähren zu können.

Am 18. Oktober 1822 ist es geschafft, die beiden werden getraut. Noch in der Hochzeitsnacht – so protzt der stolze Gatte – beglückt er seine Frau neunmal, und ebenso viele Monate später wird Sohn Léopold II. Hugo geboren. Als das Kind wenige Monate später stirbt, ist Adèle schon wieder schwanger. »Victor macht Oden und Kinder, ohne sich Ruhe zu gönnen«, weiß Émile Deschamps zu berichten. Und wirklich, die junge Frau Hugo ist in den folgenden Jahren entweder guter Hoffnung oder hat gerade entbunden. Nach fünf Kindern hat sie genug und verweigert ihrem zeugungsfreudigen und leider oft despotisch-tyrannischen Gatten die Erfüllung der ehelichen Pflichten. Die freie Zeit nutzt sie, um hinter ihres Mannes Rücken einen zärtlichen Briefwechsel mit dessen bestem Freund anzufangen. Als Victor dahinter kommt, führt er ein offenes Gespräch mit Sainte-Beuve und bietet großzügig an, Adèle wählen zu lassen, wohl wissend, daß der schwärmerische Freund kaum Geld genug für sich, geschweige denn für eine Familie verdient. Adèle bleibt bei ihrem Mann, trifft sich heimlich mit Sainte-Beuve, und Hugo erliegt der Schönheit und vollkommenen Figur der Schauspielerin Juliette Drouet. Die hat Mühe, für sich und ihre Tochter zu sorgen, und ist auf der Suche nach einem ehrenhaften Gefährten. Zehn Tage nach dem ersten »Ich liebe dich« gehen die beiden, statt wie verabredet auf einen Ball, miteinander ins Bett. Und da ist Juliette eine Virtuosin und hat weit mehr zu bieten als die brave Fügsamkeit Adèles. Entsetzt stellt der Dichter fest, daß Juliette aus Geldgründen außer ihm noch andere Männer empfängt, und verspricht, für sie zu sorgen. Juliette, die ihn anbetet, ist überglücklich und beugt sich seinem strengen Regime: Es gibt zwar Geld, doch äußerst knapp, oft reicht es nur für einen Apfel zum Abendessen, und über jeden Centime muß sie präzise abrechnen. Victor dehnt seine Macht aus. Juliette darf das Haus nur noch in seiner Begleitung verlassen, und wenn es ihm an Zeit oder Lust fehlt, sitzt sie in ihrer häufig ungeheizten Kammer und liest, was ihr Geliebter zu Papier bringt. Der versteht sich zunehmend besser mit seiner Frau und Jugendliebe. Seit die Fronten geklärt und Juliette als Mätresse akzeptiert ist – »Versage dir nichts. Ich habe kein Verlangen nach den Freuden der Liebe«, teilt ihm Adèle mit –, verkehrt das Ehepaar sehr harmonisch. Sainte-Beuve ist längst aus Adèles Leben verschwunden, und die wacht geschickt darüber, daß Juliettes Position nicht zu stark wird. Zehn Jahre ist sie jetzt eingekerkert und muß mit den sparsamen Zuwendungen des knauserigen Hugo auskommen. Traurig registriert sie seine enge Beziehung zu Adèle, eifersüchtig weint sie über seine Seitensprünge. Léonie d'Aunet ist eine ernsthafte Konkurrentin, und bald hat Hugo drei Haushalte.

Vormittags arbeitet er, nachmittags ist er mit Juliette zusammen, das Abendessen nimmt er mit Adèle und den Kindern ein, der spätere Abend gehört Léonie – und alle drei betrügt er mit kleinen Affären. Als der Dichter aus politischen Gründen ins britische Exil muß, geht er mit Adèle und mietet für Juliette unweit eine Wohnung. 1867 geschieht endlich, worauf letztere dreißig Jahre gewartet hat: Adèle lockert die eisern gewahrte Distanz und erlaubt ihr endlich, das Haus zu betreten. Die beiden Frauen freunden sich an und verbringen bis zu Adèles Tod viel Zeit miteinander. Jetzt ist Juliette die Nummer eins, doch muß sie mit ansehen, wie der recht betagte Hugo noch immer großen Gefallen an anderen Damen, besonders an ganz jungen, findet. Ein achtzehnjähriges Zimmermädchen »betet ihn an und wünscht sich ein Kind von ihm«. 1872 schreibt Victor in sein Tagebuch: »La prima negra di mi vida« – die erste Schwarze meines Lebens. In diesen Fällen wählt er die spanische Sprache, um sich vor Juliettes schnüffelnder Eifersucht zu schützen. Die hält ihn im hohen Alter von zweiundsiebzig allerdings weder von mehreren kleinen Verhältnissen noch von einer kurzen Liaison mit der berühmten Schauspielerin Sarah Bernhardt ab. Als Victors Beziehung zu seiner Sekretärin Blanche zu intim und damit für Juliette bedrohlich wird, greift sich die betagte Dame das schöne Kind und weist sie ernsthaft auf des Geliebten Alter hin: Wenn sie nicht aufpaßt, kann den wohl der Tod in ihren Armen ereilen! Verschreckt läßt Blanche in Zukunft die Finger vom alternden Lustmolch.

Juliette ist siebenundsiebzig, alt, verbraucht und schwer krank, doch tapfer führt sie dem knickrigen Achtzigjährigen den Haushalt, bearbeitet seine Post und wird anläßlich des Jubiläums mit einem Foto von ihm beschenkt, auf das er schreibt: »50 Jahre Liebe, das ist die schönste Ehe.« Als sie wenig später stirbt, ist Hugo so gebrochen, daß er nicht auf ihre Beerdigung geht.

André Maurois: Victor Hugo, Claassen Verlag, Hamburg 1957

Henrik Ibsen
* 1828, † 1906

Ibsen arbeitet bis 1850 als Assistent in einer Apotheke, bevor er als Intendant und Bühnenschriftsteller reüssiert. Das zeitgenössische Publikum ist häufig von den Verletzungen gesellschaftlicher Tabus in seinen Stücken schockiert. Kritiker wie der Engländer George Bernard Shaw erkennen jedoch früh seine Meisterschaft und den innovativen Charakter seiner Dramen.

Henrik Ibsen ist so verklemmt und prüde, daß er seine Genitalien selbst einem Arzt nicht zeigen mag. Doch all seine Hemmungen scheinen überwunden, als er in der Apothekerlehre das zehn Jahre ältere Dienstmädchen seines Ausbilders, Else Jensdatter, schwängert. Henrik ist achtzehn, als Else seinen Sohn auf die Welt bringt, und muß die folgenden anderthalb Jahrzehnte den Unterhalt für das Kind zusammenkratzen, obwohl er selbst kaum Geld verdient. Die halbwüchsige Rikke Holst verliebt sich in den Studenten und stellt dem Schüchternen nach, bis sie ihn für sich gewinnen kann; doch ihr Vater ist strikt gegen die Verbindung. Als er das Pärchen beim Beischlaf erwischt, »wird er grün vor Wut« – Ibsen entzieht sich der zu erwartenden Strafe reichlich unmännlich durch rasche Flucht.

Im Januar 1856 lernt er Suzannah Thoresen, die neunzehnjährige Tochter eines Geistlichen, kennen. Das knöchellange, haselnußbraune Haar imponiert dem jungen Dichter ebenso wie die frische, vitale Art, mit der das junge Mädchen auf ihn zugeht. Zwei Jahre später heiratet das Paar und bekommt nach angemessener Frist einen Sohn. Suzannah, bekannt für ihre Radikalität, lehnt es strikt ab, weitere Kinder zu bekommen. Daß die Entscheidung ihr Verhältnis zu Ibsen vorübergehend trübt, nimmt sie dabei in Kauf. Er ist ein liebevoller Vater und Ehemann, der seine eindeutige Vorliebe für sehr junge Frauen teils aus Treue, teils aus Angst vor Skandalen nie in die Tat umsetzt. Sorgfältig ist er stets darauf bedacht, sein Privatleben vor der Öffentlichkeit abzuschirmen. Als er 1889 die achtzehnjährige Emilie Bardach kennenlernt, entflammt der Autor heftig für die »Maisonne eines Septemberlebens«, vermeidet jedoch Intimitäten und läßt schließlich aus Rücksicht auf seine kränkliche Frau den Briefwechsel einschlafen. Suzannah leidet unter schweren Gichtanfällen, die das italienische Klima ein wenig mildert. So ist das

Ehepaar häufig getrennt und Ibsen im Alter von dreiundsechzig Jahren noch einmal einer vehementen Anfechtung ausgesetzt. Die beinahe vier Jahrzehnte jüngere Konzertpianistin Hildur Andersen bezaubert ihn so sehr, daß er in Abwesenheit seiner Frau jede freie Minute mit der jungen Künstlerin verbringt. Das führt zu Gerüchten, die schließlich auch bis zu Suzannah dringen. Aus dem fernen Italien stellt sie ihn zur Rede und sorgt mit ihrem Brief dafür, daß der verschreckte Gatte Hildur sofort aus seinem Leben verbannt. Die Zukunft gehört Suzannah und ihren häufig schwer zu erfüllenden Aufträgen aus dem Ausland, wie zum Beispiel für ihre Rückkehr eine Wohnung zu suchen: »Nicht im Parterre, wegen der kalten Fußböden – nicht in den höheren Etagen, wegen der Treppen!«

Gerd Enno Rieger: Henrik Ibsen, rororo Bildmonographie, Rowohlt Verlag, Reinbek 1981
Wallace, Irving u.a.: Rowohlts indiskrete Liste, Rowohlt Verlag, Reinbek 1981

Mick Jagger
* 1943

Gemeinsam schließen sich Keith Richards und Mick Jagger, seit ihrer Kindheit befreundet, 1960 der Amateurcombo »The Blues Boys« an und gründen zwei Jahre später die »Rolling Stones.« Rauhe Rock-Riffs und in Fernsehdebatten von Politikern und Bischöfen als »obszön« gebrandmarkte Texte werden wie Jaggers laszive Bühnenshows zum Markenzeichen der Band.

»Jagger kann nicht singen, seine Stimme hat nicht den geringsten Reiz, er kann nicht tanzen (…) er besitzt keinerlei Begabung abgesehen von einer Art kuhäugigem Staunen. Er wird nie ein Star sein. Dieses unisexuelle Auftreten ist asexuell. Glaubt mir, er ist etwa so sexy wie eine Kröte beim Pissen.«

Truman Capote

Kaum jemand hat wohl jemals mit seiner Einschätzung von Rock-Ikone Jagger so daneben gelegen wie der lästermäulige Giftzwerg Capote. Vermutlich trifft den sehr privaten Sachverhalt viel eher, was die langjährige Lebensgefährtin Marianne Faithful über ihn zu sagen hat: »Vom Anfang unserer Beziehung abgesehen, lag Mick nie besonders viel am Sex. Ich hatte immer das Gefühl, daß Mick alles, was er an sexueller Energie besaß, auf der Bühne verausgabte, so daß für sein Privatleben nur sehr wenig übrig blieb (…) selbst wenn wir in unser Himmelbett mit den

vier Eckpfosten kletterten, war Mick nur daran interessiert, ein Buch zu lesen.«
Die rast- und ruhelose Faithful kompensiert, indem sie mit anderen Männern, so
auch mit den Stones Richards und Jones, schläft und sich mehrmals mit irgendwelchen Frauen von Jagger im Bett erwischen läßt. Mick, der seit geraumer Zeit
mit ihr zusammenlebt, trägt das alles mit Fassung, ist Mariannes Sohn Nicholas
ein liebevoller Ziehvater und macht ihr regelmäßig Heiratsanträge, die sie ebenso
regelmäßig ablehnt. Faithful wird schwanger, und beide leiden sehr, als sie das
Wunschkind verliert. Statt sich gegenseitig zu trösten, versuchen sie es mit aushäusigen Liebesbeweisen, und Jagger kommt auf diese Weise zum ersten Mal
näher in Kontakt mit Marsha Hunt. Inzwischen ist er seinem Pubertätsziel »rote

Autos, viel Geld, Sex und berühmt werden« ein
ganzes Stück näher gekommen und braucht sich
nicht mehr wie früher – als braver, wohlerzogener
Schüler, der er war – mit erfundenen Bettgeschichten zu brüsten. Jugendfreundin Chrissie Shrimp-
ton ist Vergangenheit, bis Marianne Faithful wie
einst der Teenager versucht, sich das Leben zu nehmen. Jagger bringt die mit Schlaftabletten vollge-
pumpte Freundin in ein Krankenhaus und fragt
sich ernsthaft, ob die Verzweiflungstat wohl etwas
mit ihm zu tun haben könnte. »Glück ist, was anderen passiert«, subsumiert Marianne nach ihrer

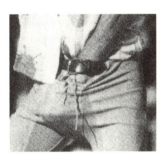

Mick Jagger

Genesung die Beziehung zu Jagger und zieht Bilanz: »In den dreieinhalb Jahren
hatte ich einen Nervenzusammenbruch, eine Fehlgeburt, eine Festnahme, einen
Selbstmordversuch und war heroinabhängig geworden.« Jagger sieht irgendwann
ein, daß das ein bißchen viel ist, und läßt Marianne in Frieden. Statt sie weiterhin
zu verfolgen, vergnügt er sich mit Groupies, Rucksacktouristinnen, Starlets, Models, verbringt angeblich eine Nacht mit Brigitte Bardot und wird mit Tina Turner
hinter der Bühne erwischt. Zwischendurch flammt seine Beziehung zu Marsha
Hunt wieder auf, und am 4. November 1970 wird die gemeinsame Tochter Karis
geboren. Mick hat oft Streit mit Marsha, bemüht sich aber, für das kleine
Mädchen seine Vaterfunktion einigermaßen zu erfüllen.

»Mick konnte diese Frau lieben, weil sie wie er war. Sie sah aus wie er, dachte
wie er und wenn er mit ihr schlief, kam er seinem Ideal am nächsten: Sex mit sich
selbst zu haben.« Harte, aber wahre Worte über die bildschöne und ebenso arrogante Bianca Pérez Morena de Macias. Als Jagger sie das erste Mal sieht, ist er so
hingerissen, daß er alles stehen und liegen läßt, um sie zu erobern. Er braucht genau eine Stunde, um das stolze Herz zu erweichen, von da an sind die beiden un-

zertrennlich. Seine Freunde sind fast alle gegen die Verbindung, Biancas Einfluß gefällt ihnen ganz und gar nicht. Aber Jagger hat sich in den Kopf gesetzt, sie zu heiraten, und so geschieht es in St. Tropez. »Unsere Ehe endete am Hochzeitstag«, sagt Bianca Jagger später. Nie wird sie Mick verzeihen, daß er sie gezwungen hat, vor dem Jawort einen Gütertrennungsvertrag zu unterschreiben. Die exotische Gattin des Rockstars ist eifersüchtig und erbost, weil sie innerhalb der Band wie alle anderen um Zeit und Aufmerksamkeit ihres Mannes buhlen muß. Am 21. Oktober 1971 bringt sie Jade Sheena Jezebel auf die Welt und entlockt Mick außer einem verzückten Lächeln das Bekenntnis, daß er noch vier Kinder möchte – er wird sie kriegen, aber nicht mit Bianca. Die hütet die kleine Tochter und sieht über die schlagzeilenträchtigen Eskapaden ihres Mannes großzügig hinweg. »Mick schläft mit vielen Frauen, aber er hat so gut wie nie eine Affäre. Sie wollen ihn immer alle nur benutzen. Es sind alles Niemande, die Jemande werden wollen«, erniedrigt sie mögliche Konkurrentinnen verbal. Mick hingegen daraufhin gefragt, ob er es nicht richtig fände, seine Frau auf Tournee mitzunehmen, antwortet den Journalisten mit einer Gegenfrage: »Sie würden doch Ihre Frau auch nicht mit ins Büro nehmen?« Und während er auf der Bühne tobt, singt, schreit, hetzt, schwitzt und sich verausgabt, pflegt Bianca das intellektuelle Gespräch mit politischer Prominenz, Andy Warhol und Liza Minelli und moniert das mangelnde politische Engagement ihres rockenden Gatten. Der ist die ewigen Quengeleien irgendwann leid und trifft im berühmten »Studio 54« das blonde Supermodel Jerry Hall. Jerry ist in festen Händen, macht zwar die Nacht mit Mick durch, läßt sich auch um fünf Uhr früh von ihm zum Tee einladen, mehr jedoch ist nicht drin. Jagger verhält sich, wie er es zu Hause gelernt hat: Artig schickt er Blumen und macht der schönen Blonden nach allen Regeln der Kunst den Hof. Während der durchaus nicht spendable Sänger seiner Flamme Jerry teuren Schmuck schenkt, den sie zu seinem unbeschreiblichen Entsetzen sofort in der U-Bahn verliert, wird Gattin Bianca mit den Witwentröstern Warren Beatty, Ryan O'Neal und Björn Borg gesehen. Zwei Wochen später ist die Scheidung eingereicht. Bianca fordert zwölfeinhalb Millionen Dollar oder die Hälfte dessen, was ihr Mann während der Ehe verdient hat. Der, den Igel fest in der Tasche, will am liebsten gar nichts zahlen, doch ein vernünftiger Familienrichter treibt den beiden die Jet-set-Flausen aus und sorgt dafür, daß sie sich wie einigermaßen zivilisierte Menschen benehmen.

Jerry hat ihren festen Platz an Jaggers Seite. Sie arbeitet weiter als Model, paßt sich seinem Tagesablauf an (die Hauptmahlzeit wird z. B. nachts um zwölf eingenommen) und versteht sich gut mit seinen beiden Töchtern Karis und Jade. Anders als Bianca baut sie ihren spindeldürren Rocker, verdient oder unverdient, privat und in der Öffentlichkeit auf und berichtet ebenso indiskret, aber von ganz anderen

Erfahrungen als weiland Marianne Faithful: »Ich kann's kaum fassen, wie unheimlich scharf Mick Jagger ist. Wenn ich vor der Kamera sexy sein muß, denke ich einfach an Mick Jagger, und das bringt's dann. Mick ist einer der schärfsten Männer überhaupt und der beste Liebhaber, den ich je hatte … Er ist ein Genie.« Zu ihrem Leidwesen erfreut der so Gelobte mit seinen Talenten auch andere Damen; Uschi Obermaier macht keinen Hehl daraus, Brauerei-Erbin Catherine Guinness hüllt sich in Schweigen, und Pamela Des Barres schreibt ihre Memoiren: »Mick Jagger ist der personifizierte Eros. Wir liebten uns stundenlang, während Mick stöhnte, daß er eine Königsbiene sei, die hereingeflogen käme – und hier war er.«

Wenn die fleißige Jerry von ihren Model-Jobs nach Hause kommt, stößt sie regelmäßig auf Dinge »wie Ohrringe und andere Schmuckstücke neben dem Bett. (…) Allmählich wurde es unmöglich, ans Telefon zu gehen, ohne daß man irgend so ein Mädchen dran hatte. Schließlich beschloß ich auszuziehen, bis er sich klar wäre, was er wollte, mit anderen Frauen rumziehen oder mit mir zusammensein«. Mick mimt den Coolen, kriegt aber ganz schnell Angst vor der eigenen Courage, als Jerry mindestens ebenso cool eine Affäre mit dem millionenschweren Rennstallbesitzer Robert Sangster anfängt. Flugs steht Herr Jagger vor Fräulein Hall, gelobt Besserung und macht ihr einen Heiratsantrag. Bis das Paar auf Bali nach landesüblichem Ritual getraut wird, vergehen dann doch noch dreizehn Jahre, in denen Mama Jagger ihrem Michael Philip immer dann die Hölle besonders heiß macht, wenn schon wieder ein uneheliches Kind geboren wird. Jerry hingegen bewahrt immer solange die Ruhe, wie die Seitensprünge ihres Mannes nicht zu hohe Wellen schlagen. Im Falle des Topmodels Carla Bruni, der gleichzeitig Affären mit Eric Clapton und Donald Trump nachgesagt werden, ist die schwangere Jerry dann schon mal einen Augenblick mehr als nachdenklich, ob es richtig ist, noch ein Kind von Mick zu bekommen. »Ich war außer mir vor Wut und Trauer!«

Inzwischen ist sie Mutter der vier Blagen, die Jagger sich immer gewünscht hat. Auf die Frage, ob er verheiratet ist, sagt er verlegen »Ich glaube schon«, und ungefragt (und nicht für Jerrys Ohren) besteht der Megastar darauf, mit mehr Frauen im Bett gewesen zu sein als irgendein Zeitgenosse. Damit ihm dieser Rekord auf keinen Fall streitig gemacht werden kann, stürzte der Rocker sich jüngst in eine Affäre mit dem neunundzwanzigjährigen Model Luciana Gimenel Morad. Eine Bettgeschichte zuviel für Jerry Hall, denn Morad erwartet ein Kind. Erbost verlangt Jaggers Gattin dreistellige Millionen und reichte tatsächlich die Scheidung ein.

Munzinger Archiv: Internationales Biographisches Archiv
Christopher Sandford: Mick Jagger, Goldmann Verlag, München 1993
Bunte, 2.7.1998

Karl Jaspers
* 1883, † 1969

Der deutsche Philosoph und Vertreter der Existenzphilosophie schafft ein dreißig
Bücher umfassendes Werk, das die moderne Theologie, Psychologie und Philosophie entscheidend beeinflußt. Jaspers, der zunächst Rechtswissenschaften und
Medizin studiert, wird von den Nationalsozialisten fast während der ganzen Zeit
ihres finsteren Regimes mit Lehrverbot belegt.

»Einsamkeit, Schwermut, Selbstbewußtsein, alles verwandelte sich, als ich, vierundzwanzig Jahre alt, 1907 Gertrud Mayer begegnete. Unvergeßlich ist für mich
der Augenblick, als ich mit ihrem Bruder zum ersten Mal zu ihr ins Zimmer trat.
(…) Es war wie selbstverständlich, daß das Gespräch bald auf große Grundfragen
des Lebens kam, als ob wir uns schon lange gekannt hätten. Von der ersten Stunde
an war ein unbegreiflicher, nie als möglich erwarteter Einklang zwischen uns.«
Mit diesen Worten beschreibt Karl Jaspers die erste Begegnung mit seiner späteren Frau Gertrud. Es ist Sommer, und nach ein paar Treffen berichtet Karl seinen
Eltern in seiner leicht verschrobenen Art, er habe »ein gewisses menschliches Interesse für eine achtundzwanzigjährige Dame gewonnen (…) sicher bin ich wieder zu optimistisch und finde alles mögliche Gute, was ich in den Menschen hin-
einlege, weil ich es so gerne haben möchte. So kommen dann nachher die Enttäuschungen.« Hier irrt der sonst so kluge Mann. Gertrud Mayer, die Schwester
seines besten Freundes, ist das erste von neun Kindern, hat in ihrer Jugend schwere Schicksalsschläge hinnehmen müssen und arbeitet als Nervenpflegerin, als sie
sich im Alter von sechsundzwanzig Jahren entschließt, das Abitur nachzuholen
und Philosophie zu studieren. Als sie Jaspers trifft, bereitet sich die ernste, etwas
melancholische, sehr selbstkritische Frau gerade auf ihr Abitur vor. Wenige Wochen später verloben sie sich und heiraten, sobald ihre finanzielle Situation geregelt ist. Die Ehe bleibt kinderlos, ist aber über alle Maßen glücklich. Karl und Gertrud arbeiten eng zusammen an seinen Vorträgen und Büchern und führen ein
zurückgezogenes, aushäusigen Vergnügungen abgeneigtes Leben. Am deutschen
Himmel brauen sich furchtbare Wolken für das zufriedene Intellektuellenpaar zusammen; 1935 gibt es die ersten Schwierigkeiten, weil Gertrud Jüdin ist. Jaspers
hat bereits einen Namen in der Welt und wird zunächst in die Kategorie »privile-
gierte Mischehen« eingeordnet. Seine Haushälterin wird ihm weggenommen und
durch eine linientreue Nazicharge ersetzt, durch deren ständige Anwesenheit der
Jasperssche Haushalt überwacht wird.
    Die Eheleute versuchen zu emigrieren, doch als die heißersehnte Einladung in

die Schweiz endlich kommt, ist es zu spät, Gertrud darf Deutschland nicht mehr verlassen. Für ihren Mann steht völlig außer Frage: Er bleibt auch. Beider Freundeskreis wird immer kleiner, sie halten nur noch Kontakt zu Menschen, die wie sie den Untergang der mörderischen Diktatur wünschen. Jaspers besorgt bei einem befreundeten Arzt Zyankali, das er tagsüber im Schrank, nachts griffbereit neben dem Bett aufbewahrt. Der Gedanke an eine Trennung von Gertrud ist ihm unerträglich, auch im Tod will er ihr nahe sein, und er versucht ein Familiengrab zu erwerben. »Juden werden woanders bestattet«, lautet die entsetzliche Antwort. Zweimal schon haben Freunde die geliebte Ehefrau unter dem Decknamen Wittmann bei sich aufnehmen und vor den Verfolgern verstecken müssen, da kommt im März die Nachricht, daß der Transport des Paares Jaspers für den 14. April 1945 vorgesehen ist. Als Heidelberg am 30. März von amerikanischen Soldaten befreit wird, können Karl und Gertrud ihr Glück kaum fassen: »Ein Deutscher kann nicht vergessen, daß er mit seiner Frau sein Leben den Amerikanern verdankt.«

Am 23. Februar 1969 wird Karl Jaspers sechsundachtzig Jahre alt, er stirbt drei Tage später, am neunzigsten Geburtstag seiner Frau.

Kurt Salmann: Karl Jaspers, Verlag C. H. Beck, München 1985
Hans Saner: Karl Jaspers, rororo Bildmonographie, Rowohlt Verlag, Reinbek 1982

Janis Joplin
* 1943, † 1970

In ihrer spießigen Geburtsstadt Port Arthur eckt Janis schon früh mit dem Hang zur Kunst an. Sie geht nach San Francisco, um dort ihr Glück mit Blues nach Art von Bessie Smith und Billie Holiday zu versuchen. Der erste Anlauf mißlingt, doch beim nächsten Versuch schafft Joplin den Absprung und wird bereits mit ihrer zweiten Langspielplatte eine weltberühmte Sängerin.

»Sie war naiv und vermutlich unschuldiger als neun von zehn aus unserer Klasse; ich bin sicher, daß Janis bis zum Sommer nach der High School Jungfrau war. Aber weil sie unbedingt dazugehören wollte, tat sie, als ob sie schon mordserfahren wäre.« Vermutlich hat ihre Klassenkameradin recht, aber Janis Joplin holt nach der High School in Windeseile mit beiden Geschlechtern nach, worüber sie vorher nur gesprochen hat. Verzweifelt ist sie auf der Suche nach einem Mann, der bei ihr bleibt, und nichts wünscht sich die erfolgreiche Sängerin so sehr wie eine Familie. Aber ihre Affären dauern selten länger als ein paar Monate, meistens nur wenige Tage. Im Frühling 1965 lernt sie einen jungen Mann kennen, der keinen eigenen Namen und keine eigene Geschichte hat, beides hat er von einem Abenteurer entliehen. Wie Janis konsumiert er Drogen und ist vermutlich ziemlich psychotisch. Ausgerechnet ihn will Joplin heiraten. Und tatsächlich, er hält sogar bei ihrem Vater um Janis' Hand an. Mutter Joplin beginnt ein Hochzeitskleid zu nähen, doch der prospektive Bräutigam kriegt kalte Füße und läßt Janis sitzen. Traumatisiert von der Angst, verlassen zu werden, beweist die sich ihre Attraktivität durch Masse statt Klasse.

Janis Joplin

Wahllos »vögelt« sie Männlein und Weiblein, hat eine kurze Affäre mit Kris Kristofferson und prahlt öffentlich mit ihren Eroberungen, die sie oft so betrunken machen, daß sie sich am nächsten Tag an nichts mehr erinnern kann. Ihre Protzereien nehmen häufig peinliche Ausmaße an, so als sie von einer Reise kommt und motzt: »Im Zug waren einhundertundfünfundsechzig Leute, aber ich habe nur mit fünfundsechzig geschlafen!« Zum Frühstück gibt es Pina Colada, Screwdriver zum Mittagessen und abends Whisky, und zwischendurch reichlich Drogen, vor allem Heroin. Als Seth Morgan in ihr Leben tritt, ändert Janis den ungesunden Rhythmus von einem Tag auf den anderen. Am Morgen trinkt sie Kaffee statt Alkohol und wird friedlich und häuslich. Der Student und Nachkomme einer wohlhabenden New Yorker Familie scheint die wilde Hummel im Griff zu haben. Achtundvierzig Stunden nach dem ersten Treffen ist von Heirat die Rede, Joplin schwebt im siebten Himmel. Ihr Traum von Mann und Kindern ist zum Greifen nah. Eifrig kümmert sie sich um die Hochzeitsvorbereitungen, geht gutgelaunt zur Probe, danach auf zwei Drinks in eine Bar und in ihr Hotelzimmer. Am nächsten Morgen ist die Siebenundzwanzigjährige tot; gestorben an einer Überdosis Heroin.

Munzinger Archiv: Internationales Biographisches Archiv
Myra Friedman: Buried Alive. The Biography of Janis Joplin, Harmony Books, New York 1992

James Joyce
* 1882, † 1941

Der irische Romanschriftsteller und Dichter gilt als einer der wichtigsten Neuerer der modernen Literatur. Aus Geldmangel muß er das Jesuiten-Kollegium verlassen und sich während der nächsten zwei Jahre das notwendige Wissen selbst aneignen. Den Gedanken, Priester zu werden, verwirft Joyce, weil er das Zölibatsgelöbnis nicht ablegen möchte.

»Frauen sind Tiere, die einmal am Tag urinieren, einmal in der Woche Stuhlgang haben, einmal im Monat menstruieren und einmal im Jahr gebären.«

James Joyce

»Schon bei den kleinsten Dingen kriege ich einen Ständer – eine hurenhafte Mundbewegung, ein kleiner brauner Fleck hinten auf Deiner weißen Unterhose (...) das Gefühl Deiner wollüstigen Lippen, die an mir saugen, die Vorstellung Dich zwischen Deine rosazipfligen Bubbies zu ficken ...«, schreibt Joyce seiner Frau Nora. Und als die ihm darauf nicht antwortet, entschuldigt er sich geflissentlich: »Bist Du beleidigt, Schatz, weil ich so über Deine Unterhosen gesprochen habe? Das ist doch Unsinn, Liebling. Ich weiß, sie sind so fleckenlos wie Dein Herz.« Der große Dichter James Joyce ist ein waschechter Unterhosenfetischist und trägt immer einen Puppenschlüpfer bei sich. Wenn er genug getrunken hat, zieht er das winzige Höschen manchmal über seine Finger und läßt es vor den Augen der staunenden Gäste über den Cafétisch tanzen.

Schon als vierzehnjähriger Schüler treibt er sich mit Dienstmädchen und in den Dubliner Bordellen herum und holt sich dort wohl auch die Syphilis, auf die vermutlich sein späteres Augenleiden zurückzuführen ist. Eines Tages, am 10. Juni 1904, sieht er auf der Straße eine große, gutaussehende, junge Frau. Joyce folgt ihr ein Stück, spricht sie an, und am 16. Juni wird das halbgebildete Dienstmädchen Nora Barnacle ohne Hochzeitszeremonie nach britischem Gewohnheitsrecht Mrs. Joyce. Fast drei Jahrzehnte später heiraten dann laut Urkunde »James Augustine Aloysius Joyce, 49, Junggeselle, und Nora Joseph Barnacle, Spinster, 47« auf Wunsch der gemeinsamen Tochter Lucia auch noch offiziell. Bis dahin und darüber hinaus ist Nora ihrem genialen Mann heißgeliebte Gefährtin, die sich durch nichts aus der Ruhe bringen läßt: »Ich wünschte, Du würdest mir einen Klaps geben oder sogar eine Tracht Prügel. Ich wünschte, Du wärest stark, Liebste, und hättest einen großen, vollen, stolzen Busen und dicke, runde Schenkel. Ich würde mich gern von Dir auspeitschen lassen, Nora, Liebes.«

Liebes hat zwar eine knabenhafte Gestalt mit kleinen Brüsten, wird aber mit ihrer Rolle als Herrin des Dichters sehr gut fertig. Vor Fremden bezeichnet sie ihn als Schwächling, nennt ihn ihren »einfältigen Jim« und versteht bis an ihr Lebensende nicht, warum die Leute so ein Bohei um seine dusseligen Bücher machen. Nora jedenfalls interessieren sie nicht. Hart bleibt sie allerdings in einem Punkt, sie geht nicht, wie ihr Mann es gerne hätte, mit anderen Männern ins Bett, denn als Grund vermutet sie »damit er wieder was zu schreiben hat«, und dafür ist sie sich zu schade. Trotz ihrer Zweifel am literarischen Talent ihres Gatten genießt sie die damit verbundenen Privilegien und beginnt vor allem in späterer Zeit fast jeden ihrer Sätze mit: »Wenn man mit dem größten Schriftsteller der Welt verheiratet ist …«

1917 verliebt sich Joyce in die Ärztin Gertrude Kaempffer und versucht sie zu umgarnen, indem er ihr schreibt, daß es ihn erregt, »Frauen pissen« zu sehen – und in Angst vor Entdeckung mit jemand zu schlafen. Gertrudes Geschmack scheint ein anderer zu sein, jedenfalls zerreißt sie seine Briefe und tut ihm weder den einen noch den anderen Gefallen. Ein Jahr später sieht er aus dem Fenster eine junge Frau an der Toilettenkette ziehen. Aufs höchste animiert, bittet Joyce sie schriftlich um ein Treffen. Marthe Fleischmann gewährt es ihm, und es endet in einer einmaligen heftigen Fummelei. Lappalien, wie diese, sind Nora gleichgültig. Für sie gibt es nur einen Grund, während des gemeinsamen Lebens ab und zu die Koffer zu packen und ins Hotel zu ziehen: Joyce will und will das Trinken nicht lassen. Aber wenn er dann reumütig vor ihr steht, ihr sagt, daß er ohne sie nicht leben kann, und Besserung gelobt, kehrt sie immer wieder zu ihrem Jim zurück. Und wenn es am Ende nur ist, um sich über ihn zu ärgern: »Da ist ein Mann, der noch kein Wort mit mir gewechselt hat – den ganzen Tag!« giftet sie. »Worüber soll man sprechen, wenn man dreißig Jahre verheiratet ist?« knurrt er zurück. »Du könntest wenigstens ›Guten Morgen‹ sagen«, behält Nora das letzte Wort.

Richard Ellmann: James Joyce, Oxford University Press, New York/Oxford/Toronto 1982
Wallace, Irving u.a.: Rowohlts indiskrete Liste, Rowohlt Verlag, Reinbek 1981

Franz Kafka
* 1883, † 1924

Der österreichische Schriftsteller studiert zunächst in Prag Literatur und später aus Familienrücksichten Jura. Den Beruf übt er jedoch nur kurzfristig aus und ist statt dessen fünfzehn Jahre als Hilfskraft im Versicherungswesen tätig. Nach Kafkas Willen sollten seine Manuskripte, von denen zu Lebzeiten kaum etwas veröffentlicht wird, nach seinem Tod vernichtet werden.

»Mein Körper, der manchmal jahrelang ruhig ist, wurde dann bis zu einem Grad erschüttert, daß dieses Verlangen nach einer kleinen bestimmten Greuel nicht mehr auszuhalten war.« Franz Kafkas Verhältnis zur Sexualität ist geprägt von Ekel vor der eigenen Lust, Abscheu vor dem Vollzug und gleichzeitig der Erkenntnis, daß es notwendig ist, beidem von Zeit zu Zeit nachzugeben. Kein Wunder also, daß es die Damen nicht leicht mit ihm haben. Wie seine Kommilitonen streift er als Student durch das Bordellviertel von Prag und hat seinen ersten Geschlechtsverkehr mit einer tschechischen Verkäuferin in einer billigen Absteige. Die Erfahrung bestärkt ihn in seiner neurotischen Ansicht, daß Sex eine nichtswürdige, schmutzige Angelegenheit und der Geschlechtsakt als eine Strafe für den vertraulichen Umgang mit einer Frau anzusehen ist.

Franz Kafka

Die erste wirkliche Liebe seines Lebens ist Felice Bauer. Mit ihr ist er zweimal verlobt und liefert auch ihrem Vater einen deutlichen Beweis seiner Verstörtheit. Nach Monaten des Zögerns hat Kafka endlich entschieden, Felice zu heiraten – und Anstand und Sitte verlangen einen Antrag bei den Eltern. Franz schreibt seinem zukünftigen Schwiegervater jedoch einen Brief, indem er sich als unzufrieden, kompliziert, nur an Literatur interessiert schildert und auch den expliziten

Hinweis nicht fehlen läßt, daß seine Tochter ganz sicher unglücklich mit ihm wird. Felice zeigt ihrem Bräutigam einen Vogel und will ein anständiges Schreiben. Statt dessen erhält sie eine Postkarte: Franz hat soeben die Verlobung gelöst. Nach einem kurzen Intermezzo mit einer Achtzehnjährigen beginnt er sich seiner Ex-Braut wieder anzunähern. Die ist einigermaßen irritiert über die Unschlüssigkeit des so sehr geliebten Mannes und schickt ihre Freundin Grete Bloch vor. Grete soll erkunden, wie es um Kafkas Gefühle bestellt ist. Das tut die so gewissenhaft, daß ein Sohn geboren wird. Sicherheitshalber verschweigt sie dessen Existenz aber sowohl dem Vater als auch Freundin Felice, aus Angst den Vertrauensbruch preisgeben zu müssen. Erst den Tod des siebenjährigen Kindes teilt Grete Kafka mit. Aus dessen zweitem Anlauf, Felice Bauer zu heiraten, wird auch nichts, wieder löst er die Verlobung und bindet sich wenig später an die Schusterstochter Julie Wohryzek. Im Gegensatz zu Felice kommt Julie aus kleinsten, ärmlichen Verhältnissen, und Kafkas boshafter Vater bemerkt, daß sein Sohn lieber ein Bordell besuchen solle. Aber stärker als der Spott seines Vaters ist Franz' Angst vor der Ehe, und so wird auch die dritte Verlobung gelöst.

Milena Jesenská-Polak ist dreizehn Jahre jünger, verheiratet und vergöttert den Dichter. Kafka bietet ihr finanzielle Unterstützung an, wenn sie ihren Mann verläßt, aber die kluge Milena durchschaut nach vier gemeinsamen Tagen sein wirres Gefühlsleben wie keine vor ihr und lehnt dankend ab. Kafka schreibt, zweifelt und quält sich durch sein Leben und lernt kurz vor seinem Tod die zwanzigjährige Dora Diamant kennen. Das natürliche, etwas naive und hilfsbereite Mädchen gefällt ihm so gut, daß er binnen kurzem eine Wohnung mit ihr bezieht. Dora verbringt das letzte Lebensjahr mit dem schwer tuberkulosekranken Mann und ist bei ihm, als er einen Monat vor seinem einundvierzigsten Geburtstag stirbt.

Klaus Wagenbach: Franz Kafka, rororo Bildmonographie, Rowohlt Verlag, Reinbek 1964

Immanuel Kant
* 1724, † 1804

In Königsberg, heute Kaliningrad, geboren, studiert er an der Universität seiner Heimatstadt die klassischen Wissenschaften Physik und Mathematik, bis Kant durch den Tod seines Vaters gezwungen ist, das Studium abzubrechen und seinen Lebensunterhalt als Hauslehrer zu verdienen. 1755 kann er an die Universität zurückkehren, promoviert und lehrt schließlich dort.

»In einer guten Ehe haben beyde nur einen Willen und das ist der Wille der Frau – in einer bösen auch aber mit dem Unterschied, daß der Mann im ersten Falle mit der Frauen Wille übereinstimmt, im zweiten ihr widerstreitet, aber überwogen wird.« Immanuel Kant hat Zeit seines Lebens mit Frauen und dem heiligen Stand der Ehe nicht viel am Hut. Von kleinem Wuchs (1,57 m) und geringen Kräften legt sich der große Denker diesbezüglich seine ganz eigenen Theorien zurecht: »Frauen schätzen kühne und starke Männer, wer mit Verstand und Verdiensten Frauengunst erlangen will, macht sich lächerlich und wird von dem jungen Frauenzimmer, dem er gar noch hochachtungsvoll begegnet, mit Nebenbuhlern hintergangen, die ohne viel Umstände dreist und unternehmend sind.« Woher der Philosoph diese Erkenntnisse nimmt, läßt sich nicht nachvollziehen, denn fest steht, daß er achtzig Jahre alt wird, ohne jemals eine wie auch immer geartete sexuelle Erfahrung gemacht zu haben. Einmal in der Jugend verliebt er sich, doch bleibt es beim unerfüllten Gefühl, und als erwachsener Mann zieht er zweimal eine Heirat in Erwägung. Allerdings philosophiert er über diesen Schritt so lange, daß sich die Auserwählten beide Male mit anderen Männern verloben, ehe Kant seine Entscheidung gefällt hat – wahrscheinlich hatten sie Angst, er könnte so lange brauchen, daß sie die Erde als alte Jungfern verlassen, wenn sie nicht die Initiative ergreifen. Es bleibt eine unbeantwortete Frage, wieso Kant nie heiratet oder ein Liebesverhältnis hat.

Einmal witzelt er mit einem Freund, daß er sich in die Metaphysik verliebt habe, die ihm aber nur selten ihre Gunst gewähre. Sicherlich fürchtet er sich vor der Verantwortung, die eine Ehe mit sich bringt, und mag wohl auch besorgt sein, daß eine Frau seinen ausgesprochen starr und stur organisierten Tagesablauf durcheinanderbringen könnte. Immanuel lebt bis in seine fünfziger Jahre in Hotelzimmern und nimmt die Mahlzeiten in Gasthäusern ein. Jeden Tag Punkt fünf Uhr steht er auf, geht um acht Uhr zur Arbeit, nimmt pünktlichst um dreizehn Uhr die einzige Mahlzeit ein, absolviert zwei Spaziergänge, einen um fünfzehn Uhr dreißig, einen exakt um neunzehn Uhr, und begibt sich um zweiundzwanzig Uhr für genau sieben Stunden zu Bett. Welche Frau will so einen zwanghaften Tagesablauf wohl ertragen? Eine gibt es: Die zweiundzwanzigjährige Maria Charlotta Jacobi, verheiratet mit einem Königsberger Großkaufmann, interessiert sich sehr für den klugen Kant. Als sie ihn aber mit ihren Briefen nicht für sich gewinnen kann, nimmt sie sich einen anderen Liebhaber, läßt sich scheiden und heiratet den.

Uwe Schultz: Immanuel Kant, rororo Bildmonographie, Rowohlt Verlag, Reinbek 1965
Wallace, Irving u.a.: Rowohlts indiskrete Liste, Rowohlt Verlag, Reinbek 1981

Herbert von Karajan
* 1908, † 1989

1935 wird Karajan als jüngster Dirigent Deutschlands zum Generalmusikdirektor ernannt und debütiert – nach anfänglichen Schwierigkeiten wegen seiner Mitgliedschaft in der NSDAP – 1946 mit den Wiener Philharmonikern. 1955 wird er von den Berliner Philharmonikern zum Leiter auf Lebenszeit ernannt. Nach Konflikten kommt es im April 1989 zur Trennung – wenig später stirbt Karajan.

Dreimal schließt der bis zur Unhöflichkeit gegen seine Mitmenschen auf die Arbeit konzentrierte Stardirigent den Bund fürs Leben.

»Nachdem wir geheiratet hatten, wohnte Karajan immer in meinem Haus«, sagt Elmy Holgerloef, Gattin Nummer eins. Die Operettendiva ist 1938 ebenso wie ihr elf Jahre jüngerer Mann am Aachener Theater beschäftigt und erkennt sehr richtig ihre Bedeutung für den talentierten, ehrgeizigen Musiker. Er braucht einen Stützpunkt, ein Wesen, das für ihn die eigene Karriere aufgibt, sich seines Haushaltes annimmt und ihm eine angenehme, harmonische, entspannende Atmosphäre schafft. All das leistet die attraktive Sängerin bravourös, kann aber dennoch zu ihrem Leidwesen nicht verhindern, daß Herbert bereits zwei Jahre später seiner »geliebten Anita« hinter dem Rücken der Gattin zärtliche Briefe schreibt. Als das Ehepaar 1942 geschieden wird, heiratet der Dirigent Anita, eine »Vierteljüdin«, mit bürgerlichem Namen Anna Maria Gütermann. Anna alias Anita stammt aus großbürgerlichen Verhältnissen, ist neun Jahre jünger als Karajan, eloquent, zielstrebig und alles andere als eine stille Gefährtin. Im italienischen Exil ist sie es während des Zweiten Weltkrieges, die Herbert mit dem Erlös von Übersetzungen durchfüttert, während der mit seinem Schicksal hadert, kurz darüber nachdenkt, sein pianistisches Talent in Nachtclubs zu Geld zu machen, und sich dann entschließt, doch lieber Partituren und die Landessprache zu lernen.

1958 – geschieden von Anita – gibt Karajan dem bildschönen Mannequin Elliette Mouret sein Jawort. Die Illustrierten sind enttäuscht, denn die Hochzeit findet in aller Stille statt. Erst im nachhinein kann man die rührende Geschichte einer wunderschönen, jungen Frau lesen, die den Maestro lange verehrt, bevor sie ihm anläßlich eines Londoner Konzertes auf- und er ihr ohne Vorwarnung verfällt. Die Wahrheit ist, das schöne Kind ist siebzehn, der Maestro sechsundvierzig, als sie auf einer Jacht zusammentreffen. »Leider war mir nach kurzer Zeit ziemlich übel auf dem Boot, ich muß wohl ziemlich blaß ausgesehen haben. Jedenfalls kam plötzlich dieser gutaussehende Mann auf mich zu und sagte: ›Mein liebes Kind. Lassen Sie uns lieber an Land gehen und Minigolf spielen.‹ Das haben wir auch gemacht. Am Abend gingen wir dann tanzen. Karajan war ein ganz miserabler Tänzer und trat mir dauernd auf die Füße. Verliebt haben wir uns trotzdem.« Der Dirigent ist stolz auf die Attraktivität seiner dritten Frau und liebt es, sie wie ein Schmuckstück zu präsentieren, allerdings nur, wenn es ihm gefällt. Sorgsam hüten die beiden ihr äußerst luxuriöses Privatleben, frequentieren die neuesten, teuersten, schnellsten Sportwagen ebenso diskret wie die Jachten und den Privatjet. Zwei Töchter krönen das harmonische Glück – für die eine übernehmen die Berliner, für die andere die Wiener Philharmoniker die Patenschaft. Als Herbert von Karajan in seinem Privathaus stirbt, hält Elliette ihren toten Mann stundenlang in den Armen. Noch heute »bin ich fast jeden Tag in Gedanken bei ihm. Es gibt Gespräche, die nicht aufhören. Ich glaube fest daran: Der Tod jedenfalls beendet kein Gespräch.«

Franz Endler: Karajan, Hoffmann und Campe, Hamburg 1992
Bunte, 2.4.1998

Karl II.
* 1630, † 1685

Der König von England, Schottland und Irland sorgt dafür, daß das von schweren Bürgerkriegen erschütterte England wieder zu relativer Stabilität zurückfindet. Zuvor muß er allerdings eine Reihe von Kämpfen absolvieren; 1651 wird Karl II. von Oliver Cromwell geschlagen und sieht sich gezwungen, vorübergehend in Frankreich Zuflucht zu suchen.

Karl II. nutzt sein Exil, um sich einen soliden Ruf als Schürzenjäger zu erarbeiten. »The merry Monarch«, der fröhliche König, ist eine stattliche Erscheinung, hochgewachsen und schlank mit dem südländischen Teint seiner mediceischen Vorfahren und ausgeprägten, wenn auch nicht unbedingt schönen Gesichtszügen. Sein Charme gilt als unwiderstehlich, und wo immer es ihm günstig scheint, setzt Karl ihn ein. So auch bei Lucy Walter. Das »dreiste Geschöpf von keineswegs makellosem Ruf, schön aber geistlos« ist die erste in der schillernden Reihe der Geliebten, die Karl II. mit Söhnchen James zum Vater macht. Lucy stirbt an einer Geschlechtskrankheit, nachdem sie sich über die Trennung von ihrem königlichen Liebhaber mit zu vielen weniger hochwohlgeborenen Männern getröstet hat – allerdings nicht ohne immer wieder zu behaupten, mit Karl Stuart rechtmäßig verheiratet gewesen zu sein. Der befindet sich derweil in Gesellschaft seiner aktuellen Mätresse, Barbara Palmer, einer lebhaften und außerordentlich anspruchsvollen Dame, verheiratet mit einem Rechtsgelehrten, dessen juristische Dienste Karl weit weniger in Anspruch nimmt als die amourösen Gefälligkeiten seiner Gattin. Das Vergnügen, das er mit ihr und anderen Damen seiner Wahl genießt, wird allerdings getrübt durch die lästige, aber zwingende Notwendigkeit, eine standesgemäße Gemahlin nehmen und legitime Erben produzieren zu müssen. Schon während des Exils schmiedet Karls Mutter eifrig Heiratspläne, allerdings erfolglos, denn ihr Liebling holt sich einen Korb nach dem anderen. Von einer der »Mazarinetten«, einer Nichte des Kardinals Mazarin, ebenso wie von seiner pfälzischen Cousine Sophie und der französischen Herzogin Anne Marie de Montpensier.

Jetzt aber ist er König und kann sich selbst eine Braut aussuchen – und wählt die mit der üppigsten Mitgift: Catharina von Bragança, die Schwester des Königs von Portugal. Sie ist weder hübsch noch klug und zur Strafe sehr katholisch. Vor der Hochzeit verspricht sie ihrer Mutter bei allem, was ihr heilig ist, die Liebschaften ihres zukünftigen Mannes auf keinen Fall zu tolerieren. Der voreilige Eid kollidiert erheblich mit dessen Interessen, denn Karl hat Barbara Palmer, inzwischen zur Lady Castelmaine geadelt, versprochen, sie zur Hofdame der Königin zu machen. Als die beiden Damen sich begegnen, bekommt Catharina vor Wut und Aufregung erst Nasenbluten und dann einen Schwächeanfall. Anläßlich dieser Szene zeigt sich Karl II. von seiner unliebenswürdigsten Seite: Er weist seine Gattin zurecht, daß er derartig hysterischen Schnickschnack an seinem Hof nicht duldet, und droht jedem, der Lady Castelmaine nicht gut behandelt, ewige Feindschaft an. Die arme Catharina muß klein beigeben, zumal sich bald herausstellt, daß sie keine Kinder haben kann. Während die Zahl der königlichen Bastarde ständig steigt, ist die Königin als »unfruchtbare Zuchtstute« dem gnadenlosen Spott der Höflinge ausgesetzt.

Ursula Tamusso: Kinder der Liebe, Verlag Kremayr und Scheriau, Wien 1994

Karl V.
* 1500, † 1558

Seit 1516 bereits König von Spanien, setzt sich Karl drei Jahre später mit Hilfe immenser Bestechungsgelder bei der Wahl zum Kaiser des Heiligen Römischen Reiches gegen seinen Konkurrenten Franz I. von Frankreich durch. 1556 verzichtet er auf all seine Herrschaftsansprüche und zieht sich in ein Kloster zurück, wo er zwei Jahre später stirbt.

Als Karl am 23. Oktober 1523 in Aachen feierlich und mit großem Pomp zum Kaiser gekrönt wird, ist das Problem der Regentschaft zwar gelöst, nicht aber die ebenso wichtige Frage der Erben. Die zukünftige Mutter der Kinder Seiner Majestät ist von Staats wegen zwar bereits gewählt, und Karl bekräftigt auch ordnungsgemäß die Verlobung mit seiner Cousine Mary, der Tochter von Onkel Heinrich VIII., aber die Sache hat einen Riesenhaken: Mary ist zu diesem Zeitpunkt gerade mal sechs Jahre alt.

Karl V.

Karl, der ziemlich genau neun Monate zuvor ein Schäferstündchen mit Johanna van der Gheynst genutzt hat, um der hübschen Niederländerin ein Kind zu machen, hat gerade von der Geburt seines gesunden Töchterchens erfahren. Soeben Vater geworden, hat er nicht die geringste Lust, jahrelang zu warten, bis seine britische Braut das heiratsfähige Alter erreicht. Staatsräson hin, Staatsräson her, Karl pfeift ganz und gar unkaiserlich auf alle politischen Verabredungen und schaut sich anderweitig um. Sein Augenmerk fällt auf Isabella von Portugal, die nicht nur als schönste Frau der Welt gepriesen, sondern auch mit einer ordentlichen Mitgift ausgestattet wird. Zwei Vorzüge, die dafür ausreichen, daß das Paar am Tag ihrer ersten Begegnung, dem 10. März 1526, getraut wird.

Kaiser Karl ist ein Mann von Prinzipien und hat feste Regeln für sein Leben: Gegen den Rat seiner Ärzte ißt er gerne, zu fett und zu viel, trinkt dazu kaltes Bier und legt sich sodann zu seiner Frau. Die schöne dreiundzwanzigjährige Prinzessin schätzt ihren Mann sehr und hat nichts gegen die Regelmäßigkeit seiner Besuche – mit Vergnügen erfüllt sie ihre ehelichen Pflichten. Thronfolger Philipp wird als erstes von sieben Kindern geboren. Ihm vertraut Karl später an, wie er sich über all die Ehejahre die Liebe seiner Frau erhalten hat, und gibt ihm den Rat: »Sich nie zu lang bei seiner Frau aufzuhalten, immer wieder sich unter Vorwänden zu entfernen, um nicht seine männliche Kraft und schließlich sein Leben in Gefahr zu bringen.«

Dreizehn Jahre führt das Herrscherpaar auf dieser Basis eine glückliche Ehe, bis

Isabella am 1. Mai 1539 im Kindbett mit dem siebten Sprößling stirbt. Karl ist untröstlich, beklagt aufrichtig den »höchsten Verlust« und zieht sich für einige Tage in ein Kloster zurück, um mit seinem Kummer fertig zu werden. Die Pflichten des Regenten zwingen ihn allerdings bald wieder aus der Abgeschiedenheit an den Hof, und nach einer angemessenen Weile kehrt auch die Lebensfreude wieder zurück. Auf einer Reise nach Regensburg trifft er 1546 die hübsche Tochter eines Gürtlermeisters: Barbara Blomberg. Die Achtzehnjährige ist fröhlich, unbeschwert und vertreibt Seiner verwitweten Majestät so vergnüglich die Zeit, daß am 24. Februar 1547 nicht nur Karls siebenundvierzigster Geburtstag, sondern auch die Ankunft eines gesunden Sohnes gefeiert wird. Auf den Namen Hans getauft, wird der Knabe eines Tages als Don Juan de Austria, der Türkensieger von Lepanto, in die Geschichte eingehen.

Ferdinand Seibt: Karl V. Der Kaiser und die Reformation, Siedler Verlag, Berlin 1990
Usrula Tamussino: Kinder der Liebe, Verlag Kremayr und Scheriau, Wien 1994

Katharina II., die Große
* 1729, † 1796

Jekatarina II. Aleksejewna, Zarin von Rußland, vollendet den von Peter dem Großen eingeleiteten Aufstieg Rußlands zur europäischen Großmacht. Gestützt auf den Adel und leitende Minister, leitet Katharina im Inneren im Sinne des aufgeklärten Absolutismus zahlreiche Reformen zur Stärkung von Verwaltung, Wirtschaft und Militär ein.

»Als er sich niedergelegt hatte, fing er an, mir davon zu sprechen, welches Vergnügen es seinem Kammerdiener bereiten würde, uns beide im Bett zu sehen. Dann schlief er ein und schlummerte behaglich bis zum Morgen.« Wie die wahrlich nicht besonders prickelnde Hochzeitsnacht sind alle Nächte der folgenden neun Jahre. Statt seine junge Frau zu küssen, knattert der infantile Großfürst Peter Flintengeräusche mit dem Mund und spielt im Bett mit seinen Zinnsoldaten. Die durchaus sinnliche Katharina erlebt auch ihren dreiundzwanzigsten Geburtstag noch als Jungfrau und hat von diesem Dasein die Nase voll. Nach einem kurzen Flirt mit Oberst Tschernyschew, der sich allerdings mit Rendezvous und Briefchen begnügen muß, wird der Verführer Sergej Saltykow ihr erster Liebhaber. Gatte Peter ist in seiner erotischen Entwicklung inzwischen immerhin soweit fortgeschritten, daß er ältere Hofdamen von Zeit zu Zeit in den Allerwertesten zwickt. Heimlich erleidet Katharina eine Fehlgeburt, wird wieder schwanger und bringt den gesunden Thronfolger Paul auf die Welt. Verdutzt äußert Peter anläßlich dessen angeblich: »Ich weiß nicht, wie es kommt, daß meine Frau schwanger wird.« Die Zarinmutter weiß das dafür um so genauer, schickt Saltykow vom Hof, liest ihrem Sohn die Leviten, und Peter macht einen plumpen, stümperhaften Versuch, seine ehelichen Pflichten zu erfüllen.

Achtundvierzig ist der britische Gesandte Sir Charles, zweiundzwanzig der hübsche, gebildete Stanislaus Poniakowski – Katharina durch Saltykow auf den Geschmack gekommen, hat eine Weile mit beiden ein Verhältnis, bis sie sich für den schmucken Jüngling entscheidet: »Ich liebe ihn mehr als die ganze übrige Menschheit.« Stanislaus wird Vater von Töchterchen Anna, und wieder ist es die Kaiserin, die das Verhältnis ihrer Schwiegertochter beendet und den Polen in sein Heimatland verweist. Katharina kann zwar gegen dergleichen Entscheidungen nichts unternehmen, hat aber ihrerseits beschlossen, ihrem freudlosen Dasein an der Seite des impotenten Gatten abzuhelfen. Nach Pulver, Leder und Bier riecht Grigorij Orlow, außerdem sieht der Offizier in seiner Gardeuniform auch noch hinreißend aus, und Katharina holt ihn in ihr Bett. Bevor die Kaiserin auch gegen ihn etwas unternehmen kann, segnet sie das Zeitliche, und Katharina hat freie Bahn.

Als erstes stürzt sie mit einem Staatsstreich ihren debilen, soeben zum Zaren gekrönten Mann und übernimmt die Macht. Den verblüfften Peter läßt sie wenig später ermorden. Grigorij, dessen Bruder den brutalen Auftrag ausgeführt hat, bleibt noch eine ganze Weile ihr Liebhaber (das gemeinsame Kind lebt bei Pflegeeltern), fühlt sich aber zunehmend überflüssig und als Tanzbär gehalten. Nach einer Reihe von Verhältnissen verliebt er sich in seine dreizehnjährige Cousine, für die Zarin endlich Anlaß, sich von ihm zu trennen. Iwan Rimskij-Korsakow, der Großvater des Komponisten, Alexander Lanskoi, Alexander Mamonow, Katharina tut sich und ihrer Lust keinen Zwang an. »Kaiser für eine Nacht« ist der Titel, den sie immer wieder aufs neue zu vergeben hat, und wohl dem, der es auf mehrere Nächte bringt. Geschenke von hohen Geldbeträgen bis ganzen Gutshöfen winken dem, der sie beglückt. 1772 ist Alexander Wassiltschikow der Auserwählte, der zwar hübsch, aber leider dumm ist. Dummheit deprimiert die Zarin, und so rückt an seine Stelle der weniger hübsche, dafür um so intelligentere Potemkin auf, der eine ganz besondere Rolle im Leben der Kaiserin spielt. Sie liebt ihn zärtlich, und wahrscheinlich heiraten die beiden sogar heimlich. Heimlich, weil eine russische Zarin bestenfalls aus politischen Gründen, nicht aber aus Liebe zu heiraten hat. Eine Weile führen sie eine harmonische Beziehung, dann will Potemkin doch lieber mit seinen drei jungen Nichten als mit der alternden Katharina schlafen. Die ihrerseits hat immer noch eine sehr ausgeprägte Libido und fängt wieder an, sich junge Männer organisieren zu lassen. Potemkin, der Angst um seine Vormachtstellung hat, übernimmt diese Aufgabe. Sorgsam wählt er die Liebhaber seiner Frau aus, Alter, Aussehen, Stand und Ehrgeiz – von letzterem nicht zu viel –, alles will bedacht sein. Manchmal kommt Katharina ihm zuvor, wie im Falle von Plato Subow. Potemkin ist ganz und gar gegen die Beziehung, denn Subow ist ihm zu arrogant und machtbewußt. Aber die eigensinnige Katharina läßt nicht von dem Knaben ab. Als Potemkin stirbt, ist sie sechzig und Subow dreiunddreißig Jahre alt. Bis zu ihrem Tod bleibt er ihr liebevoller und fürsorglicher Gefährte.

Vincent Cronin: Katharina die Große, Claassen Verlag, Düsseldorf 1978

John F. Kennedy
* 1917, † 1963

Der Sohn eines Bankiers dient im Zweiten Weltkrieg als Offizier in der US-Marine. Nach dem Krieg tritt er in die Demokratische Partei ein und wird ins Repräsentantenhaus gewählt. 1957 erhält er für sein Buch »Profiles in Courage« den Pulitzerpreis. Mit seinem selbstsicheren Auftreten sichert sich Kennedy 1960 im Kampf um das Amt des US-Präsidenten einen knappen Sieg über Richard M. Nixon.

»Slam, Bam, Thank you M'am!« lautet der Spruch, den Kennedy für seine Vorliebe, schnellen, unkomplizierten Sex zu praktizieren, formuliert. »Ich bin nicht interessiert. Wenn ich eine Frau erst mal habe, bin ich in den meisten Fällen nicht interessiert, die Sache fortzusetzen. Mir gefällt die Eroberung. Das ist die Herausforderung. Mir gefällt der Kampf zwischen Mann und Frau – das ist es, was ich mag. Die Jagd, nicht die Beute.« Besessen von seiner Sexualität, versucht der auch in dieser Beziehung äußerst ehrgeizige junge Mann, alles in sein Bett zu ziehen, was nicht bei drei außer Reichweite ist. Dank seiner sehr charmanten Ausstrahlung gelingt es ihm auch meistens. FBI-Chef John Edgar Hoover, ein Kennedy-Hasser, erklärt: »Ich kann belegen, daß Kennedy mit fast jeder Person schlafen würde, wenn sie nur einen Rock trägt.«

Auf eigene Initiative besucht John gemeinsam mit einem Freund noch vor seinem achtzehnten Lebensjahr ein Bordell mit dem erklärten Ziel, »als ganzer Mann« wieder herauszukommen. Die Erfüllung seines Wunsches kostet ihn drei

Dollar und eine schlaflose Nacht, denn kaum ist er wieder angezogen, bekommt John panische Angst, sich mit einer Geschlechtskrankheit angesteckt zu haben. Frantisch sucht er einen Arzt auf, der ihm seinen in dieser Hinsicht tadellosen Gesundheitszustand bestätigt. Kennedy prahlt gerne und häufig mit Eroberungen und liebt es, seine Freunde in Briefen indiskret auf dem laufenden zu halten: »Bekam in einem mexikanischen Bordell für fünfundsechzig Cents einen abgelutscht und eine Nummer, fühlte mich also sehr sauber und in guter Form.« Oder, als es heißt, eine seiner Ex-Freundinnen sei schwanger: »Bitte behaltet das alles für Euch, und ich wünschte, ich hätte meins auch für mich behalten, wenn Ihr wißt, was ich meine. Dann hätte ich jetzt weniger Sorgen.« Sein Respekt vor Frauen ist gering bis nicht vorhanden, und all die Eroberungen dienen nur dazu, sein Selbstbewußtsein zu heben. Außer im Zustand sexueller Erregung haßt Kennedy Körperkontakt und liebevolle Berührungen. Eine seiner Freundinnen weiß zu berichten: »Er fand es erregender, Mädchen die ganze Arbeit tun zu lassen. Ich erinnere mich, daß er hinterher nie herumschmusen wollte, aber er redete gern und hatte einen wundervollen Sinn für Humor.« Viele seiner Gespielinnen sind sich einig, daß dem zukünftigen Präsidenten Masse vor Klasse geht und er nur bezogen auf die Geschwindigkeit ein rasanter Liebhaber ist.

Frances Ann Cannon ist die erste Frau, in die John sich ernsthaft verliebt. Seinen Heiratsantrag wird er bei ihrem Vater jedoch nicht los, denn der will auf keinen Fall, daß Frances einen Katholiken heiratet, und schickt sie nach Europa. Kennedy hält ihr die Untreue, ist aber weiterhin fest entschlossen, das Mädchen nach der Reise zu seiner Frau zu machen. Als Frances endlich zurückkommt, hat sie einen protestantischen Verlobten an ihrer Seite und für John nur noch ein »Adieu« übrig. Die mannigfachen Versuche, über die Schlappe hinwegzukommen, bezahlt er mit einem schmerzhaften Tripper, der seinen Aktivitäten nur wenig Abbruch tut.

Inga Arvad, eine dänische Journalistin, macht ein Interview mit dem Vierundzwanzigjährigen und wird die Liebe seines Lebens. Die kluge, gebildete Frau ist »im Bett eine Sensation und um Klassen besser als all die Krankenschwestern, Schauspielerinnen und Debütantinnen«. Leider wird Inga erstens vom FBI überwacht und geht zweitens fremd. Die Leere, die sie hinterläßt, wird mit Revuemädchen und Mannequins gefüllt. Es bleibt nicht aus, daß die eine oder andere willige Dame schwanger wird, doch Kennedy macht sich in diesen Fällen immer mehr Sorgen um seine Karriere als um die Seele der Mädchen. Auf dem Weg nach oben ist er wild entschlossen »einen Namen zu bumsen«, und steuert zu diesem Zweck die Hollywoodstudios an. Seine Wahl fällt zunächst auf Gene Tierny, die sich so in ihn verliebt, daß sie sogar Tyrone Power abblitzen läßt.

1963 heiratet John F. Kennedy, einer der hoffnungsvollsten und begehrtesten Junggesellen Amerikas, die gesellschaftlich zweifellos gute Partie Jacqueline Bouvier. Jackie gehört zu der Oberschicht, um deren Anerkennung die Kennedys noch immer ringen. Das gebildete, lebensfrohe und mitunter kecke Geschöpf merkt lange vor der Affäre ihres Mannes mit Marilyn Monroe, daß sie sich einen Filou geangelt hat. Damenslips, die nicht in ihrer Größe sind, Schwindeleien und Indiskretionen machen ihr das Leben schwer. Angeblich bietet ihr Schwiegervater Jacqueline eine Million Dollar, um zu verhindern, daß sie sich vor der Präsidentschaftswahl wegen ständiger Untreue von seinem Sohn scheiden läßt. Der behauptet öffentlich und legendär, er bekomme Kopfschmerzen, wenn er zu lange ohne Frau sei. Verschwiegene Angestellte haben bei Bedarf immer für »Frischfleisch« im Weißen Haus zu sorgen, und obwohl er mit einer der schönsten Frauen der Zeit verheiratet ist, treibt er es überall: im Pool des Weißen Hauses (das nach der Bordellfarbe von Eingeweihten Rosa Haus genannt wird), mit Sekretärinnen im Wandschrank und mit willigen Stenotypistinnen. Freund Georg Smathers beobachtet richtig: »Niemand war vor Jack sicher – weder deine Frau noch deine Mutter, noch deine Schwester.« Mit geradezu aristokratischer Haltung erfüllt Mrs. Kennedy dennoch in- und extern ihre Pflichten und läuft ihrem jovialen Gatten dabei bisweilen den Rang ab. Auf einer Europareise stellt er sich lakonisch und nicht ohne Selbstironie vor als »der Mann, der Jacqueline Kennedy nach Paris begleitet hat«.

David Burner: John F. Kennedy, Wilhelm Heyne Verlag, München 1992
Nigel Hamilton: John F. Kennedy, S. Fischer Verlag, Frankfurt am Main 1993
Bunte, 29.1.1998

Heinrich von Kleist
* 1777, † 1811

Der Sproß eines preußischen Offiziersgeschlechts dient gemäß der Familientradition zunächst im Potsdamer Garderegiment. Er nimmt seinen Abschied und gibt das anschließend begonnene Studium schnell wieder auf. Zerrissen zwischen dem familiären Anspruch, dem Zwang zur Daseinsvorsorge und dem Bedürfnis, sein poetisches Talent schreibend zwischen Klassik und Romantik ausleben zu können, durchleidet der Dichter tiefe Krisen.

Ob Heinrich von Kleist jemals mit einer der geliebten Frauen intim wird, ob er statt dessen von Schuldgefühlen geplagt masturbiert, oder gar – wie Psychoanalytiker später diagnostizieren – gesteigert erotisch mit einer homosexuellen Komponente sein kurzes Dasein fristet, wird wohl nie ganz zu enträtseln sein. Fest steht, Frauen waren ihm keineswegs gleichgültig. Er liebt einige, schwärmt von ihnen, bedichtet sie, und gemeinsam mit einer stirbt er sogar.

Die Liebe seines Lebens ist neben seiner herben Stiefschwester Ulrike – »Sie hat vom Weib nichts als die Hüften« – die fünfzehn Jahre ältere, unglücklich verheiratete Schwägerin Marie von Kleist. Schwärmerisch, doch ohne Aussicht auf Erfüllung, betet er die mütterliche, reife Frau seit seiner Jugend an. Wild schlägt sein Herz für Luise von Lindersdorf, doch obwohl sich Kleist ihr tief verbunden fühlt, löst sie 1798 das Verhältnis. Der junge Dichter gerät darob so aus den Fugen, daß er sein Äußeres vernachlässigt und statt sich zu pflegen lieber philosophische Bücher liest. Wenige Jahre später bittet er die hübsche Generalstochter Wilhelmine von Zenge, »bald, bald seine Frau zu werden, damit die unruhigen Wünsche ihm nicht Geist und Seele trübten«. Doch Wilhelmine hat nicht nur einen hübschen, sondern vor allem einen eigenen Kopf und antwortet, daß sie ihn weder liebt, noch seine Frau zu werden gedenkt – als Freund ist er dem Fräulein Nachbarin jedoch stets

Heinrich von Kleist

willkommen. Kleist ist außer sich über den abschlägigen Bescheid, wer ist sie, daß sie es wagt, ihn abzuweisen?! Hartnäckig umwirbt er Wilhelmine mit dozierenden Briefen und stimmt sie nächtens in einer Gartenlaube mit innigen Küssen schließlich um. Die Eltern geben das notwendige Einverständnis jedoch nur unter der Bedingung, daß Heinrich eine gesicherte Existenz vorweisen kann. Doch bevor das der Fall ist, entzweit sich das Pärchen. Wilhelmine hat nicht die geringste Lust – wie von ihrem Bräutigam gepriesen und vorgeschlagen –, ihr Leben als Bauersfrau in der Schweiz zu fristen, und 1802 steht Kleist noch immer unbeweibt im Leben.

Er arbeitet für Ludwig Wieland, als Luise, die dreizehnjährige Tochter des Hausherren, in eine an Hysterie grenzende Schwärmerei für ihn verfällt. Bedauerlicherweise kann er dem halb so alten Mädchen nicht einmal einen Bruchteil der Gefühle entgegenbringen, und unter Tränen verläßt er das Haus, bevor das vehemente Kind ernsthaft liebeskrank wird. Er reist nach Dresden und lernt die

Schwestern Caroline und Henriette von Schlieben kennen. Arm wie die Kirchenmäuse verdienen die Mädchen ihr Geld mit Stickereien und bilden ein vergnügtes Trio mit dem ebenfalls nicht gerade betuchten Dichter. Bald fühlt der, daß die hübsche, blonde Henriette es ihm besonders angetan hat, und wenn Schwester Caroline die Wahrheit schreibt, wird Henriette heimlich Kleists Verlobte. Der läßt sie jedoch von Bindungsängsten geplagt sitzen. Feige entschuldigt er sich schriftlich: »Verzeihen Sie, wenn ich alle Versprechungen, mit welchen ich in Dresden von Ihnen schied, so gänzlich unerfüllt gelassen habe.« Henriette bleibt zeitlebens unverheiratet.

Henriette Adolphine Vogel ist einunddreißig Jahre alt, verheiratet und Mutter zweier Kinder. 1811 ist sie bereits schwer krank, erträgt ihr schmerzhaftes Unterleibskrebsleiden jedoch tapfer und verliebt sich in Heinrich, der ihre Gefühle erwidert. Jettchens Gatte weiß um den Zustand seiner Frau und ist bereit, sie freizugeben. Der Krebs ist so weit fortgeschritten, daß Henriette unter keinen Umständen mehr als eine zärtliche Umarmung zulassen kann. Statt dessen einigt sie sich mit dem todessehnsüchtigen Geliebten darauf, gemeinsam aus dem Leben zu scheiden. Als die beiden gefunden werden, hat Kleist Henriette mit einer Pistole in die Brust und dann sich selbst in den Kopf geschossen.

Curt Hohoff: Heinrich von Kleist, rororo Bildmonographie, Rowohlt Verlag, Reinbek 1958
Peter Horn: Kleist-Chronik, Athenäum Verlag, Königstein/Ts 1978
Wallace, Irving u.a.: Rowohlts indiskrete Liste, Rowohlt Verlag, Reinbek 1981

Kleopatra
* 69 v. Chr., † 30 v. Chr.

Kleopatra regiert Ägypten als letztes Mitglied der Ptolemäischen Dynastie von 51 bis 30 v. Chr. Im Jahr 48. v. Chr. wird sie aus ihrem Land vertrieben, kann aber mit Caesars Hilfe bald darauf wieder zurückkehren. Bedroht von Octavian, begeht die Herrscherin nach einem letzten vergeblichen Versuch, den Feldherrn auf ihre Seite zu ziehen, Selbstmord.

Die intelligente, vielseitig interessierte und gebildete Kleopatra hat ein ausgesprochenes Faible für erotische Darbietungen, obszöne Gespräche und wollüstige Aktivitäten jedweder Art. Geschichtsschreiber berichten, daß an ihrem Hof wochenlang nächtliche Orgien stattfinden, bei denen die Teilnehmer sich den verschiedensten Ausschweifungen hingeben. Gegenseitig erregen sich die Gäste mit nackten bemalten Körpern durch obszöne Tänze und ergehen sich in aufreizenden Gesprächen. Für ihren Liebhaber Mark Anton, der Kleopatras Vorliebe für unanständige Witze und Vorstellungen teilt, engagiert die Königin eigens zum Zwecke der Stimulans einen besonders talentierten Tänzer. Die Orgien sind Anlaß für unzählige Skandalgeschichten über das königliche Sexleben. Gerüchten zufolge fellatiert sie wahllos – in einer einzigen Nacht – angeblich hundert römische Adlige. Die Griechen geben ihr den Beinamen »Meriochane«, der bedeuten soll, daß »sie sich zehntausend Männern weit öffnete«, und ihre Feinde bezeichnen sie ungeniert als Dirne. Caesars Soldaten dichten zotige Lieder über die »Hure«.

Im damaligen Ägypten ist die Heirat zwischen königlichen Geschwistern durchaus üblich, und um den notwendigen männlichen Mitregenten vorweisen zu können, ehelicht Kleopatra hintereinander zwei ihrer Brüder. Körperlich werden die Bündnisse nicht vollzogen, sie gelten allein dem Erhalt der Herrschaft. Einige Quellen vermuten, daß die Königin bereits als junges Mädchen von zwölf Jahren ihre ersten sexuellen Erfahrungen macht, durchaus möglich ist allerdings, daß ihr erster Liebhaber neun Jahre später der doppelt so alte Gaius Iulius Caesar wird. Sie bringt den gemeinsamen Sohn Caesarion auf die Welt, den sie nach Caesars gewaltsamem Tod als Ptolemaios XV. zu ihrem Mitregenten ernennt.

Kleopatra

Zurück in Ägypten erfährt Kleopatra, daß nach dem Meuchelmord Mark Anton die römische Herrschaft übernommen hat. Der muskulöse Mann mit dem kantigen Gesicht hat wie sein Vorgänger eine Schwäche für Frauen. Vergessen sind die homoerotischen Experimente der Jugend, Mark Anton ist den Damen außerordentlich zugetan. Die ägyptische Königin ist wild entschlossen, den Feldherren zu erobern, was ihr mit Raffinesse und Geschenken auch bald gelingt. Als der brave Soldat aus politischen Gründen zurück nach Rom muß, ist Kleopatra schwanger mit Zwillingen. Sie bekommt die Kinder – Alexander und Kleopatra – und wundert sich, warum Mark Anton vier Jahre braucht, um wieder nach Ägypten zu kommen. Der hat inzwischen seine Versöhnung mit Erzfeind Octavian durch die Hochzeit mit dessen junger Schwester Octavia, einer schönen Frau von untadeligem Charakter, besiegelt. Wie Mark

Anton bringt auch seine Gattin drei Kinder mit in die Ehe, so daß mit dem alsbald geborenen gemeinsamen sieben Sprößlinge zu versorgen sind. Trotz dieser Ablenkung wird Mark Anton die Erinnerung an die schlanke Kleopatra mit der gebogenen Nase nicht los. Er läßt Octavia sitzen, zieht sich den unerbittlichen Haß ihres Bruders zu und segelt nach Ägypten. Die Königin hat das Reich und ihre drei Kinder fest im Griff und trägt kurz nach des Römers Ankunft ein viertes unter dem Herzen. Gemeinsam mit dem kleinen Nachzügler Ptolemaios Philadelphos führt die Patchworkfamilie ein vergnügtes Leben am ägyptischen Hof, bis Octavians Streitkräfte der Idylle ein jähes Ende bereiten.

Michael Grant: Kleopatra, Gustav Lübbe Verlag, Bergisch Gladbach 1977
Wallace, Irving u.a.: Rowohlts indiskrete Liste, Rowohlt Verlag, Reinbek 1981

Gustav Klimt
* 1862, † 1918

Gustav Klimt

Der österreichische Maler und Graphiker des Jugendstils macht seine Ausbildung mit Hilfe eines Stipendiums. Gemeinsam mit seinem ebenfalls malenden Bruder Ernst lebt er danach zunächst von monumentalen Auftragswerken. 1897 gehört Klimt zu den Mitbegründern der »Wiener Secession« und avanciert zu einer der zentralen Gestalten des Wiener Kunst- und Gesellschaftslebens.

Nachdem Klimt bei der jungen Alma Schindler keinen Fuß in die Schlafzimmertür kriegt, weil deren Mutter die Tagebücher gelesen und der leidenschaftlichen Tochter gehörig den Kopf gewaschen hat, beschließt der Maler, die elterliche Wohnung zeitlebens nicht zu verlassen. Und während Mutter (sie stirbt nur drei Jahre vor ihm) und die beiden Schwestern seine Hemden plätten, Anzüge flicken und Schuhe putzen, macht Gustav draußen, was er will. Zwanzig lange Jahre nimmt Emilie Flöge als Dauerfreundin an seinem abwechslungsreichen Leben teil, doch ihr größter Wunsch, Frau Klimt zu werden, erfüllt sich nicht. »Ob schön, ob Regen, jedes Jahr sage ich Dir, wahrlich wahrlich ehe ich heirathe, hast Du ein Bild von mir«, dichtet Gustav statt dessen etwas holperig und kann sich trotz Emilies inständiger Bitten nicht zu »so einer bürgerlich-verabscheuungswürdigen Tat« wie einem Heiratsantrag durchringen. Dennoch stellt der Künstler durchaus patriarchalische Ansprüche an die junge Frau, die weder vor noch nach ihm je einen anderen auch nur anschaut: Wenn Klimt pfeift, muß Flöge springen.

Das Prinzip allein scheint ihn jedoch nicht an einer festen Bindung mit der hypernervösen Freundin gehindert zu haben, es müssen noch andere Dinge eine Rolle gespielt haben, denn Klimt geht nicht nur mit Pinsel und Farbe leidenschaftlich um. Die Mütter seiner zahlreichen unehelichen Kinder, meist Mädchen aus den untersten Ständen mit entsprechend erbärmlichen Brotberufen wie Wäscherin oder Näherin, haben ihre liebe Not und Mühe, dem »Herrn Vater« kleine Almosen für das gemeinsame Kind – manchmal sogar die gemeinsamen Kinder – aus dem geizigen Kreuz zu leiern. Klimt, der oft schlanke Frauen malt, liebt in Tat und Wahrheit die üppige, dicke Posteria der Mädchen aus dem Volk, »deren Hintern schöner und intelligenter ist als das Gesicht bei vielen anderen«. Und so schwängert er munter vor sich hin, Mizzi Zimmermann gebiert ihm zwei Söhne, Maria Ucicky einen, beide nennen den Erstgeborenen Gustav. Als es nach dem Tod des Malers zur üblichen Verlassenschaftsabhandlung kommt, stehen nicht weniger als vierzehn uneheliche Sprößlinge, vertreten durch ihre Mütter, in der Tür und melden Erbschaftsansprüche an. Emilie Flöge, die achtzehn ist, als Klimt sie trifft, hat kein Kind von ihm, dafür aber viele Postkarten, auf denen er – einem zwanghaften Tick folgend – das Wetter und seine Verdauung minutiös dokumentiert. Sie verwaltet den Nachlaß des Künstlers und muß versuchen, das Erbe gerecht an seine Nachkommen zu verteilen.

Wolfgang Georg Fischer: Gustav Klimt und Emilie Flöge, Verlag Christian Brandstätter, Wien 1987

Friedrich Gottlieb Klopstock
* 1724, † 1803

Der Dichter und Dramatiker gilt als einer der bedeutendsten Schriftsteller der frühen Klassik. Mit seinem Werk grenzt er sich von der moralisch-pietistischen Dichtung des Spätbarock ab. Klopstock trägt wesentlich zur Weiterentwicklung der deutschen Literatur bei und wird so zu einem Wegbereiter für Empfindsamkeit, Sturm und Drang und Erlebnisdichtung.

Er »war klein von Person, aber gut gebaut, sein Betragen ernst und angemessen, ohne steif zu sein, seine Unterhaltung bestimmt und angenehm. Im ganzen hatte seine Gegenwart etwas von der eines Diplomaten«, beschreibt Goethe sein Vorbild Klopstock. Friedrich Gottlieb wird als erstes von nicht weniger als siebzehn Kindern in eine gutsituierte, liebevolle Familie geboren und ist einer der ganz wenigen Menschen, denen, so sagt er selbst – mit irdischem Maß gemessen – ein wirklich glückliches Leben beschieden ist. Der Nicht-Kartenspieler und Nicht-Tänzer gleicht diese »Defizite« als junger Mann hochvergnügt und intensiv mit Rauchen, Bechern, Billard- und Schachspielen aus. Außerdem ist er ein passionierter Reiter und unermüdlicher Eisläufer. Seinen wachen Augen entgeht kein hübsches Mädchengesicht, seinen intelligenten Flirtereien keine attraktive Dame. Äußerst leicht entzündbar, fängt sein Herz schnell und leicht Feuer, doch Klopstock unterscheidet gewissenhaft zwischen Liebelei und Liebe.

Er arbeitet als Hauslehrer, als er von einem Leben mit seiner Base Maria Sophia Schmidt, liebevoll Fanny genannt, träumt. Der Traum zerplatzt wie eine Seifenblase, und wenig später trifft der Dichter Margarete Möller. Im Sommer 1752 verlobt er sich mit der vielseitig gebildeten, tiefreligiösen Tochter eines angesehenen Hamburger Kaufmanns. Zwei Jahre später heiratet das Paar und führt ein ausnehmend harmonisches Leben. Margarete (Meta) fertigt kleine Handarbeiten oder schreibt ihres Mannes Manuskripte säuberlich ab. Das traute Glück hat ein jähes Ende, als Meta 1758 an den Folgen einer schweren Entbindung stirbt. Vier Jahre trauert der Witwer um seine Frau, dann entbrennt er in heftiger Leidenschaft für Sidonie Diedrich, die er hartnäckig, aber langfristig vergeblich umwirbt. Er ist bereits in den Vierzigern, als ein verliebter Briefwechsel mit der gerade achtzehnjährigen Flensburgerin Cäcilie Ambrosius einen wesentlichen Teil seiner Zeit in Anspruch nimmt, doch auch sie ist nicht die Richtige. Die begegnet dem unermüdlich Suchenden erst 1770 in Gestalt seiner leiblichen Nichte, Johanna Elisabeth von Winthen. Verwandtschaft hin, Blutsbande her, es gilt das späte Glück am Schopf zu packen – sechs Jahre später zieht er zu ihr, und 1791 heiraten die beiden. Sie ist die fürsorgliche Gefährtin, die die verlorene Meta ersetzen kann, teilt Ruhm und Wohlstand mit ihm und ist dem Dichter bis zu seinem Tod treu ergeben.

Karl Kindt: Klopstock, Wichern Verlag/Herbert Renner KG, Berlin-Spandau 1948

Robert Koch
* 1843, † 1910

Der deutsche Wissenschaftler und Nobelpreisträger begründet die moderne Bakteriologie. Er entdeckt die Erreger von Milzbrand, Cholera, Tuberkulose und erforscht mit unermüdlichen Einsatz die Ursachen von Krankheiten, die durch Insekten übertragen werden. Nach langer Tätigkeit als Arzt wird Koch 1891 Direktor des Instituts für Infektionskrankheiten in Berlin.

Als der vierjährige Robert seinen Eltern eines Abends fließend aus der Tageszeitung vorliest, entgleitet dem Vater die Pfeife aus dem Mund, und Mutter Mathilde läßt vor Überraschung die Maschen vom Strickzeug fallen. Der Junge ist was ganz Besonderes, soviel steht fest, und so läßt man ihn gewähren, wo immer sein Forschungsdrang ihn hinführt. Emsig zerlegt er mit dem Küchenmesser Vögel, Fische und mit Spielgefährtin Emmy Fraatz gesammelte Kriechtiere; der penetrante Verwesungsgeruch beim Kochen und Skelettieren stört ihn nicht im mindesten. Robert kommt in die Pubertät und verliebt sich in die gleichaltrige Agathe. Als die Eltern der Kinder den hitzigen Briefwechsel entdecken, wird der sofort verboten. Koch junior ist zutiefst deprimiert und verspricht sich Rettung von einem Buch mit dem Titel »Befreiung aus allen Nöten«. Er spart sein kärgliches Taschengeld, erwirbt das Werk und ist entsetzt, als er lesen muß, daß seine einsamen, nächtlichen Aktivitäten schreckliche Konsequenzen nach sich ziehen »… beginnende Verblödung. An einem unheilbaren Rückenmarksleiden dahinsiechend, würde er einem furchtbaren Ende entgegengehen«. Mutter Mathilde fallen ob der Lektüre ihres Sohnes wieder die Maschen von der Nadel, sofort konfisziert sie das Buch. Die Prüde ist so erbost, daß sie nicht einmal den Grund für den Kauf wissen will. Robert vertieft sich in sein Medizinstudium und ist in Liebesdingen von bemerkenswerter Naivität. Als ihn in Berlin eine Prostituierte abschleppt, folgt er ihr neugierig und wundert sich über die Freundlichkeit der Fremden ebenso, wie er sich wenig später über den Verlust des Talers, den sie für ihre Dienste beansprucht, ärgert.

Derweil sitzt Emmy nun schon Jahre, wartet, zittert, bangt, betet und hofft, daß ihr Kindheitsfreund sich endlich erklären möge. Schließlich ergreift sie die Initiative und küßt den Stoffel so innig, daß der erbebt, sicher ist, sie immer geliebt zu haben, und meint, sie dringend heiraten zu müssen. Das energische Fräulein Fraatz glaubt, endlich am Ziel ihrer Wünsche zu sein. Mit einem hysterischen Heulanfall verhindert sie seine Pläne, sich als Schiffsarzt zu verdingen, und zwingt ihn, statt dessen in einer Nervenheilanstalt zu arbeiten. Sie liebt das Berechenbare,

Leidenschaft ist unberechenbar und deshalb bedrohlich. Ihr Mann soll brav und bieder praktizieren, und wenn die Patienten nicht zahlen, treibt sie das Geld ein. Glücklich über die Geburt von Tochter Gertrud, versucht sie, Ruhe und Beschaulichkeit in des engagierten Arztes Leben zu bringen. Den Grundstein für das Gegenteil legt Emmy mit einem Geburtstagsgeschenk: Ein Mikroskop steht auf dem Gabentisch, und fortan ist Koch mehrere Stunden täglich für die Familie nicht mehr ansprechbar. In seinem Labor macht er Versuch um Versuch, und als die revolutionären Ergebnisse klar sind, ruft er Emmy, um sie teilhaben zu lassen. Das Theater um Bazillen und Bakterien geht der schon lange auf die Nerven: »Na und, was hast du schon davon?« ist ihre niederschmetternde Antwort, die Robert eindeutig klarwerden läßt, daß sie die falsche Frau für ihn ist. Auch wenn er sie als Mutter seines geliebten Kindes schätzt, kann und will er sein Leben nicht von regelmäßigen Mahlzeiten und nachmittäglichem Dominospiel bestimmen lassen. Emmy merkt, daß ihr Mann sich immer weiter von ihr entfernt. In einem Akt heroischer Selbstüberwindung erklärt sie sich bereit, ihm im Labor zu helfen – ständig in Versuchung, die zerbrechlichen Reagenzgläser an die Wand zu knallen.

Robert Koch ist berühmt, und der Minister wünscht ein Porträt des Wissenschaftlers. Brummig, weil ihm wertvolle Forschungszeit gestohlen wird, begibt er sich in das Atelier des beauftragten Malers. Seine schlechte Laune legt sich schlagartig, als er das Bildnis einer der Schülerinnen des Meisters entdeckt. Wenig später lernt er Hedwig Freiberg persönlich kennen und ist sofort entflammt. Emmy spritzt Gift und Galle, weigert sich, einer Scheidung zuzustimmen, und gibt erst 1893 nach, als Koch sie mit einer großzügigen Abfindung zu bedenken verspricht. Hedchen ist die Liebe seines Lebens. Mutig nimmt sie an seiner Suche nach einem Tuberkuloseimpfstoff teil, richtet ihn auf, wenn Mißerfolge und Niederlagen ihn bedrücken, und akzeptiert die Wissensschaft als oberste Priorität ihres Mannes. »Einen netten Tyrannen habe ich zum Mann«, kommentiert sie mit einem verständnisvollen Lächeln sein alles dominierendes Engagement.

Rudolf Harms: Robert Koch, Mosaik Verlag, Hamburg 1966

Christoph Kolumbus
* 1451, † 1506

Der italienische Seefahrer soll im Auftrag der spanischen Krone einen kürzeren Seeweg nach Asien erkunden, dabei landet er irrtümlich in der Karibik und entdeckt Mittelamerika für die westliche Welt. Sein Lohn, so der Vertrag, soll die Erhebung in den erblichen Adelsstand sowie ein Zehntel aller wertvollen Metalle des neuen Territoriums sein.

Besessen von der Leidenschaft, auf Entdeckungsreise zu gehen und zur See zu fahren, fehlt es dem jungen Cristoforo Colombo vor allem an den notwendigen Beziehungen. Der Sohn eines armen Wollwebers ist zwar gescheit und hat sich aus Geldmangel ein ordentliches Maß an Bildung selbst angeeignet, aber all das hilft nicht, wenn man ein Schiff auszurüsten gedenkt. Streng katholisch, geht er brav in die Kirche und siehe da, Maria hilft: Im Gotteshaus lernt Kolumbus 1479 eine adlige Dame kennen, mütterlicherseits sogar mit dem portugiesischen Königshaus verwandt. Dona Filipa Perestrello y Moniz ist mit ihren fünfundzwanzig Jahren zwar schon ein spätes Mädchen, aber sie hat Geld und die ersehnten Kontakte zu besseren Kreisen. Die beiden heiraten, und übers Jahr wird Söhnchen Diego Colón geboren. Leider läßt Mutter Filipa bei der Geburt ihr Leben, der Gatte trauert nicht besonders, und wenn dann mehr um das Versickern des Geldstromes als um seine Frau. Kolumbus sieht sich gezwungen, mit dem Kleinen vor seinen Gläubigern das Weite zu suchen. Er legt seinen Fernreisetraum zur Seite und sorgt liebevoll für den Filius. Das Geld für den gemeinsamen Unterhalt verdient er als Kartenzeichner, angestellt bei seinem Bruder.

Aufgeschoben ist nicht aufgehoben, Kolumbus will noch immer zur See fahren und hat noch immer keine ausreichenden finanziellen Mittel. In Córdoba gelingt es ihm erneut, die Bekanntschaft einer wohlhabenden Frau zu machen. Beatriz Henriquez de Havana, Vollwaise, fünfzehn Jahre jünger als ihr Geliebter und sehr gut bei Kasse, kommt zwar nicht in den Genuß, geheiratet zu werden, doch wird sie Mutter seines zweiten Sohnes Fernando und versorgt ihn materiell. Kolumbus nimmt ihre Großzügigkeit gerne an, fühlt sich jedoch schuldig wegen der nichtehelichen Gemeinschaft. In seinem Testament beauftragt er den erstgeborenen Diego: »Ich befehle ihm, für Beatriz Henriquez, die Mutter meines Sohnes Don Fernando, Sorge zu tragen, sie mit den nötigen Mitteln zu versehen, so daß sie davon würdig leben kann; sie ist ein Mensch, dem ich tief verpflichtet bin; dies soll zur Entlastung meines Gewissens geschehen, denn es drückt schwer auf meiner Seele. Ausführlicher darüber zu sprechen, ziemt sich hier nicht.« Beatriz überlebt Kolumbus um mehr als ein Jahrzehnt, seine beiden Söhne treten in Vaters Fußstapfen und umsegeln die Meere.

John Stewart Collis: Christoph Kolumbus, Wilhelm Heyne Verlag, München 1991
Andreas Venzke: Christoph Kolumbus, rororo Bildmonographie, Rowohlt Verlag, Reinbek 1992

Karl Kraus
* 1874, † 1936

Der österreichische Schriftsteller wendet sich nach einem abgebrochenen Studium und erfolglosen Versuchen als Schauspieler dem Journalismus zu. 1899 gründet er die einflußreiche satirische Zeitschrift »Die Fackel« und ist ab 1911 deren einziger Beiträger. In Aufsätzen und Glossen stellt er Militarismus, kulturelle Mißstände, Kommerzialisierung und Bürokratie scharfzüngig bloß.

»Eine Frau ist hin und wieder ein ganz praktischer Ersatz fürs Masturbieren.«

Karl Kraus

»Ehe ich ein Buch aus meiner Bibliothek leihe, kaufe ich lieber ein neues, sogar mir selbst, dem ich auch nicht gern ein Buch aus meiner Bibliothek leihe. Ungele-

Karl Kraus

sen, an Ort und Stelle gibt es mir mehr als ein gelesenes, das nicht da ist.« Der fast pathologisch zwanghafte Kraus sorgt dafür, daß in seinem Haushalt die Dinge stets aufs peinlichste geordnet und geregelt sind. Alles und jedes hat seinen akkuraten Platz, und der literarische Journalist wird bereits höchst nervös, wenn ein Besucher einen Bleistift oder sonst einen Gegenstand verrückt oder gar in die Hand nimmt.

Kein Wunder, daß er sich mit festen Bindungen, die dann möglicherweise in ein Zusammenleben münden, schwer tut. Zunächst aus der Ferne verehrt und liebt Kraus die Schauspielerin Annie Kalmas, die er im Sommer 1900 persönlich kennenlernt. Wenig später erkrankt die schöne Angebetete an Lungentuberkulose und muß in ein Sanatorium. Kraus besucht sie, wann immer es ihm möglich ist, und leidet entsetzlich unter Annies immer kritischer werdendem Zustand. Als sie im Mai 1901 aller ärztlichen Bemühungen zum Trotz stirbt, bricht für den Schriftsteller eine Welt zusammen. Bis zu seinem Tod pflegt er ihr Grab. Der herbe Verlust Annies bestätigt ihn in seiner Überzeugung, ein Dichter dürfe auf keinen Fall eine Familie gründen, denn Familienleben ist ein Eingriff in das Privatleben.

Stur vertritt er dieses Dogma, bis er 1913 der schönen, feinfühligen Sidonie

Nádherný von Borutin begegnet. Mit ihrer Liebe zur Natur und dem ausgeprägten Interesse für alles Künstlerische erobert sie Kraus' Herz im Sturm, und ordnungsliebend wie er ist, will er Sidonie heiraten. Ein Außenstehender stört das Glück empfindlich. Rainer Maria Rilke, seinerseits Freund und Verehrer der schönen Frau von Borutin, intrigiert heimlich, aber sehr erfolgreich gegen den schreibenden Kollegen. Äußerst diskret, aber dennoch ganz deutlich macht er Sidonie auf Karls jüdische Herkunft aufmerksam und warnt sie vor der Ehe mit dem »Sie nahe angehenden ausgezeichneten Schriftsteller«. Kraus, der von alledem nichts weiß, reagiert mit entsprechendem Unverständnis, als seine Braut die eben noch ernsthaft erwogene Hochzeit auf einmal ablehnt. Dennoch bleiben die beiden ein Paar, bis Sidonie ihn 1918 verläßt. Der Literat ist schwerst getroffen:

»Segen Deinem stolzen Schritt
In die fernste Richtung
Du nahmst meine Seele mit
Ich bewahr die Dichtung«, schreibt er ihr zum Abschied. Frau von Borutin heiratet bald darauf einen Arzt und merkt wenig später, daß sie einen großen Fehler gemacht hat. Reumütig kehrt sie zu Kraus zurück, der sie glücklich wieder in seine Arme schließt.

Carole McKenzie: All about Sex, Europaverlag, München/Wien 1992
Paul Schick: Karl Kraus, rororo Bildmonographie, Rowohlt Verlag, Reinbek 1965

Stan Laurel
* 1890, † 1965

Der britische Schauspieler Arthur Stanley Jefferson wird als »Doof«, der kleine Dünne des Komikerduos »Dick und Doof«, weltweit bekannt. Schon als Jugendlicher arbeitet er mit einer Komikergruppe, die er jedoch während eines USA-Aufenthaltes 1911 verläßt. Er und sein Partner, Oliver Hardy, gehören zu den wenigen Darstellern, denen der Sprung vom Stumm- zum Tonfilm gelingt.

»Immer wenn ich mit ihnen innerhalb eines gemeinsamen Programms auf der Bühne stand, schienen die Laurels sich Tag und Nacht zu streiten. Da die Umkleideräume sehr dünne Wände hatten, konnte man ihre lautstarken Auseinandersetzungen im ganzen Theater hören. Wenn man aber die Tür zu ihrer Garderobe öffnete, saßen die beiden ganz ruhig da und lächelten sich an, als sei nichts geschehen, sobald aber die Tür wieder geschlossen wurde, fingen sie erneut mit ihrem Krach an«, erinnert sich ein Kollege an das Paar Stan und Mae Laurel. Die beiden sind allerdings keineswegs verheiratet, denn Mae, in die sich Stan Hals über Kopf verliebt, hat in Australien einen rechtmäßig angetrauten Gatten sitzen, der sich weigert, einer Scheidung zuzustimmen. Sie nennen sich Laurel, englisch Lorbeer, und heimsen auf der Bühne jede Menge davon ein, doch hinter den Kulissen wird es zunehmend schwieriger. Mae ist eine zänkische Giftspritze, die, als Stan für den Film entdeckt wird, eifersüchtig darauf besteht – trotz mangelnden Talents – an seiner Seite spielen zu dürfen. Bald verschrien als Ziege, will kein Produzent mit ihr arbeiten, und Stan, der auf diese Weise ihre Wutausbrüche zu dezimieren versucht, nimmt Soloangebote nicht an.

Die Arbeitslosigkeit wirkt sich aufs Konto aus: Stan Laurel läuft in geflickten Hosen herum, muß seine löchrigen Schuhe mit Papier und Pappe stopfen und trinkt wegen der heimischen Dauerbelastungen deutlich zu viel. Als ein lukratives Angebot – ohne Mae – ins Haus geflattert kommt, kann sich der Schauspieler nicht leisten, es abzulehnen. Einen Tag vor Drehbeginn erscheint er im Studio, und der Regisseur kriegt vor Schreck den Mund nicht zu, als er seinen Hauptdarsteller in der Tür stehen sieht. Auf Stans Wange prangen drei oder vier tiefe Kratzer. »Du wirst es nicht glauben, aber ich habe mit unserer Katze gespielt, und sie ist ein bißchen zu nahe an mein Gesicht gekommen und hat mich gekratzt.« Der Regisseur glaubt es wirklich nicht: »Wie heißt die Katze? – Mae?« Nach einem hilflosen Versuch, seine Geschichte aufrechtzuerhalten, muß Laurel zugeben, daß Mae ihn so zugerichtet hat, und besteht darauf, sie am Projekt mitwirken zu lassen. Doch die Verantwortlichen bleiben hart. Unter einem Vorwand wird die Kratzbürste in das Studio geholt und muß sich eine Standpauke von ungeahnter Heftigkeit gefallen lassen. »Mühlstein in Stans Nacken«, ist noch die harmloseste der Titulierungen. Mae bricht in Tränen aus – und verzichtet auf eine Rolle. Zu Hause allerdings rächt sie sich bitter. Die nächtlichen Kräche machen Stan so fertig, daß er nicht mehr in der Lage ist, seine Arbeitszeiten pünktlich einzuhalten. Der Produzent greift ein: Mae bekommt tausend Dollar, damit sie das Land verläßt und zurück nach Australien reist. Bis der Dampfer ablegt, wird Stan mit Einladungen und unter Vorwänden abgelenkt und von zu Hause ferngehalten. Gerade ist er mit seiner attraktiven Kollegin Lois Neilson beim Produzenten zu Gast, da kommt der erlösende Anruf: »Mae ist auf dem Schiff!« Stan stößt mit Tränen der Erlösung in den Augen einen Freudenschrei aus – und verspricht der charmanten Lois kurz darauf die Ehe. Ein wenig voreilig vielleicht, denn Lois ist Trinkerin; das führt zu Spannungen im Hause Laurel, und Stan schaut sich alsbald nach einer anderen Partnerin um.

Stan Laurel

Auch wenn der kleine, zierliche »Doof« keineswegs so aussieht, führt er ein derart ausschweifendes Liebesleben, daß die Produzenten im prüden Amerika höchst besorgt um sein Image sind. Im April 1934 reist er mit der neunundzwanzigjährigen Virginia Ruth Rogers nach Mexiko, um sie dort – noch nicht von Lois geschieden – heiraten zu können. Die Ehe ist in Kalifornien natürlich ungültig. Als die Verhältnisse Silvester 1937 geregelt sind, heiratet Stan einen Tag später die russische Sängerin Vera Illiana Shuvalova, die sich als ausgesprochen exzentrisch erweist und regelmäßig mit »Nervenzusammenbrüchen« ins Krankenhaus einweisen läßt. Im Haus des frischgebackenen Paares fliegen die Fetzen. Dauernd rufen besorgte oder durch den Lärm belästigte Nachbarn die Polizei. Stan leidet so sehr unter seiner wahnsinnigen Frau, daß er irgendwann sein Bündel schnürt und verschwindet. Abgetaucht im Nirgendwo, steht er freilich auch für Dreharbeiten nicht zur Verfügung. Damit ist das Faß für die Produzenten übergelaufen – Laurel fliegt raus.

1939 wird der Schauspieler von Illiana geschieden. Mit der liebenswürdigen Ida, seiner letzten Gattin, kehrt endlich Ruhe in sein turbulentes Privatleben. Ida begleitet, versorgt und pflegt ihn, bis er 1965 einem Herzinfarkt erliegt.

Christian Blees: Laurel und Hardy, Trescher Verlag, Berlin 1993

D. H. Lawrence
* 1885, † 1930

Der umstrittene englische Romanschriftsteller fordert in seinen über vierzig Büchern vor allem die natürliche und freie Persönlichkeitsentfaltung des Menschen. Daß er dabei der Sexualität eine bedeutende Stellung zuweist und dies in seinen Romanen unverblümt zum Ausdruck bringt, führt dazu, daß seine Werke nicht selten mißverstanden und sogar verboten werden.

»Er schlug sie – er schlug sie, als ob er sie umbringen wollte – auf das Herz, das Gesicht, die Brust, er raufte ihr das Haar aus. Und am nächsten Morgen bringt er seiner Frau das Frühstück ans Bett«, beschreibt eine Freundin des Paares eine sich immer wieder wiederholende Szene der Lawrenceschen Ehe. Doch bis der Sohn eines Arbeiters und einer Lehrerin in Frieda Weekley, geborene von Richthofen, die Frau fürs Leben findet, muß er sich erst mal mühsam von einer zumindest psychisch inzestuösen Beziehung zu seiner dominanten Mutter lösen. An ihrem Grab gesteht er Jugendfreundin Jessie Chambers: »Ich habe sie nicht wie ein Sohn, sondern wie ein Geliebter angebetet.« Mrs. Lawrence ihrerseits betet den Sohn nicht minder an. Angewidert von ihrem proletarischen, häufig alkoholisierten Ehemann, projiziert sie all ihre Gefühle auf David Herbert, verhätschelt ihren »Bert« von morgens bis abends und verhindert mit Vehemenz noch bei dem Neunzehnjährigen die Erfüllung seiner Liebe zu Jessie Chambers. Statt sich wie Gleichaltrige zu tummeln, sitzt D. H. häufig neben der Frau Mama und hilft bei Strick- und Stickarbeiten. (Ein Freund ist fest davon überzeugt: »D. H. war fünfzehn Prozent Homo«.) Bei dem Versuch, mit Jessie zu schlafen, versagt Lawrence kläglich, gelähmt vom Gedanken an die Mutter. »Eine Tragödie ist es dann, wenn man Sex im Kopf hat anstatt zwischen den Beinen, wo er hingehört«, stellt der schlappe Liebhaber verdrossen fest. Unfähig, die Schwäche einzugestehen, gibt D.

H. Jessie die Schuld, verläßt sie und versucht sein Glück bei der sexuell attrakti-
veren Louie Burrows. Die wiederum hat seiner Meinung nach eine zu »kirchliche«
Einstellung und muß der Apothekersfrau Alice Dax weichen.

Der junge Schriftsteller studiert bei Professor Weekley und verliebt sich in dessen Frau Frieda. Frieda ist Mutter von drei Kindern, sechs Jahre älter als D. H.
und vertreibt sich die trüben Tage im Londoner Regenwetter mit heftigen außerehelichen Flirts. »Weil es verlangte«, verläßt sie bei Nacht und Nebel ihre Familie und folgt dem mittellosen Literaten, um ihn 1914 kurz nach ihrer Scheidung
von Weekley zu heiraten. Der Zeitpunkt ist nicht gerade glücklich, um als Engländer eine gebürtige Deutsche zu heiraten, doch die beiden ficht das wenig an, gesellschaftliche Konventionen interessieren sie nicht. Die Ehe ist ein ständiger
Kampf. Frieda weigert sich, sich Lawrence in der von ihm gewünschten Form zu
unterwerfen, und bietet auch körperlich Paroli, wenn dem Unbeherrschten mal
wieder die Hand ausrutscht. Dennoch lieben sich die beiden sehr, und für den
Dichter ist seine Frau lebenswichtige Stütze, ein Hort der Geborgenheit. Wie weiland seine Mutter bevorzugt die dralle Gattin lange weite Röcke, Schürzen und
enge Mieder. D. H. ist begeistert und schreibt: »Mein Gesicht in ihren Brüsten
vergraben, so möchte ich in der Ewigkeit weilen.« Mit Wonne hilft er – wie einst
als Kind – bei der Hausarbeit, schält mit zufriedenem Grinsen Kartoffeln,
schrubbt die Fußböden, die lausige Hausfrau Frieda weiß es zu schätzen. Als Lawrence im Sterben liegt, ruft er aus: »Warum mußten wir uns nur so viel streiten?« Friedas Antwort beschreibt den Kern der Beziehung: »So, wie wir waren,
heftig und ungehemmt, konnten wir nicht anders!« Sie überlebt ihren Mann um
fünfundzwanzig Jahre und wird an seiner Seite bestattet.

Richard Aldington: D. H. Lawrence, rororo Bildmonographie, Rowohlt Verlag, Reinbek 1961
Rudolf Beck: D. H. Lawrence, Carl Winters Universitätsverlag, Heidelberg 1978
Carole McKenzie: All about Sex, Europaverlag, München/Wien 1992
Wallace, Irving u.a.: Rowohlts indiskrete Liste, Rowohlt Verlag, Reinbek 1981

Franz Lehár
* 1870, † 1948

Der österreichisch-ungarische Komponist verdient sein Geld mehr als zehn Jahre
lang als Kapellmeister verschiedener Militärkapellen, bis er 1902 schließlich Dirigent am Theater an der Wien wird. Vier Jahr später präsentiert er seine erste Ope-

rette; es folgen mehr als dreißig weitere. 1905 feiert er mit der »Lustigen Witwe«
seinen größten Erfolg.

Verliebtsein ist für den jungen Musiker die einzig erstrebenswerte Daseinsform,
und so flirtet er, was das Zeug hält, auch wenn die Auserwählten kaum mehr als
fünfzehn Jahre zählen. Ermutigt vom großen Komponisten Antonin Dvořák, feilt
Lehár derweil fleißig an seiner Karriere und ist mit zwanzig der jüngste Kapellmeister der Armee Österreich-Ungarns. Kein geringerer als der Oberst des Regi-
ments wünscht, daß er seiner Tochter Gesangsunterricht erteilt, doch davon versteht Lehár nichts. Franz zögert und will das Angebot ablehnen, da erblickt er das
junge Mädchen und nimmt den ehrenvollen Auftrag mit flammendem Herzen
an. Das Ergebnis ist anders als gewünscht: Die Siebzehnjährige verliert ihre Stimme, Lehár sein Herz – und der Oberst Gott sei Dank nicht das Vertrauen in den
angehenden Komponisten.

Sommerfrische in Bad Ischl. Im Haus gegenüber wohnt eine junge Schönheit
mit tizianblondem Haar und Pfirsichteint. Franz Lehár weiß sofort: »die oder keine«. Sophie zeigt sich kokett am Fenster, und Jahre später wird sie nach Umwegen
und Hindernissen seine Frau. »Ich wäre nicht das geworden, was ich bin, wenn
ich Sophie nicht gehabt hätte«, sagt der zu Lebzeiten am meisten aufgeführte
Komponist des Jahrhunderts später über die Gattin. Die bremst den vor Arbeitseifer Glühenden eher, als daß sie ihn treibt; der Mann, den sie liebt, soll sich nicht
aufreiben. Angebote aus Amerika kommentiert sie freundlich, aber bestimmt ab-
lehnend: »Schau, soviel Hetzerei und Aufregung!« Sophie hat ein heiteres Wesen,
ist von außergewöhnlicher Klugheit und – für Franz den Gerne-gut-Esser ganz
wichtig – eine fabelhafte Köchin. Sensibel, ist sie stets zur Stelle, wenn er nach ihr
verlangt, und zieht sich diskret zurück, wenn er sie nicht braucht. Ohne zu murren, akzeptiert sie die Eigenart ihres Mannes, das Haus nicht mit anderen Menschen teilen zu wollen. Mit den Dienern wohnt Sophie immer ganz in seiner
Nähe, läßt ihn zu den Mahlzeiten abholen, richtet bei sich die gemeinsamen Einladungen und Empfänge aus und betritt sein Domizil bis zu ihrem Tode nur,
wenn er sie ausdrücklich dazu auffordert.

Maria von Peteani: Franz Lehár, Glocken Verlag, Wien/London 1950

Vivien Leigh
* 1913, † 1967

Als Vivian Mary Hartley wird die britische Film- und Theaterschauspielerin in Darjeeling (Indien) geboren, kommt schon als kleines Mädchen nach London und hat dort 1935 ihren ersten großen Bühnenerfolg. Vier Jahre später erlangt sie als Partnerin von Clark Gable mit der Rolle der Scarlett O'Hara in »Vom Winde verweht« internationale Berühmtheit.

Ihrem Partner Clark Gable gegenüber benimmt sich Vivian Mary, als sei sie der begehrte Star und er ein lausiger Anfänger. Er sei stinkfaul, mimosig, dumm und als Schauspieler völlig unsensibel. Außerdem stinke der Kerl mit den großen Ohren und den falschen Zähnen aus dem Mund, tobt sie bei den Dreharbeiten. Doch bevor sie die Rolle ihres Lebens bekommt, lernt Vivien Leigh erst mal das Leben selber kennen.

Er ist der älteste Junggeselle, den sie jemals gesehen hat, und sie will ihn um jeden Preis haben. Und wenn die neunzehnjährige Vivien etwas oder jemand haben will, setzt sie gewöhnlich so lange alle Hebel in Bewegung, bis sie es hat – so auch im Fall des einunddreißigjährigen Herbert Leigh Holman, genannt Leigh. Es dauert nicht lange und die zielstrebige, temperamentvolle junge Dame wird Mrs. Holman. Auf Bitten ihres Mannes hat sie die Schauspielerei bereits vor der Ehe aufgegeben, nicht ahnend, wie schnell sie sich ohne den geliebten Beruf an der Seite des freundlichen, hoffnungsvollen Anwalts langweilen würde. Gegen dessen Wunsch fängt sie bald darauf wieder an, die Karriere mit gewohntem Ehrgeiz voranzutreiben, und läßt sich auch durch die Geburt ihrer Tochter nicht ab- oder aufhalten. »Ich habe ein Kind bekommen, ein Mädchen«, notiert Vivien am Tage der Geburt lapidar in ihrem Tagebuch. Kaum dem Krankenhaus entronnen, ist sie froh, wieder auf der Bühne zu stehen.

Aus der Loge verehrt und bewundert sie ihren Kollegen Laurence Olivier und ist fest davon überzeugt, den Mimen zu lieben, lange bevor der irgendeine Notiz von ihr nimmt. Dem kann abgeholfen werden: Eines Nachmittags geht Vivien in seine Garderobe, und wenig später spielen sie im selben Stück. Vivien kommt, sieht und siegt. Um soviel Informationen wie möglich über das Objekt ihrer Begierde zu erhalten, scheut sie sich nicht, dessen Frau regelmäßig einzuladen und über Larry, wie Olivier genannt wird, auszufragen. Der brave Leigh kriegt von alledem nichts mit. Anders Jill Olivier, die soeben einen Sohn geboren hat. Sie spürt, daß sie ihren Mann verliert, weiß, daß Vivien der Grund ist – verhindern kann sie es trotzdem nicht. Es kommt, wie Vivien möchte, beide Ehen werden geschieden, ihr Verhältnis mit Olivier endet vor dem Altar. Vivien wird schwanger, verliert jedoch das Kind. Die Folge ist eine schwere Depression. Was am Anfang nur selten zu spüren ist, wird im Laufe der turbulenten gemeinsamen Zeit immer deutlicher: Vivien Leigh ist schwer krank. Geschüttelt von manischen und depressiven Schüben, macht sie sich und ihrem Mann das Leben zur Hölle. So tapfer sie auch versucht, das Leiden mit allen bekannten Therapien bis hin zu Elektroschocks unter Kontrolle zu bekommen, die Anfälle treten immer wieder auf. Besonders schrecklich sind die manischen Phasen, während derer Vivien wilde Obszönitäten ausstoßend ständig droht, sich auch auf offener Straße nackt auszuziehen und dem nächstbesten Fremden ins Gebüsch zu folgen. Olivier, den sie währenddessen nicht selten auch mit den Fäusten traktiert, kümmert sich bewundernswert um seine Frau, kapselt sich aber innerlich immer mehr ab. Vivien erreicht das Stadium, in dem sie nur noch mit einem Attest, das ihr befremdliches Benehmen sowie die sexuelle Zügellosigkeit erklärt, das Haus verlassen kann. Verzweifelt und ohne Chance kämpft sie gegen die Krankheit und um ihre Ehe, als sie zweiundvierzigjährig noch einmal schwanger wird. Auch diesmal erleidet sie eine Fehlgeburt und – was schlimmer für sie ist – spürt genau, daß Larry ihr entgleitet.

Was die Presse schreibt ist wahr: Er ist in ein Verhältnis mit Kollegin Joan Anne Plowright geflohen. Vivien arbeitet mit dem um einiges jüngeren Jack Merivale, der sie über das Scheitern ihrer Ehe hinwegtröstet und ihre Anfälle mit stoischer Gelassenheit erträgt. Aus dem Verhältnis wird Liebe. Der Schauspieler kümmert sich aufopfernd um die von Krankheit gezeichnete, einstmals »schönste Frau der Welt«, die bis zu ihrem Tod nicht über die Trennung von Laurence Olivier hinwegkommt.

Anne Edwards: Das Leben von Vivien Leigh, Edition Sven Eric Bergh, Zug 1979

Wladimir Iljitsch Lenin
* 1870, † 1924

Der Politiker und marxistische Theoretiker wird als Sohn eines adligen hohen Staatsbeamten mit dem Namen Wladimir Iljitsch Uljanow geboren. Nach der Hinrichtung seines älteren Bruders Aleksander wendet er sich bereits während seines Studiums revolutionären Bewegungen zu. 1893 läßt er sich als Rechtsanwalt in Sankt Petersburg nieder.

»Wenn er in einer Arbeit aufgeht, da fühlt er sich wohl und munter.« Ganz brave Schwiegertochter, hält Nadeschda Konstantinowna Krupskaja Lenins Mutter über das Befinden ihres Sohnes auf dem laufenden – und enthüllt ganz nebenbei: Die Arbeit ist sein Leben, und sein Leben ist die Revolution. Schon Wolodjas – so sein Kinderkosename – erste Liebe, die Lehrerin Apollinaria Jakubowa, hilft nicht nur beim Erwachsenwerden, sondern vor allem beim Verteilen von politischen Flugblättern. Vermutlich lehnt sie seinen Heiratsantrag ab, und Lenin wendet sich der ein Jahr älteren, attraktiven Nadeschda zu. Sie ist bereits aktive Marxistin, folgt ihrem Verlobten Lenin 1897 in die Verbannung und heiratet ihn.

Wladimir Iljitsch Lenin

Gemeinsam arbeiten sie an seinen Veröffentlichungen; gemeinsam ziehen sie, immer in der Angst entdeckt zu werden, unter ständig wechselnden Namen in ständig wechselnde Länder und Städte. Mit von der revolutionären Partie: Nadeschdas Mutter und eine Katze. Als Lenin die strenge Bolschewikin Ines Armand kennenlernt, dauert es nicht lange, bis er den Reizen der mutigen, energischen einunddreißigjährigen Frau erliegt. Gattin Nadeschda weiß von dem Verhältnis ebenso wie von einer Liaison davor, findet aber durchaus Gefallen an der Gesellschaft von Frau Armand. Inès ist der Sache bald so ergeben wie ihrem Geliebten Lenin, und zeitweise wandert, reist und lebt das Trio zusammen. Als Inès 1920 an Cholera stirbt, ist Lenin so gebrochen, daß nicht einmal engste Freunde es wagen, ihn bei der Beerdigung anzusprechen: »Seine ganze Erscheinung, nicht nur sein Gesicht drückte einen solchen Kummer aus. (...) Es war klar, daß er mit seiner Trauer allein sein wollte. (...) Die Augen schienen in den mühsam verhaltenen Tränen unterzugehen.«

Wallace, Irving u.a.: Rowohlts indiskrete Liste, Rowohlt Verlag, Reinbek 1981
Gerda und Hermann Weber: Lenin Chronik, Carl Hanser Verlag, München 1974
Hermann Weber: Lenin, rororo Bildmonographie, Rowohlt Verlag, Reinbek 1970

John Lennon
* 1940, † 1980

Der Sohn eines Schiffsstewards und einer äußerst lebenslustigen Frau wächst bei einer strengen Tante auf. Nach schwieriger Schulzeit und einem abgebrochenen Kunststudium gründet Lennon mit Freunden verschiedene Bands, aus denen sich 1960 die »Beatles« formieren. Gemeinsam mit Paul McCartney gilt John Lennon als treibende Kraft des weltberühmten Popquartetts.

»Ich frage mich, wie Männer überhaupt ernst bleiben können. Sie haben dieses dünne, lange Ding an ihrem Körper herunterhängen, das nach eigenem Willen rauf- und runtergeht. Wenn ich ein Mann wäre, würde ich mich ständig kaputtlachen.«
Yoko Ono

»Ich hab's gemacht, ich habe meine erste Nummer geschoben. Es war höllisch schwer, bei Barb reinzukommen. Ich glaube, ich habe mir mehr einen runtergeholt.« John Lennon ist und bleibt ein Angeber, dem die Vokabel Diskretion nicht bekannt ist. Zeit seines Lebens prahlt er mit Eroberungen und grandiosen Leistungen, auch wenn die wegen seines teilweise immensen Alkohol- und Drogenkonsums so grandios oft gar nicht sind. Barbara Baker ist 1956 eine frühreife Vorstadtgöre, die dem profilneurotischen John die eine oder andere Erfahrung voraus hat. Eifrig lernt er, was sie beizubringen hat, und ist sehr unglücklich, als die kleinbürgerlich-besorgten Familien die Teenagerliebe zerstören. Schon zu Schulzeiten renitent, fällt Lennon auf der Kunstakademie weit öfter durch schlechtes Benehmen als durch herausragende Leistungen auf. Den Mädchen gefällt sein provokantes Verhalten, und John hat keinerlei Schwierigkeiten, Barbara durch Helen Anderson zu ersetzen. Schnell lernt er seine Verehrerinnen in zwei Gruppen einzuteilen, die Willigen und die Bettkanten-Jungfrauen. Zu letzteren gehört Thelma Pickles, ein einfühlsames, schüchternes Mädchen, das durch seine strenge Erziehung von dem stürmischen John verschont bleibt. Verärgert, daß er nicht zum Ziel kommt, pumpt Lennon das verliebte Mädchen ununterbrochen um Geld an, das er selbstverständlich nur selten zurückgibt.

Kommilitonin Cynthia Powell zahlt einen höheren Preis: Unter dem Einfluß von Alkohol gerät sie zwischen Lennons Laken und mutiert binnen kurzem im unermüdlichen Bestreben, ihm zu gefallen, von der braven Tweedrockträgerin zur Möchtegern-Netzstrumpf-Schlampe. John behandelt seine Freundin miserabel, demütigt sie vor anderen, betrügt sie und macht sich nicht einmal die Mühe, es zu verheimlichen, denn eigentlich geht sie ihm auf die Nerven. Je erfolgreicher die

Band wird, um so mehr bezahlte und unbezahlte Mädchen kann er haben und will er nehmen. Cynthia stört ihn dabei, doch obwohl er kaum eine proletige Gemeinheit ausläßt, harrt sie an seiner Seite aus – und wird schwanger. Das paßt nun überhaupt nicht ins Konzept des jungen Beatles, der soeben seine ersten homosexuellen Erfahrungen mit Manager Brian Epstein macht. Todunglücklich beugt er sich den Zwängen der Zeit und heiratet am 23. August 1962 die schwangere Cynthia. Manager Brian hat leichtes Spiel, ihn zu veranlassen, die Trauung geheimzuhalten. Ein Star hat keine feste Freundin und schon gar keine Ehefrau mit Kind zu haben. Die frischgebackene Mrs. Lennon läßt sich noch immer alles gefallen. Einsam trägt sie das Kind aus, einsam bringt sie Julian zur Welt und muß eine Woche warten, bis der Kindsvater sich zu einem Krankenhausbesuch bequemt. Mit wahrhaft masochistischer Geduld erträgt sie Johns schlechtes Benehmen. Ob er auf Partys im Nebenzimmer mit anderen Mädchen schläft, oder sie ohrfeigt und bepöbelt, Cynthia wankt und wackelt nicht in ihrer Loyalität. »In nüchternen Momenten war John ein echt netter Mensch, wenn Drogen ins Spiel kamen oder in alkoholisiertem Zustand war er ein Verbrecher«, beschreibt ein Freund den zu furchtbaren Gewaltausbrüchen neigenden Lennon. Und während der Sänger mit Geld und Mädchen protzt, wohnen seine Frau und der Sohn in einem Wohnschlafzimmer für fünf Pfund in der Woche. Ein halbes Jahr nach Julians Geburt kommt die Presse hinter das Geheimnis. Johns Statement ist eine Schlagzeile wert: »Es war mir peinlich, verheiratet zu sein. Es ist, als laufe man auf Strümpfen oder mit offenem Hosenschlitz herum.« In der irrigen Hoffnung, dem Eheleben doch noch etwas abgewinnen zu können, entscheidet er sich schließlich, ein großes Haus für die Familie zu kaufen. Cynthia, zunächst froh, ihrem Zimmerchen entronnen zu sein, merkt bald, daß die ständigen Besäufnisse und Orgien im eigenen Heim auch kein Zuckerschlecken sind. Machtlos gegen ihren Wüterich von Gatten läßt sie sich bis hin zum LSD-Horrortrip zu allem überreden und leidet schweigend.

Eines Tages kommt sie von einer kurzen Reise nach Hause und findet John im Schneidersitz mit einer Tasse Tee in der Hand und einer Japanerin an seiner Seite auf dem Fußboden. Yoko Ono hat ihr Ziel erreicht. Nach drei Wochen, in denen sie sich auf der Rückbank der Limousine als geschickt und willfährig erwiesen hat, ist sie jetzt im Heim der Lennons gelandet. Cynthia durchschaut die Situation sofort. Wortlos geht sie die Treppe hinauf, packt ihre Koffer und verläßt das Haus. Viel zu anständig, um es mit ihrem charakterlich labilen Mann und seiner gerissen selbstsüchtigen Geliebten aufzunehmen, läßt sie den Scheidungsprozeß mehr oder weniger zu Johns Konditionen über sich ergehen. Der ist überglücklich an Yokos Seite, allerdings nicht lange, denn in der zierlichen Happening-Künstlerin hat er seine Meisterin gefunden. »Ich konnte jede Frau niederschreien, sie nicht!« Gemeinsam schlucken und schnupfen sie alles, was sich zu Tabletten und Pulver machen läßt, werden beide schwer heroinabhängig, schwanken zwischen exzessiver Zuneigung und Haß und tyrannisieren ihre Umwelt. Als Yoko sich eines Tages für einen anderen Mann interessiert, zwingt sie May Pang, eine ihrer Angestellten, John mit allen Mitteln abzulenken. Doch kaum hat das junge Mädchen sich verliebt und den drogenkranken John einigermaßen wieder auf den Beinen, greift Yoko ein und holt ihn sich zurück. So wie sie ihre Tochter aus erster Ehe im Stich gelassen hat, vertraut sie die Erziehung des gemeinsamen Sohnes Sean fremden Menschen an, um ausreichend Zeit für ihre intriganten, geldorientierten Machtspiele zu haben.

Das Zusammenleben mit der kleinen, energischen Frau setzt dem Ex-Beatle John Lennon schwer zu. Er magert zum Skelett ab, verläßt sein Bett so gut wie gar nicht mehr und verbringt die Tage ständig von Rauschmitteln benebelt. Die Zeiten, in denen er behaupten konnte, mit sieben Frauen in einer Nacht geschlafen zu haben, sind längst vorbei. Bestenfalls huldigt er mit geübter Hand dem riesigen Foto von Brigitte Bardot, das über seinem Bett an der Decke hängt. Sein Zustand ist bedrohlich, Freunde sind beunruhigt, da rappelt sich John noch einmal auf, übersteht einen Entzug, ißt wieder normal und gewinnt Energie und die Lust zu arbeiten zurück. Revolverschüsse eines Wahnsinnigen machen den Neuanfang zunichte. Kaum ist der große Lennon tot, gilt Yokos primäres Interesse dem Erbe und ihrer Karriere – so viel Publicity wie mit einem Mord ist nicht leicht zu kriegen. Ihr aktueller Lebensgefährte Sam Havadtoy muß sich die Haare so wachsen lassen, wie John sie trug, muß dessen Kleidung tragen und ist Lennons Witwe sklavisch ergeben. Die blüht auf, denn damit hat sie endlich, was sie immer wollte.

Munzinger Archiv: Internationales Biographisches Archiv & Pop-Archiv International
Albert Goldman: John Lennon – Ein Leben, Rowohlt Verlag, Reinbek 1989
Carole McKenzie: All about Sex, Europaverlag, München/Wien 1992

Leonardo da Vinci
* 1452, † 1519

Der florentinische Künstler der Hochrenaissance gehört als Maler, Bildhauer, Architekt, Ingenieur und Wissenschaftler zu den kreativsten Persönlichkeiten der Kunst- und Wissenschaftsgeschichte. Seine Studien insbesondere in Anatomie, Optik und Hydraulik nehmen zahlreiche Entwicklungen der modernen Naturwissenschaften vorweg.

Die Beschuldigung ist anonym und kann Fürchterliches nach sich ziehen, nicht weniger als den Tod auf dem Scheiterhaufen sieht das Gesetz für dergleichen vor. Angeklagt sind Leonardo da Vinci und drei weitere Männer: Zu viert sollen sie sich an einem gewissen Jacopo Saltrinelli, einem Goldschmiedelehrling und notorischen Strichjungen, vergangen haben. Da Vinci versinkt vor Scham fast im Boden, als er vor Gericht Auskunft über seine sexuellen Gepflogenheiten, Vorlieben und Träume geben soll. Da die Anklage keinen Zeugen für den Skandal vorweisen kann, wird Leonardo freigesprochen und pflegt sein Intimleben mit noch mehr Diskretion als bisher.

Der Mann, dessen ganz besondere Schönheit von allen Zeitgenossen hervorgehoben wird, liebt extravagante Aufmachungen und pflegt das Haus nur wie ein aus dem Ei gepellter Dandy zu verlassen. Sein rosa Umhang gehört ebenso dazu wie der kokett gestutzte Bart und die sorgfältig manikürten Fingernägel. Soll man doch seinen Händen nicht ansehen, daß er für seine exakten Anatomiezeichnungen mehr als dreißig Männern und Frauen die Knochen zersägt und ihre Muskeln seziert hat. Bis vor kurzem war sich die Forschung sicher: Obwohl es keine endgültigen Beweise für Leonardos Homosexualität gibt, kann man mit Freud bezweifeln, daß er »jemals eine Frau in Liebe umarmte«. Eine Gefährtin ist nicht bekannt, nicht einmal eine Freundschaft mit einer Frau. Jetzt hat ein amerikanischer Professor angeblich Aufzeichnungen gefunden, die beweisen, daß das Universalgenie 1513 eine intensive Beziehung zu einer Prostituierten hatte. Eindeutig umgibt sich der Meister öffentlich jedoch eher mit einem Hof von ständig wechselnden Assistenten, die eine große Gemeinsamkeit haben: Sie sind alle besonders hübsche Knaben. Angeblich ist auch Leonardos eigener Lehrer, der Florentiner Meister Verrocchio homosexuell, was die außerordentliche Anhänglichkeit da Vincis erklären könnte.

Ganz sicher hat Leonardo Beziehungen zu jungen, schönen Knaben. Gian Giacomo Caprotti ist zehn, als er ihn seine Dienste nimmt. Der Junge mit dem Kraushaar, den auffallend großen Augen und dem Spitznamen Salai, »kleiner Teufel«, macht seinem Namen alle Ehre. Statt Leonardo ein guter Diener zu sein, bestiehlt, belügt und betrügt er ihn an allen Ecken und Enden; dennoch ist da Vinci entzückt von ihm und lebt zwei Jahrzehnte mit Salai zusammen. Sein Nachfolger wird der ebenfalls schöne, adlige Giovanni Francesco Melzi, der bis zu dessen Tod des Meisters Gefährte bleibt.

Serge Bramly: Leonardo da Vinci, Rowohlt Verlag, Reinbek 1993

Gotthold Ephraim Lessing

* 1729, † 1781

Der Sohn eines Pfarrers studiert Theologie, Philosophie und Medizin in Leipzig und verfaßt noch während des Studiums sein erstes Drama. In Berlin arbeitet er als erfolgreicher und angesehener Theaterkritiker, bevor er 1767 als erster deutscher Dramaturg am Hamburger Theater angestellt wird. Ab 1770 versieht Lessing das Amt eines Bibliothekars in Wolfenbüttel.

»Ich bin ein alter Hagestolz, der es nicht ewig bleiben will!« schimpft der berühmte Dichter. Doch nach einem kurzen Techtelmechtel mit der Schauspielsoubrette Demoiselle Christiane Friederike Lorenz heißen die Damen, mit denen sich Lessing ausgiebig beschäftigt, Sara Sampson, Minna von Barnhelm und Emilia Galotti. Sie bringen ihm zwar Ruhm und Ehre, aber kein warmes Essen auf den Tisch, geschweige denn ein bißchen Zärtlichkeit in sein Junggesellenleben.

Gotthold Ephraim ist am Deutschen Nationaltheater in Hamburg beschäftigt und freundet sich in der Hansestadt mit dem Seidenhändler und Tapetenfabrikanten Engelbert König an. Der geht eines Tages auf Geschäftsreise, bittet Lessing, sich während der Abwesenheit ein wenig um seine Familie zu kümmern, und empfiehlt sich. Daß die Empfehlung für immer sein wird, ahnt weder Engelbert noch sonst jemand, doch das Schicksal will, daß der brave Familienvater in Venedig stirbt. Zurück bleiben die Witwe Eva und ihre vier Kinder, deren jüngstes Lessings Taufpate ist. Sieben Jahre kümmert sich der Schriftsteller um die halbverwaiste Familie, bis irgendwann aus seiner Fürsorge Liebe zu Eva wird. Als Lessing sich 1770 als Bibliothekar der herzoglichen Bibliothek verdingt, steht die Verlobung kurz bevor. Der Dichter ahnt nicht, daß er noch lange warten muß, bis er seine geliebte Eva endlich heiraten kann. Er ist der angesehenste und berühmteste Schriftsteller seiner Zeit und führt ein kümmerliches Leben! Er ist ein hochangesehener Gelehrter, ein gefürchteter Kritiker, ein erfolgreicher Autor – und der jämmerlich kleine Bibliothekar eines jämmerlich kleinen Herzogtums. Jahrelang muß er auf die zugesicherte, einigermaßen auskömmliche Versorgung warten, jahrelang aus finanziellen Gründen seine Eheschließung hinausschieben. Aber die Staatskassen sind leer – und somit der Geldbeutel des gelehrten Herren Lessing auch. Einziger Trost in der mißlichen Lage: Eva wartet treu und ohne zu hadern. Im Februar 1776 gelingt es endlich, alles zu sortieren, und am 8. Oktober desselben Jahres wird geheiratet. Gotthold Ephraim Lessing ist achtundvierzig, seine Braut vierzig Jahre alt. Überglücklich und stolz verkünden die späten Eltern Weihnachten 1777 die Geburt eines Sohnes, der bedauerlicherweise nur einen Tag zu leben hat. Kaum zwei Wochen später muß Lessing auch noch den Tod seiner Frau betrauern, die an den Folgen der Entbindung stirbt. Mit Fritz und Malchen, zwei seiner vier Stiefkinder, bleibt der gebrochene Dichter zurück – immer noch stark genug, sich empört gegen Gerüchte, er sei in Malchen verliebt, zu wehren. »Ich werde vielleicht in meiner Todesstunde zittern, aber vor meiner Todesstunde werde ich nicht zittern«, sagt Lessing, während er krank und gebrechlich auf sein Ende wartet.

Wolfgang Drews: Gotthold Ephraim Lessing, rororo Bildmonographie, Rowohlt Verlag, Reinbek 1962

Franz Liszt
* 1811, † 1886

Der ungarisch-deutsche Pianist und Komponist wird weltweit berühmt durch seine Klaviermusik, die durch Ausnutzung der gesamten Klaviatur weit über bisherige Techniken hinausgeht. Er unterrichtet mehr als vierhundert Schüler, schafft um die dreihundertundfünfzig Kompositionen, schreibt an acht Prosabänden mit und fördert engagiert junge Komponisten.

Wie bei den heutigen Rockstars enden die Konzerte nicht selten in einem Tumult. Wenn Franz Liszt ein Taschentuch zu Boden fallen läßt, wird es binnen Sekunden von seinen Verehrerinnen in Stücke zerfetzt; den Damen ist jedes Mittel recht, um ein Stückchen aus dem Leben des begehrten Künstlers ihr eigen nennen zu dürfen. So greift eine besonders Besessene sogar zum Messer, kaum daß Liszt sich erhebt, und schneidet das Polster von seinem Stuhl. Zu Hause rahmt sie den Stoffetzen, auf dem der Angebetete gesessen hat, und hängt das Souvenir an die Wand.

»Was Liszt für eine beispiellose Anziehungskraft auf das weibliche Geschlecht hatte, habe ich oft fast mit Grauen gesehen. Und das hörte auch mit seinem Älterwerden nicht auf. Es war geradezu schmerzlich, daß sich noch immer solche fanden, die den ruhebedürftigen Greis als begehrenswerte Beute betrachteten. (...) Daß so viele Frauen Liebe von ihm haben wollten, ihm leidenschaftlich entgegenkamen, gereicht unserem Geschlecht nicht gerade zum Ruhm. Die Männer räsonierten natürlich furchtbar auf ihn, aber ich fürchte, der Grund war meist der pure blanke Neid. Leider habe ich nur zu oft gesehen, wie sich ihm die Weiber aufdrängten, daß man hätte denken sollen, die Rollen wären vertauscht«, schreibt Adelheid von Schorn, eine Freundin von Fürstin Wittgenstein, der Dauergelieb-

265

ten des Komponisten. Liszt selbst findet sein Schicksal in diesem Punkt weit weniger beklagenswert und sagt im hohen Alter, als er die gefürchtete Impotenz bereits mit allerlei Mittelchen abzuwehren sucht: »Ich hätte gern ein noch größeres Stück Kuchen abbekommen.«

Liszts Vorliebe für die Damenwelt manifestiert sich fast so früh wie seine musikalische Superbegabung. Er verliebt sich siebzehnjährig in seine Schülerin Caroline de Saint-Cricq. Deren Vater, ein standesdünkelhafter Minister, duldet den jungen Musikus keine Sekunde an der Seite seines schönen Kindes und unterbindet die junge Liebe. Liszt verfällt in einen depressionsartigen Zustand, verläßt wochenlang sein Zimmer nicht und beschließt, Priester zu werden. Diesmal ist es sein Vater, der ihm einen Strich durch die Rechnung macht. »Du gehörst der Kunst und nicht der Kirche«, entscheidet er rigide und nimmt dem Filius die geistliche Literatur weg. Der gehorcht, spielt Klavier, komponiert und wird berühmt.

Franz Liszt

1834 beginnt sein Verhältnis mit Comtesse Marie d'Agoult. Die verläßt alsbald ihren langweiligen Mann und die Familie und lebt mit dem Künstler. Großzügig sieht sie über die meisten seiner mannigfachen Liebschaften hinweg und gebiert drei Kinder. Sie liebt ihren Franz treu und ergeben und hat nur eines wirklich an ihm auszusetzen: Er ist so ein schrecklicher Angeber. Das stört Chopins Freundin, die ebenfalls nicht gerade bescheidene George Sand, nicht im mindesten. Stundenlang sitzt sie zigarrerauchend unter dem Klavier und lauscht Liszts begnadetem Vortrag. Diese Konkurrentin ärgert die d'Agoult, und sie fordert sie zum Duell. Als Waffen benutzen die »Damen« ihre Fingernägel – Liszt schließt sich während der Auseinandersetzung in einer Kammer ein und kommt erst wieder heraus, als im Nebenzimmer Ruhe eingetreten ist.

Sein Liebesleben ist europaweit von hohem Unterhaltungswert. In buntem Reigen finden sich Lola Montez, die italienische Prinzessin Cristina Belgiojoso (sie hatte einen ihrer verstorbenen Liebhaber präparieren lassen und verwahrte ihn im Schrank), die russische Baronin Olga von Meyendorff, genannt »die schwarze Katze«, die junge Gräfin Olga Janina, die Liszt vergiften und sicherheitshalber auch noch erschießen will, als er sie verläßt, und die berühmte Kurtisane Marie Duplessis, die Alexandre Dumas zu seiner »Kameliendame« inspiriert. Im Februar

1847 lernt der Musiker Fürstin Carolyne zu Sayn-Wittgenstein kennen. Aus Sympathie wird Liebe, die Fürstin klemmt Koffer, Kind und Gouvernante unter den Arm und reist ihm nach. Eifersüchtig um die Alleinherrschaft in seinem turbulenten Leben bemüht, setzt sie alles daran, den Geliebten seinen Kindern und der d'Agoult zu entfremden – mit Erfolg. Fest überzeugt, der Meister könne noch mehr aus sich machen, setzt sie sich neben ihn und paßt auf, daß er ordentlich komponiert. Doch die ständige Kontrolle geht Liszt schwer auf die Nerven, und immer wieder bricht er aus. Und wenn er ausbricht, geht er fremd. Carolyne weiß das, reagiert aber ähnlich wie ihre Vorgängerin Marie: Solange es nichts Ernstes ist, läßt sie den notorischen Herzensbrecher gewähren. Zu gerne wäre sie Frau Liszt und setzt Himmel und Hölle in Bewegung, um endlich geschieden zu werden. Leider hat ihr Mann den besseren Draht zum Himmel und kann verhindern, daß der Papst die notwendige Genehmigung erteilt. Des Pianisten Gefühle für die energische Gräfin kühlen allerdings in den letzten Jahren merklich ab, und er ist ganz froh, sie nicht heiraten zu können – zu müssen.

Liszt verläßt Carolyne, wendet sich der Kirche zu und empfängt dreiundfünfzigjährig die niederen Weihen. Zeitgenossen amüsieren sich, als der berühmtberüchtigte Don Juan die Soutane anlegt, und die kaum nachlassenden Abenteuer des frischgebackenen Abbé geben weiterhin Anlaß zu Belustigung und Empörung. 1879 wird die junge Lina Schmalhausen seine Schülerin und versüßt dem alternden Genie die letzten Lebensjahre.

Everett Helm: Franz Liszt, rororo Bildmonographie, Rowohlt Verlag, Reinbek 1981
Wallace, Irving u.a.: Rowohlts indiskrete Liste, Rowohlt Verlag, Reinbek 1981
Hedwig Weilguny/Willy Handrick: Franz Liszt, Deutscher Verlag für Musik, Leipzig 1980

Jack London
* 1876, † 1916

Als John Griffith in San Francisco geboren, nimmt er später den Namen seines Stiefvaters an und nennt sich London. Er absolviert die Grundschule, schlägt sich mit Gelegenheitsjobs durch und führt ein abenteuerreiches Leben. Als London 1898 von einem Jahr Goldgräberarbeit aus Alaska zurückkehrt, beginnt er seine Erfahrungen in mehr als fünfzig sehr erfolgreichen Büchern niederzuschreiben.

»Ich will Dir von einer kleinen Affäre berichten, die zeigt, mit welcher Leichtigkeit ich bei meinen sexuellen Wünschen die Zügel schießen lasse. Du wirst Dich daran erinnern, wie ich nach Südafrika aufbrach. In meinem Eisenbahnabteil reiste auch eine Frau mit ihrer Zofe und einem Kind. Gleich zu Beginn, beim ersten Blickwechsel waren wir uns einig und liebten uns bis Chicago. Es war sexuelle Leidenschaft, schlicht und einfach. (…) Nichts blieb zurück, als unsere drei Tage und Nächte vorbei waren.« Was sich wie ein postpubertärer Wunschtraum liest, ist für Jack London ganz normaler Alltag. »Ich will« lautet sein Lebensmotto, und was er will, nimmt er sich, ob schicklich oder ungehörig, ist dem Schriftsteller dabei völlig gleichgültig.

Mit vierzehn entdeckt Jack seine Vorliebe für Abenteuerromane und trifft einen Seemann, der ihn mit auf sein Schiff nimmt. Hier gilt es navigieren, fischen und das Trinken von Alkohol zu lernen – der Junge stellt sich in allen drei Disziplinen äußerst gelehrig an. Zwei Jahre später realisiert er einen Traum und erwirbt mit geliehenem Geld sein erstes Boot, eine schäbige Barke, die sein ganzer Stolz ist. Nach einer kurzen, aber lehrreichen Begegnung mit einer sehr viel älteren Frau nimmt er die gleichaltrige Mamie auf sein Schiff. Im Wechsel betrinkt er sich, schläft mit Mamie und plündert die Austernbänke der Umgebung. Eine Kombination, die ihm den höchsten Respekt der meist älteren »Kollegen« und den Titel »Prinz der Austernpiraten« einbringt.

Zu Hause sitzt, von Jack finanziell unterstützt, seine kränkliche Mutter in chronischen Geldnöten, nimmt an Preisausschreiben teil und reicht eine Geschichte ihres Sohnes bei einem Wettbewerb ein. Jack gewinnt die Prämie von fünfundzwanzig Dollar, beschließt fortan vom Schreiben zu leben, jagt Mamie zum Teufel und muß bald darauf seine Brötchen in einer Fabrik verdienen. Die Sache mit der Schriftstellerei ist doch nicht so einfach wie gedacht, und der freiheitsliebende junge Mr. London leidet entsetzlich unter seiner stupiden Arbeit. Jeden Samstag spült er seinen Frust mit Unmengen Alkohol hinunter und besäuft sich buchstäblich bis zur Bewußtlosigkeit. Sonntags schreibt er dann völlig verkatete Liebesbriefe an eine Angebetete, die sein postalkoholisches Flehen allerdings nicht erhört. Obwohl er mit Mamie auf seinem Boot gelebt hat, ist Jack außerordentlich scheu im Umgang mit Mädchen. Das ändert sich auch nicht, als er sich Hals über Kopf in die kultivierte Mabel Applegarth verliebt. Um ihren hohen, großbürgerlichen Ansprüchen zu genügen, bereitet sich der Junge mit dem Grundschulabschluß extern auf die Aufnahmeprüfung der Universität vor, besteht und versucht ein solides Leben zu führen. Bald stellt er zu Mabels Entsetzen fest, »ich kann schneller lernen, als die lehren können«, und verläßt nach einem Trimester die Bildungsanstalt. Allen Hindernissen zum Trotz ist London fest entschlossen, Schriftsteller zu werden. Mabel hört das gar nicht gern. Lieb, aber von kleinkarierter Mentalität, ist sie nicht in der Lage, seinen Ideen zu folgen, und wünscht sich ihren Jack vor allem ordentlicher gekleidet, in einer sicheren Stellung und mit einer sauberen Zahnprothese (seit der Piratenzeit fehlen ihm acht Vorderzähne). London fühlt sich bedrängt und befreit sich, indem er wieder heftig trinkt und sich Mabel mit verschiedenen Frauen aus dem Kopf schläft. Die zetert ob der Entwicklungen, kann aber nicht verhindern, daß Jack auf einer seiner Touren Cloudesley Jones kennenlernt, mit dem ihn nicht nur die Liebe zum Schreiben, sondern bald auch eine innige homosexuelle Beziehung verbindet. Als er dann noch zu allem Überfluß einen gutbezahlten Job bei der Post ablehnt, beendet Miss Applegarth die Beziehung. Jack ist tief verletzt, wie kann sie so wenig Vertrauen haben und nicht an sein Talent glauben?

Das Opfer dieser Kränkung wird Bess Maddern. London lernt die Freundin seiner Schwester kurz nach Mabels Zurückweisung kennen, macht ihr aus unerfindlichen Gründen binnen einer Woche einen Antrag und heiratet sie am 7. April 1900. Bess soll ihm helfen, seinen Traum von einer harmonischen Familie mit Kindern – möglichst Söhnen! – und geregelten Zeitabläufen, in denen er schreiben kann, zu verwirklichen. London erschwert das bürgerliche Projekt erheblich, indem er erstens immer noch krankhaft trinkt, zweitens seine Beziehung zu Jones weiterlebt und sich drittens in die siebzehnjährige Anna verliebt, während Bess das erste Kind erwartet. Der frischgebackene

Jack London

Vater macht keinen Hehl aus seiner Enttäuschung: nur ein Mädchen! Zum eigenen Trost betrügt er seine Frau abwechselnd mit Anna und Jones oder lenkt sich mit kleinen Abenteuern ab. Bess, offenbar zum Leiden erzogen, guckt sich das Elend an und läßt sich ein zweites Mal schwängern. Diesmal muß es doch klappen – der verbohrte Gatte ist sicher, es wird ein Sohn, schreibt liebevolle Briefe und ist so enttäuscht, als wieder »nur« ein Mädchen das Licht der Welt erblickt, daß er innerlich seine Ehe beendet. Noch weiß die bemitleidenswerte Bess nicht, was da auf sie zukommt, und fährt mit den beiden Töchtern in die Ferien. Jack schützt Unabkömmlichkeit durch Arbeit vor, doch in Wirklichkeit »wollte ich nur ein paar tolle Tage mit der nächstbesten Frau, die ich auftreiben kann, verbringen«.

Er bekommt seine Chance. Die intelligente, selbstbewußte, fünf Jahre ältere Charmain Kittredge signalisiert Bereitschaft. Während Jack die Lage auslotet, trifft er sich sicherheitshalber noch heimlich mit der Frau eines Bekannten. Die urlaubende Bess kriegt Wind von der Sache und fragt ihn irritiert, ob er eine andere liebe. Die Antwort ist ein klares »Ja«, und der rücksichtslose London verläßt noch am gleichen Tag und für immer Frau und Kinder. Bess vermutet Anna hinter der Katastrophe und wählt unglückseligerweise ahnungslos Charmain, die inzwischen ein festes Verhältnis mit Jack hat, als ihre Vertraute. Die hat erkannt, daß das Funktionieren einer Beziehung mit dem hochegozentrischen Mann ganz allein von ihrer Anpassungsfähigkeit abhängt. Als sie 1910 das gemeinsame Kind (auch ein Mädchen) bekommen und zwei Tage später zu Grabe getragen hat, verbirgt sie über zwei Jahre ihre schwer angeschlagene Gesundheit vor Jack, weil der keinerlei Verständnis für weibliche Unpäßlichkeiten hat. Die beiden versuchen, ihre Beziehung geheimzuhalten, bis Londons Scheidung ausgesprochen ist. Kaum geschehen, drängt er so vehement auf eine Hochzeit, daß er einen völlig verschlafenen Notar noch in der gleichen Nacht überrumpelt, ihn mit Charmain zu trauen. Londons zweite Frau erweist sich als kluge und verständnisvolle Partnerin. Sie liest die Manuskripte ihres Mannes, erträgt tapfer eine Fehlgeburt und läßt ihn gewähren, als er eine sehr enge Beziehung zu seinem Freund George Sterling entwickelt. Sie erkennt, daß London schwer alkoholkrank ist, pflegt ihn und hält die Treue, bis er vierzigjährig stirbt.

Robert Barltrop: Jack London, Ullstein Verlag, Frankfurt am Main/Berlin 1988

Ludwig XIV.
* 1638, † 1715

Nach zwanzigjähriger kinderloser Ehe sind die Eltern des Knaben so dankbar für den Erben, daß sie ihn Louis Dieudonné (der Gottgegebene) nennen. Louis erweist sich als tüchtiger Herrscher, vollendet die absolutistische Monarchie in Frankreich, will sein Land als europäische Hegemonialmacht etablieren und sorgt als Sonnenkönig dafür, daß Kunst und Kultur eine Blütezeit erfahren.

Der verwöhnte Ludwig ist äußerst empfindsam und hat für einen König ungewöhnlich nah am Wasser gebaut. Als seine Mutter Anna ihn einmal wegen seiner ständigen Amouren und Ehebrüche heftig zur Rechenschaft zieht, bricht der Gerügte in Tränen aus und bekennt schluchzend: Er kenne sein Übel und habe getan, was er tun konnte, um seinen Leidenschaften nicht zu unterliegen; doch müsse er ihr zu seinem Bedauern gestehen, daß sie stärker seien als seine Vernunft, daß er sich ihnen nicht widersetzen könne, ja nicht einmal den Wunsch aufbringe, es zu tun. Seine Sinnlichkeit bleibt ihm ebenso wie die Freude an üppigen Mahlzeiten lebenslang erhalten. Der zukünftige Herrscher ist noch im zarten Knabenalter, als Madame de Beauvais, eine Zofe der Königin, ihre höfische Fürsorge überernst nimmt und seine erste erotische Lehrmeisterin wird. Für die Lektionen bleibt er ihr auf ewig verbunden, und noch wenn sie am Ende seiner Regierungszeit »inzwischen alt und triefäugig« zu Besuch kommt, behandelt er sie stets mit großer Höflichkeit.

Maria Manzini ist siebzehn, sehr schlank, hat einen dunklen Teint, schwarze Haare – und ist die Nichte Mazarins. Der zwei Jahre ältere Ludwig verliebt sich unsterblich in das kluge, grazile Mädchen. Treueschwüre, Liebesbriefe, natürlich ein paar Tränen im Mondschein und schließlich der Entschluß zu heiraten folgen rasch aufeinander, aber Mutter Anna und Onkel Mazarin vereiteln den stürmischen Plan. Ludwig sträubt sich, trauert, weint zur Abwechslung ein bißchen, schickt sich drein und lernt: Auch ein zukünftiger König kann nicht tun und lassen, was er will. Mißmutig ehelicht er Maria Theresia, die spanische Infantin. Optisch das komplette Gegenteil vom schönen Fräulein Manzini, ist sie klein, beleibt und weichlich, liebt Putz und Prunk und spricht zu allem Überfluß auch noch ein gräßliches Französisch – einzig ihr vergnügtes Temperament spricht für sie. Im Laufe der Jahre bringt sie nicht weniger als sechs fürstliche Erben zur Welt, von denen allerdings nur einer, der Dauphin, überlebt. Pflichtschuldig verheiratet, schäkert Ludwig mit seiner Schwägerin Henriette von England, bis ihn eine zweite große Leidenschaft übermannt.

Madame de la Vallière, eine junge Adlige aus der Provinz, voll blonder Anmut und Zartheit, ist eine zähe, willensstarke Person, die Geselligkeiten und einen guten Tropfen ebenso sehr schätzt, wie sie den König liebt. Hinter Maria Theresias Rücken werden die ersten beiden Kinder von diskreten Bediensteten aus der Taufe gehoben, und als im Oktober 1666 ein großes Fest bei der Herzogin von Orléans veranstaltet wird, verschweigt die Vallière ihren Zustand bis zur letzten Minute. Dann zieht sie sich leise zurück, entbindet den königlichen Sproß und ist am nächsten Abend zurechtgemacht, als wäre nichts geschehen, nur ein wenig blasser als gewöhnlich, wieder an der Seite ihres Geliebten. Für Schwächen findet sie, ist bei Hofe kein Platz. Sechs Jahre beeindruckt sie den König mit ihrer aristokratischen Disziplin, dann schenkt er seine Gunst einer anderen.

Die Montespan ist schön, hochmütig, verschwenderisch und hat einen scharfen Verstand. Ludwigs Gattin ist zornig über die neue Konkurrenz und tituliert sie als »königliche Hure«. Das stört die Gescholtene wenig, sie bleibt auch dann am Hof, als ihr in der Provinz lebender Ehemann auf seine Rechte pocht und sie zurückholen möchte. Erboster noch als die beiden Ehepartner zeigt sich jedoch die abgelegte Madame de la Vallière, die noch immer im Palast weilt und sich zum Erstaunen des flatterhaften Königs die Augen ausweint, als er sie verpflichtet, seiner neuen Flamme beim Anlegen von Kleidern und Geschmeide behilflich zu sein. Fünf Jahre erfüllt sie die demütigenden Pflichten, dann tritt sie in ein Kloster ein. Ludwig wartet noch das Ableben seiner strengen Mutter ab und erkennt bald darauf die Kinder der Vallière als seine an. 1669 beginnt die Reihe der Nachkommen, die der König mit Madame Montespan zeugt. Zunächst werden sie in der Abgeschiedenheit von Vaurigard aufgezogen, doch 1673 legitimiert er gleich drei von ihnen. Für die Erziehung der Kinder ist bestens gesorgt. Sie liegt in den jungen Händen der kultivierten Witwe des Dichters Scarron. In einem Haus, zu dem außer der Dienerschaft und Madame niemand Zutritt hat, zieht sie heiter, ehrbar, tugendhaft und sehr geschickt die Bastarde des Monarchen auf. Der weiß ihr mütterliches Engagement wohl zu schätzen, macht ihr zum Zeichen seiner Dankbarkeit ein großes Geldgeschenk und verleiht ihr den Titel Madame de Maintenon. Ansonsten findet er zunächst wenig Gefallen an der Dame. Sie spricht ihm zu viel, zu gut, ist in seinen Augen »spröd, steif, geziert und absonderlich«.

Liebschaft folgt auf Liebschaft, die Montespan wird füllig, streitbar, herrschsüchtig und geht dem umtriebigen Ludwig auf die Nerven. Immer noch ständig auf der erotischen Pirsch verliebt er sich kurzfristig in das schöne, ein wenig überspannte Fräulein Fontanges, die 1679 im Kloster an den Folgen einer schmerzhaften königlichen Entbindung stirbt. Einzige Konstante ist in dieser Zeit Madame de Maintenon. Der König ernennt sie zur Kammerdame seiner Schwiegertochter und freundet sich langsam mit ihrem vornehmen Wesen, den klugen Gesprächen und der »Weiblichkeit ohne Zickerei« an. Für alle deutlich sichtbar steht sie hoch in seiner Gunst. Der Herrscher, so heißt es, hat Neuland entdeckt: die Freundschaft ohne »Haft und Zwang«. Noch wütet die Montespan im höfischen Hintergrund, aber die Rolle der Favoritin hat sie längst verloren. Es geschieht, was Maria Theresia schon nicht mehr zu hoffen gewagt hat: Der untreue Gemahl wendet sich ihr zu. Das Entzücken ob dieser Wandlung kennt keine Grenzen, ist aber nur von kurzer Dauer, denn wenige Monate später stirbt die Königin überraschend.

Der fünfundvierzigjährige Witwer ist das Hin und Her mit den Mätressen leid und würde sich am liebsten völlig zurückziehen, aber sein Beichtvater steht auf dem Standpunkt, daß man ihn abermals verheiraten muß. Die Wahl fällt auf die noch immer schöne und jugendlich wirkende Maintenon, und im Herbst 1683 findet in der Kapelle von Versailles eine leise, kleine Trauung mit weniger als einem halben Dutzend Zeugen statt. Madame de Maintenon ist's zufrieden, denn der gesellschaftliche Aufstieg wurde ihr wahrhaft nicht in die Wiege gelegt. Die stand nämlich in einem Gefängnis, wo die kleine Françoise d'Aubigné das Licht der Welt erblickt. Das Kind wird der straffälligen Mutter weggenommen, wächst in großer Armut heran, hütet Poularden und heiratet aus Angst vor Unterbringung in einem Konvent fünfzehnjährig den gelähmten Dichter Paul Scarron. Sie pflegt ihren kranken Mann bis zu dessen Tod, der sich revanchiert, indem er dem intelligenten jungen Mädchen eine gute Ausbildung angedeihen läßt. Die frischgebackene Ehefrau ist ihrem Schicksal dankbar, tut Gutes mit dem Geld des Königs und beobachtet mit Wohlwollen, wie sehr ihr Mann die Kinder, die sie zwar nicht geboren, aber aufgezogen hat, liebt. In ihren Gemächern schafft sie eine ruhige, familiäre Atmosphäre, in der der einst unbezähmbare Ludwig allabendlich seinen Staatsgeschäften nachgeht. Während er Unterredungen führt, Akten durchsieht und Unterschriften leistet, sitzt seine Frau daneben und handarbeitet. Nach dem Abendessen versammelt sich die Familie: »Die Maintenon erzählt Geschichten, man plaudert, trinkt Zitronenwasser und zieht sich früh zurück.«

Pierre Gaxotte: Ludwig XIV., Ullstein Verlag, Frankfurt am Main/Berlin 1988
La Repubblica, 25.8.1998

Martin Luther
* 1483, † 1546

Der Sohn eines bildungsbeflissenen Bergmanns nimmt einen Blitzeinschlag direkt neben sich als Zeichen Gottes und beschließt, Mönch zu werden. Die kirchlichen Lehren sind ihm zu dogmatisch, als Ketzer verschrien und mit dem päpstlichen Bann belegt, läßt Luther die Tonsur wieder wachsen und propagiert seine revolutionären Thesen fortan von zu Hause aus.

Im Zisterzienserkloster Nimbschen bittet ein Dutzend junge Nonnen ihre Eltern und Verwandten erfolglos, sie heimzuholen und aus dem Stand der »Bräute Christi« zu befreien. Martin Luther erfährt von der Geschichte und organisiert mit einem befreundeten Ratsherren die spektakuläre Flucht der unfrommen Schwestern. In und zwischen leeren Heringstonnen versteckt, werden sie geradewegs nach Wittenberg zu Luther gebracht. Der bemüht sich energisch, für alle Heiratswilligen passende Männer zu finden – übrig bleibt Katharina von Bora, deren zukünftiger Bräutigam kurz vor der Hochzeit kalte Füße bekommt. Katharina trauert kurz, dann weiß sie, was sie will: Luther. Der ist ein wenig überrascht, als er ihren Antrag erhält, zeigt sich auf den zweiten Blick jedoch nicht abgeneigt. Von Liebe kann bei beiden nicht die Rede sein, aber der Zweck heiligt die Mittel, und am 13. Juni 1525 werden der abgefallene Mönch Martin Luther und die vierundzwanzigjährige entlaufene Nonne Katharina von Bora getraut. Begeistertster Teilnehmer der Feierlichkeiten ist Luthers Vater, der endlich wieder hoffen darf, daß der Familienname nicht ausstirbt. (Anläßlich der Priesterweihe seines Sohnes hatte er aus dem umgekehrten Grund einen Tobsuchtsanfall bekommen.) 1526 wird ein Sohn geboren, die Luthers sind überglücklich, als sie das völlig normale, gesunde Kind in den Armen halten; sagt doch der Aberglaube, daß aus dergleichen Verbindungen als Gottesstrafe Monster mit zwei Köpfen hervorgehen. Luther, der nach eigener Aussage über einen schier unstillbaren sexuellen Hunger verfügt, ist hochaktiv, und Katharina bringt im Laufe der Ehe nicht weniger als sechs Kinder auf die Welt. Die Sorgen ihres Gatten, mit der adligen Ex-Nonne eine haushaltsuntüchtige Frau an Land gezogen zu haben, weichen bald tiefer Zuneigung und rückhaltloser Bewunderung der diesbezüglichen Fähigkeiten seiner Gemahlin. Das fleißige Käthchen verwandelt das verfallene Kloster binnen kurzem in ein Paradies; tatkräftig und geschäftstüchtig bringt sie Gärten zum Blühen, Töpfe zum Kochen, die Keller voll Wein und bewirtet fast täglich nicht weniger als dreißig Gäste. Als Kardinal Albrecht von Mainz zur Hochzeit fünfzig Gulden schicken läßt, lehnt der stolze Luther das Geschenk ab. Katharina holt den Gesandten hinter seinem Rücken zurück, steckt das Geld ein und läßt dem Kardinal danken – mit Martins Überheblichkeiten kann man kein Feuer im Herd machen …

Sie schirmt ihren Mann vor allem Ärger ab und sorgt dafür, daß er in Ruhe arbeiten kann, dennoch setzt sie gewöhnlich ihren Willen durch. Es dauert nicht lange, und die resolute Frau ist als herrschsüchtig verschrien. Diskussionen beendet sie höflich, aber sehr bestimmt und macht, was sie für richtig hält. Luther nennt sie dann spöttisch »Doktor Käthe«, »Moses Käthe« oder schlicht »Herr Käthe«. Die Ehe, die als Zweckgemeinschaft begann, entwickelt sich zum Erstaunen aller zu einer ganz besonderen Beziehung: »Es gehört unstreitig zu den unwägbaren Entschlüssen des Herren, daß die Ehe zwischen der weltunerfahrenen adligen Nonne und diesem Naturereignis von einem Mann namens Martin Luther nicht zu einer Naturkatastrophe, sondern zu einer fast konsternierend glücklichen Verbindung wurde.«

Hellmut Diwald: Luther, Gustav Lübbe Verlag, Bergisch Gladbach 1982
Ingelore M. Winter: Katharina von Bora, Droste Verlag, Düsseldorf 1990

Rosa Luxemburg
* 1870, † 1919

In Warschau aufgewachsen, tritt die Politikerin in die Sozialdemokratische Partei Deutschlands ein und wird bald zu einer der führenden Figuren des linken Flügels. Während der ersten Russischen Revolution nimmt Luxemburg am Kampf gegen die russische Herrschaft in Polen teil, wird inhaftiert und kehrt anschließend nach Deutschland zurück.

»Es ist so leer und stumpfsinnig zu Haus ohne Kind. Werden wir nie eins haben können? Ach, Liebling, werde ich nie so ein Würmchen haben?« Nichts wünscht sich die hochintelligente, intellektuelle Rosa Luxemburg so sehr wie ein Puppenstubenheim mit Vater, Mutter und Kind. Der erste Mann, den sie »Liebling« nennt, heißt Leo Jogiches und ist alles andere als lieb zu der kleinen, seit einer ärztlichen Fehldiagnose hinkenden Frau mit dem großen Busen. Die ansonsten so gescheite Luxemburg ist in emotionalen Dingen gänzlich unbeleckt, als sie Jogiches 1890 kennenlernt und sich mit der ganzen Verve einer Neunzehnjährigen das erste Mal in ihrem Leben wirklich verliebt. Leo ist ein ausgezeichneter Liebhaber und hat Rosa schnell da, wo er sie haben will: im Bett. Rosa, die sich tapfer und mutig gegen ihre Behinderung, ihre jüdische Herkunft, ihr Frausein durchgesetzt hat, ist vom ersten Tage dankbar, daß dieser gutaussehende junge Mann sich mit ihr abgibt. Vor lauter Entzücken merkt sie nicht, daß Leo sie gnadenlos ausnutzt und mißbraucht. Er läßt ihren scharfen Verstand für sich arbeiten, profitiert von ihrem Elan und Ehrgeiz, gibt ihr das Gefühl, seine politische Partnerin zu sein, und verbietet ihr, irgend jemand von der Liaison zu erzählen. Wenn sie ihm privat schreibt, antwortet Leo nicht, man trifft sich nur heimlich und die Puppenstube mit Familie bleibt Rosas Traum. Doch wehe, sie droht zu entgleiten, sich anderweitig umzuschauen. Dann steht der possessive Jogiches ganz schnell auf der Matte, tobt, droht und wütet eifersüchtig, bis er sie wieder sicher hat.

Rosa Luxemburg

1897 promoviert Rosa und wandelt sich. Freunde vermuten, daß sie ein Verhältnis mit Bruno Schoenlank hat. Ein Jahr später geht sie für den Erhalt der deutschen Staatsbürgerschaft eine Scheinehe mit dem Arbeiter Gustav Lübeck ein, die erst sechs Jahre später geschieden wird. Noch schreibt sie Leo Briefe, doch die Beziehung hat sich verändert. Was sie sich jahrelang gleichberechtigt gewünscht hat, beherrscht sie jetzt zumindest aus der Entfernung, denn kaum sieht sie den abweisenden Mann wieder, läuft sie ihm wie ein kleines Mädchen hinterher, leidet unter ihm. 1905 begreift sie endlich, daß sie mit Leo nie eine Familie haben wird. Nach fünfzehn kummervollen Jahren jagt sie ihn zum Teufel. Jetzt will sie leben, lieben und geliebt werden. Und auf einmal taucht eine ganze Reihe attraktiver junger Männer in ihrer Umgebung auf. Den fünfundzwanzigjährigen Wladyslaw Feinstein umwirbt sie nach allen Regeln der Kunst – und nimmt ihn sich. Luxemburg ist keine Frau, die genommen wird, sie nimmt. Kostja ist einundzwanzig, als er im Bett der doppelt so alten Rosa landet. Mutter Clara Zetkin billigt die Liaison, zum einen hat sie selbst einen achtzehn Jahre jüngeren Geliebten, zum anderen bewundert sie die integre, gelehrte Luxemburg. Zwei Jahre dauert deren Glück mit Kostja, und nicht einmal der erneut tobsüchtige Leo kann es trüben. Rosas Reaktion auf seine Drohung, sich und Kostja zu erschießen ist, daß sie sich eine Pistole kauft. Als Kostja seine Freiheit fordert, gewährt sie sie ihm ohne Trauer, der nächste steht schon vor der Tür. Bis zu ihrem gewaltsamen Tod umgibt sich Rosa Luxemburg privat bevorzugt mit jüngeren Männern.

Max Gahlo: Rosa Luxemburg, Benziger Verlag, Zürich 1993
Klaus Gietinger: Eine Leiche im Landwehrkanal, Decaton Verlag, Mainz 1993

Niccolò Machiavelli
* 1469, † 1527

Mit dem Namen des italienischen Historikers, Staatsmannes und politischen Philosophen wird heute vor allem rücksichtslose Machtpolitik unter Ausschöpfung aller (rechtmäßigen) Mittel verbunden. Während seiner ganzen Laufbahn strebt Machiavelli die Errichtung eines Staates an, der ausländischen Angriffen widerstehen kann.

»Obwohl bald fünfzig Jahre alt, scheue ich weder glühende Sonne noch die schlechtesten Wege; ja selbst die stockfinsteren Nächte schrecken mich nicht, alles wird mir leicht, ich füge mich all ihren Launen, auch den seltsamsten und meiner Natur fremdesten.« Der Jungbrunnen des zu diesem Zeitpunkt bereits gescheiterten Politikers ist eine Witwe, die sich ihm feurig in die Arme wirft. Machiavelli, der amouröse Abenteuer ein Leben lang schätzt, fühlt sich wie neu geboren. Isabella d'Este, Mariscotta de Faenza, Jehanne de Touraine, der eitle Niccolò entblödet sich nicht, die Namen seiner zahlreichen Geliebten lauthals herauszuposaunen.

Niccolò Machiavelli

Zu Hause sitzt derweil Gattin Marietta, die er 1502 geheiratet und mit den sechs gemeinsamen Kindern in einem äußerst bescheidenen Häuschen einquartiert hat. Marietta ist geduldig, liebevoll und versuchendverkuchtaufopfernd, ihren Verpflichtungen als Ehefrau und Mutter nachzukommen, während ihr Niccolò sie ständig betrügt und rechtfertigend von sich behauptet, mit Liebeleien und galanten Streichen die notwendige Entspannung zu finden. Nicht fähig oder willens, seine Familie finanziell angemessen zu versorgen, dienen ihm aushäusige Eskapaden als Bestätigung für sein durch politische Mißerfolge angeknacktes Selbstbewußtsein. Aber die Küsse, die er irgendwelchen lockeren Ehefrauen oder hitzigen Witwen appliziert, die amourösen Handgreiflichkeiten, die er sich erlaubt oder unerlaubt keck heraus-

277

nimmt, ändern wenig an den dünnen Suppen und dem spärlichen, mageren Fleisch, das Marietta in Ermangelung einer vollen Speisekammer in San Casciano zubereiten muß. Und während sie sich um das Wohlergehen der Brut sorgt, tauscht der angeberische Machiavelli mit Freunden intime Indiskretionen aus und prahlt öffentlich mit seinen Eroberungen.

Fünfundfünfzig ist der Treulose, als es ihn ein letztes Mal heftig erwischt: Barbera Salutati ist zu jener Zeit die populärste Sängerin von Florenz. Durch die neuen Machthaber gänzlich abgeschnitten von jedwedem politischen Einfluß, hat Machiavelli schon vor einiger Zeit begonnen, Theaterstücke zu schreiben. Jetzt versieht er sie für seine Barbera mit zusätzlichen Gesangseinlagen und hat zum erstenmal Erfolg. Dank dessen und eines nicht unerheblichen Lottogewinns geht es der Familie etwas besser. Weil der Protzer Machiavelli auch diesmal seinen Mund nicht halten kann, erfährt Mariettas Bruder intimste Details aus der Beziehung zu Barbera. Er zögert keinen Augenblick, sie seiner betrogenen Schwester zu unterbreiten. Doch die hat Angst, mit ihren Kindern wieder unversorgt dazustehen, und klaglos schüttelt sie dem rücksichtslosen Ehemann die Kissen im schmerzenden Rücken bis zum bitteren Ende zurecht.

Humbert Fink: Machiavelli, List Verlag, München 1988

Shirley MacLaine
* 1934

Shirley MacLean Beatty ist schottisch-irischer Abstammung und wird in Richmond (Virginia) geboren. Von ihrer Mutter erbt sie das schauspielerische Talent und nimmt deren Mädchennamen als Künstlernamen an. Achtzehnjährig geht die ausgebildete Tänzerin nach New York, fällt in einer Show Alfred Hitchcock auf und hat wenig später ihren ersten Hollywood-Vertrag in der Tasche.

»Wenn ein Mann nicht das Gefühl hat, er verdient dich, kann er sehr grausam sein.« Diese betrübliche Erfahrung macht Shirley, als sie – bereits ein Star – am Set ein Verhältnis mit einem Mann von der Crew hat. Der Latin-Lover-Typ mit den wunderschönen schwarzen Haaren, den feurigen Augen und einem gut kaschierten Minderwertigkeitskomplex macht ihr ein paar Wochen das Leben mit seinem schlechten Benehmen zur Hölle. Die Lektion ist gelernt, MacLaine hat fortan nur noch Affären mit ihresgleichen.

Achtzehnjährig trifft das Chormädchen vom Broadway den gutaussehenden charmanten Steve Parker. Mit Kollegen sitzt sie nach der Vorstellung in einem kleinen Restaurant, Parker kommt herein und Shirley, wie vom Blitz getroffen, ist sicher, da steht der Mann ihres Lebens: der oder keiner. Steves »azurblaue Augen« bleiben auf der Jungdarstellerin haften, und was er sieht, gefällt ihm so gut, daß die beiden wenig später ein Paar sind. Als MacLaine ihr erstes Drehangebot nach Hollywood bekommt, besteht er darauf, zu heiraten. Nur als Ehemann, so macht er klipp und klar, wird er ihr nach Kalifornien folgen. Shirley fühlt sich noch nicht reif für eine Ehe, möchte aber auf keinen Fall auf den angebeteten Mann verzichten und stimmt der Hochzeit zu. Während der Zeremonie ist sie so nervös, daß sie fast in Ohnmacht fällt, ihre sieben Sinne aber gerade noch rechtzeitig wieder beisammen hat, um das Jawort zu hauchen. Steve erweist sich als ausgesprochen liebevoller und aufmerksamer Gatte und unterstützt seine Frau nach Leibeskräften bei ihrer Karriere. Aber leider wirkt der Ehering bei beiden als äußerst leidenschaftshemmend. Der Sex, der vorher so viel Spaß gemacht hat, wird fad, und die diesbezüglichen Begegnungen nach der Geburt von Tochter Sachi zunehmend seltener. Steve hat geschäftlich viel in Japan zu tun, und das Ehepaar Parker/ MacLaine ist häufig getrennt. Tägliche Telefonate können ein gemeinsames Leben nicht ersetzen – Shirley fängt an, ihren Mann zu betrügen. Wild entbrannt für Dean Martin, setzt sie sich eines Abends nach den Dreharbeiten in ihr Auto, um zu ihm zu fahren und dem Kollegen ihre heftige Liebe zu gestehen. Die Worte bleiben ihr im Halse stecken, als Martins intelligente Frau sie liebenswürdigst bittet, doch am Abendessen mit ihrem Mann und den Kindern teilzunehmen. Anders verläuft die Sache bei Pete Hamill. Der Journalist und Drehbuchautor hat es MacLaine so angetan, daß sie eine Weile sogar mit ihm lebt. In Japan sitzt derweil Steve Parker, verwaltet ihr ständig wachsendes Vermögen und toleriert die Eskapaden seiner Frau. Offenheit ist oberstes Gebot in der merkwürdigen Beziehung, und Shirley beichtet immer artig nach Japan, was sie so treibt.

Affären wie die mit Tausendsassa Danny Kaye sind keine Bedrohung für ihre Ehe. Der Komiker führt zwar ein temperamentvoll bis exaltiertes Zweitleben, doch die stabile Beziehung zu seiner Frau würde er niemals aufs Spiel setzen. MacLaine imponiert er unter anderem, indem er sie abends überraschend in Paris in seinen Privatjet verfrachtet, die Nacht mit ihr in New York verbringt und sie am nächsten Tag pünktlich zu den Dreharbeiten wieder in der französischen Hauptstadt abliefert. »Hey, ich habe eine gebrochene Nase, ich kann keinen Reifen ohne Hilfe wechseln. (…) Wenn ich Filmstar sein kann, kann jeder andere König werden«, sagt das Idol ihrer Kindheit, Robert Mitchum, als sie ihm während einer gemeinsamen Szene gesteht, wie lange sie ihn schon bewundert.

Mitch ist ein schwerer Trinker, und auch während der drei Jahre ihrer Liaison gelingt es Shirley nicht, ihn von der Flasche wegzubringen. Diesmal bekommt die Schauspielerin Angst um ihre merkwürdige Ehe, in der alles erlaubt ist. Aus Sorge, den noch immer geliebten Steve zu verlieren, beendet sie die Beziehung zu Mitchum. Beim nächsten Mann wird alles anders, aber nicht besser: Yves Montand bringt seine Kollegin fast um den Verstand. In einem Film, den Gatte Parker produziert, verliebt sie sich bis über beide Ohren in den charmanten Italo-Franzosen. Steve erscheint in seiner Funktion als Produzent am Set, und seine aufgelöste Frau berichtet ihm von ihren Gefühlsverwirrungen. Parkers Reaktion gibt ihr den Rest. Montand, so erzählt er seiner schockierten Frau, habe am Anfang der Produktion eine Wette mit ihm abgeschlossen, daß er sie ins Bett kriegt, so wie er es weiland auch schon bei Superblondine Monroe gemacht habe. MacLaine ist außer sich, stellt Yves zur Rede und erhält weder ein Dementi noch eine Bestätigung der Geschichte. Wahr oder nicht, Steve hat sein Ziel erreicht: Auf dem obligatorischen Fest anläßlich der abgeschlossenen Dreharbeiten hebt seine Frau das Glas auf ihn und erklärt ihn zur Liebe ihres Lebens.

Shirley beschäftigt sich nun zunehmend mit Esoterik und experimentiert ein wenig herum. Eines Tages hat sie einen Termin bei einem Medium, der ihr Leben grundsätzlich verändert. »Ihr Mann ist nicht, was er vorgibt zu sein«, erklärt die weise Frau. »Seine Biographie ist erlogen, und er lebt in Japan mit einer anderen Frau, wie Sie wahrscheinlich wissen. Was Sie nicht wissen, ist, daß er all Ihre Finanzgeschäfte und Transaktionen auf den Namen dieser Frau gemacht hat. Er hat Ihre Verhältnisse nicht toleriert, sondern sie waren ihm sogar willkommen, auf diese Weise konnte er an Ihr Geld und mußte keine Angst haben, daß Sie ihn verlassen. Wenn Sie es überprüfen, werden Sie feststellen, daß Sie bankrott sind.« Mit Herzklopfen engagiert Shirley erst einen Detektiv, dann einen Anwalt und hat binnen kürzester Zeit Gewißheit, daß das Medium die Wahrheit gesagt hat. Sie ist Mitte vierzig und vollkommen pleite. Der Mann, den sie fünfundzwanzig Jahre für ihren engsten Freund gehalten hat, hat sie um ihr gesamtes Vermögen betrogen. Zur Rede gestellt, gibt Parker sofort alles zu und kommentiert lapidar: »Na, da werde ich jetzt nicht mehr so komfortabel leben können wie bisher.« Das nächste Treffen der beiden findet vor dem Scheidungsrichter statt. Resigniert stellt Shirley MacLaine fest: »Was Liebe ist, weiß ich nicht.«

Munzinger Archiv: Internationales Biographisches Archiv
Shirley MacLaine: My Lucky Stars, Bantam Books, New York/Toronto/Sydney/Auckland 1995
Die Welt, 31.12.1994

Alma Mahler-Werfel
* 1879, † 1964

Alma Schindler, die Tochter des berühmten Landschaftsmalers Emil J. Schindler, lernt bereits als junges Mädchen im Hause ihrer Eltern den Umgang mit Künstlern und Intellektuellen. Sie selbst hat eine überdurchschnittliche musikalische Begabung, die durch Musik- und Kompositionsunterricht gefördert wird. Berühmt wird sie jedoch weniger durch die Musik als vielmehr durch ihre Ehemänner.

Als der Dramatiker Gerhart Hauptmann, einer ihrer großen Bewunderer, zu Alma sagt: »Im nächsten Leben müssen wir beide ein Paar werden. Ich möchte jetzt schon meine Reservierung anmelden«, fährt seine Frau dazwischen: »Ich bin sicher, Alma ist auch da schon ausgebucht.« Das junge Mädchen mit den hohen Wangenknochen, den sinnlichen Augen und der üppigen Figur kann sich vor Verehrern nicht retten. Dreimal ist sie verheiratet und die Liste ihrer Liebschaften ein Who is Who der österreichischen Künstler und Intellektuellen um 1900.

Alma Mahler-Werfel

Nach heißen Eroberungsversuchen des Malers Gustav Klimt, dessen Liebe zu der Siebzehnjährigen jedoch durch Intervention ihrer Mutter unerfüllt bleibt, stürzt sich Alma in ein Verhältnis mit ihrem Kompositionslehrer Alexander von Zemlinsky. »Wir küßten, bis die Zähne schmerzten.« Noch träumt sie den Jungmädchentraum vom Mann fürs Leben, dem einzigen, herrlichen, überwältigenden und weiß doch trotz der ekstatischen Gefühle, die er ihr beschert, der »kleine, widerliche, zahnlose, ungewaschene Zwerg ohne Kinn« Zemlinsky ist es nicht.

Der ernste, gutaussehende Gustav Mahler kommt ihrem Ideal da schon wesentlich näher. Voller Verehrung für das musikalische Genie, ist die zwanzigjährige Alma ganz und gar nicht sicher, ob sie den Heiratsantrag annehmen soll. »Liebe ich ihn wirklich? Ich habe keine Ahnung!« Mahler, der nach zwei emotionalen Pleiten seit Jahren nur noch auf seine Noten und auf keine Frau schaut, ist über vierzig und wild entschlossen, das schöne Kind zum Altar zu führen. Mit rührender Offenheit gesteht er der jungen Frau jedoch, daß auch er Bedenken hat. Sexuell noch völlig unerfahren, hat er Sorge, die Ehe nicht vollziehen zu können. Pragmatisch rät Alma zur vorehelichen Generalprobe und notiert wenig später: »Freude, übermäßige Freude«. Doch bald darauf hat die Freude ein Ende, denn Alma leidet an »den furchtbaren Qualen« einer Schwangerschaft und Gustav erweist sich in der Hochzeitsnacht doch als impotent. Als dieser Zustand anhält, schickt ihn seine Frau zum Familienfreund Sigmund Freud. Der klärt den Komponisten über seine verkorkste Mutterbindung auf und empfiehlt Mahler, seine Frau mit dem Namen seiner Mutter, Marie, zu rufen. Es scheint geholfen zu haben, denn das Ehepaar bekommt ein zweites Kind. Alma ist dennoch unglücklich, ihr Gustav entpuppt sich als ziemlich strapaziös. »Du hast ab jetzt nur noch einen Beruf, mich glücklich zu machen«, läßt er sie wissen und verbietet ihr weitere Kompositionen. Sie gehorcht, flirtet aber zur Strafe für ihr langweiliges Hausfrauendasein frei nach ihrem selbstgewählten und keineswegs auf den Gemahl beschränkten Motto »Amo – ergo sum«, ich liebe, also bin ich. Nach dem Tod ihres Mannes stürzt sie sich in eine leidenschaftliche Affäre mit dem ungehobelten Maler Oskar Kokoschka. Zwar stören sie seine mangelnden Manieren, dennoch währt der heftige »Liebeskampf« drei Jahre. 1915 heiratet Alma Mahler den Bauhaus-Architekten Walter Gropius. Aber weder seine von ihr sehr geschätzte Prominenz, noch das gemeinsame Kind können ihren Gefühlen Zügel anlegen, als sie erst für die Dichtung Franz Werfels und dann für den Verfasser entbrennt. Gropius zögert lange, stimmt dann aber einer Scheidung zu, und die fünfzigjährige Alma kann 1929 ihren dritten Mann heiraten. Der betet sie während der sechzehnjährigen Ehe an und legt, als es ihr gesundheitlich einmal sehr schlecht geht, ganz ernsthaft ein schwerwiegendes Gelübde zu ihrer Rettung ab: »Alma immer treu zu bleiben. Mir niemals mehr eine sexuelle Befriedigung auf leichte und unedle Art zu verschaffen. Auf der Straße meine Blicke nicht auf geschlechtlich aufregenden Dingen ruhen zu lassen.«

Antony Beaumont/Susanne Rode-Breymann (Hrsg.): Alma Mahler-Werfel: Tagebuch-Suiten 1898–1902, S. Fischer Verlag, Frankfurt am Main 1997
Alma Mahler-Werfel: Mein Leben, S. Fischer Verlag, Frankfurt am Main 1960
Wolfgang Schreiber: Gustav Mahler, rororo Bildmonographie, Rowohlt Verlag, Reinbek 1971
Focus, 5.1.1998
Der Spiegel, 15.12.1997

Norman Mailer
* 1923

Der amerikanische Schriftsteller tritt nach seinem Studium an der Harvard University und an der Sorbonne in die US-Armee ein. Die Erfahrungen als Soldat im Pazifik von 1944 bis 1946 bilden die Grundlage für seinen erfolgreichen Roman »Die Nackten und die Toten«. Sowohl in seinen Romanen als auch in den Sachbüchern übt Mailer scharfe Kritik an den amerikanischen Machtstrukturen.

»Ein Monster, wenn auch zugegeben ein charmantes«, nennt Adele Mailer, die zweite der sechs Ehefrauen des berühmten Schriftstellers ihren Ex-Mann Norman. Der heiratet und zeugt Kinder, wie andere Leute die Wäsche wechseln, und hinterläßt dabei eine Menge zu waschen. »Er ist ein Miststück«, sagt Adele, der Norris, Ehefrau Nummer sechs, den Tip gegeben haben soll, ihre Erinnerungen an zehn Jahre mit dem nimmersatten Erotomanen zu Geld zu machen.

Seit 1954 verheiratet, sind die Mailers dem Alkohol aufs herzlichste zugetan und kommen nicht selten angeschickert von einer der vielen Partys nach Hause, so auch an jenem Abend, als eine junge Frau den Literaten in ihr Bett einlädt. »Ich liebe meine Frau«, lehnt Mailer das attraktive Angebot mit Bedauern ab. Zu Hause denkt er um und fragt Adele: »Warum läßt du mich nicht zu ihr zurückgehen und sie vögeln? Du kannst es dir leisten, großzügig zu sein: Ihr würdest du einen großen Gefallen damit tun, und ich würde dich dafür zutiefst bewundern.« Spricht's, dreht sich auf dem Absatz um und waltet seines aushäusigen Amtes. Die schöne Adele braucht eine Weile, bis ihr klar wird, daß Norman einen »Dr. Jekyll und Mr. Hyde-Charakter« hat. Sie läßt sich zu Gruppensex überreden und anschließend auf das übelste beschimpfen: »Bleib mir vom Hals, du Nutte. Den Schwanz von wem magst du eigentlich nicht lutschen?« Bechert ihm zur Gesellschaft so kräftig mit, daß sie selbst alkoholabhängig wird, hört sich Details seiner außerehelichen Verhältnisse an – etwa mit einer Schönheit, die sich als Transvestit herausstellt (»ich vögelte ihn trotzdem«) – und läßt sich mehr als einmal heftig grün und blau schlagen. Schließlich ist »Hemingway sein großes Vorbild. Weiber, Saufen, Prügel und so«, erklärt sie später.

In den frühen Morgenstunden des 20. November 1962 übertrumpft Mailer sein Idol: Im eigenen Haus sticht er am Ende einer wilden Fete mit einem Messer mehrmals auf seine Frau ein und verletzt sie lebensgefährlich. Volltrunken wie er, hat sie ihn provoziert, dort gepackt, wo der Macho am verwundbarsten ist: bei seiner Männlichkeit. »... komm schon, du kleine Schwuchtel, hast du keinen Schneid, keine Eier? Hat dein häßliches Flittchen sie dir abgeschnitten, du Hurenbock?« paßt sich Adele – ganz und gar nicht Dame – dem rüden Ton ihres Gemahls an. Der gerät in Rage, rastet aus und sticht zu. In Handschellen wird er abgeführt und vor Gericht gebracht. Es kommt zum Prozeß, in dem Adele aussagt, sie wisse nicht mehr, wer auf sie eingestochen habe. Mit der Falschaussage rettet sie ihren brutalen Mann vor mehreren Jahren Gefängnis, er kommt mit einer Strafe auf Bewährung davon. Mittellos, auf Mailers Unterstützung angewiesen und vor allem wegen der Kinder habe sie damals gelogen, rechtfertigt sie sich und beschreibt in einem Buch, wie das Leben mit Norman dem Zerstörer wirklich war. Was ihre beiden Kinder und deren zahlreiche Halbgeschwister vom Treiben des Vaters damals und bis heute noch nicht mitbekommen haben, können sie jetzt schwarz auf weiß nachlesen. Norman Mailer – man höre und staune – »ist, seit mein Buch herauskam, wütend auf mich«, so die Schmutzwäsche waschende Autorin, die die anderen fünf Gattinen ihres Ex-Mannes in einem Nebensatz abhandelt: »Hundert Sonntag lang las ich beim Frühstückskaffee in der New York Times von seiner neuesten Frau, seinem neuesten Buch, von Ehrungen, Pulitzer-Preisen, Millionenverträgen, (…) während meine Wunden langsam verheilten.

Adele Mailer: Die letzte Party – mein Leben mit Norman Mailer, Piper Verlag, München 1998
Focus, 26.1.1998
Stern, 22.1.1998

Thomas Mann
* 1875, † 1955

Der Schriftsteller und spätere Literaturnobelpreisträger beginnt seine Karriere als Volontär bei einer Versicherungsgesellschaft und belegt parallel Vorlesungen an der Technischen Universität München. Seine literarische Begabung läßt sich jedoch nicht aufhalten, und nach seiner Heirat ist Mann finanziell so abgesichert, daß er sich ganz dem Schreiben widmen kann.

Das Intimleben von Katia und Thomas Mann ist lustlos und ihre Zusammenkünfte eher selten, dennoch wird die geduldige Ehefrau mit der vornehmen Herkunft und den feinen Gesichtszügen achtmal schwanger. Sie bringt sechs Kinder auf die Welt und erleidet zwei Fehlgeburten. Tagebuchaufzeichnungen verraten, welche Probleme Mann damit hat, seine auf Männer gerichteten Sehnsüchte zu überwinden, wie ihn die Ambivalenz seiner Gefühle geradezu verstörte. Der

Dichter ist seiner Frau zeitlebens für ihr Verständnis dankbar, denn es sind seine Neigungen, die den Vollzug der Ehe mit Katia Pringsheim so schwierig machen: »Bin mir über meine diesbezügliche Verfassung nicht recht klar. Von eigentlicher Impotenz wird kaum die Rede sein können, sondern mehr von der gewohnten Verwirrung und Unzuverlässigkeit meines Geschlechtslebens. Zweifellos ist reizbare Schwäche infolge von Wünschen vorhanden, die nach der anderen Seite gehen. Wie wäre es, wenn ein Junge vorläge?«

Wie das wäre, weiß der verschämte Literat ganz genau, denn mehr als einmal verguckt er sich in Geschlechtsgenossen. Noch in seinen Mitzwanzigern verliebt sich Mann wie ein Schuljunge in andere Männer. Der Maler Paul Ehrenberg scheint seine Gefühle erwidert zu haben. Was den Schriftsteller allerdings verständlicherweise zutiefst erschreckt, ist die Tatsache, daß er sich zu seinem eigenen Sohn, Klaus, hingezogen fühlt. Als er den dreizehnjährigen Klaus eines Tages nackt sieht, notiert der aufgewühlte Vater: »Starker Eindruck von seinem vormännlich glänzenden Körper. Erschütterung.« Aber statt seinen Sohn, der früh die eigene Homosexualität offen lebt, zu unterstützen, schreibt Thomas Mann flammende Essays gegen das, was der § 175 des Reichsstrafgesetzbuches als »widernatürliche Unzucht, welche zwischen Personen männlichen Geschlechts oder von Menschen mit Tieren begangen wird« bezeichnet, was »mit Gefängnis zu bestrafen« ist und zum Verlust der bürgerlichen Ehrenrechte führen kann. »Entartung und Verirrung« wirft der Dichter-Vater seinem Filius an den Kopf und schreibt gleichwohl in sein Tagebuch, daß er »die schönsten zwei Wochen meines Lebens« mit dem siebzehnjährigen Klaus Heuser, dem Sohn von Freunden, verbracht hat. »Nach menschlichem Ermessen war das meine letzte Leidenschaft – und es war die glücklichste.«

Klaus, der den Zwiespalt seines Vaters ganz sicher spürt, hat ein ungewöhnlich enges Verhältnis zu seiner Schwester Erika, die eine Scheinehe mit dem homosexuellen Schauspieler Gustaf Gründgens führt. Der junge Mann tut es der Schwester gleich und heiratet zur Tarnung Pamela Wedekind, von der man annimmt, daß sie ihrerseits eine lesbische Beziehung zu Schwägerin Erika hat. Der wahrhaft ungewöhnliche Lebenswandel der Geschwister Mann ist ein offenes Geheimnis, und außer im prüden Elternhaus wird überall darüber geredet.

Munzinger Archiv: Internationales Biographisches Archiv
Marianne Krüll: Im Netz der Zauberer, Arche Verlag, Zürich 1992
Uwe Naumann: Klaus Mann, rororo Bildmonographie, Rowohlt Verlag, Reinbek 1989
Eberhard Spangenberg: Karriere eines Romans. Klaus Mann und Gustaf Gründgens, edition spangenberg/Ellermann Verlag, München 1982
Ursula Voß (Hrsg.): Kindheiten, Deutscher Taschenbuch Verlag, München 1979

Mao Zedong
* 1893, † 1976

Der Sohn eines Bauern absolviert die Lehrerbildungsanstalt in Changsha und kehrt nach seinem Dienst in der nationalistischen Armee dorthin als Schuldirektor zurück. Nachdem sein Einsatz für eine umfassende Bildung der breiten Masse ins Leere läuft, wendet sich Mao verstärkt der Politik zu und beteiligt sich 1921 an der Gründung der Kommunistischen Partei Chinas.

»Maos Appetit auf Frauen glich seinen Eßgewohnheiten. Wenn er Gemüse wollte, aß er Berge davon. Wenn der das Gemüse nicht mehr wollte, mußte ein anderes her«, schreibt Maos Leibarzt Li Zhisui. In dem über drei Meter breiten Bett des »großen Lehrers« erfahren oft drei oder vier junge Genossinnen gleichzeitig, was

Mao Zedong

Mao unter Liebe versteht: Stellungsspiele nach Pornobüchern und alten Schriften. Sein Schlafzimmer heißt »das Zimmer des Konkubinendufts« und beherbergt außer den von seinen Leibwächtern herangeschafften Mädchen nacheinander mehrere Ehefrauen.

Zedong (das heißt soviel wie »salbe den Osten«) ist ein aufsässiger Pubertierender, dessen Vater nicht recht weiß, wie er mit ihm fertig werden soll. Er greift zu einem bis dahin traditionell probaten Mittel, sucht seinem Sohn eine Frau aus und zwingt den Vierzehnjährigen zu heiraten. Zedong ist entsetzt, läßt die steife, gräßliche Zeremonie jedoch über sich ergehen (wie ein neu gekaufter Gegenstand wird die kleine Braut zur Begutachtung enthüllt). Dennoch weigert sich der Kindergatte, mit dem sechs Jahre älteren Mädchen zusammenzuleben, und sagt später, er habe sie »nie auch nur mit einem Finger berührt«. Als Mao dann beginnt, politisch aktiv zu werden, schwört er gemeinsam mit zwei Freundinnen, niemals zu heiraten. Im Laufe seines Lebens bricht er das Gelübde dreimal.

Fräulein Yang K'ai-Hui ist die Tochter eines Pekinger Professors mit einem für Chinesen sehr blassen Teint und acht Jahre jünger als der ehrgeizige Mao. Die beiden führen zunächst eine Ehe auf Probe und entscheiden sich irgendwann zu heiraten. Der Akt der Hochzeit ist für beide so nebensächlich, daß sie sich später nicht an das Datum erinnern können. Mao ernährt seine Frau und die beiden

Kinder (oder drei? die genaue Zahl der Kinder Maos läßt sich nicht rekonstruieren), indem er reichen Leuten die Wäsche wäscht und bügelt. Aus politischen Gründen sind Yang und ihr Mann oft getrennt, und obwohl Zedong seiner ersten Frau außerordentlich zugetan ist, verliebt er sich 1928 in die schöne achtzehnjährige Ho Tzu-Chen. Zwei Jahre später fällt Yang den Nationalisten in die Hände, und weil sie sich weigert, den Ideen ihres geliebten populären Mannes zu entsagen, wird sie gefoltert und getötet.

Mao ist währenddessen schon mit Tzu-Chen liiert. Wenige Tage, nachdem er sie auf einer politischen Veranstaltung kennengelernt hat, stellt Mao die junge Frau seinen Freunden vor: »Genossin Ho und ich haben uns verliebt.« Sie heiraten nach dem Tod seiner ersten Frau. Mao nimmt Ho – mit dem dritten Kind im dritten Monat schwanger – auf den langen Marsch mit. Seine beiden ersten Kinder aus der Verbindung bringt er bei einer Bauernfamilie unter und sieht sie nie wieder. Ho wird schwer verletzt, mit den Narben von zwanzig Schrappnellsplittern in ihrem Gesicht sieht sie aus »wie eine Vogelscheuche«, und Gatte Mao ist obendrein verärgert, daß sie ihm nur drei Mädchen geboren hat. Er läßt sich scheiden, und Ho wird krank, so krank, daß sie letztendlich in einer Nervenheilanstalt untergebracht werden muß. Mao raucht, daß ihm die Zähne schwarz werden, und wandelt wieder auf Freiersfüßen. Eine Weile stellt ihm die äußerst freizügige Ting Ling in einer Weise nach, daß die Genossen denken, sie wird seine nächste Frau, doch das Rennen um den begehrten Trauschein des Parteiführers macht die Schauspielerin Lan P'ing (blauer Apfel). Mao verliebt sich heftig in die hübsche, sehr machtbewußte Frau, die der Partei so gar nicht in den Kram paßt. Das ist dem Pärchen egal: Zedong droht, wenn sie ihm Schwierigkeiten machen, geht er in sein Heimatdorf zurück und wird Bauer, und der blaue Apfel sucht sich einen anderen Namen und geht als Chiang Ch'ing (grüner Fluß) an Maos Seite in die Geschichte ein. Trotz gemeinsamer Jahre, gemeinsamer Kinder und bester Vorsätze kriselt es irgendwann im Hause des Regierungschefs. Seine Frau geht ihm auf die Nerven, und gewohnt, daß alles nach seiner Pfeife tanzt, zwingt Mao die maulende Chiang Ch'ing, Gesprächstermine mit ihm in Zukunft schriftlich anzumelden.

Ross Terrill: Mao, Hoffmann und Campe, Hamburg 1981
Bunte, 29.1.1998

Maria von Medici

* 1573, † 1642

Die florentinische Bankiersfamilie beherrscht faktisch drei Jahrhunderte lang Florenz. Weitreichende Handelsverbindungen und Geldgeschäfte in ganz Europa machen die Medici zu einer der reichsten Familien Italiens. Zweimal werden sie von politischen Gegnern aus der Stadt getrieben, beide Male können sie mit spanischer Hilfe zurückkehren.

Heinrich von Navarra ist kinderlos und soeben im Begriff, von seiner sexuell äußerst freizügigen, aber leider unfruchtbaren Gattin geschieden zu werden. Die Staatsräson verlangt eine Hochzeit mit Maria von Medici, aber der lüsterne Heinrich bevorzugt seine Dauermätresse Gabrielle d'Estrées. Kaum geschieden, verkündet der Sechsundzwanzigjährige seine Heirat mit Gabrielle, die jedoch noch vor dem Gang zum Altar an den Folgen ihrer ersten Niederkunft stirbt und somit nicht »Frau König« wird. Nach einem weiteren Liebesabenteuer mit Henriette d'Entragues wird der bockige Heinrich IV. am 5. Oktober 1600 doch mit der kultivierten, reichen Maria von Medici getraut.

Die Braut ist zwanzig Jahre jünger als er und spricht kein Wort Französisch. Schlecht gelaunt läßt Heinrich sich bei der Zeremonie vertreten. Als Maria einen Monat später in Frankreich eintrifft, späht ihr Mann von der Galerie und vertraut seinen Begleitern an: »Ich finde sie alles andere als schön.« Sein Kennerauge ist von ihrem tumben Gesicht, dem schweren Körper und ihrer mangelnden Lebhaftigkeit »enttäuscht«. Aber, das weiß der Profiliebhaber auch, gerade hinter einer solchen Fassade verbirgt sich manches interessante Temperament, und so ist er »auf die nähere Bekanntschaft durchaus gespannt«. Sofort und gefälligst allein, befiehlt er ohne große Umschweife, soll Maria ihn in ihrem Schlafgemach erwarten. Die würdig und extravagant gekleidete Königin, bisher an die auf Hochglanz polierte Förmlichkeit des heimischen großherzoglichen Hofes gewöhnt, staunt nicht schlecht, als Heinrich in der Tür steht. Mit gesträubtem Bart und glühendem Blick stürmt der kleine, ziemlich ungepflegte, schlecht gekleidete Ehemann auf sie zu, hält sich nicht mit Formalitäten auf und küßt sie geradewegs auf den Mund. Maria fällt in Ohnmacht. Der heißblütige König wäscht sich nur selten, und sein Geruch raubt ihr das Bewußtsein. Als sie wieder bei Sinnen ist, teilt man ihr respektvoll mit, ihr neuer Gemahl laufe draußen vor dem Zimmer auf und ab »wie ein Raubtier im Käfig«. Beflissen unternehmen die Höflinge das Menschenmögliche, die irritierte Maria zu beruhigen; der König sei zwar stürmisch, gewiß, aber er verehre die Frauen so sehr, daß er ihre Gefühle nie verletzen werde. Nase zu und durch, denkt sich Maria tapfer und läßt den Stinkstiefel wieder hereinbitten. Wenige Minuten später kniet der neben ihrem Bett, bittet inbrünstig um Verzeihung und erschreckt sie gleich noch einmal mit den fröhlichen Worten: »Nun, je schneller wir einen Erben für den Thron von Frankreich machen, desto besser.« Spricht's und beginnt sich ohne Rücksicht auf Sitte und Anstand Beinkleider und Wams in Windeseile vom Leib zu reißen. Das erste Beisammensein wird – zumindest für Heinrich – ein voller Erfolg. Hochvergnügt und äußerst aufgeräumt sieht man ihn durch die Gänge marschieren: Er kann sich zwar mit seiner Frau nicht unterhalten, aber im Bett ist sie eine Granate. Mit der ihm eigenen Offenheit sagt er munter: »Wenn sie nicht mein Weib wäre, hätte ich sie gerne zur Geliebten.« Dennoch gelüstet es den Nimmersatt bald nach Abwechslung. Er reitet nach Paris zur ränkesüchtigen Ex-Geliebten Henriette d'Entragues. Flink erhebt er sie zur Marquise de Verneuil, und um sie ungestört am Hof haben zu können, stellt er sie verlogen seiner Frau vor: »Diese Dame war früher meine Mätresse, jetzt wünscht sie nichts mehr, als Euer Gnaden niedrigste Dienerin zu sein.« Dabei drückt er Henriettes ohnehin gebeugten Kopf so tief, bis die mit den Lippen fast den Saum der königlichen Krinoline berührt.

Maria bleibt gelassen und gebiert 1601 den Thronfolger. Fast zeitgleich wird auch die Verneuil Mutter eines gesunden Sohnes. Heinrich ist außer sich über so viel Glück und veranlaßt, daß der Bastard auch im Louvre aufgezogen wird. Dort wuselt schon eine ganze Menge illegitimer Sprößlinge herum, und nachdem sowohl Maria als auch Henriette beinahe jährlich mit einem weiteren Kind niederkommen, schreibt der toskanische Botschafter an seinen Großherzog: »Der Louvre mit all den fruchtbaren Mätressen des Königs wirkt eher wie ein Bordell als wie ein Schloß.« Dessenungeachtet verfolgt die machthungrige Maria zäh und geduldig nur ein Ziel – und erreicht es. Am 13. Mai 1610 erfüllt Heinrich IV. den sehnlichsten Wunsch seiner Frau und läßt sie mit atemberaubender Pracht zur Königin von Frankreich krönen. Bald darauf wird sie durch den Mord an ihrem Mann zur Witwe, verweist dessen Ex-Mätressen auf die Plätze und führt stolz und geschickt ihren Sohn Ludwig zur Regentschaft.

James Cleugh: Die Medici, Piper Verlag, München/Zürich 1980

Maria Stuart

* 1542, † 1587

Wenige Tage nach ihrer Geburt wird die Tochter König Jakobs V. von Schottland zur Nachfolgerin ihres Vaters erhoben. Zunächst bemüht, einen Konsens mit Halbschwester Elisabeth zu erreichen, verstricken sich die beiden Frauen immer tiefer in ein Gewirr von Intrigen um die Macht, aus dem Elisabeth als Siegerin hervorgeht und schließlich sogar das Todesurteil für Maria unterschreibt.

Im Dezember 1561 stirbt der Dauphin von Frankreich und macht die neunzehnjährige Maria zur Königinwitwe. Das junge Mädchen kommt nicht besonders gut mit Schwiegermutter Katharina von Medici aus und entscheidet sich, in ihr Königreich Schottland zurückzukehren. Besorgt wegen des legitimen Machtanspruchs der Halbschwester, kümmert sich Elisabeth von England intensiv um deren Heiratsverhandlungen und macht einen ungeheuerlichen Vorschlag: Maria soll Robert Dudley ehelichen. Die denkt gar nicht daran, denn Dudley ist europaweit als Elisabeths Liebhaber verschrien und steht im Verdacht, seine Frau ermordet zu haben.

Maria Stuart

Kaum hat sie sich beruhigt, stellt Maria fest, daß ihr Herz für Cousin Henry Stuart Lord Darnley Duke of Albany schlägt. Trotz aller Widerstände heiratet sie am 29. Juli 1565 den hübschen Protestanten und läutet damit das Drama ihres Privatlebens ein. Ihr Liebesglück mit Darnley ist nur von kurzer Dauer, denn hinter seiner kultivierten Fassade verbirgt der einen substanzlosen, langweiligen und angeberischen Charakter. Bald verweigert sie ihm die eheliche Gemeinschaft und provoziert damit fürchterliche Wutausbrüche ihres trinklustigen Gatten. Der ist so darüber verärgert, daß seine Frau ihrem Florentiner Sekretär und Berater David Rizzio mehr Vertrauen als ihm – dem König – schenkt, daß er sich in dieser Funktion aufbäumt und den unglücklichen Rizzio vor den Augen seiner schwangeren Frau erdolchen läßt. Maria haßt ihren Mann wie nie zuvor, dennoch handelt sie rasch und besonnen. Um ihr ungeborenes Kind nicht zu gefährden, solidarisiert sie sich pro forma mit Darnley und mimt die brave Gattin. Sohn Jakob III. wird 1566 geboren, und während Maria Familienglück heuchelt, sinnt sie darüber nach, wie sie ihren Mann loswerden kann; längst liebt sie einen anderen.

James Hepburn Earl of Bothwell, der von Zeitgenossen als fast abstoßend häßlich beschrieben wird, ist ein skrupelloser, gewalttätiger Kraftprotz mit brutaler Energie. Seine Macho-Männlichkeit hat eine faszinierende Wirkung auf Frauen, und gewöhnt zu bekommen, was er haben will, nimmt er sich die Königin. Die verfällt ihm mit Haut und Haar, bekennt »ich könnte ihm im Unterhemd um die ganze Welt folgen« und erwartet Anfang 1567 ein Kind von ihrem Geliebten. Fast zeitgleich erkrankt Darnley an Pocken. Die skrupellose Maria verfrachtet ihren maladen Mann in ein Häuschen außerhalb der Stadtmauern, und der nicht minder rücksichtslose Bothwell sorgt dafür, daß der König in die Luft gesprengt wird. Die Öffentlichkeit ahnt den Hintergrund des heimtückischen Anschlages, kann aber bei aller Empörung nicht verhindern, daß die Königin ihren Komplizen am 15. Mai 1567 heiratet. Als die Proteste des Adels kein Ende nehmen, verschwindet Bothwell auf Nimmerwiedersehen, und Maria sucht Schutz in England. Elisabeth läßt sie gefangennehmen und wirft ihr bis zu ihrem Tode immer wieder vor, den gräflichen Proleten geheiratet zu haben, der vor seiner Flucht verkündet hat: »Maria und Elisabeth geben zusammen noch keine anständige Frau.«

Sabine Appel: Elisabeth I. von England, Bechtle Verlag, Esslingen/München 1994
Carole McKenzie: All about Sex, Europaverlag, München/Wien 1992

Marie Antoinette
* 1755, † 1793

Ihre Eltern verheiraten die Fünfzehnjährige mit dem französischen Dauphin, um auf diese Weise das Bündnis zwischen Frankreich und dem Hause Habsburg zu festigen. Von den Landsleuten ihres Mannes wird Marie Antoinette jedoch abgelehnt und hat durch ihre Verschwendungssucht, die man fälschlicherweise für die finanziellen Probleme der Regierung verantwortlich macht, viele Feinde.

»Sie haben Madame la Dauphine also gesehen, Bouret? Wie ist sie? Hat sie eine gute Brust?« Ludwig XV. sieht seinen Kabinettssekretär streng an. Der stammelt, daß die junge Dame sehr hübsch sei und wunderbare Augen habe. »Davon rede ich nicht«, beharrt der sture König, »ich will wissen, wie es mit ihrer Brust steht!« Bouret schlägt verschämt die Augen nieder: »Sire, ich habe mir nicht die Freiheit genommen, dorthin zu sehen.« »Sie sind ein Dummkopf, Bouret, das ist doch die Gegend, wo man bei Frauen zuallererst hinsehen muß!« Der in Vertretung frischgebackene Ehemann steht kurz vor seinem sechzehnten Geburtstag, die Gattin ist noch etwas jünger und weint auf der Reise ins ferne Paris in ihrer Kutsche unermüdlich vor sich hin. Schon vor der Eheschließung hat man ihr vertraulich mitgeteilt, sie möge sich keinen Illusionen hingeben: Thronfolger Louis-Auguste de Bourbon, Duc de Berry, Dauphin de France sei bestenfalls mit dem nötigsten an Verstand ausgestattet. Ein wenig besorgt sieht Marie Antoinette ihrem Mann entgegen, doch während der strapaziösen, einwöchigen Hochzeitsfeierlichkeiten entwickelt sich eine Art freundschaftlicher Kameraderie zwischen den beiden Königskindern. Tapfer überstehen sie das Entkleidungszeremoniell vor fast tausend Augen ebenso wie das Beilager vor dem versammelten Hochadel. Die psychische Belastung überfordert den König – rien ne va plus – nichts geht mehr, und weil Marie Antoinette auch noch eine Plappertasche ist, stehen vom Dienstboten bis zum Hochadel dauernd Leute vor des armen Louis' Schlüsselloch und versuchen, den Vollzug seiner Ehe zu erspähen. Vergeblich, denn auch an ihrem dritten Hochzeitstag ist Marie Antoinette noch Jungfrau, und Kinder wollen sich auch nach vollbrachter Tat zunächst nicht einstellen. Louis wendet sich hilfesuchend an Joseph II., den Bruder seiner Frau. Der analysiert das Problem in einem Brief: »Das Geheimnis liegt im Ehebett. Er hat ausgezeichnete Erektionen, führt sein Glied ein, verharrt dort regungslos vielleicht zwei Minuten lang, ohne sich zu ergießen, zieht sein immer noch aufrecht stehendes Glied wieder zurück und wünscht seiner Frau gute Nacht. Das Ganze ist unbegreiflich, da er manchmal feuchte Träume hat. Er ist völlig zufrieden und gibt zu, daß er den Akt nur als Pflichtübung betrachtet und keinerlei Vergnügen daran findet. Ach, wenn ich nur einmal hätte dabei sein können, ich hätte es ihm schon beigebracht. Man sollte ihn auspeitschen wie einen Esel, damit er ejakuliert. Was meine Schwester betrifft, ist sie auch nicht gerade sinnlich veranlagt, und beide zusammen sind ein Paar von ausgemachten Stümpern.« Hier scheint wohl auch die Ursache dafür zu liegen, daß Marie Antoinette in den folgenden sieben Jahren nicht einen der sich anbietenden Verehrer erhört. Als 1777 endlich eine Tochter geboren wird, schwört Marie Antoinette Stein und Bein, daß sie von Louis ist. Nach fünfzehn Jahren Ehe mit dem erotisch unbegabten König werden ihr unzählige Liebschaften nachgesagt: die Herren de Coigny und Vaudreuil als Väter ihrer Kinder, der Herzog von Dorset, Prinz Georg von Hessen-Darmstadt, ihr Schwager Artois, ein Gardeoffizier namens Cambertye, der Herzog von Guines, Graf Esterházy, die Herren de Roure, de Saint-Paer, Graf Romanzoff, die Lords Strathaven und Seymour, aber zu allem sagt die Königin lediglich »nur der König!«

Am hartnäckigsten hält sich jedoch das Gerücht, daß Marie Antoinette zwar keine männlichen Liebhaber erhört, dafür aber liebevollst-zärtlichen Trost in den

Armen der sechs Jahre älteren engsten Freundin Prinzessin von Lamballe findet. Erzieher und Dauerbeobachter bei Hof, Abbé de Vermond, gibt aus Protest gegen die Beziehung sein Amt bei der Königin auf. Das tut ein Mann in seiner Position nur, wenn er Dinge erfährt, die weiter zu berichten er für unmöglich hält. Und wirklich äußert sich der Abbé dahingehend, daß er das frivole Leben seiner Schutzbefohlenen nicht länger mit ansehen könne.

Hermann Schreiber: Marie Antoinette, Bechtermünz Verlag, Eltville am Rhein 1995

Karl Marx
* 1818, † 1883

Der deutsche Philosoph und Nationalökonom ist gemeinsam mit Friedrich Engels der Begründer des sich als wissenschaftlich verstehenden Sozialismus (Marxismus). Der erste Band seines großangelegten Werkes »Das Kapital« erscheint 1867, die Aufzeichnungen für die Bände zwei und drei erst nach Marx' Tod in einer Bearbeitung von Friedrich Engels.

»Jenny, darf ich kühne sagen,
daß die Seelen liebend wir getauscht,
daß in eines sie glühend schlagen,
daß ein Strom durch ihre Wellen rauscht.«

So bedichtet Karl Marx ganz im Stil der Zeit, deswegen aber nicht gelungener, seine große und Jugendliebe Jenny von Westphalen. Karl und Jenny haben es nicht leicht, denn beide Familien sind vehement gegen die Verbindung. Nach einer siebenjährigen Verlobungszeit setzt sich das Pärchen endlich durch, und die feine, gebildete Jenny heiratet am 19. Juni 1843 den frisch promovierten Doktor Marx. Der frönt seiner Leidenschaft für französische Pornographie und derbe Zoten ab sofort nur noch, wenn seine Frau nicht zugegen ist. Neben gegenseitiger Zuneigung haben die beiden eine große – fatale – Gemeinsamkeit: Sie können überhaupt nicht mit Geld umgehen. Der Haushalt Marx ist ständig in schrecklichen Geldnöten und auf wohltätige Freunde angewiesen, denn Karl weigert sich, einer geregelten Arbeit nachzugehen. Sehr geregelt hingegen beglückt er seine Frau, denn es werden in den nächsten Jahren nicht weniger als sieben kleine Marxkinder geboren. Wacker versucht Jenny, ihre Sprößlinge zu versorgen, und bringt den größeren bei, Gläubigern die Türe mit einem freundlich gelogenen »Herr Marx ist nicht da« zu öffnen.

Trotz finanzieller Schwierigkeiten und der ständig wachsenden Kinderschar sind Karl und Jenny ein glückliches Paar. Ein Freund beobachtet: »Ich habe selten eine so glückliche Ehe gekannt, in welcher Freud und Leid, das letztere in reichlichem Maße, geteilt und aller Schmerz in dem Bewußtsein vollster gegenseitiger Angehörigkeit überwunden wurde.« Dennoch ist Jenny von Zeit zu Zeit mit ihrem denkenden Mann überfordert, der mit schlechtem Gewissen an Freund Engels schreibt: »Meine Frau sagt mir jeden Tag, sie wünschte, sie läge mit den Kindern im Grabe, und ich kann es ihr wahrlich nicht verdenken.« Das hindert ihn aber nicht, für seine geliebten Taxifahrten und seine Zigarren mehr Geld zu verbrauchen, als Jenny in einer Woche für das Frühstück der Familie zur Verfügung hat. Ausgerechnet Jennys Mutter, die ihrer überlasteten Tochter helfen will, sorgt für noch mehr Unruhe in dem ohnehin chaotischen Haushalt. Sie schickt Helene Demuth, auf daß die patente Wirtschafterin Jenny zur Hand gehe. Leider ist Lenchen auch dem Hausherren äußerst behilflich und bekommt Sohn Frederick von ihm. Einen Seitensprung mag Frau Marx dem bärtigen Patriarchen ja noch verzeihen, aber ein unter ihrem Dach gezeugtes uneheliches Kind bedeutet eine schwere Bedrohung für die Ehe. Marx entschließt sich deshalb, die Vaterschaft zu leugnen, und kann Freund Engels dazu überreden, den kleinen Frederick als seinen Ableger zu proklamieren. Die nervöse Jenny erfährt die Wahrheit bis an ihr Lebensende nicht.

Richard Friedenthal: Karl Marx, Piper Verlag, München 1981

Mata Hari
* 1876, † 1917

Margaretha Geertruida ist die Tochter des erfolgreichen Geschäftsmannes Adam Zelle, der ihr eine ausgezeichnete Ausbildung ermöglicht. Doch Margaretha verläßt die Schule ohne Abschluß und wird nach einem abwechslungsreichen Werdegang als Nackttänzerin berühmt. Für schuldig befunden, als Spionin gearbeitet zu haben, wird Mata Hari in Frankreich hingerichtet.

»Offizier aus Holländisch-Ostindien, zur Zeit auf Heimaturlaub, sucht Bekanntschaft eines netten Mädchens zwecks späterer Heirat«, lautet die Anzeige, die ein Freund für den Hauptmann der holländischen Kolonialarmee Rudolph MacLeod aufgibt. Fünfzehn Zuschriften erhält der ehewillige Offizier, in vierzehn Briefen schreiben die jungen Damen von ihren Vorzügen und ihrer Mitgift, die letzte Absenderin interessiert sich für seine Mitgift und schreibt wenig von sich. Nach einem kurzen Briefwechsel mit Fräulein Zelle schlägt MacLeod ein Treffen vor und ist von der hübschen Margaretha so angetan, daß sechs Tage später Verlobung gefeiert wird. Sorgfältig vermeidet das berechnende Luder, dem schmuck uniformierten Mann zu erzählen, daß sie bereits wegen einer vermeintlichen Liebschaft von der Schule geflogen und ihre Reize an mehreren jungen Offizieren ausprobiert hat. Margaretha ist nämlich Uniformfetischistin. Kaum sieht sie Epauletten, Tressen und einen Säbel oder ähnliches, kriegt sie weiche Knie und sinkt in die Arme des Soldaten. Auch MacLeods Hauptmanns-Outfit verfehlt die Wirkung nicht, und vermutlich schläft Margaretha bereits vor der Hochzeit mit ihm. Die wird am 11. Juli 1895 gefeiert, weder beeinträchtigt durch die Minderjährigkeit der Braut noch durch die Tatsache, daß Rudolph MacLeods gesamte Verwandtschaft gegen die Verbindung ist. Zwei Jahre später wird Sohn Norman John geboren, der 1898 eine Schwester Jeanne Louise bekommt. Die Beziehung des Ehepaares MacLeod ist nicht ungetrübt. Siebzehn Jahre Tropen haben bei Rudolph gesundheitliche Schäden hinterlassen, er leidet unter Malaria, Rheumatismus und ist zuckerkrank. Mürrisch beobachtet er, wie seine junge Frau das Geld mit vollen Händen zum Fenster hinauswirft und auf ihren geliebten Festen vergnügt mit anderen Männern flirtet. MacLeod wird zunehmend rüde, rächt sich, indem er Margaretha immer wieder schlägt und mit seinem weiblichen Personal schläft. Der Freund des Kindermädchens erwischt seine Braut und deren Arbeitgeber eines Tages in flagranti und sinnt auf schreckliche Rache. Er gibt Norman und Jeanne Gift, an dem der kleine Junge kläglich stirbt; Jeanne Louises Leben kann ge-

Mata Hari

rettet werden. Der Tod des Sohnes führt in der kriselnden Ehe zum Bruch, einvernehmlich beschließen die MacLeods eine vorläufige Trennung. Vergeblich versucht Margaretha, ihre Tochter mitnehmen zu dürfen, aber der Vater gibt seinen Augenstern nicht her. Lady MacLeod geht nach Paris. Nachdem sie mit Modellstehen ihren Lebensunterhalt nicht finanzieren kann, beginnt sie zu tanzen und für schier unglaubliche Summen mit wohlhabenden Verehrern zu schlafen. Es geht das Gerücht, eine Liebesnacht mit der schönen Tänzerin koste über siebentausend Dollar.

Der bürgerliche Name paßt nicht zum veränderten Lebenswandel: Mata Hari wird geboren. Und die hat Verhältnisse mit allem, was Rang und Namen hat. Immer noch bevorzugt sie uniformierte Männer, aber auch Komponisten wie Puccini und Massenet, der französische Botschafter Jules Cambon und reiche Bankiers liegen ihr zu Füßen. Auf einem Empfang lernt sie den Presseattaché der deutschen Botschaft, Karl Kramer, kennen. Mata ordnet ihn in die Rubrik »verliebte Tölpel« ein und ist sehr erstaunt, als er bei ihrem ersten Rendezvous ganz andere als die erwarteten Dienste von ihr erbittet. Geheimdienstprofi Kramer wirbt die mehrsprachige Mata Hari als Agentin an. Der Einstiegsauftrag ist simpel und gut bezahlt, Mata nimmt begeistert an. Aktiv im Einsatz, gerät kurzfristig ihr Gefühlsleben völlig durcheinander, als sie sich in Hauptmann Vadime de Massloff verliebt. Es beginnt eine leidenschaftliche Affäre mit dem zwanzig Jahre jüngeren Mann, an deren Ende ein Heiratsversprechen und der ewige Treueschwur stehen. Den bricht Mata Hari, kaum daß sie ihn ausgesprochen hat, indem sie während der ganzen Zeit Verhältnisse mit Rang- und Würdenträgern hat, denn von irgend etwas muß sie schließlich leben. Fest in deutschen Diensten, bekommt Mata Hari ein Angebot der französischen Regierung, doch für sie zu spionieren. Die naive Tänzerin stolpert in einem Akt grenzenloser Selbstüberschätzung und grandioser Fehlbewertung der Lage in eine tödliche Falle. Angelockt vom vermeintlich leichtverdienten Geld, gibt sie auch hier eine Zusage. Die überforderte Amateuragentin gerät in ein gefährliches Spiel, bei dem sie stets an der falschen Stelle das falsche Wort zur falschen Zeit sagt und schließlich im Gefängnis landet. Am 25. Juli 1917 wird das Urteil für Hochverrat bekanntgegeben: Tod durch Erschießen.

Christine Lüders: Apropos Mata Hari, Verlag Neue Kritik, Frankfurt am Main 1997
Friedrich Wencker-Wildberg: Mata Hari, Kiepenheuer & Witsch, Köln 1994

Guy de Maupassant
* 1850, † 1893

Der französische Schriftsteller gilt als einer der bedeutendsten Novellisten der Weltliteratur. Nach einem abgebrochenen Jurastudium ist er zunächst als Beamter im Marine-, dann im Unterrichtsministerium tätig. Angeregt durch Émile Zola, veröffentlicht Maupassant 1880 sein erstes Meisterwerk, nach dessen Erfolg er sich nur noch dem Schreiben widmet.

»Hütet Euch vor den Weinsorten, unter deren Nachwirkungen man noch am nächsten Tag leidet, und vor allem hütet Euch vor den Liebkosungen von Mädchen, die man unterwegs aufliest; ich weiß, was es damit auf sich hat, und kann doch nicht von den Weinen und den Mädchen lassen«, erkennt der kluge Maupassant, nicht ahnend, daß die gelegentlichen Kopfschmerzen vom Wein längst nicht so schlimme Auswirkungen auf sein Leben haben wie die Syphilis, die er sich zugezogen hat. In der festen Überzeugung, sie geheilt und im Griff zu haben, erliegt er der schleichenden Krankheit zweiundvierzigjährig qualvoll in einer Nervenheilanstalt.

In einem Vierteljahrhundert regelmäßigen Liebeslebens hat Henri René Albert Guy de Maupassant angeblich mehr als tausend Frauen glücklich gemacht. Die meisten von ihnen begehrt er nur einmal, manche sieht er regelmäßig über Jahre. Aber immer bevorzugt der Schriftsteller die, vor denen er Leidensgenossen warnt, die einfachen Mädchen und, nicht zu verachten, die Prostituierten. »Für die Dame und ihre modischen Nervenkrisen hat er nichts übrig, viel eher für die Pariserinnen aus den Vorstädten, die Arbeiterinnen, Dienst- und Kindermädchen. Mit denen kam man leicht ins Gespräch, und es war nicht schwer, sie zu einer Bootsfahrt oder ein bißchen mehr zu überreden. Sie waren dankbar, anhänglich und anschmiegsam«, schreibt einer seiner Biographen und enthüllt des weiteren, daß der berühmte und reiche Maupassant sich diesen Mädchen, um sie nicht zu verschrecken, meist unter Pseudonym nähert. Dort, wo er seine Freizeit am liebsten verbringt, nennt er sich Joseph Prunier. Der Trick funktioniert gut, denn die Damen liegen ihm in Scharen zu Füßen – und der Dichter enttäuscht sie nicht. Sechs und mehr vollzogene Liebesakte in einer Nacht sind kein Problem, und wer ihm das nicht glaubt, wie der Freund seiner Mutter, Gustave Flaubert (von dem es gerüchteweise heißt, er sei Maupassants wirklicher Vater), wird ins nächstbeste Bordell geschleift, wo Guy sofort den Beweis seiner Leistungsfähigkeit antritt. Um einen russischen Schriftsteller zu beeindrucken und zu verblüffen, bringt Maupassant eines Abends eine Tänzerin aus den Folies-Bergère mit, geht mit ihr in ein Bordell und hat vor den Augen seines Gastes sechsmal Geschlechtsverkehr mit ihr. Als er fertig ist, überquert er den Flur und schläft drei weitere Male mit einer jungen Prostituierten.

Zum Spaß zieht sich der stämmige Mann von Zeit zu Zeit Frauenkleider an und erschreckt ältere Damen mit zotigen Sprüchen oder demütigt auf langweiligen Einladungen die Damen der Gesellschaft – eine von ihnen ist so außer sich, daß sie ernsthaft droht, ihn zu erschießen. Das strapaziöseste seiner Verhältnisse ist ein spätes: »Die späten Lieben sind die furchtbarsten. (…) Sie ist von einer köstlichen Schönheit, von einer unerhörten physischen Vollkommenheit. Die ideale Geliebte. (…) Und hat eine Fülle der Leidenschaft, der ich vorher nie begegnet bin. Ich kann ihr nicht widerstehen, und das schlimmste ist, ich kann auch nicht widerstehen, vor ihr mit meiner Kraft zu prahlen. (…) Eine Woche nach einer Orgie mit ihr leide ich wie ein verdammter Hund.«

Herbert Roch: Maupassant – Ein Leben, Gebrüder Weiss Verlag, Berlin-Schöneberg 1959
Wallace, Irving u.a.: Rowohlts indiskrete Liste, Rowohlt Verlag, Reinbek 1981

Marilyn Monroe
* 1926, † 1962

Die amerikanische Filmschauspielerin, mit bürgerlichem Namen Norma Jean Mortenson, arbeitet zunächst als Model und erhält durch diese Tätigkeit kleine Rollen beim Film. Schnell wird die junge Darstellerin zum Sexsymbol und kann, auch beruflich auf diesen Typus festgelegt, ihre mimischen und komödiantischen Qualitäten nur da beweisen, wo die Rollen ihr ein wenig Spielraum lassen.

»Ehemänner sind vor allem dann gute Liebhaber, wenn sie ihre Frauen betrügen.«

Marilyn Monroe

»Ich habe nicht mehr lange zu leben, wenn du mich heiratest, wirst du sehr reich.« Die zweiundzwanzigjährige Marilyn ist zwar bereit, viel für ihre Karriere zu tun – mit ihm schlafen, ja –, aber den alternden, herzkranken Agenten Johnny Hyde zu heiraten, das geht ihr dann doch ein bißchen zu weit. Hyde, der für die Blondine Frau und Kinder verlassen hat, kann sie nicht überreden. Er gibt ihr den wohlgemeinten Rat, sich sterilisieren zu lassen, um nicht auf dem Weg durch Hollywoods Regisseur- und Produzentenbetten ungewollt schwanger zu werden. Seine Sorge erweist sich bald als überflüssig, denn Marilyn unterschreibt ihren ersten wichtigen Vertrag und feiert ihn mit Champagner und dem Jubelschrei: »Das war der letzte Schwanz, den ich lutschen mußte!«
　　Norma Jean wird in trostlose Familienverhältnisse geboren und hat fünfzehnjährig nur zwei Möglichkeiten, Heirat oder Waisenhaus. Sie entscheidet sich für

298

ersteres, und Pflegemutter Grace ist bei der Suche nach einem passenden jungen Mann behilflich. Mit Jim Dougherty scheint er gefunden. Norma findet ihn ganz passabel, und der Einundzwanzigjährige ist sehr angetan von dem Gedanken, beim Militär mit Pin-ups seiner drallen Braut angeben zu können. »Kann ich ihn auch heiraten, ohne Sex zu haben?« fragt die scheue Norma kurz vor der Hochzeit. Graces Antwort zeigt wenig Verständnis für die Sorgen des jungen Mädchens: »Du wirst es schon lernen.« Und Norma lernt, findet sich in ihre Rolle als Ehe- und Hausfrau und langweilt sich zu Tode. Filmstar will sie werden. Sie beginnt zu modeln, geht mit dem Fotografen Andre de Dienes ins Bett, schläft mit Nachfolger William Burnside und läßt sich nach knapp vier Jahren von Jim scheiden, der keinen Star, sondern eine Frau und Kinder will und schnell einverstanden ist.

Studio Fox nimmt sie unter Vertrag. Die fünfundsiebzig Dollar in der Woche gehen für Miete und Schauspielunterricht drauf. Für das Essen geht Marilyn am Santa Monica Boulevard anschaffen. Die Blow-Jobs für den fast siebzigjährigen Produzenten Joe Schenck sind schon fast Routine, als sie Fred Karger kennenlernt. Er ist zehn Jahre älter als Marilyn, die mit ihren zweiundzwanzig das große Glück gefunden zu haben glaubt. Karger stellt sich schnell als Irrtum heraus. Er benutzt ihre tiefe Zuneigung, um sie ins Bett zu kriegen, und behandelt sie schlecht. Marilyn gibt ihm enttäuscht den Laufpaß. Der verheiratete Theater- und Filmregisseur Elia Kazan tröstet sie über den Verlust. Die Monroe ist an seiner Seite ein Jahr fast glücklich. Beide wissen, daß das Verhältnis immer ein Verhältnis

Marilyn Monroe

bleiben wird, und fühlen sich auf dieser für Hollywood-Maßstäbe ungewöhnlich ehrlichen Basis sehr wohl. »Löschen Sie in Ihrer Vorstellung das Bild, das Sie sich von dieser Frau gemacht haben, als ich ihr begegnete, war sie ein unkompliziertes, leidenschaftliches Mädchen, das mit dem Fahrrad zu seinen Kursen fuhr, ein Koboldwesen und ein aufrechtes Herz, das Hollywood mit gespreizten Beinen zur Schau stellte. Sie hatte eine feine Haut und eine gierige Seele, gierig auf die Anerkennung von Leuten, die sie achten konnte. Wie viele andere Mädchen, die gleiche Erfahrungen gemacht hatten wie sie, maß sie ihre Selbstachtung mit der Elle der Männer, denen sie hatte gefallen können«, schreibt er später über die Schauspielerin.

1952 sieht der ehemalige Baseballstar Joe Di Maggio ein Foto von Marilyn und will sie kennenlernen. Das Treffen wird vermittelt, und obwohl die beiden keinerlei Gemeinsamkeiten haben, finden sie sich auf Anhieb äußerst anziehend. Bei der Hochzeit ist der Sportler neununddreißig, die Braut schwindelt und macht sich mit der Altersangabe fünfundzwanzig jünger als sie ist. Im Alltag werden die Unterschiede ganz schnell deutlich: Di Maggio kommt aus einem superordentlichen italienischen Elternhaus, Marilyn ist eine entsetzliche Schlampe; die Monroe interessiert sich nicht für Sport, ihr Mann findet Film totlangweilig; sie arbeitet noch immer an ihrer Karriere, er will eine Hausfrau und Mutter. Und noch etwas ist dem Gedeih einer harmonischen Beziehung sehr abträglich: Di Maggio ist hochgradig eifersüchtig und kann seine Fäuste nicht im Zaum halten. Nach der berühmten Filmszene im »Verflixten siebten Jahr«, in der der Rock fliegt und ein Hauch von Schlüpfer zu sehen ist, vermöbelt Joe seine Frau so sehr, daß die Maske am nächsten Tag alle Mühe hat, die blauen Flecken wegzuschminken. Der Haudegen hätte lieber froh sein sollen, daß sie überhaupt ein Höschen anhat, privat bevorzugt die aufreizende Dame nämlich, ohne Unterwäsche herumzulaufen.

Dem prügelnden Di Maggio entronnen, wird Marilyn die Geliebte des radikalen Literaten Arthur Miller. »Ihre Schönheit strahlt, weil sich dahinter immer ihre Seele zeigt.« Als sie aus dem Fernsehen erfährt, daß der sie zu heiraten gedenkt, zuckt sie die Schultern und bemerkt lakonisch: »Es war wahnsinnig nett von ihm, mir seine Pläne mitzuteilen.« Zwei Fehlgeburten, Millers ständig dozierende Vorträge, der offen zugegebene Tablettenmißbrauch seiner Frau, das alles belastet die Ehe, und Marilyn tröstet sich in den Armen von Yves Montand, der allerdings nicht daran denkt, seine Frau Simone Signoret zu verlassen. Ihr Verhältnis mit Frank Sinatra ist von beiden Seiten leidenschaftlich, und Frankieboy spielt sogar mit dem Gedanken, sie zu heiraten. Das Schicksal will es anders, und Marilyn landet auf dessen heftiges Bestreben hin mit John F. Kennedy im Bett. Im Haus des Kollegen Bing Cosby teilen sich die beiden erstmals das eheliche Schlafzimmer, und die Monroe vertraut ihrem Psychiater an: »Marilyn Monroe ist ein Soldat. Ihr oberster Befehlshaber ist der größte und mächtigste Mann der Welt. Die erste Pflicht eines Soldaten ist es, seinem Kommandeur zu gehorchen. Ich will ihn niemals enttäuschen.« Dazu kommt sie auch nicht, denn Kennedy enttäuscht sie vorher: Als ihm die Affäre zu brenzlig und Monroes Anrufe zu aufdringlich werden, reicht JFK die schöne Blonde angeblich an seinen Bruder Bobby weiter. »Sie wissen nicht, wie es ist, alles zu haben, was ich habe, und nicht geliebt zu werden und das Glück nicht zu kennen. Alles, was ich je vom Leben wollte, ist nett zu den Leuten zu sein und daß sie nett zu mir sind. Das ist ein fairer Tausch. Und ich bin eine Frau. Ich möchte von einem Mann geliebt werden, von Herzen, genauso, wie ich ihn lieben würde. Ich habe es versucht, aber es hat noch nicht geklappt«, sagt sie zu Reportern.

Der gesundheitliche Zustand des inzwischen weltberühmten Stars ist bedrohlich. Ihr Psychiater Greenson, unstatthaft, berufswidrig und völlig unberechenbar in die Monroe verliebt, versorgt sie sträflich mit Tabletten. Marilyn und Joe Di Maggio, mit dem sie seit der Scheidung gut befreundet ist, planen eine zweite Hochzeit. Am 31. Juli ist die letzte Anprobe für ihr Kleid, am 1. August bestellt Marilyn Sandwiches und Salate für den Empfang, am 8. August soll die Trauung sein – am 5. August stirbt sie an einer Überdosis Tabletten.

Carole McKenzie: All about Sex, Europaverlag, München/Wien 1992
Donald Spoto: Marilyn Monroe, Wilhelm Heyne Verlag, München 1993
Bunte, 27.11.1997

Yves Montand
* 1921, † 1991

Der französische Sänger und Schauspieler wird als Ivo Livi in einem kleinen italienischen Dorf geboren. Die Familie flieht vor den Faschisten und läßt sich in Marseille nieder. 1938 beginnt seine Karriere als Sänger. Im Moulin Rouge entdeckt ihn Édith Piaf, und fortan präsentiert Montand seine Doppelbegabung als Sänger und Schauspieler mit großem Erfolg.

»Gott, warum hast du die Frauen nicht zuerst erschaffen – als du noch frisch warst?«
Yves Montand

Eine junge Griechin, die erst willig mit ihm unter die Decke schlüpft, sieht Montands Erektion und springt schreiend aus dem Bett. Doch nicht Größe und Beschaffenheit sind der Grund für die hastige Flucht, sondern eine völlig harmlose akzidentelle Vorhautschrumpfung, die bei der katholischen jungen Dame zur irrigen Annahme führt, sie läge mit einem beschnittenen Juden im Bett.

Das frühe Liebesleben des Yves Montand ist ohnehin ein schwieriges Kapitel. Aufgeklärt vom entspannten Geschwätz der Kundinnen im Frisörsalon seiner Schwester, will der siebzehnjährige, dünne Bengel endlich auch mal erleben, wovon die Damen immer reden. »Ich erinnere mich an eine hinreißende, zärtliche Ansagerin mit Netzstrümpfen. Ich war so frustriert von all den Frauen, die mir ge-

301

fehlt hatten, daß ich mich im Laufe der Nacht fünf- oder sechsmal ins Gefecht gestürzt habe und sie doch nicht befriedigen konnte. Dabei hat sie mich liebevoll ermuntert. Aber ein Übermaß an Begierde ruft oft den entgegengesetzten Effekt hervor. Selbstverständlich war das für einen lateinischen Macho eine äußerst peinliche Situation.« Der Macho leidet noch viel mehr, als ihn seine erste große Liebe, die ältere Sängerin Édith Piaf, sitzen läßt. Die Trennung von ihr hinterläßt für eine lange Zeit tiefe Schrammen auf seiner Seele. Er hat Liebschaft nach Liebschaft, aber Liebe ist nicht dabei. Simone Signoret befreit ihn aus dem Teufelskreis. Die verheiratete Mutter einer kleinen Tochter weiß sofort: Montand ist der Mann ihres Lebens. Sie beichtet ihrem Gatten Allégret das Verhältnis, fängt sich

Yves Montand

ein paar Ohrfeigen ein, versucht, sich von Montand fernzuhalten, schafft es nicht, läßt sich scheiden, und am 21. Dezember 1951 heiraten Ivo Livi und Simone Kaminker. Nachbar Picasso gratuliert mit einer Keramik. Simone ist eine begnadete Schauspielerin, aber eine lausige Hausfrau. In dreißig Jahren Ehe kocht sie nur ein einziges Mal für ihren italienischen Mann: zu weiche Spaghetti!

Die Spielregeln in der Ehe sind klar: Kleine ungefährliche Tändeleien sind wegen der vielen Trennungen erlaubt, Lügen, ernsthafte Liebschaften und Affären mit Freundinnen sind verboten. Signoret selbst ist treu, denn der Obermacho Yves ist ausgesprochen eifersüchtig. In Amerika dreht er mit Marilyn Monroe den Film mit dem verhängnisvoll omenhaften Titel »Let's Make Love«. Sein Verhältnis mit der Schauspielerin wird zu einer der verbotenen Ehebedrohungen, aber Simone zeigt die bewährte Klasse, als sie den geifernden Journalisten entgegnet: »Kennen Sie einen Mann, der empfindungslos bliebe, wenn Marilyn Monroe ihn in den Armen hält?« Montand weiß soviel Grandezza zu schätzen und verabschiedet die Monroe im Auto mit Kaviar und Champagner. Er und seine Frau finden wieder zueinander, und in Zukunft achtet der notorische Seitenspringer diskret darauf, daß ihr derartiger Kummer erspart bleibt. Von seinem Verhältnis zur jungen Anne Drossart kriegt sie nichts mit. »Ich hätte nie mit ihm leben wollen. Aber meine Situation als unauffällige Geliebte gefiel mir«, sagt die Jungdarstellerin viel später. Nach dem Krebstod von Simone Signoret lebt Yves, von dem Simones Tochter sagt, »er kann nicht anders, als Frauen den Hof zu machen …«, vollkommen zurückgezogen. Fünf Jahre lang hat er ein Auf- und Abverhältnis mit der wesentlich jüngeren Carole Amiel, bis er sich 1987 endlich entscheidet, sie und wenig später den gemeinsamen Sohn der Öffentlichkeit zu präsentieren.

Drei Jahre nach dem Tod des Künstlers stellt ein Gericht aufgrund der unübersehbaren Familienähnlichkeit seine Vaterschaft von Aurore Drossart fest. Aurores Mutter, Anne Drossart, besteht seit Jahren darauf, daß Montand und kein anderer der Vater ihrer Tochter ist, doch der Mime weigert sich zu Lebzeiten stets hartnäckig, das Mädchen anzuerkennen. Die Erben, Carole Amiel, Sohn Valentin und Adoptivtochter Catherine Allégret denken gar nicht daran, den Nachlaß des Multimillionärs zu teilen. Sie fechten das Urteil an, bestehen auf einem Gentest und lassen den toten Montand exhumieren. Frankreich ist empört und gibt den Damen Drossart die Schuld an dem Skandal. Aber noch ist das Theater um den Schauspieler nicht beendet: Zwar sind die Wissenschaftler inzwischen sicher, daß Aurore nicht Montands Tochter ist, doch deren Anwalt denkt an die Erstellung eines Gegengutachtens.

Hervé Hamon/Patrick Rotman: Yves Montand, Rütten und Löning, Berlin 1991
Carole McKenzie: All about Sex, Europaverlag, München/Wien 1992
Bunte, 13.11.1997, 19.3.1998 u. 18.6.1998

Lola Montez
* 1818, † 1861

Die irische Tänzerin und Abenteuerin Maria Dolores Eliza Rosanna Gilbert wird in Limerick als Tochter eines schottischen Offiziers und einer Kreolin geboren. Als Mätresse des Bayerischen Königs Ludwig I. erlangt sie großen politischen Einfluß und muß wegen öffentlicher Proteste München 1848 verlassen. Nach mehreren gescheiterten Ehen läßt sie sich 1857 in New York nieder.

Sechzehn ist die bildschöne, gescheite Eliza, als ihre ansonsten wenig fürsorgliche Mutter beschließt: Es ist Zeit zu heiraten. Das junge Mädchen wehrt sich erbittert, stampft mit den Füßen und schüttelt zornig die schwarzen Locken, denn der Gedanke, gemäß dem elterlichen Wunsch einen tatterigen sechzigjährigen Richter zu heiraten, entsetzt sie. Als all ihr Bitten und Flehen nicht hilft, sucht sie energisch einen Retter aus der Not und wendet sich an den Begleiter ihrer Mutter, Captain Thomas James. Der Captain erweist sich als wahrer Freund der Familie und rettet

Eliza vor dem alten Bräutigam. Er flieht mit ihr bei Nacht und Nebel, entjungfert sie bei der erstbesten Gelegenheit und heiratet sie bald darauf selbst. Das Militär ruft den frischgebackenen Ehemann nach Indien, seine junge Frau begleitet ihn. Unterhaltsam, kokett und hübsch wie sie ist, kann sie sich schon auf dem Schiff kaum der vielen Verehrer erwehren – und will das auch gar nicht, denn der Gatte »trinkt wie ein Deutscher und schläft wie ein Bär«. Außerdem, und das wiegt schwerer, liebt sie ihn nicht. In Indien gibt es jede Menge Streit, den James beendet, indem er mit einer anderen das Weite sucht. So lautet zumindest Elizas Version, vermutlich war sie es allerdings, die ihren Mann verlassen hat, denn 1841 besteigt sie ein Schiff und reist zurück nach England. Ungeniert vergnügt sie sich unter den Augen des irritierten Kapitäns an Bord mit einem Mitpassagier namens Captain Lennox.

Zurück auf britischem Boden, muß sich Eliza ernsthaft überlegen, wie es weitergehen soll. Gelernt hat sie nichts, zur Familie will sie nicht, in einem fremden Haushalt arbeiten auch nicht, und das älteste Gewerbe der Welt schwebt ihr auch nicht vor – bleibt das Theater. Hier scheidet Schauspiel aus, denn Eliza spricht mit starkem Akzent; sie entscheidet sich für den Tanz. Durch den Diplomaten Earl of Malmesbury findet Eliza Zugang zu gehobeneren Londoner Kreisen, läßt flugs den verdutzten Lennox sitzen und widmet sich ihrer Karriere. Ärgerlicherweise hat Gatte James von ihrer Liaison erfahren und verklagt die Untreue wegen Ehebruchs mit Captain Lennox. Es kommt zum Prozeß, in dem sie schuldig von Tisch und Bett getrennt gesprochen wird, was nach geltendem Recht bedeutet, daß sie zu Lebzeiten ihres Mannes keinen anderen heiraten darf. Verdrossen über das Urteil reist sie nach Spanien, um dort zum einen Tanzen zu lernen, zum anderen ihre Identität zu wechseln. Statt Mrs. James kehrt Lola Montez zurück nach London, wird jedoch bereits bei ihrem ersten Bühnenauftritt erkannt und landet nach dem folgenden Skandal in den Armen des Prinzen von Reuß. Der hat nach vier strapaziösen Tagen genug von der exzentrischen Dame und komplimentiert sie aus seinem Ministaat. Die lose Lola tanzt und liebt sich von Berlin nach Warschau und hat deutlich weniger Mühe, Verehrer zu finden, als gute Kritiken zu kriegen. In Dresden lernt sie die Komponisten Richard Wagner und Franz Liszt kennen. Mit letzterem hat sie eine stürmische Affäre, die nach vehementen Auseinandersetzungen damit endet, daß Liszt die zu Wutanfällen neigende Lola zwölf Stunden in einem Hotelzimmer eingesperrt läßt. Nachdem er an der Rezeption eine ausreichende Summe für die zu erwartenden Verwüstungen hinterlegt hat, ergreift der Komponist schleunigst die Flucht.

Die selbsternannte und nicht besonders talentierte Tänzerin braucht Hilfe auf dem Weg nach oben. Zielsicher wird sie die Geliebte des überaus einflußreichen

Redakteurs Alexander Henri Dujarier. Er ist verrückt nach ihr und ebnet wie erhofft den Weg in die Pariser Oper. Nach einem von Kritikern verrissenen Debüt sorgt Lola für einen Skandal, indem sie in einem gewagt knappen Ballettkleidchen auftritt – darunter für das Publikum deutlich sichtbar und empörend: nackt! Dujarier läßt sich von solchen Mätzchen nicht beirren und will sie heiraten, nicht wissend, daß Lola immer noch verheiratet ist. Das Schicksal will es ohnehin anders, denn als der Redakteur bei einem Duell den ersten Schuß zwar hat, aber verfehlt, fällt er der Kugel seines Gegners zum Opfer. Lolas Trauer ist kurz. Sie fährt nach München, erhält aber, weil der Intendant erkennt, daß es mit ihrer Begabung nicht so weit her ist, keine Auftrittsgenehmigung. Aufgeben ist Lolas Sache nicht. Sie versucht es ganz oben und bittet 1846 den sechzigjährigen König Ludwig I. um eine Audienz. Ludwig, der seiner Gattin schon bei der Hochzeit mitteilte, daß er auch weiterhin an anderen Damen interessiert bleibt, fällt Frau Montez anheim. Sie macht einen tiefen Hofknicks und läßt ihn ihr üppiges Dekolleté bewundern. Beeindruckt fragt der König nach der Echtheit dessen, was er sieht, und ist gleichermaßen entgeistert und entzückt, als sein gar nicht prüder Gast zum Brieföffner greift und sich das Mieder aufschneidet. Ungeniert erbringt sie den Beweis: Es besteht keine Notwendigkeit, der Natur nachzuhelfen.

Selbstverständlich darf sie tanzen und hat nach einem Monat bereits Zugriff auf die königliche Privatschatulle. Ludwig vergleicht sich in seiner Verliebtheit mit einem erloschenen, wiedererweckten Vulkan und ändert sein Testament zu Lolas Gunsten. Seine Familie ist schockiert und bietet der Geliebten eine hohe Geldsumme an, wenn sie die Beziehung beendet. Lola ist zwar käuflich, aber nicht dumm: Warum sich mit einem Teil zufriedengeben, wenn sie alles haben kann? Außerdem schätzt sie das fürstliche Leben und mag den König tatsächlich. Der seinerseits reagiert mit absoluter Loyalität auf alle Angriffe gegen seine Mätresse. Einem Erzbischof, der ihretwegen nicht zu einem Hofball kommt, sagt er unverblümt: »Bleib er bei seiner Stola, ich bleib bei meiner Lola« und schmiedet Pläne, wie er seine Herzdame in den Adelsstand erheben kann. Als er die gesetzlichen Voraussetzungen gegen den Staatsrat erzwingen will, fliegen Steine und Beschimpfungen gegen Lolas Fenster – trotz königlicher Intervention muß sie die Stadt verlassen.

Immer auf der Suche nach materieller Absicherung kehrt Lola nach Aufenthalten in der Schweiz und Paris nach London zurück. Dort heiratet sie am Tage seiner Volljährigkeit Leutnant George Heald, der soeben eine nicht unerhebliche Erbschaft gemacht hat. Seine Familie zögert keine Sekunde, sie wegen Bigamie zu verklagen, doch Lola hat einen guten Anwalt und kommt gegen Kaution frei. Noch in derselben Nacht pfeift sie auf das hinterlegte Geld und flieht mit ihrem jungen Ehemann nach Barcelona. Aber schon auf der Reise kriegen die beiden eine solchen Krach, daß Lola einen Dolch zückt und George nicht unerheblich verletzt. Das ist dem Grund genug, auf der Hacke kehrtzumachen, nach London zu fahren und die ohnehin ungültige Ehe annullieren zu lassen. Zurück bleibt eine mittellose Montez, die wieder das Tanzbein schwingen muß. Zu diesem Zweck und intensiv auf Männersuche, geht sie nach Amerika und heiratet dort 1853 Patrick Purdy Hull, den Herausgeber des »San Francisco Whig«. Mrs. Maria Landsfeld Hull, wie sie sich jetzt nennt, treibt ihren unglücklichen Gatten mit ihrer zänkischen unbeherrschten Art allerdings bereits nach einem viertel Jahr wieder aus dem Haus. Kaum ist die Tür hinter ihm ins Schloß gefallen, beginnt sie ein Verhältnis mit einem deutschen Baron, der ihr – Adel verpflichtet – so untertänig ergeben ist, daß Zeitgenossen ihn zu ihren Haustieren zählen.

Im August 1855 geht sie auf Tournee nach Australien und lernt in Sydney den Schauspieler Noel Folland kennen und lieben. Der hat zwar Frau und Kind, aber Lola ist nicht mehr die Jüngste und kann auf dergleichen keine Rücksicht nehmen. Folland wird ihr Manager, und auch er muß sich oft gegen ihre Launen und Ausbrüche wehren. Auf einer Schiffsreise kommt der junge Mann ums Leben, und bis heute ist ungeklärt, ob er freiwillig gesprungen oder im Streit von Lola über die Reeling gestoßen worden ist. Ein Jahr später ist es mit dem Tanzen endgültig vorbei. Lola Montez ist darauf angewiesen, sich ihr Geld mit Lesungen zu verdienen, und kommt damit mehr schlecht als recht über die Runden. Weihnachten 1860 bekommt sie eine Lungenentzündung, an der sie am 17. Januar 1861 stirbt.

Reinhold Rauh: Lola Montez, die königliche Mätresse, Wilhelm Heyne Verlag, München 1992
Bruce Seymour: Lola Montez, Artemis & Winkler, Düsseldorf/Zürich 1998

Wolfgang Amadeus Mozart
* 1756, † 1791

Joannes Chrysostomos Wolfgangus Theophilus Mozart wird von seinem Vater Leopold in Klavier- und Geigenspiel sowie der Kunst des Komponierens unterwiesen. Kaum sechsjährig schreibt der kleine Junge sein erstes Stück, ein Menuett für Klavier, und wird in seinem kurzen Leben vom Wunderkind zu einem der bedeutendsten Komponisten der europäischen Musiktradition.

»Ich gebe mich schuldig, daß ich vorgestern und gestern (auch schon öfters) erst bei der Nacht um zwölf Uhr nach Hause gekommen bin, und daß ich von zehn Uhr an bis zur benannten Stund (…) oft nicht schwer, sondern ganz leicht weg gereimet habe, und zwar lauter Sauereien.« Schlüpfrige Briefe, zotige Lieder, frivole Bemerkungen, Mozart ist Meister seines Faches, wenn es um dergleichen geht. Für gute Klaviervorträge läßt er sich gern mit den Küssen der anwesenden Damen belohnen und macht seinem Vater keine Freude, als 1777 für eine »großäugete Mundbäckentochter« der Eintritt in ein Kloster zurückgezahlt werden muß. Das Mädchen ist so verliebt in Wolfgang Amadeus, daß es sie nicht hinter den grauen Mauern hält. Sie ist nicht die einzige, mit der der talentierte Musiker flirtet. Freimütig bekennt er: »Wenn ich die alle heiraten müßte, mit denen ich gespaßt habe, so müßte ich leicht zweihundert Frauen haben.« Wenig später lernt er bei der Witwe Weber deren sangesbegabte Tochter Aloysia kennen. Das schöne Kind ist fünfzehn, und Mozart betet sie an; leider ist sein strenger Vater gegen die Verbindung, und auch die etwas opportunistische Aloysia ist sich nicht sicher, ob der einflußlose Herr Mozart junior der Richtige für sie ist.

Nach der Abfuhr klimpert sich der junge Komponist die Wut aus dem Bauch und schenkt nach einer Weile sein Herz Aloysias Schwester Konstanze. »Sie ist nicht häßlich, aber auch nichts weniger als schön. Sie hat keinen Witz, aber gesunden Menschenverstand. Ich liebe sie, und sie liebt mich von Herzen«, schreibt er an seinen Vater und bittet um die Erlaubnis, Konstanze heiraten zu dürfen. Vater Mozart hat Großes vor mit seinem Sohn, und die Kleinbürgerstochter paßt ihm da nicht ins Konzept. Als Mutter Weber jedoch gewahr wird, woher der Wind weht, läßt sie sich kein zweites Mal die Chance entgehen, den erfolgversprechenden Musiker an ihre Familie zu binden. Entweder es wird ein Eheversprechen unterzeichnet, oder Wolfgang kann sein Stanzerl nicht mehr sehen. Der verliebte Komponist unterschreibt alles und am 4. August 1782, wenn auch gegen den Willen seines strengen Vaters, sogar die Heiratsurkunde.

Wolfgang und Konstanze sind glücklich miteinander; sie ist eine lustige, sorglose Person, er steht ihr darin in nichts nach. Einziger Wermutstropfen, beide können nicht mit Geld umgehen und sind daher ständig in finanziellen Schwierigkeiten. Belastet wird die junge Ehe allerdings davon nicht so sehr wie von der Tatsache, daß nur zwei der sechs geborenen Kinder überleben. Liebevoll komponiert Mozart am Bett seiner Frau, wenn die sich mal wieder von einer Entbindung erholt, sie hingegen schneidet ihm bei Tisch das Essen vor und muntert ihn auf, wenn düstere Selbstzweifel ihn quälen. Sie weiß von seinen Seitensprüngen und toleriert die Stubenmädchen, spürt sie allerdings intellektuelle Gefahr, gerät Konstanze Mozart in Harnisch. Dann verfolgt sie ihren Mann mit Eifersucht und gibt erst Ruhe, wenn er wieder die üblichen Zettelchen neben ihr Kissen legt, bevor er das Haus verläßt: »Guten Morgen, liebes Weibchen. Ich wünsche, daß Du gut geschlafen habest, daß Dich nichts gestört habe, daß Du nicht zu jäh aufstehest, daß Du Dich nicht erkältest, nicht bückst, nicht streckst, Dich mit Deinen Dienstboten nicht zürnst, im nächsten Zimmer nicht über die Schwelle fällst. Spar häuslichen Verdruß, bis ich zurückkomme, daß nur Dir nichts geschieht.«

Bernhard Paumgartner: Mozart, Atlantis Verlag, Zürich/Freiburg 1967

Benito Mussolini
* 1883, † 1945

Der Sohn eines Schmiedes und sozialistischen Lokalpolitikers arbeitet zunächst als Lehrer, dann als Journalist. Nach dem Ersten Weltkrieg gründet Mussolini eine antiliberale, nationalistische Bewegung, die zum Sammelbecken der Reaktion wird. Er legt sich den Titel »Duce« zu und erfüllt mit dem damit verbundenen Mythos ein Bedürfnis seiner Landsleute nach Autorität und Führerschaft.

»Ein Mann sollte eine kleine Maschine im Rücken haben, die ihm die Hose hochzieht. Das ist die einzige Möglichkeit, alle Frauen zu befriedigen.« Doch oft hat es der Duce so eilig, daß er die Hose nicht einmal herunterzieht; blitzschnell muß es auf Autorücksitzen, in Strandkabinen und Luxushotels gehen, wenn Italiens faschistischer Diktator seine Macht über das weibliche Geschlecht auslebt.

»Wir wollen nicht diskutieren, ob die Frau höher oder niedriger steht. Wir konstatieren, daß sie anders ist. Ich bin ziemlich pessimistisch (…) ich glaube zum Beispiel, daß die Frau keine größere Befähigung zur Synthese besitzt und daher zu höherem geistigen Schaffen unbefähigt ist.« Völlig unreflektiert bewahrt sich Benito Amilcare Andrea Mussolini lebenslang seine in der Jugend geprägte Vorliebe für »Ding-Frauen«, die ein äußerst rassistisches Verhalten dem anderen Geschlecht gegenüber zur Folge hat. Nach ersten sexuellen Erfahrungen in einem Freudenhaus fliegt der soeben eingestellte Aushilfslehrer von der Schule. Die Liebschaft mit einer verheirateten Frau löst einen solchen Skandal aus, daß er den Dienst ein halbes Jahr nach Beginn schon wieder quittieren muß. In der Folge tut er alles, um seinem Ruf als viriler Herzensbrecher gerecht zu werden, und bindet sich erst 1910 zum ersten Mal etwas fester. Es bleibt in der Familie: Rachele Guidi ist die Tochter der Geliebten von Mussolinis Vater und darf beim angebeteten Benito einziehen. Tochter Edda wird geboren, und Mussolini bestätigt sich weiterhin seine Männlichkeit unverdrossen auswärts. Die Beziehungen variieren, mal sind sie exotisch, platonisch, wie mit der anarchischen Dichterin Leda Rafanelli, mal ganz irdisch und um so stürmischer. Als Konsequenz einer solchen Liaison bekommt die Trienterin Ida Dalser einen Sohn und verkompliziert die Beziehung aus Mussolinis Sicht unnötig, indem sie mehr als nur seine Geliebte sein will. Er setzt ein Zeichen und heiratet am 16. Dezember 1915 Rachele Guidi. Damit die renitente Dalser endlich Frieden gibt und Ruhe einkehrt, erkennt er allerdings zwei Monate später deren Sohn an. Rachele ist und bleibt die überhöht verehrte »Gattin« und »Mutter«, ihr Duce tut seinen Gelüsten keinen Zwang an, betrügt sie nach Strich und Faden und lebt zeitweise sogar mit anderen Damen zusammen.

1925 fällt ihm ein, es könnte an der Zeit sein, seine politische Respektabilität durch eine kirchliche Trauung zu beweisen. Hauptfrau Rachele haucht folgsam das Jawort auch noch vor dem Altar und unterzieht sich trotz fortgeschrittenen Alters auf Wunsch ihres despotischen Gemahls gefährlichen Schwangerschaften, um dem Volk ein leuchtendes Beispiel zu geben. Das Beispiel des Duce ist weniger leuchtend, bleibt aber im verborgenen. Die Damen der Gesellschaft, die Ehefrauen der Parteibonzen, die ausländischen Journalistinnen, sie alle werden seine Eintagsgeliebten; mit Vorliebe und ohne viel Vorgeplänkel »beglückt« er sie geschwinde auf der großen Steinbank vor dem Fenster seines Arbeitszimmers im Palazzo Venezia.

Benito Mussolini

Keiner von ihnen offenbart er seine Gewohnheit, im Bett ein Nachthemd zu tragen, eine liebgewonnene, unabänderliche Gewohnheit, die dem stärksten Mann Italiens äußerst peinlich ist.

1932 lernt er die zwanzigjährige Carletta Petacci kennen. Vier Jahre später beginnt ihr Verhältnis, und Mussolini hat zum ersten Mal in seinem Leben – man hält es nicht für möglich – Spaß an Sex mit Gefühl. »Vielleicht war es die Öde eines einsam verbrachten Lebens ohne Freude und Entspannung, vielleicht war es ihre Jugend, ihr damals so lebhafter Charakter, ihre Lachlust, Schlagfertigkeit und die Bereitschaft, sich zwanglos und in bescheidener, dankbarer Anschmiegsamkeit hinzugeben, jedenfalls band er sich an das Mädchen mit einer Ungeduld und Zärtlichkeit, mit einer eifersüchtigen und heftigen Leidenschaft, die neu für ihn waren«, bemerkt der Publizist Paolo Monelli. Fast zehn Jahre währt die Beziehung. Carletta Petacci bezahlt ihre Zuneigung mit dem Leben: Im Frühjahr 1945 verbringen Benito und seine Gefährtin ein paar Tage am Comer See, Freiheitskämpfer entdecken das Liebesnest und erschießen das Paar.

Giovanni de Luna: Benito Mussolini, rororo Bildmonographie, Rowohlt Verlag, Reinbek 1978
Bunte, 29.1.1998

Napoleon Bonaparte
* 1769, † 1821

Obwohl Napoleon als Alleinherrscher und Kaiser der Franzosen die Monarchie wieder einführt, vollendet er in vielerlei Hinsicht die Reformideen der Französischen Revolution. Der unter seiner Führung entstandene »Code Civil« kann als erstes bürgerliches Gesetzbuch gelten und findet durch die Eroberungszüge des militärstrategisch hochbegabten Feldherren in weiten Teilen Europas Verbreitung.

»Das ist gerade der Uterus, den ich zum Heiraten brauche!« ruft der Kaiser der Franzosen, fest davon überzeugt, daß ihm die Habsburgerin Marie Louise endlich den ersehnten Thronfolger schenken wird. Napoleons erste Brautschau gerät zur Pleite, denn seine Schwägerin Eugénie Désirée Clary zaudert und zögert solange herum, bis der genervte Bonaparte sich nach anderen Damen umsieht. Zunächst zieht er eine adlige Korsin, eine Freundin seiner Mutter, dann eine ebenfalls ältere Kokotte in Betracht. Beide sind geschmeichelt über des kleinen Feldherren Anträge, lehnen sie aber dennoch ab. Betrübt, aber noch nicht entmutigt, sucht Napoleon weiter. Sein Auge fällt auf Joséphine de Beauharnais, eine rassige Kreolin. Die Mutter zweier Kinder ist etwas älter als ihr Verehrer und versteht es, den Popofetischisten im Bett zu bezaubern. So sehr gefällt ihm, was Joséphine darüber hinaus an Geist und Charme zu bieten hat, daß er sie heiratet. Zwei dunkle Wolken schweben über der Ehe: Betrug und Kinderlosigkeit. Joséphine hintergeht ihren Imperator, wo und wann immer sich eine Gelegenheit ergibt, und der äußerst eifersüchtige Napoleon leidet auf seinen Feldzügen Höllenqualen. Daß er seine Frau selbstverständlich ununterbrochen mit irgendwelchen Küchenmädchen, Schauspielerinnen und Hofdamen betrügt, steht zeitgemäß auf einem anderen Blatt Papier. Das zweite Problem führt schließlich zur Trennung von Tisch und Bett. Joséphine ist felsenfest davon überzeugt, daß das Ausbleiben des heißersehnten Erben Napoleon anzulasten ist, doch der Kaiser der Franzosen beweist gleich mit zwei seiner Geliebten, daß er sehr wohl zeugungsfähig ist; und das Land braucht einen Thronfolger.

Auf einem Fest lernt Napoleon die achtzehnjährige Gräfin Walewska kennen.

Sofort entbrennt er für das sanfte, blonde Mädchen und umwirbt sie mit feurigen Briefen, doch die Gräfin ist nicht so leicht zu erobern, zumal ein Teil der Billette eher Armeebefehlen als romantischen Zeilen ähnelt. »Ich habe Sie gesehen, ich habe nur Sie bewundert, ich begehre nur Sie. Eine schnelle Antwort wird meine Glut stillen. N.« Die Antwort kommt zwar nicht so schnell, aber sie kommt schließlich doch, und die Walewska wird Napoleons Geliebte. Als er vierzig ist, erwartet sie ein Kind von ihm. Am 4. Mai 1810 wird der kleine Floryan Alexander Józef getauft, und sein dreiundsiebzigjähriger Großvater Graf Walewski gibt aus Schicklichkeitsgründen brav an, das Kind mit seiner ebenfalls betagten Ehefrau gezeugt zu haben. Doppelt hält besser: Als auch Freundin Éléonore Denuelle einen Sohn, Léon, zur Welt bringt, weiß Napoleon genau: Die eheliche Kinderlosigkeit ist Joséphine anzulasten und verläßt – wenn auch mit Bedauern – seine Frau.

Deren Nachfolgerin Marie Louise von Österreich erweist sich als fröhlich vergnügte Partnerin im kaiserlichen Bett und bekommt 1810, ein Jahr nach der Eheschließung, tatsächlich den legitimen Dauphin. Es ehrt Napoleon, daß er während der riskanten und schwierigen Geburt entscheidet: »Das Leben der Mutter vor dem des Kindes!« Wenige Stunden später feiert das Land nach zweiundzwanzig Salutschüssen die Gesundheit von Mutter und Kind.

Emil Ludwig: Napoleon, Ullstein Verlag, Frankfurt am Main/Berlin 1991

Horatio Nelson
* 1758, † 1805

Viscount Horatio Nelson tritt bereits als zwölfjähriger Knabe in die britische Kriegsmarine ein. 1777 wird er zum Offizier und zwei Jahre später zum Kapitän befördert. In der Seeschlacht von Trafalgar führt Nelson den Angriff gegen die vereinten französischen und spanischen Verbände und durchkreuzt mit seinem Sieg Napoleons Pläne für eine Invasion in England.

»Obwohl keinesfalls ein gewissenloser Verführer der Frauen und Töchter seiner Freunde, war er doch bekannt dafür, daß er mehr für das schöne Geschlecht eingenommen gewesen, als mit der höchsten Stufe christlicher Reinheit zu vereinbaren ist«, bemerkt ein respektvoller Zeitgenosse des Nationalhelden.

Doch bis zu diesem Stadium ist ein weiter Lebensweg zurückzulegen, denn als der neunzehnjährige, noch jungfräuliche Nelson trotz seiner überaus schwächlichen Konstitution die Leutnantsprüfung zur See bestanden hat, ist seine Einstellung zur Damenwelt unreif, britisch und standesgemäß. Für ihn gibt es zwei Sorten von Frauen, die einen – von feinerer Gesittung und Art als Männer – taugen zur Ehe und als Mütter, die anderen sind Flittchen, Huren oder Schlampen, mit denen man sich kurzfristig vergnügen, ansonsten jedoch nicht weiter beschäftigen sollte. Vier Jahre später verliebt er sich zum ersten Mal. Nelson, überwältigt von seinen romantischen Gefühlen, ist wild entschlossen, der sechzehnjährigen Mary Simpson sein pochendes Herz zu Füßen zu legen, den Dienst zu quittieren und sie zu heiraten. Mit Mühe gelingt es Freunden, ihn von der Unsinnigkeit dieses Schrittes zu überzeugen. Horatio fährt mürrisch weiter zur See und vergißt Mary wenige Meilen landauswärts. Fortan schwärmt er emsig, aber rein platonisch für die wesentlich ältere Gattin des bereits im Ruhestand befindlichen Kapitäns Moutray.

Erst als er die gleichaltrige Frances H. Nisbet, ihres Zeichens Witwe mit fünfjährigem Sohn, kennenlernt, wird es ernst. Frances, die er zärtlich Fanny nennt, ist eine schlanke Frau mit zarten Gesichtszügen, tiefgrünen Augen und dunklem Haar. Sie erinnert ihren Verehrer an die unerreichbare Frau Moutray, hat dergegenüber jedoch die wesentlichen Vorteile, deutlich jünger und unverheiratet zu sein. Als Nelson sie im März 1785 das erste Mal trifft, ist sie genauso einsam wie er und seinem Werben gegenüber äußerst aufgeschlossen. Im Juni fällt die Entscheidung, und im August hält er um Fannys Hand an, die sie ihm bereitwillig entgegenstreckt. Ganze achtzehn Monate muß sie in dieser Haltung verharren, denn der chronisch seekranke

Horatio Nelson

Bräutigam schippert pausenlos auf den Weltmeeren herum. Die Zeit ist lang, Nelsons Briefe auch, und aus den Liebesschwüren werden zunehmend sachliche Berichte seiner Reisen. Doch versprochen ist versprochen, und am 12. März 1787 werden Kapitän Horatio Nelson und Frances H. Nisbet getraut. Der stellvertretende Brautvater Prince William (Fannys Vater ist tot) stichelt, daß Horatio für seine Braut sicherlich große Wertschätzung, nicht aber das Gefühl, das man »gemeinhin Liebe nennt« empfindet, und Nelson spürt, daß diese Einschätzung nicht ganz falsch ist. Bis auf Fannys Sohn Josiah, um den sich Nelson engagiert kümmert, bleibt die Ehe kinderlos. Der Kapitän hält das beschauliche Landleben nicht lange aus, verfrachtet die soeben Angetraute zu seinem alleinstehenden Vater und geht wieder auf sein Schiff.

Frances sitzt derweil im verregneten England; sie kommt von den Westindischen Inseln und leidet erbärmlich, aber klaglos unter dem britischen Wetter. Nelson segelt in südlichen Gefilden, vergnügt sich bei seinen Landgängen – wie alle Offiziere – mit der zweiten Sorte Frauen und schreibt freundlich indifferente Briefe nach Hause. In Palermo lernt er die achtundzwanzigjährige Lady Hamilton kennen. Einzelheiten ihres nach den Begriffen der Zeit moralisch nicht ganz einwandfreien sozialen Aufstieges kennt er nicht, und eh er sich versieht, verfällt er der lebhaften, schönen Frau mit Haut und Haar. Die wacht eifersüchtig über seine Aktivitäten und verbietet ihm, in Livorno an Land zu gehen, weil sie weiß, daß er dort einst ein Verhältnis hatte. Vermutlich nicht nur eines und nicht nur in Livorno, denn als Horatio Nelson an einem wenig attraktiven fleischigen Auswuchs zwischen Oberlippe und Kinnbacke leidet, akzeptiert er bezeichnenderweise sofort die ärztliche Diagnose, sich eine Geschlechtskrankheit eingefangen zu haben. Gattin Fanny sitzt derweil noch immer im englischen Regen. Fügsam pflegt sie ihren alten Schwiegervater und verfolgt voll ahnungsloser Sorge die siegreichen Schlachten ihres untreuen Mannes; der beschreibt in seinen Briefen meist bestenfalls ein Drittel dessen, was zu Wasser und zu Lande sein Leben ausmacht. Immer heftiger und öffentlicher wird seine Affäre mit Emma Hamilton, deren gehörnter Mann trotz unübersehbarer Anzeichen für das außereheliche Treiben lange ohne Argwohn bleibt. Als er schließlich als einer der letzten merkt, was da hinter seinem Rücken geschieht, trägt er das ihm aufgesetzte Geweih mit Fassung und arrangiert sich schweigend. Das Trio etabliert sich friedlich im Palazzo Palagonia, und Casanova spottet über Sir Hamilton: »Er war ein gescheiter Mann, ehelichte aber schließlich eine junge Frau, die schlau genug war, ihn zu behexen. Ein solches Schicksal befällt den Klugen oft, wenn er alt wird. Es ist immer ein Fehler zu heiraten, doch wenn eines Mannes körperliche und geistige Kräfte nachlassen, ist es ein Unheil.«

Während die Ménage à trois auf Malta die Sommerfrische genießt, wird Emma schwanger. Nelson, der sich inzwischen wie der »Bär vom Bärenführer« von Emma leiten läßt, kommt zu dem naheliegenden Schluß, daß seine Ehe mit Fanny beendet ist. Nach langer Zeit treffen die beiden aufeinander, Sir William und Lady Hamilton sind dabei. Zu viert logieren sie in ein und demselben Haus, und der wenig einfühlsame Admiral quält seine loyale Frau mit unverhohlener Zurschaustellung seiner Zuneigung für die Geliebte. Es kommt zum Eklat, Fanny verläßt verletzt und empört den Raum – danach sehen die Eheleute sich nie wieder. Nelson, im vollen Bewußtsein seiner Schuld, versorgt die Verlassene großzügig.

Emma wird in Kürze ihr Kind zur Welt bringen, und wenn es am Leben bleibt, seinerzeit keine Selbstverständlichkeit, stehen gravierende Probleme bevor. Gatte

William kann zwar unverdrossen so tun, als bemerke er die Schwangerschaft seiner Frau nicht, aber ein Kind ist wohl schwerlich zu übersehen. Die Geburt wird 1801 sehr diskret abgewickelt und die kleine, gesunde Horatia ebenso diskret aus dem Haus in die Arme einer Amme geschmuggelt. Nelsons Beziehung zu Emma wird nach diesem Ereignis noch inniger als zuvor. »Ich liebe keine andere und habe nie eine andere geliebt. Ich hatte nie ein teures Pfand der Liebe, bis Du's mir gabst – und Du hast Gott sei Dank nie einem anderen eins gegeben.« Hier irrt der verliebte Admiral gewaltig, denn Emma hat zu diesem Zeitpunkt eine bereits neunzehnjährige Tochter, die sie ihm allerdings bis an sein Lebensende verschweigt. Wenn ihn die Pflicht auf See zwingt, schreibt er feurige Briefe an Emma: »Was muß ich nicht alles empfinden, wenn ich mir vorstelle, mit Dir zu schlafen! Es versetzt mich in Leidenschaft selbst der Gedanke daran (…) und wenn eine Frau selbst in dem Augenblick, da ich von Gedanken an Dich entflammt bin, nackt zu mir käme, so hoffte ich, daß mir die Hand abfaulte, wenn ich sie auch nur berühren würde.«

Am 6. April 1803 segnet der geduldige Sir William in Emmas und Horatios Armen das Zeitliche. Endlich frei, nutzt Emma die Gelegenheit und adoptiert pro forma ihre Tochter, um sie zu sich nehmen und selbst aufziehen zu können. Ein zweites Kind stirbt kurz nach der Geburt. Abgelehnt von vielen seiner Freunde und Mitgliedern der Gesellschaft, bleibt Emma ihrem Admiral eine treue und leidenschaftliche Gefährtin, bis der zu seiner letzten Schlacht aufbricht. Nelson verfaßt ein Schreiben an den König und bittet, man möge im Falle seines Todes für Emma und die gemeinsame Tochter sorgen. Horatio Nelson verliert sein Leben, und der König ignoriert seine Wünsche. Als der Nationalheld von mehr als dreißigtausend Menschen zu Grabe getragen wird, ist es seiner Lebensgefährtin nicht gestattet, an den Feierlichkeiten teilzunehmen.

Ernle Bradford: Nelson – Admiral – Diplomat – Liebhaber, Ullstein Verlag, Frankfurt am Main/Berlin 1989

Nero
* 37, † 68

Claudius Drusus Germanicus Caesar, genannt Nero, ist der fünfte Kaiser von Rom und der letzte Herrscher des Julisch-Claudischen Hauses. Als im Juli 64 mehrere Stadtviertel in Rom niederbrennen, macht er die Christen dafür verantwortlich und läßt sie erstmals systematisch verfolgen. 68 zwingen ihn Aufstände zur Flucht. Der Senat erklärt ihn zum Staatsfeind, und Nero nimmt sich das Leben.

Der mittelgroße Nero hat zwar ein schönes Gesicht, aber einen übelriechenden, mit Flecken übersäten Körper. Weder der dicke Hals noch der hervortretende Bauch und auch die dünnen Beine können ihn an schamloser Kleidung und ebensolchem Auftreten hindern. Fast immer zeigt er sich auch in der Öffentlichkeit im Hausrock, dekoriert mit einem Taschentuch um den Hals, dafür aber barfuß und ohne Gürtel. Er liebt Pferderennen, Theater, Tanz, Gesang, Dichtkunst und vor allem ein ausschweifendes Liebesleben. Das genießt er mit vielen Favoriten und Favoritinnen, jedoch weniger mit seiner Angetrauten, Octavia, gegen die er eine unüberwindbare Abneigung verspürt. Sein Lehrer Seneca, der das Verhalten für skandalös hält, versucht den Schützling in akzeptable Bahnen zu lenken, ist aber nur mäßig erfolgreich mit seinen Bemühungen. Um wenigstens die Damenfrequenz zu senken, wird Neros Beziehung zu Acte, einer freigelassenen Sklavin gefördert – allerdings unter der Bedingung, daß der Kaiser sie nicht heiratet. Nero, der kurzfristig darüber nachdenkt, abzudanken und Land und Leute mit der Schönen zu verlassen, fühlt sich durch diese Auflage und die ständige Kritik seiner Mutter Agrippina über das erträgliche Maß eingeengt. Zumal Agrippina, von unerträglicher Eifersucht auf Acte geplagt, immer wieder versucht, das einst so harmonisch inzestuöse Verhältnis zu ihrem Sohn wiederaufleben zu lassen. Nero fühlt sich zweifach von ihr bedrängt und läßt Agrippina kraft seines Amtes kurz entschlossen umbringen. Gegen die allseits beliebten und damals nicht unüblichen Liebesspiele mit hübschen Knaben und Eunuchen des bisexuellen Kaisers hat Seneca nichts einzuwenden, aber Muttermord geht ihm zu weit und er zieht sich zurück. Doch Nero hat sein Problem erst halb gelöst, denn auch Gattin Octavia, mit der die Ehe vermutlich nie vollzogen wird, ist ihm lästig.

Erst trennt er sich, dann schickt er sie in die Verbannung, und schließlich muß auch sie unfreiwillig sterben. So ganz ohne Weib ist es langweilig, denkt sich der Kaiser und läßt vermutlich einen Freund hinrichten, dessen Angetraute Poppaea Sabina damit erst Witwe und dann Neros Ehefrau wird. Poppaea wähnt sich in Sicherheit, denn sie erwartet ein Kind. Das kleine Mädchen stirbt aber bald nach der Geburt, und Poppaea widmet sich wieder mit Hingabe der Schönheitspflege. Nach ausgiebigen Milchbädern trocknet sie ihre Haut mit Schwanendaunen und streicht ihre Zunge mit einem Elfenbeinstäbchen, um sie weich und samtig zu machen. Nero weiß ihre Bemühungen zu schätzen, und wenig später wird Poppaea erneut schwanger. Der grobe, kaiserliche Gatte läßt es jedoch nicht nur an der gebotenen Rücksicht fehlen, sondern mißhandelt die Ärmste derart, daß sie an den Folgen seiner »Zuwendungen« in Form eines Fußtrittes in den Bauch stirbt.

Nero macht Statilia Messalina zu seiner dritten Frau und tröstet sich nebenher mit einem schönen Knaben, der Poppaea ähnlich sieht. Jetzt wird es dem Senat zu bunt, die Mitglieder verurteilen den Herrscher zum Tod durch Peitschenhiebe. So will Nero jedoch nicht sterben und nimmt sich knapp zweiunddreißigjährig in einer Villa bei Rom lieber selbst das Leben.

Michael Grant: Die Römischen Kaiser, Bechtermünz Verlag, Augsburg 1997
Wallace, Irving u.a.: Rowohlts indiskrete Liste, Rowohlt Verlag, Reinbek 1981

Jack Nicholson
* 1937

Der amerikanische Schauspieler wird als uneheliches Kind geboren und von seiner Großmutter aufgezogen. Über den Tod seiner Mutter hinaus läßt ihn die Familie in dem Glauben, die sei seine Schwester gewesen. Nach »Easy Rider« ist »Chinatown« Nicholsons nächster großer Erfolg. Der Darsteller avanciert zum begehrten Filmstar, Kassenmagneten und mehrmaligen Oscarpreisträger.

»Manchmal denke ich, alle Frauen sind Huren. Ein andermal muß ich zugeben, daß ich Frauen nicht besonders gut verstehe. Allerdings verstehe ich mich selbst auch nicht besonders gut.« Wovon Jack Nicholson allerdings etwas versteht, ist Popularität und Macht beim Film für seine ganz privaten Zwecke auszunutzen. So geht das Gerücht, daß er Mädchen, die für Nebenrollen vorsprechen, selbst aussucht: »Ich muß Sie nackt sehen, bevor ich Sie anstelle. Sind Sie bitte so freundlich?« grinst er diabolisch, und alle anderen außer dem betreffenden Sternchen müssen den Raum verlassen. »Das ist eben so: Entweder magst du Sex oder nicht. Ich mag ihn!«

Nach endlosem Händchenhalten und Ausgehen wird Giorgianna Carter die erste Freundin des katholisch geprägten und zunächst hochmoralischen Schauspielschülers. Jack glaubt fest an Grundwerte wie Treue und Familie, umgibt sich zwar gerne mit der Aura des großen Verführers, ist aber in Wirklichkeit ein kreuzbraver Bursche. Noch! Giorgianna arbeitet eifrig auf eine Hochzeit hin und ist sicher, daß ihre Beziehung darin mündet. Nicholson ist allerdings inzwischen genauso sicher, daß darin die Beziehung auf keinen Fall mündet, und als sie sich zum wiederholten Mal darüber streiten, endet die Auseinandersetzung mit einer Trennung. Wenig später findet Jack sich in den Armen der hübschen Schauspielerin Sandra Knight und landet nach einer wirbelwindartigen Brautschau am 17. Juni 1962 mit ihr vor dem Traualtar. Gut ein Jahr darauf wird Tochter Jennifer geboren, und Nicholson entfernt sich mehr und mehr von seinen hehren Vorstellungen bezüglich Ehe und Familie. Tagsüber dreht er, nachts schreibt er Drehbücher; wenn Gattin Sandra es wagt, ihn zu stören, kriegt er cholerische Anfälle. Er will keine traditionelle Ehe, er will eine weltweite Karriere! Sandra hat den Verdacht, daß ihr Jack ununterbrochen fremdgeht – und sie hat recht. Während ihr Mann gerade dabei ist, alle Ideen von Monogamie über Bord zu werfen, versucht sie, der

Jack Nicholson

Mode folgend, die Beziehung mit Mystik und Zen-Philosophie zu retten. Ihre diesbezüglichen Vorschläge fallen nicht auf fruchtbaren Boden, statt dessen schlägt Nicholson vor, zum Zwecke der Stimulans doch lieber gemeinsam ein bißchen LSD zu schlucken. Aber weder das noch ein verzweifelter Therapie-Rettungsversuch helfen, 1967 wird die Ehe geschieden.

Nicholson propagiert die sexuelle Revolution und den Konsum von Dope und verliebt sich in die ehemalige Tänzerin Mimi Machu, die jetzt ihr Glück als Schauspielerin versucht. Nachdem er die arme Sandra ständig betrogen hat, gelingt ihm zunächst eine relativ monogame Beziehung mit Mimi. Allerdings nur zunächst, denn nach einer Weile, während er Mimi noch ewige Liebe schwört, hat Jack ein Verhältnis mit Joni Mitchell und angeblich auch mit Candice Bergen, die gerade dem Sohn von Doris Day hinterhertrauert. Um das Maß voll zu machen, behauptet Kollegin Susan Anspach 1970, ihr Sohn Caleb sei von Jack. Anders als ihre Vorgängerin Sandra kämpft Mimi mit harten Bandagen. Auge um Auge, Zahn um Zahn, amüsiert sie sich eindeutig zweideutig am liebsten mit Jacks Freunden, denen sie erzählt, was für ein schlechter Liebhaber der Filmstar ist. Der trennt sich von ihr, als sie während einer Produktion, bei der er Regie führt, mit einem seiner Darsteller ins Bett geht.

Nach einer Therapie, bei der Nicholson lernen möchte, seinen Umgang mit Frauen unter Kontrolle zu kriegen, verliebt er sich in Michelle Phillips, die gerade mit Dennis Hopper verheiratet ist. So was klären echte Männer unter sich: Jack ruft Freund Dennis an, und der wünscht ihm alles Gute mit den Worten: »Zwischen ihr und mir ist eh alles vorbei!« Michelle weigert sich stur, mit Nicholson zusammenzuziehen; doch der ist nicht faul, kauft das Nachbarhaus neben ihrem und steht stundenlang am Fenster, um das Tun und Lassen seiner eigenwilligen Freundin zu überwachen. Die hält den Exzentriker zwar mit Zuckerbrot und Peitsche ganz gut unter dem Pantoffel, aber seinen steigenden Damenverschleiß kriegt auch Michelle nicht unter Kontrolle. Um sie zu ärgern, tobt er durchs Nachtleben, läßt willige Mädchen für ein Wochenende einfliegen und erzählt neugierigen Journalisten: »Das beste was man machen kann, ist eine Prise Kokain auf die Schwanzspitze streuen. Das wirkt wie ein Aphrodisiakum.« Kurz, Jack Nicholson probiert alles, außer seine Beziehung zu Michelle zu retten. Nachdem er bewiesen hat, daß sein Geschmack dem von Dennis Hopper wirklich sehr ähnlich ist und zwei weitere Ex-Hopper-Gattinnen über die Kissen gescheucht hat, ist Michelle bedient und verläßt Jack. Sie findet sofort Trost in den Armen des allzeit bereiten Warren Beatty, ein Konkurrent, der Nicholson besonders wurmt.

Inzwischen hat Jack angeblich eine Affäre mit Faye Dunaway, davon sind jedenfalls alle Kollegen trotz heftiger Dementis des Paares fest überzeugt. Und dann lernt der notorische Frauenheld die zweiundzwanzigjährige Anjelica Huston kennen. Zum Teil verliebt er sich in sie, zum Teil aber auch in die Tatsache, daß sie des berühmten John Huston Tochter ist. Das Mädchen liebt ihn wirklich und hat es nicht leicht. Um seine Überlegenheit zu demonstrieren, legt er die Sternchen um die Wette mit Schönling Beatty flach. Es kursieren Listen, mit welchen Topmodels und anderen Beauties Jack geschlafen hat. Anjelica wird magenkrank vor Wut und reißt sich einen anderen Hollywood-Beau, Ryan O'Neal, unter die roten Fingernägel. Jack tobt und setzt erfolgreich all seinen Charme ein, um seine Freundin zurückzugewinnen. Doch mit dem triumphalen Erfolg des »Kuckucksnests« muß er gleichzeitig eine schwere Niederlage einstecken – Anjelica geht zurück zu O'Neal. Nicholson und die soeben von Woody Allen verlassene Diane Keaton trösten sich angeblich miteinander, aber nur kurzfristig, denn die Gattin des kanadischen Premierministers Pierre Trudeau hat es ihm angetan. (Parallel wirbt er wieder und immer noch um Anjelica.) Mit Madame Trudeau treibt ihn ein Quickie auf die nächstbeste Herrentoilette, und dort gleich auf die Brille, damit die Beine von unten nicht zu sehen sind. Als die wenig diskrete Dame dieses und andere Details in ihrer Biographie veröffentlicht, ist Anjelica tief getroffen. Wie immer macht der reumütige Nicholson teure Geschenke und bittet mit Autos, Kunstwerken und Juwelen um Vergebung. Ein weniger schönes Präsent, »und gar nicht nach meinen Vorstellungen«, so verkündet Miss Huston lakonisch, ist eine Playboy-Veröffentlichung kurz vor Weihnachten, in der Topmodel Karen Mayo-Chandler von ihrem Spanking Jack (Popoklatsche Jack) schwärmt. Sie weiß von Blumen und Champagner und Stunde um Stunde und Nacht für Nacht geräuschvoller Liebeswonnen zu plappern, und erzählt auch, daß der Star Erdnußbutter- und Marmeladensandwiches im Bett vertilgt, um bei Kräften zu bleiben. Anjelicas Nerven sind zum Zerreißen gespannt. Im Oktober 1989 kommt die Nachricht, daß eine von Jacks Geliebten, das sechsundzwanzigjährige Model Rebecca Broussard, seit Juli schwanger ist. Der doppelt so alte Nicholson will das Kind und beichtet es Anjelica, die ihn jetzt und für immer hocherhobenen Hauptes verläßt, um wenig später einen Bildhauer zu heiraten.

Rebecca ist eine Freundin von Nicholsons Tochter Jennifer, die erst etwas irritiert ist, dann aber mit den veränderten Familienverhältnissen ganz gut klarkommt. Der wilde Jack scheint zumindest halbwegs gezähmt und ist am 16. April 1990 bei der sechsstündigen Geburt von Töchterchen Lorraine dabei. Zwei Jahre später kommt Sohn Raymond auf die Welt, und immer wieder gibt es Trennungsgerüchte, weil Nicholson nicht heiraten will. Kurzfristig klemmt Rebecca ihre Kinder unter den Arm und verläßt deren Vater für einen jüngeren Mann, kehrt aber bald wieder zu Jack zurück. Der Star macht eine Therapie, in der er erfolgreich seine Sexbesessenheit bekämpft. Dennoch verläßt ihn Rebecca noch einmal. Sie ist eher chaotisch, der Vater ihrer Kinder eher ordentlich. Das Zusammenleben gestaltet sich schwierig, doch das Paar Nicholson/Broussard schafft Abhilfe: zwei Häuser nebeneinander (wie sich die Bilder gleichen), und schon kehrt etwas Ruhe ein. »Das hat sich so ergeben und ist für beide Seiten besser. Wenn wir verreisen, nehmen wir auch oft zwei Hotelzimmer.« Da setzt er dann in seiner Suite das berühmt-berüchtigte teuflische Grinsen auf und sagt über seine Flurnachbarin und sich: »Sie ist gescheit, hat ein großes Herz, ist eine liebenswürdige Person – und was für Männer noch wichtiger ist, sie ist schön. Ich bin launisch und sehr schwierig zum Zusammenleben, ich bin exzentrisch und unruhig!«

Patrick McGilligan: Jack's Life – A Biography of Jack Nicholson, W. W. Norton & Company, New York/London 1994
Bunte, 5.2.1998

Alfred Nobel
* 1833, † 1896

Ein Unfall, der den Tod seines jüngeren Bruders und vier weiterer Menschen zur Folge hat, bringt den studierten Maschinenbauer Nobel zur Beschäftigung mit Sprengstoff. Er versucht erfolgreich, den Umgang mit Nitroglyzerin sicherer zu machen. In seinem Testament stellt er einen Großteil seines Vermögens einem Fond zur Verfügung, aus dem jährlich der Nobelpreis gestiftet wird.

Nicht weniger als dreihundertundfünfundfünfzig erfolgreiche Patente reicht der schwedische Chemiker und Industrielle im Laufe seines Lebens bei den verschiedenen Ämtern ein. Die buchstäbliche Arbeitswut des besessenen Tüftlers und Erfinders hat einen großen Nachteil: Der Mann, der sich nichts so sehr wie eine Familie wünscht, hat einfach keine Zeit, eine Partnerin zu suchen. Als er 1876 die verarmte Bertha Komtesse Kinsky kennenlernt, glaubt sich Alfred am Ziel seiner Träume. Bertha, die als Erzieherin im Haushalt des Barons von Suttner arbeitet, gefällt ihm über die Maßen. Leider ist die Gute in Arthur von Suttner, den Sohn ihres Arbeitgebers verliebt. Nobel kann machen, was er will, trotz seiner Bemühungen und gegen den massiven Widerstand der Suttnerschen Eltern heiraten die beiden. Außer seinem Arbeitseifer steht dem emsigen Forscher seine ebenso große Schüchternheit im Wege: Bis er sich entschließt, ein holdes weibliches Wesen auch nur anzuschauen, geschweige denn anzusprechen, das dauert …

Berthas Absage ist kaum verwunden, da führt eine Geschäftsreise Nobel nach Wien. Hier verkauft die zwanzigjährige Sofie Heß, eine Schönheit jüdischer Abstammung, in einem kleinen Eckgeschäft Blumen. Sofie hat einen Riecher für alleinstehende, wohlhabende Herren und bahnt sich zielsicher ihren Weg in Alfreds Bett. Der revanchiert sich großzügig, zahlt ihr eine schicke Wohnung in Wien und nimmt sie alsbald sogar mit nach Paris, wo er sie seinen Freunden vorstellt. (Der allzeit bereite Victor Hugo findet die kleine Sofie äußerst reizend.) Nobel engagiert eine französische Gouvernante, mit deren Hilfe er seinem Blumenmädchen ein bißchen Bildung und gesellschaftlichen Schliff zu verpassen gedenkt. Anfangs versucht Sofie, ihrem väterlich-onkelhaften Liebhaber zu gefallen, und bemüht sich eifrig, das Gewünschte in ihr ungeschultes Köpfchen zu kriegen, doch bald wird ihr der ganze Aufwand zu strapaziös. Sie fällt in ihre gewohnt oberflächliche Ausgelassenheit zurück und verbringt die Tage mit dem Genießen des sie umgebenden Luxus. Unverfroren und rücksichtslos schraubt sie die Geldforderungen für sich und ihre siebenköpfige Familie immer höher, reist in elegante Kurorte, gibt sich frech als Madame Nobel aus und zeigt sich ungeniert mit immer neuen Verehrern.

Nobel ist entsetzt und verzweifelt, zieht sie zur Rechenschaft, schimpft – und zahlt: immense Hotelrechnungen, französische Weine vom feinsten, Unterhalt für die Gassensippschaft und schließlich eine elegante Villa in Bad Ischl. Das undankbare, launische »Sofiechen« hat wahrhaft den Bogen raus, sie schröpft ihren Gönner wie ein Blutegel und betrügt ihn, daß die Betten quietschen. Der hilflos verliebte Nobel weiß und erträgt es und hofft noch immer, die Geliebte in sein Leben integrieren zu können. In langen, ausführlichen Briefen erklärt er seine Projekte und Experimente und berichtet von Erfolgen und Niederlagen. Sofie schickt kurze Episteln, in denen sie über Mode und den neuesten Klatsch schreibt, um Erhöhung ihrer Bezüge bittet und Bettelbriefe ihrer habgierigen Familie beilegt. Auf Drängen seines Bruders, der Alfreds Leid nicht mehr mit ansehen kann, trennt er sich schließlich von Sofie. Großzügig versorgt er sie auch dann noch, als sie von einem österreichischen Rittmeister erst geschwängert und dann geheiratet wird. Nobel selbst stürzt sich wie immer in die Arbeit und bleibt einsam.

Fritz Vögtle: Alfred Nobel, rororo Bildmonographie, Rowohlt Verlag, Reinbek 1983

Emil Nolde
* 1867, † 1956

Nolde, der mit bürgerlichem Namen Emil Hansen heißt, gehört zu den zentralen Figuren des Expressionismus. Für kurze Zeit von der nationalsozialistischen Kulturbürokratie hofiert, erhält er 1941 Malverbot. In dieser Zeit entstehen seine »ungemalten Bilder«, etwa zweihundert Aquarelle auf kleinstem Format, die seinen Ruf als Aquarellmaler begründen.

In der Schule ist der pfiffige, fröhliche und talentierte Emil beizeiten bekannt dafür, daß er seinen Kameradinnen originelle Komplimente macht und sich dafür mit Obst und Süßigkeiten belohnen läßt. Früh krümmt sich, was ein Häkchen werden will, denken Lehrer und Eltern, doch mit der Pubertät tritt ein befremdlicher Wandel im Verhalten des kleinen Filous ein: Fast über Nacht wird Emil scheu, religiös, befangen und verschlossen. Natürlich interessieren ihn die Mädchen noch immer, aber um nichts in der Welt bringt er es jetzt über sich, sie anzusprechen. Statt dessen schielt er sich während der sonntäglichen Gottesdienste schier die Augen aus dem verklemmten Kopf, um unbemerkt ein paar weibliche Anblicke zu erhaschen. Mehr als das gelingt ihm denn auch nicht, und so gerät er während seiner Lehrzeit eines Abends zufällig in die Fänge einer Prostituierten. Gänzlich unerfahren, läßt er sich in ihre Kammer schleppen, als er jedoch gewahr wird, was die Dame mit ihm vorhat, ergreift er verstört und entsetzt die Flucht. Ob Kellnerin, ob Näherin, immer wieder versuchen selbstbewußte junge Frauen, sich dem gehemmten Maler zu nähern, wenn nicht aufzudrängen, und immer wieder ist seine Reaktion die gleiche: Hals über Kopf verläßt er die Orte des in seinen Augen unsittlichen Geschehens, bevor es dazu kommen kann. Eine ganz Mutige klettert des Nachts durchs Fenster in sein Bett und schmiegt sich zärtlich an ihn. Hansen erstarrt und faßt die Willige die ganze Nacht nicht an.

Jenseits der dreißig ist der jungfräuliche Künstler, als er in Kopenhagen die angehende Schauspielerin Ada Vilstrup trifft. Was hat sie, was die anderen nicht hatten? »Sie ist schön an Leib und Seele« und wird wenig später seine Frau. Das Schicksal ist dem jungen Paar nicht gnädig, und das lang ersehnte Glück wird bald getrübt, als sich herausstellt, daß Ada schwer nierenkrank ist. Ergeben und bis zu ihrem bitteren Ende besucht Nolde, wie er sich jetzt nach seinem Geburtsort nennt, seine Frau. Reist ihr von Sanatorium zu Sanatorium nach und versucht verzweifelt, durch den Verkauf seiner Bilder genug Geld zu erwirtschaften, um die horrenden Arztkosten begleichen zu können.

Emil Nolde: Mein Leben, Du Mont, Köln 1976

Laurence Olivier
* 1907, † 1989

Der Sohn eines anglikanischen Geistlichen macht früh durch sein schauspielerisches Talent auf sich aufmerksam. Fünfzehnjährig spielt er in Stratford-upon-Avon, nimmt nach dem College Schauspielunterricht und erhält ein Stipendium. Für seine Leistungen erhält Olivier mehrere Oscars, eine Vielzahl anderer Auszeichnungen und wird in England geadelt.

»Ich war ein Geächteter. Auf jeden Fall wurde ich nirgendwo gemocht. Meine Art war geziert, ich war mädchenhaft und etwas weibisch.« Diese Züge, an die sich Laurence (Larry) Olivier selbstkritisch erinnert, lassen ihn zum geeigneten Opfer der sexuellen Avancen älterer Jungen werden, mit denen er während der ganzen Schulzeit seinen erotischen Spaß hat. Die beiden ersten weiblichen Schwärme sind verheiratet, Angela Baddeley und Muriel Mewitt sind gegen seine Verehrung immun.
Die zwanzigjährige Kollegin Jill Esmond ist scheu und zurückhaltend wie Laurence, der überdies das Gefühl hat, sich seine sexuellen Wünsche nur als verheirateter Mann erfüllen zu dürfen. Was Besseres als Jill, da ist der junge Schauspieler ganz sicher, läuft ihm nicht über den Weg, und nach ein paar gemeinsamen Abendessen macht er ihr einen Heiratsantrag. Ihre Ablehnung mit der höflichen Begründung, für einen solchen Schritt müsse man sich ein wenig besser kennen, hält er für eine weibliche Laune. Die Bemühungen werden verstärkt, und den nächsten Antrag nimmt Jill an. Der Schauspieler und Regisseur Noël Coward, zärtlich in Larry verliebt, hält seines Freundes Idee zu heiraten für keine gute, kann jedoch nicht verhindern, daß Jill und Laurence am 25. Juli 1930 getraut werden und auf Hochzeitsreise gehen.
»Wir hatten beide die gleiche unaussprechliche Furcht vor dem, was von uns vor dem Einschlafen erwartet wurde. Nach einer recht unbeholfenen Fummelei wandten wir uns schließlich voneinander ab.« Larry will die Ehe um jeden Preis aufrechterhalten, denn auch wenn Jill zu diesem Zeitpunkt die Aussicht, mit einem attraktiven jungen Mann Sex zu haben, nicht besonders spannend findet, entdecken beide erst im Laufe der Jahre die volle Wahrheit. Als Mrs. Olivier dreißig Jahre alt ist, weiß jeder, daß sie ihren Gatten sehr schätzt, ihre erotischen

Neigungen jedoch ausschließlich lesbisch sind. Der arme Olivier, der sich so auf die ehelichen Pflichten gefreut hat, kommt lange nicht zum Vollzug. Doch Hollywood hat andere schöne Frauen, und zaghaft wagt er kleine Romanzen mit Lily Damita, Elissa Landi und Kollegin Greer Garson, während Jill sich einer Gruppe lesbischer Frauen um die Ex-Dietrich- und -Garbo-Geliebte Mercedes de Acosta anschließt. Zur Überraschung aller erwartet Mrs. Olivier ein Kind. Ihr Mann, der werdende Vater, hat gerade eine Beziehung mit der Schauspielerin Vivien Leigh begonnen und offenbar nebenbei seine Ehe doch noch vollzogen. Es folgt das in diesen Fällen übliche Hin und Her, an dessen Ende Laurence Olivier Vivien Leigh heiratet. »Sie schienen es dauernd eilig zu haben, die Belanglosigkeiten des Alltags möglichst schnell hinter sich zu bringen, so daß sie wieder wie im Rausch zurück ins Bett hüpfen konnten, oder an jeden anderen Platz, der abgeschieden genug war und gerade zur Verfügung stand. Vivien war extrem triebhaft«, erinnert sich Kollege Douglas Fairbanks junior. In einen anderen Kollegen, Peter Finch, verliebt sich das Ehepaar gemeinsam, er landet jedoch nur in Viviens Bett. Anders der phantasievolle Komiker Danny Kaye, dem es nach langem Schmachten und Werben endlich gelingt, den frischgeadelten Olivier unter seine Decke zu manövrieren. Dort gefällt es dem Mimen so gut, daß die Beziehung der beiden Männer in den folgenden sieben Jahren immer wieder aufflammt.

Laurence Olivier

Eines Tages wird Sir Laurence von einem Zollbeamten aufgehalten, der seinen Paß und Tickets überprüft, ihn mit nahezu unverständlichem Dialekt über seine letzten Reisen ausfragt und ihm dann mitteilt, daß eine Leibesvisitation notwendig sei. Olivier wird hastig in einen Raum gebracht und unter Androhung polizeilicher Gewalt dazu aufgefordert, sich zu entkleiden, um eine eingehende Untersuchung zu ermöglichen. Er beschwert sich, doch der nuschelnde Zollbeamte erklärt, er tue nur seine Pflicht und habe nach nicht näher bestimmter Schmuggelware zu suchen. Nachdem Laurence sich der würdelosen Behandlung unterworfen hat, an jedem Zentimeter seines Körpers in jeder Hautfalte untersucht worden zu sein, staunt er nicht schlecht, als der Zollbeamte einen Schritt zurücktritt und unter Perücke und Latexmaske der grinsende Danny Kaye zum Vorschein kommt. Die beiden verbringen eine vergnügte Nacht im Hotel, bevor sie am nächsten Tag nach Kalifornien fliegen. Kaye ist aber nicht alles, und Laurence, dessen Ehe sehr schwierig ist, hat immer wieder kleine Affären mit jungen Darstellerinnen. Zu Hause macht Vivien Leigh ihm die Hölle heiß. Während eines Abendessens zu Ehren von Kirk Douglas und Burt Lancaster nutzt die Gastgeberin eine kurze Gesprächspause für die laute Frage an ihren Mann: »Larry, warum fickst du mich nicht mehr?« Die peinliche Grabesstille wird erst unterbrochen, als George Sanders sein Glas erhebt und seufzt: » Oh, Vivien, hör auf! Gleich wird Benita (seine Frau) die gleiche Frage stellen, und dann kriegen wir alle Ärger.« Vivien gehorcht und wendet sich »sehr verführerisch« an den irritierten Douglas.

Joan Anne Plowright ist achtundzwanzig, als der fünfzigjährige Olivier beschließt, sie zu Ehefrau Nummer drei zu machen. Anders als ihre Vorgängerin Vivien toleriert sie seine Beziehungen zu Kaye, Coward und anderen Männern ebensowenig wie seine kleinen aushäusigen Liebeleien. Eifersüchtig wacht sie über das Liebesleben ihres Mannes, von dem dessen Verflossene sagen »mehr Masse als Klasse«, einig darin, daß Larry ein langweiliger Liebhaber ist, der zu vorzeitigen Ejakulationen neigt. Dennoch zeugt er mit Joan drei Kinder, und die resolute, junge Frau kriegt scheinbar alles unter Kontrolle – nur den übermäßigen Alkoholkonsum ihres Mannes nicht. Die Auseinandersetzungen führen zu Entfremdung, und an seinem zweiundsiebzigsten Geburtstag stellt Larry resigniert fest, daß auch seine dritte Ehe gescheitert ist. Noch einmal verliebt er sich wirklich: Marcella Markham, eine junge Schauspielerin, ist 1978 engagiert, ihm bei Dialektübungen für eine Rolle zu helfen. Laurence, ansonsten kein großer Spendierer, schenkt ihr, um sich zu erklären, eines Nachmittags einen Ring in Form eines über und über mit Diamanten besetzten vierblättrigen Kleeblattes. So ein aufwendiges Geschenk hat er seit Vivien keiner Frau mehr gemacht und ist um so enttäuschter, als Marcella ihm beichtet, daß sie im Begriff ist, sich zu verloben.

Munzinger Archiv: Internationales Biographisches Archiv
Donald Spoto: Sir Laurence Olivier, Wilhelm Heyne Verlag, München 1992

Aristoteles Onassis
* 1907, † 1975

Aristoteles Sokrates Homer Onassis ist sechzehn Jahre alt, als türkische Soldaten das Elternhaus niederbrennen und die halbe Verwandtschaft vor seinen Augen töten. In Argentinien beginnt sein vielgerühmter »Aufstieg aus dem Nichts«, an dessen Ende ein Mischkonzern mit einem geschätzten Tageseinkommen zwischen einer Viertel und Dreiviertel Million Mark für den Besitzer steht.

»Jeder Grieche, und da gibt es keine Ausnahme, prügelt seine Frau. Die Weiber müssen wissen, wer die Hosen anhat.«

Aristoteles Onassis

Stolz auf seine außergewöhnliche sexuelle Potenz, behauptet Onassis ein Leben lang, die erste Geliebte bereits mit dreizehn Jahren beglückt zu haben. Was diesem jungen Fräulein folgt, ist eine schier endlose Reihe von Damen jedweden Alters und unterschiedlichster Herkunft. Bevorzugt umgibt sich der kleinwüchsige und besessen ehrgeizige junge Mann allerdings mit möglichst wohlhabenden, hübschen Mädchen und Frauen; doch keine von ihnen vermag es, den Umtriebigen lange an sich zu binden. Erst als er die fünfunddreißigjährige Sängerin Claudia Muzio trifft, gelingt eine etwas dauerhaftere Beziehung, allerdings auch nur, bis Ari seine Vorliebe fürs russische Ballett und hier besonders für Anna Pawlowa entdeckt. Die Tänzerin erträgt das despotische Gehabe ihres Liebhabers eine ganze Weile, hat dann aber irgendwann die Nase voll und verläßt ihn. Des Griechen Reaktion auf dergleichen Niederlagen ist immer dieselbe: ein ordentliches Besäufnis und die nächste Frau.

Ingeborg Dedichen verfällt Onassis hoffnungs- und hemmungslos. Zwar mißfallen der kultivierten Dame zunehmend seine schlechten Manieren, die Großspurigkeit und Aggressivität, doch all das gerät immer wieder zur Nebensache, denn: »Er pflegte jeden Teil meines Körpers zu liebkosen und mich mit Küssen zu bedecken, ehe er sich den Füßen widmete, die er ableckte.« Zu Ingeborgs Kummer bedeckt er ihren Körper allerdings nicht nur mit Küssen, sondern häufig auch mit Schlägen. Er betrügt sie, versöhnt sich, macht Heiratsanträge, betrügt sie wieder und verursacht ein solches Wechselbad von Gefühlen, daß Ingeborg krank darüber wird. Eines Tages ist sie von seinen Schlägen derart malträtiert, daß der behandelnde Arzt ihr dringend rät, den Reeder zu verklagen. Dazu kommt es nicht mehr, denn der hat inzwischen die zweiundzwanzigjährige Geraldine Spreckles kennengelernt und trägt sich mit ernsten Eheabsichten. Ingeborg erhält die sogenannte »große Abfuhr«, einen Scheck über zweihunderttausend Dollar, und Onassis konzentriert sich auf Geraldine. Mit dem Fräulein Braut offenbar nicht ausgelastet, arbeitet der Macho parallel emsig an seinem Ruf als Superplayboy. Affären mit Paulette Goddard, Gloria Swanson und dem französischen Sexstar Simone Simon tragen das ihre dazu bei, Geraldine wird sauer und bläst, einem gesunden Selbsterhaltungstrieb gehorchend, die Hochzeit kurzfristig ab.

Aristoteles vom Freiersfuß auf freiem Fuß verliebt sich in ein Kind, die vierzehnjährige Athina Livanos. Er schenkt ihr einen goldenen Armreif mit Gravur: T.I.L.Y. (Tina I Love You) und wirbt drei Jahre lang so hartnäckig um das junge Mädchen, bis auch der letzte Widerstand ihres Vaters gebrochen ist. Sechsundvierzigjährig ist er am Ziel und heiratet die immer noch minderjährige Athina. Die bekommt zwei Kinder, lernt seine Seitensprünge und Prügel zu ertragen und beginnt verständlicherweise irgendwann, ein eigenes Leben an der Seite ihres schwerreichen Mannes zu führen. »Ihre Empfänglichkeit für gutaussehende Männer wurde nur von ihrer Empfänglichkeit für besonders gutaussehende Männer übertroffen.« Dennoch steht sie nach außen loyal zu Onassis; stets bemüht, den Schein zu wahren, erfüllt sie sowohl ihre ehelichen als auch die repräsentativen Pflichten.

Gefahr ist im Verzug, denn auf einmal beginnt Aristoteles entgegen all seiner Vorlieben in die Oper zu gehen. »Ich hasse die Oper. (…) Egal wie angestrengt ich mich auch konzentriere, es klingt immer, als ob sich eine Horde italienischer Köche Risottorezepte zuruft.« Der plötzliche Sinneswandel kommt nicht von ungefähr – Onassis ist für die verheiratete Starsopranistin Maria Callas entflammt. Nach einer gemeinsamen Kreuzfahrt trägt sie – wie originell – einen goldenen Armreif: T.M.W.L. (To Maria With Love). Die stürmische Liaison führt bei beiden zur Scheidung, in all den Jahren aber nicht zu der von Maria ersehnten Hochzeit. Die findet erst statt, als ein weiterer Armreif angefertigt ist: T.J.W.L. (To Jackie With Love). Für seine Verhältnisse äußerst geduldig umwirbt der Tycoon die Präsidentenwitwe Jacqueline Kennedy mit Phantasie und Geschenken. Gleichzeitig ficht er zu Hause heftige Schlachten, während derer ganze Geschirrläden zu Bruch gehen. Die Callas räumt das Feld nicht kampflos, doch all ihre Wutanfälle helfen der Sängerin nicht. Onassis kriegt auch diesmal seinen Willen, Jacqueline wird seine Frau. Doch kaum einen Monat später tobt er fast täglich über ihre Verschwendungssucht und versucht mit allen Mitteln, die Scheidung zu erwirken. »Sie ist eine schöne Frau, aber Millionen schön ist sie nicht!« Die Erkenntnis kommt zu spät, denn Jackie denkt gar nicht daran, sich von ihrem Goldesel zu trennen. Mit großem Vergnügen kauft sie die Geschäfte in aller Herren Länder leer und weilt just zum Shopping in New York, als ihr schwerkranker Mann in Paris seinen letzten Atemzug tut.

Munzinger Archiv: Internationales Biographisches Archiv
Peter Evans: Aristoteles Onassis, Econ Verlag, Düsseldorf 1987

Niccolò Paganini
* 1782, † 1840

Der italienische Geigenvirtuose und Komponist erlernt das Violinspiel
hauptsächlich autodidaktisch. Seinen ersten öffentlichen Auftritt hat er mit neun
Jahren, bald darauf reist er als Wunderkind durch Italien. Paganini gilt als der
größte Geiger aller Zeiten und als der Inbegriff des romantischen Künstlertypus,
dem die Menschen teuflische Fähigkeiten zuschreiben.

»Neulich sah ich ein stilles Mädchen in einer Kirche und verliebte mich sogleich
in sie; ich folgte ihr, um zu sehen, wo sie wohnte. Sie war die Tochter eines Notars.
Was rätst Du mir? Sie zu heiraten oder ledig zu bleiben?« Mit solchen und ähnlichen Fragen geht der Teufelsgeiger seinen Freunden zeitlebens auf den Wecker.
Ständig hat er irgendwelche »Weibergeschichten« und denkt entweder an Sex
oder ans Heiraten, selten allerdings an beides bei derselben Frau. Die Wirkung,
die der Virtuose auf das andere Geschlecht ausübt, ist beeindruckend und äußert
sich nicht selten in mehrfachen Ohnmachtsanfällen anläßlich seiner Konzerte.
Der eitle Paganini bleibt bis zu seinem Lebensende fest davon überzeugt, daß das
nichts mit seiner Musik, sondern nur etwas mit seiner fulminanten Persönlichkeit
zu tun hat. Zweifel an dieser These sind erlaubt, bedenkt man, wie Zeitgenossen
ihn beschreiben: »Paganini sieht nicht gut aus. Er ist von mittlerer Größe und hält
sich aufrecht. Er ist mager, blaß und düster. Wenn er lacht, bemerkt man, daß
ihm ein paar Zähne fehlen. Er lacht oft und gerne. Der Kopf ist für seinen Körper
zu groß, und die Nase hat die Form eines Schnabels; seine Haare sind schwarz,
lang und immer ungekämmt.« Mit zunehmendem Alter fallen dem Geiger durch
die Quecksilberbehandlung gegen seine vielfachen Syphiliserkrankungen fast alle
Zähne aus, und gegen sein Augenleiden aus demselben Grund trägt er eine Brille
mit blauen Gläsern, die ihm ein gespenstisches Aussehen verleiht. Aber zunächst
ist er ein begnadet begabter Musiker, den Elisa Bacciocchi, Fürstin von Lucca und
Schwester Napoleons, 1805 an ihren Hof und in ihr Bett holt. Die nicht eben hübsche, temperamentvolle und burschikose Elisa ist kulturell äußerst interessiert,
und Paganini revanchiert sich für die erwiesene Gunst, indem er ihrem Mann
Geigenunterricht gibt. Was die Fürstin beim Tête-à-tête zu bieten hat, gefällt dem
Künstler so gut, daß er sich davon für andere Amouren inspirieren läßt. Der Maß-
stab für sein Interesse sind große Brüste, eine schmale Taille und schlanke Fesseln.
Alter, Stand und Herkunft sind ihm völlig gleichgültig, und so verwundert es
nicht weiter, daß er nacheinander Elise, ihre Hofdame Frassinet und eine dreizehnjährige Schülerin verehrt.

1810 verläßt Paganini den Hof zu Lucca und zieht als freischaffender Künstler durch die Lande. In Genua lernt er die zwanzigjährige Modistin Angelina Cavanna kennen. Dem Mädchen werden zweifelhafte Sitten nachgesagt, und bald teilt sie Tisch und Bett mit ihrem Niccolò. Anstand, Sitte und Angelina verlangen nach einer Hochzeit, doch Paganini entscheidet anders. Als der dicke Bauch seiner Freundin offenbar wird, verläßt er eilends mit ihr die Stadt. Wenig später bringt die unglückliche Angelina ein totes Mädchen auf die Welt und kehrt nach Genua zurück. Vater Cavanna ist sehr verärgert über die ganze Angelegenheit und verklagt den geigenden Casanova für ein Vergehen, das man heute als Ent- und Verführung Minderjähriger bezeichnen würde. Paganini muß ins Gefängnis und eine hohe Geldstrafe bezahlen. Das alles läßt sich nicht verhindern, aber die Vaterschaft des toten Kindes leugnet er obstinat mit der Begründung, Angelina führe einen äußerst losen Lebenswandel und hätte von jedem x-beliebigen Kerl schwanger werden können. Angelina hat von seinem illoyalen Geschwätz die Nase voll und heiratet einen anderen.

In Turin erspäht Niccolò ein »sehr junges, protestantisches Mädchen«. Die Kleine scheint ihm wie geschaffen für die Ehe, und artig hält er bei ihrem Vater um ihre Hand an. Zu seinem Leidwesen zeigt der keinerlei Tendenzen, sein minderjähriges Kind den geschickten Händen des Teufelsgeigers zu überlassen, und bittet ihn zu warten, bis des Töchterchens Erziehung abgeschlossen ist und sie wenigstens das Schreiben von Briefen gelernt hat. Soviel Zeit hat Paganini nicht, schließlich ist er über dreißig, und in regelmäßigen Schüben überkommt ihn das Bedürfnis, eine Familie zu gründen. Mit seiner Violine kommt er viel herum und flirtet in jeder Stadt, was die Saiten hergeben, aber ohne Ergebnis. Auch die Familie der jungen Bologneserin Maria Banti setzt Himmel und Hölle in Bewegung, um diesen Schwiegersohn zu verhindern. Eine schöne Engländerin läßt ihn in Tränen ausbrechen, als er erfährt, daß sie Jüdin ist – das, es tut ihm leid, kommt nun seinerseits nicht in Frage. Advokat Cataloni setzt den Siebenunddreißigjährigen vor die Tür, als der um seine achtzehnjährige Tochter wirbt, und der abgewiesene Paganini versetzt spöttisch: »Die Freiheit ist das höchste Gut des Mannes.«

1824 wird – so scheint es – ein gutes Jahr. Antonia Bianchi ist zwar nur eine mittelmäßige Sängerin, aber zumindest ist sie einer Bindung an den Geiger nicht abgeneigt. Der zieht ganz ernsthaft in Erwägung, sie zu heiraten, muß den Plan aber aus Vernunftsgründen aufgeben. Antonia ist schwer nervenkrank und neigt zu so ungeheuerlichen Tobsuchtsanfällen, daß eine Ehe nicht zur Diskussion steht. Stoisch erträgt Niccolò ihre bemerkenswerten Ausbrüche, während derer Antonia alles um sich herum zerschmeißt und zerstört und mit der freien Hand Beteiligte und Unbeteiligte ohrfeigt. Der Grund für seine Geduld heißt Achille:

Sein und Antonias Sohn ist des Musikers ganzes Glück, und als er die Beziehung zur Mutter nach vier strapaziösen Jahren beendet, kauft er ihr das Sorgerecht für den Knaben ab.

Die verheiratete Helene erwidert seine Liebe und schreibt Briefe, die »druckreif ein Gefühl verraten, das um ein Vielfaches jenes von Abélard und Héloise übertrifft«, stellt der Galan in aller Unbescheidenheit fest und beliefert seine Freunde zum Beweis großzügig mit Kopien von Helenes Episteln. Die läßt sich für den Geiger von ihrem Baron scheiden, verfrüht und überflüssig, wie sie feststellen muß, denn Paganini hat es sich anders überlegt und rät ihr (wie einst Héloise), ins Kloster zu gehen. Helene endet als einsame Frau, und Niccolò Paganini bleibt bis an sein Lebensende auf der Pirsch.

Edward Neill: Niccolò Paganini, Droemersche Verlagsanstalt, München 1993

Philip von Großbritannien
* 1921

Als Sohn des Prinzen Andreas von Griechenland und der Prinzessin Alice von Battenberg auf Korfu geboren, lebt der Ururenkel von Königin Viktoria seit 1934 in Großbritannien. Nach seinem Eintritt in die britische Marine wird Philip 1947 unter dem Familiennamen Mountbatten nach seinem Onkel, dem 1. Earl Mountbatten of Burma, britischer Staatsbürger.

»Wenn ein Mann einer Frau die Wagentür aufhält, handelt es sich entweder um einen neuen Wagen oder um eine neue Frau.«

Prinz Philip

»Sei bloß froh, daß dein Hosenlatz nicht reden kann«, sagt ein wohlmeinender Freund zu Philip, als der mal wieder aus einem fremden Bett steigt. Wegen und gleichermaßen trotz der kurzen Leine, an der Königin Elisabeth ihren Mann zu halten pflegt, büxt der aktive Prinzgemahl bei fast jeder sich bietenden Gelegenheit aus.

Lord Mountbatten – Onkel Dickie – ist höchst interessiert an einer guten Partie für seinen Neffen Philip, und so bringt er den hübschen Prinzen von Griechenland bei Familientreffen immer wieder ins Gespräch und ermuntert den jungen Mann, »Lilibet«, seiner Cousine dritten Grades, regelmäßig Briefe zu schreiben.

331

Philip ist ein braver Junge, und nachdem Miss Cobina Wright sein Armband zwar angenommen, seine Liebe aber ausgeschlagen hat, folgt er Onkel Dickie und schreibt artige Episteln. Weihnachten 1941 wird er endlich auf Schloß Windsor eingeladen. König Georg VI. findet ihn zwar ganz nett, stellt aber fest: Der Richtige für seine Tochter ist er nicht. Beide Eltern merken nicht, daß die siebzehnjährige Elisabeth da ganz anderer Ansicht ist und sich den feschen Oberstleutnant zur See felsenfest in den Kopf gesetzt hat. Der König und seine Frau veranstalten Bälle, Tanztees und Dinnerpartys mit den hochwohlgeborensten jungen Männern des Landes, aber die renitente Elisabeth ist nicht zu beirren. Philip von Griechenland und kein anderer! 1947 ist Vater Georg noch immer gegen die Verbindung. Philip und Lilibet treffen sich heimlich, und die britische Prinzessin läßt nichts unversucht, ihren Kopf durchzusetzen. Mit einem deutlichen Hinweis auf Onkel Eduard VIII. sagt sie ihrem Vater, wenn sie schon ihr Leben pflichtschuldigst als Königin verbringen muß, soll er sie wenigstens den Mann heiraten lassen, den sie liebt, andernfalls wird sie das Amt nicht antreten. Am 20. November 1947 kriegt sie ihren Willen, und Philip räsoniert am Morgen des Hochzeitstages: »Ich weiß nicht, ob ich jetzt furchtbar mutig oder furchtbar dumm bin.« Wenig später hat er jedenfalls ganz andere Probleme. In einer größeren Gesellschaft gibt er zum Entsetzen der anwesenden Aristokraten Szenen seiner Ehe zum besten: »Ich kriege sie nicht aus meinem Bett. Dauernd kommt sie, sie treibt mich zum Wahnsinn!« kommentiert er die Unersättlichkeit der zukünftigen Königin von England.

Die Krönung verändert das Leben des jungen Paares enorm. Elisabeth besteht auch in den Privatgemächern auf Etikette. Der Prinzgemahl hat drei Schritte hinter ihr zu gehen und ständig muß er »Sorry Her Majesty« sagen. Entnervt spielt Philip das ungeliebte Spiel mit, mietet sich jedoch zum Ausgleich mit Freunden in London Town eine Wohnung, in der sich die »Three Cocketeers« (drei Schwanzhelden) mit Schauspielerinnen und anderen vergnügungswilligen Damen amüsieren. Wenn das Apartment besetzt ist, nutzt Philip gern die Wohnung seines Kammerdieners, wo er ausgelassene Partys feiert. Sein drittes außereheliches Refugium ist die Jacht. Nach einer Kreuzfahrt hinterläßt er angeblich ein uneheliches Kind in Australien, in jedem Fall kursieren aber Gerüchte über ebenso viele Affären, wie das Luxusschiff Häfen anläuft. Auch ein Verhältnis mit Susan Ferguson, der Mutter seiner späteren Schwiegertochter, wird ihm nachgesagt. In England regiert derweil die Gattin versessen auf ihre königlichen Vorrechte und glaubt seit über fünfzig Jahren, ihren Prinzgemahl im Griff zu haben: »Wenn Philip etwas haben möchte, das ich ihm nicht geben will, sage ich zu ihm, er könne es haben, und sorge dann dafür, daß er es nicht bekommt.« Mag sein, daß ihre Macht soweit reicht, markig sarkastische Sprüche kann sie ihrem Mann jedoch nicht abgewöhnen. Als

Königin Elisabeth in einem luziden Moment sinniert, »Es wäre vielleicht weise, dann abzudanken, wenn Charles besser ist als ich«, kontert ihr Gatte blitzartig: »Die Ärzte werden dich schon solange am Leben halten.«

Kitty Kelley: Die Royals, Marion von Schröder Verlag, Düsseldorf/München 1997
Carole McKenzie: All about Sex, Europaverlag, München/Wien 1992
Bunte, 20.11.1997

Philipp II.
* 1527, † 1598

Bevor er 1556 den spanischen Thron besteigt, hat Philipp von seinem Vater Karl V. bereits die Regentschaft über das Herzogtum Mailand und die Königreiche Neapel, Sizilien und Niederlande übertragen bekommen. Eifrig versucht der katholische Philipp in den Niederlanden den Protestantismus zu unterdrücken, wird jedoch von der englischen Flotte vernichtend geschlagen.

Vermummt und zur Unkenntlichkeit maskiert reitet ein junger Mann seiner Braut entgegen. Es ist der sechzehnjährige Thronfolger, der auf diese Weise einen Blick auf Maria von Portugal werfen möchte, um die Katze nicht im Sack kaufen beziehungsweise heiraten zu müssen. »Ich habe mich mit der größten Eile auf den Weg gemacht, um die Prinzessin während ihrer Reise zu sehen, ohne daß sie mich erkennt. So zu verfahren schien mir richtig«, schreibt er am 4. Februar 1544 an seinen Vater. Was er sieht, gefällt ihm, und so ehelicht er seine Cousine ersten Grades. Das Glück ist kurz, denn die Geburt des ersten Sohnes – Don Carlos – kostet die Achtzehnjährige das Leben. Ein so junger Regent ohne Frau, das kann und darf nicht sein. Onkel Manuel, der Glückliche und Gattin Leonore haben eine Tochter, Maria von Aviz, aber aus politischen Gründen läßt Philipp die Heiratspläne kurzfristig platzen, was der verschmähten Maria lebenslang den Beinamen »die verlassene portugiesische Braut« einträgt.

Statt ihrer freit der Jüngling Mary Tudor, und am 25. Juli 1554 heiratet er die Königin von England. Seine zweite Frau kann die Krönung ihres Gemahls im Parlament nicht durchsetzen, und als sich so herausstellt, daß er keine Chance auf die Regierung hat, zieht er sich verdrossen auf den Kontinent zurück. Mary versucht verzweifelt, ihn an ihrer Seite zu halten, doch die vorgegebene Schwangerschaft entpuppt sich entweder als Wassersucht oder als eine durch Hysterie hervorgerufene Scheinschwangerschaft. Kinder wird Mary Tudor nie haben, krank und früh gealtert stirbt sie binnen Jahresfrist, und ihre Schwester Elisabeth, die neue protestantische Königin, weicht einem Heiratsantrag des katholischen Ex-Schwagers geflissentlich aus.

Philipp gibt nicht auf und heiratet die französische Prinzessin Isabel Valois, die genauso alt wie sein Sohn und eigentlich dessen Braut ist. Isabel ist vierzehn Jahre, als sie 1561 an ihre Mutter schreibt: »Ich versichere Ihnen, ich habe einen so guten Mann und bin so glücklich.« Dieser Zustand hält allerdings nicht lange an, denn wie Höflinge zu tuscheln wissen, behandelt der König sie nur in der Öffentlichkeit gut, hinter verschlossenen Palasttüren vernachlässigt er die Gemahlin sträflich. Oft weint die junge Frau ganze Nächte durch, auch und vor allem weil sie weiß, daß ihr Mann nicht nur zur Herzogin von Eboli außereheliche Beziehungen pflegt. Angeblich ist der spätere Herzog von Pastrana, 1562 geboren, der beiden illegitimer Sohn. Das kann Philipp aber nicht daran hindern, die einstige Gespielin Mitte 1579 in den Kerker werfen zu lassen. Vermutet werden mindestens vier uneheliche Kinder, eins davon mit der Hofdame seiner Schwester, die auch das fürstliche Bett teilte. Am 3. Oktober 1568 wird die unglückliche Isabel gemeinsam mit ihrem dritten Kind beerdigt.

Philipp ist jetzt zweiundvierzig Jahre alt und wählt Anna, ebenfalls eine Braut seines inzwischen verstorbenen Sohnes Don Carlos. Anna ist mehr als zwei Jahrzehnte jünger als er und schenkt ihm vier Söhne und eine Tochter. Der Herrscher liebt seine junge Frau zärtlich, mindestens dreimal täglich besucht er sie. Doch 1580 werden beide schwer krank, und Anna fleht unaufhörlich zu Gott, er möge ihr Leben als Opfer für die Erhaltung ihres Gatten nehmen. Sie wird erhört und stirbt noch im selben Jahr. Philipp wird gesund und trauert tief und aufrichtig, wenngleich er überzeugt ist, daß das Schicksal richtig entschieden hat. Denn auch wenn Anna eindeutig seine bevorzugte Gefährtin war, ist sein Leben für die Welt von größerer Bedeutung.

Michael de Ferdinandy: Philipp II., Bechtermünz Verlag, Augsburg 1996

Édith Piaf
* 1915, † 1963

Édith Giovanna Gassion, geboren als Tochter eines Akrobaten, verbringt die ersten fünfzehn Lebensjahre beim Wanderzirkus ihres Vaters. Sie geht nach Paris, tritt mit selbstverfaßten Chansons in Cafés und Revuetheatern auf und wird 1935 von einem Kabarettbesitzer entdeckt, der ihr wegen ihrer geringen Körpergröße den Spitznamen La Môme Piaf, der kleine Spatz, gibt.

»Um die Leute kennenzulernen, muß man mit ihnen ins Bett gehen. Über einen Mann weiß man nach einer mit ihm im Bett verbrachten Nacht mehr als nach monatelanger Konversation. Im Bett müssen sie Farbe bekennen«, lautet das Credo der schmächtigen Künstlerin. Édith ist noch keine fünfzehn Jahre alt, da hat sie auf diese Weise bereits mehr Männer kennengelernt, als sie sich Namen merken kann, doch der Wahrheit die Ehre, in jeden ist sie unsterblich verliebt. Einer von ihnen, der junge Maurer Louis Dupont, wird Vater ihres Töchterchens Marcelle.

Die minderjährige Piaf zieht samt Kind zu Louis' Mutter, arbeitet, statt wie bisher auf der Straße zu singen, in einer Fabrik und leidet ganz schnell unter der miefigen Enge ihres Familienlebens. Sie schnürt ihr Bündel, nimmt ihr Kind und geht wieder tingeln. Bald darauf findet sie in Camille Ribon einen liebevollen Ziehvater für Marcelle und zuverlässigen Beschützer für sich selbst. (Auch nach der Trennung bleibt sie ihm dankbar und unterstützt ihn bis zu seinem Tod.) Während Édith auf der Straße und in Lokalen singend für Geld sorgt, gelingt es Dupont, Marcelle in einem unbewachten Augenblick zu entführen. Wenig später stirbt das Kind an einer Hirnhautentzündung, und Édith tröstet sich mit kleinen Gaunern, Soldaten, Zuhältern und Unmengen Alkohol.

Èdith Piaf

Die Wende kommt mit einem Engagement im Cabaret. Neben härtester Arbeit an ihrer Karriere findet und nutzt die erfolgreiche Sängerin Zeit für häufig wechselnde Liebschaften; gleich vier ihrer Verflossenen geraten unter Verdacht, als eines Tages ihr Mentor ermordet aufgefunden wird. Die Piaf ist unersättlich: »Ich habe Hängebrüste und einen kleinen flachen Hintern, aber ich kriege die Männer trotzdem.« Chansonschreiber Raymond Asso verläßt seine Lebensgefährtin und wird Édiths Mädchen für alles. Körperpflege, Bildung, Manieren bringt er der diesbezüglich ungeschulten Straßengöre bei; nebenher schreibt er Chansons für sie, sorgt für bessere Engagements, lukrativere Verträge und damit letztlich für den Durchbruch.

Sein Pech, daß er nicht so schöne blaue Augen wie Schnulzensänger Jean Cyrano hat. Bei blauen Augen kriegt die Piaf weiche Knie, und in diesem Zustand sinkt sie mit Cyrano in die Kissen. 1938 geht Édith auf eine große Tournee und andauernd mit jemand anders ins Bett. Raymond leidet, muß jedoch zum Militär und findet bei der Rückkehr den Schauspieler Paul Meurisse unter seiner Decke. Er trägt es mit Fassung und Bedauern, und Paul und Édith ziehen zusammen. Erfolg und Luxus hin, große Liebe her, der Spatz von Paris kann und will nicht treu sein. Journalisten, Pianisten. Sänger, was nicht bei drei auf den Bäumen ist, gerät in ihre Fänge. Und manchmal verbünden sich sogar zwei Liebhaber in ihrem vergeblichen Bemühen, die egozentrische Sängerin von der Flasche wegzubringen.

1944 lernt sie Yves Montand kennen. Zwei Jahre sind die beiden ein Paar, Yves stellt sie seinen Eltern vor, von Heirat ist die Rede: »Er betet mich an, und ich bin verrückt nach im.« Zwar findet keine Hochzeit statt, doch immerhin ist und bleibt Montand der einzige Mann, den die Piaf nicht betrogen und für den sie ein halbes Jahr keinen Tropfen getrunken hat. Zurück von einer Tournee teilt sie dem schockierten Yves allerdings eines Tages ganz unverblümt mit, daß ein gewisser Jean-Louis ihn in ihrem unsteten Herzen und Leben abgelöst hat. Der sitzt allerdings auch nicht besonders fest im Sattel, denn als Édith den französischen Boxer-Champion Marcel Cerdan zu Gesicht bekommt, überschlagen sich erst ihre Gefühle und dann die Journalisten. Über letzteres ist Cerdan weniger erfreut, denn er hat Frau und Kinder. Wenn er bei seiner Familie ist, sitzt die Piaf in ihrem Bett und strickt der Liebe ihres Lebens übergroße Pullover in gräßlich schreienden Farben. Als Cerdan bei einem Flugzeugabsturz ums Leben kommt, muß die Sängerin vorübergehend narkotisiert werden, um ihren Selbstmord zu verhindern. Kurzfristig begleitet sie Eddie Constantine, der sich dann aber doch für Frau und Tochter entscheidet. Vorher läßt er sich, wie alle seine Vorgänger, von Édith nach ihrem Geschmack einkleiden: Krokodillederschuhe, dunkelblauer oder schwarzer Anzug, zum schwarzen Hemd eine weiße Krawatte. Sie trennen sich in Freundschaft, und Eddie sagt über die Episode: »Das Leben mit Édith war schrecklich, körperliche Liebe hat ihr nicht viel gesagt (…) die Männer haben ihr derart weh getan, als sie jung war, ich glaube, sie rächte sich, indem sie alle möglichen Männer verführte, oft sehr schöne und sehr bedeutende.«

Die Piaf sammelt Männer wie andere Leute Briefmarken, bis sich 1952 der Sänger Jacques Pills mit seinem Pianisten und Komponisten Gilbert Bécaud bei ihr vorstellt. Beide Männer gefallen ihr sehr gut, Jacques bei näherem Hinsehen noch ein bißchen besser. Man kommt sich näher, und wenige Monate später fragt die siebenunddreißige Sängerin ihren Kollegen, ob er sie nicht heiraten möchte. Der zehn Jahre ältere Pills haucht das Jawort; eine der Trauzeuginnen ist Marlene Dietrich. Bald merkt der frischgebackene Ehemann, daß seine Frau unter heftigen

Stimmungsschwankungen leidet. Er führt dieselben zunächst auf den Alkohol zurück, muß aber erkennen, daß Édith zusätzlich auch noch morphiumabhängig ist. Das, die Angst, »Monsieur Piaf« zu werden, und die Tatsache, daß Édith schon wieder einen neuen Favoriten, den Komponisten Jean Drejac, um sich hat, führt 1956 zur Scheidung. Zwei Jahre später wird Georges Moustaki als offizieller Begleiter gesichtet, macht jedoch sehr schnell seine Drohung wahr, sie wegen ihrer Trinkerei zu verlassen. Die Piaf leidet kurz, und bald darauf ist Douglas Davis, ein junger Maler in Krokoschuhen, schwarzem Hemd und weißer Krawatte an ihrer Seite. Ob ihm die Hemden nicht gefallen, seine neuen Schuhe drücken oder er die Exzesse nicht aushält – wenig später räumt er freiwillig seinen Platz und Kleiderschrank für den Komponisten Charles Dumont. Der will Frau und Kinder nicht verlassen und wird alsbald gegen den griechischen Frisör Theophanos Lamboukas ausgetauscht.

Édith Piaf ist zu diesem Zeitpunkt eine schwerkranke Frau, dennoch oder vielleicht deswegen besteht sie darauf, daß der viel jüngere Mann sie heiratet. Einer massiven gesundheitlichen Krise zum Trotz findet die Trauung statt, und Édith begibt sich am folgenden Tag zum Zwecke einer Entziehungskur ins Krankenhaus. Doch ihr geschundener Körper erholt sich nicht mehr; sie stirbt am 12. Oktober 1963.

Joelle Monserrat: Édith Piaf, Wilhelm Heyne Verlag, München 1992
Wallace, Irving u.a.: Rowohlts indiskrete Liste, Rowohlt Verlag, Reinbek 1981

Pablo Picasso
* 1881, † 1973

Pablo Diego José Francisco de Paula, Juan Nepomuceno, Maria de los Remedios, Cipriano de la Santissima Trinidad ist vierzehn, als sein Vater, ein spanischer Kunstlehrer, das überragende Talent entdeckt und zu fördern beginnt. Picasso entwickelt sich zu einem der bedeutendsten Künstler des Jahrhunderts. Sein Œuvre umfaßt annähernd zwanzigtausend Werke.

»Es gibt nichts, was einem Pudel ähnlicher wäre, als ein anderer Pudel, und das gilt genauso für Frauen!« Des eitlen Meisters Wut kennt keine Grenzen, wenn er verlassen wird. Ein Genie verläßt man nicht, davon ist er überzeugt, und ein Leben lang trachtet er danach, derjenige zu sein, der die zahlreichen Beziehungen beginnt und beendet. Nach einer heftigen, aber unerfüllten Pubertätsschwärmerei lernt er dreiundzwanzigjährig Fernande Olivier kennen. Die attraktive, sinnliche Frau ist vier Monate älter als der Maler, was diesen zu der Bemerkung veranlaßt: »sehr schön, aber alt«. Wie viele andere nach ihr dient sie ihm gern als Modell, bevorzugt liegend; und obwohl sie den Künstler unordentlich und schlecht gekleidet findet, kann sie sich vor allem der magischen Wirkung seiner Augen nicht entziehen. »Dieser Mann, dessen Geschmack nicht sehr ausgefallen ist, hat eine Schwäche für schwarze Diamanten. Er besitzt zwei herrliche Steine, von denen er sich niemals trennt. Jeder ist gute hundert Karat schwer. Er trägt sie da, wo andere Leute Augen haben. Und ich versichere Ihnen, daß die Frauen, auf die das Feuer dieser Diamanten fällt, keine Ruhe mehr finden«, beschreibt Georges Besson die ungewöhnliche Ausstrahlung.

Pablo betet Fernande an und ist geradezu besessen vor Eifersucht. Gleich einem Gefängniswärter kontrolliert er ihre Aktivitäten. »Picasso zwang mich, wie eine Einsiedlerin zu leben«, beschwert sich Fernande später. Des Künstlers sprichwörtliche Ruhelosigkeit zwingt ihn geradezu, von Zeit zu Zeit die Muse zu wechseln: Mademoiselle Olivier muß weichen, ihren Platz auf Leinwand und Laken nimmt Marcelle Humbert ein, von Picasso zärtlich »Eva ma jolie« (meine Hübsche) genannt. Die zarte, kleine Hübsche stirbt 1915 an Tuberkulose, und das Genie, auf dem Weg zu Ruhm und Reichtum, beschließt, sein Leben grundlegend zu ändern. Schluß mit Boheme lautet die Devise; es ist Zeit, eine Familie zu gründen.

Olga Koklowa, die Tochter eines Obersten mit verwöhntem Hautevolee-Geschmack, scheint ihm die Richtige für diesen Zweck. Die beiden heiraten, feiern über das übliche Ritual hinaus auch noch die russisch-orthodoxe Zeremonie und beziehen eine elegante Wohnung in Paris. Zur Verwunderung seiner Freunde besteht der nächtens äußerst aktive Pablo auf getrennten Schlafzimmern. Siebzehn Jahre später verläßt er Olga und den gemeinsamen Sohn, Paulo. Olga weigert sich bis zu ihrem Tod, der von ihm gewünschten Scheidung zuzustimmen. Noch bevor die eheliche Trennung von Tisch und Bett vollzogen ist, wird die schöne, blonde, blauäugige Marie-Therese Walter amtierendes Modell und Gespielin. 1935 kommt Tochter Maja auf die Welt, und das Leben mit Marie-Therese wird komplizierter. Volle Windeln und Kindergequengel inspirieren Papa Pablo ganz und gar nicht. Elternpflichten stören die Liebe, er entzieht sich und beginnt eine Affäre mit der Malerin und Fotografin Dora Maar. Die intellektuell außergewöhnlich kluge und enorm temperamentvolle Frau leidet zu beiderseitigem Bedauern genau wie Picasso unter häufigen Depressionen. Die Stimmung ist oft gedrückt, eine Trennung unvermeidlich.

Der Maler ist in den Sechzigern und beileibe noch kein alter Mann, sondern im Gegenteil noch immer »geradezu besessen von seiner sexuellen Unersättlichkeit«. Ein Ruf wie Donnerhall eilt ihm voraus, »der kann noch immer jede junge Frau haben«, und Picasso nährt ihn, wo immer möglich. Françoise Gilot, Malerin und etwa vierzig Jahre jünger als er, versucht, seinen Bedürfnissen zu entsprechen und mit dem zunehmend egozentrischen Star zu leben. Sieben Jahre und zwei Kinder später (Claude und Paloma) gibt sie entnervt auf und verläßt ihn. Pablo tobt, wütet und läßt den Blick schweifen – der fällt auf die junge, geschiedene Jacqueline Roque. Erst wird sie seine Sekretärin, dann seine Geliebte und schließlich 1961 (die scheidungsunwillige Olga ist inzwischen gestorben) seine Frau. Ergeben und in jeder Beziehung willig kümmert sie sich um sein Wohlergehen, bis er einundneunzigjährig stirbt.

John Berger: Glanz und Elend des Malers Pablo Picasso, Rowohlt Verlag, Reinbek 1973
Norman Mailer: Picasso, Piper Verlag, München/Zürich 1995
Domenico Porzio/Marco Valsecki: Pablo Picasso. Mensch und Werk, Südwest Verlag, München 1973
Wallace, Irving u.a.: Rowohlts indiskrete Liste, Rowohlt Verlag, Reinbek 1981

Roman Polanski
* 1933

Der Schauspieler und Regisseur wird in Paris geboren, wächst jedoch in Krakau auf und muß die Verschleppung seiner jüdischen Eltern in ein Konzentrationslager miterleben. Vierzehnjährig geht er zur Bühne und später auf eine Filmhochschule. Schon seine erste Regie »Das Messer« erregt 1962 internationale Aufmerksamkeit. Mit »Rosemarys Baby« gelingt Polanski 1968 ein Horrorklassiker.

Siebzehnjährig leidet Roman Polanski erheblich darunter, daß er von eher kleinem Wuchs ist. Irgend etwas muß er falsch verstanden haben, jedenfalls ist er fest davon überzeugt, daß ein anständiger Beischlaf ihm zu ein paar Zentimetern mehr verhilft … Eine Vierzehnjährige, von der es heißt, sie sei »super im Bett«, nimmt sich seiner an, und siehe da, die paar Zentimeter mehr stellen sich ein, nur wird Polanski selbst davon nicht größer. Das Mädchen ist nach ein paar Knutschverliebtheiten ein Glücksfall für Roman, durch sie muß er seine Unschuld nicht wie die meisten seiner Klassenkameraden in einem Bordell lassen.

Die erste etwas festere Beziehung geht Polanski einige Jahre später mit Kika ein. Die hübsche Kika ist eine wundervolle Gefährtin, zumal sie genau wie Roman der Meinung ist, daß der eine oder andere Seitensprung gar nichts schadet: »Wenn zwei Menschen, die einander lieben, sich häufig sehen, dann wächst ihre Bindung über die anfängliche sexuelle Anziehung hinaus. Aufgezwungene Monogamie, ob bei Mann oder Frau, erzeugt eine unbewußte Abneigung und ruiniert die Beziehung.« Trotz oder wegen dieses Credos ist ihre Beziehung zu Polanski irgendwann ruiniert, und der angehende Regisseur hat eine Affäre nach der anderen. Er kann nicht treu sein, die Versuchungen locken überall in Gestalt junger, attraktiver Mädchen, mit der Betonung auf »jung«.

Nicole Hilartain ist eine Ausnahme. Die mit einem Architekten liierte Dame hält sich Roman eine Weile als Gigolo und genießt ganz im Gegensatz zu ihm

Roman Polanski

Treffen, an denen ihr ahnungsloser Partner teilnimmt, während sie unter dem Tisch Polanski befummelt. Für Jacqueline Bisset entflammt er kurz während gemeinsamer Dreharbeiten und ist froh, daß die Szenen mit der schönen Frau abgedreht sind, als seine derzeit einigermaßen feste Freundin Jill St. John ihn am Set besuchen kommt.

Roman Polanski arbeitet an einem Skript für das, was er »meinen Vampirfilm« nennt, da wird ihm eine junge Schauspielerin empfohlen, deren Namen er nicht so recht einordnen kann, Charontais oder Charontait meint er verstanden zu haben

und ist eher enttäuscht, als er vor Sharon Tate steht. Sie ist zwar so hübsch, wie man ihm beschrieben hat, sieht aber so amerikanisch aus, daß er sie sich in seinem Film überhaupt nicht vorstellen kann. Die ehrgeizige Tate will Karriere machen und weiß, daß ihr derzeitiger Liebhaber, Hollywood-Starfrisör Ian Sebring, da nur bedingt helfen kann. Während eines Besuches in Polanskis Villa erzählt sie dem Regisseur von einer Vergewaltigung, die sie mit siebzehn über sich hat ergehen lassen müssen, und unter dem Einfluß eines »milden LSD-Trips« versucht Roman, sie in seinem Bett zu trösten. Sie bekommt die Rolle im »Tanz der Vampire«, trennt sich von ihrem Coiffeur und wird Roman Polanskis Geliebte. Sharon erweist sich als außerordentlich gute Köchin und Hausfrau, so daß ihr neuer Freund durchaus nichts dagegen hat, als sie peu à peu bei ihm einzieht. Trotz des guten Essens und aufgeräumten Hauses hat Roman die Sache mit dem Wachstum noch immer nicht aufgegeben und betrügt Sharon ziemlich regelmäßig, bis deren Wunsch in Erfüllung geht: Sie wird schwanger und am 20. Januar 1968, kurz vor ihrem fünfundzwanzigsten Geburtstag, Frau Polanski. Ein psychopathischer Sektenführer macht die idyllische Zukunft zunichte: Auf bestialische Weise ermordet der wahnsinnige Charles Manson mit seiner Clique die schwangere Sharon und einige ihrer Freunde. Polanski ist traumatisiert und zieht sich für eine Weile völlig zurück. Einigermaßen wiederhergestellt geht er in sein Chalet in der Schweiz und vergnügt sich mit sechzehn- bis neunzehnjährigen Teenagern, die der Strenge ihrer Mädchenpensionate in seinem Bett und vor dem Kamin zu entfliehen versuchen.

In München ist Oktoberfest und Modewoche, zwei willkommene Abwechslungen. Zwischen all den schönen Mädchen entdeckt der Regisseur zwei, die ihm besonders gefallen. Die eine nimmt er gleich mit ins Hotel, ihre Freundin Nastassja läßt er etwas später nachkommen. Der Verführer zeigt sich überrascht, als er erfährt, daß das junge Fräulein Kinski erst fünfzehn ist; nein, so schwört er ihrer Mutter, das hätte er nicht gedacht, mindestens zwei, wenn nicht drei Jahre älter hat er das Kind geschätzt! – Aber, das Mädchen hat Starqualitäten, aus der kann etwas werden …

Polanski hat Glück und kommt diesmal ungeschoren davon; wenig später jedoch erwischt ihn der Arm des Gesetzes. Sandra, ein ebenfalls minderjähriges Sternchen, läßt sich von Polanski fotografieren, schläft mit ihm und gibt danach zu Protokoll, er habe sie unter dem Einfluß von Drogen vergewaltigt. Zweiundvierzig Tage lang muß Roman Polanski – als Kinderschänder im Gefängnis – psychologische Tests und Untersuchungen über sich ergehen lassen. Als er vorübergehend auf freiem Fuß erfährt, daß der Richter gedenkt, ihn für eine längere Zeit wegzusperren, verläßt der Regisseur Amerika. »Es ist wahr, Roman könnte der Großvater unserer Kinder sein. Aber ich bevorzuge einen wie ihn für kurze Zeit anstelle eines Kretins für immer«, sagt heute seine Lebensgefährtin, die sehr viel jüngere Emmanuelle Seigner auf die Frage nach dem eklatanten Altersunterschied.

Roman Polanski: Roman Polanski, Scherz Verlag, Bern/München/Wien 1984
La Repubblica delle Donne, 18.8.1998

Marquise de Pompadour
* 1721, † 1764

Die bürgerlich geborene Jeanne Antoinette Poisson wird als Mätresse König Ludwigs XV. von Frankreich eine politisch einflußreiche Förderin von Kunst und Literatur. Sie macht und entmachtet Minister und fungiert als Vermittlerin zwischen ihnen und dem König. Im Siebenjährigen Krieg ist sie maßgeblich an den Bündnisverhandlungen zwischen Frankreich und Österreich beteiligt.

Jeanne Antoinette Poisson ist die bildschöne Tochter des Geliebten ihrer äußerst lebenslustigen Mutter. Deren Ehemann, Lebensmittelhändler Poisson, gibt dem Kuckuckskind zwar seinen Namen, für die aristokratische Erziehung der Kleinen kommt jedoch ihr Erzeuger auf. Jeanne ist nicht nur hübsch, sie ist auch gescheit und ehrgeizig, und so wundert es niemand, daß sich neben vielen anderen auch ein Neffe ihres leiblichen Vaters in das junge Mädchen verliebt. Charles-Guillaume d'Étioles gehört zwar nicht im geringsten zu den Favoriten der Umschwärmten – aber er hat Beziehungen zum Hof Ludwigs XV., und so heiratet das berechnende Fräulein Poisson den adligen Verehrer. Damit erklimmt sie die nächsthöhere Stufe der gesellschaftlichen Leiter, bekommt zwei Kinder, und ihr Kalkül geht auf: 1745 stellt ein Verwandter ihres ahnungslosen Gatten die »zarte, schillernde, ehrgeizige, überdurchschnittlich gebildete, kluge und schöne Frauengestalt« Ludwig, dem Vielgeliebten, anläßlich eines Maskenballs vor. Ganz Kind ihrer Zeit, läßt Jeanne ihr Taschentuch gezielt vor die königlichen Füße fallen. Der wohlerzogene Ludwig bückt sich artig, hebt es auf und verbringt den Abend mit ihr. Wenige Wochen später begegnen sich die beiden erneut, und es beginnt eine Verbindung, die fast auf den Tag genau neunzehn Jahre andauert.

Als Jeannes Mann von der Untreue seiner Gattin erfährt, fällt der Sensible zunächst in eine tiefe Ohnmacht. Aus der erweckt, stimmt er wenig später schweren Herzens der vom König persönlich gewünschten Trennung zu. Ludwig ist ernsthaft verliebt in seine bürgerliche Eroberung und verleiht ihr den Titel Marquise de Pompadour. Die bezieht flugs die Gemächer ihrer Vorgängerin (die der König erst vom Hof jagen und dann Gerüchten zufolge vergiften läßt). Einmal in Ludwigs nächster Umgebung etabliert, wird die Pompadour nach höfischer Sitte als nächstes der Königin vorgestellt. Deren letzte Intimität mit ihrem Gatten liegt schon so lange zurück, daß sie heilfroh ist, in der Marquise eine Mätresse ihres Mannes zu finden, die zumindest intelligent ist und über kultivierte Manieren verfügt. Anders als die Regentin lehnen jedoch die Höflinge Madame de Pompadour ab. Ihre kleinbürgerliche Herkunft mißfällt der dünkelhaften Gesellschaft, aber die kluge, junge Frau weiß sich durchzusetzen. Mit Nachdruck und Verve sucht sie die Gegenwart und Sympathie der Königin: macht Geschenke, erreicht ihr Ziel und wird Palastdame, und bald darauf hört man die Angetraute des Herrschers sagen: »Wenn der König schon Mätressen haben muß, ist Pompadour doch wohl die akzeptabelste.«

Die allerdings schafft sich viele Feinde durch ihre überaus verschwenderische Lebensführung. Der dreißigste Geburtstag naht, und die Marquise hat panische Angst, an Attraktivität und damit Ansehen, Macht und Einfluß bei Hofe zu verlieren. Sie leidet unter quälendem Husten, ihr Blutdruck ist chronisch niedrig, der König stellt fest, daß sie ständig friert und kalte Füße hat und läßt sich zunehmend seltener blicken. Statt dessen sieht er sich wieder häufiger rechts und links vom Wege um; die Tränen seiner Mätresse helfen nicht: Auch andere Mütter haben schöne Töchter ...

Hilfeheischend schluckt die Pompadour alles, was die Quacksalber der Zeit anbieten: Liebestränke, feurige Medikamente und Kräuter, wer weiß wie und von wem zusammengepanscht, nach Ambra duftende und mit Vanille zur Ungenießbarkeit verwürzte heiße Schokolade und für die Stimulans Selleriesuppe und Trüffel. Mehr als einmal organisiert sie diskrete Entbindungen für die Damen, denen der König seine Gunst schenkt. Anlässe, die für Jeanne Antoinette besonders schmerzlich sind, denn sie verliert jedes der Kinder, die sie von Ludwig erwartet.

Je älter sie wird, um so ängstlicher wacht sie über ihre Vormachtstellung beim König. Nebenbuhlerinnen muß sie dulden, aber um keinen Preis will sie das Mitspracherecht in politischen Angelegenheiten verlieren. Als Ludwig sich plötzlich seiner Gattin wieder zuwendet und die Pompadour Nachricht erhält, sie möge sich vom Hof entfernen, ist sie vor Schreck fast wie gelähmt. »Wer aufgibt, verliert das Spiel«, rät eine Freundin, und die Marquise erreicht tatsächlich eine Audienz beim König. Wohl darf sie bleiben, doch ihr Schicksal ist besiegelt, der König liebt sie nicht mehr, mag sie nicht einmal mehr aus Gewohnheit, sondern duldet sie bestenfalls aus Mitleid in seiner Nähe. Madame de Pompadour ist vierzig, als ein heimtückisches Fieber sie befällt und zwingt, das Bett zu hüten. Sie hustet und verliert ständig an Gewicht. Ludwig weiß um ihren Gesundheitszustand und beginnt wieder, sie regelmäßig zu besuchen. Tapfer versucht Jeanne Blässe und das schmale Gesicht mit Rüschen und Spitzen zu kaschieren, um so lange wie möglich für ihren König schön zu erscheinen. Kurz nach ihrem zweiundvierzigsten Geburtstag stirbt sie am 15. April 1764 – vermutlich an Lungenkrebs.

Tibor Simanyi: Madame de Pompadour, Claassen Verlag, Düsseldorf 1979

Elvis Presley
* 1935, † 1977

Der Sohn eines Landarbeiters singt in Gottesdiensten und Versammlungen der Erweckungsbewegung und wird 1953 entdeckt, als er für seine Mutter ein Geburtstagslied auf Platte pressen läßt. Ein Jahr später hat er seinen Durchbruch und wird zum Idol der Teenagergeneration. Presleys erotisches Hüftkreisen auf der Bühne bringt ihm den Beinamen »Elvis the Pelvis«, Elvis das Becken, ein.

»Ich habe alles gevögelt, was in Sichtweite war« – der King des Rock 'n' Roll hat eindeutig die Wahl, macht sich aber keine Qual daraus. Schon kurz nach seinen ersten Erfolgen reißen sich die Mädchen darum, eine Nacht mit ihm zu verbringen, und solange er gut in Form ist, beglückt er zwei bis drei Frauen täglich. Fast immer hat Elvis währenddessen eine »feste Freundin« zu Hause sitzen, die seiner heißgeliebten Mutter Gladys dabei Gesellschaft leistet, auf seine Telefonanrufe zu warten. Die erste, die dieses Schicksal ereilt, ist Dixie Locke, ein braves Mädel aus der Bibelgruppe. Sie erkennt, daß sich hinter dem schrillen Outfit des Halbstarken ein ganz sensibler und scheuer Junge verbirgt, und wagt nach zwei Wochen, ihren Elvis mit nach Hause zu nehmen. Das Kennenlernen der Familie Locke gerät zum Desaster. Die Mutter haucht ein entsetztes »Wie kannst du nur«, und ein Onkel drückt Presley zwei Dollar in die Hand, damit er sich die Haare schneiden läßt. Dixie läßt sich nicht beirren, sie ist verliebt, trägt Elvis' Ring am Finger und wartet artig, daß er von seinen Tourneen nach Hause kommt. Leider ist ihr Freund auf seinen Reisen nicht so artig, und Ende 1955 ist klar: Die Sache mit Dixie hat sich erledigt.

Elvis genießt seinen Erfolg und schläft mit Schönheitsköniginnen, Groupies, Starlets, Bürgerstöchtern. Sein Manager fördert die vielfältigen Kontakte und wird jedesmal fuchsteufelswild, wenn Star Elvis sich an ein einziges Mädchen zu binden droht. Das, davon ist er überzeugt, schadet der Karriere, und grault die Herzenskandidatinnen gezielt aus dem Haus. Als Presley die hübsche, vierzehnjährige Priscilla Beaulieu, Tochter eines US-Offiziers, kennenlernt, ist er sofort überzeugt: Das ist die Richtige. Er sorgt mit Erlaubnis ihrer Eltern für »Cillas« Ausbildung, läßt sie erst eine katholische Schule (Elvis ist sehr religiös) und dann ein Mädchenpensionat besuchen. 1967 heiraten die beiden, Priscilla ist inzwischen einundzwanzig Jahre alt. Genau neun Monate später kommt Tochter Lisa Marie auf die Welt (damals kann natürlich noch niemand ahnen, daß sie eines Tages als erste Gattin von Michael Jackson Schlagzeilen machen wird).

Sechs Jahre hält die Ehe der Presleys, dann hat die schöne Priscilla die Nase voll von ihrem goldenen Käfig. Elvis schläft immer noch mit anderen Frauen, seine eigene darf ihn auf seinen Tourneen nicht begleiten – und läßt sich mit zwei Millionen Dollar abfinden. Die Frauen seiner letzten Jahre sind ausnahmslos junge Mädchen, die seinem Schönheitsideal entsprechen. Lange schlanke Beine und ein wohlgeformtes Hinterteil sind Voraussetzung für des Rockstars Interesse, große Brüste schätzt er nicht besonders, und große Füße jagen ihn in die Flucht.

Peter Gualnick: Last Train to Memphis. The Rise of Elvis Presley, Little Brown and Company, Boston/New York/Toronto/London 1994
Wallace, Irving u.a.: Rowohlts indiskrete Liste, Rowohlt Verlag, Reinbek 1981

Marcel Proust
* 1871, † 1922

Nach einem abgebrochenen Studium der Rechts- und Literaturwissenschaft arbeitet Proust kurz als Angestellter der Bibliothèque Mazarine, bevor er beginnt, in den mondänen Pariser Salons die Existenz eines Lebemannes zu führen. Den Tod seiner Mutter empfindet er 1905 so traumatisch, daß er den Rest seines Lebens in einem schalldichten, mit Korkplatten isolierten Raum verbringt.

Marcel Proust

»Ich habe Alfred wirklich geliebt. Es genügt nicht zu sagen: ich habe ihn geliebt. – Ich habe ihn angebetet.« Doch bevor Marcel Proust die große Liebe seines Lebens auf tragische Weise verliert, bevorzugt er in jungen Jahren hübsche, weiche, fast feminine Männer wie den sechzehnjährigen Lucien Daudet. Dennoch gibt er vor 1906 – also zu Lebzeiten seiner vergötterten Mutter – niemals zu, homosexuell zu sein. Im Gegenteil, Anspielungen in diese Richtung weist er vehement von sich und versucht, den Gegenbeweis durch intensiven Umgang mit verschiedenen Frauen anzutreten. André Gide, selbstquälerischer Fachmann auf dem Gebiet der gleichgeschlechtlichen Liebe, schreibt über Proust: »Er sagt, daß er die Frauen nie anders als geistig geliebt und die Liebe nur mit Männern erlebt habe.« Vermutlich ist Marcel aber bisexuell. Briefe an die Schauspielerin Louisa de Mornand weisen darauf hin, daß sein Verhältnis zu ihr keineswegs rein platonisch ist. Sorgsam achtet der Dichter allerdings darauf, daß er nur ja nicht in die Fänge einer ungebundenen Dame gleichen Alters gerät, denn mit den damit verbundenen Komplikationen wie Heirats- und Kinderwunsch möchte er sich unter keinen Umständen auseinandersetzen müssen. Schon der Gedanke an Kinderlärm und Windelgestank läßt den übersensiblen Schriftsteller erschauern. Seine eigene Wohnung ist stets ungeheizt, weil er weder den von Heizkörpern erwärmten Staub noch den Rauch des Kamins verträgt. Um sich gegen Krach und fremde Gerüche zu schützen, öffnet er die Fenster fast nie und verlangt von seinen Hausangestellten, mit ihm in der gruftartigen Atmosphäre auszuharren.

Alfred Agostinelli, der während einer Reise kurzfristig für Proust als Chauffeur gearbeitet hat, steht eines Tages in Paris vor dessen Tür und bittet um eine Anstellung. Marcel Proust macht den Mann mit der angenehm maskulinen Ausstrahlung zu seinem Sekretär und verliebt sich in ihn. Agostinelli läßt sich zwar bereitwillig auf die Avancen seines Arbeitgebers ein, ist aber kein Homosexueller. Im Gegenteil, eigentlich bevorzugt er Frauen, so seine Lebensgefährtin Anna, mit der er zeitweise in Prousts Wohnung lebt. Der Dichter ist erstens schrecklich eifersüchtig, und zweitens findet er Anna vulgär und ungehobelt; seine Abneigung gegen sie kultiviert er bis zum regelrechten Haß, schließlich ist sie eine ernsthafte Konkurrentin im Kampf um Agostinellis Zuneigung. Der nimmt sowohl Annas als auch Marcels Liebesbeweise gnädig entgegen und betrügt sie beide mit anderen Frauen. Proust leidet Höllenqualen, versucht, Alfred immer stärker an sich zu binden, und erreicht mit dem ausgeübten Druck das Gegenteil dessen, was er sich erhofft. Agostinelli verlangt größeren Freiraum. Vielleicht um sicherzugehen, daß ihm weder Anna noch Marcel folgen können, lernt er fliegen. Auf einem seiner ersten Alleinflüge stürzt er, einige hundert Meter vom Ufer entfernt, ins Meer und ertrinkt, bevor ihn ein Rettungsboot erreichen kann.

Proust ist verzweifelt und tröstet sich in einem Männerbordell, zu dessen Einrichtung er einige persönliche Möbel beigesteuert hat. Dafür wird ihm dort das besondere Privileg eingeräumt, von einem verborgenen Platz aus die sexuellen Aktivitäten seiner Geschlechtsgenossen zu beobachten. Ganz besonderes Vergnügen bereitet dem Voyeur, wenn er heimlicher Zeuge einer saftigen Auspeitschung wird.

Jean-Yves Tadie: Marcel Proust, Suhrkamp Verlag, Frankfurt am Main 1987
Wallace, Irving u.a.: Rowohlts indiskrete Liste, Rowohlt Verlag, Reinbek 1981

Anthony Quinn
* 1915

Anthony Rudolph Oaxaca Quinn wird in Mexiko geboren und wächst in den Slums von Los Angeles auf. Aus Geldgründen fällt die Schulbildung sehr spärlich aus, und er schlägt sich als Metzger, Zementmischer, Taxifahrer und Boxer durch. 1936 verhilft ihm Cecil B. De Mille zu einem ersten Engagement in Hollywood, als dessen Folge Quinn in fast dreihundert Spielfilmen eine Rolle bekommt.

»Du fickst einen Nebendarsteller? Wenn du schon eine Affäre haben mußt, hättest du wenigstens mit Tyrone Power vögeln können!« pöbelt der wütende Gatte von Rita Hayworth, als er erfährt, daß sie eine Affäre mit Anthony Quinn hat. Lovely Rita nimmt sich den Rat ihres Mannes zu Herzen und konzentriert sich in Zukunft auf Hauptdarsteller. Quinn selbst ist da weniger festgelegt und guckt nicht auf Gage und Rolle, wenn er sich mal wieder ein Mädchen schnappt. Neunzehn ist er, Haut, Knochen und Nerven zum Zerreißen gespannt, als er Evie, rothaarig, sechzehn, süß und selbstsicher, zum ersten Mal ausführt. Das Mädchen ist verliebt, bürgerlich wohlerzogen und nimmt ihren Galan ganz bald mit nach Hause, die Mama soll den Auserwählten schließlich auch kennenlernen. Daß das ein Fehler ist, kann die Ärmste nicht voraussehen, aber Anthony merkt schnell, daß die attraktive Mutter ihm eigentlich noch besser gefällt als das schöne Kind. Er gesteht der Mutter seine Gefühle, doch Sylvia wiegelt ab und beruhigt ihn: »Du bist in Evie verliebt.« Die Teenager verloben sich, und mit der Aussicht auf eine Hochzeit schläft Evie mit ihrem Bräutigam. Er ist ihr erster Mann und schämt sich, denn auch in ihren Armen denkt er an die Mutter. Sie machen Ferien en famille, und während Evie im Zelt schläft, schlafen draußen ihr Verlobter und ihre Mutter Sylvia miteinander. Zerknirscht gesteht Quinn der Braut seine wirren Gefühle und ist enttäuscht, als die mit einem gefaßten »Ich weiß« reagiert und bald darauf mit einem anderen Jungen ausgeht. Das kränkt den Macho ja nun doch, lieber wären ihm Szenen, Tränen und ewige Trauer gewesen. Sylvia und er sind ein Paar und wollen heiraten. Sie wird geschieden, doch Quinn ist immer noch erst zwanzig und braucht die Genehmigung seiner Eltern. Als Sylvia zu Bewußtsein kommt, daß sie zwei Jahre älter ist als die Mutter ihres Bräutigams, besinnt sie sich und verzichtet auf einen Trauschein. Quinn ist nicht zu unglücklich, denn Sylvias Vergangenheit macht ihm große Probleme. Drei Männer lagen vor ihm in ihrem Bett, und die verfolgen den hypereifersüchtigen Gernegroß mit dem kleinen Selbstbewußtsein auf Schritt und Tritt. Er trennt sich und stürzt sich in seine Karriere.

George Cukor, der Regisseur mit Macht und Einfluß, verspricht, einen Star aus ihm zu machen, und beginnt an Quinn herumzufummeln. Der denkt kurz nach: Das ist sie also, die berühmte Besetzungscouch – und entscheidet, wenn die Rolle groß genug ist, darf der Meister weiterfummeln, wenn nicht, muß er aufhören. Das Angebot ist es nicht wert, und Cukor brüllt dem fliehenden Anthony Obszönitäten hinterher. Die nächste, vor der er das Weite sucht, ist Mae West. Mit ihrer offenen, unverblümt fordernden Art jagt sie Quinn einen Schrecken ein. Nach mehreren Affären landet der schließlich bei der sechsundzwanzigjährigen Katherine De Mille. Die gescheite Tochter eines reichen und mächtigen Hollywoodproduzenten ist gewöhnt zu kriegen, was sie will – und sie will Quinn.

Die Hochzeit wird protzig, und Armeleutesohn Anthony fühlt sich schon während der Feierlichkeiten fehl am Platz. Harmlos jedoch gegen das Gefühl, das ihn in der Hochzeitsnacht überkommt, als er feststellt: Kein Blut auf dem Laken! Außer sich vor Eifersucht und Wut schlägt er seine Frau und jagt sie aus dem Zimmer. Die nimmt den nächsten Zug nach Hause, doch Quinn, der sich inzwischen wieder eingekriegt hat, fängt sie bei einem Zwischenstop ab und fährt mit ihr zurück. Der Versuch, mit den Ex-Liebhabern klarzukommen, entpuppt sich als harte Arbeit. Am schlimmsten ist für Quinn, daß einer der Vorgänger in Katherines Bett der Leinwand-Beau Clark Gable war. Panisch vermeidet der kleinwüchsige He-Man alle Orte, an denen seine Gattin schon mal gewesen ist, um nur ja niemand zu treffen, der schon mal in ihrem Bett lag. Er versucht, seinen Minderwertigkeitskomplexen mit schicken Autos, großen Häusern und anderen Statussymbolen abzuhelfen, und geht letztendlich verlogen dazu über, Katherines vorehelichen Lebenswandel dafür verantwortlich zu machen, daß er sie an jeder Ecke betrügt. Maureen O'Hara, Peggy Ryan und viele andere räkeln sich mit ihm zwischen den Laken, bis er Suzan Ball trifft. Suzan ist Jungfrau und schwört nach der ersten Nacht: »Ich werde niemals mit einem anderen ins Bett gehen.« Die Worte klingen wie Musik in Quinns Ohren, so soll es sein! Er stilisiert sie zur Liebe seines Lebens, baut ihr ein Haus, will Frau und Kinder verlassen, um sie zu heiraten. Doch Suzan lehnt seinen Antrag ab, wissend, daß sie ihrem Knochenkrebsleiden tödlich ausgeliefert ist.

Während eines Drehs sieht Anthony die Kostümbildnerin Iolanda Addolori und erzwingt sie sich beim Produzenten als Ankleidedame. Katherine, die spürt, daß sich da ein Verhältnis anbahnt, nimmt ihre Kinder und verläßt das Set mit den Worten: »Das junge Mädchen hat alles, was du brauchst, und wird es dir geben.« Wie recht sie hat. Quinn verliebt sich nach fünfundzwanzig Jahren Ehe vehement und gerät schwer in die Bredouille, als Iolanda schwanger wird. Er will nicht mit seiner Familie brechen, will aber auch die kluge junge Frau nicht aufgeben. Und weil das alles noch nicht kompliziert genug ist, macht er aus dem Duo ein Trio und beginnt ein Verhältnis mit seiner Kollegin Margaret Leighton. Mangels einer Behausung, in der man sich ungestört treffen könnte, mietet das Paar eine Limousine mit abgedunkelten Fenstern und läßt sich vom Chauffeur »vögelnd durch New York fahren«. Katherine und Iolanda sitzen noch immer in der Warteschleife, und erst als Iolanda den dritten gemeinsamen Sohn erwartet, heiratet er sie und zieht mit ihr nach Italien. Natürlich hat der Filmstar noch immer andere Frauen, und natürlich werden sie, je älter er wird, um so jünger. Die Verhältnisse bleiben nicht immer ohne Folgen und mit einer Dame hat er gleich zwei seiner dreizehn Kinder.

Nach einunddreißig Ehejahren läßt sich der angegraute Filmstar von Iolanda scheiden und heiratet seine ehemalige Sekretärin Kathy Banvin. Iolanda bekommt eine adäquate Abfindung, Domizile, Antiquitäten und Bares im Wert von mehr als fünfzehn Millionen Dollar. Gram ist sie ihrem Ex-Gatten dennoch: »Er ist ein ungebildeter Mensch, richtig vulgär. Wenn er ausrastete, war jedes zweite Wort Scheiße, auch in der feinsten Gesellschaft. Jedesmal, wenn er mich verprügelt hatte, warf er sich vor mir auf den Boden und weinte. Es wird nie wieder passieren! Nie wieder! – Bis er das nächste Mal über mich herfiel.«

Kathy, die dritte Mrs. Quinn, ist fast ein halbes Jahrhundert jünger als ihr greiser Bräutigam. Der schneidet vergnügt die Hochzeitstorte an und läßt seine jüngsten Sprößlinge, die vierjährige Antonia und den zwölf Monate alten Ryan, probieren. Mancher prominente Vater macht sich die Enkelkinder selber, aber Anthony Quinn kann fast für sich beanspruchen, die eigene Urenkelgeneration zu zeugen.

Anthony Quinn/Daniel Paisner: One Man Tango, HarperCollins Publishers, London 1995
Bunte, 7.5.1998
Gala, 17.12.1997

Grigorij Jefimowitsch Rasputin
* 1864/65, † 1916

Rasputin ist Bauer ohne irgendeine Ausbildung, als er 1901 sein Elternhaus verläßt, um als Wanderprophet herumzuziehen. Schnell macht er sich mit seinen »Wunderheilungen« einen Namen, wird 1905 am Zarenhof vorgestellt und kann die Bluterkrankheit des Thronerben ein wenig lindern. Dadurch hinterläßt er einen tiefen Eindruck bei der Zarin und wird zum einflußreichen Mann.

Rasputin liebt als junger Mann das Landleben, den Wein und leichte Mädchen. Fleißig arbeitet er auf den Feldern seines Vaters, feiert ausgiebige Trinkgelage und

Grigorij Jefimowitsch Rasputin

erschreckt und entzückt die Dorfschönheiten gleichermaßen beim Nacktbaden mit seinem überdimensional ausgeprägten Organ. Zwanzigjährig heiratet er Praskowia Feordorowna Dubrowina und zeugt vier Kinder mit ihr, von denen eines früh stirbt. Der junge Vater fühlt sich zu Höherem berufen und verläßt die Familie, um auf Wanderschaft zu gehen. »Sündige, damit du büßen kannst«, lautet die vielversprechende Losung einer Sekte, die den Namen Chlysti trägt. Die Sache mit dem Sündigen gefällt Rasputin ausgezeichnet, und ganz schnell setzt er seine schier unerschöpfliche Manneskraft bei den verschiedensten Praktiken zu diesem Zwecke ein. Der Hinterwäldler entwickelt ein solches Charisma, daß sich ununterbrochen willige Sünderinnen finden, die ihm bei seinen bizarren Orgien und Ritualen in Scheunen, Wäldern, Hütten und Höfen behilflich sind. Rasputin zieht durch die Lande, predigt das Wort der Chlysti und hinterläßt eine Spur befriedigter, häufig auch geschwängerter Anhängerinnen.

Bald eilt ihm der Ruf des Mystikers und Wunderheilers weit voraus und gelangt der Zarenfamilie zu Ohren. Die ist schwer belastet durch den kränkelnden Thronerben Alexis und äußerst dankbar, als man ihnen den ungewaschenen Bauern mit dem nicht gestutzten Bart vorstellt. Und tatsächlich geht es dem kleinen Alexis nach der Visite des Wanderpredigers deutlich besser. Mutter Zarin ist begeistert und sorgt dafür, daß Rasputin in Ehren und Gnaden in die Gesellschaft aufgenommen wird. Der wäscht sich zwar immer noch nicht, ist aber hocherfreut über die aristokratischen Damen, die in Kürze vor seiner Schlafzimmertür

Schlange stehen. Lästermäuler können weder sein Charisma noch die Position bei Hof verstehen, müssen aber einsehen, daß es tatsächlich als Ehre gilt, von Rasputin in die starken Arme genommen zu werden und an seinen ausschweifenden Orgien teilnehmen zu dürfen. Natürlich hat er Neider und Feinde, deren Plänen er mit seiner Macht im Wege steht. Um den Zaren gegen Grigorij aufzuhetzen, dichtet man dem Bärtigen ein Verhältnis mit der Zarin an – wahrscheinlicher ist jedoch, daß sie eine der ganz wenigen Damen ist, mit denen er nicht geschlafen hat. Nachdem er über zehn Jahre in Sankt Petersburg und Umgebung ausgiebig gesündigt und gebüßt hat, wird Rasputin 1916 seine zweite Leidenschaft zum Verhängnis: Eine Gruppe konservativer Adliger verschwört sich und trachtet dem Prediger der Chlysti unter anderem mit vergiftetem Wein erfolgreich nach dem Leben.

Boris Koseleff: Rasputin, R. Löwit, Wiesbaden 1970

Rainer Maria Rilke
* 1875, † 1926

René Maria Rilke verlebt einsame Kindheitsjahre, leidet unter der Trennung seiner Eltern und verläßt mit traumatischen Erinnerungen die Militärschule. Er studiert Philosophie, Kunst und Literatur und unternimmt zwei prägende Reisen nach Rußland. Die Weite und Schönheit der Landschaft und das vergeistigt-tiefgründige Wesen der Menschen, denen er begegnet, beeinflussen sein dichterisches Werk.

»Die Meinen sind kein Zuhause, sollen keins sein.« Wie egoistisch der Dichter seine künstlerische Freiheit verteidigt, bekommt vor allem seine Ehefrau und Mutter der gemeinsamen Tochter zu spüren. Nach einer schwärmerischen Liebe für zwei Schwestern, zwischen denen er sich nicht entscheiden kann, verknallt sich das überbehütete Muttersöhnchen in die Kinderschwester Olga Blumenauer. Die Verbindung wird von allen Seiten torpediert, und Rilke, der sich von Olga trennen soll, brennt statt dessen mit ihr durch. Wenig später werden sie in einem obskuren Wiener Hotel aufgegriffen und ein für allemal auseinandergebracht.
Valerie von David-Rhonfeld kultiviert ihre musischen Talente vor allem durch die Art und Weise, wie sie sich kleidet. Rainer Maria ist schwer beeindruckt von ihren leuchtend roten Empirekleidern und dem Hirtenstab, den sie mit sich zu

führen pflegt. Bereits am Tag nach ihrer ersten Begegnung gesteht er Vally seine Liebe und geht eine heimliche Verlobung mit ihr ein. Wenig später entscheidet er »Dichter zu werden, oder die Welt zu verlassen«, und dabei ist die ahnungslose Valerie im Wege. Rilke hinterläßt sie über die Maßen enttäuscht und voll lebenslangen Zorns auf ihn, als er die Verlobung löst.

Seine Liaison mit Lou Andreas-Salomé hat besonders optisch für Außenstehende etwas Bizarres. Die große, ein wenig schwere Lou kaschiert ihre Fülle mit selbstgenähten Reformkleidern und begleitet so ausstaffiert ihren jüngeren, schlanken Liebhaber mit dem Teint eines jungen Mädchens, den er mit einem blonden Ziegenbärtchen zu vermännlichen sucht.

In Worpswede lernt Rilke die Freundinnen Paula Becker und Clara Westhoff kennen. Die blonde, wache, lebhafte und manchmal etwas schnippische Paula hat gerade ihr Herz an den Maler Otto Modersohn verloren und kennt kaum ein anderes Gesprächsthema als ihre junge Liebe. Clara, dunkelhaarig, nachdenklich und zurückhaltend, ist noch zu haben. Rilke, nicht so recht festgelegt im Frauentyp, findet beide äußerst reizvoll – und behält es für sich. Er reist ab, nachdem er mit beiden die Adressen getauscht hat. Der Briefwechsel verlängert, was schon mündlich klar war, Paula schreibt ständig von Otto, und so entscheidet sich Rainer Maria für Clara. Drei Wochen, nachdem das Aufgebot bestellt ist, soll geheiratet werden; vermutlich ist der Grund für die Eile Claras Schwangerschaft. Ruth kommt im Dezember 1901 auf die Welt. Die frischverheirateten Rilkes bewohnen ein Zweizimmerhäuschen, er dichtet, sie bildhauert. Der junge Vater fühlt sich beengt und gefangen und sinnt auf Abhilfe für diesen Zustand. Perfide verkauft er seiner Frau die Idee, doch lieber getrennt zu leben, um jeweils allein der Kunst besser dienen zu können. Daß allein für ihn allein und für seine Frau mit Kind bedeutet, versteht sich bei diesem Lebensentwurf von selbst. Die emanzipierte und begabte Clara sieht das anders. Als sie die Möglichkeit erhält, im Pariser Atelier des großen Auguste Rodin zu arbeiten, ergreift sie die Gelegenheit beim Schopf und verfrachtet ihre Tochter kurzerhand zu den Großeltern. Für Rilke ist inzwischen klar, er kann nicht mit einer Familie leben, die Verantwortung für Ruth überträgt er seiner Frau – auch finanziell. Als die um etwas mehr Regelmäßigkeit bei den ohnehin geringen Zuwendungen für das gemeinsame Kind bittet, muß sie sich von ihrem Mann eine unverschämte Antwort gefallen lassen: »Ich kann Dir leider nicht helfen, weil ich manches Dringende anschaffen muß und mich danach sehne, endlich ein paar hundert Mark zurückzulegen.« Statt um seine halbwüchsige Tochter kümmert sich der Rabenvater um die gerade achtzehnjährige Marthe Hennebert. Halb Geliebter, halb Vater, engagiert er sich eine ganze Weile für das junge Mädchen, das sich nicht an eine Existenz in seinem Schatten gewöhnen kann und will. Konsequenz des Verhältnisses ist, daß die bis dahin ewig geduldige Clara die Scheidung einreicht.

Rilke, dem noch immer das Idealbild der anspruchslosen Geliebten vorschwebt, sucht einen Ersatz für seine Frau. Die Pianistin Magda von Hattingberg schreibt zwar wohlklingende Briefe, aber wenige Wochen nach dem ersten Treffen wird klar, sie ist es nicht. Loulou Lazard, eine Schauspielerin mit dreijähriger Tochter, wohnt in derselben Pension wie Rilke. Zum ersten Mal fühlt er »Liebe, die keine Fessel ist und vollkommenes Verstehen«. Aus seinem Tagebuch schreibt er eine gelungene Liebessequenz ab, die er vor achtzehn Monaten eigentlich für Magda verfaßt hat, und schickt sie an Loulou. Ob er sein unermeßliches Begehren zu lieben, wohl je wird befriedigen können, habe er sich gerade noch gefragt, »so stand es um mich, ehe ich Dich gefunden hatte, aber nun, da Du gekommen bist, soll alles anders werden und neu«. Es wird aber nicht neu, sondern bleibt alles beim alten: Auf Loulou folgt die blutjunge Mia Mattauch, die schon bald von der sexuell sehr freizügigen Claire Studer abgelöst wird – zum Dank für empfundene Wonnen wird sie die andere Hälfte der Nacht von Rilke mit seinen Gedichten traktiert. Baladine Klossowska ist Claires Nachfolgerin, aber auch bei ihr obsiegt seine fixe Idee, daß menschlicher Umgang die schöpferischen Kräfte vernichtet. In Marina Zwetajewa scheint Rainer Maria Rilke endlich sein Ideal gefunden zu haben. Wie er sucht sie die Einsamkeit zum Schreiben und erwidert zufrieden seine liebenden Briefe.

Donald A. Prater: Ein klingendes Glas. Das Leben Rainer Maria Rilkes, Carl Hanser Verlag, München/Wien 1986

Dennis Rodman
*1961

Dennis Rodman, in einer Sozialsiedlung und sicher nicht auf der sonnigen Seite aufgewachsen, gilt heute als einer der besten Basketballer der NBA. Mit einundzwanzig fängt der schlaksige Junge an, die Bälle in den Korb zu werfen, und entwickelt sich zum besten Rebounder der Welt. Zwischen den Spielen erregt der farbige Hüne großes Aufsehen durch seine Vorliebe für schrille Frauenkleider.

»Gib mir eine viertel Stunde und ich kann jedes Mädchen haben, das ich will. Wenn du ein professioneller Sportler bist, fliegen dir die Türen auf. Jeder will ein

Stück von dir. Frauen sind überall und bitten darum, nach Hause genommen und gevögelt zu werden.« Dennis Rodman, Enfant terrible der NBA, weiß die Vorteile seiner Prominenz durchaus zu schätzen und zu nutzen. Auch die Tatsache, daß viele der willigen Mädchen hinterher ausposaunen, wie dieser oder jener Star sich im Bett angestellt hat, und Prozesse wegen angeblich weitergegebener Herpesinfektionen halten ihn von nichts ab. Überzeugt, den Stein der Weisen gefunden zu haben, stellt er gebotähnliche Regeln für intimes Beisammensein auf:

»Du sollst keinen Orgasmus vortäuschen.

Du sollst beim Sex nicht pupsen.

Du sollst Dich vor dem Geschlechtsverkehr duschen.

Du sollst keinen Sex auf Friedhöfen haben.

Du sollst nicht während des Geschlechtsverkehrs aufstehen und defäkieren.

Du sollst mit Dir selbst so oft Liebe machen, wie es geht.«

Außer auf diesem letztgenannten Gebiet hat der Junge aus den Slums mit der semikriminellen Vergangenheit viel aufzuholen. Nicht immer haben ihm die Frauen Tür und Tor eingerannt. Als schwarzer Habenichts zwischen Obdachlosigkeit und Gefängnis muß er seine letzten Cents für die ebenso schwarze, zweihundert Pfund schwere Prostituierte Thelma zusammenkratzen, um überhaupt mitreden zu können. Das ändert sich mit dem Beginn seiner Sportkarriere.

Mr. Rodman bevorzugt weiße Frauen und lehnt kaum ein Angebot ab. Nur wenn ihn Männer bitten, ihre Ehefrauen zu beglücken und dabei zusehen zu dürfen, scheint Dennis' Hemmschwelle erreicht, und mit der selbstbewußten Frage »Was soll denn geschehen, wenn deine Frau es dann noch mal will, aber ohne, daß du zusiehst?« lehnt er dergleichen meistens ab. Eines der Mädchen, die in den Bars rund um die berühmten Basketballspieler herumhängen, ist Model Annie Bates. Rodman beginnt ein ganz lockeres, unverbindliches Verhältnis mit der blonden Schönheit und ist nicht eben erfreut, als die im September 1988 seine Tochter Alexis zur Welt bringt. Man versucht sich zu arrangieren, aber Ausnahmeathlet und braver Familienvater sind zwei Lebensentwürfe, die sich schwer vereinbaren lassen. Dennoch heiraten Annie und Dennis 1992. »Es war nicht die romantischste Hochzeit der Welt in T-Shirts und Shorts«, aber obwohl der Bräutigam während der ganzen Zeremonie die supercoole Sonnenbrille nicht für eine Sekunde von den Augen nimmt, ist Annicka Rodman »so glücklich wie nur was« und bereit, alle vergangenen Seitensprünge zu vergessen. Leider hilft ihr dieser Vorsatz wenig, denn es kommen neue hinzu. »Ich habe die Ehe um meines Kindes willen versucht, und es ist mir ins Gesicht explodiert«, rechtfertigt Rodman nach zweiundachtzig Tagen das Scheitern des Projekts. Wenn man seiner Frau glaubt, ist nicht so sehr die Ehe explodiert, sondern vielmehr ihr seitenspringender Gigant von einem Gatten, der die ungleichen Kräfte durchaus schon mal mit einer Ohrfeige unter Beweis stellt.

1994 läßt der singende Superstar Madonna verlauten, daß sie den Supersportler Rodman gerne kennenlernen würde. Madonnas Wunsch ist Befehl, und wenig später sieht man das ungleiche Pärchen wie Pat und Patachon durch die Nachtclubs turteln. Sie nennt ihn Mr. Langbein, er ruft sie zärtlich Tita. Aus der ersten gemeinsamen Nacht wird statt eines PR-Gags eine Romanze, während derer Madonna gerne ein Kind hätte und Rodman mit anderen Frauen schläft. Madonna macht keine Szenen, aber sie läßt sich so schnell auch nicht beiseite schieben. Als sie erfährt, daß Dennis in Las Vegas eine Suite mit einer anderen bewohnt, fliegt sie ein, läßt ihn an die Rezeption bestellen und sagt: »Du liebst mich, du willst mit mir sein. Komm jetzt sofort und vergiß die Kleine.« Rodman gehorcht, und seine Gespielin wundert sich, daß er nicht wieder auftaucht.

»Privat ist sie nicht halb so hart und tough, wie sie sich gibt. Es war eine der angenehmsten Beziehungen, die ich je hatte. Im Bett war sie keine Akrobatin, aber auch kein toter Fisch, es war angenehmer befriedigender Sex; aber ich wollte nicht Mr. Madonna werden«, erinnert sich Rodman und genießt nach der Trennung weiterhin seine Popularität und die damit verbundenen Aufmerksamkeiten. Chicago-Bulls-Trainer Phil Jackson amüsiert das gar nicht, denn derzeit ist Dennis mit »Baywatch«-Nixe Carmen Electra unterwegs. Der verärgerte Jackson beschwert sich, daß sein bester Rebounder völlig planlos über das Spielfeld rast und nicht den Ball, sondern nur noch Reihe zehn fixiert; dort sitzt nämlich die schöne Carmen und zwinkert Dennis zu.

Böse Zungen behaupten, daß sie ihn mit ihrem Wimpernschlag verhext hat, denn der eheuntaugliche Sportler ist seiner Flamme gerade völlig betrunken, aber willig vor den Altar gefolgt.

Annicka Rodman: Worse than he says he is, Dove Books, Los Angeles 1997
Dennis Rodman: Bad as I wanna be, Delacorte Press, New York 1996
Dennis Rodman: Walk on the wild side, Delacorte Press, New York 1997
Focus, 13/1998
New York Times, 16.11.1997
Der Spiegel, 11.5.1998

Marquis de Sade
* 1740, † 1814

Der französische Schriftsteller wird mit seinen erotischen Werken weltberühmt, landet ihretwegen allerdings auch mehrfach im Gefängnis. Teilweise ist die Veröffentlichung der obszönen Schriften bis in das 20. Jahrhundert verboten. Auf den Namen des Marquis geht der Begriff Sadismus zurück, das Erlangen sexueller Befriedigung durch Zufügen von Schmerzen.

»Wie sollte ich so ein ausgetrocknetes Geschöpf lieben?« beschwert sich Donatien Alphonse François verärgert bei seinem Vater, als er seine zukünftige Frau das erste Mal sieht. Renée Montreuil, das Mädchen, das die Eltern für de Sade als Ehefrau bestimmt haben, ist wahrhaft eine magere, unansehnliche Gestalt von frigidem Temperament und damit das totale Gegenteil der schönen Laure Victoire Adeline de Lauris, die er so liebt, daß er ihr Nebenbuhler und Syphilis verzeiht. Vater de Sade läßt sich nicht erweichen, abgemacht ist abgemacht, die Familie braucht Geld, und Fräulein Montreuil ist zwar knochig, aber wohlhabend. Deren ehrgeizige Mutter ahnt nicht, was sie sich für einen Kuckuck ins Nest holt, und ist enorm stolz, daß ihre hagere Tochter mit der Eheschließung die gesellschaftliche Treppe hinauffällt. Sade, finanziell völlig abhängig und gesetzlich verpflichtet, seinem Vater bis zum dreiundzwanzigsten Lebensjahr zu gehorchen, heiratet also am 17. Mai 1763 mißmutig die fromme Renée und ist keine Sekunde gewillt, ihr die Treue zu halten.

Ein paar Monate lebt er pro forma mit seiner Frau auf dem Land, dann mietet er sich in Paris eine Wohnung und beginnt den Lebenswandel, der ihn später so berühmt macht. Schon Ende Oktober wird er auf Erlaß des Königs verhaftet: Die Ausschweifungen haben selbst die in diesem Zeitalter erlaubten Grenzen überschritten. Schwiegermutter Montreuil ist angeekelt. Was Adel und Ansehen bringen sollte, bringt Schmach und Schande, sie hat nur noch eines im Sinn, den Schweineigel von Schwiegersohn zu vernichten. Der ist vierzehn Tage später wieder auf freiem Fuß und fängt ein ganz artiges, standesgemäßes Verhältnis mit der Schauspielerin Colet an. »Ich bin in Sie verliebt wie ein Wahnsinniger, und ich werde mich niemals glücklich schätzen können, es sei denn, ich verbringe mein

Leben an Ihrer Seite.« Colet, die sich von wohlhabenden Herren aushalten läßt, hat durchaus nichts dagegen, wohl aber die beiden anderen Liebhaber, die sie bisher finanziert haben; und plötzlich ist Sade in der mißlichen Lage, die schöne, aber sehr anspruchsvolle Dame allein durchfüttern zu müssen. Dem ist er nicht gewachsen, er sagt der Colet »Adieu« und trägt sein Geld wieder in die Bordelle der Umgebung. Eine Weile vergnügt er sich mit der Edelkurtisane Demoiselle Beauvoisin, bis ihn die Familie zwingt, mit seiner Frau eine Reise zu unternehmen. Mürrisch beugt er sich, bricht das Unternehmen aber bereits nach einem Monat wegen übergroßer Langeweile ab. In Paris jagt eine Kurtisane die andere, aber Renée ist ganz zufrieden, denn sie erwartet ein Kind. 1767 bekommt sie einen Sohn, was den Herrn Marquis herzlich wenig interessiert, denn er hat sich gerade ein spannendes Hobby zugelegt.

In einem Haus in Arcueil frönt er seinen Leidenschaften in so zügelloser Weise, daß die Polizei den örtlichen Bordellbesitzern verbietet, ihm weiterhin Mädchen zu besorgen. Zu viele haben von gnadenlosen Auspeitschungen berichtet, und in der Nachbarschaft wird lüstern getuschelt, daß »Tag und Nacht Personen beiderlei Geschlechts zu ihm kommen, mit denen er Unzucht treibt«.

Da die Dirnenzufuhr polizeilich gestoppt ist, muß Donatien Alphonse andere Wege gehen. Ungeniert spricht er auf der Straße Frauen an, von denen er meint, sie möchten sich etwas Geld verdienen. So Ostern 1768 auch die Witwe Rose Keller, die er mit eben diesem Versprechen nach Arceuil lockt und dort zum Zwecke des eigenen Lustgewinns so vermöbelt, daß sie noch tagelang nicht auf ihrem blutenden Hinterteil sitzen kann. Madame Keller zeigt den Sadisten an und erhält zu ihrer Verwunderung von niemand anders als dessen Ehefrau ein saftiges Schmerzensgeld mit der Bitte, die Klage zurückzuziehen. Sade kommt wieder aus dem Gefängnis, und Renée kriegt einen zweiten Sohn. Ihr Mann scheint geläutert, verhält sich wie ein Mustergatte und zeugt ein Töchterchen. Bei soviel Familie kommt es auf ein bißchen mehr auch nicht an. De Sade beginnt ein lebhaftes Verhältnis mit der jüngeren Schwester seiner Frau und zieht damit den hoch und ewig lodernden Haß seiner Schwiegermutter ein für allemal auf sich. Aber auch Julie kann seine außergewöhnlichen Bedürfnisse nicht befriedigen, und so reist der Marquis in Begleitung seines Dieners 1772 nach Marseille, um sich mal wieder so richtig zu vergnügen.

Das Ergebnis ist eine Orgie bis dato nicht gekannten Ausmaßes. Es wird gepeitscht, analverkehrt, de Sade mit den Mädchen, der Diener mit de Sade, die Mädchen mit dem Diener und alle zusammen mit dem Besenstiel. Die vier blutjungen Prostituierten bekommen währenddessen so viel Aphrodisiaka, daß sie noch am nächsten Tag, als sie zur Polizei gehen, ständig mit dem Erbrechen zu kämpfen haben. Wegen Vergiftens und Sodomie werden die beiden Übeltäter angeklagt, können zwar gerade noch rechtzeitig die Stadt verlassen, werden aber kurz darauf erwischt und der Marquis muß zur Abwechslung mal wieder ins Gefängnis. Seine brave Gattin führt einen erbitterten Kampf und kriegt ihn tatsächlich wieder frei. Damit der Vater ihrer Kinder nicht wieder einen Skandal verursacht, engagiert sie ein fünfzehnjähriges Mädchen und einen ebenso alten Knaben, die ihm zu Diensten sind. Als die Eltern hinter die Art der Arbeit ihrer Kinder kommen, hat de Sade postwendend seine nächste Anzeige und flieht. Kaum ist etwas Gras über die Sache gewachsen, macht er weiter wie bisher und landet letztendlich in einer Nervenheilanstalt, wo er äußerst produktiv einen Großteil seiner Stücke verfaßt, dick und frühzeitig gealtert mit einer Schauspielerin lebt, die Scheidung von seiner Frau will und 1814 stirbt.

Norman Gear: Dämon Marquis de Sade, List Verlag, München 1964
Walter Lennig: de Sade, rororo Bildmonographie, Rowohlt Verlag, Reinbek 1965

Antoine de Saint-Exupéry
* 1900, † 1944

Der französische Schriftsteller Antoine-Marie Roger Graf von Saint-Exupéry studiert an der Universität Freiburg, bevor er 1921 der französischen Luftwaffe beitritt. Ab 1926 arbeitet er als Pilot bei privaten Luftverkehrsgesellschaften. Sein modernes Märchen »Der kleine Prinz« von 1943 wird einer der größten Literaturerfolge der Nachkriegszeit.

Von seiner zukünftigen Frau hat Saint-Exu, wie ihn die Freunde nennen, ganz präzise Vorstellungen: Sie muß heiter, treu und intelligent sein. Eine Kombination, die so einfach – das muß er zu seinem Bedauern feststellen – gar nicht zu finden ist. Gleich der erste ernsthafte Versuch scheitert trotz seines großen Einsatzes für die Beziehung kläglich: Zweiundzwanzigjährig verliebt sich Antoine in Louise Vilmorin. Sie teilt seine Liebe zum Schreiben, und obwohl ihre Mutter den zukünftigen Schwiegersohn ganz und gar nicht leiden kann, verloben sich die beiden und hegen feste Heiratspläne. Antoine schreibt nicht nur gern, er fliegt mindestens ebenso begeistert – und zwar selbst. Nach einem schweren Flugunfall besteht Familie Vilmorin darauf, daß er keine dieser gefährlichen Maschinen mehr besteigt, andernfalls, so wird ihm unmißverständlich klargemacht: Trennung von Louise!

Schweren Herzens läßt sich Saint-Exupéry auf die harte Bedingung ein. Er liebt seine Loulou so sehr, daß er sich ein Leben ohne sie weder vorstellen kann noch will. Um sie ernähren zu können, versucht er geschäftlich Fuß zu fassen; leider gänzlich erfolglos. Er kann nur schreiben, damit verdient er noch kein Geld, und fliegen, das ist ihm verboten. Antoine strampelt sich noch immer ab, als das völlig Unerwartete geschieht. Aus heiterem Himmel, ohne Vorwarnung, löst Louise die Verlobung, verschwindet bei Nacht und Nebel nach Biarritz, am Finger sein Familienerbstück, den Ring, den er ihr angesteckt hat. Der Zurückgewiesene ist schockiert, kann es nicht glauben, aber es besteht kein Zweifel, Loulou ist weg! Kaum ist der erste Schmerz überwunden, macht sich der Flieger auf die Suche, trifft viele Frauen, aber keine vereint seine Wünsche auf sich. Er nennt sie »Warteseile«, mit denen er sich die Zeit vertreibt, bis er »die Richtige findet«. Sie begegnet ihm, so glaubt er, in Gestalt der jungen Witwe eines argentinischen Journalisten, Consuelo Suncin. Die kleine Brünette ist zwar das totale Gegenteil von Saint-Exupérys bevorzugtem Typ, aber ihr Temperament, ihre überschäumende Phantasie und der leichte Akzent im Französischen gefallen ihm so gut, daß er sie ein halbes Jahr nach dem ersten Treffen in Buenos Aires heiratet. Seine Mutter ist alles andere als begeistert vom Familienzuwachs, und Freunde schildern Consuelo als unberechenbare, komplizierte, unverständliche Persönlichkeit. Anfang 1931 zieht das junge Paar nach Paris, Antoine will ein neues Buch vorstellen. André Gide notiert in seinem Tagebuch: »Er hat aus Argentinien ein neues Buch und eine neue Verlobte mitgebracht. Habe das eine gelesen, die andere gesehen. Habe ihn herzlich beglückwünscht, aber besonders zu dem Buch. Ich hoffe, daß die Verlobte sich als ebenso zufriedenstellend erweisen wird.« Sie tut es nicht. Tatsächlich zeigt die frischgebackene Ehefrau herzlich wenig Verständnis für die Arbeit ihres Mannes und widmet sich statt dessen um so intensiver ihren eigenen Ambitionen als Bildhauerin. Mangels gemeinsamer Interessen ist Liebe für eine Weile der Kitt, der die beiden zusammenhält. Einer Freundin schreibt Consuelo: »Ich liebe meinen Mann, aber ich weiß nicht, wie ich ihn glücklich machen soll.«

Saint-Exupéry hat eine Idee. Er verfaßt ein Gebet, das Consuelo jeden Abend sprechen soll: »Herr, laß mich immer jene Frau sein, die mein Mann in mir sehen kann. (…) Herr, rette meinen Mann, denn er liebt mich wirklich, und ohne ihn wäre ich eine Waise.« Der Angerufene erhört ihr Flehen nicht. Antoine fliegt immer häufiger, die Trennungen werden immer länger, auch wenn er sich noch immer verantwortlich fühlt für »das erwachsene, verwöhnte, stürmische Kind«, das er geheiratet hat. 1940 geht Saint-Exupéry nach New York. Als Consuelo nachkommt, mietet er ihr ein eigenes Apartment – den Versuch, die Richtige zu finden und sein Leben mit ihr zu teilen, hat er aufgegeben.

Joy D. Marie Robinson: Antoine de Saint-Exupéry, Wilhelm Heyne Verlag, München 1993

George Sand
* 1804, † 1876

Aurore Lucile Dupin ist die Tochter eines französischen Offiziers, auf dessen Wunsch das eigenwillige Mädchen drei Jahre in einem Kloster erzogen wird. Ihr umfangreiches Werk zeugt von ihrer Teilnahme an menschlichen Schicksalen ebenso wie von ihrer feministischen Grundhaltung. Zu Lebzeiten der Autorin erfreuen sich ihre Bücher großer Beliebtheit und werden viel gelesen.

»Die Sorte Mann, die sie brauchte, ist eben selten und darin liegt alles. Um so seltener, als sie keineswegs liebenswürdig ist und folglich nicht leicht geliebt werden wird.«
Honoré de Balzac

Der Dichter nennt die emanzipierte Kollegin »Frère George«, Bruder George, und ist durchaus empfänglich für Madames Qualitäten. Einzig sein Stolz hindert ihn daran, im Katalog ihrer Liebhaber auf Platz vierzehn oder fünfzehn eingereiht zu werden und mit einem Teil der Pariser Literatur- und Kunstszene in Bettbruderschaft zu treten.

George Sand sieht keinen Grund für irgendwelche Rechtfertigungen und formuliert ihren Lebenswandel auf den Punkt: »Wer auf der Suche nach der absoluten, der idealen Liebe ist, kann es sich nicht leisten, treu zu sein.« Und so sucht sie die ideale Liebe und findet von Zeit zu Zeit ein bißchen Glück, aber »den einen« für ihr Leben gibt es nicht. Ein Jahr nach dem Tod ihrer geliebten Großmutter heiratet Aurore den Landedelmann Casimir Dudevant. Vielleicht nicht der beste Bewerber um ihre Gunst, aber er ist ihr angenehm als Freund. Sie hofft auf »geistig belebte Häuslichkeit«, doch die ist mit Casimir nicht zu haben. Erstens ist er seiner intelligenten Frau intellektuell unterlegen, und zweitens entpuppt er sich zunehmend als Trunkenbold, der Aurore manchmal sogar schlägt. Die taugt nicht zum Opfer, nimmt irgendwann ihre beiden Kinder, geht nach Paris und ändert ihren Namen und ihr Leben.

Ihre ersten beiden Romane entstehen in Zusammenarbeit mit ihrem Liebhaber

Jules Sandeau, dessen Namen sie auch ihr Pseudonym entlehnt. Ein kurzes Experiment, Sexualität ohne Gefühle mit dem Schriftsteller Prosper Mérimée, endet als Reinfall. Bei allem Selbstbewußtsein, George Sand muß verliebt sein, wenn es im Bett klappen soll. Keineswegs hübsch, zigarrerauchend und in Männerkleidung, verschreckt sie viele Anwärter, doch bleiben immer noch genug, die wie der verheiratete Michel de Bourges und der Bühnenschriftsteller Alfred de Musset ihrem brillanten Verstand erliegen. Kokottenjäger Musset verkraftet schwer, daß die Dichterin auf dem Gebiet durchaus ebenbürtig ist, und zieht sich zurück. Nach der Trennung von ihm leidet Sand heftig. »Ich habe niemanden betrogen, niemals gleichzeitig zwei Abenteuer gehabt.« Ihre neun Jahre mit dem Komponisten Frédéric Chopin sind ganz sicher mehr als ein Abenteuer, doch auch sie enden mit Tränen. Im Alter bevorzugt Madame wesentlich jüngere Männer und zieht Bilanz: »Ich habe viele Arten der Liebe gekannt. Ich habe geliebt wie eine Frau, eine Schwester, eine Mutter, eine Nonne, eine Dichterin.« Doch ausgerechnet mit den Frauenhelden Flaubert und Dumas verbindet sie über lange Jahre »nur« eine rein platonische Beziehung.

Giesela Schlientz: Ich liebe, also bin ich. Leben und Werk von George Sand, Verlag C. H. Beck, München 1989
Renate Wiggershaus (Hrsg.): George Sand. Geschichte meines Lebens, Insel Verlag, Frankfurt am Main 1978

Jean-Paul Sartre
* 1905, † 1980

Der Großneffe Albert Schweitzers studiert Psychologie, Philosophie und Soziologie und arbeitet zunächst als Gymnasiallehrer. In seinem Hauptwerk »Das Sein und das Nichts« beschreibt Sartre als die Aufgabe jedes Menschen, sich seine eigene Welt zu schaffen, ohne Rücksicht auf Autorität und Gesellschaft und ohne Rückendeckung traditioneller Moralvorstellungen und Religion.

»Wir müssen unsere Leidenschaften ausleben, ehe wir sie spüren.«

Jean-Paul Sartre

»Die Bilanz ist folgende: es versteht sich, daß ich ein ausgemachter Fummler bin«, räsoniert Jean-Paul Sartre über seine vehemente Leidenschaft, sich mit Frauen jedweden Alters zu umgeben und sie nach Möglichkeit zu erobern. Als er zum ersten Mal auf die kleine, schmächtige, ein wenig ungelenke Simone de Beauvoir aufmerksam wird, weckt sie sofort sein Interesse. Hartnäckig versucht er, sie kennenzulernen, muß aber zunächst einige Hindernisse überwinden. Simone hat keinerlei Interesse an dem nach außen schielenden Philosophen und schickt ihre Schwester Poupette zum Rendezvous. Poupette kommt mit der enttäuschenden Nachricht nach Hause: »Der hochgeadelte Herr Sartre ist furchtbar langweilig gewesen.« Jean-Paul gibt nicht auf, und schließlich trifft sich Simone mit ihm. Ihr Eindruck ist ganz anders als der ihrer Schwester. Sartre sprüht vor Geist, Charme und Witz, und noch am selben Abend ist Mademoiselle de Beauvoir davon überzeugt: »Daß alle Zeit, die ich nicht mit ihm verbrachte, verlorene Zeit war«.

Gegen den vehementen Widerstand von Simones Vater werden die beiden binnen kürzester Zeit ein Paar, und der sonst so unbürgerliche Sartre macht seiner Angebeteten sogar einen Heiratsantrag, um ihr – ganz Kavalier – die Lösung vom Elternhaus zu erleichtern. Das Angebot gilt natürlich nur, falls sie das »liberale Projekt ihrer Liebe hinter einer bürgerlichen Fassade zu verstecken gedenkt«. Simone gedenkt ganz und gar nicht irgend etwas zu verstecken, und obwohl die meisten Mädchen ihrer Generation geradezu darauf getrimmt sind, sich einen Trauschein zu angeln, bleibt sie lieber unverheiratet. Dennoch fest liiert mit Sartre nimmt sie sich 1931 die Freiheit, mit einem alten, engen Freund ihres Partners zehn Tage zu verreisen, und ist vor allem begeistert von den erotischen Erfahrungen, die sie auf dem Trip macht. Sartre, ziemlich frei von Eifersucht und Besitzansprüchen, nimmt den Treuebruch nicht als solchen zur Kenntnis und tummelt sich seinerseits auf kleinen Nebenschauplätzen.

Olga Kosakiewitz besucht die Schule, an der Simone de Beauvoir unterrichtet. Sie ist so angetan von der schönen, ungeschminkten Lehrerin, die in Bohemienkreisen verkehrt, daß sie versucht, Simone auch außerhalb des Unterrichts zu treffen. Vermutlich ist sie die erste Frau, mit der Simone de Beauvoir lesbische Erfahrungen macht. Auch Sartre verliebt sich in die hübsche Siebzehnjährige und beginnt ein Verhältnis mit ihr, das erst endet, als sich Olga mit ihrem Verehrer Jacques-Laurent Bost einläßt. Einige Zeit später heiratet sie den jungen Mann, was Simone keineswegs daran hindert, von Zeit zu Zeit mit dem frischgebackenen Ehemann Bost zu schlafen. Sartre tröstet sich mit Wanda, Olgas jüngerer Schwester, die er besonders interessant findet, weil sie keine leichte Beute ist. Nachdem Wanda einmal ihren Widerstand aufgegeben hat, bleibt sie allerdings für mindestens zehn Jahre Jean-Pauls Geliebte. Außerdem gibt es noch ein Mädchen in der kleinen »Familie«, die sich ihren Platz im Bett des intellektuellen Paares erobert. Bianca Bienenfeld verfällt im Herbst 1937 der Ausstrahlung ihrer Lehrerin de Beauvoir so, daß sie ihr einen schwärmerischen, bewundernden Brief schreibt, den Simone mit einer Einladung ins Café beantwortet. Eine Weile sieht man die beiden Frauen häufig miteinander spazierengehen, und als Bianca im Frühsommer 1938 als Klassenbeste die Schule beendet, kommt es zu ersten Zärtlichkeiten. Wieder schaut Sartre nicht untätig zu, denn kaum merkt er, was da los ist, bemüht er sich um Bianca. Die teilt das Bett allerdings wesentlich lieber mit Simone, Sartre ist ihr zu ruppig. Bianca entpuppt sich als Nervensäge und Belastung, de Beauvoir und Sartre beenden das Verhältnis, und Simone wendet sich einer anderen Schülerin zu, Nathalie Sorohine, genannt Natascha. Als Sartre sich dem jungen, selbstbewußten Mädchen nähert, bekommt er nach kurzem erotischen Antesten eine derbe Abfuhr: »Ach lassen Sie mich doch in Ruhe, Sie lächerlicher Wicht – Sie gehen mir auf die Nerven!« Natascha ist die erste Geliebte von Simone, die diese nicht mit Sartre teilt, dafür unterhält das Mädchen nebenher bald ein paar andere Männerbeziehungen. Das Verhältnis der beiden Frauen beginnt 1939 und führt vier Jahre später zu einem Skandal. Nathalies Mutter möchte, daß Simone ihren Einfluß auf ihre Tochter geltend macht, damit die ihre Beziehung zu einem Juden abbricht. Andernfalls, so droht sie an, werde sie die Schulleitung von Simones Liaison mit Natascha informieren. Es kommt zu der Denunziation, und die Lehrerin de Beauvoir wird sofort vom Dienst suspendiert.

Das Paar Sartre/de Beauvoir gerät in eine Krise. Jean-Paul erobert die französische Journalistin Dolorès Vanetti und muß entsetzt feststellen, daß er eine emotionale Lawine losgetreten hat. Dolorès begnügt sich nicht mit einer Rolle als Nebenfrau. Sie trennt sich von ihrem Mann, überschwemmt Sartre mit Liebesbeweisen und -forderungen, und vor allem stellt sie seine Beziehung zu Simone in Frage. Die sucht in dieser schwierigen Zeit zwar nicht unbedingt eine neue »Große Liebe«, tröstet sich jedoch mit dem Schriftsteller Nelson Algren. Entzückt berichtet sie, mit ihm ihren ersten vollständigen Orgasmus erlebt zu haben, und manövriert sich vor lauter Begeisterung in eine ähnlich emotionswirre Situation wie Sartre mit Dolorès. Überfordert von den wachsenden Ansprüchen ihrer Partner, nehmen Jean-Paul und Simone ihre ganze Kraft zusammen und investieren sie in die hochgefährdete eigene Verbindung. Unter der Prämisse, »wir werden ein glückliches Alter haben«, gelingt es ihnen tatsächlich, die gegenseitigen Gefühle zu stabilisieren. Beide nehmen jedoch bald ihre aushäusigen Aktivitäten wieder auf. Simone teilt sogar die Wohnung eine Weile mit dem siebzehn Jahre jüngeren Claude Lanzmann, und Sartre gefährdet nach vielen belanglosen Affären die Verbindung noch einmal existentiell. In dem irrtümlichen Glauben, die junge algerische Jüdin Arlette Elkaim geschwängert zu haben, ist er bereit, sie zu heiraten, und bringt damit das gesamte Konzept ins Wanken. Schließlich entscheidet er sich, sie nicht zu ehelichen, sondern statt dessen zu adoptieren, und macht Arlette zu seiner Nachlaßverwalterin. Simone übernimmt die Idee und überträgt die gleiche Funktion der dreißig Jahre jüngeren Philosophielehrerin Sylvie le Bon. Mit Sartres Tod und Simone an seinem Sterbebett endet nach einundfünfzig Jahren eine einzigartige Verbindung.

Carole McKenzie: All about Sex, Europaverlag, München/Wien 1992
Walter von Rossum: Simone de Beauvoir und Jean-Paul Sartre, Rowohlt Verlag, Berlin 1998
Ursula Voß (Hrsg.): Kindheiten, Deutscher Taschenbuch Verlag, München 1979

Johann Christoph Friedrich von Schiller
* 1759, † 1805

Nach dem Besuch der Schule scheitert der Plan einer theologischen Ausbildung am Veto Herzogs Karl Eugen, der Schiller für die strenge Militärakademie auf der Solitude bestimmt. Schiller studiert erst Jura, später auf eigenen Wunsch Medizin und bekommt 1780 die sozial niedrigstehende Position eines Regimentsmedikus. Gemeinsam mit Goethe begründet er den Stil der »Weimarer Klassik«.

»Lang aufgeschossen, storchenbeinig, die Oberschenkel kaum stärker als die Waden, ein auffallend langer Gänsehals, sehr weiße Haut, rote Haare, die kleinen Augen oft rötlich entzündet.« Nicht gerade ein Prachtexemplar von einem Mann, der junge Herr Schiller, und so ist es auch kaum verwunderlich, daß er zunächst keinen besonderen Schlag bei den Damen hat. Luise (Laura) Vischerin kann sich seiner stürmischen, inbrünstigen Gedichte kaum erwehren. Die gut dreißigjährige Witwe, »eine magere Blondine mit schwimmenden Augen« und Mutter von zwei Kindern, muß 1775 dem heftig entflammten Friedrich den Schwur abnehmen, sich gefälligst zurückzuhalten – auch wenn's schwerfällt. Er gehorcht und bombardiert sie mit sehnsüchtigen Versen.

Siebenunddreißig und vierfache Mutter ist Lauras Nachfolgerin, Henriette Freifrau von Wolzogen. Sie ist eine frauliche Erscheinung mit sympathischen Gesichtszügen, und Schiller erliegt ihrem mütterlichen Charme mit seinen dreiundzwanzig Jahren völlig. Wenn sie getrennt sind, schickt er schwärmerische Briefe, ansonsten ruht er entweder in Henriettes Armen oder zu ihren Füßen und himmelt sie an. Frau von Wolzogen besteht auf äußerster Diskretion bezüglich des Verhältnisses und registriert, daß Friedrich nicht nur für sie, sondern auch ein wenig für ihre sechzehnjährige Tochter Lotte schwärmt. Den Gedanken, für das junge

Mädchen zu sorgen, verwirft der Dichter, als er kurzfristig sein Herz an die schöne Schauspielerin Katharina Baumann verliert. Aber auch die ist nicht die Frau fürs Leben, und so stakst Schiller auf seinen Storchenbeinen in Richtung Margarete Schwan. Die Tochter seines Verlegers erwidert seine Gefühle nicht im mindesten, doch Friedrich läßt sich von solchen Nebensächlichkeiten nicht abschrecken und schreibt Vater Schwan einen werbenden Brief. Im Gegensatz zum Verfasser hat Herr Schwan seine sieben Sinne beisammen und sagt Schiller freundlich, aber bestimmt, daß Margarete nicht zu ihm paßt. Der dreht sich auf der Hacke um und läßt den leicht entzündeten Blick auf Charlotte von Kalb ruhen. Das große, etwas füllige Mädchen mit dem üppigen Blondhaar ist unglücklich verheiratet – über ihre Ehe sagt sie: Entlaubung, Sturm, Frost, Erstarrung – und läßt sich von Friedrichs Gesellschaft mit Zustimmung ihres Gatten ein wenig aufheitern. Mehrere Monate entbrennt Schiller in feuriger Leidenschaft für Henriette von Arnim. Als er die Neunzehnjährige auf einem Kostümball kennenlernt und sie ihm als Zigeunerin verkleidet aus der Hand liest, steht sein Herz in Flammen. Mutter von Arnim hat den begabten Verseschmied gerne als Gast in ihrem Haus, doch als Schwiegersohn will sie ihn nicht. Während sich Friedrich geduldig in der Warteschleife aufhält, empfängt Henriette andere Männer und wird auf ein Gut nach Ostpreußen verheiratet. Derweil hofft Charlotte von Kalb auf Scheidung, ganz im Gegensatz zu Schiller, dem das Dreierverhältnis viel besser gefällt, weil er die Leidenschaft der frustrierten Frau inzwischen längst nicht mehr so heftig erwidert. Einen Moment denkt er ernsthaft darüber nach, die Tochter eines Freundes zu ehelichen. Aber »keine Verliebtheit, nichts davon, aber ein gutes Wesen, in einer Frau, vortrefflich erzogen, äußerst wenig Bedürfnisse und unendlich viel Wirtschaftlichkeit« reichen dann doch nicht für den endgültigen Entschluß aus.

Karneval 1787 findet die liebe Seele endlich ihre Ruhe! Die junge Lotte Lengfeld macht ihre ersten Schritte auf höfischem Parkett, Schiller gefällt sie gut, und weil er sie zudem noch »wohltemperiert« findet, beginnt er um sie zu werben. Zwei Jahre schreiben sich die beiden im selben Städtchen von Haus zu Haus, und auch Lottes verheiratete Schwester kriegt die ein oder andere Epistel ab. Und während Charlotte von Kalb noch immer an ihrer Scheidung bastelt, verloben sich Lotte und Friedrich, wenn auch zunächst nur heimlich. Als sie sich endlich trauen, Lottes Mutter um die Einwilligung zur Hochzeit zu bitten, wird ihnen die gegeben, Und am 22. Februar 1790 steht Schiller endlich vor dem Traualtar. Das Glück wird von reichlichem Kindersegen gekrönt, und bereits Weihnachten 1794 ist der Dichter stolzer Vater von vier Sprößlingen.

Peter Lahnstein: Schillers Leben, Paul List Verlag, München 1981

Romy Schneider
* 1938, † 1982

Rosemarie Magdalena Albach-Retty steht fünfzehnjährig das erste Mal gemeinsam mit ihrer Mutter Magda Schneider vor der Kamera und beweist sofort ihr großes darstellerisches Talent. Mit der Serie der Sissi-Filme erlangt sie Weltruhm und gleichzeitig den klebrigen Ruf des unschuldig-süßen Mädchens, den sie mit einigen ihrer späteren Rollen eindrucksvoll widerlegt.

Der ehrgeizige Jungstar Romy Schneider hat eine solche Fülle an Filmangeboten, daß außer ein paar Flirts vor und hinter der Kamera nicht viel Zeit für privates Vergnügen bleibt. Das ändert sich 1958, als es gelingt, bei den Dreharbeiten zur Schnitzler-Verfilmung »Christine« Film und Wirklichkeit unter einen Hut zu

Romy Schneider

bringen. »Und dann kam Alain Delon. Er sprach nicht englisch, ich nicht französisch. Ein verrückter, blutjunger Bursche, der immer zu spät kam, ungekämmt und schnellsprechend. Wir hatten ständig Streit, bis wir eine Zugreise Paris–Brüssel machten; da wurde heftig geflirtet. Als ich in Paris aus dem Zug stieg, sah mich meine Mutter nur kurz und forschend an: ›O je – dich hat's erwischt.‹« Magda Schneider hat recht, Tochter Romy ist bis über beide Ohren verliebt und willens, diese Liebe auch zu leben. Für Delon bricht sie mit ihrer Familie, reist ihm nach und ist überglücklich, als klar ist, daß der smarte Junge ihre Gefühle erwidert. »Die Trennung ertrugen wir beide nicht. Wir

gehörten zusammen. (…) Beide jung, beide überschwenglich. Dies war die eine Seite der Medaille: Liebe, Leidenschaft und ein unbändiges Freiheitsgefühl. Die andere Seite entdeckte ich später, als der Rausch vorüber war.« Und das geht schneller, als die beiden wahrhaben wollen. Als Romy und Alain am 22. März 1959 auf bürgerlichen Wunsch und Betreiben der Eltern ihre Verlobung feiern, wissen sie schon, daß bei allen Gemeinsamkeiten auch vieles da ist, was sie ganz grundsätzlich voneinander unterscheidet. Vier Jahre, acht Monate und vierundzwanzig Tage sind seit der Verlobung vergangen: Romy Schneider kommt von Dreharbeiten nach Hause und findet eine leere Wohnung vor. Auf dem Tisch steht ein Rosenstrauß, daneben ein Zettel: »Ich bin mit Nathalie nach Mexiko, alles Gute, Alain.« Romy weiß, daß Delon sie schon lange betrügt, dennoch ist sie getroffen, als er sie auf diese Weise verläßt und im August 1964 die Schauspielerin Nathalie Barthélemy heiratet. Am 1. Oktober wird deren Sohn Anthony George geboren.

Romy reist an die Côte d'Azur und erholt sich einige Wochen bei Curd Jürgens, in dessen Nachlaß Jahre später zwei Kisten voll gefühlvoller Briefe von Romy gefunden werden. Bald ist der Schmerz um Delon Vergangenheit, und 1965 hört man die schöne Schneider über ihren aktuellen Gefährten Harry Meyen sagen: »Ich liebe seine Ironie, seinen feinen Humor. Ich liebe seine Intelligenz, seine Überlegenheit. Ach, ich liebe alles, absolut alles an ihm.« Mutter Magda will von all der Liebe gar nichts hören, sie warnt ihre Tochter vor einem Verhältnis mit dem vierzehn Jahre älteren, verheirateten Meyen. Aber Romy schlägt den mütterlichen Rat in den Wind. Sie ist siebenundzwanzig und im fünften Monat schwanger, als sie am 15. Juli 1966 getraut wird. Sohn David Christopher krönt wenig später die Idylle, von der Romy Schneider später sagt: »Wir haben eine faule und bequeme Ehe geführt.« Zunächst ist es der Beruf, der Trennungen immer wieder notwendig macht, dann lebt sich das Ehepaar auseinander, und schließlich verdient die Ehe den Namen nicht mehr, jeder geht seiner Wege. (Harry Meyen nimmt sich 1979 das Leben.)

1975 lernt der Weltstar den Studenten Daniel Biasini kennen. Biasini ist achtundzwanzig, kommt aus einer gutsituierten italienischen Familie und will Bauingenieur werden. Statt dessen wird er erst Romy Schneiders Privatsekretär und Geliebter und dann ihr Ehemann. »Sie war witzig, sie war lustig, mit ihr zu leben war ein Vergnügen.« Er erinnert sie an ihre große Liebe Alain Delon, glücklich wünscht sie sich ein Kind von Biasini. Nach einer Fehlgeburt kommt am 21. Juli 1977 Sarah Magdalena Biasini auf die Welt. Vier Jahre später hat Romy Schneider einen furchtbaren Schicksalsschlag zu verkraften: Ihr Sohn David kommt bei einem Unglück ums Leben. Und als wäre das noch nicht genug, hat gerade Biasini die Familie verlassen – er kann und will Romys Affäre mit Laurent Pétain nicht mitansehen. Resigniert sagt die Schauspielerin: »Immer habe ich mein Geld in Männer investiert, jetzt zeigt sich: Es hat sich alles nicht gelohnt.« Ein Jahr später ist sie tot.

Daniel Biasini: Meine Romy, Verlag Langen Müller, München 1998
Renate Seydel: Romy Schneider, Henschel Verlag, Berlin 1988

Arthur Schnitzler
* 1862, † 1931

Der in Wien geborene Autor praktiziert bis 1894 neben seiner schriftstellerischen Tätigkeit als Arzt. Seine Werke beleuchten das Triebleben ihrer Figuren, das sich um Liebe und Tod zentriert. Schnitzlers Spätwerk kreist um die Themen Alter, Resignation, Einsamkeit und Sterben. Um 1900 gehört er neben Hugo von Hofmannsthal zu den führenden Vertretern des »Jungen Wien«.

»Kann ich denn eigentlich von nichts anderem schreiben als von den Weibern?« fragt sich Studiosus Schnitzler in seinem Tagebuch ungewöhnlich selbstkritisch. Die Antwort lautet »nein«, denn er kann auch an nichts anderes denken. Quantität geht vor Qualität, denn es gilt, eine herbe Enttäuschung zu überwinden. Arthur ist dreizehn und soeben von Vetter Ludwig Mandl präpubertär und wenig professionell aufgeklärt, als er sich unsterblich in die gleichaltrige Fanny Reich verliebt. Glühende Briefe, gemeinsame Tanzstunde, Schwüre der ewigen Liebe reihen sich folgerichtig aneinander. Doch zu Arthurs großem Kummer sind Fannys bürgerliche Eltern ganz und gar nicht an seinen Schwüren, sondern vielmehr an einer guten Partie für ihre Tochter interessiert und suchen der Unglücklichen einen passenden Gatten aus. Schnitzler ist erbost, knutscht weiterhin mit der Angebeteten im Mondenschein und sagt dem prospektiven Ehemann in das verdutzte Gesicht: »Fanny gehört zu mir!« Es hilft alles nichts, Fanny kommt unter die Haube und Arthur tröstet sich anderweitig. Gusti gefällt ihm sehr, doch die bevorzugt leider seinen besten Freund.

Es kommt die Zeit des Militärs: Die Mädels mögen seine fesche Uniform und er die Mädels. In seinem Tagebuch wimmelt es von Frauennamen, er tituliert sie »reizende, dumme, verächtliche, süße Geschöpfe«, bis er im Januar 1883 endlich befriedigt und triumphierend über Else von K. notieren kann: »Sie ward mein!« Erst die Begegnung mit Olga Waissnix korrigiert das flache Frauenbild. Die Vierundzwanzigjährige ist unglücklich verheiratet und Mutter von drei Kindern. Sie erwidert Schnitzlers stürmische Gefühle, doch Ehebruch kommt nicht in Frage. Helene Herz verweigert Arthur ebenso wie Jeanette Heger – mit der er zwei Jahre liiert ist – die Ehe, und so trennen sich die Lebenswege. In Betty, eine verheiratete Schöne, ist der unstete Arzt und Dichter heiß verliebt und leidet heftig darunter, daß er sich wegen einer langwierigen Blasenentzündung nicht in vollem Umfang engagieren kann. Im Juni 1889 lernt der Siebenundzwanzigjährige die angehende Schauspielerin Mitzi Glümer kennen. Mitzi ist sechzehn, und Arthur hegt so tiefe Gefühle, daß er zum ersten Mal über eine Hochzeit nachdenkt – allein, Mitzi hat einen gravierenden Nachteil: Sie war trotz ihres zarten Alters vor ihm bereits mit zwei Männern liiert. Damit kommt eine Heirat dann doch nicht in Betracht, und als er erfährt, daß Mitzi ihn betrügt, ist der gehörnte Liebhaber so wütend, daß er ihr schreibt: »Ich möchte Sie am liebsten zu Tode martern, das ist mein aufrichtiges Gefühl!«

Statt zu morden, schläft er mit verschiedenen Frauen, bis ihn die berühmte Schauspielerin Adele Sandrock in ihr Bett zerrt. Dem eisenfesten Griff des Bühnenstars glücklich entronnen, begegnet er der Gesangslehrerin Marie Reinhard, die ihm ausnehmend gut gefällt. Doch anders als die meisten anderen läßt sich Marie nicht zu mehr als Spaziergängen und Essenseinladungen überreden, es sei denn: Er heiratet sie. So gut gefällt sie Arthur doch nicht, da greift er lieber auf seine leichter zu erobernden »süßen Mädel«, auf die soeben in der Stadt weilende Mitzi und das Verhältnis mit einer verheirateten Frau zurück. Ein Jahr später kreuzt Marie Reinhard erneut seinen Weg, und obwohl er sie noch immer nicht heiraten möchte, wird sie an ihrem vierundzwanzigsten Geburtstag seine Geliebte. Immerhin kann sie den Schwerenöter überreden, mit ihr zusammenzuleben; doch bald stellt Arthur fest, daß er sich in einer derart festen Bindung wie ein Gefangener fühlt. Immer wieder bricht er aus, häufig mit Mitzi. Im Sommer 1897 entflammt der Dichter heftig für Rosa Freudenthal und beginnt ein halbjähriges, stürmisches Verhältnis mit der zweifachen Mutter. Das Kind, das Marie zu diesem Zeitpunkt von ihm erwartet, lehnt er von Anfang an ab und sucht sofort einen Kostplatz, um es gleich nach der Geburt weggeben zu können. Die unglückliche Marie bringt im September einen toten Sohn zur Welt, leidet noch zwei Jahre unter den Eskapaden des geliebten, rücksichtslosen Mannes, bevor sie an einem Blinddarmdurchbruch stirbt.

Fünf Wochen nach ihrer Beerdigung beginnt Schnitzler eine Beziehung mit der Schauspielerin Marie Elsinger, die er jedoch vom ersten Tage an mit Dauergespielin Mitzi betrügt. Gerade hat Poldi Müller seine Zuneigung, als 1899 eine Achtzehnjährige in seine Arztpraxis kommt, die sich in den Kopf gesetzt hat, ihn zu erobern. Sie nennt sich Dina Mavius, heißt in Wirklichkeit Olga Gussmann und bittet ihn um ein Foto. Das Bild wird ihr gewährt, mehr jedoch zunächst nicht, denn Fanny Reich taucht auf. Mit der inzwischen verwitweten Liebe seiner Jugend holt Arthur nach, was das Schicksal ihm seinerzeit verwehrte, langweilt sich jedoch bald so sehr, daß er statt ihrer Olga Gussmann trifft. Die hat im November 1900 endlich ihren Kopf durchgesetzt und den schreibenden Arzt in ihrem Bett. Sie wird schwanger, verliert das Kind, wird erneut schwanger und bekommt einen Sohn, Heinrich. Geschickt und voller weiblicher Raffinesse sorgt sie dafür, daß Schnitzler sich ihrer nicht zu sicher wird, und am 26. August 1903 werden ihre

Bemühungen vom ersehnten Erfolg gekrönt: Der eingefleischte Junggeselle hat seine Meisterin gefunden, er gibt auf und wagt den Gang zum Standesamt. Arthur, der bis dato hauptsächlich bei seiner Mutter gelebt und in der Stadt nur eine kleine Wohnung für seine Liebschaften unterhalten hat, fällt die Umstellung nicht leicht. In der Ehe geht es oft laut und hoch her, dennoch kommt sechs Jahre später eine gesunde Tochter, Lili, auf die Welt, die fortan den ersten Platz in Schnitzlers Herz innehat.

Zwischen ihm und Olga kriselt es heftig, er verliebt sich, gibt den Gefühlen aber zum ersten Mal in seinem Leben nicht nach, um seine Frau nicht zu hintergehen. Die ihrerseits hat weniger Skrupel und macht den Fehler, der anerkannten Klatschbase Alma Mahler von ihrer Liaison mit dem Komponisten Wilhelm Groß zu erzählen. Was Gustav Mahlers Gattin weiß, weiß bald darauf die ganze Stadt – auch Arthur Schnitzler, der sofort unter eine außereheliche Bettdecke schlüpft. Einvernehmlich läßt das Paar sich scheiden, geht nach der Verhandlung miteinander essen und in getrennte Wohnungen. Schnitzler versorgt die einst so geliebte Olga großzügig, die Kinder bleiben bei ihm. Nebenbei pflegt er kleine unbedeutende Verhältnisse, bis er 1923 eine Dame wiedertrifft, die er von früher kennt. Die dreizehn Jahre jüngere Clara Loeb hat zwei erwachsene Söhne, ist verwitwet und verfügt über einen brillanten Verstand. Unter anderem damit becirct sie den Dichter, der sich zu ihrem Leidwesen unter keinen Umständen auf eine Heirat einlassen will. Noch immer hat er regelmäßigen Kontakt zu Ex-Frau Olga; den Sommer 1929 verbringt er halb mit ihr und halb mit Clara, in deren Armen er 1931 stirbt.

Renate Wagner: Arthur Schnitzler, S. Fischer Verlag, Frankfurt am Main 1989

Franz Schubert
* 1797, † 1828

Der österreichische Komponist wird als Sohn eines Volksschullehrers geboren und erhält die Grundzüge seiner musikalischen Ausbildung vom Vater, als dessen Schulgehilfe er später arbeitet. Mit seinen Kompositionen in der Öffentlichkeit erfolglos, wird Schubert nur von seinem kleinen, elitären Freundeskreis als genialer Komponist erkannt und gefeiert.

»Zu Schubert habe ich nur eine Bemerkung: Musizieren, lieben – und Maul halten!«
Albert Einstein

In seiner Clique von Malern, Schriftstellern und Musikern, die allesamt ein un-
bürgerliches Bohemienleben führen, fühlt sich der kleine, pummelige Franz
Schubert am wohlsten. Hier lästert keiner über seinen schlechten Kleiderge-
schmack und seine Abneigung gegen Frauen. Der überwiegende Teil der
Künstler ist homo- oder zumindest bisexuell, und Schubert amüsiert sich mit
ihnen über Nina, einen Herren, der sich vor allem in Frauenkleidern gefällt und
seine Haare mit auffallenden Pfauenfedern schmückt. Ende zwanzig ist der
Komponist, da machen sich die ersten Anzeichen seiner schweren Syphiliser-
krankung bemerkbar. Die »Lustseuche« kriegt man nicht vom Zugucken, und
so heißt es lange Zeit, Schubert sei begeisterter Besucher von Prostituierten. Ist
er vermutlich auch, doch kauft er sich wohl weniger die drallen Damen der
Bordelle, sondern hübsche, junge Stricher. Das gilt es natürlich tunlichst vor
der Öffentlichkeit zu verbergen, denn Zeitgenossen haben keinerlei Verständnis für gleichgeschlechtliche Zuneigung. Der Musiker muß gesellschaftliche
Ächtung, wenn nicht gar gesetzliche Verfolgung für seine Suche nach Befriedigung befürchten. Gegen die Symptome seiner Krankheit unterzieht sich Schubert einer zeitgemäßen Radikalkur und läßt sich so intensiv mit Quecksilber
behandeln, daß ihm die krausen Haare ausfallen und er gezwungen ist, eine
Perücke zu tragen.

Freund Franz von Schober teilt mit dem Komponisten nicht nur jahrelang ein
Zimmer, sondern vor allem auch das Geld seiner Mutter. Frau von Schober hat
keine Ahnung vom ansonsten stadtbekannt promisken Leben ihres Sohnes und
hilft immer wieder mit großzügiger finanzieller Unterstützung. Schubert weiß es
zu schätzen, genießt das Wiener Leben und läßt sich vom siebzehnjährigen Maler
Moritz von Schwind anschwärmen: »Er ist mein süßer Schatz, kann eindringen in
die tiefsten Gänge meines Herzens.«

Ernst Hilmar: Franz Schubert, rororo Bildmonographie, Rowohlt Verlag, Reinbek 1997
L'Espresso, 9.4.1998

Robert Schumann
* 1810, † 1856

Der musisch begabte Sohn eines Buchhändlers fühlt sich schon früh zur Literatur
hingezogen und nimmt bereits siebenjährig mit Begeisterung Klavierunterricht.
Dennoch beginnt er seine Laufbahn mit einem Jurastudium, das ihn bald lang-

weilt. Pianist kann er wegen einer Fingerlähmung nicht werden, und so verlegt sich Schumann schließlich äußerst erfolgreich aufs Komponieren.

»Goldjunge«, nennt die strenge Mutter ihren geliebten Sohn Robert, und der tut alles, um sie nicht zu enttäuschen, und verschweigt schon mal die ersten kleinen Verliebtheiten. Weil Mama so zufrieden mit ihm ist, darf ihr Liebling schließlich auch Klavierunterricht bei Friedrich Wieck nehmen. Im Oktober 1830 bezieht der junge Mann zwei Zimmer im Haus des geschiedenen Musikpädagogen, der drei Kinder hat. Besonders innig ist Vater Wiecks Verhältnis zu seiner elfjährigen Tochter Clara. Das hochbegabte Mädchen lernt zwar erst mit vier Jahren sprechen, zeigt sich aber als enorm talentiertes Versuchskaninchen bezüglich der fortschrittlichen musikpädagogischen Methoden ihres Vaters. Der fordert und fördert seine Tochter gleichermaßen und engagiert sich so für die Kleine, daß er bis zu ihrem neunzehnten Lebensjahr sogar ihr Tagebuch in der Ichform führt.

Robert Schumann führt sein Tagebuch selbst, und 1831 schreibt er darin über sein Verhältnis zu einer Dame namens Charitas. Das bereitet ihm zwar Schuldgefühle, aber die Lust ist stärker, und noch im selben Jahr infiziert er sich mit Syphilis. Clara wird älter, schöner und reifer, spielt Klavier wie ein Husar und wird zum Zwecke größerer Karrieremöglichkeiten nach Dresden geschickt. Im Hause Wieck zieht an ihrer Stelle Ernestine von Fricken ein, im Vergleich mit der drei Jahre jüngeren Clara schon fast eine junge Frau. »Tochter eines reichen böhmischen Barons (…) ein herrliches, reines, kindliches Gemüt, zart und sinnig (…) außerordentlich musikalisch – kurz ganz so, wie ich mir etwa meine Frau wünsche«, schreibt Robert an seine Mutter. Ernestine und er verloben sich, allerdings nur für ein Jahr, denn dann kriegt Schumann heraus, daß seine Braut »von Armuth gezeichnet« und als Adoptivkind des Barons nach geltendem Gesetz nicht erbberechtigt ist. Er löst die Verbindung, und Ernestine gibt ihn frei. Clara kommt von einer Konzertreise zurück, und Robert kann nicht anders, er muß zugeben, sie gefällt ihm gar zu gut. Als ihr Vater das merkt, schickt er sie umgehend wieder nach Dresden, doch diesmal fährt der verliebte Robert hinterher. Friedrich Wieck bleibt auch das nicht verborgen, und wutschnaubend verbietet er Schumann das Haus, verbietet zu schreiben, verbietet ihm schlichtweg und ein für allemal seine Tochter.

Der junge Mann ertränkt seinen Kummer in Alkohol, komponiert, leidet und kann Clara nicht vergessen. Die nimmt nach einer kleinen Pause den Briefwechsel heimlich und über Dritte wieder auf, und an ihrem achtzehnten Geburtstag übergibt sie ihrem Vater voller Hoffnung das Werbungsschreiben ihres Komponisten. Herr Wieck denkt gar nicht daran, sein Einverständnis zu geben; er hat nicht soviel Geld, Geduld und Zeit in die Karriere seiner begabten Tochter investiert, damit die am Herd verkümmert. Sein Nein ist laut, deutlich und böse. 1839 stellt Schumann einen Antrag bei Gericht, um die Einwilligung zur Hochzeit auf diese Weise zu erlangen, und muß erleben, wie Claras Vater ihn schriftlich als unseriösen Trunkenbold und beruflichen Versager denunziert. In einem zermürbenden Prozeß kann Robert die Vorwürfe letztendlich entkräften und erhält die Erlaubnis, das Fräulein Clara Wieck zu heiraten. Die weiß nicht recht, wie ihr geschieht. Eben ihrem autoritären Vater entkommen, darf sie jetzt nicht mehr Klavier spielen, weil ihr Mann dadurch beim Komponieren gestört wird, darf keine Konzertreisen mehr unternehmen, weil er sie um sich haben möchte, und kann als Erklärung immer nur sagen: »Robert wünscht es nicht.« Statt Konzerte zu geben, bekommt sie acht Kinder und hat anstelle ihres despotischen Vaters jetzt einen despotischen Mann. Der, so stellt sich bald heraus, ist schwer krank. Wahnvorstellungen und Ängste, die ihn seit seiner Kindheit quälen, werden immer stärker und führen schließlich zu seiner Einlieferung in eine Nervenheilanstalt, wo er einen qualvollen Tod stirbt. Clara Schumann überlebt ihn um vierzig Jahre.

Barbara Meier: Robert Schumann, rororo Bildmonographie, Rowohlt Verlag, Reinbek 1995

William Shakespeare
* 1564, † 1616

William ist der Sohn eines Tuchhändlers und seiner Frau, Mary Arden, die dem römisch-katholischen Landadel entstammt. Seit 1588 macht er sich in London als Schauspieler und Bühnenautor einen Namen. Obwohl das Echo der Kritik eher verhalten ausfällt, werden Shakespeares Stücke am Hof Königin Elisabeths häufiger aufgeführt als die anderer Dramatiker. Sie sind bis heute aktuell und gehören zu den großen Klassikern der Weltliteratur.

Kaum hat William die Lateinschule absolviert, als im Kirchenbuch von Worcester 1582 auch schon steht: »William Shakespeare und Anne Hathaway

William Shakespeare

wird die Heiratserlaubnis erteilt.« Anne ist die Tochter eines Gutsbesitzers und acht Jahre älter als ihr achtzehnjähriger Mann. Der Grund für die Eheschließung wird bald offenbar, denn sechs Monate später tauft der Pfarrer von Stratford die kleine gesunde Susanna Shakespeare. Es dauert weniger als zwei Jahre, und Anne kommt erneut nieder, diesmal mit den Zwillingen Hamnet und Judith. Der junge Vater schreibt und reimt, guckt sich seine Familie an und verläßt vermutlich im Jahr 1587 Frau und Kinder.

Mit einer reisenden Schauspielertruppe zieht er nach London und läßt sich dort als Regisseur, Dramaturg und Schriftsteller nieder. Knapp zehn Jahre später ist William Shakespeare ein wohlhabender Mann, erwirbt Besitz in Stratford und pflegt Männerfreundschaften in adligen Kreisen, so mit dem Earl of Southhampton. Lästerzungen vermuten mehr als nur Freundschaft, Gerüchte, die Shakespeare ziemlich unberührt lassen. Er geht am Hof der Königin Elisabeth I. ein und aus, flirtet mit ihren Hofdamen. Gattin Anne und die Kinder gehören der Vergangenheit an. Am 25.3.1616 gedenkt er ihrer noch einmal. Es gilt das Testament zu unterzeichnen. Anne wird mit einem Bett bedacht – nicht mehr. Die Ortsarmen, denen der Kranke immerhin zehn Pfund vermacht, kommen besser weg.

Jean Paris: Shakespeare, rororo Bildmonographie, Rowohlt Verlag, Reinbek 1958
Gero von Wilpert: Lexikon der Weltliteratur, Alfred Kröner Verlag, Stuttgart 1975

Gertrude Stein
* 1874, † 1946

Die amerikanische Schriftstellerin entwickelt eine unkonventionelle Erzählform, die fast vollständig auf Handlung verzichtet. In ihrem Pariser Salon schart sie die führenden Maler und Autoren der Moderne um sich und trägt durch ihr Engagement als Sammlerin entschieden zur Akzeptanz zeitgenössischer Kunst im öffentlichen Bewußtsein bei.

»Männer und Frauen zusammen, das ist ziemlich entsetzlich …«, so deutlich äußert Gertrude ihre drastische Abscheu vor Heterosexualität. Dennoch bereitet es ihr große Schwierigkeiten, ihre lesbische Veranlagung während ihrer ersten Affäre mit Kommilitonin May Bookstaver zu akzeptieren. Die Geliebte hat eine leidenschaftliche Natur und sucht sich ständig neue Romanzen, während Gertrude mit ihren erotischen Gefühlen fertig werden muß, die in krassem Widerspruch zu ihrer Erziehung stehen. Die erste Liebe ist und bleibt unglücklich, Bookstaver kann sich nicht zwischen der angehenden Schriftstellerin und einer Medizinstudentin entscheiden. Zwei Jahre besteht die Dreieckskonstellation, dann flieht Gertrude vor ihrem Kummer und den beiden anderen Frauen nach Italien.

Hier kann sie wieder lachen lernen, was sie ebenso laut und gerne tut, wie sie viel ißt. »Sie lief wabbelnd herum – andere junge Mädchen trugen damals Korsetts (...) – fett und wabbelnd und in Sandalen, und es war ihr stockegal«, beschreibt sie ein angeheirateter Verwandter. So oder ähnlich zurechtgemacht lernt sie im September 1907 Alice Babette Toklas, die Liebe ihres Lebens, kennen. Alice hat ein Musikstudium absolviert, ihr Ziel Konzertpianistin zu werden jedoch aufgegeben. Sie und Gertrude verlieben sich auf den ersten Blick. 1908 feiern sie dreiunddreißig- und dreißigjährig eine heimliche »Hochzeit« mit anschließender Reise nach Venedig, und wenige Monate später zieht die zierliche Alice bei ihrer knapp neunzig Kilo schweren Gefährtin ein. Stein macht Toklas einen Vorschlag: »Sorge für mich. Ich sorge für dich auf jede nur mögliche Weise (...) sei zärtlich zu mir und beschütze mich vor Gefahren. (...) Letzten Endes gehören wir ins selbe Bett.« Alice ist einverstanden, und es beginnt eine bis auf die sexuelle Neigung fast konventionelle, eheähnliche Beziehung: Stein verdient das Geld für den Lebensunterhalt, Toklas kümmert sich um das Haus, die Rechnungen und sorgt für einen reibungslosen Ablauf des Alltags ihrer schreibenden Geliebten. Obwohl Alice optisch die bei weitem zartere und zierlichere der beiden Frauen ist, ist sie innerlich eindeutig die energischere. Das Motto für ihr Verhältnis formuliert Gertrude: »Alice gefällt es – und also gefällt es uns!« Beide sind leidenschaftlich, treu und liebevoll im Umgang miteinander und nennen sich mit Kosenamen: Alice ist »Pussy«, Gertrude »Lovely«. Alice überlebt die geliebte Freundin um zwanzig Jahre und wird nach ihrem Tod neben Stein auf dem Pariser Friedhof Père Lachaise beigesetzt.

Renate Stendhal: Gertrude Stein, Arche Verlag, Zürich 1989
Wallace, Irving u.a.: Rowohlts indiskrete Liste, Rowohlt Verlag, Reinbek 1981

Barbra Streisand
* 1942

Die amerikanische Sängerin, Schauspielerin, Regisseurin und Produzentin beginnt ihre Karriere mit einem Talentwettbewerb. Die erste Schallplatte verkauft sich gleich über eine Million Mal, und nach dem Oscar für »Funny Girl« 1968 gewinnt sie 1987 den Grammy als beste Popsängerin. Fünf Jahre später schließt die Streisand einen Produktionsvertrag für sechzig Millionen Dollar ab.

»Ich glaube, ihr größtes Problem ist, daß sie eine Frau sein möchte und schön sein möchte – und sie ist beides nicht, sie ist ein Monster!« Omar Sharif ist ein schlechter Verlierer und äußert sich wenig galant über seine Verflossene, als die ihm den Laufpaß gibt. Beim ersten Treffen findet er Barbra unattraktiv, beim zweiten passabel, beim dritten außergewöhnlich. »Die Wahrheit ist, ich bete Frauen an (…) diejenigen, die Intelligenz und Weiblichkeit vereinen.« Beides findet er bei der Streisand und verfällt ihr binnen einer Woche hoffnungslos. Verrückt nach ihm, Champagner, Austern und Kaviar, empfängt Barbra ihren schönen Liebhaber mit der berühmten sexy Zahnlücke und dem Ruf wie Donnerhall solange in ihrer Hotelsuite, bis ein geschwätziger Zimmerkellner der Presse die geheimen Treffen steckt und Streisands Gatte mal wieder für das Ende einer der Affären seiner Frau sorgen muß.

Als junges Mädchen hält sich die Streisand für so unattraktiv, daß sie ernsthafte Sorgen hat, in ihrem Leben keinen Mann abzukriegen. Zwar zeigt sich bald, daß das Gegenteil der Fall ist, doch nach ein paar erotischen Bastelstunden mit Kommilitonen aus der Schauspielschule gerät sie erst mal an den Falschen. Barry Dennen ist sehr geschmeichelt von ihren Avancen, macht Probeaufnahmen mit ihr, schickt sie zu Talentwettbewerben und wird so ein ganz wichtiger Faktor für ihre Karriere. Nebenbei – aber nur aus seiner Sicht – wird er der Liebhaber der Achtzehnjährigen, die von Ewigkeit und Hochzeit träumt. Barry sieht das alles etwas anders: Barbra darf sein Telefon nicht abheben, seine Familie nicht kennenlernen, der Pförtner wird in dem Glauben gehalten, sie sei eine Cousine, und Freunde dürfen sich über »The Nose« lustig machen. Irgendwann reicht es dem unglücklichen Mädchen, wenn auch trauernd trennt sie sich von Dennen.

Sie klettert die Karriereleiter Stufe für Stufe nach oben, hat kleine Liebschaften und ist auf einer Tournee gerade den Armen des farbigen Kollegen Wilma Curley entschlüpft, als sie beschließt, den Sänger Elliott Gould zu kaschen. Der hat zwar eigentlich eine feste Freundin, doch die durchschaut sofort resignierend die Situation: »Ich mag den Kerl wirklich gern, aber Barbra ist unterwegs, ihn zu schnappen.« Und Barbra schnappt so heftig, daß die Betten in jeder freien Minute quietschen und die Kollegen in den Nachbarzimmern sich ernsthaft gestört fühlen. Die beiden ziehen zusammen, doch wenn Streisand auf Tournee ist, werden dem eifersüchtigen Elliott immer wieder Gerüchte zugetragen, mit wem sie ihn nun schon wieder betrügt. Stellt er sie dann zur Rede, macht sie ihm unumwunden klar, daß er sich die Beziehung an den Hut stecken kann, wenn er auf Monogamie besteht. Gould kommt auf den absurden Gedanken, die Untreue mit einer Hochzeit zu kurieren, und nachdem er überhaupt nicht nachläßt, sie mit Anträgen zu bombardieren, wird zwischen zwei Auftritten an einem Freitag, den 13. schließlich geheiratet. Das Rezept funktioniert nicht, kaum ist die Künstlerin wieder außer Haus, beginnt sie eine Affäre mit dem verheirateten Sydney Chaplin, der sie nach der Trennung mit Anspielungen auf ihre Nase allabendlich auf der Bühne fast zur Weißglut treibt. Sohn Jason ist unterwegs, die werdenden Eltern freuen sich sehr, und Elliott hofft, daß seine Frau ihre Karriere für die Familie aufgibt. Die denkt gar nicht daran und arbeitet mit dickem Bauch so eng mit dem Komponisten Michel Legrand zusammen, daß Gould eifersüchtig herumwütet.

Die Ehe hält den ewigen Belastungen nicht stand, und irgendwann geht man getrennte Wege. Vom Dressman über Kris Kristofferson bis zu Elvis Presley (der ihr mit Vorliebe die Nägel lackiert) verläßt keiner Streisands Garderobe oder Zimmer ungeschoren. Ihre Romanze mit dem kanadischen Ministerpräsidenten ist eine Weile Thema Nummer eins in den Gazetten, und als der die junge Margaret Sinclair heiratet, kommentiert Barbra, sie hätte sich sehr gut vorstellen können, Kanadas First Lady zu werden. Auf die Idee, daß Trudeau nicht mit so vielen Hörnern wie Elliott auf seinen Gipfeltreffen erscheinen will, kommt sie nicht. Von dem ist sie geschieden, als sie sich Ryan O'Neal als Partner für die Komödie »What's Up Doc« wünscht. Vielleicht hat sie zu diesem Zeitpunkt gehört, was Ryans erste Frau herumerzählt: »Er ist ein phänomenaler Liebhaber, geht völlig darin auf, einer Frau Vergnügen zu bereiten.« Das hört sich nicht nur gut an, das ist auch gut; während der Dreharbeiten haben die beiden eine Menge Vergnügen an- und miteinander. Da O'Neil allerdings offenbar über eine ebenso ausgeprägte Libido wie Barbra verfügt, lernt er noch am Set eine andere kennen, und man trennt sich einvernehmlich. Warren Beatty, der attraktive Bruder von Shirley MacLaine, sieht schließlich auch nicht schlecht aus, zumindest gefällt er der Streisand eine kurze Weile.

Die große Romanze ihres Lebens beginnt mit dem achtundzwanzigjährigen Frisör Jon Peters. Der eingebildete Macho und Ferrari-Besitzer pfeift auf ihr Starimage und staucht sie zusammen, wenn sie ihn auch nur eine Minute warten läßt. »Ich mag es, wenn man sich um mich kümmert. Aber ich mag es auch, für den richtigen Mann Sexobjekt zu sein. Ich bin altmodisch«, bekennt sie ergeben. Jon hat einen großen Nachteil: Er ist von Zeit zu Zeit unberechenbar aggressiv. Trotz einer Paartherapie kriegen die beiden die Beziehung nicht in den Griff und leiden gleichermaßen unter der 1979 unvermeidlichen Trennung. Streisand tröstet sich auf bewährte Weise, zeigt sich mit Richard Gere, Dodi Al-Fayed und ab und zu mit Pierre Trudeau. Mit dem Musiker Richard Baskin lebt sie eine Weile zusammen, doch als aus Liebe Freundschaft wird, nimmt kein geringerer als Don Johnson alias Don Juan-Son, dessen Platz ein. »Er macht mich glücklich; wenn ich mit Don zusammen bin, kann ich meine Berühmtheit genießen! Don bekommt genauso viel Aufmerksamkeit wie ich«, sagt sie über ihn und genießt vor allem seine Schmeicheleien: »Ich war mit Tausenden von Frauen zusammen, aber Streisand ist die Spitze, unerreicht auf allen Gebieten, die zählen. Ich liebe ihre Stärke, ihren direkten Zugang zu Musik, Schauspiel, Menschen und, ja, Liebe! Für mich ist sie schön. Ich weiß, daß sich manche Leute über ihre Nase amüsieren; aber sie riecht Verlogenheit eine Meile gegen den Wind.« Als auch dieser Mann nicht der Richtige ist, ist er zumindest diskreter als mancher Vorgänger und läßt es mit einem bedauernden »Wir haben alles versucht« bewenden.

1993 krabbelt das dreiundzwanzigjährige Tennis-As André Agassi in Streisands Bett. Die Presse ist begeistert, so was hat es seit Chris Evert und Burt Reynolds nicht mehr gegeben. Weniger begeistert ist Agassis Ex-Freundin Wendy Stewart: »Die Frau ist alt genug, deine Mutter zu sein«, giftet sie aus dem Hintergrund. Dem Sportler folgen Moderator Peter Jennings, Peter Weller, Liam Neeson, John Voight. Die beruflich so erfolgreiche Barbra jagt dem privaten Glück noch immer hinterher und kommt zu dem Schluß: »Wahrscheinlich bin ich in der schlechtesten Position, einen Mann zu finden!« Vielleicht ist der, den sie sucht, gerade aufgetaucht. Derzeit sieht man sie frischverliebt und verheiratet mit James Brolin, der in den höchsten Tönen von gemeinsamen Frühstücken um fünf Uhr in der Früh schwärmt, während Streisand freimütig bekennt, am liebsten angekuschelt in Löffelchen-Position einzuschlafen.

James Spada: Streisand – Her Life, Crown Publishers Inc., New York 1995
Gala, 20.11.1997

Elizabeth Taylor
* 1932

Die amerikanische Filmschauspielerin Elizabeth Rosemond Taylor wird in London geboren und absolviert ihre ersten Leinwandauftritte schon als kleines Mädchen. Im Laufe der Jahre wird sie zu einem der erfolgreichsten Hollywoodstars ihrer Generation und mehrfach mit dem Oscar ausgezeichnet. Ihr Engagement für die Aids-Forschung wird 1993 preisgekrönt.

»Ich habe nur mit Männern geschlafen, mit denen ich verheiratet war. Wie viele Frauen können das von sich behaupten?«

Elizabeth Taylor

»Das Studio und meine Eltern bildeten eine verschworene Gemeinschaft, um meine Unschuld zu verteidigen. (...) Sie meinten es gut, aber es war ein solcher Einbruch in mein Selbstwertgefühl und mein Bedürfnis nach Selbständigkeit, daß ich mir vorkam, als lebte ich unter einem Mikroskop.« Liz schnürt ihre Taille, bis sie aussieht wie eine Sanduhr, trägt Ohrgehänge so groß wie Vorhangringe, lackiert jeden Nagel in Reichweite blutrot und führt lockere bis obszöne Reden – und trotzdem fordert sie kein Junge zum Rendezvous auf. Wie ein Zerberus verhindert die ehrgeizige Mutter, daß Elizabeth in falsche Hände gerät, und außer ihren eigenen sind alle Hände falsch. Trotzdem kann sie nicht verhindern, daß ihre fünfzehnjährige Tochter im Radio verkündet: »... das Allerwichtigste ist, daß ich mir bald einen Mann angele! Ich weiß genau, wie der Mann sein muß, den ich heiraten will. Ich möchte, daß er mir einen Reitstall zur Verfügung stellen kann.« Dazu ist der dreiundzwanzigjährige Footballer Glenn Davis zwar nicht in der Lage, aber dafür verehrt er der verliebten Liz eine Perlenkette, ihr erstes Schmuckgeschenk von einem Mann. William Pawley junior, Sohn des ehemaligen brasilianischen Botschafters, toppt die Kette mit einem protzigen Diamantring und veranlaßt damit Mutter Taylor, die Verlobung bekanntzugeben. Leider klebt eine Bedingung an den Edelsteinen, Liz soll ihre Arbeit aufgeben. Das kommt überhaupt nicht in Frage, und noch bevor ein Hochzeitsdatum diskutiert werden kann, ist die Verlobung gelöst.

Montgomery Clift ist nicht nur ein hartgesottener Trinker, er ist vor allem homosexuell und völlig immun gegen Liz' Verführungsversuche. Die merkt nicht gleich, woran es liegt, und legt sich völlig umsonst ordentlich ins Zeug, um ihren Traummann zu erobern. Auch Conrad Nicholas Hilton, wie Clift ein überdurchschnittlicher Zecher, hat eine Bürde zu tragen: »Mein Problem liegt darin, daß ich einen Millionär zum Vater habe.« Damit läßt sich leben, denkt Liz und stellt darüber hinaus wahrhaft bindende Gemeinsamkeiten fest: »Wir lieben beide übergroße Pullover, Hamburger mit Zwiebeln und Eno-Pizza.« Vater Taylor versucht trotz dieses überwältigend festen Fundaments der jungen Liebe noch ein Hindernis einzubauen, indem er auf Abschluß der Schule und dem vollendeten achtzehnten Geburtstag seiner Tochter besteht. In Anwesenheit von zweitausendfünf-

Elizabeth Taylor

hundert Gästen wird geheiratet; Liz bleibt allerdings noch zwei Nächte Jungfrau, denn ihr frischgebackener Gatte ist so betrunken, daß er seinen Pflichten nicht nachkommen kann. Bereits während der dreimonatigen Hochzeitsreise nach Europa ist klar, die Ehe geht nicht gut. Liz nimmt sieben Kilo ab, und kaum ein halbes Jahr später wird bekanntgegeben: »Wir werden für immer getrennte Wege gehen.«

Nach einem tröstlichen Intermezzo mit dem Regisseur Stanley Donen trifft Elizabeth Taylor den zwanzig Jahre älteren Michael Wilding. Der – normalerweise kein Kostverächter – hat erst mal keine Lust auf eine Affäre mit Liz, denn soeben befindet er sich in den Fängen von Marlene Dietrich, die angesichts ihrer neunzehnjährigen Konkurrentin erbittert fragt: »Was hat sie, was ich nicht habe?« Ganz einfach, entscheidet Wilding, dreißig Jahre weniger auf dem Buckel. Die schöne Liz kriegt ihren Willen, sie wird schwanger und bezieht mit Ehemann Michael, vier Katzen, sechs Hunden, Vögeln, Kaninchen und Enten eine Vierzimmerwohnung. »Wenn sie ein Kleid auszieht, steigt sie einfach heraus«, stellt Wilding bald darauf fest und muß zur Kenntnis nehmen, daß Elizabeth Taylor zwar eine begnadete Schauspielerin, leider aber eine furchtbare Schlampe und miserable Hausfrau ist. Obwohl Wilding es gern ein bißchen konventioneller hätte, läßt sie ihre Tiere, auch die Enten und Kaninchen, frei in der Wohnung herumlaufen und alles vollkötteln.

Auf einer Party bei Stewart Granger lernen die Wildings Richard Burton kennen.

Sechsundzwanzig Jahre alt, zwölftes von dreizehn Kindern, hochbegabt, Vater zweier Töchter und Gatte einer Frau, die brav und geduldig auf ihn wartet, wenn er entweder betrunken oder im Bett einer anderen ist. Burton ist zwar ein Vielschwätzer, aber Elizabeth gefällt er trotzdem. Seit der Geburt des zweiten Sohnes klappt mit Wilding alles nicht mehr so besonders, und nach einem Streit zieht Michael zu Freunden. Aber noch schlägt Richards Stunde nicht. Elizabeth Taylor verliebt sich in den mächtigen Produzenten Mike Todd. Der fackelt nicht lange, gibt seiner Lebensgefährtin den Laufpaß und sagt Liz, daß er sie heiraten wird. Die vierundzwanzigjährige erliegt Todd mit Haut und Haar. Luxus en masse, Perlen, Blumen, Diamanten und markige Sprüche in Gesellschaft Dritter: »Ich möchte mit dir bumsen, sobald wir dieses Essen hinter uns haben«, lassen ihre Knie weich werden. Schon kurz nach der Hochzeit fliegen in den teuersten Suiten dieser Erde die Fetzen. »Sie will nicht arbeiten, sie will herumkommandiert werden. Natürlich streiten wir uns höllisch viel, dieses Mädchen sucht ihr ganzes Leben nichts anderes als Streit. Das Dumme ist nur, daß alle anderen zu nett waren, sich zu wehren. Ich nicht! Wenn sie ihre Zustände kriegt, krieg' ich noch größere. Sie hat mit Männern ihr Leben lang immer nur Milchsuppe gegessen – aber nicht mit mir – ich bin rohes Fleisch!« Todd läßt auch der Presse gegenüber keinen Zweifel aufkommen, wer die Hosen anhat, und Freunde sind einhellig der Meinung, daß trotz allem die beiden ein glückliches Paar sind. Elizabeth bekommt ihr drittes Kind, eine kleine Tochter, und ist dem Wahnsinn nahe, als Mike bei einem Flugzeugabsturz ums Leben kommt. Mit Trost, Tabletten und Alkohol versorgt sie Eddie Fisher, ein Freund von Mike Todd, unglücklich verheiratet mit Debbie Reynolds. Die Ehe Fisher wird geschieden, Liz zerrt Eddie vor den Altar und merkt schnell, daß sie einen Fehler gemacht hat. Um die Beziehung zu retten, wählt sie eine rührende, aber die dämlichste aller Möglichkeiten, sie adoptiert ein kränkliches, zurückgebliebenes Kind.

»All dieser Kram, den man sich über Elizabeth erzählt, daß sie die schönste Frau der Welt sei, ist absoluter Blödsinn. Sie ist ein hübsches Mädchen, das stimmt, und sie hat wunderschöne Augen. Aber sie hat ein Doppelkinn, einen übergroßen Brustkorb und ziemlich kurze Beine. Aber sie wird an jedem Scheißtag ins Studio kommen, an dem ich auch da bin.« Richard Burton hat gute Sensoren und merkt ganz schnell, daß er dem Filmstar ausnehmend gefällt. Das erste, was sie von ihm übernimmt, ist die Angewohnheit, schon mittags ordentlich zu picheln. Nach vier Wochen will Richard die Affäre mit der Diva beenden und wie immer zurück zu seiner Frau, doch Elizabeth schluckt Schlaftabletten und zwingt ihn an ihre Seite. Und da bleibt er eine ganze Weile, lernt sofort, daß sie Juwelen liebt, »je teurer, um so besser«, und säuft wie weiland zu Hause vom frühen Morgen an. Elizabeth und Eddie werden geschieden. Eddie kommt mit einem Nervenzusammenbruch ins Krankenhaus und Liz nicht rechtzeitig zur nächsten Trauung. Burton, der selbstverständlich bereits eine ganze Menge getrunken hat, fragt in die Runde: »Ist das fette Törtchen immer noch nicht da? Sie wird noch zum jüngsten Gericht zu spät kommen.« Was er noch nicht weiß: Die Ehe, die er zu schließen bereit ist, wird schlimmer als das jüngste Gericht.

Alkohol, Tabletten, Prügel, Schreiereien, Seitensprünge, die Burtons lassen bis zu ihrem zehnten Hochzeitstag nichts aus, was ungesund ist oder weh tut. Sie werden geschieden und heiraten ein zweites Mal, das »Glück« dauert nur zehn Monate, dann ist es für immer vorbei. Richard Burton heiratet Suzy Hunt, und Elizabeth jagt weiter nach dem Mann, der es mit ihr aushält. Senator John William Warner versucht es und scheitert ebenso wie der schmerbäuchige wohlhabende Rechtsanwalt Victor Gonzales Luna. Elizabeth absolviert einen Entzug und fällt in die Arme von Dennis Stein, dick wie ein Faß und schwer reich. Liz wird rückfällig und muß den Alkohol erneut in der Betty Ford Klinik bekämpfen. Dort lernt sie den siebenunddreißigjährigen Lastwagenfahrer und Bauarbeiter Lawrence Lee Fortensky kennen. Der zweifach geschiedene Muskelmann wird 1989 ihr Liebhaber. Zwei Jahre später erhält die Firma Cartier den Auftrag, eine cremefarbene Karte mit schwarzer Schrift zu entwerfen. Der Text: »Mr. Michael Jackson würde sich freuen, Sie zur Hochzeitsfeier seiner lieben Freundin Mrs. Elizabeth Taylor mit Mr. Larry Fortensky am Sonntag, den 6. Oktober 1991 um 17.00 Uhr bei sich empfangen zu dürfen.« Mit neunundfünfzig Jahren ist Weltstar Elizabeth Taylor zum achten Mal im Brautkleid – ein Geschenk von Valentino – und heiratet einundvierzig Jahre nach ihrem ersten Gang zum Altar einen zwanzig Jahre jüngeren Mann. Die Trennung ist vorprogrammiert, denn Larry entpuppt sich recht bald als ziemlicher Widerling, der seine Zeit mit der Taylor vergoldet haben will. Wieder allein, kann Liz darüber nachdenken, ob dieses Jawort die anderthalb Millionen Dollar fürs Hochzeitsfest wert war.

Carole McKenzie: All about Sex, Europaverlag, München/Wien 1992
Donald Spoto: Elizabeth Taylor, Parnas Verlag, Berlin 1995

Henri de Toulouse-Lautrec
* 1864, † 1901

Henri, Sohn einer der vornehmsten französischen Adelsfamilien, bricht sich als Halbwüchsiger kurz hintereinander beide Beine. Der Unfall macht Toulouse-

Lautrec wegen einer degenerativen Erberkrankung lebenslang zum Krüppel. Nachdem seine Zeichenbegabung früh erkannt und gefördert wird, geht der Maler nach Paris und erfreut sich dort durch Talent und originellen Charakter großer Beliebtheit.

Wie so oft in seinem Leben sitzt Henri in einem Lokal, als zwei Damen am Nachbartisch über die Reinrassigkeit eines kleinen, häßlichen Hundes in heftigem Streit entbrennen. Hilfesuchend wendet sich die eine an Toulouse-Lautrec: »Nicht wahr, Monsieur, man kann sehr häßlich sein und trotzdem reinrassig?« Innerlich vermutlich tief getroffen, aber äußerlich ganz gelassen antwortet er: »Wem sagen Sie das, Madame?«

Mit normal proportioniertem Oberkörper und Kopf, zu kurzen Beinen und Armen ist der Maler wahrhaft keine Schönheit, so grotesk, wie ihn später Romanciers und Filmregisseure darstellen, ist er allerdings auch nicht. Dennoch scheidet eine standesgemäße Heirat vor allem aus optischen Gründen aus, und Henri sucht nach einer unerfüllten und sehr unglücklichen Liebe Befriedigung bei Prostituierten und seinen Modellen. »Ah! Ich möchte auf dieser Erde eine Frau sehen, die einen Geliebten hat, der häßlicher ist als ich«, bemerkt er während eines seiner nächtlichen Streifzüge durch Bars und einschlägige Etablissements. Im Viertel hat er bei Eingeweihten den Spitznamen »Kaffeekanne«, weil das Genital des 1,52 m kleinen Mannes Ausmaße hat, um die ihn jeder normal gewachsene Geschlechtsgenosse zutiefst beneiden würde. 1887 bezieht er ein neues Atelier und freundet sich mit der Mieterin ein Stockwerk höher, Marie-Clémentine Valade, genannt Suzanne Valdon, binnen kürzester Zeit äußerst intim an. Suzanne hat wie Henri einen ausgeprägten Sinn für Humor, und eines Abends schockieren sie gemeinsam das Dienstmädchen, indem sie sich beide zwischen zwei Gängen bis auf Socken und Schuhe entkleiden und den Rest der Mahlzeit mit ungerührten Mienen, aber fast nackt zu sich nehmen. Leider tyrannisiert die Valdon ihren Geliebten mit ständigen Selbstmorddrohungen, und nach einem dramatischen Auftritt hat er die Nase voll von dem Theater und verläßt sie.

»Sie haben ein gutes Herz. Wahre Bildung kommt vom Herzen, das genügt mir«, erklärt Toulouse-Lautrec seine Vorliebe für Dirnen. Oft lebt er über längere Strecken mit und bei ihnen, merkt sich ihre Geburtstage, macht ihnen Geschenke, lädt sie an ihren freien Tagen ins Theater ein und krabbelt in ihre Betten, wenn ihm danach ist. »Ich schlage mein Zelt im Bordell auf«, kündigt er diese Phasen seinen Freunden an und ist besonders entzückt, wenn er mit rothaarigen Damen zu tun hat. Eine von ihnen, Rosa la Rouge, erlangt traurige Berühmtheit mit der Tatsache, daß sie den Maler mit Syphilis ansteckt. Daran und an den Folgen seines unmäßigen Alkoholkonsums stirbt Henri kurz vor seinem siebenunddreißigsten Geburtstag in den Armen seiner Mutter.

Matthias Arnold: Toulouse-Lautrec, rororo Bildmonographie, Rowohlt Verlag, Reinbek 1982

Georg Trakl
* 1887, † 1914

Der österreichische Lyriker gehört zu den bedeutendsten Vertretern des deutschen Frühexpressionismus. In seiner Dichtung dominieren Trauer, Weltekel, Resignation und Untergangsvisionen. Zu Beginn des Ersten Weltkrieges kommt Trakl als Militärapotheker an die Front, erleidet aufgrund der traumatischen Erfahrungen einen Nervenzusammenbruch und stirbt in einem Feldlazarett.

Georg Trakl

Schon als Gymnasiast besucht Georg Trakl gleichermaßen zum Entsetzen und zur Bewunderung seiner Klassenkameraden regelmäßig die örtlichen Bordelle. Was die gleichaltrigen Knaben und vor allem die katholischen Bürgerseltern nicht wissen: Georg empfindet bereits seit der beginnenden Pubertät höchst unbrüderliche Gefühle für seine fünf Jahre jüngere Schwester Margarethe. Die Beziehung ist ebenso leidenschaftlich wie belastet. Beide »Kinder« haben Angst vor Entdeckung und Strafe und schämen sich ihrer Emotionen. Gretl ist ihrem Bruder nicht nur innerlich, sondern auch physiognomisch sehr ähnlich, und voller Schuldgefühle schreibt er sich seine Qualen von der Seele: »Wollust, da er im grünenden Sommergarten dem schweigenden Kind Gewalt tat, in dem Strahlenden sein umnachtetes Antlitz erkannte.«

Der religiös erzogene Georg leidet entsetzlich unter seiner Liebe zu Gretl, die nach einer Weile die sexuell aktivere von beiden ist. Biographen nennen sie haltlos, getrieben, demidämonisch, halbgenial und antibürgerlich. Gerne läßt sie sich von ihrem brüderlichen Liebhaber zu Drogen verführen, konsumiert bald mehr als er und zieht Trakl hinterher, als der nach Wien geht, um Pharmazie zu studieren. Die Geschwister leben zwar in getrennten Wohnungen, gehen in dieser Zeit ihrer Leidenschaft füreinander jedoch völlig ungehemmt nach. Trakl ist seiner Schwester hörig, außer ihr gibt es keine Frau von Bedeutung in seinem Leben. Er hält ihr bis zu seinem Tod die Treue. Entsetzt muß er zur Kenntnis nehmen, daß Gretl ausgerechnet in diesem Punkt ganz anders veranlagt ist. Schon 1912 hat sie ein Verhältnis mit einem der wenigen Freunde ihres Bruders, was den zu eisigem Schweigen und dem Bruch der Freundschaft veranlaßt. Als sie allerdings zwanzigjährig den um einiges älteren Arthur Langen heiratet, ist Georg Trakl am Boden zerstört. Von schrecklichen Eifersuchtsphantasien gequält, versucht der Dichter, sich mit finsteren Texten den Schmerz aus Herz und Kopf zu schreiben. Als die unglückliche Gretl in Berlin schwer an den Folgen einer Fehlgeburt erkrankt, sitzt ihr Bruder Tag und Nacht an ihrem Bett. Georg Trakl stirbt 1914 an einer Überdosis Kokain, drei Jahre später erschießt sich seine Schwester.

Otto Basil: Georg Trakl, rororo Bildmonographie, Rowohlt Verlag, Reinbek 1965

Peter Iljitsch Tschaikowsky
* 1840, † 1893

Nachdem er zunächst ein Jurastudium aufgenommen hat, studiert der russische Komponist Musik sowohl am Petersburger Konservatorium als auch bei Anton Rubinstein. Von 1866 bis 1878 unterrichtet Tschaikowsky in Moskau Musiktheorie, bis er dank der Unterstützung einer Mäzenin als freischaffender Dirigent und Komponist leben kann. Heute gilt er als der große Symphoniker Rußlands.

Bis heute ist nicht wirklich bekannt, wer die homosexuellen Geliebten von Peter Tschaikowsky sind. Der Komponist leidet so sehr unter seiner Veranlagung, daß er sie sogar in seinen Tagebüchern mit den Buchstaben »Z« umschreibt oder einfach nur »Das« nennt. »Das« verschafft ihm große Qualen, die er, wenn überhaupt, nur seinem ebenfalls homosexuellen Bruder Modest beschreibt. »Heute quält mich Z außergewöhnlich heftig«, oder »Litt stark, nicht so sehr unter dem Gefühl von Z, sondern stärker wegen der Tatsache, daß es in mir existiert«. Aus Angst vor Entdeckung hält er seine Beziehungen streng geheim und träumt manchmal von einem behaglich bequemen Verhältnis zu einem ältlichen Fräulein »ohne Anspruch auf Leidenschaft«. Eine Weile teilt sich Tschaikowsky die kleine Zweizimmerwohnung mit einem jungen Mann namens Botschetschkarow, den er

385

nach außen als Diener deklariert. Doch müssen dessen Qualitäten auf anderem als dem Gebiet des Haushaltsführens gelegen haben, da er außer Buchweizengrütze und Kohlsuppe nichts zu kochen versteht. Auf einer Tournee lernt der Musiker die französische Opernsängerin Désirée Artot kennen. Voller Begeisterung für ihre schöne Stimme und ungewöhnliche Ausstrahlung verlobt sich Tschaikowsky mit ihr, verschiebt dann jedoch aus Angst vor der eigenen Courage die Hochzeit. Désirée zieht weiter und heiratet wenig später einen anderen. Der Komponist ist am Boden zerstört und zeigt keinerlei Sinn für die bissige Anmerkung Anton Rubinsteins, er solle froh sein, dem »Schicksal entronnen zu sein, der Diva lebenslang Mantel und Gummischuhe nachtragen zu dürfen«.

1877 geht plötzlich das Gerücht, Peter Tschaikowsky habe in aller Stille und Heimlichkeit geheiratet. Wo Rauch ist, ist auch Feuer, und Freunde staunen nicht schlecht, als sich die Sache als wahr entpuppt. Antonina Iwanowna Miljukowa, eine weniger als mittelmäßige Schülerin des Konservatoriums, schickt ihm erst herzzerreißende Liebesbriefe und schafft es dann angeblich durch Selbstmorddrohungen, Tschaikowsky zu einer Heirat zu überreden. Als der bei der Trauung die Braut küssen soll, spürt er einen stechenden Schmerz in der Herzgegend, verliert die Fassung und fängt an zu weinen. Schon drei Monate später kann der sensible Musiker die Gegenwart seiner Frau nicht mehr ertragen und meidet die Wohnung, wann immer möglich. Wenn er gemeinsam mit Antonina eingeladen ist, fällt Freunden auf, daß er bemüht ist, sie keinen Augenblick allein zu lassen, als hätte er Angst, seine Frau könne etwas Falsches sagen. »Immerhin ist sie hübsch und weiß sich ganz nett zu benehmen. Trotzdem gefällt sie mir nicht besonders. Es ist, als ob sie unecht oder konserviert wäre«, sagt Rubinstein und beobachtet damit vielleicht den Ansatz dessen, was sich später als Krankheit entpuppt. Antonina entwickelt zunehmend Wahnvorstellungen, beginnt, sich mit anderen Männern einzulassen, bekommt Kinder, deren Väter sie kaum benennen kann, und weigert sich stur, der von Tschaikowsky so sehr gewünschten Scheidung zuzustimmen. Loyal und in seinen sexuellen Schuldgefühlen gefangen, sorgt der bis zu seinem Tod für sie und erlebt nicht mehr, daß seine Frau die letzten Jahre ihres Lebens in einer Nervenheilanstalt verbringt.

Nikolai Kaschkin: Meine Erinnerungen an Peter Tschaikowski, Verlag Ernst Kuhn, Berlin 1992
Wallace, Irving u.a.: Rowohlts indiskrete Liste, Rowohlt Verlag, Reinbek 1981

Anton Tschechow
* 1860, † 1904

Bereits während seines Medizinstudiums veröffentlicht der russische Schriftsteller humorvolle Kurzprosa in verschiedenen Zeitschriften. Trotz seiner ärztlichen Fürsorge sterben Mutter und Schwester an Typhus. Tschechow schließt daraufhin verzweifelt seine Praxis und widmet sich nur noch dem Schreiben. Er gilt bis heute als Meister der Kurzgeschichte.

»Wenn Sie Angst vor dem Alleinsein haben, heiraten Sie besser nicht!«

Anton Tschechow

Noch vierzigjährig ist Anton Pawlowitsch Tschechow zu seinem Bedauern nicht mit einer Frau, sondern mit seiner Familie verheiratet. Die ganze Sippschaft lebt von seinem Geld, und Mutter Tschechow tyrannisiert den geliebten Sohn mit ihrer Fürsorge: »Und wenn ich ausgehe, legt sie sich erst schlafen, sobald ich zurück bin. Wahrscheinlich hat sie sich schon hinter der Tür versteckt, um mir zu öffnen und sich zu überzeugen, daß ich unversehrt bin.« Der Arzt und Schriftsteller verliebt sich zwar ein paarmal, stößt aber entweder nicht auf Gegenliebe oder kann sich nicht zu einer Heirat entschließen. Einem Freund vertraut er traurig an: »Mich lieben die Frauen doch nicht (…) sie halten mich alle für einen Spötter, einen Humoristen, und das wirkt nicht vertrauenerweckend.« Im Jahr 1900 gastiert das »Moskauer Theater« mit den Tschechowstücken »Die Möwe« und »Onkel Wanja«.

Anton Tschechow

Der heftig verliebte Autor reist seiner Hauptdarstellerin, Olga Knipper, hinterher. »Seien Sie gegrüßt, letzte Seite meines Lebens«, redet er sie in seinen Briefen an, denn der Arzt weiß, auch wenn er es nicht wahrhaben will, daß er unheilbar an Tuberkulose erkrankt ist. Unter anderem deswegen besteht er darauf, daß die erfolgreiche Olga ihren Beruf nicht aufgibt. Durch die vielen Trennungen führen die beiden ein ziemlich reduziertes Liebes- und später Eheleben.

»… und ich weiß nicht, was ich Dir sagen soll, außer einem. Was ich Dir schon 10.000 Mal gesagt habe und Dir wahrscheinlich noch lange sagen werde, das ist, daß ich Dich liebe – und weiter nichts. Wenn wir jetzt nicht zusammen sind, so sind daran nicht Du und ich schuld, sondern der Dämon, der mir die Bazillen eingehaucht hat und Dir die Liebe zur Kunst.« Im Mai 1901 heiratet das Paar in aller Stille, nicht einmal die engsten Verwandten werden informiert oder gar eingeladen. »Ich habe aus irgendeinem Grund schreckliche Angst vor der Trauung und den Glückwünschen und dem Sekt, den man in der Hand halten und dabei ein unbestimmtes Lächeln aufsetzen muß«, gesteht Anton seiner Braut, die nicht so recht weiß, ob sie »lachen oder weinen soll«. Ein Jahr später erleidet Olga Tschechowa eine Fehlgeburt, von der sie sich nur sehr schwer erholt. Als sie endlich genesen ist, wird ihr Mann bereits von so heftigen Anfällen geschüttelt, daß er immer wieder zur Kur muß. 1904 stirbt er während eines seiner Aufenthalte im Schwarzwald.

Carole McKenzie: All about Sex, Europaverlag, München/Wien 1992
Elsbeth Wolffheim: Anton Cechow, rororo Bildmonographie, Rowohlt Verlag, Reinbek 1982

V–Z Von Verlaine bis Zola

Paul Verlaine
* 1844, † 1896

Der französische Dichter wird am Lycée Bonaparte in Paris erzogen. Seine frühen Werke sind von der antiromantischen, experimentellen Stilrichtung der Parnassiens geprägt, mit denen Verlaine persönlich in Verbindung steht. Nach einer Rückbesinnung auf den Katholizismus seiner Kindheit enthält eine spätere Gedichtsammlung konfessionelle, religiöse Verse.

Mit etwa siebzehn Jahren ist Verlaine bereits Stammkunde verschiedener Prostituierter und verfügt über ganz erstaunliche Kapazitäten, wenn es um das Trinken des giftgrünen Absinth geht. Nach einer extrem ausschweifend verlebten Zeit lernt Paul 1870 ein junges Mädchen kennen, das in seinen Augen die Reinheit und Keuschheit in Person ist. Mathilde Mauté, sechzehn Jahre jung und große Bewunderin seiner Dichtung, kennt Verlaine schon aus Literaturzirkeln und ist deswegen über sein verwegenes Aussehen nicht erschreckt. (Ein Lehrer sagt über Paul, er habe das Gesicht eines degenerierten Verbechers.) Während der zehnmonatigen Verlobungszeit ist Verlaine für seine Verhältnisse erstaunlich treu und anhänglich, doch kaum haben die Hochzeitsglocken ausgeläutet, entwickelt sich seine Frau zur eingebildeten Bürgerszicke und der frischgebackene Ehemann beginnt wieder zu trinken.

Die junge Ehe findet ein abruptes Ende, als der schöne, frühreife Arthur Rimbaud in Verlaines Leben auftaucht. Es dauert nicht lange, und die beiden stellen ihre Liebe öffentlich zur Schau. Rimbaud, wenngleich der Jüngere, ist eindeutig der dominante Partner. 1872 brennt das homosexuelle Liebespaar mit finanzieller Unterstützung von Verlaines Mutter durch. Mathildes Versuch, ihren Mann wieder an den heimischen Herd zu locken, scheitert kläglich. Und nach einer kurzen Trennung nehmen die beiden Männer ihr Verhältnis wieder auf. Rimbaud, der zu Gewalttätigkeiten neigt, macht Verlaine mit Beschimpfungen das Leben so schwer, daß der Dichter es irgendwann nicht mehr aushält und ihn verläßt. Während eines Handgemenges schießt der völlig betrunkene Paul seinem verstockten Liebhaber ins Handgelenk und wird zu zwei Jahren Gefängnis verurteilt. Nach seiner Entlassung sucht er Rimbaud erneut auf, dessen Hand so weit gesundet ist, daß er Verlaine brutal zusammenschlägt und am Straßenrand liegen läßt.

Inzwischen von Mathilde geschieden, unterrichtet Paul an verschiedenen Schulen und verliebt sich 1879 in einen seiner Zöglinge. Der neunzehnjährige Lucien Létinois läßt sich von dem berühmten Dichter aushalten und redet hinter seinem Rücken schlecht über ihn. Vier Jahre später stirbt er an Typhus; Verlaine läßt seinen Sarg in ein jungfräulich weißes Tuch hüllen. Seine letzten Jahre verbringt der Dichter in Gesellschaft zweier alternder Prostituierter, die seine Sehnsüchte nach sadomasochistischem Sex befriedigen. Philomène Boudin und Eugénie Krantz sind zwei raffgierige Schlampen. Unter dem Einfluß von Absinth und Lederriemen drängen sie Verlaine, Gedichte zu schreiben, die sie dann bei Verlegern gegen Bargeld eintauschen. Eugénie ist bei Paul, als der den letzten Atemzug tut, und nimmt in Witwenkleidung an seiner Beerdigung teil. Mit den Einnahmen ihres schwungvollen Handels seines gefälschten literarischen Nachlasses trinkt sie sich bald darauf zu Tode.

Yves Bonnefoy: Arthur Rimbaud, rororo Bildmonographie, Rowohlt Verlag, Reinbek 1962
Cecily Mackworth: English Interludes, Routledge, London 1974
Wallace, Irving u.a.: Rowohlts indiskrete Liste, Rowohlt Verlag, Reinbek 1981

Voltaire
* 1694, † 1778

François Marie Arouet alias Voltaire gilt als einer der führenden Vertreter der Aufklärung. Der französische Schriftsteller und Philosoph verkehrt schon als junger Mann in den Pariser Salons und freigeistigen Zirkeln, wo er sich als sarkastischer, scharfsinniger Zeitgenosse etabliert. Wegen einer Reihe von spöttischen Schriften wird er sogar in der Bastille inhaftiert.

»Es ist ein Aberglaube der Menschen zu denken, Jungfräulichkeit könne eine Tugend sein.«

Voltaire

»Mein liebenswürdiges Kind, lebe wohl«, mit diesen Worten beendet des neunzehnjährigen Voltaire erste große Liebe das Verhältnis. Olympe Dunoyer, die auf den weniger feierlichen Kosenamen Pimpette hört, erwidert seine Leidenschaft und ist in puncto Jungfräulichkeit völlig seiner Meinung. Sofort will sie ihrem Geliebten von Holland nach Paris folgen, hat dabei aber den vehementen Widerstand ihrer resoluten Mutter nicht einkalkuliert. Die will unter keinen Umständen, daß ihre Tochter sich an einen mittellosen Knaben ohne Rang und Namen verschwendet. Madame Dunoyer sperrt François schlichtweg in sein Zimmer, auf daß er bis zu seiner Abreise ihrem schönen Kind nicht mehr zu nahe trete. Das Kind ist nicht nur schön, sondern auch raffiniert, versteckt die üppigen Rundungen in Männerkleidern und schleicht sich für ein letztes Tête-à-tête zu Voltaire. Und während der zurück in Paris vor Liebeskummer abmagert, schreibt sie ihm den Abschiedsbrief. Der dünkelhafte Voltaire legt sich eine Geliebte mit Adelsprädikat zu: Suzanne Catherine Gravet de Corsembleu de Civry. Das klingt so vornehm für den jungen Mann mit der snobistischen Vorliebe für alles Adlige, daß ihm völlig gleichgültig ist, daß die Schauspielerin ihn andauernd betrügt.

Im Sommer 1733 lernt er die Marquise Émilie du Châtelet kennen. Voltaire ist achtunddreißig, Émilie elf Jahre jünger und Mutter zweier Kinder. In ihrer Konventionsehe lebt sie, wie es der gesellschaftliche Kodex verlangt, seit der Geburt des zweiten Kindes wohlerzogen neben ihrem Gatten her. Aber die imposante schwarzhaarige Frau mit der großen Nase, dem energischen Kinn, einem Hang zu Glücksspiel, Schmuck und auffallender Garderobe will mehr vom Leben, und da kommt ihr der kluge Voltaire gerade recht. Im Sommer 1734 übersiedelt er so unauffällig wie möglich auf das Landgut seiner Freundin, und gemeinsam stecken sie viel Geld und Zeit in die Renovierung und Einrichtung der Zimmer. Der gehörnte Gatte

Voltaire

sieht's und schweigt auch dann noch, als Voltaire seine etwa tausend Bücher kommen läßt. Nach einer Weile weicht das erotische Verhältnis einer Seelengemeinschaft; Voltaire, der der körperlichen Liebe ohnehin nicht übermäßig viel abgewinnen kann, ist das ganz recht so. Émilie findet es langweilig: Einen Ehemann, der nicht mit ihr schläft, hat sie schon, noch so einen braucht sie nicht, oder zumindest braucht sie dann einen dritten, der ihre körperlichen Bedürfnisse erfüllt. Als Voltaire sie 1748 mit einem schmucken Gardeoffizier erwischt, macht er ein solches Theater, daß ein Duell nur mit Mühe zu verhindern ist. Émilie wird schwanger; Voltaire nimmt regen Anteil und hilft bei der Suche nach einem diskreten Ort für die Entbindung. Das kleine Mädchen kommt auf die Welt, doch die Mutter erliegt eine Woche später dem Kindbettfieber. Voltaire ist untröstlich und verabschiedet sich nach über fünfzehn Jahren in aller Freundschaft vom verwitweten Marquis.

Als der Schriftsteller Paris endlich mit seiner Wagenkolonne voll Bildern, Büchern, Möbeln und Statuen erreicht, wird er von seiner Nichte Marie-Louise erwartet. Sie führt ab jetzt seinen Haushalt, und aus der familiären Verbindung entwickelt sich eine tiefe Zuneigung. Voltaire schreibt liebevolle Briefe: »Ich umarme Dich tausendmal. Ich werde Dich stets und zärtlich lieben.« Doch das Zusammenleben hat auch andere Seiten, und eine Besucherin formuliert: »Die Nichte Voltaires ist zum Totlachen, eine kleine, dicke Frau, kugelrund, eine ganz unmögliche Frau, häßlich und gutmütig. Sie lügt ganz ohne Absicht und Arg, sie scheint Geist zu haben und hat doch keinen. Sie schreit, sie entscheidet, sie politisiert, sie schwätzt dummes Zeug. Wenn sie es gar zu toll treibt, schreit Voltaire sie vor allen Leuten zusammen, dicke Sau, dumme Pute!«

Böse Zungen behaupten, Marie-Louise sei vor allem am Erbe interessiert, denn Voltaire ist ein reicher Mann. Er verdient nach heutigen Maßstäben etwa eine halbe Million Mark im Jahr und ist damit sicher der bestverdienende Literat Europas.

Carole McKenzie: All about Sex, Europaverlag, München/Wien 1992
Georg Holmsten: Voltaire, rororo Bildmonographie, Rowohlt Verlag, Reinbek 1983

Richard Wagner
* 1813, † 1883

Der deutsche Komponist verfolgt seine Idee vom musikalischen »Gesamtkunstwerk« mit bemerkenswerter Energie und gilt heute als einer der bedeutendsten Innovatoren der europäischen Musikgeschichte im 19. Jahrhundert. Bis zur triumphalen Uraufführung seiner Oper »Der fliegende Holländer« lebt Wagner zeitweise in ärmlichsten Verhältnissen.

»Kann es gelingen, mich ganz von den Frauen loszusagen? Unter tiefen Seufzern gestehe ich, daß es schon fast mein Wunsch ist! (…) Er bedeutet mir jetzt alles: Welt, Frau und Kind!« Obwohl Richard Wagners Beziehung zum bayerischen König Ludwig II. zu dergleichen existentiellen Fragen führt, reicht ihm die homosexuelle Liebe des Monarchen schlußendlich dann doch nicht. Und die königlichen Berater sind froh, als der Komponist sich langsam wieder aus dem Dunstkreis ihres Regenten zurückzieht. Bis zu seiner Bekanntschaft mit dem verknallten König sind Wagners Vorlieben eindeutig auf das weibliche Geschlecht fixiert. Nach zwei Jahren hartnäckigen Werbens heiratet er die Schauspielerin Christiane Wilhelmine »Minna« Planer. Die starke erotische Beziehung hilft dem Ehepaar, trotz ständiger Geldnöte eine ganze Weile vergnügt zusammenzuleben. Als der ersehnte Erfolg sich jedoch so gar nicht einstellen will, beginnt Minna am Talent ihres Mannes zu zweifeln und entwickelt sich zur Nörglerin. Auseinandersetzungen und Krisen sind die Folge, Richard Wagner tröstet sich mit kleinen Liebschaften.

1849 trifft er die zwanzigjährige Jessie Laussot. Das junge Mädchen bewundert und verehrt den Komponisten, ist begeistert von seiner Musik. Was für ein angenehmer Gegensatz zu der ewig meckernden Minna. Jessie hat leichtes Spiel, Richards Herz zu erobern. Hinzu kommt, daß ihre Mutter, Witwe und Mäzenin, für zwei Jahre eine Rente von dreitausend Franken aussetzt, damit der Musiker in Ruhe arbeiten kann. Der begeisterte Wagner schreibt Minna einen Brief, faselt darin von Unvereinbarkeit der Charaktere und schlägt eine Trennung vor. So einfach läßt sich die resolute Gattin jedoch nicht abspeisen. Sie packt die Koffer und fährt sofort zu ihrem Mann: Wenn der eine Trennung will, soll er ihr das gefälligst ins Gesicht sagen. Feigling Wagner flieht vor seiner Frau und führt sein Verhältnis mit Jessie weiter. Jetzt kriegt deren Mann Wind von der Angelegenheit und reagiert äußerst erbost, pfeift

Richard Wagner

seine Frau zurück und droht Liebhaber Wagner, ihn zu erschießen, wenn er nicht die Finger von Jessie läßt. Richard schreibt Minna noch einen Brief, der den ersten gegenstandslos macht, und kehrt reumütig an den ehelichen Tisch zurück – aus dem ehelichen Bett macht er sich allerdings nichts mehr. Was er dort ablehnt, holt er sich bei Mathilde Wesendonck, der er die Funktion seiner Muse überträgt. Aus Briefen entnimmt Minna, daß die Beziehung keineswegs so platonisch ist, wie ihr Richard immer behauptet, und bricht einen saftigen Krach mit Mathilde vom Stapel, den der überforderte Wagner nur knapp schlichten kann. Das Verhältnis zu Mathilde kühlt ab, und Minna kriegt vor Kummer Herzbeschwerden. Wagners Freund, der Komponist Franz Liszt, registriert mit Mißbehagen, daß Richard sowohl an seiner Gefährtin Marie d'Agoult als auch an Tochter Blandine Gefallen findet. Er spricht eine ernstgemeinte Warnung aus, kann aber eine innige Beziehung zu Blandine dennoch nicht verhindern.

Wirklich ernst wird es, als sich der etwa fünfzigjährige Wagner in Cosima, Blandines Schwester, verliebt. Diesmal ist es mehr als eine Affäre. Richard Wagner fühlt sich seelenverwandt mit der jungen Frau, die leider mit seinem Freund Hans von Bülow verheiratet ist. Noch kommt es nicht zu Intimitäten, denn der Komponist legt ein kleines Intermezzo mit Mathilde Maier, einer Notarstochter, ein. Auf seine geäußerten Heiratsabsichten reagieren die Eltern Maier höchst reserviert und raten dem Künstler nicht ganz zu Unrecht, sich doch erst mal von Minna scheiden zu lassen. 1865 ist Cosima immer noch die Angetraute Hans von Bülows und gleichzeitig Wagners Geliebte. Der Zustand ist auf die Dauer nicht haltbar. Bülow stimmt der Scheidung zu, wünscht aber, daß das Paar zwei Jahre mit einer Eheschließung wartet. Vater Liszt will die Ehe seiner Tochter retten und ist außerordentlich wütend auf Wagner, der freie Bahn hat, denn soeben hat Minna ihn zum Witwer gemacht. Nichts und niemand kann ihn hindern, die junge Frau zu heiraten, und nach all den Mißklängen mit der verstorbenen Minna genießt er sein Familienglück. Cosima bringt zwei Töchter aus erster Ehe mit und bekommt noch drei weitere Kinder. Sie führt dem egozentrischen Genie den großen und gastfreien Haushalt und toleriert gelegentliche Verliebtheiten ihres Mannes aus einer Position unanfechtbarer Stärke.

Horst Althaus: Richard Wagner, Gustav Lübbe Verlag, Bergisch Gladbach 1980
Martin Gregor-Dellin: Richard Wagner, Piper Verlag, München/Zürich 1982

John Wayne
* 1907, † 1979

Marion Michael Morrison ist bereits ein Starathlet auf seiner Universität, als er die ersten kleinen Filmrollen bekommt. Nach bescheidenen Anfängen avanciert er als John Wayne zum profiliertesten Westernhelden der Filmgeschichte und bleibt vierzig Jahre lang ein Topstar. 1969 wird er für die Darstellung des Rooster Cogburn mit dem Oscar ausgezeichnet.

»Daddy, kauf mir den«, sagt Marlene Dietrich zu ihrem Begleiter, als John Wayne in seinem coolen Cowboyoutfit am Set an ihr vorbeigeht. Daddy braucht ihn nicht zu kaufen, denn Wayne verliebt sich ohnehin in die deutsche Blondine und hat drei Jahre ein Verhältnis mit ihr. Zu Hause sitzt die brave Gattin und dekoriert das traute Heim: Josephine Saenz wird mit sechzehn Jahren die Freundin des Stipendiaten und angehenden Anwalts Michael Morrison. Vater Saenz versucht mit allen Mitteln, die Verbindung zu dem hochgeschossenen Habenichts aus kleinen Verhältnissen zu verhindern, aber das Paar ist zäh, und sieben Jahre nach dem ersten Treffen wird geheiratet. Hollywoods Verlockungen sind groß; John Wayne ist selten zu Hause, gerade oft genug, um in kurzer Zeit vier Kinder wie die Orgelpfeifen zu zeugen. Alkohol und Kolleginnen »konsumiert« er außerhalb, doch führt beides dazu, daß er und Josie sich immer weiter voneinander entfernen. Der rauhbeinige Schauspieler kann mit den steifen Wohltätigkeitsveranstaltungen, eine Leidenschaft seiner Frau, überhaupt nichts anfangen. Kein Fest ohne guten Zweck, und immer ist mindestens ein Pfarrer anwesend: »Ich habe bis zum Arsch in Katholiken gesteckt«, kommentiert er den ungeliebten Zustand, als er 1942/43 Esperanza Baur Diaz Ceballos trifft. Die Zwanzigjährige ist groß, dünn und hat dunkle Haare und ebensolche Augen. Beeindruckt von Wayne, verläßt sie sofort ihren aktuellen Begleiter und steht dem Filmstar zur Verfügung. Gerüchte

John Wayne

wollen wissen, daß Chata, so ihr Spitzname, ein hochbezahltes Edelcallgirl ist, als sie John kennenlernt. Diese Arbeit hat sie bald nicht mehr nötig, Wayne bittet Josie um die Scheidung. Nach einigem Zögern willigt die ein, John sorgt großzügig für seine Ex-Frau und die Kinder und wird ein Leben lang sagen, daß es das »blödeste war, was ich je gemacht habe, diese Frau und die vier Kinder zu verlassen«.

Noch ist er nicht zu dieser Einsicht gekommen, und ein halbes Jahr nach der Scheidung heiratet er Chata. Die entwickelt als Mrs. Wayne unliebsame Eigenschaften: John registriert mit Mißbehagen, daß sie ruhig ein bißchen öfter in die Badewanne gehen und vor allem ihre dicht schwarz behaarten Beine rasieren könnte. Zudem geht ihm seine ständig anwesende mexikanische Schwiegermutter schwer auf die Nerven. Doch all das wäre auszuhalten, wenn Chata nicht so unmäßig trinken würde. Selbst kein Kind von Traurigkeit, was den Alkoholkonsum angeht, ist Wayne entsetzt über das Benehmen seiner Frau, wenn die zu tief ins Glas geguckt hat. Immer wieder betrinkt sie sich fast bis zur Besinnungslosigkeit, verschwindet ohne eine Nachricht zu hinterlassen wochenweise und macht dem Filmstar das Leben schwer. Der beruhigt die Presse, indem er immer wieder sagt, die häufigen Trennungen haben mit seinem intensiven Arbeitspensum zu tun. Eines Tages muß er jedoch feststellen, daß Chata in seinem eigenen Haus mit Nick

Hilton, einem Ex-Mann von Elizabeth Taylor, eine leidenschaftliche Woche verbringt. Von Journalisten nach seiner Reaktion gefragt, sagt John nur: »Ich bin ins Badezimmer gegangen und habe gekotzt.«

Er reicht die zweite Scheidung ein, doch anders als die vornehme Josie läßt Chata nichts unversucht, ihn mit Schlamm zu bewerfen und soviel Geld wie möglich aus ihm herauszupressen. Nach geltendem Gesetz hat sie gute Karten, denn ihr Mann betrügt sie. Die dreiundzwanzigjährige Südamerikanerin Pilar Pallete Weldy ist seit einiger Zeit seine Freundin. Als Pilar während des Prozesses schwanger wird, entscheidet sie sich aus Rücksicht auf John, das Kind nicht zu bekommen. Der Familienrichter hat ein Einsehen und fällt ein für Wayne akzeptables, mildes Urteil. Chata stirbt wenig später in einem schäbigen Hotelzimmer, umgeben von leeren Flaschen.

Wayne geht mit Pilar seine dritte Ehe ein, acht Monate später ist sie schwanger. Beide sind überglücklich, und John sagt Freunden: »Das ist meine zweite Chance, Vater zu werden, und diesmal mache ich es richtig!« Pilar bemüht sich, ihrem gefeierten, prominenten Mann eine gute Frau zu sein, aber dessen Ansprüche sind fast nicht zu erfüllen. Ständig will er sie und die kleine Aissa um sich haben, erwartet, daß sie auch die strapaziösesten Bedingungen akzeptiert und ihn sogar zu Dreharbeiten in der Wüste mit dem Säugling begleitet. Pilar ist dem nicht gewachsen. Gegen ihre steigende Nervosität und Schlafstörungen nimmt sie Beruhigungsmittel und wird abhängig von den Sedativa. Nach einer kurzen Trennung sind die beiden 1958 wieder vereint, und Pilar erleidet einen schweren Zusammenbruch mit Panikattacken, als ihr die Medikamente eines Tages ausgehen. Der eilig herbeigerufene Arzt verordnet einen stationären Entzug, aber Wayne läßt seine Frau nicht ins Krankenhaus. Erst nach einem Suizidversuch stimmt er ihrer Einlieferung zu. Sie erholt sich, doch trotz beiderseitigen Bemühens und weiterer Kinder scheitert die Ehe letztendlich daran, daß der patriarchalische Wayne die Realität nicht mehr von seinen Filmrollen trennen kann und Pilar nicht Hilfssheriff auf Lebenszeit sein kann und will. 1973 geben sie die Scheidung bekannt.

Wayne hat eine neue Sekretärin. Patricia Stacy, eine kluge, attraktive Dreißigjährige, ist begeistert von ihrem Arbeitgeber und verliebt sich in den mehr als doppelt so alten Mann. Der läßt sich eine solche Gelegenheit nicht entgehen; ab Juni 1973 ist sie seine ständige Begleiterin. Die Zeiten ändern sich, und sogar ein John Wayne macht gewisse Entwicklungen durch: Diesmal wird nicht geheiratet. Patricia bleibt bis zu seinem Tod seine Lebensgefährtin.

Andy Roberts/James S. Olson: John Wayne, University of Nebrasca Press, Lincoln/London 1995

Mae West
* 1892, † 1980

Die amerikanische Film- und Bühnenschauspielerin, die als erster Sexstar der Filmgeschichte gilt, hat ihre ersten Auftritte bereits als Kind. Später schreibt sie eigene Stücke, in denen sie die Hauptrolle spielt, meist lebenserfahrene und -gierige Halbweltdamen mit Witz. Für ihr am Broadway inszeniertes Debüt »Sex« handelt sie sich wegen Obszönität eine Gefängnisstrafe ein.

»Sex ist in Bewegung umgesetztes Gefühl, und zuviel des Guten kann wunderbar sein.«

Mae West

»Ich war schon emanzipiert, ehe irgend jemand dieses Wort überhaupt in den Mund genommen hat. Ich dachte mir, wenn die Jungen das dürfen, warum nicht auch ich? Schon als ich ein Kind war, kam es mir seltsam vor, daß ein Mann ausgehen und seinen Spaß haben durfte, dabei aber trotzdem ein prima Kerl blieb, während ein Mädchen, das ebenfalls sein Vergnügen haben wollte, dadurch ein Flittchen wurde.« Die selbstbewußte Mae West, zeitlebens nicht nur für ihre losen Sprüche, sondern auch für ebensolche Sitten bekannt, vertritt in Theorie und Praxis ihre Meinung, »Sex ist kein bißchen vulgärer als Essen.« Und essen muß der Mensch schließlich regelmäßig. Bevorzugt vergnügt sie sich mit muskulösen Machotypen, wenn es darauf ankommt, mit mehreren hintereinander, läßt aber immer äußerste Vorsicht walten: Sorgsam wird mittels eines kleinen Schwämmchens an einem seidenen Faden eine unerwünschte Schwangerschaft vermieden – »man muß es nur immer wieder waschen« (ziemlich lästig bei der Frequenz …).

Maes Angaben über ihr »erstes Mal« variieren. Je nach Zuhörer und Laune behauptet sie entweder, sie sei dreizehn und er einundzwanzig gewesen, oder aber, sie habe sich ganz anständig und sittsam für die Hochzeitsnacht mit ihrem Mann Frank Wallace aufbewahrt – aller Wahrscheinlichkeit nach ist die erste Version die richtige. Frank Wallace heißt eigentlich Frank Szatkus, sieht aus wie Gene Kelly und ist Maes Tanz- und Gesangpartner. Auf einer kleinen Tournee den wachsamen Augen ihrer Mutter entkommen, heiratet Mae ihn am 11. April 1911. Die Ehe dauert nur ein paar Monate, während derer Mae West ihren armen Gatten damit quält, daß sie sich ausgiebig mit anderen Männern herumtreibt. »Die Ehe ist eine großartige Einrichtung, aber wer lebt schon gerne in einer geschlossenen Einrichtung?« Ihr Agent Frank Bohm kümmert sich hingebungsvoll um Mae und ihre Karriere, weniger hingebungsvoll allerdings um seine schwangere Frau. Als

Mae die Verhältnisse durchschaut, faßt sie einen lebenslangen Entschluß: »Finger weg von verheirateten Männern.« Sie hält sich fast immer daran, allerdings weniger aus moralischen Gründen, als vielmehr um ihre weiblichen Fans nicht zu verärgern. 1914 verliebt sich das männermordende Fräulein West in einen rassigen Akkordeonspieler. Die Qualitäten des Guido Deiro rauben ihr den Verstand: »Der Sex war mit diesem Mann einfach überwältigend. Ich wollte morgens, mittags, abends immer nur mit ihm schlafen.« Zwei Jahre lang tut sie genau das, dann setzt sich ihre Mutter durch, die immer noch nichts von der heimlichen Hochzeit ihrer Tochter weiß und jede feste Bindung für karriereschädigend hält. Ohne Gruß und Brief läßt Mae einen trauernden Guido sitzen. Ihr nächster Liebhaber, ein Herr aus der gesellschaftlichen Oberschicht, möchte die Sirene erstens heiraten und zweitens, daß sie ihre Arbeit aufgibt; Mae entscheidet sich, ihn aufzugeben, und stürzt sich in die Arme verschiedener schwarzer Nachtclubsänger. Auf diese Weise kurzfristig ausgetobt, scheint Mae mal wieder bereit für ein etwas stabileres Verhältnis, das sie mit ihrem Anwalt James Timony eingeht. Obwohl der und ihre Mutter aufpassen wie die Luchse, büxt ihnen die flinke Mae mit dem Journalisten Bud Burmester aus und läßt sich ein zweites Mal trauen. Diesmal allerdings völlig ungültig, denn außer dem Paar selbst unterschreibt kein Mensch die Heiratsurkunde.

Das hyperaktive Liebesleben erfordert ein Höchstmaß an Koordination und Versteckspielen. Während Timony ihr fester Freund ist, hat Mae mehrere andere Liebhaber, unter anderem einen Franzosen, den sie wegen seiner Ausdauer besonders schätzt: »An einem Samstagabend haben wir bis zum nächsten Nachmittag um vier durchgehalten. Ein Dutzend Gummidinger, zweiundzwanzig Mal, danach war ich schon ein wenig müde!« Normalerweise verbringt sie allerdings die Nächte – so paradox das klingt – lieber allein. Nach vollbrachter Tat komplimentiert Mae ihre Galane aus dem Doppelbett, das sie zum Schlafen lieber ganz für sich hat. Wie ernst ihre Andeutungen über ein Verhältnis mit Gary Cooper und Al Capone zu nehmen sind, läßt sich nicht präzise feststellen, klappern gehört zum Handwerk … Doch bis zu ihrem letzten Liebhaber, Paul Novah, der nach Timonys Tod 1954 sein Amt als Leibwächter, Chauffeur und Gefährte antritt, bleibt Mae West ihrem Motto treu: »Nicht die Männer in meinem Leben zählen, sondern das Leben in meinen Männern.«

Emily Wortis Leider: Mae West – I'm No Angel, Kindler Verlag, München 1997
Carole McKenzie: All about Sex, Europaverlag, München/Wien 1992

Oscar Wilde
* 1854, † 1900

Der irische Schriftsteller Oscar Fingal O'Flahertie Wills Wilde ist ein führender Vertreter der ästhetischen Bewegung des L'art pour l'art und macht sich sowohl mit seinem vielfältigen literarischen Werk als auch mit seinem bewußt dandyhaften Auftreten weltweit einen Namen. Zeitgenossen gilt er wegen seines Scharfsinns und pointierten Witzes als Konversationsgenie.

»Die einzige Möglichkeit, eine Versuchung loszuwerden, ist ihr nachzugeben … Allem kann ich widerstehen – nur einer Versuchung nicht.«

Oscar Wilde

»Charlotte, ich bedauere Ihre Entscheidung, mit Ihrem Geld und meinem Verstand hätten wir es weit gebracht«, schreibt Wilde der jungen Dame, die er in Versuchung führt, seinen Heiratsantrag jedoch soeben abgelehnt hat. In der Jugend eindeutig dem weiblichen Geschlecht zugeneigt, leidet Oscar heftig, als seine erste Liebe Florence Balcombe – später gilt sie als eine der schönsten Frauen ihrer Zeit – einen anderen heiratet. Sie entscheidet sich für Bram Stoker, den Verfasser des Schauerromans »Dracula«. Wilde tröstet sich mit Prostituierten und schwärmt für berühmte Schauspielerinnen wie Sarah Bernhardt, Ellen Terry und Lily Lengtry. »Ich hätte jede von ihnen

Oskar Wilde

mit Vergnügen geheiratet«, läßt er verlauten. Statt dessen ehelicht der Dichter Constance Mary Lloyd, eine junge Frau aus angesehener Juristenfamilie. Den zukünftigen Schwiegereltern ist Wilde nicht gut genug für Constance. Sie verstehen Oscars exaltierte Mentalität nicht, die so anders als ihre bürgerliche ist. 1883, kurz nach der Verlobung, ist auch Constance einen Augenblick verunsichert. Doch ihr Herz gehört dem Mann mit den samtenen Kniebundhosen, sie wird Wildes Frau und Mutter seiner beiden Söhne. Mrs. Wilde entwickelt sich zu einer Frau mit ausgeprägtem weiblichen Instinkt, mehr Schönheit als Intelligenz, zuverlässig und treu, jedoch ohne viel Sinn für Humor. Oscar muß feststellen, daß sie ihn und seine Kunst eigentlich nicht versteht, und schreibt seinem Freund Robert Ross: »Ich war von dem Eheleben zu Tode gelangweilt.« So gelangweilt, daß er sich anderweitig umsieht, und zwar nicht bei anderen Damen, sondern beim eigenen Geschlecht.

Anfang 1891 lernt er Lord Alfred Bruce Douglas kennen, der zur bedeutsamsten Gestalt in Wildes Leben wird. Alfred, genannt Bosie, ist der eigenwillige, temperamentvolle, selbstherrliche und verwöhnte Sohn des Marquis von Qeensbury und ein großer Verehrer von Oscar Wildes Werk. Der Dichter, der sich bereits mit Furcht vor dem Alter quält, verliebt sich in den schönen Zwanzigjährigen. Es gefällt ihm nicht nur dessen Jugend, auch die Tatsache, daß er von adliger Herkunft ist, zieht den eitlen Wilde an. Bosie ist zwar nicht sein einziger Liebhaber, aber sein intimster. Amouren wie die mit Robert Ross, Robert Sherard und Frank Harris werden von den Gefühlen für Alfred überschattet. Zu Hause sitzt Constance und wundert sich über den Weg, den ihr Gatte einschlägt, läßt ihn jedoch gewähren und entzieht ihm lediglich ganz diskret die Vormundschaft für seine Söhne Cyril und Vyvyan. Weniger geduldig ist Bosies Vater, der im Gegenteil so erbost über das Verhalten seines Sohnes ist, daß er Wilde wegen »Sodomie« verklagt. Das Gericht spricht den berühmten Mann auch in einem Wiederaufnahmeverfahren schuldig und verurteilt ihn zu zwei Jahren Zuchthaus. Für den empfindsamen Wilde bedeutet der Schuldspruch finanziellen Ruin, gesellschaftlichen Niedergang und psychischen Zusammenbruch. Der Gefängnisaufenthalt und die demütigende Zwangsarbeit hinterlassen tiefe Spuren, Wilde ist ein gebrochener Mann. Im Gegensatz zu den meisten seiner Freunde hält Bosie zu seinem Geliebten: »Obwohl er im Gefängnis sitzt, ist er immer noch Gericht, Geschworener und Richter meines Lebens.«

Peter Funke: Oscar Wilde, rororo Bildmonographie, Rowohlt Verlag, Reinbek 1982
Carole McKenzie: All about Sex, Europaverlag, München/Wien 1992

Virginia Woolf
* 1882, † 1941

Adeline Virginia Stephen, Tochter eines bekannten Philosophen, begründet nach dem Tod des Vaters mit ihren drei Geschwistern im Londoner Bezirk Bloomsbury einen Haushalt, der zum Zentrum literarischen und künstlerischen Lebens wird. Sie selbst verfaßt Romane, Biographien, Kritiken und tritt als eine frühe Verfechterin des Feminismus auf.

»Ich glaube nicht, daß es noch zwei Menschen gibt, die so glücklich waren wie wir«, schreibt Virginia Woolf in ihrem Abschiedsbrief an ihren Mann Leonard. Das kleine Mädchen ist sechs Jahre, als ihr erwachsener Halbbruder Gerald Duckworth sie auf einen Tisch stellt und mit der Hand ihre Genitalien erforscht. In erstarrtem Schweigen läßt Virginia sowohl diese schändliche Untersuchung als auch seine späteren nächtlichen Annäherungsversuche über sich ergehen. Als junge Frau flirtet Virginia gerne mit jungen Männern, aber wenn sie sich verliebt, sind es zumeist Geschlechtsgenossinnen, denen sie ihre feurig-phantasievollen Briefe schickt. »Es ist schon großartig, ein solcher Eunuch wie ich zu sein«, schreibt sie an ihre Freundin Vita Sackville-West und umreißt damit ziemlich präzise ihr merkwürdiges Verhältnis zur Sexualität. Obwohl sie fünf Jahre mit der lesbischen Schriftstellerin liiert ist, schläft sie vermutlich nicht mehr als ein dutzendmal mit ihr. Virginia interessieren Bettgeschichten nicht.

Am 10. August 1912 heiratet sie Leonard Woolf, stellt wenig später fest, daß sie frigide ist, und beendet den körperlichen Kontakt zu ihrem Mann, kaum daß die Flitterwochen vorbei sind, mit den Worten: »Mir kommt der Höhepunkt gewaltig überbewertet vor«. Für Leonard, der von sich sagt: »Mich hat der unverfälschte weibliche Geist ebenso wie der weibliche Körper zutiefst gefesselt« keine einfache Situation. Aber er schickt sich drein, und das Paar ist achtundzwanzig Jahre glücklich verheiratet. »Verliebt sein ist zu neunundneunzig Prozent der Wunsch, miteinander zu schlafen«, hat Woolf vor seiner Hochzeit gesagt. Mit Virginia muß er lernen, seine Gefühle zu sublimieren. Doch das ist nicht die einzige Belastung, der die Beziehung ausgesetzt ist. Die literarisch hochbegabte Virginia Woolf ist eine schwerkranke Frau. In regelmäßigen Abständen wird sie von gewaltigen Psychosen heimgesucht, die bis zu zwei Jahre andauern. Nachdem sie diese Qualen bereits mehrmals durchlitten hat, fühlt sie neunundfünfzigjährig einen neuen Schub nahen, beschwert ihre Taschen mit Steinen und ertränkt sich.

Lyndall Gordon: Virginia Woolf, S. Fischer Verlag, Frankfurt am Main 1987
Wallace, Irving u.a.: Rowohlts indiskrete Liste, Rowohlt Verlag, Reinbek 1981
Leonard Woolf: Mein Leben mit Virginia, Frankfurter Verlagsanstalt, Frankfurt am Main 1988

Xanthippe
Ende 4./Anfang 3. Jh. v. Chr.

Die Ehefrau des griechischen Philosophen Sokrates gilt der Nachwelt aufgrund einer entsprechenden Aussage bei Xenophon, einem Schüler von Sokrates, als Inbegriff des zänkischen, unverträglichen Weibes – wahrscheinlich zu Unrecht, wie man heute meint. Xanthippe ist mit ziemlicher Sicherheit um einiges jünger als ihr nachdenklicher Mann und bringt drei Kinder zur Welt.

»Heirate auf jeden Fall! Wenn du eine gute Frau bekommst, wirst du glücklich. Wenn du eine schlechte Frau bekommst, wirst du Philosoph.«

Sokrates

Xanthippe führt mit ihrem derart philosophierenden Mann zumindest in der Hinsicht eine erfüllte Ehe, als ihnen in geziemendem Abstand die Söhne Lamprokles, Sophroniskos und Menexenos geboren werden. Sokrates, selbst Sohn eines Bildhauers und einer Hebamme, tritt in die Fußstapfen seines Vaters und ernährt seine Familie mit dem Ausführen von Auftragsarbeiten. Viel können die nicht abgeworfen haben, denn im Hause Sokrates geht es äußerst diszipliniert und eher spartanisch zu. Vom Meister selbst überliefern seine Freunde, daß er auch »im eisigsten Frost nicht wärmer als sonst angezogen und barfuß das Haus verläßt«. Selbstbeherrschung, Schlagfertigkeit und Humor werden dem großen Denker nachgesagt, aber auch, daß er ziemlich klein und vor allem von unattraktivem Äußeren war. Aber Xanthippe heiratet ihn trotzdem.

Um Sokrates' Frau ranken sich viele Anekdoten, von denen keine bestätigt ist. Sicher weiß man nur, daß der jüngste Sohn am Tage von Sokrates' Tod noch ein sehr kleines Kind ist und die verzweifelte Xanthippe ihren Mann mit dem Kleinen auf dem Arm ein letztes Mal besucht. Als sie Zeugin des Abschieds von einigen seiner Freunde wird, beginnt sie zu weinen und geht dem Philosophen damit entweder so auf die Nerven oder rührt ihn so, daß er seinen Freund bittet: »O Kriton, laß doch jemand diese nach Hause führen.« Xanthippe wehrt sich mit Händen und Füßen, doch der Wunsch des Meisters ist seinen Freunden Befehl. Die Widerspenstige wird nach Hause gebracht und kann alleine zusehen, wie sie mit dem Tod ihres Mannes fertig wird.

Gottfried Martin: Sokrates, rororo Bildmonographie, Rowohlt Verlag, Reinbek 1967
Carole McKenzie: All about Sex, Europaverlag, München/Wien 1992

Émile Zola
* 1840, † 1902

Der Sohn eines italienischen Bauingenieurs wächst nach dem frühen Tod seines Vaters in ärmlichen Verhältnissen auf. Die Erfahrungen der Kindheit in Paris thematisiert Zola später in seinen Romanen und wird damit zum Begründer des europäischen Naturalismus. In seinen literaturtheoretischen Schriften setzt er sich mit den als antiquiert empfundenen Positionen der Romantik auseinander.

»Ich erwarte von einer Frau nicht, daß sie in Seide gekleidet ist, aber ich liebe es, daß sie saubere, köstliche und frische Wäsche trägt.« Viel Gelegenheit, dieser Leidenschaft nachzugehen, hat der große Émile Zola nicht. Von äußerster Schüchternheit und vermutlich ziemlich verklemmt, leidet der Schriftsteller zeitlebens unter der Tatsache, daß er als fünfjähriges Kind mehrfach das Opfer sexueller Übergriffe eines arabischen Hausburschen wird. Der hochmoralische junge Mann lebt als Zwanzigjähriger aus Geldgründen in einer schmuddeligen Pension, die auch von Gesindel und Prostituierten frequentiert wird. Zola macht es sich zur Aufgabe, eine von ihnen aus dem Milieu zu erretten, und nimmt das Mädchen zu sich. Die dankt ihm die noble Geste, indem sie ihn »aus Langeweile« mit einem Freund betrügt, und Émile sieht sich zur Trennung gezwungen.

Émile Zola

Um 1863 lernt er Gabrielle kennen. Vermutlich ist sie zu diesem Zeitpunkt Modell und Geliebte seines Freundes Paul Cézanne. Das unehelich geborene, hübsche Mädchen hat eine schwere Kindheit unter der Knute ihrer biestigen Stiefmutter hinter sich und ist auf der Suche nach Geborgenheit. Die findet sie bei Zola, der sie trotz ihrer schrecklichen Stimme und der wahrhaft ungeschliffenen Manieren erst zu seiner Geliebten und fünf Jahre später zur Ehefrau macht. Gabrielle Éléonore Alexandrine Meley ist überglücklich und trägt ihren Namen Alexandrine Zola mit großem Stolz. Wacker setzt sie sich gegen die Anfeindungen von Zolas Mutter zur Wehr und trägt mit kleinen Aushilfsarbeiten ihr Scherflein zum spärlichen Geld der Familie bei. Alles könnte schön und harmonisch sein, wenn im Ehebett der Zolas nicht eine derartige Langeweile herrschte. Émile sucht Ersatzbefriedigung bei Tisch und stopft sich regelmäßig so voll, daß er erstens ständig quälende Verdauungsbeschwerden und zweitens ein immenses Übergewicht hat. Mangels realer Gelegenheit schreibt Zola über Sex und wird mit »Nana« reich und berühmt. Alexandrine ist begeistert, sie richtet das ganze Haus protzig und geschmacklos ein und engagiert Dienstboten, unter anderem Jeanne, die schöne, dunkelhaarige, stille zwanzigjährige Tochter eines Müllers. Sie bügelt und flickt die Wäsche im Hause Zola. Madame hat keine Ahnung, daß ihr Mann das fast drei Jahrzehnte jüngere Mädchen heimlich auf eine längere Reise mitnimmt, und wundert sich nur, daß ihr Émile rank und schlank und um Jahre verjüngt zurückkehrt.

Zola richtet Jeanne Rozerot vier Kilometer von seinem eigenen Haus ein ländliches Heim ein, in dem seine Geliebte erst Tochter Denise und dann Sohn Jacques zur Welt bringt. Jahrelang führt der Schriftsteller ein Doppelleben, pendelt zwischen Familie und Geliebte hin und her und leidet höchstens unter Schuldgefühlen Jeanne gegenüber, die seine Prominenz zu einem sehr zurückgezogenen Leben zwingt. Und dann platzt die Bombe, Alexandrine erfährt durch einen anonymen Brief, was der Herr Gemahl hinter ihrem Rücken treibt. Sie macht ihm Szenen von Strindbergscher Qualität, vernichtet Briefe, tobt, schreit und wütet, aber Zola bleibt eisern: Jeanne und die Kinder gehören ebenso wie Alexandrine zu seinem Leben. Fünf Jahre braucht er, bis seine Frau zustimmt, wenigstens die Kinder kennenzulernen. Alexandrine überlebt Jeanne und Émile und beugt sich im Alter von sechsundachtzig Jahren milde gestimmt dem letzten Willen ihres Mannes, indem sie Denise und Jacques gestattet, den Namen Zola zu tragen, und sie als Erben des väterlichen Vermögens einsetzt.

Marc Bernard: Émile Zola, rororo Bildmonographie, Rowohlt Verlag, Reinbek 1959
Karl Korn: Zola in seiner Zeit, Societätsverlag, Frankfurt am Main 1980

Register

407

413